의약법 연구

선정원 지음

박영사

머리말

의식주가 충족되면서 사람들의 수명이 늘어나고 있고 교육에 따라 지식 수준이 높아지고 있다. 사람들은 건강의 보호, 질병의 예방 및 치료, 그리고 그 비용에 깊은 관심을 가지게 되었다. 이에 따라 의료인들과 환자들 사이의 법적 분쟁을 주된 학문적 관심대상으로 하던 사법으로서 의료법 이외에 국민의 건강보호를 위한 국가의 역할을 다루는 공법의 영역이 급속히 확장되고 있다.

공법적 주제도 화학약품의 품목허가나 의료인의 직업규제와 같은 것들 이외에 공적 건강보험, 바이오의약품, 건강기능식품, 의료기기, 의약품과 관련된 지식재산권의 보호, 전염성 질환의 방지 등 다양한 것들로 그 대상들이 확대되고 있다.

미국이나 유럽 국가들에서는 이미 약사법, 건강보험법, 병원법, 건강법, 의료기기법, 건강기능식품법, 바이오테크놀로지와 법 등 다양한 주제들에 대해 별개의 교과서들이 만들어져 연구가 이루어지고 여러 대학에서 강의가 되고 있는 상황이다.

필자로서는 우리나라와 같이 이 분야에 관한 연구자들이 매우 부족한 상황에서는 국민의 건강보호에 관한 공법적 규제들을 담은 법들을 포괄하여 연구하는 것이 상황을 타개하는 하나의 방법이라고 생각했다. 그리하여 이러한 주제들을 다룰 수 있는 총괄적 공법으로서 의약법이라는 명칭이 타당하지 않을까 생각했다.

본서에 실린 논문들은 의약법이라는 영역의 핵심 주제들이 될 수 있는 것들에 대한 연구성과들을 담은 것이다. 여기에 실리지 않은 주제들 중에도 중요한 주제들이 있으나 우선 이 연구성과들을 담아 연구서적으로 출판하기로 하였다.

다가오는 노령화 시대와 생명공학 시대를 맞아 관련 연구들이 많이 이루어져 우리 사회에 등장하는 도전들을 성공적으로 대응해 나갈 수 있기를 바란다.

2019년 5월

선 정 원

차례

제1장 의약법의 개념과 목적

제2장 의약품의 규제

제3장   건강보험

제4장 의료직업과 병원의 규제

제5장   건강기능식품과 기능성 물질에 대한 규제의 정비

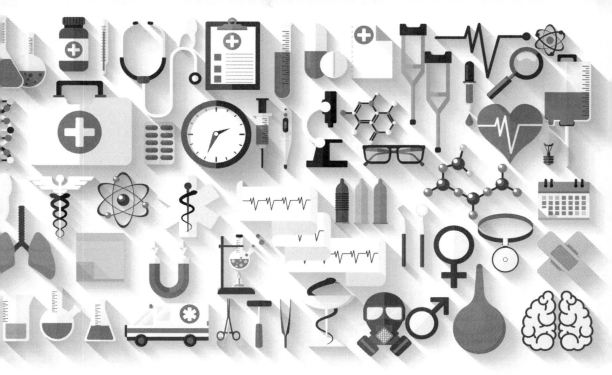

제1장

의약법의 개념과 목적

의약법(Pharmaceutical and Public Health Law)과 행정법 – 의약품등의 분류지정과 전환지정 –

Ⅰ 의약법의 개념과 연구대상

1. 의약법의 역사와 개념

(1) 의약법의 역사

고대부터 근대에 이르기까지 서양에서는 주로 허브를 이용한 약재들을 이용해 인간을 치료하고 우리나라에서는 인삼이나 녹용 등과 같은 각종 천연생물을 이용한 한약재가 인간의 질병치료약으로서 사용되었다. 이 시기에 약품은 국가에 의해 법으로 규율되지 않은 채 도제식으로 그 사용법을 익힌 약사들에 의해 사용되어 오면서 부작용도 많고 가짜 만병통치약 등 안전하지 않은 유사의약품에 의한 사고도 빈발하였다. 오늘날 문명국가에서 사용되는 주된 의약품은 화학적 합성물인데 그 역사는 그리 길지 않다.

진정한 의미의 화학적 합성물로서 특징지어지는 현대 의약품은 1899년 독일 바이엘제약회사에 의하여 판매되기 시작한 아스피린이라는 항생제의 등장으로부터 시작된다. 세계대전을 거치면서 부상당한 병사들의 상처악화를 방지하는 진통제와 해열제로서 항생제의 위력을 실감한 각국의 제약회사들은 경쟁적으로 화학의약품을 만들어 내기 시작하였다.

오늘날 의약품은 시장에서 판매되기 전에 국가에 의한 제조시설의 허가와 품목의 허가를 얻어야 한다. 이와 같은 허가제도가 도입되기 전에는 약사들이 자유롭게 천연물질들을 약재로 사용하는 데 법적 제한이 없었고 아스피린이 나온 이후에도 시장에서의 판매하기 전에 국가의 검사나 허가를 얻어야 하는 제약은 없었다.

제약회사와 의사·약사의 자유와 재량을 제한한다는 이유로 의약품의 품목허가제도의 도입에 미온적이던 미국 정부는 1937년 독성물질이 함유된 감염증 치료제 '엘릭서 설파닐아미드'(Elixir Sulfanilamide)를 복용하여 107명의 환자들이 사망한 사고가 발생하면서 입장을 바꾸게 된다. 그리하여, 신약인 경우 그 안전성을 보장하기 위하여 판매하기 전에 반드시 허가를 얻도록 하는 규정을 담은 식품의약법(Federal Food, Drug and Cosmetics Act)을 1938년 제정하였는데, 이 법이 오늘날 많은 국가들의 의약법의 내용 형성에 지대한 영향을 미치게 된다.

(2) 외국의 의약법들과 의약법의 정의

오늘날 미국은 세계적으로 유명한 특허권으로 무장된 다국적 제약회사들과 의료기관들이 존재해 미국의 최고·최후의 비교우위산업이 되고 있는데, 생명공학산업의 발전과 함께 이러한 우위는 오히려 더 강화되고 있는 듯하다. 이에 따라, 의약법의 초창기부터 미국이 의약법연구를 주도해 왔고 미국법의 주요 변화는 유럽 각국과 일본에도 직접적인 영향을 미쳐 왔다. 다만, 각국은 제네릭 제약회사들과 고가 수입의약품으로 인한 국민건강보호비용의 증가를 우려하여 특수한 규정들을 두고 있다.

미국법체계상 식품의약법(Federal Food, Drug and Cosmetics Act)은 식품, 약품, 의료기기와 화장품을 통합적으로 규율하려는 목적으로 1938년 제정되었는데, 이 법은 1906년에 식품과 약품의 순수성을 보호하기 위해 간략하게 제정되었던 순수식품의약법(Pure Food and Drug Act)을 전면 개정한 것이다. 식품의약법을 집행하고 있는 미국의 식품의약청(FDA)은 우리나라의 식품의약품안전청에 대응하는 기관이다.

미국에서 식품 및 의약품의 안전성, 순수성과 유효성 등의 문제는 인간에게 공통된 것이기 때문에 각 주의 특수성에 대한 고려가 거의 필요 없어 일찍부터 연방법으로 제정되었고 연방의 관할로 인정되어 왔다. 이에 따라, 일찍부터 행정법학자들의 연구대상으로 다루어져 왔는데, 레이건 행정부 시대 규제철폐가 강력하게 추진되던 시기에도 미국인들의 소득수준향상에 따른 건강과 웰빙에 대한 관심 증대로 오히려 규제가 강화되어 왔다.

항생제를 처음 만들어 낸 나라로서 독일은 1961년 의약법(Arzneimittelgesetz)을 처음 제정한 이후 1976년 의약품의 안전성뿐만 아니라 유효성까지 고려한 의약법의 전면 개정이 이루어져 오늘에 이르고 있다. 다만, 독일에서는 사법의 한 분야로서 의료법(Medizinrecht)에 관한 연구역사는 오래되었지만, 공법의 한 분야로서 의약법의 연구는 미국에 비할 때 역사도 짧고 그다지 활성화되어 있지는 않다. 그럼에도 주석서도 발간되고,[1] 의약과 법(Arzneimittel und Recht), 약사법(Pharmarecht), 의료법(Medizinrecht) 등의 전문잡지를 통해 연구가 이루어지고 있다. 최근 식품과 의약품 등에 관한 사항은 미국에서 연방법 관할대상으로 다루어지듯이 EU의 관할사항으로서 공통의 기준이 정립되기 시작하면서 통일적으로 발전해 가고 있다. 최근 가입한 동유럽국가들과 중국 등에서 값싸지만 안전성이 의심스러운 수입 항생제와 원료의약품 등이 수입되어 유럽인들의 건강을 침해하는 사례가 빈번해지고 미국을 비롯한 세계의 다국적 제약회사들이 각국에서 약값 차별화정책을 취하는 것에 대한 공동대응의 필요가 커지면서 의약품의 안전성과 유효성 이외에 경제성의 이슈도 중요하게 다루어지고 있다.

다른 많은 법분야에서와 마찬가지로 일본의 의약관계법령은 우리나라에 직접적인 모델로서 도입되었는데, 일본의 약사법(藥事法)은 우리나라 약사법(藥師法)의 내용에 직접적인 영향을 미쳐 많은 공통된 내용을 가지고 있으나, 차이점도 있다. 일본에서 약사법연구는 그다지 활발하지는 않지만, 특기할 점은 약사법에 관한 주석서가 실무자들에 의해 발간되어 개정에 맞추어 계속 보완되고 있다는 점이다. 다만, 단순한 조문설명과 간략한 입법배경의 설명 이외에 보다 심화된 내용을 담고 있지는 않다. 일본의 약사법도 미국 식품의약법과 마찬가지로 약사법에서 의약품이외에 의료기기와 화장품을 함께 규율하고 있다.

---

1) E. Deutsch/H.D.Lippert, Kommentar Zum Arzneimittelgesetz, 2. Aufl., 2007, Wolfgang A Rehmann, Arzneimittelgesetz Kommentar, 2. Aufl., 2003.

미국에서 건강법(Health Law)은 인간의 건강배려(Health Care)를 위한 법으로서 1970년대 이후 의료법을 일정 부분 대체하고 보완하며 발전해 오고 있는데, 건강공법(Public Health Law)은 건강법의 한 부분으로서 다루어지거나 이와 구별하여 발전해 가기 시작하고 있다. 미국에서 약사법(Drug Law, Pharmaceutical Law)과 의료법(Medicine Law)은 사회적 관점이 아니라 개인적 관점에서 개인의 건강보호와 관련된 법적 문제와 분쟁에 초점을 맞추는 반면, 건강공법은 인간의 건강문제에 대하여 국민과 공동체의 관점에서 관심을 가지고 있었다. 그동안 우리나라에서는 사법의 한 분야로서 의료법만이 연구되어져 온 결과 약사법·의료법상의 공법적 문제들이나 건강공법은 학문적 연구에서 소외되어 왔는데, 우리나라에서 새로이 연구되는 의약법은 외국과의 교류와 지식의 공유 발전을 위해 선진외국과 비교가 능하여야 하지만, 각국의 법학연구의 실정이나 과제 그리고 법현실 등을 고려하여 그 범위가 결정되어야 함을 고려할 때, 우리나라 의약법은 약사법과 건강공법의 규율대상을 포괄하는 것으로 정의되어야 한다고 본다.

이러한 입장에서 의약법(Pharmaceutical and public Health Law)은 국민들의 건강보호를 위한 국가의 책임을 이행하기 위하여 의약품이나 의료기기 등 국민의 질병치료를 목적으로 하는 제품의 제조, 판매, 광고와 사용을 규율하고, 전염병을 예방하며, 의사가 의료행위를 통해 환자를 치료함에 있어 그 비용을 지원하기 위해 공적 보험을 창설·유지하고 환자들의 급여권을 보장하며, 의사·약사 등의 자격과 의료기관 등의 설립조건 등을 규율하기 위한 법이라고 정의할 수 있을 것이다.

우리 헌법은 제36조 제3항에서 "모든 국민은 보건에 관하여 국가의 보호를 받는다"고 규정하고 있다. 또, 제34조 제1항에서 인간다운 생활을 할 권리를 보장하고 있으며, 제34조 제5항에서 "신체장애자 및 질병·노령 기타의 사유로 생활능력이 없는 국민은 법률이 정하는 바에 의하여 국가의 보호를 받는다"고 규정하고 있다. 이러한 규정들은 의약관계법령의 제정을 위한 헌법적 근거규정으로 볼 수 있을 것이다. 의약법은 의약품, 의료인과 약국, 병원 등에 대한 공법적 규율, 투약 및 치료행위와 관련된 공법적 규율 내용들과 의약분업과 국민건강보험 등에 관련된 법적 쟁점을 다루는 법학분야로서, 주요 법률로는 보건의료기본법, 약사법, 의료법, 국민건강보험법, 의료급여법, 의료기기법, 전염병예방법 등이 있고 특수관계인이나 특수한 대상에게만 적용되는 법률로 산업안전보건법, 산업재해보상보험법,

학교보건법, 노인장기요양보험법, 가축전염병예방법, 혈액관리법, 결핵예방법, 한의약육성법, 국립대학교병원설치법 등이 있다.

2. 의약법의 연구대상

국가는 헌법에 의하여 부여된 국민건강보호의 임무를 다하기 위하여 필요한 조직, 재정수단과 규제수단, 그리고 필요한 인력을 확보하고 국민의 건강권을 보호할 의무가 있으므로 법을 제정하여 국가의 의무와 국민의 권리를 구체화하여 가야 한다. 행정법학적 연구주제로서 다루어질 수 있는 의약법의 구체적 연구대상들로는 여러 가지가 있을 수 있다.

먼저 행정소송사건들로서 등장하는 주제들을 예시적으로 찾아보면, 첫째, 지금까지는 보건복지가족부나 식품의약품안전청장의 고시가 행정법학에서 주로 처분법규의 문제로서 논의의 대상이 되어 왔다. 특히, 식품의약품안전청장이 발하는 고시는 그의 제정권이 시행령이 아니라 법률에 의하여 각부 장관이 아닌 식품의약품안전청장에게 명시적으로 위임되어 제정되고 있는데, 이것은 의약법과 식품법의 전문성과 식품의약품안전청장의 독립성을 고려한 결과라고 생각된다.

둘째, 의약법에서 행정법학의 전통적 행위형식들에 속한 연구주제들로는 의약품의 제조허가, 품목허가, 수입허가, 의사·약사의 면허 등 각종 인허가와 등록·신고 행위들이 이에 속한다. 또, 의사의 처방권과 약사의 조제권의 관계와 그 한계의 문제가 있다. 의사, 약사와 한의사 등 전문직 종사자들 사이에서 갈등과 분쟁은 종종 사회적으로도 중요한 이슈가 되고 있는데, 최근에도 성분명 처방의 허용여부, 의약품의 약국판매독점을 깨뜨려 일반의약품 시장을 일반소매점으로 확대하고 의약외품의 대상을 확대할 것인가의 여부 등 국민건강의 보호에 지대한 영향을 미칠 사안들이 법적 논의의 활성화를 기다리고 있다. 뿐만 아니라, 제조기준이나 허가기준 등을 위반하여 유통되는 의약품이나 유사의약품 등과 관련하여 의약법분야에서는 국민건강의 보호를 위해 수익적 처분인 경우에도 허가의 취소나 허가사항의 직권변경이 광범위하게 이루어지는 등 행정감독의 효율성을 보장하기 위해 일반행정법과 달리 특별한 법논리에 따라 법집행이 이루어지고 있어 이에 대한 조명이 필요하다.

셋째, 국민건강보험이나 산업재해보험 등에서 요양급여나 보험급여 등과 관련

하여 보험자의 권익을 보호하고 보험재정의 건전성 보호를 위하여 의료기관들과
소비자들의 허위청구 등에 대한 감독과 그것의 효과적인 사법적 통제방법이 논의
되어야 한다. 최근에는 요양급여사건이나 산업재해보험사건 등이 취소소송이나
당사자소송의 형태로 점증하고 있다. 뿐만 아니라, 저소득층 서민이나 노인 등에
대해서 정부는 의료급여제도와 같이 사회복지적 비용급여제도를 도입해 두고 있
는데 이와 관련된 사건들도 점증하고 있다.

넷째, 대형 병원과 관련 시설에 대한 허가문제나 요양급여기관의 지정 등의
문제가 행정소송의 대상이 되어 왔지만, 최근에는 사회적으로 영리추구 목적의 의
료기관 허용여부, 비전문직 자본투자자의 약국과 병원 등의 경영허용여부 등이 의
료산업의 발전과 관련하여 이슈가 되고 있다.

사회적으로 중요한 논의대상이 되고 입법정책으로나 법집행의 측면에서 주목
받고 있는 주제들로는 첫째, 특허 등에 의해 보호되는 오리지널 제약사와 상대적
으로 저렴한 의약품을 공급하는 제네릭 제약회사 간의 이해충돌을 조정하는 문제
는 미국과의 FTA체결이나 우리 제약산업의 발전과 관련하여 논의되고 있다. 의약
산업의 발전을 도모하면서도 급격하게 상승하는 의약품 값 등으로 인한 국민건강
보험재정의 부실화 위험을 막아야 하는 상충되는 이익들을 조정해야 한다. 특허나
허가의 획득에 필수적인 임상시험이나 동물실험이 대형 의료기관들에 의해 부실
하게 수행되는 것을 막는 것이 중요하다. 뿐만 아니라 시판되지 않는 의약품들을
사용하고자 하는 중환자들의 욕구를 존중하면서도 그 부작용으로 인한 분쟁을 해
결하고 임상시험 참가자들에 대한 부주의한 시험 실시로 인한 피해를 구제해야 한다.

둘째, 낮은 이윤과 빈발하는 백신사고 등 때문에 백신생산을 회피하는 제약회
사들에 비하여 어린이 등에 대한 예방의무가 확대되고 있어 필요한 백신의 부족
문제를 둘러싼 이익의 조정이 외국에서도 핫이슈가 되고 있고, 임산부나 환자 등
에 제공해야 하는 혈액의 부족과 문제혈액으로 인한 질병감염방지의 문제 등도
국민건강을 위한 공법적 검토대상이 된다. 뿐만 아니라, 저가를 무기로 불결한 공
장에서 생산된 항생제, 원료의약품 등이 수입되어 국민들의 건강을 침해하는 것을
방지해야 하는 과제도 글로벌 사회에서 정부에게 새롭게 강화되고 있는 책임영역
이다.

셋째, 한의약이나 침술과 같은 대체의약에 대한 현대적 규제시스템의 창출과 분쟁해결을 위한 사법적 기준에 관한 논의도 다루어져야 한다. 최근 한의사와 구별하여 침술사를 부활해야 하는가의 문제가 사회적으로 크게 이슈가 되었다.

치과 의료기기나 초음파진단기 등 의료기기에 대한 규제시스템을 정비하고 고가 유사의료기기의 범람을 통제하면서 의료기기산업을 효과적으로 육성해야 하는 문제도 검토대상이 될 수 있을 것이다.

그리고 동물용 의약품의 제조·판매기준 및 사용한계와 관련된 문제도 그 의약품이 동물의 건강과 안전에 영향을 미칠 뿐만 아니라 식용을 통하여 항생제가 인체에 축적되어 건강을 침해하기 때문에 의약법의 관심 대상이 된다. 가축이나 물고기 등에 대하여 질병예방과 성장촉진 목적으로 항생제가 남용되고 있는 것이 현실이기 때문이다.

3. 행정법과 의약법의 관계

오늘날 미국의 법과대학에서 건강법과 식품의약법은 매우 중요한 교과목으로 독립적인 위치를 차지하고 있지만, 미국에서 의약법은 최초의 행정법이기도 했다.[2] 식민지 시대 미국에서 콜레라와 같은 전염병이 확산되면서 주정부와 연방정부는 이의 확산을 막기 위해 법령을 제정하고 위생기준을 정립하며 감독권을 발동했고, 가짜의약품이나 안전하지 않은 의약품 등으로부터 국민들의 건강을 보호하기 위해 많은 법령을 제정해야 했는데, 이 법령들은 대부분 행정법학이 다루어야 할 행위형식들에 관한 규정들을 담고 있었다. 이것은 위험방지법 내지 침해행정법인 경찰행정법으로부터 행정법학이 발전하기 시작한 독일의 예에서 보더라도 상당히 자연스러운 현상이라고 볼 수 있을 것이다.

미국에서 의약법학이 행정법학의 광범위한(Pervasive) 영향을 받게 된 것은 1960~70년대 존슨 대통령시절 '가난과의 전쟁'(War on Poverty) 정책을 추진하면서 수많은 의약관계법령이 생겨나고 행정청의 규칙제정도 늘어나면서 그 법령들을 먼저 발전하고 있던 행정법 이론들을 통해 해석하는 것이 유용했기 때문이었다.[3] 미래에도 미국에서 국민의 건강보호를 위한 행정의 역할은 불가피하고 증가

---

2) Edward P. Richards, Public Health Law as administrative law, Journal of Health Care Law & Policy 10, 2007, p.61.

할 것이기 때문에 이 상황에서 발생하는 법적 문제들을 다루고 공익을 보호하기 위해 행정법학의 의약법학에의 기여는 계속될 것이라고 평가하고 있다.[4] 이러한 진단과 평가는 우리나라에도 적용될 것인데, 특히, 국민소득수준의 향상이 건강에 대한 국민들의 관심과 기대를 급격하게 높이고 있기 때문에 우리나라에서도 의약법이 행정법학 내에서 또는 행정법학과 독립적으로 연구와 강의의 한 분야로서 자리를 잡을 수 있기를 기대한다.

Ⅱ 의약외품과 일반의약품의 관계

1. 의약품등의 분류체계

우리나라 약사법상 의약품은 전문의약품과 일반의약품이지만, 의약품과 밀접한 관련이 있는 것으로 의약외품을 또 다른 유형으로 인정하고 있다(약사법 제2조).

우리나라의 의약품 분류는 1985년 '의약품 분류기준에 관한 규정'(보건복지가족부 고시)에 따라 처음으로 실시되었다. 이 당시 의약품 분류의 목적은 제조품목 허가신청시 안전성, 유효성 자료의 제출범위 등을 판단하여 허가 기준으로 활용하고 광고에 대한 규제기준을 구체화하기 위한 것이었다. 의약분업 실시에 대비하여 이 분류를 공정하게 하기 위하여 1996년 6월부터 1997년 12월까지 한국보건사회연구원이 의사협회 추천 의대교수 5명, 약사회 추천 약대교수 5명으로 구성된 연구용역팀에게 의약품의 분류를 맡겼다. 그 결과 분류대상 26,107품목 중 기존의 일반의약품 743품목을 전문의약품으로, 전문의약품 323품목을 일반의약품으로 재분류하여 전문의약품 10,608품목(40.6%), 일반의약품 15,499품목(59.4%)으로 분류하였다. 그 후 의약분업 추진 과정에서 의약계의 이견과 대립, 그리고 시민단체의 관여 등 우여곡절을 겪으면서 2000년 5월 30일 전문의약품 17,1876품목(61.5%), 일반의약품 10,775품목(38.5%)으로 최종 확정하였다.[5]

---

3) Timothy Stoltzfus Jost, Health Law and Administrative Law : a Marriage most convenient, St. Louis U. L. J. 49, 2004－2005, pp.12－16, 30.

4) Timothy Stoltzfus Jost, a.a.O., p.33.

5) 보건복지가족부, '전문－일반의약품 분류결과 발표', 보도자료(www.mw.go.kr 게재), 2000. 05. 31. 참조.

　　다시 2000년 11월 11일 의약정 합의에 따라 재분류 방침이 정해지고 2001년 12월 7일 일반의약품 41품목이 전문의약품으로, 전문의약품 102품목이 일반의약품으로 각각 재분류되었다. 한국제약협회의 조사에 따르면 의약분업 이후 일반의약품의 비중이 급속히 감소해 2003년도에는 일반의약품 생산실적이 2조 4,860억 원(31.03%), 전문의약품은 5조 5269억 원(68.97%)이었다.[6]

　　미국의 식품의약법은 우리나라와 달리 의약품을 처방의약품(Prescription Drug)과 비처방의약품(OTC Drug)으로 나누어 규율할 뿐 의약외품에 관해 규율하고 있지 않다. 때문에 우리나라에서 의약외품에 해당되는 제품들에 대해서는 서로 상이한 방식의 규제가 이루어지거나 규제가 없기도 한다.

　　우리나라의 의약외품에 관한 규제모델은 일본 약사법의 의약부외품규제이다. 일본 약사법은 우리나라와 유사한 분류체계를 가지고 있는데, 우리의 전문의약품 및 일반의약품의 분류에 대응하여 의료용 의약품과 일반용 의약품으로 분류하고 있다. 의료용 의약품은 병원 등에서 사용되는 의약품이나 의사의 처방에 따라 약사가 조제한 의약품인 처방의약품과 병원에서 사용하는 것이 필수적이지만 의사의 처방은 필요가 없는 비처방 의료용 의약품이다.[7] 일반용 의약품은 '의약품 중 그 효능 및 효과에 있어서 인체에 대한 작용이 현저하지 않아 약제사 기타 의약관계자로부터 제공된 정보에 기초하여 수요자의 선택에 따라 사용되어지는 것을 말한다'(일본 약사법 제25조 제1호). 또, 우리의 의약외품에 대응하여 의약외부품제도를 두고 있다.

　　일본 약사법은 일반용 의약품도 부작용 위험에 따라 3종류로 나누어 가장 위험도가 높은 제1류 의약품은 약국에서 약사에 의해서만 판매 가능하고 제2, 3류 의약품은 약사가 아닌 등록판매자(새로 도입된 자격제도임)에 의해서도 판매가 가능하다. 하지만, 일본의 경우는 의약품은 물론 의약외품에 대해서도 제조판매업자나 수입업자 등에게 주무부장관에게 부작용을 보고할 의무를 부과하고 있다(일본 약사법 제77조의4의2).

---

6) 약사공론 2004. 10. 7.자 기사 참조.
7) 일본 약사법 제49조, 株式會社 ドーモ (編), 改正藥事法 改訂版, 藥事日報社, 2007, 13면.

2. 자가치료의 가치에 대한 재평가와 비처방약시장의 국제적 확대

(1) 자가치료의 가치에 대한 재평가

의료인력이 부족하고 그 비용이 고가인 상황에서 자가치료(Self Medication)는 옛날부터 의사의 처방을 받을 수 없는 사람들에게 자기의 건강을 지키기 위한 결정적인 수단이 되어 왔다. 지금도 자가치료는 각국에 따라 차이는 있지만 사람들의 질병치료에 있어 전체 의약품 시장의 20%~30%라는 중요한 비중을 차지하고 있다.[8]

과거와 마찬가지로 현재에도 자가치료의 지나친 확대는 의약품의 남용과 오용의 위험성을 높이고 질병을 악화시키거나 치료를 지연시키는 문제점을 여전히 안고 있지만, 오늘날 매스컴이나 전문서적 그리고 인터넷 등을 통해 의학지식과 정보가 보급되면서 감기나 소화불량 등 일상적인 건강이상이나 가벼운 질병을 치료하는 시민들의 자가치료능력도 개선되고 있다. 더구나, 최근 전 세계적으로 의료비용이 급증하면서 건강보험재정의 적자에 대한 우려도 점점 커지고 있어 간단한 질병을 앓는 환자들이 자기비용으로 일반의약품과 의약외품 등을 구입하여 치료하는 자가치료에 대한 재평가가 일어나고 있다.

(2) 외국에서 비처방약시장의 확대

자가치료의 가치에 대한 재평가는 제약산업의 긍정적인 상황 변화로 국제시장에서도 호응을 얻고 있다. 즉, 미국이나 유럽 등 선진국에서는 전문의약품이 오랫동안 사회에서 사용되면서 그것의 안전성에 대한 신뢰가 생기고 해당 의약품의 용법에 대한 정보도 널리 인식되면서 비처방의약품으로 전환되는 경우가 늘어나고 있다. 제약회사들도 이 전환으로 의사의 처방이라는 제약을 벗어나 소비시장을 확대하여 당해 의약품 판매가 증가하기 때문에 전문의약품을 일반의약품으로 전환시키기 위해 노력하고 있다. 1975년에서 1994년까지 미국에서 가장 많이 팔리는 10개의 비처방의약품들 중 9개가 처방의약품에서 전환된 것이었다.[9] 보험회사

---

8) 미국의 경우 2006년 현재 OTC의약품은 전체 의약품 매출의 20% 정도에 310억 달러 정도의 시장을 차지하고 있다 한다. Lars Noah, Treat Yourself : Is Self—medication the Prescription for What ails American Health Care?, Harv. J. Law & Tec 19, 2006, p.359.

들도 보험금의 지출을 줄이기 위하여 안전성이 검증되고 수요가 많은 의약품이 처방의약품일 경우 비처방의약품으로 전환되도록 해달라는 요구를 하고 있다.

어떤 경우에는 제약회사가 처방의약품의 특허기간이 만료되지 않은 경우에도 비처방의약품으로의 전환을 신청하는 경우도 있는데, 그것은 이 신청이 승인된다면 제약회사들은 의사가 아니라 소비자인 대중들에게 독점적으로 특허기간까지 보호되는 의약품을 판매할 수 있게 되고 이 기간 동안 높은 브랜드 인지도를 확보할 수 있게 되기 때문이다. 미국에서 다국적 제약회사인 글락소의 위궤양치료제인 잔탁은 특허기간이 끝나기 전인 1994년 비처방의약품으로 전환(Switch)신청하여 그의 판매를 크게 신장시켰다고 한다.

우리 정부는 의약분업 실시 이후 지속적으로 일반의약품으로부터 의약외품으로 전환지정품목을 확대해 오고 있다. 하지만, 이러한 국제적 추세와는 반대로 일반의약품의 경우 전문의약품으로부터의 전환지정에 소극적인 제약회사 등의 태도나 의약외품으로의 전환지정의 확대 등에 의해 그 시장규모나 품목수도 작아지고 있다. 약사가 판매를 감독하는 일반의약품이 의약외품의 확대에 의해서 뿐만 아니라 전문의약품의 확대에 의해 축소되는 것은 공공의료보험의 재정건전성 확보를 위해 필수적인 자가치료의 기회를 축소시킨다는 점에서 문제가 된다.

이하에서는 의약외품과 일반의약품의 정의와 규율내용 등을 비교해서 살펴본 후, 미국, 일본 등의 논의와 법제 등을 참고하여 자가치료 시장에 영향을 미치는 우리 정부의 정책과 행정법적 문제들을 검토하고자 한다.

3. 의약외품과 일반의약품에 관한 법적 규율의 차이

(1) 실정법상 의약외품과 일반의약품의 개념

약사법 제2조 제4호는 의약품을 정의하고 있는데 다음의 어느 하나에 해당하는 물품을 말한다고 하면서, 대한약전에 실린 물품 중 의약외품이 아닌 것, 사람이나 동물의 질병을 진단·치료·경감·처치 또는 예방할 목적으로 사용하는 물품 중 기구·기계 또는 장치가 아닌 것, 사람이나 동물의 구조와 기능에 약리학적 영향을 줄 목적으로 사용하는 물품 중 기구·기계 또는 장치가 아닌 것이라고 하고

---

9) Lance W. Rook, Listening to Zantag : the role of non－prescription drugs in health care reform and the federal tax system, Tenn. L. Rev.62, 1994, p.108, 124.

있다. 판례는 "약사법의 입법목적과 취지 그리고 의약품을 정의한 약사법 제2조 제4항의 규정내용과 그 취지에 비추어 보면, 약사법에서 말하는 의약품은 제2조 제4항 제1호의 대한약전에 수재된 것 외에 사람 또는 동물의 질병의 진단, 경감, 처치 또는 예방에 사용됨을 목적으로 하는 것이거나 혹은 사람 또는 동물의 신체의 구조 또는 기능에 약리적 기능을 미치게 하는 것이 목적으로 되어 있는 것을 모두 포함하는 개념이라고 할 것이고, 의약품에 해당하는지 여부는 반드시 약리작용상 어떠한 효능의 유무와는 관계없이 그 성분, 형상(용기, 포장, 의장 등), 명칭 및 거기에 표시된 사용 목적, 효능, 효과, 용법, 용량, 판매할 때의 선전 또는 설명 등을 종합적으로 판단하여야" 한다.[10] 사회 일반인이 볼 때 식품, 화장품, 의약외품 등으로 인식되는 것을 제외하고는 그것이 약리적 기능에 영향을 미칠 목적에 사용되는 것으로 인식되고 혹은 약효가 있다고 표방된 경우에는 이를 모두 의약품으로 보아야 한다. 그리고 어떠한 제품이 화장품, 식품 또는 의약외품의 용도로 사용된다고 하더라도 또한 의약품의 용도로도 사용된다면 이를 의약품으로 보아 약사법의 규제대상이 된다(대법원 2007. 6. 28. 선고 2006도3468 판결).

또, 약사법 제2조 제9호는 일반의약품이란 다음의 어느 하나에 해당하는 것으로서 보건복지가족부장관이 정하여 고시하는 기준에 해당하는 의약품을 말한다고 하면서, 오용·남용될 우려가 적고, 의사나 치과의사의 처방 없이 사용하더라도 안전성 및 유효성을 기대할 수 있는 의약품, 질병 치료를 위하여 의사나 치과의사의 전문지식이 없어도 사용할 수 있는 의약품, 의약품의 제형과 약리작용상 인체에 미치는 부작용이 비교적 적은 의약품이라고 하고 있다.[11]

한편, 의약외품은 2000년 1월 12일 약사법개정으로 새롭게 등장한 용어로서 위생용품 및 의약부외품이 의약외품으로 통합되었다.[12] 약사법상 "의약외품"은

---

10) 대법원 2007. 6. 28. 선고 2006도3468 판결; 대법원 2004. 1. 15. 선고 2001도1429 판결(공 2004상, 368); 대법원 2003. 6. 13. 선고 2003도1746 판결; 대법원 2001. 7. 13. 선고 99도 2328 판결(공2001하, 189).

11) 미국 식품의약법상 비처방의약품(OTC Drug)은 "일반적으로 안전하고 유효하며 잘못 사용되지 않는다고 인정된 의약품"(generally recognized as safe and effective and not misbranded)으로 정의되고 있다. Code of Federal Regulations Title 21, Vol.5, Sec. 330.14.

12) 우리나라에서 의약외품에 관해 규정하고 있는 법령과 규정들로는 약사법, 동법시행령, 동법시행규칙, 의약외품범위지정, 의약품·의약외품의 제조·수입품목허가신청(신고)서 검토에 관한 규정, 의약외품에 관한 기준 및 시험방법, 의약품등의 독성시험기준, 의약품 등의 안전성시험

사람 또는 동물의 질병의 치료·경감·처치 또는 예방의 목적으로 사용되는 섬유·
고무제품 또는 이와 유사한 것, 인체에 대한 작용이 경미하거나 인체에 직접 작
용하지 아니하며, 기구 또는 기계가 아닌 것과 이와 유사한 것, 전염병의 예방을
목적으로 살균·살충 및 이와 유사한 용도로 사용되는 제제 중에서 보건복지부장
관이 지정하는 것을 말한다(약사법 제2조 제7항). 보건복지가족부의 고시인 '의약외
품범위지정'(보건복지가족부 고시 2001-42)은 의약외품의 종류로 다음을 열거하고
있다. 1. 구취 또는 체취의 방지제, 2. 탈모의 방지 또는 양모제, 3. 사람 또는 동
물의 보건을 위해 사용되는 파리, 모기 등의 구제제, 방지제, 기피제 및 유인살충
제, 4. 인체에 대한 작용이 경미한 염모제(탈색제, 탈염제), 5. 위생상의 용도에 제
공되는 면류제, 6. 콘택트렌즈관리용품. 이외에 금연보조제, 외용소독제, 스프레이
파스, 저함량 비타민 및 미네랄 제제, 자양강장변질제로서 내용액제 등이다.

　이 규정들에 나타난 입법자의 의도를 요약하면 유효성분과 그 사용 목적으로
보아 인간이나 동물의 질병에 대한 치료효과 및 예상되는 부작용이 의사의 진단
이 필요한 수준이면 전문의약품이고, 약사의 조언에 따른 환자 본인의 선택으로
충분할 만큼 안전하면 일반의약품이며, 약사의 조언도 필요 없고 인체에 대한 부
작용도 거의 없을 뿐만 아니라 인체에 대한 경미한 작용은 있지만 의약품으로 볼
수 없을 정도이면 의약외품으로 분류하되, 어떤 제품에 의약품과 의약외품이 동시
에 함유되어 있을 때에는 의약품으로 분류하려는 것으로 이해할 수 있을 것이다.
하지만, 이러한 이해는 보다 상세히 분석할 때 상당한 난점이 드러나게 된다.

(2) 입법과 판례상 의약품, 일반의약품과 의약외품에 관한 개념이해의 혼란

　우선 약사법의 정의규정들은 길고 유사한 부분도 있어서 쉽게 이해되지 않으
므로 특히 일반의약품과 의약외품의 구별을 위해 도움이 될만한 기준들을 추출하
여 다시 정리해 보기로 한다.

　첫째, 의약외품은 의약품이 아니다. 하지만, 의약품이나 의약품에 사용되는 중
간재의 표준을 정하기 위한 책인 대한약전에 실린 것도 있다. 즉, 약사법의 정의
규정에 따를 때, 의약외품은 의약품은 아니지만 의약품과 밀접한 관련이 있는 것

기준, 의약품등 기준 및 시험방법 심사의뢰서 심사규정, 의약품 등 표준제조규정 등이 있다.

들도 있다.

의약품은 사람이나 동물의 질병을 진단·치료·예방 등의 목적으로 사용하는 물품중 기구·기계 또는 장치가 아닌 것 또는 사람이나 동물의 구조와 기능에 약리학적 영향을 줄 목적으로 사용하는 물품 중 기구·기계 또는 장치가 아닌 것이다. 의약외품은 사람이나 동물의 질병을 진단·치료·예방 등의 목적으로 사용되는 것들 중 섬유·고무제품 또는 이와 유사한 것이거나 인체에 대한 작용이 경미하거나 인체에 직접 작용하지 아니하는 것이어야 한다. 그리고 전염병의 예방을 목적으로 살균·살충 및 이와 유사한 용도로 사용되는 제제 중에서 보건복지부장관이 지정하는 것도 의약외품이다.

이 규정으로 볼 때, 의약품과 의약외품의 구별은 사람이나 동물의 질병을 진단·치료·예방 등의 목적에서 찾을 수 없고, 그 재질의 특성상 섬유·고무제품 또는 이와 유사한 것이거나, 아니면 그 효능의 정도로 보아 인체에 대한 작용이 경미하거나 인체에 직접 작용하지 아니하는 것이거나, 전염병예방의 목적을 갖는 것들 중 살균·살충 및 이와 유사한 용도로 사용되는 제제를 제한적으로 의약외품으로 한정짓고 있음을 알 수 있다. 의약외품 중 그 재질의 특성상 섬유·고무제품 또는 이와 유사한 것은 일반의약품과 쉽게 구별된다. 일반의약품은 의약품이어서 기구·기계 또는 장치가 아니어야 하기 때문이다. 또, 의약외품 중 전염병예방의 목적을 갖는 것들 중 살균·살충 및 이와 유사한 용도로 사용되는 제제의 경우 그 용도가 특정되어서 인체용 의약품과의 구별에 어려움은 없지만 농약과의 구별의 문제는 남는다. 하지만, 이 글의 주관심사인 일반의약품과의 구별에 어려움은 없다.

둘째, **의약외품과 의약품의 구별의 핵심은 사용 목적이 아니라 인체에 대한 작용이 경미하거나 인체에 직접 작용하지 아니하는 것이라고 생각된다. 즉, 효과에서 찾고 있다.** 하지만, 사람이나 동물의 질병에 대한 진단·치료·예방 등의 목적에서 의약품과 의약외품의 구별기준을 찾을 수 없다는 점에서 일반의약품과 의약외품의 구별은 어려워진다. 더구나, 의약외품 중 **인체에 대한 작용이 경미하거나 인체에 직접 작용하지 아니하는 것**이라는 기준은 불확정 개념으로서, 일반의약품에 관한 개념징표인 **의사나 치과의사의 처방 없이 사용하더라도 안전성 및 유효성을 기대할 수 있고 전문지식이 없어도 사용할 수 있으며 인체에 미치는 부작용이 비교적 적은 의약품**이라는 기준과의 구별에 어려움이 발생하고 있다.

예를 들어, 보건복지가족부의 고시인 '의약외품범위지정'(보건복지가족부 고시 2001-42) 제6호에서는 '6. 콘택트렌즈관리용품'을 의약외품으로 분류하면서 '콘택트렌즈의 관리를 위하여 세척·보존·소독·헹굼 기타 이와 유사한 방법으로 사용되는 물품으로서 기구 또는 기계가 아닌 것'이라고 설명해 놓고 있지만, 서울고등법원판결에서는 이와는 다른 견해를 제시하고 있다. "피고인이 제조·판매한 "유니온 슈퍼 린스"라는 상표의 콘택트렌즈 세척액은 대한약전에 수재된 염화나트륨, 칼슘정화제(E.D.T.A.), 멸균한 지하수 등을 일정비율로 혼합하여 제조된 것"으로서, "위 세척액은 착용자가 콘택트렌즈를 눈에서 빼어 낸 후 단백질제거액으로 렌즈에 붙어 있는 단백질 등을 제거한 다음 콘택트렌즈에 남아 있는 단백질제거액 등을 씻어 헹구어 내는 데 사용하는 사실, 눈의 각막은 반투과성이어서 콘택트렌즈를 헹구어 낼 때에 함유된 세균 및 오물질이 일부 투과될 수 있고 또 각막주변부의 혈관을 통하여 눈물에 용해된 세균이나 오물질이 흡수될 수 있을 뿐만 아니라 콘택트렌즈 세척액은 콘택트렌즈에 일부 함유되어 그 착용기간 내내 각막에 부착되고 눈물에 용해되어 작용할 수 있어 콘택트렌즈 착용으로 각막이 저산소증 상태로 되거나 마찰로 손상을 입을 경우 각막염을 일으킬 가능성도 있는 사실을 인정할 수 있는바, 위 인정사실에 의하면 피고인이 제조·판매한 위 **세척액은 눈의 각막에 직접 접촉하여 약리학적 영향을 미칠 뿐만 아니라 질병예방을 위하여도 사용되는 것이어서 위 약사법 소정의 의약품이라고 할 것**"이라고 판시하고 있다(서울고법 1993. 5. 21. 선고 93노645 판결).

약사법의 정의규정들에 나타난 입법자의 의도로 보아 어떤 제품이 의약품인가 의약외품인가의 구별은 사용목적이 아니라 그 효과에서 찾아야 하고, 결국 사람이나 동물의 구조와 기능에 약리학적 영향을 미치는가 여부에 따라야 할 것으로 보인다. 하지만, 그동안 판례는 의약품과 비의약품의 구별에 있어서 보통 그 효과뿐만 아니라 사용 목적도 함께 고려하여 분류해 왔고, 효과와 목적 중에서 오히려 사용 목적이 더 중요한 판단기준으로 작용해 온 것으로 보인다. 즉, 판례는 "반드시 약리작용상 어떠한 효능의 유무와 관계없이 그 성분, 형상(용기, 포장, 의장 등), 명칭, 거기에 표시된 사용 목적, 효능, 효과, 용법, 용량, 판매할 때의 선전 또는 설명 등을 종합적으로 판단하여 사회일반인이 볼 때 한 눈으로 의약품 아닌 식품에 불과한 것으로 인식되는 것을 제외하고는, 그것이 위 목적에 사용되는 것으로 인식되거나 약효가 있다고 표방된 경우에는 이를 모두 의약품으로 보아 구 약사법의 규제대상이 된다고 해석함이 상당하다"고 한다.13) 따라서 판례가 이해하는 의약품인지의 판단은 의·약학적인 효능·효과보다는 일반인의 인식에 비추어 볼 때 물품의 용도 내지 목적성 여부에 달려있으며, 그러한 인식에 영향을 미치는 중요한 역할을 하는 것은 그 물질의 성분, 본질, 형상(약제형태, 용기, 포장, 의장 등), 명칭, 거기에 표시된 사용목적, 선전, 설명 등이다.14)

이 입장에서는 유효성분뿐만 아니라 어떤 목적으로 사용할 것이냐가 중요한 기준이므로, '의약외품범위지정' 제1호에 따르면 입냄새 기타 불쾌감의 방지를 목적으로 하는 내용제 및 양치제인 구중청량제는 의약외품이지만, 동일하거나 유사한 성분을 사용하더라도 치은염, 치주염 등의 효능·효과를 표방하는 제품은 의약품으로 관리되어야 한다고 해석할 것이다.

그런데, 일반의약품과 의약외품의 구별에 있어서는 판례의 입장이 바뀌어야 하는 것일까? 하지만 그것 또한 문제를 야기할 것이다. 예를 들어, 수입업자들은 외국에서 샴푸제품을 수입하고자 할 때 의약품보다는 보다 시장이 넓은 의약외품으로 수입하면서도 비듬치료 등 인체의 건강에 긍정적 효과를 미친다는 점을 광고하고자 할 것이다. 즉, 의약외품의 제조업자나 수입업자는 실제의 치료효과와는 상관없이 인체에 대한 치료효과를 가능한 한 과장하여 광고함으로써 판매를 확장하려 할 것이고 소비자도 그것에 영향을 받게 될 것이므로 제조업자들이나 수입업자들이 표시하는 사용목적을 무시하고 그 효과만으로 의약품여부를 판단하는 것은 많은 문제를 야기할 것이다.

(3) 의약외품과 일반의약품에 대한 법적 규율의 차이

전문의약품, 일반의약품과 의약외품은 모두 인간의 건강에 큰 영향을 미치지

---

13) 대법원 2007. 8. 23. 선고 2006도988 판결; 대법원 2004. 1. 15. 선고 2001도1429 판결 등 참조.
14) 김천수, 대체의약품과 약사법, 의료법학 제5권 제1호, 2004. 7, 71면은 "실제로 사람 또는 동물의 질병의 진단·치료·경감·처치 또는 예방의 효능이 있거나 실제로 사람 또는 동물의 구조·기능에 약리학적 영향을 주는 의약품을 '진정한 의미의 의약품'이라고 한다면, 대법원 판례로 설정된 범위의 의약품은 약사법의 행위규제를 위한 '목적론적 의미의 의약품'이다"고 하고 있다; 전병남, 약사법상의 의약품의 개념, 법조 제55권 제7호, 2006. 7, 223면도 판례의 입장을 효과보다는 목적을 중시하는 것으로 이해하고 있다.

만 법적 규율의 내용이 달라 그 제품의 안전성 보장을 위한 감독의 정도도 다르고 국민을 위한 근접성과 가격에 있어서도 차이가 난다. 의약품의 경우 제조와 판매에 대해 보다 엄격한 감독이 이루어지고 있고 광고도 다른 상품보다 엄격한 규제를 하고 있다. 이하에서 의약외품과 일반의약품에 대한 법적 규율의 차이점을 살펴본다.

첫째, 약사법 제50조 제1항은 "약국개설자 및 의약품판매업자는 그 약국 또는 점포 이외의 장소에서 의약품을 판매하여서는 아니 된다"고 규정하고 있다. 일반의약품은 의약품이기 때문에 약국 등에서만 판매가 가능하다. 하지만, 의약외품은 의약품이 아니기 때문에 약국이 아닌 소매상점에서도 판매가 가능하다. 약국이외의 장소에서도 구매가 가능하다는 점에서 미국의 비처방의약품(OTC Drug)과 비슷하지만 비처방의약품은 우리나라의 일반의약품과 비슷하게 특히 전문의약품들 중 오랫동안 안전성이 검증된 의약품을 의사의 처방이 필요 없는 약으로 별도로 분류하고 판매장소를 확대시킨 것이라는 점에서 다르다. 다만, 비처방의약품이 미국에서 월마트나 식품점 등에 진열되는 경우에도 약사들이 월마트 등에서 일하고 있어서 구매 시 소비자가 원한다면 약사의 조언을 들을 수 있다는 점에서 우리나라의 의약외품보다는 일반의약품에 더 가깝다고 볼 수 있을 것이다.

둘째, 보건범죄단속에 관한 특별조치법 제3조 제1항에 따를 때, 의약품제조업의 허가를 받지 않고 의약품을 제조하거나 성분의 효능을 전혀 다른 성분의 효능으로 대체하거나 허가된 함량보다 현저히 부족하게 제조·변조·판매한 자 등은 죄질에 따라 사형·무기징역·자유형 등에 처해지게 된다. 의약외품은 의약품이 아니므로 의약품으로 제조·판매하고 표기하면 제재를 받게 된다. 판례상으로는 의약품에 대하여 제조허가를 받지 않고 제조·판매하다가 형사처벌을 받은 사례들이 매우 많이 나타난다.[15]

의약외품에 대해서는 치료효과, 즉, 치료약의 효능과 효과를 기재할 수 없고, 의약품으로 오인될만한 광고도 금지된다.[16] 약사법 제61조 제2항은 "누구든지 의

---

15) 최근의 판례로는 대법원 2007. 8. 23. 선고 2006도988 판결; 대법원 2004. 1. 15. 선고 2001도 1429 판결(공2004상, 368); 대법원 2001. 7. 13. 선고 99도2328 판결(공2001하, 1890); 대법원 1998. 2. 13. 선고 97도2925 판결(공1998상, 830) 등.
16) 식품이나 화장품 등과 관련하여 의약품이 아닌 것을 의약품으로 허위광고한 것을 이유로 형사처벌을 받아야 한다는 것을 긍정한 판례들도 많다. 최근의 판례들로는, 대법원 2006. 6. 2. 선

약품이 아닌 것을 용기·포장 또는 첨부 문서에 의학적 효능·효과 등이 있는 것으로 오인될 우려가 있는 표시를 하거나 이와 같은 내용의 광고를 하여서는 아니되며, 이와 같은 의약품과 유사하게 표시되거나 광고된 것을 판매하거나 판매할 목적으로 저장 또는 진열하여서는 아니 된다"고 규정하고 있다. '방송광고심의에 관한 규정' 제28조도 의약외품에 관한 방송광고는 1. 의약외품을 의약품으로 오인하게 할 우려가 있는 표현, 2. 품질·효능 등에 관하여 객관적으로 확인될 수 없거나 확인되지 아니한 사항, 3. 의사·치과의사·한의사·약사 또는 기타의 자가 이를 지정·공인·추천·지도 또는 사용하고 있다는 내용 등의 표현을 하여서는 아니된다고 규정하고 있다. 식품위생법 제11조 제1항도 "식품·식품첨가물의 표시에 있어서는 의약품과 혼동할 우려가 있는 표시를 하거나 광고를 하여서는 아니 된다"고 규정하고 있다.

셋째, 의약외품은 의약품이 아니기 때문에 제품이 시장에 가능한 한 신속하게 공급되도록 하는 것이 필요하다. 이를 위해, 의약외품으로서 안전성이 확보된 품목, 즉, 대한약전 등 공정서에 수재된 품목(예, 거즈, 붕대, 탈지면), '의약외품에 관한 기준 및 시험에 관한 방법'에 수재된 품목(예, 마스크, 안대, 생리대 등), '의약품 등 기준 및 시험방법'에 수재된 품목(예, 1회용 반창고)은 의약외품의 안전성·유효성심사가 면제된다. 또, 표준제조기준에 적합한 품목도 그 심사가 면제된다(의약품 등의 안전성·유효성 심사에 관한 규정(식품의약품안전청 고시 제 12007－30호 제3조 제1항).

국무총리행정심판재결례(97－08126 위생용품제조업허가취소처분등취소청구)에 나타난 사례로는 탈지면은 대한약전에 등재되어 있으나, 솜붕대는 대한약전이나 의약부외품 및 위생용품에 관한 기준 및 시험 방법에 별도 품목으로 등재되어 있지 아니하지만, 솜붕대도 이미 대한약전에 수재된 탈지면을 성분으로 조합한 품목이라 할 것이므로 안전성·유효성 심사대상에서 제외된다고 판단하고 있다.

넷째, 일반의약품과 의약외품은 건강보험에 의한 보험급여 여부에도 차이가 있다.

국민건강보험 요양급여의 기준에 관한 규칙(보건복지가족부령 제619호) 제5조 제1항 [별표 1] '요양급여의 적용기준 및 방법' 제1호는 다음과 같이 규정하고 있다.

고 2006도2034 판결; 대법원 2005. 11. 24 선고 2003도2213 판결; 대법원 2004. 6. 11 선고 2003도7911 판결 등이 있다.

1. 요양급여의 일반원칙

가. 요양급여는 가입자 등의 연령·성별·직업 및 심신상태 등의 특성을 고려하여 진료의 필요가 있다고 인정되는 경우에 정확한 진단을 토대로 하여 환자의 건강증진을 위하여 의학적으로 인정되는 범위 안에서 최적의 방법으로 실시하여야 한다.

다. 삭제

이에 따라, 일반의약품이지만 진료에 반드시 필요하다고 평가되는 의약품이나 국민건강에 미치는 영향을 고려할 때 필요하다고 평가되는 경우를 제외하고는 일반의약품 중 치료보조제적 성격이 강하거나 경미한 질환에 사용되는 자가치료 가능품목은 건강보험의 적용범위를 제한받고 있고 보건복지가족부가 고시로 비급여로 전환되는 범위를 넓혀가고 있다.[17)]

반면에 의약외품은 요양급여비의 적용대상도 아니고 소득세의 공제대상에서도 제외되어 있다. 즉, 소득세법 제52조 제1항 제3호, 소득세법시행령 제110조에 의하여 치료·요양을 위하여 약사법 제2조에 의하여 의약품(한약포함)을 구입하고 지

---

17) 보건복지가족부가 2006년 5월 3일 발표한 보도자료, '일반의약품 복합제 비급여 전환추진'에서 보험적용대상으로 등재된 일반의약품중 복합제는 881개 품목이며, 이 중에서 직접 질환치료에 사용되면서 대체의약품이 없는 등 보험적용으로 유지하는 것이 필요한 139개 품목을 제외하고 742개 품목을 2006년 11월 1일부터 비급여로 전환한다고 하고 있다. 2005년 청구금액 기준으로는 1660억 원이었다고 한다.

또한, 보건복지가족부는 2007년 11월 28일 발표한 보도자료 '의약품사용량관리대책'(보건복지가족부 홈페이지 www.mw.go.kr에 게재)에서 일반의약품 중 비급여대상의 기준에 관하여 다음과 같이 밝히고 있다. 08. 1/4분기부터 약제 요양급여 세부사항 고시를 개정하여 '일반의약품 중 치료보조제적 성격이 강하거나 경미한 질환에 쓰여 자가 치료가 가능한 품목은 건강보험 적용범위가 제한되거나 비급여로 전환된다'고 하면서, 그 이유로 특히 파스의 경우, 작년 1년간 300장 이상 처방받은 사람이 5만명에 이르고 사용량이 급증('06년 전년대비 30% 증가)하고 있어, 경미한 질환에 사용되는 의약품임을 고려하여 경구투여가 가능한 환자는 파스류의 약값을 환자가 전액 부담토록 할 계획이라는 것이다. 구체적으로, 2006년 전체 약제비 청구금액 중 파스·젤제 처방금액은 642억 원, 이중에서 경구용 해열진통소염제와 파스류가 동시 처방된 경우는 총 처방의 52%(318억 원), 파스나 젤제만 단독 처방된 경우는 29.5%(189억 원)라고 한다.

그리고 치료 보조제적 성격이 강한 일반의약품 연고 등도 의학적 근거 범위가 명확하고 꼭 필요한 경우에만 건강보험을 적용할 계획이라고 한다.

급하는 비용만 공제대상에 포함된다.

Ⅲ 의약외품확대정책의 한계와 일반의약품 시장의 활성화 필요

1. 행정처분으로서 의약품과 의약외품의 지정 · 전환행위

의약품등의 지정행위와 그의 전환지정행위는 모두 행정처분이다. 행정심판례(의약품분류변경거부처분취소청구, 국행심 03-00374사건)에서도 의약품의 분류변경거부행위 또는 전환지정거부행위를 행정처분으로 보고 심리를 하였다. 이 사건은 제약회사가 일반의약품으로 분류된 트리겔현탁액 및 트리겔정을 일반의약품에서 전문의약품으로 분류하여 줄 것을 신청하였으나 행정청은 거부하여 그 처분의 취소를 구한 것이었다. 국무총리행정심판위원회는 이 재결에서 "의약품의 분류는 고도의 전문성이 요구되는 것으로 중앙약사심사위원회의 의학적·약학적 전문지식에 대한 자문을 받아 관계법령이나 고시에서 정한 기준 등에 적합한지를 심사하였다면 그 심사가 잘못되었음을 인정할 만한 특별한 사정이 없는 한 정당하다 할 것"이라고 하면서, "중앙약사심의위원회에서 3차례에 걸쳐 이 건 품목에 대하여 심의하면서 의사, 약사 등의 전문가들이 충분히 주의를 기울여 심의하였음을 인정할 수 있고 달리 그 심사나 처분에 있어 잘못이 있다고 보이지도 아니하므로 이 건 의약품분류변경거부처분이 위법·부당하다고 할 수 없을 것"이라고 한다.

의약품등의 특성분류에 관하여 우리 약사법이 전문의약품과 일반의약품의 지정권을 보건복지가족부장관과 식품의약품안전청장 중 누구에게 주고 있는지는 구체적 분류기준에 관한 제정권과 분류지정행위 또는 전환지정행위에 관한 권한을 분리해서 살펴볼 필요가 있다.

전문의약품에 대해서 약사법 제2조 제10호는 전문의약품이란 "일반의약품이 아닌 것"이라고 규정하고 있고, 일반의약품에 대해서는 약사법 제2조 제9호에서 "보건복지가족부장관이 정하여 고시하는 기준에 해당하는 의약품"이라고 하고 있다. 전문의약품과 일반의약품의 구체적 분류기준으로 제정된 '의약품분류기준에 관한 규정'(보건복지가족부 고시 85-63) 제5조 제1항은 "전문의약품과 일반의약품의 분류를 재평가"할 수 있는 권한을 식품의약품안전청장에게 주고 있는데, 이 권한은 약사법 제33조에서 의약품 재평가에 관한 권한을 식품의약품안전청장에게 주고 있다는 것에서 법률적 근거를 발견할 수 있다. 이 규정들을 근거로 특정 의약품을 재평가할 수 있는 권한뿐만 아니라 전문의약품과 일반의약품에 대하여 직권에 의한 구체적 분류지정권과 전환지정권을 식품의약품안전청장이 실무상 행사하고 있다. 보건복지가족부장관이 분류기준을 정하고 식품의약품안전청장이 구체적인 분류지정 등을 할 때에 중앙약사심의위원회의의 자문의견을 들을 수 있다(의약품분류기준 제6조). 중앙약사심의위원회규정(보건복지가족부 예규 제658호) 제5조의2는 의약품분류소분과위원회의 구성에 대하여 "의료계와 약계 인사를 각각 동수로 하는 10인 이내의 의약품분류소분과위원회를 구성할 수 있다"고 규정하고 있다.

　의약품의 분류지정과 전환지정은 식품의약품안전청장이 직권에 의해 행사하는 것이 가능할 뿐만 아니라 '의약품의 품목허가를 받거나 신고를 하고자 하는 자'는 의약품의 분류신청을 할 수 있고 변경신청을 할 수도 있는데, 이에 대해 식품의약품안전청장은 분류지정과 전환지정을 할 수 있다(의약품분류기준 제3조 제1, 2항). '의사·치과의사 및 약사 관련단체'는 전문의약품과 일반의약품의 분류에 이의를 제기할 수 있다(의약품분류기준 제3조 제3항).

　약사법 제2조는 제7호에서 명백히 의약외품에 대해서는 '보건복지가족부장관이 지정하는 것'이라고 하여 보건복지가족부장관에게 지정권을 주고 있다. 고시인 '의약품 범위지정'도 보건복지가족부의 고시(2007-48)이고, 2007년 6월 1일 '담배대용품 외약외품 범위지정등 범위확대'에 관한 보도자료도 보건복지가족부가 낸 것이었고 보건복지부가 담배대용품을 의약외품으로 지정고시한다고 하고 있다. 하지만 이에 관해서는 많은 의문이 제기되고 있다. 이 문제는 아래에서 다룬다.

2. 의약외품으로 전환지정의 확대와 그 문제점

(1) 일반의약품의 의약외품으로의 전환지정정책의 강화

　의약외품은 약국이라는 제한된 전문적 시장이 아니라 보다 대중적인 시장에서 판매 가능하므로 시장의 규모가 크게 확대될 가능성이 있어 기업들에게 새롭게 주목받고 있다. 정부도 의약분업 이후 자가치료시장의 급격한 축소를 막기 위해 약사법상 일반의약품과 의약외품에 관한 정의규정을 개정하지 않은 채 보건복지가족부의 고시인 '의약외품범위지정'에서 의약외품들을 확대하는 방식으로 일반의약품을 의약외품으로 전환지정해 오고 있다.

2000년부터 2006년 말까지 약국 이외의 장소에까지 판매장소를 넓혀 소비자의 구매 불편을 줄여준다는 취지로 일반의약품 중 12개 성분을 의약외품으로 전환하였다. 2007년 이후에도 땀띠, 짓무름의 완화 및 개선을 목적으로 하는 산화아연 연고제, 칼라민·산화아연 로션제와 손발의 피부연화, 균열방지 및 완화를 목적으로 하는 피부연화제, 담배의 흡연 욕구를 충족시킬 목적으로 사용하는 연초가 함유되지 않은 궐련형 제품과 치아미백을 위하여 사용하는 의약외품의 제형에 페이스트제 등을 의약외품으로 지정해 오고 있다.[18] 더 나아가, 2008년 9월 9일 보건복지가족부 홈페이지에 게재된 '향후계획/과제'에 따르면 "의약품 관련 규제 개혁"의 방법으로 "안전성이 확보되고 부작용이 경미한 일반의약품을 단계적으로 의약외품으로 재분류하여 자유 판매 허용"하겠다고 한다.

2000년 이후 2007년까지 의약외품으로 전환지정된 것들은 연고제나 금연제 등이었기 때문에 시장규모도 상대적으로 작고 국민들이 그것들을 의약품으로 인식하지 않아 약사업계와의 갈등은 크게 표출되지 않았다. 이 범위를 넘어 정부가 가정상비약으로 애용되는 진통제와 해열제, 감기약을 의약외품으로 전환할 것인지가 주목받고 있는데, 진통제와 해열제, 감기약 등은 시장규모도 크고 국민들도 그것들을 의약품으로 인식하고 있어서, 의약외품으로 전환지정되어 일반소매점에서도 판매된다면 의약품은 약국에서 독점적으로 판매된다는 국민들의 의식이나 시장에 미치는 영향정도로 보아 그 파장은 지금까지와는 비교할 수 없는 것이 될 것이다. 현재까지 정부는 이에 대해 부정적인 입장이지만 의약외품 시장의 확대가 정부의 기본적인 입장이기 때문에 이에 대해 상당한 논란이 제기되고 있다.

우리나라와 달리 미국에서는 의약외품이라는 분류가 존재하지 않고 대부분 의료기기나 화장품으로 분류되어 있고 일부는 비처방의약품이나 식품보조제(Dietary Supplement) 그리고 살충제 등으로 분류되어 있다. 또, 우리나라 의약외품제도의 모델이 된 일본 약사법은 '의약부외품' 제도를 도입해 놓고 있지만 금연보조제는 우리나라에서만 의약외품으로 지정되는 등 그 구체적 대상은 상당한 차이가 있다.[19]

---

18) 보건복지가족부, '담배대용품 외약외품 범위지정등 범위확대' 공고문, 보도자료(www.mw.go.kr에 게재됨) 2007. 06. 01. 참조.

19) 신현택, 의약외품 허가심사제도 개선방안연구, 식품의약품안전청 연구보고서, 2005, 21-25면, 48-49면.

(2) 일반의약품의 의약외품으로의 지정·전환지정 행위에 관한 문제들

의약외품의 분류지정에 관한 규정들은 약사법 제2조 제7호와 '의약외품지정' (보건복지가족부 고시 2007-48)인데, 그의 구체적 분류지정절차에 관한 규정은 존재하지 않는다.[20] 또, 일반의약품으로부터 의약외품으로 전환지정은 보건복지가족부가 '의약외품범위지정'을 개정함으로써 하고 있다. 약사법상 의약품, 일반의약품, 의약외품 등에 관한 정의규정에 변화가 없음에도 불구하고 보건복지가족부장관이 고시인 '의약외품범위지정'의 개정만으로 새로운 분류지정과 전환지정을 하는 것에 관해서는 많은 법적 의문이 제기된다.

첫째, 법원은 오랫동안 국민건강이 침해되는 것을 막고자 허가 등을 얻지 않고 의약품이 아닌 것을 의약품으로 제조·판매하거나 허위광고하는 것을 처벌하여 왔는데, 행정부가 지금까지와 같이 단순한 고시규정의 개정으로 쉽게 의약품을 의약외품으로 바꾸는 것이 용인된다면 의약품과 비의약품을 엄격히 구별해 온 입법 및 판례의 입장들과 충돌하게 될 뿐만 아니라 의약품과 비의약품의 구별은 점점 더 혼란에 처하게 될 것이다.

둘째, '의약외품범위지정'의 개정만에 의해 일반의약품으로부터 의약외품으로 전환지정이 이루어진다고 해석한다면, 관련 규정은 처분적 고시로서 행정소송과 헌법소원의 대상이 될 수 있을 것으로 보인다. 약사법 제2조 제7호에서 의약외품에 관하여 '다음 각목의 어느 하나에 해당하는 물품으로서 보건복지부장관이 지정하는 것'이라고 규정한 부분으로부터 보건복지부장관에게 제정권이 위임되어 제정된 '의약외품범위지정'은 이른바, 법령보충규칙으로서 법규성이 인정될 것이고, 개정에 의해 전환지정되면 그 개정규정은 이해관계인에게 개별적·구체적 구속력을 발생할 것이기 때문이다. 이 경우 의약품을 비의약품인 의약외품으로 지정한 고시에 대하여 처분적 고시의 제정에 있어 재량을 그르친 것으로 위법판단해야 하는지가 중요한 법적 쟁점으로 대두될 것이다.

---

20) 신현택, 전게논문, 51면도 의약외품의 범위지정은 약사법상의 의약외품 정의규정과 의약외품범위지정 고시에 따라 보건당국의 재량으로 이루어질 뿐, "구체적인 범위지정절차와 요건" 등에 관한 부분이 부족하다고 하고 있다. 이 보고서에서는 1) 명확한 의약외품 분류기준의 확립, 2) 허가심사에 정확성과 적정성을 확보하기 위한 의약외품범위지정 절차 및 허가 관련 규정의 재정비와 세부지침 마련을 중요한 과제로 파악하고 있다. 동 보고서, 54-55면.

하지만, '의약외품 지정'의 개정만으로 항상 의약외품의 새로운 분류지정과 전환지정이 명확하게 되지 않는 상황이 상당히 존재할 수도 있고, 이 경우에는 특정 품목이 의약외품인지에 관하여 중대한 법적 불안이 존재하게 된다. 예를 들어, 서울고등법원의 판결(서울고법 1993. 5. 21. 선고 93노645 판결)에서 문제된 것처럼 어떤 회사의 콘택트렌즈 세척액이 의약외품으로서 '콘택트렌즈관리용품'에 속하는지 아니면 의약품인지 구별이 어려운 경우가 발생하게 되는 것이다. 이것은 구체적으로 특정 회사의 어떤 품목에 대해서 일반의약품에서 의약외품으로 전환지정하는 절차와 행위가 없기 때문이다. 현실적으로는 누가 하든 사실상 구체적 전환지정행위가 많이 수행되어 왔다고 밖에 볼 수 없을 것이다.

셋째, 보건복지가족부장관의 직권에 의한 의약외품의 지정만이 이루어지고 있는데, 의약품에 대해서는 직권에 의한 지정방식 이외에 품목허가와 품목신고를 하는 자에게 분류신청권과 변경신청권을 주고 관련 단체에 이의제기권까지 주고 있는 것에 비하여 이해관계인이나 국민을 위한 분류지정 신청절차 등 절차적 장치가 결여되어 있다. 현실적으로 제조업자나 수입업자 그리고 시민단체 등으로부터 계속해서 의약외품의 지정과 전환지정 등의 문제를 놓고 문의와 항의가 제기되고 있는 실정이다.

넷째, 의약외품의 분류지정권을 갖는 기관과 의약외품의 허가권자를 분리한 것은 다른 문제를 일으킨다.

의약외품과 관련된 제조업허가와 품목허가·품목신고에 관한 권한은 1998년 2월 28일의 약사법 개정으로 보건복지가족부장관에서 식품의약품안전청장에게 이전되었다. 이에 따라, 위생용품[21]의 허가에 관한 1998년의 재결례인 거즈와 멸균거즈의 제조허가에 관한 국무총리행정심판위원회의 재결(국행심 98-00626 위생용품제조업허가취소처분등취소청구)에서 피청구인은 보건복지가족부장관이었다. 그렇지만, 현행 약사법에 따를 때, 의약품의 제조를 업으로 하려는 자는 식품의약품안전청장의 허가를 얻어야 하고, 의약외품의 제조를 업으로 하려는 자는 식품의약품안전청장에게 신고를 하여야 하며, 의약품과 의약외품은 각각 제조하려는 품목별로 식품의약품안전청장으로부터 품목허가를 받거나 품목신고를 하여야 한다(약사법

---

21) 2000년 1월 12일 약사법개정으로 의약외품이 도입되기 이전 위생용품과 의약부외품이 의약외품으로 이름이 개칭되었다.

제31조 제1항).

　보건복지가족부장관의 '의약외품지정' 고시로 의약외품인지가 명확하지가 않은 경우 어떤 기업이 특정 물품에 대해 의약외품의 품목허가신청이나 품목신고서를 제출하면 식품의약품안전청장이 의약외품의 품목허가신청을 심사하고 품목신고서를 수리할 것인지 여부를 심사하게 된다. 이때 식품의약품안전청장은 사실상 어떤 회사의 특정 품목이 의약외품인지 여부를 심사하고 나서 그것을 의약외품으로 인정한 후 품목허가심사절차 등에 들어가지만, 행정절차법 제24조 제1항에 따라 처분은 원칙적으로 문서로 하여야 함에도 불구하고 품목허가증 이외에는 분류지정에 관한 어떤 문서도 발급되지 않는다. 법적으로 어떤 품목이 의약외품인지 여부는 보건복지가족부장관에게 있기 때문에 식품의약품안전청장이 의약외품인지가 불명확한 상황에서 사실상 의약외품으로 분류지정한 후 의약외품의 허가심사절차에 들어가는 것은 타 기관의 권한을 행사하는 것으로 위법하게 될 것이다. 또, 의약외품으로서 품목허가를 받지 못한 기업이 사실 이 상품은 의약외품이 아니라 단순한 식품이나 화장품으로서 의약외품과 관련된 허가심사 등을 받을 필요가 없다고 생각한다 하더라도, 이 기업은 식품의약품안전청장을 상대로 품목허가거부처분의 취소소송을 제기하려 하지 않을 것이지만 식품의약품안전청장을 상대로 의약외품 분류지정처분의 취소소송을 제기할 수도 없을 것이다. 그는 아무런 적극적 조치도 취하지 않은 보건복지가족부장관을 상대로 의약외품으로 분류지정한 것을 전제로 하여 그의 취소소송을 제기하여야 하는가? 입법적으로는 전문의약품 및 일반의약품에서와 같이 의약외품의 분류지정에 관한 일반적 기준은 보건복지가족부장관이 고시로 제정하게 하더라도 개별 품목에 대한 구체적 분류지정은 식품의약품안전청장이 허가권 등과 함께 통일적으로 갖도록 하는 것이 타당하다고 생각한다.

　다섯째, 일반의약품으로부터 의약외품으로 전환지정행위를 하는 경우 누가 전환지정권을 갖는다고 보아야 하는가? 이 문제는 일반의약품으로부터 의약외품으로 전환지정행위에 관해 법률과 고시 등에서 전혀 규정하고 있지 않기 때문에 일어나는 문제이다. 전환지정행위의 취소소송을 제기하는 경우 원고는 누구를 피고로 지정해야 하는가? 일반의약품의 분류지정권은 식품의약품안전청장이 갖고 있고 의약외품의 분류지정권은 보건복지가족부장관이 갖고 있는데, 전환지정행위는 일반의약품의 지정취소행위와 의약외품의 신규지정행위를 함께 한 것으로 볼 수 있다. 그런데, 전환지정에 관한 법률적 근거규정이나 고시 등의 규정도 없는 상태에서 보건복지가족부장관이 단독으로 전환지정권을 행사하는 것은 합법적인가 하는 의문이 제기된다. 이 문제는 전환지정행위의 취소소송을 제기한다면 피고를 누구로 지정하여야 하는가의 문제와도 관련된다. 보건복지가족부장관 단독인가 아니면 식품의약품안전청장을 공동피고로 하여야 하는가가 문제된다. 입법적으로 전환지정에 관한 규정을 신설하여 정비하여야 할 것이다.

또한, 일반의약품을 의약외품으로 지정하게 되어 약국독점판매가 깨지게 된 약사는 전환지정행위의 취소를 주장할 법률상 이익을 주장할 수 있는가, 더 나아가 취소소송이 허용된다면 이 소송에서 약사는 일반의약품의 지정취소라는 불이익처분의 취소에 관한 행정절차법상의 절차인 사전통지와 의견제출기회의 보장절차의 위반을 주장할 수 있는가? 약사가 일반의약품판매와 관련하여 누리는 이익은 반사적 이익에 불과하다고 본다면 전환지정된 의약외품을 구입하여 부작용피해를 입은 국민은 전환지정행위의 취소를 구하고 국가를 상대로 손해배상청구를 할 수 있을 것인가?

여섯째, 의약외품의 분류지정절차와 전환지정절차에 관해 명시적인 법률규정과 행정입법이 없는 상태에서 수익적 처분의 신청절차에 관한 일반적 법률규정인 행정절차법 제17조 제1항에 따라 의약외품의 지정·전환지정 등의 신청을 할 수 있는지가 문제된다. 특별한 규정이 의약관계법에 없기 때문에 처분의 신청에 관한 일반절차에 관한 규정인 행정절차법 제17조가 적용될 수 있다고 볼 수 있는지가 문제된다. 행정절차법 제3조 제1항은 "처분·신고·행정상 입법예고·행정예고 및 행정지도의 절차(이하 "행정절차"라 한다)에 관하여 다른 법률에 특별한 규정이 있는 경우를 제외하고는 이 법이 정하는 바에 의한다"고 하고 있기 때문이다.

(3) 의약외품의 허가심사 및 감독과 관련된 문제들

의약외품의 허가심사와 관련해서도 문제가 발생하고 있다. 의약외품 중 일반의약품에서 전환되는 것이 늘어나게 되면 과거 위생용품이나 기능성 화장품 등 상대적으로 규제의 강도가 약했던 것들과 의약품으로서 규제의 강도가 강했던 것들이 함께 묶여서 규제가 이루어지게 되어 의약외품으로 분류지정함으로써 불필요하게 규제가 강화된다는 비판이 제기되고 있다. 의약외품 중에는 사실상 의약품도 있다는 점을 강조하는 입장에서는 허가기준과 심사 등을 강화할 것을 요구하고, 의료기기, 기능성 화장품이나 단순한 위생용품과 다르지 않다는 입장에서는 규제의 완화를 요구하게 된다. 의료기기, 식품 또는 화장품으로 취급되어 시장에 판매되고 있는 상품들에 대해서 지방식품의약품안전청 등으로부터 의약외품이니 의약외품으로서 품목허가나 품목신고 등을 다시 하라는 통지를 받고 많은 기업들이 이의를 제기하고 이중 규제라고 하면서 의약외품제도의 폐지를 주장하기도 한다.

　서로 성격이 다른 의약외품들에 대하여 차별화된 규제시스템을 도입해야 하는지[22] 아니면, 일반의약품으로부터 전환된 것들에 대해서는 약국독점을 깨면서도 의약품으로서의 성격을 인정하되 자유판매가 가능한 자유의약품이나 약사 이외에 일정한 자격을 가진 자를 고용하면 일반소매점에서 판매 가능하도록 할 것인지 등이 검토되어 의약품의 분류체계와 판매체계를 새롭게 정비해야 할 것이다.

　의약외품으로의 전환지정이 일정한 질적 수준을 넘어 더 이상 확대된다면 국민건강에 보다 중대한 침해위험이 현실화될 가능성도 있고 행정감독에도 많은 어려움이 발생할 것이다.

　의약외품은 약국 이외의 장소에서도 판매가 가능하도록 하면서 그의 안전성이나 유효성 등에 대한 지식이나 관심이 매우 부족한 상인들에 의해 판매될 것인데, 이 상인들은 제품의 질보다는 가격에 관심을 집중할 것이고 불경기인 상황에서 그 정도는 심할 것이다. 이미 의약외품에 대해서는 안전성과 유효성에 대한 심사 면제 등으로 규제가 완화되어 있는 부분이 있는데, 규제가 완화되지 않더라도 단속 등이 약화되어 나타나는 문제도 현실적으로 등장하고 있다. 즉, 그 약효가 지극히 낮은, 외국산 저가밴드의 범람과 같은 현상이 의약외품 시장에서 크게 증가하고 있다. 낮은 진입장벽 때문에 적은 자본과 소수의 인원으로 신설된 제조업체나 수입업체들이 길거리 판매나 인터넷 판매 등의 방법으로 갑자기 시장에 참가했다가 단속에 걸리거나 자본의 부족 등으로 갑자기 사라지는 일이 빈번하다. 수많은 저가항생제나 제네릭 의약원료들이 중국이나 인도 등의 영세 화학공장에서 비위생적으로 제조되고도 일반인이 구별하기 어려운 캡슐형태로 수출되어 아프리

---

22) 신현택, 전게논문, 52면은 의약외품의 3종류는 서로 성격이 완전히 다르기 때문에 차별화된 세부규정을 도입해야 한다고 주장한다.

카 국가들이나 다른 제3세계 국가들에서 매년 수십 명의 아동들의 인명피해가 국제적으로 보고되고 있는 것이 현실이다. 저가 수입상품들이 고이윤을 보장해 주는 한, 단속을 강화한다고 하더라도 전문의약품이나 일반의약품에 비하여 훨씬 다양한 장소와 다양한 방법으로 판매가 이루어지는 의약외품 시장에서 이러한 문제점은 사라지기 어려울 것이어서 의약외품들의 안전성과 유효성은 실제적으로 크게 낮아질 것이다.

그러므로, 기존의 일반의약품들에 대하여 약국독점 판매 정책을 깰 필요성이 있다 하더라도 인체에 보다 치명적인 위험을 미칠 잠재력이 있는 상품이 의약외품으로 분류되어 시장에서 쉽게 유통되는 것은 방지해야 한다. 의약외품으로 단순하게 전환지정되는 것만으로 약사나 다른 전문가의 보관관리나 복약지도와 같은 안전장치 없이 무분별하게 사용되어 국민의 건강보호에 위해가 발생되게 해서는 안 될 것이다.

3. 일반의약품 시장의 활성화 필요

(1) 약국약으로서 일반의약품제도의 독자적 존립필요성에 관한 논의들

미국에서도 의사의 처방은 필요없지만 약사만이 판매할 수 있는 의약품을 비처방의약품(OTC Drug)과 구별하여 제3종 의약품(Third Class of Drugs)으로 분류하는 제도를 도입해야 한다는 주장이 계속 제기되어 왔다.[23] 이러한 논의들은 우리나라에서 일반의약품의 존재의의와 관련하여서도 일정한 시사점이 있으므로 요약해 보기로 한다.

제3종의 의약품을 도입할 필요가 있다는 주장을 지지하는 입장은 다음과 같은 논거들을 제시한다.

첫째, 의약품을 판매할 때 약사의 적절한 지도가 의약품의 잘못된 복용으로 인한 소비자의 건강위험을 방지할 수도 있다고 한다. 약사들은 처방약은 물론 비처방의약품을 판매할 때 복용함에 있어 주의해야 할 음식이나 활동 등에 관한 조언도 할 수 있다고 한다. 또, 소비자들이 여러 비처방의약품들을 잘못 혼합하거나

---

23) 이에 관한 소개는, Gregory M. Fisher, Third Class of Drugs – A Current Review, Food, Drug, Cosm. L. J. 46, 1991, pp.593–595, Richard R. Abood, Pharmacy Practice and the Law, 5ed., 2008, pp.118–119 참조.

변경시키는 것도 방지할 수 있다고 한다.

둘째, 약사들은 의약품들 중 소비자들이 잘못 사용하여 부작용이 발생하는 경우들에 관한 정보를 가장 많이 알고 있을 것이고 그의 방지를 위해 소비자와 가장 근접한 거리에서 조언할 수도 있을 것이기 때문에 이러한 의약품들 중심으로 제3종 의약품을 지정하면 그 부작용을 방지할 수 있다고 한다.

셋째, 소비자들은 의약품에 기재된 복용방법, 주의사항 등에 관한 정보를 꼼꼼이 읽지 않거나 고령 등의 이유로 읽는 데 어려움을 느끼는 사람들도 있는데 이 사람들에 대해서는 약사의 조언이 매우 효과적으로 도움을 줄 수 있다고 한다.

넷째, 의약품의 보관에 있어서도 상당한 주의가 필요한 의약품들이 많은데 일반 소매점의 점원들은 그러한 전문지식이 결여되어 있다고 한다.

하지만, 미국 식품의약법(1951년 Durham – Humphrey 수정법에 의해 도입됨)에 따르면 처방의약품(Prescription drug)과 비처방의약품(OTC Drug)의 두 가지 종류로 의약품을 구별했을 뿐 제3종 의약품을 인정하지 않고 있는데, 그 논거들은 다음과 같다.

첫째, 비처방의약품을 두 가지로 나누어 약사에게만 제한적으로 판매를 허용하기 위해서는 어떤 비처방의약품은 약사의 지도 없이는 안전성에 문제가 발생할 수 있다는 입증자료가 필요한데 그 근거가 약하다는 것이다. 비처방의약품은 전문가의 처방이나 복약지도가 없더라도 안전하고 유효하다는 것이 증명된 의약품이기 때문이다.

둘째, 의약품에 관한 설명서나 포장에 효과, 유효기간, 복용방법, 성분, 부작용과 주의사항 등이 모두 기재되어 있고 제약회사는 필요한 경우 법적으로 의무 지어진 범위를 넘어서까지 소비자들의 불편이나 실수를 해소할 수 있는 정보를 제공한다. 따라서, 막연한 근거로 판매장소를 약국에 한정하는 것은 소비자에게 불편을 초래하고 경쟁을 줄여 의약품의 가격만을 상승시킬 뿐 소비자에게는 어떤 이익도 제공하지 못하고 자가치료를 보다 어렵게 한다는 것이다.

셋째, 필요한 경우 일반 소매점에서 판매 가능한 의약품 등을 약국에서도 판매할 수 있고 소비자도 조언이 필요하면 약국에서 그것을 구입할 수 있을 것이다.

하지만, 90년대 이후 비처방의약품으로 판매되고 있는 Zantag, Claritin, Prilsec, Statins 등은 판매규모도 크고 정확하고 신뢰할만한 복용방법에 따른 복용의 필요

도 크므로 제3종의 의약품제도를 도입할 필요성은 더 증가했다고 평가하는 입장
도 있다.[24]

　　미국에서 제3종 의약품의 도입 논의뿐만 아니라 우리 국민들의 의약품 복용의
문화와 제약회사, 의사, 약사 등의 관계도 고려하여 우리의 입장이 정해져야 한
다. 의약품의 보관과 복용과 관련하여 일반소매점의 주인들과 국민들사이에 의약
품의 안전성에 대한 인식이 아직도 낮아 의약품에 기재된 내용을 꼼꼼히 읽지 않
을 뿐만 아니라, 지나치게 영세한 제약업체들이나 외국산 불법 저가 수입품들의
범람은 국민건강에 치명적 위험을 야기시키고 있고 그 사례는 점점 빈번해지고
있다. 하지만, 고령화 사회가 급속히 진전되면서 국민들이 의료비 상승의 부담을
느끼고 있어서 의약품등의 시장을 확대하여 가격을 낮출 필요성도 있다. 이러한
상충하는 이익들을 어떻게 조화시켜야 하는가?

(2) 일반의약품의 유형에 따른 차별적 접근의 필요

　　이상에서와 같은 이익충돌을 조화시키는 방안으로 일반의약품 시장을 활성화
시키되 일반의약품들을 유형화시켜 차별적 규제를 하는 것이 입법적으로 고려될
수 있을 것이다.

　　일본 약사법은 2005년의 개정으로 일반용 의약품을 부작용위험에 따라 3종류
로 나누어 가장 위험도가 높은 제1류 의약품은 약국에서 약사에 의해서만 판매가
능하고 제2, 3류 의약품은 약사가 아닌 등록판매자(새로 도입된 자격제도임)가 약국
이 아닌 점포 등에서 판매가 가능하도록 하고 있다(일본 약사법 제36조의3, 제36조의
4 제2항).

　　영국 약사법(Medicines Act, 1968)은 처방약 이외에 비처방약을 약국약(Pharmacy
Medicine)과 자유판매약(General Sale List)으로 나누어 자유판매약은 약국 이외의
일반소매점에서도 판매가 허용되도록 하고 있다.[25]

---

24) 이러한 견해는, Matthew J. Seamon, Plan B for the FDA : a need for a third class of
　　drug regulation in the United States involving a "pharmacist－only" class of drugs, Wm.
　　& Marry J. Women & L. 12, 2005－2006, p.555 참조. 연방과 달리, Schedule V 의약품
　　(Exempt Narcotics)과 Emergency Contraception을 위한 Plan B에 대해서 일부 주는 제3종
　　의 의약품으로 판매하도록 하고 있다.
25) 영국의 의약품분류체계에 관한 소개는, 신현택, 의약품 분류체계 개선방안연구, 보건복지가족

우리나라에서도 일본과 같이 일반의약품을 3종류로 분류하거나, 또는 미국의 제3종 약과 OTC Drug, 또는 영국에서 일반의약품을 약국약과 자유판매약으로 다시 2분하는 것과 같이 2분할 것인가, 이와 별도로 등록판매업자와 같이 일정한 판매자격을 가진 자만이 약국 이외의 장소에서 판매할 수 있도록 자격규제를 가할 것인가는 다른 본격적인 검토를 요한다 할 것이다.

필자로서는 우리나라에서도 인체에 보다 치명적인 위험을 미칠 잠재력이 있는 상품이 의약외품으로 분류되어 시장에서 쉽게 유통되는 것은 방지해야 한다고 본다. 따라서, 자가치료시장의 활성화를 위해 감기약이나 해열제, 진통제 등에 대한 약국독점을 깨고 일반소매점에서 판매되도록 하는 정책은 추진된다 하더라도 그것은 비의약품인 의약외품이 아니라 일반의약품으로 판매되도록 하여야 하고 판매자에게 점포 내에서 적절한 설명서를 비치하고 설명을 해줄 의무를 부과하여야 한다. 이를 위하여 판매업자들은 일정한 기간마다 판매하는 일반의약품 등에 대하여 적절한 교육훈련을 이수하도록 할 필요가 있다.

일반소매점에서 판매 가능한 일반의약품을 법개정으로 별도로 도입하지 않고 현재와 같이 의약외품으로 전환지정하여 판매하려 할 때에도 판매업자들이 일정한 교육을 받도록 하고 점포 내에서 적절한 설명서를 비치하고 설명을 해줄 의무를 판매업자에게 부과하여야 할 것이다.

(3) 전문의약품으로부터 일반의약품으로의 전환지정정책의 강화 필요

미국 식품의약법상 처방의약품으로부터 비처방의약품으로의 전환은 건강보험 재정의 보호필요성으로부터도 왔다. 건강보험은 많은 사람들로부터 매월 보험료를 모아서 예측 불가능하게 찾아오는 질병에 대해 개인으로서는 감당하기 어려운 의료비용을 감당할 수 있게 하려는 데 그 기본적인 목적이 있기 때문에 의약품 가격이 비싸고 전문의의 전문적인 수술이나 처방이 필요한 경우가 건강보험의 주요 커버범위이다. 이 때문에 의약품들 중 건강보험에 의해 커버해야 하는 의약품들은 우선 처방의약품이 포함되고 보험재정확충의 정도에 따라 그 범위를 넓혀가는 정책을 취한다. 하지만, 안전성이 검증되고 특허기간이 끝나 가격이 상대적으로 저렴하여 각 가정에서 일상적인 생활비로 감당할 수 있는 의약품들은 비처

부 연구보고서, 2005, 34-38면 참조.

방의약품으로 분류함으로써 건강보험의 적용범위에서 제외한다. 그 대신 제약회사의 수익성을 보호하고 소비자들의 자가치료를 쉽게 하기 위하여 약국으로부터 일반 소매점으로 시장을 확대하였다.[26]

미국에서와 같이 처방의약품의 비중이 줄고 비처방의약품이 확대되어가고 있는 것이 국제적 추세이지만, 우리나라에서는 의약분업정책이 채택된 이후 의약품 판매체계의 특수성으로 인해 제약회사들이 보다 고가에 판매할 수 있고 의사도 의료수가를 높일 수 있는 전문의약품에 대해 일반의약품으로의 전환에 매우 소극적인 태도를 취하고 있다. 의약분업 이후 제약회사들은 외국과는 반대로 일반의약품에 대해서도 전문의약품으로 전환신청하고 있는 것이다.[27]

현실적으로 의약품 시장은 전문적 능력에서 일반 소비자보다 뛰어난 공급자가 지배하는 시장이다. 이로 인해 우리나라에서는 약국판매라는 제약을 함께 받는 전문의약품과 일반의약품 중 제약회사에게 보다 적은 이윤을 제공하는 일반의약품 시장이 축소되고 처방이 필요한 전문의약품 시장이 팽창해 가고 있어 자가치료시장도 축소되고 있다. 이렇게 되면 일반의약품의 사용만으로도 치료가 가능한 질환에 대해서까지 환자들이 병원을 찾아 의사의 처방을 받아 전문의약품을 사용해야 하기 때문에 환자들은 비용과 시간을 낭비하고 건강보험재정은 불필요한 비용까지 지출해야 하게 될 것이다. 이것은 현재는 물론 장래에 건강보험재정의 건전성에 대한 중요한 위험요소가 될 것이다.

우리나라는 미국과 달리 전문의약품과 일반의약품이 보험급여 대상여부의 판단에 있어 절대적인 기준으로 작용하는 것은 아니라 할 것이지만, 우리나라에서도 처방 없이 경증질환에 사용되는 일반의약품은 의료자원의 낭비를 줄이기 위해 대부분 비급여 대상으로 되어 있고, 그 대상은 확대되고 있다. 따라서 우리나라에서도 일반의약품 시장의 활성화는 건강보험재정의 건전성 강화에 크게 기여하게 된다. 때문에 우리나라에서도 전문의약품으로부터 일반의약품으로 전환되는 품목을 계속 확대해 가야 하는데, 정부가 전문의약품 중 안전성과 유효성을 검증하여 부

---

26) Lance W. Rook, Listening to Zantag : the role of non-prescription drugs in health care reform and the federal tax system, 62 Tenn. L. Rev., 1994, pp.138-139.

27) 행정심판에 나타난 사례를 살펴보면, 의약품분류변경거부처분취소청구(국행심 03-00374)사건에서 제약회사는 일반의약품으로 분류된 트리겔현탁액 및 트리겔정을 일반의약품에서 전문의약품으로 분류하여 줄 것을 신청하였으나 행정청은 거부했고 그 처분의 취소를 구하고 있다.

작용이 적은 의약품을 적극적으로 일반의약품으로 전환해 가야 할 것이다.

Ⅳ 결어

　미국에서 의약에 관한 사항은 국민건강보호와 그의 통일적 규율의 필요성에 의해 주가 아니라 연방의 입법적 관할사항으로 인정되어 미국연방행정법의 발생과 발전의 과정에서 중요한 역할을 수행해 왔다. 1970년대 이후에는 건강공법도 국민의 건강보호에 대한 관심과 관계법의 증가로 공법의 한 분야로서 발전해 오고 있다. 이 글에서는 우리나라에서 의약법연구가 불모지인 점을 고려하고 우리의 소득수준이나 다른 여러 특성을 고려하여 의약품, 의료기기 그리고 국민의 건강보호에 관한 법들을 망라하여 의약법으로 파악하여 연구하는 것이 적절할 것으로 보았다.

　더불어, 행정법의 주요 행위형식인 행정행위에 관한 의약법상의 수단으로서 의약품등의 분류지정과 전환지정에 관련된 문제, 그중에서도 일반의약품과 의약외품의 지정과 관련된 문제를 구체적으로 분석·검토하였다.

참고문헌

1. 국내문헌

김천수, 대체의약품과 약사법, 의료법학 제5권 제1호, 2004. 7.

신현택, 의약품 분류체계 개선방안연구, 보건복지가족부 연구보고서, 2005.

신현택, 의약외품 허가심사제도 개선방안연구, 식품의약품안전청 연구보고서, 2005.

전병남, 약사법상의 의약품의 개념, 법조 제55권 제7호, 2006. 7.

2. 외국문헌

E. Deutsch/H.D.Lippert, Kommentar Zum Arzneimittelgesetz, 2. Aufl., 2007.

Edward P. Richards, Public Health Law as administrative law, Journal of Health Care Law & Policy 10, 2007.

Gregory M. Fisher, Third Class of Drugs − A Current Review, Food, Drug, Cosm. L. J. 46, 1991.

Lance W. Rook, Listening to Zantag : the role of non−prescription drugs in health care reform and the federal tax system, Tenn. L. Rev.62, 1994.

Lars Noah, Treat Yourself : Is Self−medication the Prescription for What ails American Health Care?, Harv. J. Law & Tec. 19, 2006.

Matthew J. Seamon, Plan B for the FDA : a need for a third class of drug regulation in the United States involving a "pharmacist−only" class of drugs, Wm. & Marry J. Women & L. 12, 2005−2006.

Richard R. Abood, Pharmacy Practice and the Law, 5ed., 2008.

Timothy Stoltzfus Jost, Health Law and Administrative Law : a Marriage most convenient, St. Louis U. L. J. 49, 2004−2005.

Wolfgang A Rehmann, Arzneimittelgesetz Kommentar, 2. Aufl., 2003.

株式會社 ドーモ(編), 改正藥事法 改訂版, 藥事日報社, 2007.

〈추록〉 의약외품에 대한 규제의 강화와 일반의약품에 대한 약국 외 판매의 확대

1. 의약외품으로서 가습기살균제 사고와 그의 판매규제

보건복지가족부는 국무총리실 주관 관계부처 회의(2011. 7. 13) 등을 거쳐 "폐손상 환자 발생의 원인으로 확인된 가습기살균제를 의약외품으로 지정하여 관리하고자" 보건복지부고시인 '의약외품범위지정'을 2011. 12. 30. 개정하여 제2호 차목에 가습기살균제를 의약외품으로 지정하여 식품의약품안전청장의 허가 및 관리를 받도록 했다.

가습기살균제는 가습기의 분무액에 포함된 살균제인데 주식회사 옥시 등이 제조, 판매한 가습기살균제에 포함된 독성 화학물질 때문에 2012년 10월 8일 기준 영유아 등 사망자 73명 등 181명의 피해자가 발생하였다. 이 사태로 인해 주식회사 옥시 등의 대표자는 업무상 과실치사 등의 혐의로 징역형이 선고되었고, 가습기살균제에 대한 규제강화의 계기가 되었다.

이 사건에서 대법원은 제조판매회사에게 화학약품 제조업자로서 제품의 결함 유무를 확인하고 안전성을 검증해야 하는 주의의무를 인정하면서, 제품을 공급할 당시의 과학기술 수준으로 조사와 연구를 통해 존재하는 결함으로 발생할 가능성이 있는 위험을 제거하거나 최소화해야 한다고 보았다. 이러한 입장에서 대법원은 "가습기살균제 제품인 옥시싹싹가습기당번의 원료물질을 인체에 유해한 PHMG로 변경한 후 제조·판매하는 과정에 흡입독성시험 등 제품의 안전성을 확인하기 위한 조치를 취하지 않는 등 주의의무위반 사실이 인정되고, 이러한 주의의무위반과 피해자들의 사상 사이에 인과관계를 인정할 수 있다"고 했다(대법원 2018. 1. 25. 선고 2017도12537 판결).

의약외품은 2000년 1월 12일 약사법개정(약사법 제2조 제7항)으로 새롭게 등장한 용어로서 입법자의 의도는 약사의 조언도 필요 없고 인체에 대한 부작용도 거의 없을 뿐만 아니라 인체에 대한 경미한 작용만 미치면 의약외품으로 분류하려는 것이라 할 수 있지만, 인체에 직접적 영향을 미치는 물질인 의약외품의 무분별한 확대나 의약외품에 대한 감독의 부재나 태만이 어떤 사회적 문제를 일으키는지 우리 사회에 심각한 경각심을 불러일으킨 사례라 할 것이다.

2. 일반의약품의 확대필요와 안전상비의약품제도의 도입

국회는 2012. 5. 14. 약사법 제3절 의약품등의 판매업 관련 규정들을 추가 개정하여 안전상비의약품제도를 도입하였다. 약사법 제44조의2 제1항에 따를 때, 안전상비의약품이란 "일반의약품 중 주로 가벼운 증상에 시급하게 사용하며 환자 스스로 판단하여 사용할 수 있는 것으로서 해당 품목의 성분, 부작용, 함량, 제형, 인지도, 구매의 편의성 등을 고려"한 것으로서 보건복지부장관이 정하여 고시하는 의약품을 말한다. 안전상비의약품은 약국이 아닌 장소에서 판매할 수 있는데 이를 원하는 자는 시장·군수·구청장에게 안전상비의약품 판매자로 등록하여야 한다. 이 규정의 도입으로 2012년 11월 15일부터 약국이 문을 닫는 공휴일·야간에 의약품 구입 불편을 해소하기 위해 해열진통제, 감기약, 소화제, 파스 등 13개 품목이 안전상비의약품으로 지정되어 약국 외의 장소(24시편의점, 특수지역, 보건진료소)에서 판매되고 있다.

이로써 우리나라에서도 자양강장제·비타민·위생용품·외용소독제 등의 "의약외품"만이 편의점에서 판매되다가 일반의약품 중 일부에 대해서도 약국 이외의 장소에서 판매가 허용되게 되었다. 점차 품목이 확대될 것이 기대되고 있다.

제2절

삶의 질, 건강의 보호와 행정법학

Ⅰ 행정법의 새로운 이념으로서 삶의 질과 행정법학의 재구축

1. 법적 연구의 주제로서 삶의 질

국민들의 소득이 일정 수준 이상이 되면 경제적 욕구보다 삶의 질에 대한 욕구가 더욱 증대하는데, 최근 우리나라에서도 많은 사람들이 웰빙(Well-being)과 삶의 질에 높은 관심을 보여주고 있다.

삶의 질은 행복한 삶과 관련된 사회적 척도로 사람들의 행복의 실현에 필요한 조건이 충족되는 정도와 관련되어 있으면서 주관적인 측면과 객관적인 측면을 함께 가지고 있다. 삶의 질에 영향을 미치는 요인들은 주택, 친구, 결혼, 수입, 건강, 교육, 직업, 이웃, 치안·안전, 환경, 복지, 정치, 가족, 여가, 종교 등 매우 다양하다.28)29) 또, 삶의 질은 삶의 현재의 모습뿐만 아니라 미래의 기대에 의해서도 영

---

28) 세계적으로 유명한 미국의 Calvert-Henderson Quality of Life Indicator도 education, em-ployment, energy, environment, health, human right, income, infra-structure, security, public safety, recreation, housing을 삶의 질의 구성요소로 파악하고 있다(홈페이지 http://www.calvert-henderson.com 참조).

29) 김대중 정부 시절 1999. 07. 12 대통령훈령 0080호로 제정된 '삶의질향상기획단규정'은 12개조

향 받고 소속집단이나 사회와의 관계에 의해서도 영향 받는다.

삶의 질이라는 개념이 다양한 요인에 의해 영향 받고 있을 뿐 아니라, 개인의 주관적인 가치판단에 의해 좌우되기도 한다는 점은 학문적 논의, 특히 법학적 논의를 어렵게 하고 정책과 법제도의 설계와 해석 적용에 있어 모호성을 키우는 원인이 된다. 아직 이에 관한 법학적 논의가 드문 것도 이러한 모호성에 기인한 측면도 있는 것으로 보여진다.

시론적인 법학적 논의를 가능하게 하기 위하여 보다 명확하고 제한적인 주제가 필요하다. 이러한 이유로 이 글에서는 삶의 질에 영향을 미치는 요인들 중 특히 '건강 관련 삶의 질'(Health-Related Quality of Life)에 주목하여 논의를 전개하고자 한다.30)

2. 삶의 질과 행정법학

(1) 정책과 행정법의 이념이자 목적으로서 삶의 질

우리 경제가 성장하면서 시장의 영역은 확대되었지만 도시화된 공간에서 많은 인구가 살고 수명이 늘어나면서 부와 건강에 대한 국민들의 욕구는 더 강해지고 있고 사회적 갈등과 정부에 대한 비판도 격렬해지고 있다. 이에 따라 경제·사회 영역에서 경제성장과 함께 또는 그것을 대체하여 삶의 질은 정책과 행정법이 추구해야 할 이념이자 목적이 되어가고 있다.31) 삶의 질이라는 목표와 기준은 행정

문으로 되어 있는데 제1조에서 "국민의 삶의 질 향상과 사회통합을 목적으로 한 복지·노동·환경 관련 정책의 개발과 조정에 관하여 대통령을 보좌하기 위해 대통령비서실장 소속하에 삶의질향상기획단을 둔다"고 하고 있다. 이 훈령에서는 삶의 질에 영향을 미치는 요인으로 "복지·노동·환경"을 열거하고 있다. 또, 참여정부 말기인 2007년도 부처별 대통령 연두업무보고에서는 삶의 질을 국정과제로 결정하고 건강한 삶, 안전한 삶, 쾌적한 삶, 편리한 삶, 즐거운 삶으로 나누어 각 부처 정책과제와 입법과제를 분류하였다.

30) 연하청, 21세기 한국의 선택 : 삶의 질 선진화, 보건사회연구 제16권 제1호, 1996, 4면 이하, 삶의 질은 주관적 성향이 강해 객관화하기가 어렵지만, 삶의 질에 영향을 미치는 요인 중 건강은 UN에 의해서도 첫 번째 요인으로 지목되고 있고, 1996년 비교시점에서 한국은 삶의 질 지표중 보건부분이 선진국들에 비해 상대적으로 가장 열등한 상태에 있는 부분 중 하나이었다. 현재는 고령화가 더욱 진행되었기 때문에 건강이 삶의 질에 미치는 영향력은 더 커졌을 것으로 보여진다.

31) 우리 역사에서 조세와 군복무에 관한 국가의 잘못된 결정은 사람들의 삶을 파괴하여 민란의 원인이 되기도 했었다. 현재에도 이러한 결정들은 사람들의 삶에 중요한 영향을 미치지만, 이 문제들은 삶의 질보다는 생존 그 자체와 직결되어 있는 문제이다. 경제사회영역에서 삶의 질

조직과 규제, 그리고 재판의 내용에도 영향을 미치고 있는데 그 영향력은 더욱 강해질 것이다.

하지만, 국민소득이 높아진다고 당연히 사람들의 삶의 질이 높아질 것으로 오해해서는 안 된다. 선진국가 중에서도 미국과 같이 건강보호를 위한 제도와 시스템이 평균적인 국민들의 삶에 지나친 부담을 줄 정도로 고비용의 체제를 가지고 있어 그것의 개혁을 위해 많은 어려움을 겪는 나라도 있고, 적정한 비용으로 국민의 건강을 보호하면서도 관련 산업을 발전시키는 데 성공한 나라들도 있다. 때문에, 행정법령상의 규제도구들은 환경이나 건강에의 영향과 같이 삶의 질 측면에서 재평가되어지지 않으면 안 된다. 또, 행정법학은 민주적 선진 사회에 맞게 정부와 시장이 함께 새로운 정책목표를 효율적으로 이행하고 국민들의 권리를 보호할 수 있게 하는데 기여해야 한다.[32]

(2) 건강 관련 삶의 질과 행정법학

국제무역으로 식품 및 의약품 등의 국제거래가 급증하면서 외국의 낯선 지역에서 생산된 유해식품이 많은 소비자들의 건강을 위협하고 침해하는 사건·사고도 빈발하고 있다. 소비자들은 해외로부터 수입되는 값싼 식품으로 인해 보다 풍요로운 생활을 누리게 되었으나 검증이 어려운 질 낮은 식품이나 납, 유해색소, 농약 등이 포함된 유해식품으로 인해 건강에 대한 위험도 점증하고 있다. 도시사회화로 인해 시민들의 생존이 외부에서 제공되는 식품에 의존할 수밖에 없지만 그 식품의 공급이 정부가 통제하기 어려운 외국으로부터의 수입에 의존할 수밖에 없다는 점에서 이 위험은 매우 해결하기 어려운 것이다. 최근 우리나라에서 계절에 따라 주기적으로 농산물, 축산물 또는 수산물에서 건강을 위태롭게 하는 사건·사고가 빈발하고 있는 것도 이러한 이유 때문이다.

문제가 경제성장을 대체하거나 적어도 대등하게 정책과 행정법령의 핵심적 정책목표가 된 것은 2000년대에 들어와서의 일이라고 할 수 있을 것이다.

32) 사회의 성격 변화와 시대적 과제의 변화를 학문 속에 담지 못하는 행정법학에 대한 비판은 우리나라만은 아니고 현재에 와서 부쩍 강화된 것만도 아니다. Robert L. Rabin, The Poverty of Administrative Law, 1969 참조. 해방 이후 짧은 기간 동안 나타난 변화는 그 이전 우리 역사에서 나타났던 경제사회의 변화보다 더 극적인 것으로 평가할 수도 있다. 우리 행정법학이 그 변화에 적절하게 대응하여 왔고 현재도 적절한 역할을 하고 있는지 지속적인 반성과 검토가 필요하다고 할 것이다.

또, 고령화 사회로의 진입도 건강 관련 삶의 질에 대한 정책과 법제에 대한 수요를 급격하게 증가시키고 있는 원인이 되고 있다. 질병 없는 삶은 행복을 위한 중요한 조건이 되기 때문에 입법자와 행정은 국민들의 기대와 수요에 부응하기 위해 노력하지 않을 수 없다.

수많은 사건·사고들을 거치며 삶의 질과 건강은 관련 실정법령을 증가시키거나 강화시키고 있어 행정법학의 연구대상도 확대되지 않으면 안 될 뿐만 아니라 그의 성격에도 영향을 미칠 것이므로 행정법 이론의 보완과 변화가 요구되고 있다. 이 글에서는 특히 건강의 보호를 위한 국가의 예방적 배려의무와 감독의 강화,[33] 국내공법으로서 행정법 영역의 확대 필요와 글로벌 행정법의 문제를 검토할 것이다.

Ⅱ 건강위험의 심화·국제화에 대한 행정법학의 대응

1. 건강위험에 대한 국가의 강화된 배려의무

(1) 배려와 예방의 원칙

독일의 공법학자 Forsthoff의 생존배려개념으로 유명해진 배려(Vorsorge)라는 개념은, 건강보호 등 정부의 새로운 위험방지임무와 관련하여 확대 사용되면서 법의 적용을 위한 계기가 실제로 존재하는지 불명확한 경우에도 법을 집행하여야 하고, 법적 조치가 보호하고자 하는 법익을 보호할 수 있을지 그리고 어느 정도까지 그것이 가능한지가 불확실한 경우에도 보호조치가 취해질 수 있다는 것을 의미한다고 이해되고 있다.[34] 다만, 이 조치는 오류의 가능성이 있기 때문에 행정결정의 성격도 종국적인 것이 아니라 잠정적인 것으로 이해하여야 한다고 한다.

건강에 대한 위해의 경우 그 원인행위자나 원인을 밝혀내기까지 시간이 걸리

---

33) Christian Bumke, Die Entwicklung der verwaltungsrechtswissenschaftlichen Methodik in der Bundesrepublik Deutschland, in; Schmidt–Aßmann/hoffmann–Riem (Hg.), Methoden der Verwaltungsrechtswissenschaft, 2004, S.116–118.

34) Hans–Heinrich Trute, Methodik der Herstellung und Darstellung verwaltungsrechtlicher Entscheidungen, in; Schmidt–Aßmann/hoffmann–Riem(Hg.), Methoden der Verwaltungsrechtswissenschaft, 2004, S.332.

는 경우가 많다. 하지만, 사람의 건강에 대한 침해는 금전적 피해와 달리 회복할 수 없는 경우도 많으므로 위해방지조치를 함에 있어 충분한 개연성과 증거가 존재할 때까지 기다려서는 안 된다. 건강에 대한 상당한 수준의 위험이 존재하지만 그것을 지지하는 증거자료가 충분히 존재하지 않는 경우에도 행정청은 배려와 예방의 원칙에 따라 건강을 보호하기 위한 조치를 우선적으로 취해야 한다.

(2) 결과고려, 결정의 잠정성과 신뢰보호원칙의 후퇴

법치국가에서 보호해야 할 최고의 법익이라 할 수 있는 인간의 생명 자체와 건강의 침해를 방지하기 위한 법적 조치가 예방적으로 이루어지는 것을 인정한다 하더라도 그 조치의 오류가능성을 피할 수 없다는 점은 문제된다. 그래서 입법자는 법령에서 어떤 법적 조치의 요건과 효과를 규정하기는 하지만, 제한된 인식상태에서 법적 조치의 오류가능성을 쉽게 시정할 수 있도록 실제적으로 나타난 결과를 고려하여 새로운 법적 조치가 가능하도록 규정할 필요가 있게 된다. 불확실한 인식과 정보상태에서 내린 결정으로 인해 결과고려(Folgenberücksichtigung)는 예외적인 것이 아니라 일상적이고 원칙적인 것이 되고 행정결정의 법적 효과뿐만 아니라 실제결과(Realfolge) 또는 현실적 영향이 행정결정의 타당성을 평가하는 기준으로 고려되게 된다.[35]

행정조치의 타당성이 실제로 나타난 현실적 결과에 영향을 받기 때문에 행정행위와 같은 법적 조치는 잠정적 성격을 띠게 되어 그의 존속력은 약화되고 제한받는다. 식품의 제조와 수입의 허가를 한 경우에도 인체에의 유해가능성이 드러나면 해당 식품을 회수하거나 수거하는 조치를 취할 수 있도록 하는 법률규정이 등장한다. 또, 적법한 품목허가를 얻어 판매 중인 의약품이라 하더라도 시판 중에 그 약효가 없거나 불충분한 것으로 드러나거나 부작용이 드러나게 되면 행정청은 판매업자의 신뢰를 보호하지 않고 품목허가를 취소하거나 그 용도를 제한하는 허가변경을 할 수 있도록 하는 법률규정도 등장한다.[36] 이 경우에 행정청은 의약품 판매업자에게 손해배상할 의무는 없다.[37] 이러한 특별규정들로 인해 수익적 처분

---

35) Petra Hiller, Der Zeitkonflikt in der Risikogessellschaft, 1993, S.71-72.
36) 독일 약사법 제30조와 우리 약사법 제76조에 이에 관한 특별규정이 있다. 이에 관한 설명은, 선정원, 의약품 품목허가의 취소와 변경, 법제연구 제37호, 2009. 12, 217면 이하 참조.
37) Udo Di Fabio, Risikoentscheidungen im Rechtsstaat, 1994, S.303.

의 경우 신뢰보호원칙에 의하여 그의 취소, 철회와 변경이 제한된다는 행정법 일반원리의 적용은 제한되게 된다.

2. 국제행정법 또는 글로벌 행정법의 등장과 행정법학의 관심 대상의 확대 필요

최근의 금융위기의 국제적 파급력과 신종 플루와 같은 전염병의 국제적 확산은 외국의 문제가 얼마나 신속하게 우리 국민들의 생활에 중대한 영향을 미치는가를 보여준 좋은 예가 되고 있다. 이와 같은 국제적 문제들을 계기로 각국에서 금융규제의 강화가 논의되고 전염병의 방지와 그의 극복을 위한 기존 국내 대응체계의 개혁이 논의되고 있다. 하지만, 국제시장이 긴밀하게 영향 받고 있는 상황에서 어느 한 국가만의 대응으로는 한계가 있어서 국제적 공조와 국제협약의 체결이 추진되고 있다.

국제적으로 유통되는 물품과 서비스는 어느 한 국가의 통제범위를 벗어나 있기 때문에 기후와 환경에 영향을 미치는 숲의 파괴, 멸종 어류나 동물의 포획, 무기의 불법적 거래, 인체에 유해한 식품과 의약품의 유통, 지식재산권의 침해 등 공익침해행위의 방지를 위해서 각국 정부의 협력이 필요할 뿐만 아니라, 유통되는 식품, 의약품, 의료기기 등의 국제적 표준을 정립하여 국제적 거래를 촉진하기 위해서도 각국 정부 간 협력은 필요하게 되었다. 또, 과학기술의 발전에 따라 상품의 수출입국가 간 규제기준의 협력적 조정이 필요할 수도 있다. 예를 들어, 식품보관을 위한 냉동기술의 발전에 따라 식품유통의 기한이 기술적으로 연장 가능하게 되었으나 각국의 법령은 과거의 상태에서 변경되지 않아 각국에서의 유통기한에 현저한 차이가 날 수도 있는데 이 차이가 조정되지 않으면 식품의 자유로운 유통은 부당하게 방해받게 되는 것이다.

국제행정법(International Administrative Law) 또는 글로벌 행정법(Global Administrative Law)은 전통적인 국제법 및 국내 행정법 양쪽과 관련되어 있는데 행정법학의 원리와 행정절차의 영향을 받아 국가 간의 관계에서 협약을 통해 공통으로 적용될 기준을 정립하고 그 기준을 집행함에 있어 투명성과 책임성, 참여와 합법성의 원칙이 적용되어야 한다고 본다.[38] 국가뿐만 아니라 기업이나 소비자 등에게도 규

---

38) Sabino CASSESE, Administrative Law without the State? The Challenge of Global

범의 집행에 있어 절차적 참가권이 인정되고 권리보호를 위한 구제절차가 인정되어야 할 뿐만 아니라, 국가 간 비공식적 절차의 필요성도 인정하고 각국의 민간기구들과의 협력적 법집행이 필요하다고 보면서 이러한 주제들도 연구대상으로 삼는다.

하지만, 글로벌 행정법의 체계화가 서구적 가치를 반영한 합법성, 투명성, 자유무역 및 절차적 권리 등을 강조함으로써 개발도상국에 불리한 영향을 미칠 것으로 지적하면서 전통적 행정법학이 각국의 경제사회 실정을 고려함으로써 다원주의적 다양성을 지키고 있는 점도 평가해야 하기 때문에 글로벌 행정법의 형성에 반대하는 견해도 있다.[39]

행정법학의 법리를 받아들여 조약의 체결과정에서도 입법예고절차를 도입하는 것은 조약체결에 참여하는 사람들의 책임성과 그 작업의 투명성을 높일 수 있고 규제영향평가와 같이 비용편익분석을 통해 조약내용의 합리성을 높일 수 있는 것에 비해, 조약이 체결된 후 국내법의 제정과정에서만 이상과 같은 행정법적 도구를 사용하는 것은 입법의 질을 높이는 데 실효적이지 않다고 주장하면서 국내법과 국제법을 상호 융합시킨 학문으로서 글로벌 행정법이 필요하다는 주장도 있다.[40]

사견으로는 건강보호와 관련하여 건강보호의 기준의 통일과 위해방지를 위한 국제적 협력이 절실히 필요한 상황에서 국제법과 국내법을 엄격하게 분리하지 말고 그 내용을 융합시켜야 할 부분도 많으므로 국제행정법 또는 글로벌 행정법의 영역도 행정법의 한 영역으로서 다루어질 필요가 있다고 본다. 미국산 쇠고기수입 결정 이후 광우병 우려로 인해 촛불시위로 나타났던 시민들의 격렬했던 반응은 수입협상과정의 투명성과 책임성 등에 대한 문제의 중요성을 부각시켰고 이것은 국제법과 행정법이 융합된 연구분야로서 글로벌 행정법이 연구될 필요가 있음을 부각시켜주는 사례라고 볼 수 있을 것이다. 때문에, 행정법을 국내공법으로 한정

Regulation, New York University Journal of International Law and Politics 37, 2005, p.663; Benedict KINGSBURY, Nico KRISCH and Richard B. STEWART, The Emergence of Global Administrative Law, Law and Contemporary Problems 68, 2005, p.15.

39) Carol Harlow, Global Administrative Law : The Quest for Principles and Values, The European Journal of International Law Vol. 17 no.1, 2006, pp.187-214.

40) Michael S. Barr and Geoffrey P. Miller, Global Administrative Law: The View from Basel, The European Journal of International Law Vol. 17 no.1, 2006, pp.15-46.

해 온 행정법학계의 입장도 재검토가 필요하게 되었다고 생각한다.

Ⅲ 식품의 수입 · 유통에 대한 규제강화와 국제적 협력의 강화

1. 식품에 대한 규제강화

(1) 유럽 식품법상 예방원칙(Precautionary Principle)과 우리나라의 수용문제

1) 유럽 식품법상 예방원칙(Precautionary Principle)

예방원칙(Precautionary Principle, 사전예방원칙 또는 배려원칙)은 환경법학으로부터 발전하여 특히 유럽식품법에 수용되어 발전하고 있는데 식품의 안전에 유해한 영향을 미칠 가능성이 있는 물품의 사용을 제한해야 한다는 원칙이다.[41][42] 인체의 건강과 안전에 대한 침해는 한 번 발생하면 그 피해도 크고 회복하기 어렵기 때문에 위험의 존재나 그의 발생이 불확실하고 불완전하며 결정적인 것이 아닐 때에도 감독기관은 사전에 건강을 보호하는 조치를 취할 수 있고 취하여야 한다는 것을 그 내용으로 한다.

예방원칙에 따라 감독당국이 어떤 조치를 취하려면 위험의 분석이 필수적인데, 그의 개입을 위한 과학적 증거가 충분히 존재해야 하지만 이 증거가 반박불가능하거나 결정적일 필요는 없다. 예방원칙이 적용되는 전형적인 상황은 건강에 대한 수인하기 힘든 수준의 위험이 존재하지만 그것을 지지하는 증거자료가 결정적이지 않거나 완벽하지 않는 경우인데, 이때 예방원칙은 잠정적인 조치를 취할 수 있다는 논리의 법적 근거로 작용한다. 불확실한 상황에서 감독기관은 더 완벽한 과학적 증거를 찾기 위해 노력해야 하지만 그동안에도 예방원칙에 따라 건강을 보호하기 위한 조치를 취할 수 있고 취해야 한다. 다만, 이 조치는 위험에 관한 보다 완벽한 정보가 수집되고 분석될 때까지 잠정적인 것이어야 하고 평등원칙이

---

41) Caoimhin MacMaolain, EU Food Law, 2007, p.195.

42) 미국은 사전예방의 원칙의 도입과 관련하여 상당히 조심스러운 태도를 보여주고 있다. 이에 관한 논의는 이원우, 식품안전규제법의 일반원리와 현행법의 개선과제, 식품안전법연구I(이원우 편), 경인문화사, 2008, 16면 이하.

나 비례원칙을 준수해야 한다.[43] 판례도 "인간의 건강에 대한 위험의 존재나 정도에 대한 불확실성이 존재할 때, 그러한 위험들의 실현이나 중대성이 완전히 명백하게 드러나기까지 기다리지 말고 감독기관은 보호적 조치를 취할 수 있다"고 하고 있다.[44]

2) 예방원칙의 우리나라에의 수용문제

우리나라에서 유럽 식품법에서 발전된 예방원칙은 어떤 의미를 갖는 것일까? 우리 식품위생법은 제1조에서 "식품으로 인하여 생기는 위생상의 위해"의 방지를 가장 기본적인 입법목적으로 제시하고 있으며, 동법 제4조에서도 위해식품 등을 "판매하거나 판매할 목적으로 채취·제조·수입·가공·사용·조리·저장·소분·운반 또는 진열하여서는 아니 된다"고 하고 있다. 그리고 동조 각호에서 건강을 해칠 우려나 염려가 있는 것을 위해식품 등으로 간주하고 있다. 이 규정들에서 나타나는 특징은 우리 식품위생법도 건강을 해치는 식품만이 아니라 해칠 우려나 염려가 있는 식품도 판매나 진열을 금지하고 있다는 것이다. 하지만, 예방원칙이라는 표현이 법조문에 명시적으로 나타나 있지는 않고 그것을 구체화하는 규정들의 존재여부도 명확하지 않다. 때문에, 우리 실정법이 어떤 식품에 의해서 건강이 침해되었다는 것을 명백하게 인과관계에 의해 입증할 경우에만 감독조치가 가능하다고 볼 것인가, 아니면 인과관계를 입증하는 증거자료가 명백하지 않거나 아직 건강의 훼손이라는 침해가 현실화하지 않은 상황에서 감독기관이 예방적 조치를 취하더라도 그것이 합법적이라고 보고 있는 것인지는 명확하지 않아 예방원칙이 우리나라 식품법에서 당연히 구현되어 있다고 단언하기는 어렵다. 입법이 명확하지 않은 상황에서 국민들의 의식, 행정공무원들과 법관의 태도가 중요한 의미를 가질 것이다. 현 단계에서 우리 판례는 예방원칙을 수용하는 방향으로 변화해 가고 있다고 보아야 할 것이다.

최근 대법원은 동물용 의약품으로서 발암성 유해화학물질인 말라카이트그린이 함유된 태국산 수입냉동새우를 수입한 수입업자에게 내린 영업정지처분의 취소청구사건(대법원 2010. 4. 8. 선고 2009두22997 판결)에서 식품의 안전성에 대한 요구기준을 높여 예방원칙을 수용하고 있는 듯한 판시를 하고 있다.

---

43) O'Rourke, European Food Law, 3ed., 2005, p.25.
44) Case C-18/1996, United Kingdom v Commission (BSE) [1998] ECR-2265, para 99.

이 사건에서 원심인 서울고등법원판결(서울고법 2009. 11. 17. 선고 2009누10415 판결)은 영업정지처분을 재량권남용의 위법한 처분이라고 보았다. 그 근거는 다음과 같았다.

㉮ 원고의 말라카이트그린에 대한 신고누락행위는 대한민국과 수출·입 수산물의 품질관리 및 위생안전에 관한 약정이 체결되어 있는 태국의 수산청이 발행한 위생증명서나 Lee Heng Seafood가 제시한 검사보고서만을 경솔하게 믿은 부주의에 의한 것일 뿐, 의도적으로 허위의 수입신고를 한 것으로 보이지 않는 점, ㉯ 현실 상황에 비추어 볼 때 원고와 같은 기업체가 자체적으로 정밀성분분석을 하기 위한 고가의 장비를 갖추는 등의 방법으로 말라카이트그린이 사용된 냉동새우가 수입되는 모든 가능성을 사전에 방지하는 것은 현실적으로 불가능해 보이는 점, ㉰ 이 사건 냉동새우가 국내에서 유통되지 않고 전량 반송되어 말라카이트그린으로 인한 위험성이 현실화되지는 않은 점, ㉱ 원고가 1999. 2. 9. 설립된 이후로 이 사건 이외에 유해화학물질이 포함된 식품을 수입하여 제재받은 전력이 전혀 없는 점, ㉲ 원고의 현지직원이 Lee Heng Seafood 회사에서 위생상태를 점검하거나 이 사건 냉동새우에 대한 말라카이트그린 검출 여부에 대한 검사증명서를 요구하는 등 이 사건 냉동새우에 유해물질이 포함되지 않도록 주의를 기울였던 것으로 보이는 점, ㉳ 그 밖에 이 사건 영업정지처분으로 인하여 원고가 입게 될 경제적 손실과 국제거래에 있어서 신뢰도의 하락 등을 고려하면, 이 사건 처분은 원고의 위반행위의 내용과 정도에 비하여 그 제재의 정도가 지나치게 가혹하여 재량권을 일탈 내지 남용한 것으로 위법하다.

서울고등법원은 유해식품의 단속여부에 대한 판단에 있어 식품위생법 제58조 제1항과 식품위생법 시행규칙 제53조 [별표 15]의 기준 이외에 식품수입업자가 식품수입과정에서 식품의 유해성여부를 판단함에 있어 주의의무를 이행했는가 하는 주관적 기준을 사용하였다. 하지만, 대법원은 서울고등법원의 판결을 파기환송하면서 식품의 유해성판단과 행정청의 단속조치의 합법성판단기준으로 사업자의 주의의무의 이행여부라는 주관적 기준은 고려하지 않고 있다. 즉, 대법원은 다음과 같이 판시하고 있다.

법 시행규칙 제53조 [별표 15] 행정처분기준이 비록 행정청 내부의 사무처리 준칙을 정한 것에 지나지 아니하여 대외적으로 법원이나 국민을 기속하는 효력은 없지만, 위 행정처분기준이 수입업자들 및 행정청 사이에 처분의 수위를 가늠할 수 있는 유력한 잣대로 인식되고 있는 현실에 수입식품으로 인하여 생기는 위생상의 위해를 방지하기 위한 단속의 필요성과 그 일관성 제고라는 측면까지 아울러 참작하면, 위 행정처분기준에서 정하고 있는 범위를 벗어나는 처분을 하기 위해서는 그 기준을 준수한 행정처분을 할 경우 공익상 필요와 상대방이 받게 되는 불이익 등과 사이에 현저한 불균형이 발생한다는 등의 특별한 사정이 있어야 한다.

이 사건의 경우 동물용 의약품으로서 발암성 등 그 유해성이 명백히 입증된 유해화학물질인 말라카이트그린이 포함된 이 사건 냉동새우가 수입, 유통됨으로써 발생할 수 있었던 위생상의 위해가 적지 않았고, 이 사건 처분은 그와 같은 위해를 야기한 원고에게 불이익을 가함과 동시에, 이로써 장래에 발생할 수 있는 위생상의 위해를 방지할 공익상의 필요에서 행해진 것으로(식품위생법은 식품으로 인하여 생기는 위생상의 위해를 방지하고 식품영양의 질적 향상을 도모하며 식품에 관한 올바른 정보를 제공하여 국민보건의 증진에 이바지함을 그 목적으로 한다) 위 처분으로 인하여 원고가 받는 불이익이 위와 같은 공익상 필요보다 막대하다거나 양자 사이에 현저한 불균형이 발생한다고 보이지는 않는다.

대법원은 "이 사건 냉동새우가 수입, 유통됨으로써 발생할 수 있었던 위생상의 위해가 적지 않았고, 이 사건 처분은 그와 같은 위해를 야기한 원고에게 불이익을 가함과 동시에, 이로써 장래에 발생할 수 있는 위생상의 위해를 방지할 공익상의 필요에서 행해진 것"이라고 하여 행정청의 영업정지처분을 합법이라고 판시함으로써 국민의 건강보호를 위한 행정청의 예방적 조치를 지지하고 있다. 즉, 아직 건강의 훼손이라는 침해가 현실화하지 않은 상황에서 감독기관이 예방적 조치를 취하더라도 그것이 합법적이라고 보았다. 하지만, 이 판결에서 대법원이 식품법상의 예방원칙을 명확하게 인식하고 있었는지는 의문이다.

(2) 유해식품의 제조·수입·유통에 대한 감독의 강화 – 특별사법경찰권

1) 특별사법경찰권의 의의

특별사법경찰은 형사소송법 제197조와 '사법경찰관리의 직무를 수행할 자와 그 직무범위에 관한 법률'에 의하여 일반행정기관 소속 일반행정공무원이 지역적·사항적으로 한정된 범위내에서 수행하는 사법경찰작용을 말한다. 특별사법경찰권이 일반행정공무원들에게 부여된 경우에도 그 권한은 적용대상과 적용지역의 측면에서 한정되지만 경찰기관에게 부여되어 있는 사법경찰권은 이러한 제한이 없다는 차이가 있다. 사법경찰작용에서 핵심적인 활동인 수사는 형사사건에 관하여 공소를 제기하고 이를 유지하기 위한 준비로서 범죄사실과 범인을 발견하고 증거를 발견·수집·보전하는 활동인데, 이 권한이 특별법에 의해 일반행정기관에게 부여되었다는 점에서 특별사법경찰이라고 부르고 있다.

우리나라에서 특별사법경찰권은 각종 행정법령을 집행하는 국가공무원들과 지방공무원들에 걸쳐 매우 광범위하게 부여되고 있다. 산림·해사·전매·세무·군수사기관 등 뿐만 아니라 교도소 등의 공무원, 소년원, 보호감호시설의 공무원, 철도공안사무에 종사하는 공무원, 국가유공자 예우를 위한 시설에서 발생하는 범죄에 대한 국가보훈처공무원, 그리고 세관공무원, 마약감시원, 위생, 가축방역, 보건, 환경, 청소년, 소방 분야 공무원들에도 특별사법경찰권이 부여되어 있다.

식품과 관련해서 공무원들은 원산지 허위표시위반의 단속, 음식점의 식품위생법규위반의 단속 등을 주로 담당하지만, 이외에도 농산물, 축산물, 수산물과 가공식품, 유전자변형식품과 건강기능식품 등과 관련하여 농약 등 독극물의 함유여부, 식품의 질 등에 대한 허위표시 여부 등의 사건들도 특별사법경찰관의 담당업무가 된다.

경찰관이 아닌 현장의 일반행정공무원들에게 특별사법경찰권을 부여하게 된것은 일상적인 집행활동을 수행하면서 유해물질에 대한 단속을 할 수 있게 하여 공익침해를 보다 강력하게 방지하기 위한 것이다. 특별사법경찰권을 부여받기 전행정공무원들은 행정법령의 위반사실을 적발하여도 형사처벌하기 위해서는 사건을 관할 경찰서로 넘겨 고발조치해야 했었고 해당 사안에 대해 경찰을 납득시켜야 했는데 그것에는 상당한 시간낭비가 뒤따랐다. 이로 인해 불법행위방지의 긴급한 필요성이 있는 경우에도 적시에 필요한 조치가 취해질 수 없었다.

특별사법경찰관리들은 식품 및 환경과 같은 법익보호를 위한 단속행정작용을 수행하다가 형사처벌을 받을 범죄를 발견하면 사법경찰관으로서의 직무도 수행하게 된다는 점에서 경찰들과는 다르다. 특별행정법 영역들에서는 법령의 수도 많은데 그 개폐도 빈번하여 업무를 담당하지 않는 일반경찰로서는 현행법령을 파악하기가 어렵다. 또, 환경업무, 식품위생업무, 세관업무 등의 경우, 경찰의 일반적 수사활동으로는 그 전문적인 증거의 수집과 확보가 쉽지 않지만, 전문행정영역의 법집행현장에서 복무하는 집행공무원들이나 지방자치단체 공무원들은 평소 업무현장과 근접성이 높고 각 업무에 대한 전문성을 갖추고 있어 점점 전문화하고 지능화되어 가고 있는 형사범들에 대한 대응력이 더 높다는 장점을 갖는다.

2) 현행 특별사법경찰제도의 문제점과 개선방안

사법경찰권의 확대인정을 요구하는 행정기관(예, 교통안전공단)도 아직 존재하지만, 입법자가 과도하게 많은 일반행정기관들에게 사법경찰권을 부여하여 국민들의 인권침해 위험성을 높였다는 비판도 제기되고 있다.[45]

또, 사법경찰권을 부여받은 행정기관들이 소속 공무원들을 위해 충분한 교육을 실시하지 않아 공무원들의 사법경찰활동이 거의 없거나 실효성이 낮아 위법행위의 방지에 유명무실하다는 문제점도 노출되고 있다. 피의자와 참고인 등을 조사하기 위한 별도의 조사실과 특별사법경찰관실을 마련해야 하지만 그러한 공간이 없는 지방자치단체들이 대부분이고, 수사활동을 위한 업무매뉴얼도 없으며, 피의자를 신문하여 검찰에 송치하기 위해서는 피의자신문조서를 작성하여야 하지만 그 작성법의 교육도 실시되지 않고 있다. 수사에 필요한 시설과 장비도 확보되어 있지 않고 경찰과 유기적인 협조체계도 형성되어 있지 않으며 수사활동비용을 지출하기 위한 예산도 확보하지 않은 기관들도 존재한다.

현재와 같이 특별사법경찰기관들이 검사에 대한 영장발급신청의뢰나 범죄수사과정에서 증거수집과 보존 그리고 피의자신문 등의 기술에 익숙하지 않다는 점은 중대한 문제를 야기할 우려가 있다. 즉, 행정공무원들이 기본권 침해의 위험성이 큰 수사활동을 하면서 영장 없는 수사의 한계를 잘 인지하지 못하거나 재판에서 인정되지 않는 방법으로 증거를 수집할 위험성도 있는 것이다. 때문에 사법경찰권을 행사하는 공무원들에 대한 사전교육이 시급하다고 할 것이다.

---

45) 특별사법경찰권은 전문성의 요청과 장소적 격리성으로 인한 긴급성의 요청 때문에 부여되었는데, 특별사법경찰권이 너무 광범위한 행정영역에서 인정되고 있을 뿐 아니라 경미한 범죄에 대해서도 인정되고 있는 점은 문제이다. 동지. 백창현, 특별사법경찰의 현황 및 개선방안 — 환경부와 국가보훈처를 중심으로, 형사정책연구 제18권 제4호, 2007, 277면 이하 참조.

3. 식품의 표준화와 식품공전

(1) 식품의 명칭과 기준의 통일적 표준화

정부가 식품의 명칭을 결정하고 특정 식품에 포함될 영양요소, 필수적 첨가물과 그들의 비율 등 식품의 표준을 정하는 목적은 식품거래에 있어 소비자들의 정보획득비용을 줄여주고 생산자들의 사기거래를 막아 소비자의 건강을 보호하고 해당 식품의 거래를 촉진시키기 위한 것이다.[46]

식품의 표준은 기득권보호와 연결되어 그 표준을 엄격하게 유지하고자 하는 기존 사업자와 그것을 완화시키고자 하는 신규 참입자 사이에 갈등의 요인이 되는 경우가 많지만, 식품표준에 대한 정부규제는 소비자의 건강을 해치지 않는 한 소비자의 선택기회를 좁혀서는 안 되므로,[47] 특정 식품의 영양요소와 가공방법 등을 규정하되 정기적으로 요리방법의 변화나 소비자들의 기호변화 등을 고려하여 표준을 개정해 가는 것이 필요하다.[48] 법률로 상세하게 규정하지 말고 고시나 훈령 등으로 구체적 내용을 제정하여 개정을 쉽게 하는 것도 필요하다. 이러한 이유로 식품의 표준은 우리나라에서도 식품의약품안전청의 고시에서 규정하고 있다.

판례도 식품위생법 제7조 제1항의 위임에 따른 관계 장관의 식품제조기준에 관한 고시에서 액상차의 성분배합기준이 유자차의 경우, 유자성분 30% 이상을 배합하도록 규정하고 있던 상태에서, 고시제정자가 식품제조 원료의 공급상태, 생산 식품의 품질향상, 제조기술 발전상태 등을 고려하여 유자차의 성분배합기준을 제조업자의 자율에 맡기는 것으로 변경할 수 있다고 하여 기술혁신 등에 따라 식품 표준의 탄력적인 개정을 지지하고 있다(대법원 1996. 10. 29. 선고 96도1324 판결).

---

46) Wesley E. Forte, Definitions and Standards of Identity of Foods, UCLA Law Review 14, 1966－1967, pp.796－797.

47) Richard A Merrill/ Earl M. Collier, "Like Mother used to make" : An Analysis of FDA Food Standards of Identity, Columbia Law Review, Vol. 74, 1974, pp.561－621(특히, p.621).

48) Sanford A. Miller/Karen Skinner, the Paradox of Food Standards, Food Drug Cosmetic Law Journal 39, 1984, pp.106－107.

(2) 우리나라의 식품표준

1) 국제식품공전과 식품공전

식품의 표준에 가장 결정적으로 영향을 미치는 것이 식품공전이다. 세계보건기구(WHO)와 국제연합의 농식품국(FAO; Food and Agriculture Organization of the United Nations)은 인류의 건강과 영양을 보호하고 무역을 촉진시키기 위해 1963년 국제식품공전위원회(Codex Alimentarius Commission)를 창설하고 국제식품공전(Codex Alimentarius)을 제정하였다. 이 공전은 각국 정부에 통일적인 식품표준이 채택되도록 식품의 표준과 안내지침 등을 담았는데, 2005년 현재 200여개 이상의 식품들에 대한 식품표준을 제시하고 있다. 국제식품공전은 식품의 표준화와 함께 식품의 표기, 식품첨가물, 잔류농약기준 등을 담고 있다. 이 표준은 각국 정부가 자국의 기준으로 채택하기 전까지는 법적 구속력이 없지만, 채택된다면 국내법으로서 구속력을 갖게 된다.[49]

우리나라의 식품공전은 1962년 1월 20일 식품위생법에 식품공전의 제정근거를 마련하고 1966년 주류와 간장의 기준·규격을 마련한 후 여러 차례 개정과 보완을 거쳐 현행 식품공전은 2009년 6월 30일자로 발간된 것이다. 현행 식품위생법 제12조는 식품의약품안전청장이 식품·식품첨가물의 기준·규격, 기구 및 용기·포장의 기준·규격, 식품 등의 표시기준을 수록한 식품공전 등을 작성·보급하여야 한다고 규정하고 있다. 우리나라에서 식품공전을 제정할 때에는 국제식품공전과 선진국들의 식품공전의 내용뿐만 아니라 식품제조업소의 자가 품질관리기준 등을 종합적으로 검토한 후 제정하는데, 식품을 제조·가공함에 있어 사용하는 원료의 구비요건에서부터 제조·가공 및 유통과정을 거쳐서 완제품이 소비자에게 공급되기까지의 전 단계별 품질관리기준을 수재하고 있다.

식품공전은 판례상으로도 규범적 가치를 평가받고 있다. 우선, 식품공전은 식품위생법 제12조의 위임을 받아 제정되어 그 법적 성격이 판례에서 말하는 법령보충규칙으로서 법규성이 인정된다. 또, 식품공전의 제정 취지는 국민보건상 특히 필요하다고 인정되는 식품의 성분 규격을 미리 정하여 규격에 맞지 아니한 식품

---

49) Smith DeWaal/Guerrero Brito, Safe food International : A Blueprint for Better Global food Safety, Food & Drug L. J. 60, 2005, p.390.

의 제조, 판매 등을 금지시키기 위한 것이므로, 식품·첨가물 등의 공전에 수록된 기준·규격에 적합하지 아니하거나 공전에 수록되지 아니한 것으로서 보건복지부장관이 유해의 정도가 인체의 건강을 해할 우려가 없는 것으로 인정한 것이 아닌 것은 그 판매 등이 금지된다(대법원 1995. 11. 7. 선고 95도1966 판결). 또, 식품의 기준 및 규격이 제정되지 아니한 식품, 일반인들의 전래적 관습이나 사회통념상 식용하지 아니하는 것과 상용식품으로서의 안전성이 입증되지 아니하는 것은 식품을 제조·가공·조리하는 원료로 사용하지 못한다(대법원 1997. 8. 26. 선고 95도1921 판결. 우지사건).

2) 식품의 품질표시기준으로서 KS표시

식품의 표준화는 식품의 안전성의 기준을 확립하기 위한 목적 이외에 식품의 품질을 일정하게 유지하여 소비자의 신뢰를 보호하기 위한 목적도 갖는다.

이와 관련하여 우리나라에서 채택된 것은 산업표준화법에 의한 KS표시제도이다. 관련 대법원판결로 고추장의 원료배합비율의 표시와 관련한 한국산업규격표시허가취소처분 취소청구사건이 있다(대법원 1999. 9. 17. 선고 99두2918 판결). 이 사건에서 대법원은 산업표준화법의 관련 조문을 해석하면서, 농림부장관은 공업진흥청 고시에 정하여 놓은 농축산물 가공식품에 대한 규격에 적합한 제품의 생산업자에게 그의 제품에 KS표시허가를 할 수 있고, 그 허가를 받은 품목의 제품이 계속적으로 규격에 적합한 상태로 생산되고 있는지를 사후에 감시, 감독하기 위하여 제품시험 또는 공장검사 등을 할 수 있도록 하고 있으며, 제품시험 또는 검사의 결과 불합격된 경우 개선명령처분을 한다든지 허가받은 품목의 규격에 현저히 맞지 아니한 때 등은 허가를 취소할 수 있다는 점을 명확히 하고 있다.

하지만, 고추장의 원료배합비율의 문제는 식품의 안전성 문제가 아니라 품질에 관한 것이기 때문에, 판례는 검사에 불합격하였다고 하더라도 농림부장관의 허가취소나, 표시제거 또는 표시정지 등의 처분이 없다면 그 검사받은 품목의 제품에 KS표시를 할 수 없는 것은 아니고, 공장검사의 합격 전에 KS표시를 한 품목의 제품을 판매하였다고 하여 허가 없이 KS표시를 하는 행위를 금지하는 산업표준화법 제11조 제2항, 제3항의 규정을 위반한 것으로 볼 수 없는 것이라고 하고 있다. 이러한 입장에서 사업자가 고추장의 원료배합비율을 변경하였더라도 행정청이 KS표시허가를 취소하기 전까지는 그 표시를 사용할 수 있다는 것이다.

(3) 국제적 식품표준분쟁사례 – 김치의 명칭과 제조방법에 관한 한일 간 분쟁

식품의 명칭 및 표준과 관련된 국제적 분쟁사례로 우리가 특히 주목할 만한 것은 김치이다.

프랑스의 꼬냑이냐 샴페인 같은 경우 프랑스 이외의 다른 나라에서 만들어도 꼬냑이나 샴페인이라고 부를 수 있는가 하는 문제가 제기되는데, 샴페인의 종주국인 프랑스의 의견이 존중되어서 1891년 국제상표등록에 관한 마드리드 협약(The Madrid Agreement concerning the International Registration of Marks (1891))에 의해 프랑스 샴페인 지방 이외에서 만든 것은 샴페인이 아니라 스파클링 와인이라고 부를 수밖에 없게 되었다.

인삼의 경우 약효와 관련하여 한국산 인삼이 대표적인 상품으로 알려져 왔지만 국제표준어로 인삼이 아니라 '진생'(Ginseng)이 사용되고 있는데, 현재 식품의 명칭과 관련하여 한국과 일본 간에 뜨거운 논쟁주제가 되고 있는 것은 김치와 '기무치'이다. 장래 막걸리의 경우에도 비슷한 문제가 나타날 소지가 있다. 한식의 세계화를 추진하는 우리나라로서는 외국인들에게 한국산으로서 김치의 세계화와 표준화를 주도하지 않으면 안 되는 입장이다. 2003년에는 중국의 소비자들이 SARS의 예방을 위한 김치의 효능을 믿기 시작하면서 중화권을 비롯하여 세계적으로 그 수요가 크게 증가하고 있어 이 논쟁의 파급효과는 한국과 일본 사이에 한정되지 않는다.

일본은 김치라는 명칭 대신에 일본어식 표기인 '기무치'가 이 상품의 명칭이 되고 일본인들이 만든 방식이 표준화의 기준이 되어야 한다는 주장을 하였다. 김치와 '기무치'를 구별하여 김치는 발효식품이지만 '기무치'는 발효식품이 아니라 생배추에 양념을 한 것이라고 주장하면서 두 명칭이 모두 허용되어야 한다고 주장하기도 하였다.

김치의 명칭 및 표준화와 관련된 한일 간 논쟁은 1996년 애틀란타 올림픽을 계기로 세계 식품업계에 널리 알려지게 되었다. 이 분쟁의 개요와 경과는 다음과 같다. 1996년 일본의 식품제조업자가 애틀란타 올림픽 공식식품으로 김치를 채택해줄 것을 제안하면서 일본산 Kimuchi(キムチ)를 수출하겠다고 하였다. 한국정부

와 한국의 김치제조회사들은 수입되는 김치의 질을 검사하고 평가할 국제적인 기준이 없는 것에 대해 문제를 제기하면서 명칭을 김치로 하고 한국의 전통적 제조방법에 따라 김치의 표준을 정해야 한다고 주장했다. 그것이 소비자들의 건강을 보호하고 김치무역에 있어 통일적인 품질을 유지하면서 거래할 수 있게 해준다고 하였다.

한국과 일본의 김치분쟁 이후 국제식품공전위원회(the Codex Alimentarius Commission)는 수출품을 포함하여 모든 상품의 표기를 기무치(Kimuchi)에서 김치로(Kimchi)로 변경하도록 하였다.[50] 이 변경지시 이후 일본은 다시 한국식 젓갈이 없는 요리인 자신들의 절임요리(Asazuke, 淺漬け)도 김치(Kimchi)로 불리워야 한다고 주장했다. 하지만, 한국정부는 젓갈을 넣은 발효과정이 없는 일본의 절임요리는 김치로 분류되어서는 안 된다고 주장했다. 국제식품공전위원회는 2001년 7월 제24차 총회에서 한국정부의 주장을 받아들였다.[51] 국제식품공전에 정의되어 있는 "김치는 소금에 절인 배추를 주원료로 양념에 버무려 저온에서 유산균의 생성과정을 거쳐 만들어지는 발효음식이다".[52]

(4) 식품법 영역에서 글로벌 행정법적 접근의 가치

식품법의 영역에서는 국제법과 행정법의 융합이 이루어져 국제조약이나 인접 국가 간 협약의 내용이 거의 그대로 국내법의 내용으로 되고 있다.

글로벌 경제에서 식품의 자유로운 유통과 거래는 촉진되고 보호되어야 한다. 하지만, 명칭이나 식품의 제조법에 관한 국제적 갈등의 해결방향은 국내 생산업자들에게 매우 중요한 이해관계가 있다. 때문에, 식품의 명칭결정이나 표준화와 관련하여 행정법학에서 발전된 입법예고제나 청문절차 그리고 이유제시제도 등이 국제조약이나 국가 간 협약의 체결과정에서도 수용될 필요가 있다.

식품의 질을 보호하기 위해서는 사용하는 원료(예, 배추)와 관련한 원산지표시

---

50) Codex General Standard for the Labelling of Prepackaged Foods(Codex STAN 1 – 1985, Rev. 1 – 1991, Codex Alimentarius 1A.

51) http://www.codexalimentarius.net/download/standards/365/CXS_223e.pdf CODEX STANDARD FOR KIMCHI.

52) "Kimchi is a fermented food that uses salted napa cabbages as its main ingredient mixed with seasonings, and goes through a lactic acid production process at a low temperature".

나 식품이력 추적제와 같은 사후 유통단계 감독에 있어 무역이 빈번하게 이루어지는 국가 간 법의 협력적 집행도 절실히 요구된다.

이러한 관점에서 볼 때, 위해식품과 저질식품으로부터 국민의 건강을 보호하기 위하여 자유무역협정의 체결과정이나 보다 특수한 전문적인 협정의 체결과정, 그리고 규제기준의 협력적 집행과정에서 글로벌 행정법의 접근방법은 공익을 보호하고 국민들의 권익을 보호하기 위하여 상당한 유용성을 갖는다고 평가할 수 있을 것이다.

Ⅳ 유해의약품의 제조·유통의 방지와 국제적·통일적 규제 기준의 제정

1. 유해한 불법의약품의 유통에 대한 규제강화와 국제적 협력 필요

(1) 유해한 불법의약품의 유통 확대와 그 방지 필요성

세계적으로 의약품 시장은 급성장하고 있지만 의약품과 그 원료에 대한 감독의 부실로 가짜 항생제와 같은 유해한 불법 의약품이 만연하고 있는데, 우리나라에서는 특히 불법 한약재의 유통이 심각한 상황이다.

2010년 3월 29일 공정거래위원회가 2009년 각 정부 부처 및 지방자치단체가 내린 리콜 권고나 명령, 또는 사업자의 자진 리콜 실적을 종합한 결과 모두 495건의 리콜 조치가 취해졌는데, 품목별로는 의약품 및 한약재가 230건으로 가장 많았고 식품(124건), 자동차(75건), 공산품(29건)이 뒤를 이었다. 의약품 및 한약재를 다시 나누면 한약재가 201건을 차지해 단일 품목 중 가장 많았다. 한약재의 주된 리콜 사유는 카드뮴, 이산화황 등 위해 성분이 허용 기준을 초과했기 때문이었다.[53]

---

53) 품목별 리콜 실적을 전년과 비교하면 의약품·한약재만 26% 증가했고 자동차는 45%, 식품은 38% 각각 감소했다. 또, 임두성 한나라당 의원이 식약청으로부터 '회수대상 불량의약품 회수 현황'과 '제약회사 행정처분 현황' 자료를 분석한 결과 2006년부터 올해 6월까지 회수대상 의약품 총 120건에 대한 회수율이 8.1%에 그쳤다. 임 의원은 "불량의약품의 회수율이 저조한 것은 보건당국이 회수명령을 내릴 때 업체로부터 회수계획과 회수결과를 증빙자료로만 보고받을 뿐 현장 확인이 미흡하기 때문"이라고 했다. 서울신문 2010. 03. 30. 보도자료 참조.

인터넷을 통한 전자거래가 활성화되면서 행정기관의 단속에 걸리지 않는 유해한 불법의약품의 문제도 심각한 상황이다. 가짜 발기부전치료제나 탈모방지제는 물론 만병통치를 표방하거나 약효를 과장한 의약품들이 인터넷을 통해 감독을 피해 유통되고 있다. 인터넷을 통해 무허가 불량의약품을 판매하는 곳은 대부분 해외에 서버를 두고 있는 외국 사이트로서 국내 소비자가 접속하여 의약품을 구매할 경우 국제우편을 통해 국내로 배송되는 방식을 취하고 있어 경찰의 실효적인 단속도 어려운 실정이다.

원료의약품이나 항생제 등 특허기간이 만료된 의약품들은 생산비용의 절감과 가격의 비교우위라는 이점을 근거로 중국이나 인도에서 생산되어 전 세계로 판매되고 있는데, 기본적인 화학의약품에 대한 제조방법이 국제적으로 널리 알려져 있고 오래전에 특허기간이 만료되었다는 점이 그것을 가능하게 했다. 하지만, 중국이나 인도에서 제조시설허가를 받지 않은 수많은 영세업자들이 산업용 화학약품 공장에서 불법의약품을 생산하여 낱알로 봉인·포장하여 전 세계에 수출한 결과, 아프리카나 제3세계 국가들에서 이 의약품들을 복용한 수백 명의 어린이들이 죽는 사고가 발생하고, 선진국에서도 수입 저가원료의약품 등에서 인체에 지극히 해로운 독성물질의 함유사실이 밝혀지고 있는 것을 볼 때 이 문제는 단지 개발도상국에 한정된 문제만은 아니다.

(2) 규제기준의 제정과 그의 집행을 위한 국제적 협력의 필요

의약품의 제조와 검사에는 매우 높은 과학지식과 기술을 가진 인력과 장비를 필요로 한다. 전문인력과 기술적 장비의 협력 없이는 의약품의 안전성과 유효성에 대한 조사도 어렵고, 많은 영세한 화학공장들에서 제조되어 전 세계로 수출되고 있는 위법·유해한 원료의약품이나 항생제 등에 대한 단속도 어렵다. 개발도상국들에서 그 어려움은 더 크다.

한편, 선진국과 다국적 제약회사들의 입장에서는 원료의약품이나 항생제의 생산과 관련하여 생산비용의 측면에서 자국에서의 생산은 전혀 경제성이 없기 때문에 중국과 인도 등 개발도상국에서의 생산과 수입을 중단할 수는 없다. 때문에, 건강에의 위험성에도 불구하고 개발도상국과 선진국 간의 값싼 원료의약품이나 항생제 등의 국제거래가 줄어들지 않을 것이다.

수입의약품과 한약재에서 유해물질이 검출되고 의료사고가 발생하면 그의 책임규명을 위하여 수출한 국가의 제조공장이나 재배지를 조사, 방문할 필요가 생긴다. 그러나, 해당 국가와 조약이나 협정이 체결되어 있지 않거나 해당 국가가 자발적으로 규제의 집행에 협력해 주지 않는다면 현장조사하는 것은 가능하지 않게 되고 수출업자들을 제재할 효과적인 수단을 찾기는 어렵게 된다. 또, 수입기업들이 직원을 파견하고 수입국가가 공무원들을 수출국에 파견하더라도 외국의 언어에 익숙하지 않고 제조업체들의 적극적인 조사협력도 기대하기 어려워 수출국가 공무원들의 협력 없이는 사고원인을 규명하는 것이 쉽지 않다.

따라서, 의약품거래의 효율적 규제를 위해 국제적 협력체계를 만드는 것이 절실히 필요하게 된다. 특히, 의약품거래가 빈번한 국가들 상호 간에 쌍무협정을 맺어 인체에 유해한 불법의약품의 제조와 재배를 막고 상호협력적 단속을 위한 법적 근거를 마련하는 것이 필요하다.

2. 의약품 수입허가 · 품목허가의 취소와 변경

(1) 의약품 품목허가의 잠정성과 그의 취소

의약품에 대한 대표적인 행정작용인 의약품의 품목허가와 수입허가와 관련하여 국민의 건강보호가 행정법 이론에 미치는 영향을 살펴보기로 한다.

의약품 품목허가는 행정법상 수익적 행정행위라고 할 수 있지만 행정법상의 일반적 허가와 다른 중요한 특징인 잠정적 성격을 가지고 있다.[54] 대부분의 의약품들은 화학약품으로서 특정한 질병의 치료 목적으로 인위적으로 추출되거나 합성된 것이어서 정해진 사용조건을 위반해서 사용하면 인체에 치명적인 위해를 끼칠 우려도 있다. 또, 의약품은 매우 미묘하고 미세한 영역인 인체 내의 생리작용에 영향을 미치기 때문에 과학의 한계성은 심각한 문제가 된다. 그럼에도 불구하고 질병의 치료 · 예방효과가 인체에 대한 위해성보다 크기 때문에 시판이 허용되는 것이다. 하지만, 제한된 사람들에 대한 임상시험과 달리 다양한 체질과 조건을

---

54) Udo Di Fabio, Risikoentscheidungen im Rechtsstaat, 1994, S.307ff; 의약품 품목허가의 잠정적 성격에 대한 분석은, 김중권, 약사법상의 신약의 허가와 재심사에 관한 연구, 중앙법학 제8집 제3호, 2006, 62−66면 및 선정원, 의약품 품목허가의 취소와 변경, 법제연구 제37호, 2009. 12, 2005면 이하 참조.

가진 수많은 사람들이 복용하게 되면 예기치 못한 이상반응이 나타나기도 한다. 때문에 의약품의 감독청은 언제든지 개입하여 품목허가를 취소·철회하거나 변경할 필요가 있게 된다. 이러한 특성 때문에 의약품 품목허가의 결정에 있어서는 반드시 위험과 편익의 비교형량의 과정을 거쳐야 할 뿐만 아니라, 다른 일반적 행위 허가와 달리 잠정적 성격을 인정하여 의약품 허가에 대한 광범위한 사후적 수정권을 감독청에 부여할 필요가 있게 된다. 이로 인해 의약품 품목허가의 경우 허가의 존속력 내지 구속력이 약화된다. 하지만 이러한 특성은 실정법 규정의 틀 내에서 고려되어야 한다.

우리 약사법은 의약품 품목허가의 취소사유와 철회사유를 구별하지 않고 의약품의 안전성·유효성에 문제가 있거나, 질병의 치료·예방의 효과가 없거나 사람이나 동물의 구조·기능에 약리학적 영향을 미치지 못하는 경우와 제조업자 등의 시설이 약사법상의 시설 기준에 맞지 아니한 경우 취소·철회할 수 있다고 규정하여 감독청에게 광범위한 사후적 수정권을 부여하고 있다(약사법 제76조 제1, 2항).[55]

(2) 허가신청자의 귀책사유, 취소·철회의 가능성과 소급효 인정 여부

의약품의 경우는 국민건강에 객관적으로 미치는 영향이 우선적으로 고려되기 때문에 개인의 주관적 사유에 의존하는 일반행정법상의 신뢰보호원칙의 적용이 제한된다. 그래서 의약품의 안전성·유효성에 하자가 있으면, 허가신청자가 아니라 그 신청을 심사한 행정청의 심사과실 등만이 존재하는 경우에도 허가보유자의 신뢰보호를 이유로 해당 의약품에 대한 품목허가의 취소가 제한된다고 할 수는 없다.

약사법은 어떤 의약품이 "공중위생상 위해가 발생하였거나 발생할 우려가 있다고 인정"되거나 "그 효능이 없다고 인정"되면 식품의약품안전청장, 시·도지사 또는 시장·군수·구청장은 의약품의 품목허가를 받은 자에게 "유통 중인 의약품등을 회수·폐기하게 하거나 그 밖의 필요한 조치를 하도록 명할 수 있다"고 규정하

---

55) 미국 식품의약법 제355조 (e)항은 의약품 품목허가의 취소사유로 안전성의 결여, 유효성의 결여, 특허 관련 정보의 결여, 신청서에 허위사실을 기재하여 제출한 경우 등 우리나라보다 다양한 취소원인을 열거하고 있다.

고 있다(약사법 제71조). 또, 약사법 시행규칙 제45조는 약사법 제71조를 구체화하여 안전성·유효성에 문제가 있는 의약품에 대해 위해등급을 평가하여 회수하고 폐기하도록 규정하고 있다. 이 규정들은 위해발생이나 그 우려의 존부만을 문제삼을 뿐 그 위해나 효능결여가 허가신청 당시부터 있었는가 아니면 후발적으로 생겨난 것인가, 누구의 귀책사유로 인해 출현한 것인가를 묻지 않고 있다. 의약품 품목허가의 취소·철회의 효과와 관련하여서도 행정법 이론에 맡기지 않고 입법자는 소급효를 인정하여 시중에 유통되는 의약품에 대해 행정청이 회수명령과 폐기명령을 내리도록 규정하고 있다. 여기서 신뢰보호원칙은 입법자에 의해 후퇴되고 있음을 확인할 수 있다.

하지만, 의약법에서도 신뢰보호원칙의 정신을 전적으로 무시하고 있지는 않다. 즉, 약사법 제76조 제1항 단서는 "국민보건에 위해를 주었거나 줄 염려가 있는 의약품등과 그 효능이 없다고 인정되는 의약품등을 제조·수입 또는 판매한 경우", "그 업자에게 책임이 없고 그 의약품등의 성분·처방 등을 변경하여 허가 또는 신고 목적을 달성할 수 있다고 인정되면 그 성분·처방만을 변경하도록 명할 수 있다"고 규정하고 있는데, 이 단서규정은 신뢰보호원칙을 의약품의 제조와 유통에 제한적으로 반영한 것이라고 할 수 있을 것이다. 의약품의 품목허가보유자로서는 취소보다는 허가변경을 통해 해당 의약품의 판매를 계속하는 것이 손실을 줄일 수 있기 때문이다.

3. 국제적·통일적 규제기준의 제정과 약전에 의한 표준화 영역의 확대

(1) 약전의 의의

약전은 의약품과 그 중간재 등 의약품에 포함되는 제재의 명칭, 특성, 기준, 복용방법 및 분석방법 등을 표준적으로 설명하고 규율하기 위하여 권한 있는 기관에 의해 발행되거나 일반적으로 의약품의 표준으로 인정되어 법적 구속력을 갖는 책을 말한다. 이러한 약전은 정부기관, 소비자와 제약회사 및 의사 등에게 의약품의 동일성과 질을 보호하기 위하여 중요한 기준역할을 한다.

우리나라에서 약전의 역할을 수행하는 것으로는 대한약전, 대한약전외의약품등기준, 대한약전외한약(생약)규격집 등이 있다.[56] 대한약전이 제정된 이후 새로운 의약품들이 계속 증가하고 의약외품들도 증가하면서 '대한약전외의약품등기준'

이 제정되어 의약품과 의약외품들이 수록되고 있다.[57] 또, 한약의 표준을 별도로 규정하기 위하여 대한약전외한약(생약)규격집이 제정되어 있다.[58]

(2) 약전의 법적 성격과 법적 의미

대한약전은 약사법 제51조에서 식품의약품안전청장이 제정하도록 위임하였으나 그의 전문적 특성 때문에 중앙약사심의위원회의 심의를 거쳐 제정되고 그 내용결정에 전문가들의 판단이 결정적인 역할을 한다. 그의 법적 성격은 판례에서 말하는 이른바 법령보충적 행정규칙이다.[59]

약전에는 명칭, 주요 성분, 제조방법, 검사방법이나 저장방법 등이 기재되고 있어서 어떤 물질의 의약품 여부와 동일성 식별의 기준으로서 활용된다.[60] 어떤 물질이 약전에 기재되어 있는 의약품의 기준을 충족하지 못하는 한, 표시, 포장, 판매 및 광고 등에서 그것을 약으로 오인되게 하는 표현의 사용은 금지된다. 또,

---

56) 우리나라에서 대표적인 약전은 대한약전인데, 미국 식품의약법상으로 Pharmacopoeia 또는 National Formulary이라 하고, 독일 Arzneimittelgesetz 제55조에서는 Arzneibuch라 한다. WTO는 약전을 Pharmacopoeia라고 하고 있다. 대한약전은 약사법 제51조에 근거를 두고 있는데, 1958년 10월 10일 제정되어 1967년, 1976년 개정이 이루어졌고, 1976년 이래 5년마다 개정이 이루어졌는데, 2002년 제8차 개정이 이루어지고 2007년 제9차 개정이 이루어지게 되었다. 9차례에 걸친 대한약전의 개정은 새로운 의약품들이 등장하고 의약품의 시험·검사방법들이 새로이 등장하고 다양해지면서 새로운 기준들과 시험절차가 확립될 필요가 있었으며 더 이상 제조·판매되지 않은 의약품들이 나타난 현실을 반영할 필요가 있었기 때문이었다. 또, 변화하는 국제적 추세에 맞추기 위한 것이었다. 대한약전은 제1부와 제2부로 구성되어 있는데, 제1부는 주로 빈번히 사용되는 원약인 기초적 제제를 수재하였고, 제2부는 생약 및 생약제제, 생물학제제, 혼합제제, 첨가제, 의약외품을 수재하고 있다.

57) '대한약전외의약품등기준'은 1983년 11월 7일 제정된 국립보건원 예규인 '의약품기준및시험방법집'이 명칭개정된 것이다. '대한약전외의약품등기준'은 1983년 제1차 개정이 이루어졌고, 1998년 제2차 개정이 이루어졌으며 2010. 02. 24. 제3차 개정이 이루어졌다. 제3차 개정에 수록된 것들은 일반의약품과 의약외품 등 총 2,127품목이다.

58) 대한약전외한약(생약)규격집은 1984. 03. 22. 처음 제정되어 1985년 제2차 개정, 1987년 제3차 개정, 2007년 12월 28일 381종의 한약이 수재되고 있다.

59) 독일 약사법 제55조에서 규정한 약전(Arzneibuch)의 법적 성격에 대하여 독일 학자들은 법규명령은 아니지만 '미리 작성된 전문가 감정'(Präfabrizierte Sachverständigen Gutachten)이라고 평가하면서 법에 준하는 성격을 인정하고 있다. E.Deutsch/H.D.Lippert, Kommentar zum Arzneimittelgesetz, 2.Aufl., 2007, S.511.

60) Martin l. Blake, The Role of the Compendia in Establishing Drug Standards, Food Drug Cosmetic Law Journal 31, 1976, p.276ff.

약전에 기재된 기준들은 의약품 품목허가의 기준인 안전성과 유효성과도 관련되어 있어서 약전에 수록된 의약품목에 대한 제조허가와 수입허가를 신청할 때 허가의 기준이 된다. 제조·유통되는 의약품이나 그 중간재가 약전에 규정된 의약품의 기준에 비추어 그 강도, 질 또는 순수성 등이 떨어지면 허가되지 않거나 허가된 이후에도 취소되고 형사처벌도 받을 수 있다.[61]

약전에서는 어떤 물질이 약전의 기준을 충족하는지를 확인할 분석방법과 검사절차도 제시하여 제조업자들과 수입업자들이 허가받은 것과 동등하지 않은 다른 방식으로 제조한 의약품을 판매하는 것을 금지시킨다.

(3) 국제약전의 제정과 의약품기준의 통일

의약품이 국제적으로 거래될 때 외국에서도 판매가 가능해야 하므로 각국의 약전의 의약품규제내용이 가능한 한 통일되거나 상호 조화를 이루어야 하므로 약전의 국제적 통일노력이 지속적으로 전개되어 왔다. 이미 1951년 WHO는 국제적으로 저명한 전문가들을 위촉하여 국제약전(Pharmacopoeia Internationalis; International Pharmacopoeia)을 제정한 이래 그것을 확대하면서 국제적으로 유통되는 의약품의 명칭, 기준과 복용방식을 통일하려고 노력해 왔다.[62]

의약품의 제조 및 유통과 관련된 WHO의 권한은 인간의 건강문제에 대해 회원국들에게 조약이나 규제를 제안하거나 권고하는 것으로, 의약품규제의 구체적 기준들에 대한 WHO의 입장은 회원국들의 다수결 투표에 따라 정해진다. 하지만, 각국에서 제정한 약전과 달리 WHO에 의해 제정된 국제약전은 회원국들에 대한 권고의 성격을 가질 뿐 구속력을 갖지는 못한다. 그럼에도 불구하고, WHO의 국

---

61) 의약품에 대한 약전의 규제는 한계도 있다. 약전에 기술된 기준을 준수한다고 하여도 동일한 의약품에 동일한 첨가물이 들어 있다는 화학적 동등성은 충족되지만, 환자에게 생물학적으로 동등한 효과를 발생하는가의 문제, 즉, 생물학적 동등성이나, 동일한 양이 투약될 때 동일한 치료효과를 발생하는가의 문제, 즉, 치료효과의 동등성까지 보장하지는 않는다. 약전에 나타난 기준만으로는 구체적 제조과정과 구체적 처방전까지 나타낼 수는 없어 환자에의 흡수율이나 치료경로가 달라질 수 있다. 하지만, 이와 같이 구체적인 제조과정이나 방법을 약전에 기재하게 하는 것은 제약회사들의 특허권이이나 영업의 비밀을 침해할 수 있기 때문에 더 상세한 공개를 요구할 수는 없다. Martin l. Blake, The Role of the Compendia in establishing Drug Standards, Food Drug Cosmetic Law Journal 31, 1976, p.284.

62) Lloyd C. Miller, An International Pharmacopoeia, Food Drug Cosmetic Law Journal 8, 1953, p.295ff.

제약전은 회원국들 간 의약품의 명칭, 기준과 검사방법 등에 대한 불일치를 줄이는 데 기여해 왔을 뿐 아니라, 약전의 제정능력이 부족한 신생국들이나 개발도상국에 유용한 정보를 제공해 주고 있다. 또, 소비자뿐만 아니라 제약회사의 의약품 생산 및 유통에도 큰 영향을 미치고 있다.[63]

(4) 한의약품의 표준화와 한약재의 제조·유통 규제에 관한 국제적 협력

1) 우리 한약전의 문제점

우리나라에서 한약전의 역할을 하는 대한약전외한약(생약)규격집은 1984년 처음 제정되어 현재는 3차례의 개정이 이루어져 381종의 한약이 수재되고 있다.

세계적으로 많은 제약회사들이 매일 새로운 의약품을 제조하고 유통시키고 있으며 실험실에서 새로운 후보물질들이 만들어지고 있고, 그것은 생약제재나 천연물질의 경우에도 마찬가지이다. 또, 중국과의 교류가 확대되면 새로운 종류의 많은 한의약품들이 우리나라에도 등장할 것인데, 한약전에의 등재여부를 판단하는 합리적인 기준이 무엇인지가 문제된다. 현재, 우리 한약전은 한의약품의 표준화와 관련하여 많은 장애와 문제를 안고 있다. 의약품의 동일성, 기준, 분석방법 및 적용대상 등과 관련하여 그의 규범력이 약한 실정이다. 그 문제점들을 개괄해 보고 대안을 모색하기로 한다.

한의약품도 의약품이어서 그것을 판매할 수 없는 자의 판매를 금지하고 있으므로 식품과 구별되어야 한다. 하지만, 현재로서는 식품, 한약재와 한의약품 사이에서 한의약품을 구별해 내는 것이 쉽지 않은 상황인데 한약전이 결정적 역할을 하지 못하고 있다.

판례상 '한약'이라 함은 동물, 식물 또는 광물에서 채취된 것으로서 주로 원형대로 건조, 절단 또는 정제된 생약을 말하는 것인바, 한약에 해당되는지 여부는 그 물의 성분, 형상(용기, 포장, 의장 등), 명칭 및 표시된 사용 목적, 효능, 효과, 용법, 용량, 판매할 때의 선전 또는 설명 등을 종합적으로 판단하여 사회 일반인이 볼 때 농산물이나 식품 등으로 인식되는 것을 제외하고 그것이 위 목적에 사용되는 것으로 인식되고 혹은 약효가 있다고 표방되어야 한다(대법원 1987. 2. 24. 선고

---

63) John J. Horan, A WHO International Pharmacopoeia, Food Drug Cosmetic Law Journal 8, 1953, p.659ff.

85도1443 판결; 대법원 1995. 9. 15. 선고 95도587 판결; 대법원 2003. 6. 13. 선고 2003도1746 판결; 대법원 2007. 2. 9. 선고 2006도7109 판결). 판례에 따를 때, 한의약품이 되기 위해서는 약효가 있거나 그것이 의도적으로 표방되었어야 하지만, 인삼과 같은 많은 한약재들은 한의약품이기도 하고 식품이기도 한 실정으로, 현실적으로는 판매자의 의도가 의약품 여부를 판단하는 데 중요한 역할을 하고 있다. 대법원도 "이 사건 '경신보원'은 그 성분과 제조방법 및 제조목적, 판매 및 선전방법 등에 비추어, 비만 치료에 사용되는 것으로 인식되거나 약효가 있다고 표방된 것"이므로 의약품이라고 하여 한의약품인지의 판단에 있어 판매자의 의도를 중시하고 있다(대법원 2007. 8. 23. 선고 2006도988 판결). 다만, 여기서는 의약품 여부의 판단에 있어 한의약품과 다른 의약품 사이에 어떤 차이가 있는지는 검토하지 않기로 한다.

또, 대법원은 "보신원은 개고기를 주원료로 하여 만든 이른바 개소주를 복용 및 휴대에 편리하도록 액체를 농축, 응고시켜 환의 모양으로 만든 것인데 다만 개소주 특유의 고약한 냄새를 제거하고 아울러 보음, 보양의 효능을 다소 높이기 위하여 그 제조과정에서 대한약전에 수재되어 있는 인삼, 당귀 등 생약제를 소량 혼합하였을 뿐인 사실 및 그 포장의 선전내용도 어느 특정한 질병의 치료, 예방이나 특정신체의 기능에 약리학적 영향을 미친다기보다 개소주의 효능으로 전해 내려온 보신에 효력이 있다는 취지에 불과한 사실들을 인정할 수 있으므로 위 인정과 같은 보신원의 주원료, 생약제의 함량 및 그 사용목적, 효능 등을 종합 고찰할 때 위 보신원을 약사법 제2조 제4항에서 말하는 의약품으로는 볼 수 없다"고 한다(대법원 1987. 2. 24. 선고 85도1443 판결). 이 사건에서 대법원은 보신원은 대한약전에 수재되어 있는 인삼, 당귀등 생약제를 소량 혼합하였지만 의약품이 아니고 식품에 불과하다고 보았다.

또, 대법원은 "한약재 판매업자가 자신의 점포에서 감초, 당귀, 황기 등의 한약재들을 별도의 표시가 없는 비닐 등에 담아 일반 소비자들이 선택하여 요구하는 양만큼 저울로 달아 그램당 가격으로 계산하여 판매하거나 작두를 이용하여 잘게 썰어 비닐봉지에 넣어 판매하였을 뿐, 임의로 위 물품들을 선택, 혼합 또는 가공하여 판매하지 아니하였을 뿐만 아니라 의약품으로 오인될 수 있는 포장을 하거나 효능, 효과 등의 표시 또는 그에 대한 선전광고나 용량, 용법에 대한 설명 등을 하지 아니한 경우, 한약판매업자가 판매한 위 물품들이 약사법에 정한 의약품에 해당한다고 할 수 없다"고 했다(대법원 2007. 2. 9. 선고 2006도7109 판결).

이 판례들에서 드러나듯이, 한의약품과 식품의 구별이 현실적으로 매우 어렵고 약전이 결정적 역할을 하지 못하고 있다. 때문에 유사한의약품을 판매하다가 적발된 사람들에 대한 행정제재나 형사처벌의 타당성 및 적정성에 의문이 제기되고 있는 실정이다.

2) 한약전의 개선과 한의약산업의 발전

한의사들은 의사 및 약사와 달리 한의약품의 처방, 조제와 판매를 함께 할 수 있는데, 우리나라에서 유통되는 한의약품들은 대부분 한의사들이 소규모 그룹을 만들어 사적 비방의 방법으로 제조하여 판매하고 있는 것이다. 즉, 한의약산업이 저발전상태이어서 제약회사가 제조하고 행정청으로부터 품목허가를 얻어 판매되는 한의약품이 매우 적은 실정으로 한의약산업의 발전이 긴급히 필요한 상황이다.

우리나라에서 한약전은 한의약품의 동일성과 동등한 질을 보장해야 하지만 그 내용이 너무 개괄적이어서 의약품의 동일성과 균질성을 보장하지 못하고 있다. 그 것은 동종의 한의약품들을 복용하는 동아시아 국가들 사이에 한의약품의 교역이 활발하지 않고 기업적 생산도 드물어 품목허가를 하면서 기준이 되는 한약전의 내용을 현대화시킬 계기가 마련되지 않은 점에서 그 주된 원인을 찾아볼 수 있을 것이다. 하지만, 한약전의 규율내용이 의약품의 동일성을 식별하는 기준으로서 제대로 기능하지 못하면 동일한 질병에 대해서 한의사들이 제조·판매하는 유사한 한의약품의 품질에 중대한 차이가 있을 수 있고, 한의사들 상호 간에 호환 가능한 처방기준도 성립하게 어려워지게 된다. 질이 떨어지는 유사 한의약품이 범람하게 되면 질 좋은 한의약품도 정당한 가격을 받기 어려워 질 것이고 환자들은 약효가 없거나 낮은 한의약품들에 대해 높은 가격을 지불하여 피해를 보게 될 것이다. 결국, 한의약품의 표준화 없이는 소비자들의 신뢰를 얻지 못하여 한의약산업은 발전하기 힘들게 된다. 의약산업의 발전에 있어서는 의약품의 안전성 이외에 약효동등성의 보장도 중요한 계기이었다는 것을 고려할 때 한약전의 규율내용을 개선해 가야 할 것이다.

동인당이나 광주제약과 같이 수많은 제약회사들이 많은 종류의 한의약품들을 생산·판매하는 중국과 자유무역협정을 체결하려 할 때, 우리나라 한약전의 문제점은 우리에게 상당한 고민을 안겨주게 될 것이다. 쯔무라(ツムラ) 제약회사 등에

서 많은 한의약품을 판매하고 있는 일본과의 자유무역협정을 체결할 때에도 비슷한 문제가 나타나겠지만, 일본의 상품가격은 상대적으로 고가이기 때문에 저가 한의약품까지 다양하게 갖추고 있는 중국의 경우보다는 우리 한의약산업에 미치는 영향은 덜 충격적일 것으로 보인다.

우리 판례 중에서도 대한약전외한약(생약)규격집에 규정된 기준이 의약품의 품질기준으로서 제조허가나 수입허가의 기준으로 기능한다고 판시하여, 예외적으로 한의약품의 표준적 질 통제의 기준으로서 한약전의 성격을 긍정한 예도 있다. 즉, 녹용수입업자에 대해 행정청이 녹용을 전량 폐기 또는 반송 처리하라는 처분을 내린 사건에서, 대법원은 "약사법 제44조 제1항 및 그 위임에 따라 식품의약품안전청장이 제정·고시한 구 대한약전외한약(생약)규격집에서, 녹용 등 의약품의 품질기준 등을 정한 취지"와 관련하여, "의약품이 품질기준에 미달하거나 부패·변질되어 국민의 건강을 해치는 것과 아울러 처방이 필요한 환자에게 의약품을 투여하였음에도 당해 의약품의 효능이 떨어져 치료의 효과가 나타나지 아니하여 국민의 건강을 지키지 못하는 것을 방지하고, 특히 녹용은 고가의 한약재로서 채취·보관상 신중한 취급을 요할 뿐 아니라 위조·변조의 우려가 커서 부적합한 녹용의 무분별한 유통을 막기 위한 것인 점, 위 규격집에서 녹용의 품질기준으로 회분함량에 관한 기준을 정하고 있는 것은 현재의 과학수준에서 녹용의 중요한 판별기준인 골질화의 정도를 알아내기 위하여 회분함량을 측정하는 것이 유용한 방법이기 때문이고, 회분함량을 측정하는 구체적인 방법으로 절단부위로부터 5㎝에 해당하는 부분의 회분함량을 기준으로 정한 것은 녹용을 부위별로 측정하여 회분함량이 기준치 이하인 경우와 기준치 이상인 경우를 나누어 녹용인지 여부를 판별하고자 하는 것이 아니라 그 녹용 전지 전부에 대하여 녹용으로 인정할 것인지 여부를 판별하고자 하는 기준을 설정한 것인 점" 등을 들면서, 이 처분이 재량권의 한계를 넘지 않았다고 하였다(대법원 2006. 4. 14. 선고 2004두3854 판결).

3) 동아시아국가 간 자유무역협정 또는 국제한약전의 제정에 대한 준비 필요

국제조약이나 중국 등과의 자유무역협정에서 일본이나 중국 주도로 한의약품의 기준에 관하여 우리 약전과 다른 기준을 채용하는 경우 우리 한의약품의 외국수출은 큰 제약을 받게 될 것이다. 우리 기업들이나 한의사들은 현재 우리나라에서 유통 중인 한의약품들과 다른 기준이 국제조약 등에서 제시되거나 기존에 식품이던 것을 의약품에 포함시키거나 그 반대의 경우가 되면 정부의 협상력을 비판하고 반발할 것이다. 때문에 정부는 전문가들이나 이해관계인들을 참여시켜 중국이나 일본의 한약전 등을 조사·분석하여야 하며 그들의 약전내용을 충분히 참작하여 우리나라가 지지할 수 있는 대안을 마련하여야 할 것이다. 필요하다면 국제 한약전의 제정을 위해 중국, 일본, 대만뿐만 아니라 보완대체의학이 활성화되고 있는 미국 및 유럽 등까지 포함시켜 협상을 통해 공동기준 등을 채택하여야 할 것이다.

한약전의 정비 및 현대화에 있어 수재기준이 문제된다. 미국에서는 의약법 발생 초기에 의약품의 약전에의 등재기준으로서 **해당 의약품 등의 이용빈도나 그 범위**가 주된 기준이었다. 이 빈도나 범위는 해당 의약품에 첨가된 적극적 첨가물의 분석에 의존하여 판단되었다. 하지만, 1955년 약사협회에 의해 개정·발간된 제10차 국가약전(National Formulary)은 **치료효과**도 주요 기준으로 삼았다. 1961년 제12차 국가약전의 개정과 1962년 식품의약법의 개정으로 **이용빈도나 그 범위의 기준은 폐기되고 치료효과가 유일한 기준으로 확립**되었다.[64]

현재 한약과 침술은 가짜치료효과 논쟁에 휘말린 경우도 상당히 존재한다. 이러한 상황에서 동아시아국가들 주도로 국제한약전을 제정하려 할 때 곧바로 약효에 의해 국제한약전에의 수재여부를 결정하는 것은 어려운 일일 수도 있다. 미국 의약법 초기에 해당 의약품 등의 이용빈도나 그 범위가 주된 기준이었다는 점은 현단계의 동아시아국가들에게 상당한 시사점을 제공해 준다. 한의약산업의 저발전과 과학적 연구의 부족이라는 현실적 한계로 인하여 약전에의 수재기준으로 약효가 아니라 이용빈도 등을 기준으로 하게 되면 약전에 의한 표준화 능력도 상당 부분 약화되고 소비자의 건강보호와 처방의 동일성보호를 위해 필요한 의약품의 균질성 보호기준으로서의 역할도 약화되는 것은 피할 수 없다. 하지만, 이 경우에도 유사한 성능을 갖는 한의약품들에 대해 소비자들의 건강에 대한 안전기준은 필요최소한의 기준으로서 반드시 존중되어야 할 것이다. 소비자들의 안전을 해치지 않는 범위에서 약효의 차이에 대한 관용의 한계는 어디까지인지 그 위반에 대해 어느 정도의 제재가 적절한 것인지 입법자와 법원도 관심을 기울여야 할 것이다.

---

64) Edward G Feldmann, Federal Drug Legislation and the New National Formulary, Food Drug Cosmetic Law Journal 19, 1964, p.604.

Ⅴ 결어

선진국가로의 발전기대, 글로벌 경제의 촉진과 고령화 사회로의 진입 등의 사유로 인해 국민들은 삶의 질을 향상시키는 경제사회의 발전에 대한 기대가 높고 정부도 그것에 부응하고자 삶의 질을 개선시키기 위한 정책과 법령을 급격히 증가시키고 있다. 이로 인해 삶의 질은 이제 정책과 행정법이 추구해야 할 새로운 이념이자 목적이 되어가고 있어 행정법학 이론의 보완과 변화가 요구되고 있다.

하지만, 삶의 질은 다양한 요인들과 주관적 측면에 의해서도 영향 받아 포괄적인 학문적 논의가 어렵다. 그래서 이 글에서는 삶의 질에 가장 중요한 영향을 미치는 요인인 건강의 보호문제에 관심을 한정하여 식품법과 의약법의 주요 쟁점들을 검토하면서 행정법 일반이론의 한계 및 변화 필요와 행정법의 대상영역의 확대 필요성을 다루었다.

법치국가에서 보호해야 할 최고의 법익이라 할 수 있는 인간의 생명 자체와 건강의 침해를 방지하기 위해 강력한 법적 조치가 필요하여 특별사법경찰권이 광범위하게 확대 도입되었고 예방적 조치도 필요한 점, 하지만, 긴급성과 중대성 때문에 서둘러 내려진 결정은 오류를 피할 수 없다는 점, 그래서 입법자는 행정조치의 사후교정 가능성을 광범위하게 인정하고 있다는 점, 이 때문에 행정행위의 잠정적 성격과 신뢰보호의 한계가 검토될 필요가 있다는 점 등은 건강보호와 관련된 행정법 이론의 변화의 한 축을 보여준다.

또, 건강 관련 식품과 의약품은 글로벌 사회의 촉진으로 외국과의 대규모 무역에 의존하지 않을 수 없다는 점, 저가 상품들의 건강 위험성이 증대하고 있다는 점, 하지만, 외국에 대한 자국규제기준의 집행은 매우 어렵다는 점, 이로 인해 건강을 침해하는 사건, 사고가 빈발한다는 점 등이 글로벌 행정법의 탄생을 재촉하고 있다는 점 등도 행정법이론 변화의 또 다른 축이라 할 수 있을 것이다. 김치의 명칭 및 표준적 제조법에 관한 한일간 분쟁과 지속적으로 발생하고 있는 수입된 유해한약재 관련 사건은 글로벌 행정법에 대한 관심을 제고시키는 중요한 사례라고 볼 수 있을 것이다.

참고문헌

1. 국내문헌

김중권, 약사법상의 신약의 허가와 재심사에 관한 연구, 중앙법학 제8집 제3호, 2006.

백창현, 특별사법경찰의 현황 및 개선방안 ― 환경부와 국가보훈처를 중심으로, 형사정
　　책연구 제18권 제4호, 2007.

선정원, 의약품 품목허가의 취소와 변경, 법제연구 제37호, 2009. 12.

연하청, 21세기 한국의 선택 : 삶의 질 선진화, 보건사회연구 제16권 제1호, 1996.

이원우, 식품안전규제법의 일반원리와 현행법의 개선과제, 식품안전법연구I(이원우 편),
　　경인문화사, 2008.

2. 외국문헌

Benedict KINGSBURY, Nico KRISCH and Richard B. STEWART, The Emergence of
　　Global Administrative Law, Law and Contemporary Problems 68, 2005.

Caoimhin MacMaolain, EU Food Law, 2007.

Carol Harlow, Global Administrative Law : The Quest for Principles and Values,
　　The European Journal of International Law Vol. 17 no.1, 2006.

Christian Bumke, Die Entwicklung der verwaltungsrechtswissenschaftlichen Methodik
　　in der Bundesrepublik Deutschland, in ; Schmidt―Aßmann/hoffmann―Riem (Hg.),
　　Methoden der Verwaltungsrechtswissenschaft, 2004

E.Deutsch/H.D.Lippert, Kommentar zum Arzneimittelgesetz, 2.Aufl., 2007.

Edward G Feldmann, Federal Drug Legislation and the New National Formulary,
　　Food Drug Cosmetic Law Journal 19, 1964.

Hans―Heinrich Trute, Methodik der Herstellung und Darstellung verwaltungsrechtlicher
　　Entscheidungen, in; Schmidt―Aßmann/hoffmann―Riem (Hg.), Methoden der
　　Verwaltungsrechtswissenschaft, 2004.

John J. Horan, A WHO International Pharmacopoeia, Food Drug Cosmetic Law
　　Journal 8, 1953.

Lloyd C. Miller, An International Pharmacopoeia, Food Drug Cosmetic Law
　　Journal 8, 1953.

Martin l. Blake, The Role of the Compendia in Establishing Drug Standards, Food
　　Drug Cosmetic Law Journal 31, 1976.

Michael S. Barr and Geoffrey P. Miller, Global Administrative Law: The View from

Basel, The European Journal of International Law Vol. 17 no.1, 2006.

O'Rourke, European Food Law, 3ed., 2005.

Petra Hiller, Der Zeitkonflikt in der Risikogessellschaft, 1993.

Richard A Merrill/Earl M. Collier, "Like Mother used to make" : An Analysis of FDA Food Standards of Identity, Columbia Law Review, Vol. 74, 1974.

Robert L. Rabin, The Poverty of Administrative Law, 1969.

Sabino CASSESE, Administrative Law without the State? The Challenge of Global Regulation, New York University Journal of International Law and Politics 37, 2005.

Sanford A. Miller/Karen Skinner, the Paradox of Food Standards, Food Drug Cosmetic Law Journal 39, 1984.

Smith DeWaal/Guerrero Brito, Safe food International : A Blueprint for Better Global food Safety, Food & Drug L. J. 60, 2005.

Udo Di Fabio, Risikoentscheidungen im Rechtsstaat, 1994.

Wesley E. Forte, Definitions and Standards of Identity of Foods, UCLA Law Review 14, 1966－1967.

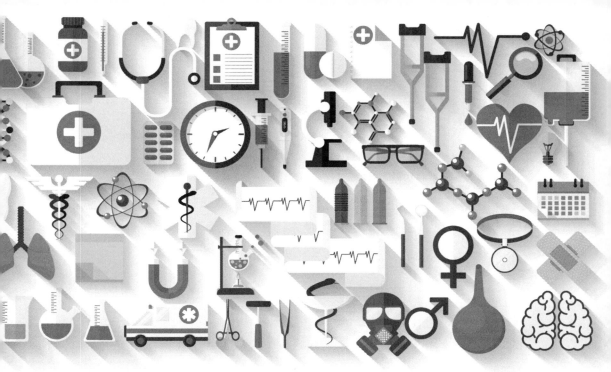

제2장

의약품의 규제

한의약품 제조규제의 강화 - 미국 최초 식품의약법상 의약품규제의 시사점 -

Ⅰ 한의약품의 제조규제의 미정비와 단계적 · 합리적 규제 강화의 필요성

1. 한의약품의 제조에 관한 규제의 미정비

"모든 의약품은 독이다"는 말은 과장일 수 있지만 일면의 진리를 전달한다. 의약품은 질병으로 야기된 신체의 비정상성을 교정하는 기능을 갖기 때문에 식품과 달리 일상적으로 복용하거나 잘못 복용하면 오히려 건강을 해치게 된다. 의약품의 이러한 특성은 한의약품의 경우에도 타당하지만 우리나라에서 양약과 달리 한의약품의 제조에 관해서는 전통을 그대로 수용하였을 뿐 현대 과학기술사회에 적합한 규제가 거의 이루어지지 못했다. 현재의 상황을 살펴보면 아래와 같다.

첫째, 한방분야에서 의약분업이 이루어지지 않아 한의사의 경우 제조와 조제 · 판매를 모두 할 수 있어 제조자와 조제자 · 판매자가 구별되지 않는다.[1] 한약재를

---

[1] 약사법 부칙 <법률 제4731호, 1994. 1. 7.>

　　제3조 (한의사 · 수의사의 조제에 관한 경과조치) 한의사가 자신이 치료용으로 사용하는 한약 및

일정 비율로 혼합하여 가공하는 방식을 사용하는 전형적인 한의약품의 경우 제조와 조제의 구별도 현실적으로 명확하지 않아,[2] 한의약품의 제조 또는 조제가 가능한 자가 한의사 이외에도 한약사와 한약조제자격을 갖는 약사가 있을 뿐만 아니라, 한약업사의 경우에도 사실상 한의약품의 조제와 유사한 방식으로 한약재를 판매할 수 있어서,[3] 사실상의 제조자가 너무 많고 제조자에 대한 규제가 매우 느슨하고 약하다. 영세한 자본규모를 가진 제조자의 수는 많음에도 불구하고 현재 우리나라에는 한의약품을 제조하는 제약회사가 거래소 시장이나 코스닥 시장에 상장할 정도의 일정 자본규모 이상의 수준에서는 존재하지 않는 실정이다.

이러한 사정의 주된 원인은 헌법재판소의 판결문 중에 나타난 바와 같이 "양방의 경우는 의약품이 대부분 제약회사를 통해서 대량생산이 되고, 그 성분이나 함량이 동일하게 유지될 수 있도록 하는 제도적, 현실적인 여건이 갖추어져 있다고 볼 수 있으나, 한방의 경우는 그 특성상 한약 및 한약재의 품질 표준화가 이루어졌다고 보기 어렵"기 때문이다(헌재 2008. 7. 31. 선고 2005헌마667 결정).

이와 같이 기업형태의 한약제조회사가 한의약품의 시판 전 적격심사를 신청한 경험이 일천한 것이 한의약품의 제조규제의 저발전의 원인이 되었다고 볼 수도 있을 것이다.

한약제제를 자신이 직접 조제하거나 수의사가 자신이 치료용으로 사용하는 동물용 의약품을 자신이 직접 조제하는 경우에는 제21조 제1항 및 제2항의 규정에 불구하고 이를 조제할 수 있다.

2) 약사법 제2조 제11호. ""조제"란 일정한 처방에 따라서 두 가지 이상의 의약품을 배합하거나 한 가지 의약품을 그대로 일정한 분량으로 나누어서 특정한 용법에 따라 특정인의 특정된 질병을 치료하거나 예방하는 등의 목적으로 사용하도록 약제를 만드는 것을 말한다."
한의사가 제조하는 한의약품은 대부분 복합제제로서 몇 가지의 한약재를 일정 비율로 혼합하여 일정한 제형으로 만든 것이기 때문에 조제행위와의 명확한 구별이 어렵다.

3) 약사법 제45조 제4항은 "한약업사는 환자가 요구하면 기존 한약서에 실린 처방 또는 한의사의 처방전에 따라 한약을 혼합 판매할 수 있다"고 하고, 한약재 수급 및 유통관리 규정(보건복지부 고시 제2010-43호, 2010. 3. 10.) 제34조 제5항은 "한약판매업자나 그 종사자는 한약재에 포자 등 화학적 변화를 가하거나 2가지 이상의 한약재를 혼합하여 포장하여서는 아니 된다"고 규정하고 있다. 혼합판매행위는 환자의 질병상태를 살펴 한약재를 배합하여 일정한 제형으로 만들 수 없고 단지 구매자가 원하는 데로 여러 한약재를 함께 판매할 수 있다는 점에서 100가지 처방약의 범위내에서의 한약사 등의 조제행위와 개념상 구별할 수 있을 것이지만, 현실적으로 혼합판매행위는 구매자가 다른 가게에 가서 그것들을 탕으로 제조하여 복용하는 행위와 결합할 때, 제조행위 및 조제행위 등과 거의 구별되지 않게 된다. 더구나, 한약업사는 100가지 처방의 제한을 넘어 "기존 한약서에 실린 처방" 모두에 대해 한약을 혼합판매할 수 있어 판매가능한 범위가 한약사나 한약판매자격을 가진 약사보다 훨씬 넓다.

둘째, 한의약품의 처방과 조제에 관하여 약사법 제23조 제6항은 "한약사가 한약을 조제할 때에는 한의사의 처방전에 따라야 한다. 다만, 보건복지부장관이 정하는 한약 처방의 종류 및 조제 방법에 따라 조제하는 경우에는 한의사의 처방전 없이도 조제할 수 있다"고 규정하고 있다. 이에 따라 보건복지부고시로 '한약처방의 종류 및 조제방법에 관한 규정'이 제정되어 한약사 및 한약조제자격이 있는 약사가 한의사의 처방전 없이 직접 조제할 수 있는 한약처방으로 100가지 처방이 규정되어 있다.[4]

이러한 규정들에도 불구하고, 현실적으로 한의사들이 처방전을 발행하고 한약사나 한약조제자격을 갖는 약사가 조제하여 판매하는 경우는 거의 없다. 한의사의 처방전의 존재는 환자에 대한 의사의 설명의무와 의사─환자 관계에서의 신뢰보장을 위해 중요한 의미를 가짐에도 처방전이 발급되지 않고 있는 원인과 관련하여, 헌법재판소는 "한약의 채취시기, 법제방법, 보관방법, 보관기간, 한약재의 사용부위에 따른 약효의 차이 등이 충분히 규명되지 않았으며, 변질 부패의 위험도 상대적으로 높아, 한의사가 한약국에서의 조제를 전제로 처방을 함에 있어서는 한약국에서 어떤 한약재를 주로 사용하는지, 어느 정도의 수치와 법제를 하는지를 감안하여 처방해야 하는 문제 등이 있고, 재진 시 치료효과를 평가할 경우에도 처방의 문제인지, 약재의 문제인지, 수치와 법제의 문제인지를 정확히 감별해 내기 어려운 점도 발생할 수 있다"는 점에서 일단의 원인을 찾고 있다(헌재 2008. 7. 31. 선고 2005헌마667 결정).

현실적으로 한약사와 한약조제자격을 갖는 약사는 한의약품의 제조유사행위를 함에 있어 거의 제약을 받지 않는다. 대한약전, 대한약전외한약(생약)규격집(이하 한약전이라 함)과 '한약처방의 종류 및 조제방법에 관한 규정'에 규정된 100가지 처방은 한의사와 다른 한의약품의 제조자·조제자에게 한의약품의 제조에 관한 기준을 제시하지만,[5] 현실적으로는 제조자 또는 조제자들이 어떤 한의약품을 제조하

---

4) 법원의 판결 중에는 한의약품의 경우 "전문의약품과 일반의약품의 구별이 존재하지 않는다"고 평가한 것(전주지방법원 2004. 9. 2. 선고 2003구합1742 판결)도 있다. 하지만, 한약사 및 한약조제자격이 있는 약사가 한의사의 처방전 없이 직접 조제할 수 있는 한약처방인 100가지 처방은 의사의 처방없이 약사가 조제·판매할 수 있는 일반의약품의 경우와 그 규제방식이 동일하다는 점에서 비록 명백하지는 않지만 한의약품도 전문의약품과 일반의약품 유사의 구별을 알고 있다고 볼 수도 있다.

고 조제할 때 한약전의 기준과 다르게 기존 성분을 빼거나 줄이거나 다른 성분을 추가하는 것이 일상적으로 일어나고 있어 100가지 처방과 한약전이 기준으로서의 역할이 약하거나 단지 참조의 대상이 되고 있을 뿐이기 때문이다.

셋째, 한약재, 그중에서도 식물성 한약재의 경우 한의약품의 원료물질일 뿐만 아니라 일정 성분이 추출되어 천연물 의약품이 된다. 그럼에도 불구하고 한의약품의 제조의 허용조건이나 기준은 천연물 의약품의 경우와 달라 지극히 불명확하여 의약법 질서에 혼란이 초래되고 있고, 천연물 의약품의 제조기준에 있어서 불명확성과 불투명성의 원인이 되고 있다.

천연물신약 연구개발 촉진법은 천연물 의약품에 대하여 '천연물 성분을 이용하여 연구·개발한 의약품'을 말한다고 정의하고 나서, 천연물은 "육상 및 해양에 생존하는 동·식물 등의 생물과 생물의 세포 또는 조직배양산물 등 생물을 기원으로 하는 산물을 말하고, 천연물성분은 천연물에 함유되어 있는 물질로서 생체에 직·간접적으로 영향을 미치는 등 생물활성을 가지는 물질"을 말한다고 규정하고 있는데(천연물신약 연구개발 촉진법 제2조 제1호, 제2호), 이 정의규정에서 나타나듯이 한의약품과 천연물 의약품은 상호밀접한 관계를 가지고 있다. 입법자는 한의약품과 천연물의약품에 대한 규제에 있어 통일성과 필요한 명확성을 확보해야 하는 의무가 있는 것으로 천연물 의약품의 제조에 대한 규제가 한의약품의 제조규제의 발전 없이 계속 출현한다면 그것은 입법자의 중대한 책임유기라 할 수 있는 것이다.

2011년 7월 8일 전면 개정된 '건강기능식품 기능성 원료 및 기준·규격 인정에 관한 규정' 제14조 제10호에서는 기능성 원료로 인정받기 위해서는 "의약품과 같거나 유사하지 않음을 확인하는 자료"를 제출하도록 하고 있다. 이 규정만 보면 한약재는 건강기능식품의 원료가 될 수 없는 것으로 이해된다. 하지만, '건강기능식품에 사용할 수 없는 원료 등에 관한 규정'(식품의약품안전청고시 제2010-16호 (2010. 04. 13. 개정)) 제3조 제1호 단서는 '3가지 이하의 원료로 구성된 것'은 건강기능식품의 원료가 될 수 있도록 규정하였는데, 그 의미는 3가지 이하의 한약재를 사용하기만 한다면 건강기능식품의 기능성원료가 될 수 있는 것으로 이해될

---

5) 약사법 시행규칙 제10조는 "약사가 한약을 조제하는 경우에는 한의사의 처방전에 따르거나 보건복지부장관이 정하는 한약처방의 종류 및 조제방법에 따라 조제하여야 한다"고 규정하고 있다.

수 있을 것으로 보인다. 예를 들어, 인삼은 건강기능식품, 한약재 그리고 천연물의약품 어느 쪽 이해관계자들도 관련성이 있다고 주장할 것인데, 시장에서 소비자들도 그렇게 이해하고 있는 듯하다. 대표적인 건강기능성물질의 하나인 헛개나무 추출물도 전래의 민간치료재이었던 것으로 광의의 한약재에 포함된다고도 볼 수 있는 것이다.

때문에 현실적으로 우리나라에서도 일정 범주의 한약재들은 건강기능식품의 원료물질이 되고 있을 뿐만 아니라, 모든 한약재를 건강기능식품의 원료물질에서 제외하는 것은 미국이나 유럽에서 우리의 건강기능식품에 대응하는 것들 속에는 동아시아 국가에서 오랫동안 사용되어 온 한약재도 당연히 포함되는 것이기 때문에 외국의 법제와의 조화 측면에서 문제를 야기하고 무역이 활발해지면서 당연히 법들 사이의 충돌과 조정의 문제가 발생하게 될 것이다.

이러한 이유로 한의약품에 대한 명확한 정의의 부재와 그 산업적 범주의 미확정 그리고 제조규제에 대한 저발전은 건강기능식품의 제조기준에 있어서 불명확성과 불투명성의 다른 원인이 되고 있다고 평가해볼 수 있을 것이다.

한의약품의 제조에 대해 우리 현실에 적합하면서도 합리적인 규제의 부존재상태가 지속되면서 우리 국민들 사이에서 한의약품의 안전성과 유효성에 대한 사회적 신뢰가 점점 약화되고 있을 뿐만 아니라, 미국(보완대체의약품), 유럽(보완대체의약품), 일본 및 중국 등의 국가에서 점차 형성되어가는 '글로벌 스탠더드와의 조화'의 측면에서 문제가 커져가고 있어 우리 한의약품이 국내의 좁은 시장에서만 통용 가능한 것으로 고착되어가는 것은 아닌지 심히 우려된다.

2. 한의약품의 안전성과 유독성에 대한 심각한 사회적 의문의 해소 필요

한의약품이 화학약품과 같이 안전성과 유효성을 갖는가에 대하여 의사와 한의사들 사이에 오랫동안 견해 차이가 존재해 왔고 그것이 양·한방협력에 중대한 장애가 되어 왔다. 의사들은 한의약품의 상당수가 인체에 간 손상과 같은 치명적 문제를 안고 있고, 그럼에도 불구하고 한의사들은 처방전도 발행하지 않고 환자들에게 과학적 설명을 해줄 의무를 이행하지 않고 있다고 비판해 왔다. 이에 대하여 한의사들은 한의약품은 중국, 일본과 우리나라의 역사에서 오랫동안 안전성과 유효성을 입증해 왔음에도 의사들이 부당하게 한의약품이 인체에 유해한 영향을 미친다는 비난을 하고 있다고 주장해 왔다. 이러한 상황에서 최근 나온 대법원판결은 이 문제와 관련하여 중요한 의미를 내리는 판단을 내리고 있다.

"이 사건 한약에 간 손상의 원인이 될 만한 물질이 포함되어 있는 점, 이 사건 한약 투여 후 증상 발현 시점이 일반적인 약물성 간 손상 발현 시점에 부합하는 점, 원고에게는 약물 이외에 바이러스 등 간 손상 원인이 없는 점, 기존에 투여 받던 양약의 경우 오랜 시간 투여 받았지만 간 손상 징후가 없었던 점, 이와 같은 간접정황으로 인해 의학적으로 매우 유용하다고 평가되는 '독성 간 손상 진단척도'(RUCAM SCORE)에서 '7점 내지 8점'(가능성 높음)으로 나온 점을 종합하면, 원고의 간 손상이 전격성 간부전에 이를 정도로서 원고의 특이체질에 기인할 가능성이 높다고 하더라도, 이 사건 한약 투여 또는 이 사건 한약과 양약의 상호작용 역시 원고의 간 손상 발생의 원인이 되었다고 추단할 수 있다".

"한약의 위험성은 한약의 단독작용으로 발생할 수도 있지만 환자가 복용하던 양약과의 상호작용에 의하여 발생할 수도 있고, 한약과 양약의 상호작용 및 그에 의한 위험성에 관한 의학지식은 필연적으로 한약과 양약에 관한 연구를 모두 필요로 할 뿐만 아니라 그 연구결과도 한약과 양약에 관한 지식에 모두 반영될 것이고, 이와 관련된 연구 내지 지식을 의사 또는 한의사 중 어느 한 쪽에 독점적으로 지속시켜야만 사람의 생명·신체상의 위험이나 일반공중위생상의 위험이 발생하지 아니하게 된다고 볼 수도 없다. 이러한 사정을 고려하면, 한약의 위험성이 한약의 단독작용에 의하여 발생할 가능성뿐만 아니라 한약과 양약의 상호작용에 의하여 발생할 가능성이 있더라도, 한의사가 환자에게 양약과의 상호작용으로 발생할 수 있는 한약의 위험성에 대하여 설명하는 행위는 한의사에게 면허된 것 이외의 의료행위라고 할 수 없고, 한의사는 한약을 투여하기 전에 환자에게 해당 한약으로 인하여 발생할 수 있는 위와 같은 위험성을 설명하여야 할 것이다"(대법원 2011. 10. 13. 선고 2009다102209 판결).

이 판결에서 대법원은 한의약품 중 어떤 것들은 인체의 간에 손상을 끼친다는 것, 그리고 한의사들이 적절한 과학적 설명을 환자에게 해주지 않는 경우가 있다는 점을 인정했다.

이 사건에서 원고인 환자는 당뇨병으로 병원에서 치료를 받아오다가 한의사로부터 한약복용의 권고를 받고 열다한소탕이라는 한약을 복용하였다. 병원에서 의사의 처방에 따라 복용하던 양약이 간염이나 간독성을 일으킬 위험이 있는 약이었음에도 불구하고 한의사는 복용한 양약에 대해서는 묻지 않고 간 손상을 야기할 수 있는 '황금'이라는 한약재가 포함된 열다한소탕을 제조하고 복용하게 하여 환자가 전격성 간부전이라는 질병에 걸리게 하였다.

원심인 서울고등법원(서울고법 2009. 9. 3. 선고 2008나74156 판결)은 원고의 간 손상이 한약투여로 발생한 것으로 볼 수 없다고 판시하면서도 한의사가 한약의 위험성이 한약의 단독작용에 의하여 발생한 경우뿐만 아니라 양약과의 상호작용에 의해 발생할 가능성이 있는 경우에는 그 위험성에 대해 환자에게 설명할 의무가 있다고 판시하면서 원고에 대하여 손해배상의무를 인정하였었다.

대법원은 명백하게 원고의 간 손상은 한약의 투여로 발생하였다고 인정하면서 원심의 판단이 잘못되었다고 지적하고 더 나아가 원심의 판단과 같이 한의사의 설명의무는 양약과의 상호작용에 의해 발생할 위험성에까지 미친다고 판시하였다.

오랫동안 의약법상 회자되어오던 "모든 의약품은 독이다"라는 말이 오랜 역사적 경험과 생약이라는 특성으로 인해 상대적으로 위험성이 거의 없다고 주장되고 알려져 왔던 한의약품이라고 해서 예외는 아니라는 사실을 명백히 인정한 것에서 우선 이 판결의 의의를 찾아볼 수 있을 것이다. 한의사가 제조하여 원고에게 복용하게 한 열다한소탕은 한약전의 기준을 준수한 것으로 정상적으로 시장에서 유통되는 한의약품이지만 그것이 일정한 환자에게는 간 손상이라는 치명적 건강 침해를 야기할 수도 있다는 것이 법령과 판례를 통틀어 아마도 최초로 인정된 것으로 보인다. 이 판결을 계기로 그리고 이 판결에 기초하여 한의약품의 제조규제의 현대화라는 것이 어려울 수 있지만 매우 시급한 법적 과제라는 점에 대해 이해관계를 떠나 인식을 공유하고 새로운 출발을 할 수 있게 되기를 기대한다.

이 글이 미국 최초의 식품의약법상 의약품규제의 내용을 고려하여 현 단계에서 한의약품의 제조와 관련하여 시급하게 필요한 규제를 파악함으로써 규제의 우선순위를 파악하는 데 기여하기를 바란다.

Ⅱ 1906년 미국 식품의약법상 의약품에 대한 규제의 내용

1. 미국의 초기식품의약품 제정 당시 의약품의 제조규제에 대한 고찰의 필요성

중국에서 동인당과 같은 유명한 중약전문제조회사가 번창하고 중약에 대한 현대적 규제가 계속 출현하면서 세계시장에서 서양의 지식재산권의 규제를 받지 않는 방대한 종류의 천연물 의약품들이 점차 세계시장으로 진출해 가고 있다. 일본의 경우도 쯔무라제약(http://www.tsumura.co.jp)과 같이 연매출규모가 1조 원에 이르는 기업이 출현할 정도로 한방제약회사들이 번창하고 있다.

미국과 유럽에서도 보완대체시장의 규모가 점차 커지고 있어서 이에 관한 현대적 규제들이 계속 보완되고 있다.

우리나라는 한의약과 관련하여 오랜 역사를 갖는 국가이지만 현재와 같이 새로운 연구와 과감한 투자를 수행할 주체인 한방제약회사가 출현하지 않고 한의약품의 제조에 관한 규제도 현대화되지 않는다면 머지않은 장래에 외국의 제약회사들이 획득한 지식재산권과 한의약품들 때문에 한의약품의 글로벌화는 물론 국내시장에서의 생존과 관련하여서도 중대한 난관에 부딪치게 될 것이라는 점은 너무나 자명해 보인다.

그럼에도 불구하고, 현실적으로 한의약 분업이 시행되지 않아 한의사와 그 밖에 한의약 관련 전문직 종사자들 사이의 관계가 불명확하고, 한의사 자신도 자신의 전래의 한의약품 제조권을 독점하려는 기득권을 버리려 하지 않으며, 현행 제도의 틀 내에서는 한의사가 한의약제조 전문기업을 창설하려는 유인도 크지 않아 개혁이 쉽지 않은 실정이다. 그리고 무엇보다 우리의 현 단계 실정에 적합한 한의약품 제조의 규제가 무엇인지 그리고 우선순위를 어디에 두어야 하는지에 대한 것도 지극히 모호한 상태이다.

이 글에서는 1906년 미국 최초의 식품의약법에 규정된 의약품의 제조에 관한 규제의 탄생배경과 그 규제내용을 살펴볼 것이다. 이 당시 미국에서도 주로 몇 가지 허브들로 배합된 복합제제인 의약품이 국가의 규제 없이 시장에서 거래되고 있었는데, 의약품 안전사고가 발생하면서 처음으로 1906년 식품의약법이 제정되어서 의약품의 제조에 대한 규제가 출현하였다. 이 점에서 이 시기의 미국의 입법을 살펴보는 것은 우리가 한의약품의 제조에 대한 규제를 시작함에 있어 상당한 시사점을 제공해줄 수 있을 것으로 기대된다.

2. 1906년 식품의약법의 제정과정과 그 내용

(1) 1906년 식품의약법의 제정과정

1906년 식품의약법이 제정되기 이전 미국에서 식품과 의약품의 제조 및 유통에 대해서는 어떤 규제도 없었다. 그 결과 의약품들의 성분 속에는 마약이나 모르핀 등을 무분별하게 함유한 것들도 아무런 제약 없이 거래되고 있었다. 화학자(Chemist)나 약사(Druggist 또는 Pharmacist)로 불렸던 전문가들이 약재를 조제하거나 배합하여 판매하는 것과 관련하여 유럽과 마찬가지로 넓은 재량을 인정하고 있어서 약사 등이 제조하여 환자에게 판매하는 물질은 의약품으로 인식되었다.[6] 의약품의 성분은 영업비밀이어서 공개할 의무도 없었다.

1906년 법은 '순수식품 의약법'(Pure Food and Drug Act)이라는 명칭으로 13개의 조문으로 1906년 6월 30일 제정(P.L. 59-384, 34 Stat.768)되어 1907년 1월 1일부터 시행되었는데, 오늘날 200여개가 넘는 식품의약법률의 효시일 뿐만 아니라 미국 초기 입법사에서 1887년의 주간통상법(Interstate Commerce Act) 및 1914년의 연방거래위원회법(Federal Trade Commission Act) 등과 더불어 가장 중요한 법률들 중의 하나로 평가되고 있다.

1906년 식품의약법은 제정 당시 제약업자들 및 의료계와 그의 영향을 받은 정치인들이 부당하게 시장의 자유를 제한하고 제약업자들의 권리를 침해한다는 논거로 반발이 심한 가운데 미국부인협회[7], 언론[8] 및 연방 농림부의 윌리박사[9]

---

6) H.Wippell Gadd, The law of poisons and pharmacy, Law Mag. & Rev. Juris. 5th ser. 35, 1909-1910(이하 poisons and pharmacy로 인용), p.172.
7) General Federation of Women's Clubs. Women's Christian Temperance Union.
8) 가짜상표의 부착행위의 금지기준이 확립되는 과정에서 언론은 큰 역할을 하였다. 식품과 의약품에 포함된 유독성물질에 관한 정보를 확보하여 언론에 홍보한 기자들 중 Samuel Hopkins Adams는 1905년과 1906년에 걸쳐 Cooier's Weekly 지에 "중대한 미국의 사기"(The Great American Fraud)라는 제목으로 12회에 걸쳐 식품의약품을 제조, 판매하는 사업자들이 얼마나 불량한 물질을 판매하는지 얼마나 폭리를 취하는지 보도하여 입법을 촉구하였다. Edward Bok 기자는 Ladies' Home Journal 지에 인기 있는 의약품의 주요성분들을 분석하여 그것들이 얼마나 치료효과가 없는지 습관성 중독을 일으키는지 등을 보도하여 의약품남용의 위험성을 보도하

등과 테오도르 루스벨트 대통령이 주도하여 법률로 제정되게 되었다.

(2) 제조와 유통의 금지기준으로서 불량조성(Adulteration, 不良組成) 기준의 도입

1906년 미국에서 최초의 식품의약법이 제정되기 전 널리 사용되었던 의약품 제조방식은 약재를 일정 비율로 배합하여 제조하는 방식이었다. 이 방식은 제조업자의 제조방식이나 보관조건 등에 따라 원료물질 상태에서 오염되어 있지 않았더라도 쉽게 변질될 수 있는 우려도 가지고 있었다. 그것은 생약으로서 갖는 기본적인 한계이었다. 때문에, 약재의 유독성과 변질을 막고 품질의 균질성을 보장하는 것이 입법의 중요한 목표가 되었다.[10]

1906년 법은 규제의 기준으로서 의학적 측면과 경제적 측면에 중점을 두어, 식품과 의약품의 제조 및 유통의 허용을 위한 판단기준으로 불량조성(Adulteration, 不良組成)과 부정표시(Misbranding) 여부를 규정하였다. 제1조에서 누구든지 미국영토내에서 불량조성되거나 부정표시된 식품이나 의약품(Any article of food or drug which is adulterated or misbranded)을 제조하는 것은 불법이라고 선언하였고, 제2조에서는 그것들의 유통도 금지시켰다.

하지만, 1906년 법률은 어떤 의약품을 시판하기 전에 그의 안전성과 유효성의

다가 의사협회 등으로부터 고소를 당하기도 하였다. 가짜의약품광고를 통해 막대한 수익을 얻고 있던 수많은 언론기관들 자신도 이러한 기사의 유포를 막거나 입법을 막기 위해 방해공작을 하였다. R.C.Litman/D.S.Litman, Protection of the american consumer : the muckrakers and the enactment of the first federal food and drug law in the United States, Food Drug Cosmetic Law 36, 1981(이하 Protection으로 인용), pp.662-663.

9) Theodore Roosevelt 대통령이 집권하던 당시 미국 연방의 농림부에서 1883-1912년 동안 장기간 화학부장을 맡았던 Harvey W. Wiley는 1906년의 입법에 큰 영향을 미쳤는데, 그는 오랫동안의 직접적인 인체실험을 통해 식품과 의약품으로 사용되는 물품들중 독성이 있는 물질의 목록으로 "윌리박사의 독성물품목록"(Doctor Wiley's POISON SQUAD)을 발표했다. 그는 방부제의 유독성실험을 하였는데 그 방법으로 어떤 물질이 건강한 사람들을 아프게 한다면 유아나 노인은 그 물질을 복용하게 되면 치명적으로 아프게 될 것이라는 가정을 세워 인체실험을 했다. 이 방식으로 방부제에 대해 5년 동안 실험을 하여 유독성을 입증하였다. 이 독성물질목록은 언론을 통해 국민들에게 크게 홍보되었다. Protection, pp.662-663. 이러한 이유로 1906년 법률은 윌리법(Wiley Act)으로도 불렸다.

10) G.Sonnedecker/G.Urdang, Legalization of drug standards under state laws in the United States of america, Food Drug Cosmetic Law 8, 1953(이하 Legalization으로 인용), pp.741-746.

검사를 사전에 거칠 것을 반드시 요구하는 시판 전 허가제도를 도입한 것은 아니었고 시장에서 유통되는 의약품들에 대해 검사를 통해 그의 불량조성사실을 입증하여 제조금지나 유통금지를 시킬 수 있는 권한을 행정청에 준 것에 불과하였다. 신약에 대한 시판 전 허가제도는 Sulfanilamide라는 감염증치료제에 의한 약화사고로 미국에서 100명 이상의 사망자가 발생한 이후 1938년의 법 개정으로 도입되게 된다.

제4조에서는 미국 농림부 화학국(나중에 미국 식품의약청(FDA)으로 발전됨)에서 불량조성사실과 부정표시의 확인을 위하여 식품과 의약품을 검사할 수 있다고 하면서 위법사실이 확인되면 제조자에 대한 청문을 거쳐 제재를 가할 수 있음을 규정하였다.

정부에 재직하는 화학자들은 소비자들의 건강을 보호하기 위하여 의학적 측면에 초점을 맞추어 초보적인 수준이지만 직접적인 인체실험을 통해 유해성 여부를 입증하여 그의 시판과 유통을 차단하려 하였다. 그동안 시장에서 유통되는 수많은 식품들과 의약품들에 관한 사기와 부패행위들에 대해 적절한 대처방법을 찾을 수 없었던 연방정부와 의회는 일군의 과학자들이 실험을 통해 과학적인 증거를 제시해 그 유독성을 입증함으로써 입법을 반대하는 사업자들을 설득하여 불량조성(Adulteration)이라는 기준을 의약품의 제조와 유통을 금지시킬 수 있는 권한의 근거로서 정립할 수 있었다.

제7조에서는 불량조성(Adulteration, 不良組成)의 개념을 두 가지로 나누어 정의하고 있다. 첫째, 약전에 등록된 의약품의 이름과 동일한 이름을 사용하는 어떤 상품에 대해 검사를 했을 때 효과성, 질, 순수성 등에서 약전의 기준과 다르다면 유해한 것이다. 다만, 의약품의 포장지나 용기 등에 약전의 기준과 다른 사실이 명백하게 표시되어 있다면 불량조성한 것이 아니다. 둘째, 해당 의약품의 효과성이나 순수성이 전문적인 기준이나 질 이하로 떨어진다면 불량조성한 것이다.

제7조에서 정의한 것을 요약하여 정리해 보면, 일단 약전의 기준과 벗어나면 불량조성한 것이다. 다만, 다르다는 것을 명백하게 표시하면 불량조성한 것이 아니다. 하지만, 다름을 표시하더라도 전문적인 일정 기준 이하로 떨어진다면 불량조성한 것이다. 이와 같이 이해할 수 있을 것으로 보인다.

(3) 의약품의 정보제공 및 광고의 소극적 기준으로서 부정표시(Misbranding) 의 금지

1906년 법률은 경제적 측면에서 사업자의 허위과장광고를 막고 소비자와 정직한 제조자를 보호하기 위해 정부가 개입할 수 있는 법적 근거를 확보하고자 하였다. 이 법률에서 입법자는 공급자의 과도한 이윤추구 동기에 의한 부정표시는 막되 상품의 내용을 소비자에게 정확하게 알리는 행위를 막지는 않았다. 또, 당시까지 별다른 규제 없이 유통되고 있던 아편이나 알코올 등의 유통현실을 고려하여 어떤 의약품에 그러한 물질이 포함되어 있다면 그의 포함사실을 표시한 후 판매하도록 규정하였다.

법 제8조에 따를 때, 부정표시는 의약완제품들과 그 성분들 모두에 적용되는데, 그 의미를 4가지로 나누어 정의하고 있다. 첫째, 약전에 등록된 것과 동일하거나 복제한 의약품을 다른 이름으로 판매할 때 부정 표시한 것이 된다. 둘째, 어떤 의약품의 표시내용이 일부라도 삭제되었거나 다른 내용이 기재되어 있을 때 부정표시가 된다. 또, 의약품에 알코올, 모르핀, 아편 등[11]이 포함되어 있음에도 불구하고 그의 양과 비율을 표시하지 않는다면 부정표시가 된다. 셋째, 의약품 포장지에 무게와 양이 표시되어 있지만 그 표시내용이 명백하지 않고 정확하지 않을 때 부정표시가 된다. 넷째, 의약품의 포장지 등에 의약품의 성분(Ingredients)이나 포함된 물질에 관해 표시한 내용이 허위이거나 오인하게 하는 것일 때 부정표시가 된다.

제8조에서는 의약품에 그 성분물질, 무게와 양 등을 표시하도록 의무화하지는 않았으나, 일정한 건강위해물질, 즉, 알코올, 모르핀, 아편 등에 대해서는 그 양과 비율까지 표시하도록 요구함으로써 강제적 표시제도의 효시가 되었다. 하지만, 제8조는 의약품의 성분을 정확하게 표시하기만 한다면 그 의약품의 효능을 과장하거나 다르게 표시하더라도 부정표시로 보지 않을 수 있도록 해석될 여지를 줌으

---

11) 1906년 법 제8조 본문에서 표시를 요구한 물질에 관한 원문은 다음과 같다. "any alcohol, morphine, opium, cocaine, heroin, alpha or beta eucaine, chloroform, cannabis indica, chloral hydrate, or acetanilide, or any derivative or preparation of any such substances contained therein".

로서 1912년 법 개정이 필요하게 된다.

1906년 법률은 판례와 법률의 개정을 통해 보완되어 갔다. 연방대법원은 1911년 United States v. Johnson 판결(221 U.S. 488(1911))에서 1906년의 식품의약법이 의약품의 명칭이나 성분에 관한 허위의 표시나 오인하게 하는 표시는 금하지만 치료효과를 허위로 표시하는 것까지 금하는 것은 아니라고 하였다. 이 판결은 1906년 법의 한계 때문에 내려진 것으로 현실적 합리성에 대해서 많은 비판을 받은 결과, 미국 연방의회는 1912년 식품의약법을 개정(Sherley Amendment. 37 Stat.416(1912))하여 소비자에게 사기를 칠 목적으로 의약품에 허위의 치료효과를 표시하는 것을 금지하였다.

또, 연방대법원은 1914년 United States v. Lexington Mill Elevator Co. 판결(232 U.S. 399(1914))에서 1906년 법률의 입법목적에 대해 "소비자가 구매한 품목이 (품목의 제조자가 표시나 광고 등으로; 필자 첨가) 의도한 것과 동일한 것이어야 하므로 현실적인 품목이 그 특성이나 품질에 있어 오인하게 하는 표시를 해서는 안 된다"고 했다.12) 1924년 United States v. 95 Barrels, More or Less, Alleged Apple Cider Vinegar 판결(265 U.S. 438(1924))에서 연방대법원은 1906년 법률의 목적은 오인을 유발하거나 사기적인 모든 표현, 디자인과 기기의 사용을 금지하고 모호성과 불명확성을 방지하는 데 있다고 하였다.

연방대법원은 이 판례들을 통하여 1906년 제정된 식품의약법상 의약품의 표시제도와 관련하여 그 명칭, 성분과 효능 등에 대하여 사기적인 것에서 그 범위를 넓혀 표시자의 동기를 묻지 않고 허위의 표시이거나 오인을 유발하는가를 판단기준으로 삼았고, 더 나아가 의약품의 표시에서 모호성과 불명확성을 방지하는 것까지 입법의 목적이라고 함으로써 의약품에 대한 표시제도의 발전의 방향을 제시하였다.

다만, 1906년 법은 물론 1912년 개정법에 따른다 하더라도, 감독청이 제재를 가하기 위해서는 해당 의약품의 성분표시나 효능표시가 사기이거나 허위임(False

---

12) 번역자의 번역이 오류가 있을 가능성이 있어 인용한 판결문장의 원문을 여기에 옮겨 둔다. "the consumer should know that an article purchased was what it purported to be ; that it might be bought for what it really was and not upon misrepresentations as to character and quality). United States v. Lexington Mill Elevator Co.(232 U.S. 409(1914)).

and Fraudulent)을 입증하여야 했으나, 감독청은 제조자나 판매자의 사기성을 입증하지 못한 경우가 많아 제재처분의 합법성 입증에 실패하는 경우가 많았다. 특히, 약효에 대해 잘 알지 못하거나 약효가 불확실한 경우 제조판매자의 사기성을 입증할 수는 없어 처벌할 수도 없었다.[13]

3. 약전의 정비와 전통의약품의 표준화

(1) 의약품의 유효성(Efficacy)의 보장과 약전의 제정

의약품규제에서 유효성기준, 즉, 질병치료의 효과성을 보장하는 것은 어떤 물질이 의약품이기 위해 본질적으로 갖추어야 할 요건으로 질병치료효과를 갖는 물질을 목록으로 만들어 의료인들은 물론 대중들에게 공포할 필요는 일찍부터 인식되었다.

미국에서 의약품의 치료효과의 입증에 관해 문제된 최초의 중요한 연방대법원 판결은 1902년의 American School of Magnetic Healing v. McAnnulty(187 U.S. 94(1902)) 판결이다. 이 판결이 나올 당시까지도 미국에서 관련 의약지식의 결여로 의약법의 규제가 체계적으로 등장하지 못했고 화학자(Chemist)나 약사(Druggist 또는 Pharmacist)로 불렸던 전문가들이 약재를 조제하거나 배합하여 판매하는 것과 관련하여 유럽과 마찬가지로 넓은 재량을 인정하고 있었다.[14] 즉, 약사 등이 제조하여 환자에게 판매하는 물질은 의약품으로 인식되었다.

이 사건에서 연방대법원은 쟁점이 되었던 치료효과의 입증문제와 관련하여 인체의 자연치유력을 주장하는 학파나 그것을 부정하는 학파들 사이에서 "치료여부를 평가할 정확한 기준이 없다"고 하였다. 이 판결 이후 의료인들은 스스로의 의료활동의 치료효과를 입증할 공통의 기준을 제정하지 않는다면 정부나 법원이 그들의 독자적인 의료행위의 효과를 부인할 수도 있다는 위협을 느끼게 되었다. 그래서 이 판결은 의료행위를 지도하고 약재들의 치료효과를 평가할 약전의 제정에 중요한 영향을 미치게 되었다.[15]

---

13) M.L. Yakowitz, The evolution of the drug laws of the United States, 1906－1964, Food Drug Cosmetic Law 19, 1964, p.297.

14) H.Wippell Gadd, poisons and pharmacy, p.172.

15) B.M.Ferg/J.F.Morrow, The crystallization of american drug law, Arizona Law Review 14, 1972, p.382.

(2) 전통의약품의 표준화와 약전의 제정 및 정비

약전은 동일한 명칭을 사용하는 의약품의 표준을 제시하는데, 의약품의 통일성과 품질의 균질성을 보장하고, 의료인에 의한 처방과 조제의 정확성을 보장하고 평가하는 통일적 기초가 된다. 때문에 오늘날 세계 각국은 물론 세계보건기구(WHO)도 약전의 제정과 그의 품목 확대에 노력해 왔다.

약전은 과학적 지식에 기초한 표준이지만 그 원료의 유효성을 평가함에 있어 과학기술적 분석뿐만 아니라 각국의 국민들의 역사적인 의료경험도 중요하다. 뿐만 아니라 그 원료에의 접근의 편리성은 물론 경제성도 고려해야 한다. 현대에는 약전이 제정되지 않은 분야는 거의 없기 때문에 약전의 제정이 문제되는 것이 아니라 이제는 어떤 물질이 약전에 포함되는지 여부와 그 물질에 대한 약전의 규정 내용을 둘러싸고 의료인들, 제약회사 및 대중들이 서로 다른 이해관계 때문에 상당한 갈등을 초래하는 경우도 있다.

약전을 제정하거나 약전에 포함시키는 작업은 어떤 의약품의 명칭을 정하고 그 의약품의 구성성분을 열거하면서 동일한 명칭을 사용하는 의약품의 특징을 명확하게 하여야 하고 안정적인 품질을 유지할 수 있는 조건을 명시하는 일이 된다. 따라서, 약전의 표준으로부터 이탈하여 의약품을 제조하는 것은 원칙적으로 위법하게 된다.

미국은 1906년 식품의약법을 제정하면서 연방정부가 직접 약전을 제정하는 대신에 의사들과 약사들이 의료인의 편의를 보장하고 소비자들의 신뢰를 얻기 위해 제정해 사용해 오던 민간의 약전을 국가의 공인된 약전으로 인정하였다. 1906년 법률은 제6조에서 "이 법률에서 사용되는 의약품(Drug)이란 인간과 동물의 질병의 치료, 완화와 예방을 위한 사용의도를 갖는 물질이나 그들의 혼합물로서 (미국의사협회가 제정한; 필자 첨가) 약전(United States Pharmacopoeia)과 (미국약사협회가 제정한; 필자 첨가) 약전(National Formulary)에서 인정된 모든 의약품을 포함한다."고 규정하였는데, 이로써 연방정부는 민간기구가 제정한 약전을 국가의 약전으로 공인한 것을 의미하였다.[16) 이 당시 약전에의 등재기준으로서 해당 의약품의 이용 빈도나 이용범위가 주된 기준이었다.[17)

---

16) G.Sonnedecker/G.Urdang, Legalization, pp.753 – 755.

이 방식에 대해서는 민간에서 제정한 약전을 국가의 약전으로 인정하는 것은 입법권을 위헌적으로 위임한 것이라는 비판이 제기되었다. 또, 주의 입법권과의 충돌이 문제되는 경우도 있었다. 예를 들어, 주정부가 형사처벌의 전제로서 어떤 품목이 의약품인지 여부를 판단해야 할 때, 주의 법률이 연방에서 인정한 약전과 달리 의약품 여부를 판단할 수 있는가가 문제되기도 하였다.[18]

(3) 약전의 표준으로부터의 이탈의 허용가능성

전통적으로 약사들은 환자들을 위해 자신이 직접 의약품을 제조해 사용하였는데, 각자가 환자의 질병치료와 관련하여 어떤 배합이 효과적이라는 경험적 지식을 가지고 있었지만 그 지식 사이에는 일정한 편차가 존재하였다. 그런데, 약전이 등장하면서 특정 질병에 대해 특정한 명칭을 가진 의약품을 사용할 필요가 생긴 경우, 그 의약품의 성분, 배합비율과 품질은 약전의 표준과 완전히 동일해야 하는가, 아니면 어느 정도 약전의 표준으로부터의 이탈이 허용될 수 있는가의 문제가 '이탈의 허용성과 그 한계'(Tolerances of Deviation; Degree of Accuracy; Degree of Variation)로서 논의되었다.[19]

약전의 표준과 내용은 전통적으로 의료전문가들이 보유하고 있던 처방과 조제의 재량과 충돌한다고 보는 사람들도 있었다. 상당수 의료인들은 약전이 없을 당시의 습관대로 처방하기 위해 엄격한 기준을 가진 약전을 비판하거나 약전을 무시하고 임의로 약전의 내용과 다른 약재들을 일부 첨가하거나 그 비율을 무시하

---

17) 하지만, 1955년 약사협회에 의해 개정·발간된 제10차 국가약전(National Formulary)은 치료효과도 주요 기준으로 삼았다. 1961년 제12차 국가약전의 개정과 1962년 식품의약법의 개정으로 이용 빈도나 이용범위의 기준은 폐기되고 치료효과가 유일한 기준으로 확립되었다. Edward G Feldmann, Federal Drug Legislation and the new National Formulary, Food Drug Cosmetic Law Journal 19, 1964, p.604.
18) 미국의 지방법원 판결들 중에는 합헌을 암묵적으로 인정한 것들도 있고 위헌가능성을 인정한 것들도 있었는데, 위헌판결의 근거로는 의약품의 인정을 위한 기준제정에 대해 의회가 아무런 구체적 위임의 기준을 제시하지 않고 무조건적으로 민간에서 제정한 약전을 그대로 국가의 약전으로 인정한 것은 구체적 위임의 원칙을 위반하여 자의적이고 불합리하게(Arbitrary and Unreasonable) 위임한 것이라는 주장이 제시되기도 하였다. The Harvard Law Review Association, Developments in the Law: The Federal Food, Drug, and Cosmetic Act, Harvard Law Review Vol. 67, No. 4, 1954, pp.671-673.
19) G.Sonnedecker/G.Urdang, Legalization, pp.755-757.

는 일도 많았다. 기준으로부터의 이탈이 조제하는 의료인의 부주의에 기인하는 경우도 있었는데, 기준으로부터의 이탈은 감독기관에 의한 제재와 환자들로부터의 신뢰상실의 원인이 될 수 있다는 것을 인지하지 않고 기존의 관행만을 유지하려 하였다. 진단, 처방과 조제능력의 차이에 기인하기도 했다. 또, 기준을 엄격하게 준수할 경우 제조비용이 상승하는 것이 하나의 원인인 경우도 있었다.[20]

하지만, 의료전문가들이 환자를 위해 의약품을 처방·조제할 때 그 의약품이 의도한 범위 내의 치료효과를 발생하기 위해서는, 처방과 조제를 지도하는 약전의 기준이 충분히 엄격해야 하고, 의료인들이 의약품을 처방 조제할 때 약전의 표준을 엄격하게 준수하도록 하여야 한다는 주장도 제기되었다.[21] 약전의 표준으로부터 이탈의 허용기준이 결정되면 그것을 엄격하게 준수하는 것이 소비자의 불신을 막고 감독기관의 제재위협을 막는 길이 될 것이라는 근거도 제시하였다.

약전은 미국의사협회나 약사협회 등 민간 기구에서 만든 약전을 연방정부가 승인하는 방식으로 채택하였지만, 연방 약전의 표준으로부터 이탈의 허용여부와 그 범위는 각 주에서 결정하도록 하였다. 그 결과 약전의 표준으로부터 10% 이내인 경우가 많지만 17.5%를 편차의 허용한계로 정한 주도 있었다.[22] 약전에 표준이 존재하는 의약품의 경우 그 표준으로부터의 이탈은 그 변이의 정도(Degree of Variation)를 의약품의 표시장소에 기재하지 않으면 유해성(Adulteration, 불량성, 불순물혼입 또는 변질)에 해당되는 것으로 해석되었다.

약전의 표준으로부터의 허용한계를 정한 이후에도 의료인들의 기존 관행이 극복되기 위해서는 교육훈련이 필요했지만, 약전의 표준과 그로부터 이탈의 허용한계의 설정은 의료인들의 의약품조제의 정확성을 높이고 의약품의 질을 높이는 데 기여했다고 평가받았다.

(4) 약전의 제정 이후 제약회사에 의한 의약품 제조의 확대와 그 의의

약전은 처방조제의 표준화와 정확성의 개선에 크게 기여했지만 개별 의료전문가가 특별한 실험시설과 장비 없이 의약품의 품질의 균일성과 변이 여부를 확인

---

20) S.W.Goldstein, Pharmaceutical standards and compounding Precision, Food Drug Cosmetic Law 3, 1948(이하 Pharmaceutical standards로 인용), pp.455－458.
21) S.W.Goldstein, Pharmaceutical standards, p.457.
22) S.W.Goldstein, Pharmaceutical standards, p.459.

하는 것은 매우 어렵다.[23] 천연물약재를 일정비율로 배합하여 의약품을 제조하는 전통적 제조방식에 따를 때 의약품의 품질균일성의 보장은 거의 가능하지 않다. 의약품의 변이 가능성은 배합과정에서 섞는 물의 양이 달라지거나 용매에 따라 달라질 수도 있다. 또, 생약재의 경우 보존과정에서 건조 상태에 따라 약재에 포함되는 수분량이 달라져 배합량을 결정하는 질량이 달라질 수도 있다. 이 상태에서는 의료인은 환자치료에 있어 정확한 처방과 조제를 하는 것이 매우 힘들게 된다. 표준이 되는 의약품과 비교하여 어느 정도의 변이가 있으면 전혀 다른 물질로 평가해야 하겠지만 그의 명확한 확정이 어렵다.

이와 같은 품질의 균질성보장실패의 문제는 제약회사에서 생약재로부터 일정한 물질을 추출하여 의약품으로 제조하여 병원이나 약국에서 사용하도록 함으로써 상당 정도 해결될 수 있게 되었다. 미국에서 1906년 식품의약법의 제정전·후로 고도로 숙련된 의료인들이 제약회사를 설립하여 약전의 표준을 충족시키는 의약품을 제조하여 약국 등에 판매하기 시작하면서 의료인들의 처방과 조제사이에서 편차가 크게 줄어들었다.[24] 아직 제약회사에 의해 제조된 의약품들이 부족한 과도 상태에서는 고도로 숙련된 의료인들이 공동으로 배합 제조한 의약품들을 다른 의료인들이 사용하도록 했을 경우 품질의 편차는 허용 가능한 범위로 줄어들었다. 때문에, 가능한 한 현장의 의사나 약사들이 직접 제조한 의약품이 아니라 고도로 숙련된 의료전문가들이 공동으로 참여하여 제조한 의약품들의 사용이 품질의 균질성 보장에 기여했다.

Ⅲ 1906년 법률이 한의약품의 제조규제의 설계에 주는 시사점

1. 1906년 미국 식품의약법상 의약품규제의 요약

1906년 제정된 미국 식품의약법은 공급자인 약사와 같은 의료공급자나 사업자와 같은 의약품공급자가 아무런 법적 제약 없이 시장을 통해 의약품을 공급하

---

23) S.W.Goldstein, Legal standards for compounded prescriptions and other extemporaneous Pharmaceuticals, Food Drug Cosmetic Law 2, 1947, p.397.
24) S.W.Goldstein, Pharmaceutical standards, pp.456−457.

던 상태에서 수요자인 소비자를 위해 불량조성되거나 부정표시된 의약품의 제조와 유통을 금지하였다.

첫째, Adulteration은 우리 말로 번역할 때, 유해성과는 약간 넓은 개념으로 질적인 측면에서 요구되는 품질기준을 충족하지 못한 것을 의미할 뿐만 아니라, 해당 의약품의 순수성도 보호하려는 개념이기 때문에 약전에 등재된 것과 동일한 의약품은 동일한 명칭을 사용할 것을 요구하고 동일한 이름으로 판매하는 의약품이 그 성분 등을 표시했을 때는 약전의 기준과 동일할 것을 요구하는 것을 포괄적으로 의미한다. 그래서 본문에서 이 용어를 번역할 때, 불량조성으로 번역하였다. 또, 유독성에 대해서 감독기관이 과학적 실험을 통해 검사하여 과학적인 근거를 가지고 제조금지나 유통금지의 처분을 하기 시작하였다.

둘째, Misbranding은 부정표시로 번역하였는데 비교적 입법자의 의도를 그대로 표현한 번역인 것으로 생각된다. 1906년 법률은 의약품에 표시를 요구하지 않지만 약전과 동일한 의약품을 생산·판매하는 경우에는 동일한 이름을 사용하여야 하며 의약품의 포장지 등에 그 성분 등을 표시할 때에는 정확하게 성분, 무게와 양 등을 기재하도록 요구했다. 즉, 해당 의약품의 표시의 정확성과 정직성을 요구하였다. 또, 알코올과 마약과 같은 중독을 야기하는 물질을 함유한 경우는 필수적으로 해당 의약품에 표시하도록 요구하였다.

셋째, 미국 식품의약법의 제정 당시 의약품 여부의 판단과 그 품질기준은 약전의 내용을 기준으로 하였으므로 약전은 매우 중요한 역할을 수행하였다. 약전의 등재기준은 이용빈도와 이용범위에서 효과성으로 변화하였으며, 약전에서 품질표준을 정의하면서 실무상 갈등과 충돌이 발생하자 약전의 기준으로부터의 이탈의 허용한계도 주법에서 정하도록 하였다. 현재 우리나라는 완성품인 한의약품의 품질기준을 지도할 약전의 기능이 현저히 약하다. 시급하게 개선·보완되어가야 한다.

넷째, 미국에서 입법자가 부과한 규제기준들은 제약회사를 통해 보다 충실히 이행될 수 있었다. 제약회사가 중간에 존재하지 않고 과거와 같이 약사 등이 개인적으로 직접 제조한 의약품을 소비자에게 판매하는 경우, 품질의 균일성을 보장하기 어려울 뿐만 아니라 인체에 유해한 의약품을 판매할 위험성도 높았다.

우리나라에서도 한의약육성법을 통해 한방산업을 육성하려 노력했으나 현재까지는 그다지 성과가 없었다. 의료법시행규칙 제34조 [별표 3] 20에서는 탕전실을 의료기관이 공동으로 이용할 수 있다고 하면서 의료기관에서 분리하여 탕전실을 설치할 수 있다고 규정하고 있다. 이를 통해 원외탕전실을 이용하여 여러 한의원들이 함께 특정 한의약품을 제조함으로써 초보적인 수준에서 대량생산의 방식도 도입되기를 기대하고 있으나 아직 이것도 그리 활발하게 활용되지는 않고 있는 듯하다.

2. 한의약품의 안전성 및 독성에 대한 규제 강화

(1) 한의약품의 안전성과 유독성 여부의 과학적 검사의 실시

한의약품은 주로 한약재를 그대로 배합하여 제조하는 방식을 사용하기 때문에 한약재의 품질이 매우 중요한데, 한약재는 많은 것들이 중국을 비롯하여 외국에서 수입되고 있다. 또한, 쑥처럼 식품과 경계선에 있는 것들도 있어서 유통경로도 수입되는 것부터 재래시장에서 유통되는 것까지 다양하다. 때문에 한약재가 중금속에 오염되거나 재배나 보관에 문제가 있어 변질되거나 필요한 성분이 부족하거나 채취지역에 따라 품질에 편차가 심해지는 등의 문제가 있었다.

이러한 이유로 한약재의 문제점에 대한 사회적 비판을 수용하여 식품의약품안전청은 한약재의 품질검사기준으로 관능검사지침[25]을 제정하여 현장의 검사원들의 업무를 지도하였고, 한약재의 표준제조공정(2008. 4. 처음 제정)을 제정하여 '한약재의 수확 후 1차 가공 및 소포장까지의 공정을 표준화'하려 하였다. 이 표준제조공정 속에는 잔류농약검사와 중금속검사 등도 포함되도록 하였다. 또, 2010년 이후 실험실에서 원료생약이나 제제의 분석을 위한 비교의 대상이 되는 생약인 '대조생약'과 '지표성분 표준품' 목록을 발표하여 사업자들과 한의사 등을 위하여 한약재의 품질관리의 기준을 제공해 왔다.

하지만, 이와 같은 노력에도 불구하고 한약재가 채취 가공되어 한의약품으로 제조된 후 소비자에게 도달하기까지의 과정에서 완성된 한의약품들을 수거하여 안전성과 독성여부 등을 검사하는 절차는 아직 출현하지 않고 있다. 약사법 제32조 제1항은 신약에 대해 "품목허가를 받은 날부터 품목에 따라 4년에서 6년이 지난날부터 3개월 이내에 식품의약품안전청장의 재심사를 받아야 한다."고 규정하

---

25) 관능검사란 한약재의 기원, 성상, 이물, 건조 및 포장상태 등을 종합하여 그 적부를 판단하는 검사를 말한다. 한약재관능검사지침1, 통칙 2 참조.

고 있다. 하지만, 한의약품은 신약이 아닌 경우가 대부분이기 때문에 재심사대상
이 아니므로 이 규정은 적용되지 않는다.

역사적으로 오랫동안 사용되고 과거의 권위 있는 한약교재들에 실린 한의약품
들에 대해서도 예산을 투입하여 차례차례 현대의 과학기술을 적용하여 그의 안전
성과 유효성을 검증해 가야 할 것이다. 또, 현실적으로 한의원이나 한약사 등이
취득하는 한약재의 유통경로는 수입품의 경우는 세관에서 관능검사 등을 거치지
만 식품으로 수입되어 적절한 검사를 거치지 않는 경우도 있고, 국내산인 경우 한
약재를 재배하는 농가로부터 곧바로 도매상이나 소매상에게 매매되어 품질검사를
제대로 받지 않은 경우도 있어 왔다. 재래시장에서 구매 가능한 것들도 있었다.
한의사 등이 품질검사를 제대로 할 수 있는 과학기자재를 갖추고 있는 경우도 거
의 없어서 품질을 확인할 수도 없었고, 가격이 더 저렴한 것을 찾으면서 품질을
별로 문제 삼지 않는 경우도 있었다.

이와 같은 상황에서 의사들과 한의약품의 소비자들은 한의약품의 안전성과 유
독성에 대한 불안과 불신을 상당히 가지게 되었다. 한약재는 의약품인 이상 일정
부분 독성을 가지고 있으며 그것은 과거부터 널리 인정되어 왔기 때문에,[26] 이러
한 불신은 전혀 부당한 것이라고 볼 수는 없고 대상판결에서 대법원도 황금의 간
손상사실을 인정하고 있는 것이다.

입법자는 완성품인 한의약품에 대해서도 그의 안전성과 유독성여부를 과학적
으로 검사하거나 확인할 의무와 책임을 감독기관에게 부과하고 계획을 세워 단계
적으로 그것을 실행해 나가도록 의무지워야 할 것이다.

(2) 약전과 조제지침서 등의 개선(부작용정보포함)과 한의사 등의 복약 지도의무 강화

한의약품의 경우 환자가 그것을 구입해서 복용할 때까지 해당 한의약품의 부
작용 가능성에 대한 정보를 획득하기는 쉽지 않다. 그 이유는 한의약품에 부작용
표시가 결여되어 있을 뿐만 아니라 한의약품의 복용현실에 맞는 복약지도도 이루
어지지 않기 때문이다. 우리나라에서 노인들의 경우 젊은 시절부터 소화불량이나
디스크와 근육통 등으로 한의원을 방문한 경험이 오래되었지만, 젊은 환자들의 경

---

26) 최현명, 한약독성에 관한 인식, 한약재품질안전성소식 제8호, 2008. 12, 8면.

우 병원을 다니다가 만성질환이 된 경우 보완적으로 한의원을 찾는 경우가 많다. 때문에, 한의약을 처방하는 경우 양약을 복용했을 상황까지 염두에 두고 복약지도가 이루어져야 한다.

한약조제지침서상의 100가지 처방에 속한 한의약품은 일반의약품과 비슷한 위치를 지니고 있고 이른바 보약을 포함한 한의약품의 대부분이 전문의약품보다는 일반의약품에 가깝다는 사회적 인식도 상당하므로 한의약품과 일반의약품을 비교하기로 한다. 감기를 치료하기 위하여 한의원에서 갈근탕을 처방받은 환자와 약국에서 일반의약품으로 화콜을 구입한 환자의 상황을 염두에 두고 비교해 보기로 한다.

제약회사가 판매하는 일반의약품에는 유사시 손해배상책임의 문제를 피하기 위하여 발생할 가능성이 있는 부작용에 관한 정보를 충실히 기재하고 있고 약사가 그것을 보충하여 복약지도를 하게 된다. 하지만, 한의사가 직접 제조한 의약품의 경우 한의사 등은 보통 한의약품의 효능에 관한 정보는 전달하지만 해당 한의약품의 부작용위험에 관한 정보는 거의 제공하지 않는다. 이 점은 한약사의 경우도 마찬가지이다. 우리 국민들의 한의약품 복용실태를 고려할 때, 복약지도를 강화하여 한의약품 자체의 부작용 가능성뿐만 아니라 특정 양약과 함께 복용할 때 부작용의 위험성도 설명하여야 하지만, 그러한 설명은 거의 이루어지지 않는다. 현실적으로 자본이 열악한 개인인 한의사나 한약사가 해당 한의약품의 부작용에 관한 정보를 파악하기 위해서는 일정한 시설을 갖추고 실험을 하여야 하지만 자본과 기술의 부족으로 그것을 기대하는 것은 어렵다고 볼 수 있을 것이다.

복약지도만으로 소비자의 건강침해위험성을 방지하는 것이 현실적으로 어렵다면 대한약전, 한약전과 한약조제지침서 등에서 부작용의 위험까지 설명해 놓는다면 그러한 부작용의 위험성을 어느 정도 줄일 수 있을 것이다. 하지만, 우리의 약전과 한약조제지침서는 그러한 기대를 충족시켜주지 않는다.

대상사건에서 문제되었던 한약재인 '황금'을 예로 들 때, '황금'(黃芩, Scutellaria Root)은 대한약전 의약품각조 제2부에 규정되어 있는데, 어떤 성분을 가지고 있는가, 어떤 성상 또는 모습인가, 표준이 되는 황금의 판단을 위한 실험조건과 실험결과를 기재하고 질량을 측정하는 방법을 기재하고 있다. 황금의 효능과 부작용에 대해서는 기술하고 있지 않다.

한편, 한약조제지침서에서 갈근탕을 기술한 부분을 보면, 3번째로 기술하면서, 출전(상한론), 조성(배합되는 한약재의 종류와 질량), 용법(복용방법), 효능과 적응증 순으로 기술하고 있다. 한약조제지침서에도 이 약의 복용 중 주의할 사항이나 부작용의 위험을 기술하고 있지 않다.

이번에는 소비자가 감기치료를 위해 약국에서 일반의약품인 '화콜'을 구입하는 경우, 화콜의 겉포장에는 1. 경고─술 마시는 사람이나 해열진통제를 복용하는 사람에 대한 경고가 기재되어 있고, 2. 복용해서는 안 되는 사람들이 기재되어 있으며, 3. 함께 복용해서는 안 될 약이 기재되어 있고, 4. 약을 복용하는 동안 하지 말아야 할 자동차 운전 등의 행위가 기술되고 있다. 이외에도 첨부문서에 의사와 상담해야 할 경우와 보관상의 주의사항 등이 기재되어 있다.

초기에 의약품들에 관한 정보가 부족한 상황에서 약전에서 등재한 의약품들에 대해 모든 부작용을 열거하는 것이 현실적으로 어려울 것이다. 하지만, 한방제약회사가 없어 과학적 실험을 할 주체가 없는 상황에서는 정부가 계획을 세워 계속해서 한의약품들에 대해 과학적 실험을 통해 효능정보와 부작용정보를 보완 개선해 약전과 조제지침서 등에 기록해 가야 할 것이다. 대한약전, 한약전과 한약조제지침서상의 기준을 엄격히 제시하고 한의약품의 제조자들이 그 기준으로부터 이탈할 수 있는 한계도 설정하여 감독해 가야 할 것이다.

하지만, 약전에서 어떤 의약품의 기준을 규정해 놓더라도 환자의 체질이나 조건에 따라 부작용이 발생할 수 있는데, 이 부분은 한의사 등이 복약지도를 강화하도록 하여 해결해 나가야 할 것이다. 약사법 제2조 제12호는 복약지도에 대하여 규정하고 있는데, "의약품의 명칭, 용법·용량, 효능·효과, 저장 방법, 부작용, 상호작용 등의 정보를 제공하는 것"이라고 정의하고 있다. 한의약품의 경우에도 부작용과 상호작용 등을 잘 알려주지 않은 것은 복약지도의무를 충실히 이행하지 않는 것이 될 것이다. 현실적으로 개별 한의사 등이 이러한 지식과 정보가 부족할 수 있으므로 전문가들이 모여 우리 국민의 한약복용실태에 적합한 한약복약지도의무를 구체화한 지침을 제정하여 한의사들을 교육하고 그것을 홍보하는 것이 필요하다고 본다.

3. 약전과 표시제도에 대한 규제 강화

(1) 약전의 합리성의 개선

한의약품과 관련하여 약전의 역할을 하는 것은 대한약전, 한약전과 한약조제지침서이다. 대한약전은 약사법 제51조, 한약전은 약사법 제52조, 한약조제지침서는 약사법 제23조 제6항으로부터 위임을 받아 행정청이 제정한, 이른바 법령 보충적 행정규칙이다.[27] 하지만 약전은 중앙약사심의위원회 등 전문기관의 심의를 거쳐 제정되므로 실질적으로 이 전문가들의 판단이 결정적인 역할을 한다.

중앙약사심의위원회의 주요기능은 약전에 등재될 의약품을 선별하고, 분석방법과 검사절차를 확립하며, 약전에 등재된 의약품과 그 분석방법 등에 대한 신뢰를 확보하는 것이다. 미국 의약법상 약전은 의약품의 동일성, 질, 순수성과 효능을 보장하기 위하여 지속적으로 의약품의 표준화를 높이기 위한 목적으로 개정되어 왔는데,[28] 우리나라에서도 약전은 의학, 한의학과 약학의 발전을 반영하고, 미국, 유럽은 물론 WHO 등 국제기구에서 전개하는 의약품의 표준화와 약전의 통일을 위한 국제적 노력에 부응하여야 하는 과제를 안고 있다.

한약전은 현대 과학기술의 발전에 따른 전통 한약재들의 안전성과 유효성을 분석하는 기술의 혁신을 반영하여 화학적 분석을 통해 그 내용을 검증함으로써 계속 개정·보완되어가야 한다. 식품의약품안전청도 그동안 한약을 위한 대표적 약전인 한약전에 대해 2011년 말 현재까지 24회 개정하며 품목을 교체하거나 성분의 최저함량기준을 강화하는 등 한약재의 표준적인 품질을 현대화하려 했다. 미국에서 의약법 발생 초기에는 의약품의 약전에의 등재기준으로서 해당 의약품 등의 이용 빈도나 이용범위가 주된 기준이었지만 의약법이 발전하면서 이용 빈도나 이용범위가 아니라 치료효과가 유일한 기준으로 확립되었다는 점은 중요한 시사를 준다고 생각한다. 한약재와 한의약품의 의약품의 인정여부는 과거 역사적인 경

---

27) 독일 약사법 제55조의 주석자들은 약전(Arzneibuch)의 법적 성격에 대하여 법규명령은 아니지만 '미리 작성된 전문가 감정'(präfabrizierte Sachverständigen Gutachten)이라고 평가하면서 법에 준하는 성격을 인정하고 있다. E.Deutsch/H.D.Lippert, Kommentar zum Arzneimittelgesetz, 2.Aufl., 2007, S.511.

28) Martin l. Blake, The role of the compendia in establishing drug standards, Food Drug Cosmetic Law Journal 31, 1976, p.276ff.

험으로부터 점차 과학적 검증에 의한 치료효과의 입증의 방향으로 옮겨가야 한다는 것을 시사하기 때문이다.29)

예를 들어, 한약전은 갈근탕의 효능을 설명하면서 그의 권위확보를 위해 출전을 상한론(傷寒論)으로 밝히고, 개별 한의원 등에서 제조하는 갈근탕의 품질을 평가할 기준이 될 만한 설명으로 단지 '용법'이라는 이름 하에 "물에 먼저 마황, 갈근을 넣어 달이고 물이 줄면 흰거품을 버리고 남은 약을 넣어 달인다. 찌꺼기를 버리고 온복한다. 약을 복용한 후에는 이불을 덮고 땀이 약간 나게 한다"고만 설명하고 있는데, 이 표현만으로는 갈근탕의 표준적인 품질을 설명하는 데는 한계가 있다고 본다. 이와 비교되는 것으로 한약재로 널리 쓰이는 '황금'에 대해 대한약전 의약품각조 제2부에서는 과학적 확인시험의 방법을 자세히 설명하고 있다. 마찬가지로 한약전에서도 한약재 각각에 대해 확인시험의 방법과 품질기준을 밝히고 있다.

한약재와 달리 소비자가 한의사는 물론 한약사 등으로부터 직접 가장 많이 구입하는 완제품에 관한 기준인 100가지 처방전의 내용이 한의약품의 품질의 균일성을 보장하고 표준화를 촉진한다는 기능을 전혀 수행하고 있지 못하는 것이다. 때문에, 우선 시급하게 개선의 대상이 되어야 할 것은 한약조제지침서라고 하겠다.

한약(생약)제제 등의 품목허가·신고에 관한 규정(식품의약품안전청 고시 제2011 22호(2011. 5. 30, 제정)) 제3조 제5항은 "한약서에 수재된 처방에 해당하는 품목은 그 출전을 기재하여 품목허가를 신청한다. 이 경우 식약청장은 한약서의 원리를 적용하여 필요시 그 출전을 기재하여 허가한다. 다만, 한약서 처방내용 중 처방량, 적응증, 복용법, 제조방법 등이 모호하거나 일부 항목이 미수재된 경우에는 유사처방을 적용하여 근거자료가 타당한 경우 허가한다"고 규정하고 있다. 이 규정은 개인인 한의사가 자신의 환자를 위해 제공하는 경우나 한약사나 한약조제약

---

29) 다만, 약전에 기술된 기준을 준수한다고 하여도 어떤 의약품에 동일한 첨가물이 들어 있다는 화학적 동등성은 충족되지만 환자에게 생물학적으로 동등한 효과를 발생하는가의 문제, 즉, 생물학적 동등성이나 동일한 양이 투약될 때 동일한 치료효과를 발생하는가의 문제, 즉, 치료효과의 동등성까지 보장하지는 않는다. Martin l. Blake, a.a.O., p.284.
약전에 나타난 기준만으로는 구체적 제조과정과 구체적 처방전까지 나타낼 수는 없어 환자에의 흡수율이나 치료경로도 달라질 수 있다. 하지만, 이와 같이 구체적인 제조과정이나 방법을 약전에 기재하게 하는 것은 제약회사들의 특허권이나 영업의 비밀을 침해할 수 있기 때문에 더 상세한 공개를 요구할 수는 없다.

사가 한약조제지침서에 수재된 100가지 처방 내의 품목을 제공하는 경우에는 적용되지 않는다. 제약회사 등이 의약품으로 제조하여 시장에서 판매할 경우에 적용되는 것이다. 하지만, "한약서 처방내용 중 처방량, 적응증, 복용법, 제조방법 등이 모호하거나 일부 항목이 미수재된 경우"라는 규정문언에서도 알 수 있듯이, 한약조제지침서의 기술내용은 약전이 수행해야 할 역할인 의약품의 안전성과 유효성을 평가하는 표준으로서의 기능을 거의 수행할 수 없는 상태이다. 이로 인해 제약회사가 품목허가나 신고를 했을 때 평가기준에 관한 불명확성의 위험을 감수할 수밖에 없는데, 이는 한의약산업의 발전을 위해서도 중대한 장애라 하지 않을 수 없다. 이 지침서는 동일한 품목이 수입될 때 수입허가의 기준도 되어야 하는데, 불명확한 기준으로 수입허가를 거부하면 외국과 중대한 통상마찰이 발생하게 될 것이다. 한약조제지침서의 개정에서는 어떤 물질이 약전의 기준을 충족하는지를 확인할 분석방법과 검사절차까지 제시해야 한다. 이 기준을 기초로 어떤 물질이 지침서에 기재되어 있는 기준을 충족하지 못하는 한 표시, 포장, 판매 및 광고 등에서 그것을 동일한 약으로 오인되게 하는 표현의 사용을 금지하고, 이 기준에 미달된 제품을 판매하는 자에 대해서는 제재를 가함으로써 소비자를 보호해야 한다.

(2) 한의약품의 표시규제의 강화 필요

유럽 및 미국과의 FTA와 함께 장래 중국, 일본과의 FTA가 체결되면 한약재를 사용한 의약품들의 경우에도 그 성분의 내용과 배합비율이 다른 독특한 의약품들이 수입, 판매되는 경우가 증가할 것이다. 이에 대비하여 한의약품의 경우에도 그 성분과 사용방법을 정확하고 충실하게 표시하게 하는 표시제도(Labeling)가 새롭게 정비될 필요가 있다.

첫째, 입법자는 소비자에게 판매되는 한의약품들에 대해 대한약전과 한약전, 특히 한약조제지침서에 등재된 한의약품과 동일한 한의약품을 판매하는 자는 동일한 이름을 사용하도록 요구해야 한다. 더 나아가 100가지 처방전 이외에 한의사들이 제조하여 판매하는 의약품의 경우도 그 명칭을 통일하도록 민관합동으로 공동작업을 수행하여야 한다. 이 사건의 원심판결은 판결문에서 대한한의학회에 여러 차례 조회하여 확인한 결과, "한약처방명의 기원은 다양하며 가장 용량이 많은 약물이 처방명에 사용되기도 하고, 각 의료기관별로 처방명을 따로 정하여 사용하는 경우"도 있다고 하고 있는 것을 볼 때(서울고법 2009. 9. 3. 선고 2008나74156 판결), 한의약품의 명칭에 관한 혼란은 현실적으로 존재하는 것으로 보이는데, 동일한 한의약품에 동일한 명칭을 사용하도록 하는 것이 우선적으로 추진되어야 할 것이다.

더구나, 이 판결문(서울고법 2009. 9. 3. 선고 2008나74156 판결)에서는 피고인 한의사의 진료기록부에 환자에 대해 처방한 한의약품이 갈근탕이라고 기재되어 있으나 처방한 한약의 구성성분과 적응증을 분석한 결과 열다한소탕을 처방한 것으로 설명하고 있는데, 이로 보아 한의사는 갈근탕과 열다한소탕을 잘못 기재한 것이라고 볼 수 있고, 이것은 한약조제지침서에 기재된 100가지 처방(갈근탕은 3번목록에 올라 있음) 내에서도 한의약품의 명칭의 혼란이 방치되고 있음을 보여준다고 생각된다.

둘째, 완제품에 대한 표시제도가 강화되어야 한다. 한약재에 대해서는 한약재의 수급 및 유통관리 규정(보건복지부 고시 제2010－43호, 2010. 3. 10.)에 의해 표시제도가 규율되고 있는데, 대한약전과 한약전에 등재된 한약재에 대해서는 규격품 대상한약으로 부르면서, 제조업자, 중량, 효능, 원산지명(국가명, 국산의 경우 생산지역명 병기), 생산자 또는 수입자의 성명(단체의 경우 단체명, 업소의 경우 업소명), 주소, 전화번호, 검사기관 및 검사연월일, 중독우려품목인 경우 "중독우려한약 등을 용기나 포장에 기재하도록 요구하고 있다(동 고시 제30조 제1항). 하지만, 한약조제지침서상의 100가지 처방을 비롯한 완제품인 한의약품의 경우에는 표시제도가 적용되는지 불분명하여 실무상으로는 한의원마다 약간씩 다르지만 거의 표시 없이 포장된 채 소비자에게 전달되고 있다. 시급하게 개선되어야 할 것이다.

ⅣV) 결어

이 글에서는 한의약품의 제조규제와 관련하여 종합적으로 현 단계에서 규제의 우선순위를 어디에 두고 그 과제를 어떻게 수행해야 하는지를 분석하기 위하여 1906년 제정된 미국 식품의약법의 규제내용을 조사하여 우리나라 한의약품의 제조규제의 설계에 주는 시사점을 도출하려 하였다.

연구결과 주로 약전의 정비과제의 제안, 표시제도의 강화 및 복약지도지침의 제정 등을 제안하였다. 가까운 장래에 1938년의 미국 식품의약법 대개정의 내용과 1961년 제정된 독일 약사법의 내용을 조사, 분석하여 전통의약품의 등록문제와 복합제제 의약품들에 대한 규제 등과 관련한 시사점을 분석할 계획이다.

한의약산업, 천연물 의약산업 및 건강기능식품산업 등은 상호연결되어서 다양한 법적 문제들이 해결되기를 기다리고 있다. 의약법의 입법자는 관련 분야의 규제의 연구를 위하여 보다 많은 노력과 투자를 하여야 할 것이다.

 **참고문헌**

1. 국내문헌

최현명, 한약독성에 관한 인식, 한약재품질안전성소식 제8호, 2008. 12, 8면.

2. 외국문헌

B.M.Ferg/J.F.Morrow, The crystallization of american drug law, Arizona Law Review 14, 1972.

Drug, and Cosmetic Act, Harvard Law Review Vol. 67, No. 4, 1954.

E.Deutsch/H.D.Lippert, Kommentar zum Arzneimittelgesetz, 2.Aufl., 2007.

Edward G Feldmann, Federal Drug Legislation and the new National Formulary, Food Drug Cosmetic Law Journal 19, 1964.

G.Sonnedecker/G.Urdang, Legalization of drug standards under state laws in the United States of america, Food Drug Cosmetic Law 8, 1953.

H.Wippell Gadd, The law of poisons and pharmacy, Law Mag. & Rev. Juris. 5th ser. 35, 1909−1910.

M.L. Yakowitz, The evolution of the drug laws of the United States, 1906−1964, Food Drug Cosmetic Law 19, 1964.

Martin l. Blake, The role of the compendia in establishing drug standards, Food Drug Cosmetic Law Journal 31, 1976.

R.C.Litman/D.S.Litman, Protection of the american consumer : the muckrakers and the enactment of the first federal food and drug law in the United States, Food Drug Cosmetic Law 36, 1981.

S.W.Goldstein, Legal standards for compounded prescriptions and other extemporaneous Pharmaceuticals, Food Drug Cosmetic Law 2, 1947.

S.W.Goldstein, Pharmaceutical standards and compounding Precision, Food Drug Cosmetic Law 3, 1948.

The Harvard Law Review Association, Developments in the Law: The Federal Food, Drug, and Cosmetic Act, Harvard Law Review Vol. 67, No. 4, 1954.

생물학적 동등성 시험기준의 위반과 법적 제재

Ⅰ 의약품의 생물학적 동등성의 개념과 연혁

2008년 말 우리나라 의약법의 가장 중요한 이슈 중 하나인 의약품의 생물학적 동등성(이하 생동성이라 함) 시험에 관한 최초의 대법원판결(대법원 2008. 11. 13. 선고 2008두8628 판결)이 나타났다. 우리 사회에서는 그동안 이 대법원판결이 나오기까지 생동성시험의 필요성 및 그 조작을 둘러싸고 많은 사회적 갈등이 있었고 소송도 급증하고 있었다. 이 상황에서 이 판결은 생동성을 품목허가와 회수명령의 실효적 기준으로 확고히 뿌리내리게 하는 데 기여해 의약법의 집행실무와 제약업계의 의약품제조관행의 개혁에 심대한 영향을 미칠 것이다. 이 논문에서는 생동성의 의의와 이 판결에서 문제되었던 자료조작과 관련된 쟁점들을 중심으로 검토할 것이다.

1. 생동성의 개념

의약품은 인체에 대한 안전성뿐만 아니라 유효성과 균질성이 확보되어야 의사나 약사 등 의료종사자들뿐만 아니라 환자를 포함한 모든 일반인들이 동일 성분(함량, 제형 등)의 의약품이면 모두 동일한 양을 투여하여 동일한 효과를 나타내는 같은 의약품으로 인식하고 사용될 수 있게 되어 의약품의 적정한 사용과 남용을 막을 수 있게 된다. 하지만, 단순한 유효성기준은 동일한 양의 치료물질을 함유하고 있는 의약품들 사이에도 치료효과에 중대한 차이가 나타나면서 결함이 있는 기준으로 드러났는데, 그 원인은 제네릭 의약품들에 대해 오리지널 의약품과의 비교를 통해 품질을 통제하지는 못했다는 점에 있었고, 그 결함을 해소할 수 있는 하나의 방법으로 생동성기준이 유효성의 새로운 통제기준으로 등장하게 되었다.

생동성(Bioequivalence)은 생체내시험의 하나로 주성분이 전신순환혈에 흡수되어 약효를 나타내는 의약품에 대하여 동일 주성분을 함유한 동일 투여경로의 두 제제가 생체이용률에 있어서 통계학적으로 동등하다는 것을 말하고, 생동성시험은 그것을 입증하기 위해 실시하는 시험을 말한다(생물학적 동등성 시험기준 제2조 제1항 제1호).[30] 여기서 생체이용률이라 함은 주성분 또는 그 활성대사체가 제제로부터 전신순환혈로 흡수되는 속도와 양의 비율을 말한다. 시험약의 비교대상이 되는 대조약은 이미 제조(수입)품목이 허가되어 안전성·유효성이 확립되었거나 식품의약품안전청장이 비교대상 의약품으로 타당성을 인정한 품목을 말한다.

제네릭 의약품의 허가를 위한 심사는 실험테스트(In Vitro Testing)와 생체테스트(In Vivo Testing)로 나뉜다. 실험테스트는 심사대상인 의약품이 어떤 물리적·화학적 속성을 지니고 있는지 확인하는 생체외 테스트이다. 예를 들어, 비교용출시험이 여기에 해당되는데, 이 방법은 인체의 위·장에서와 동등한 환경에서 제네릭 의약품으로부터 주성분이 오리지널 의약품과 동일하게 녹아 나옴을 입증하는 방법이다. 생체테스트는 이용 가능성과 효력의 동등성을 평가하는 것인데, 오리지널 의약품과 동일한 흡수율, 동일한 강도와 동일한 지속시간을 보여주는지를 검사한다. 생동성시험은 생체테스트에 속한다.

오리지널 의약품이 특허와 허가를 얻어 시판되기 위해서는 임상시험을 거쳐 그의 안전성과 유효성을 입증해야 하는데, 이를 위해 임상시험을 통해 많은 수의 환자들을 대상으로 오랜 시간에 걸쳐 약효가 실제로 있는지를 확인해야 하므로

---

30) 서울행정법원판결은 "생동성시험이라 함은 신약(통상 '오리지널 의약품'이라 한다)의 물질특허 기간이 도과한 의약품과 성분이 동일한 의약품을 새로이 제조하는 경우(이와 같이 제조된 의약품을 통상 '제네릭 의약품'이라 한다) 오리지널 의약품과 동일한 효능이 있는지를 확인하는 시험 중의 하나로서 오리지널 의약품(대조약)과 제네릭 의약품(시험약)의 약효를 나타내는 성분이 전신순환혈에 흡수되는 속도와 양을 통계학적으로 비교하는 시험을 말한다"고 하고 있다 (서울행정법원 2007. 10. 10. 선고 2006구합47117 판결).

오랜 시간과 엄청난 비용이 든다. 생동성시험은 임상시험과 달리 어떤 의약품이 치료효과가 실제로 있는가를 확인하는 것이 아니라 인체에 약물을 투여한 후 시간의 경과에 따라 나타나는 혈중농도의 양상이 치료효과를 반영한다는 가정으로 고안된 시험이다.[31]

제네릭 의약품의 제조회사들은 오리지널 의약품의 특허기간이 종료된 후 이미 안전성과 효과성이 입증된 의약품과 동일한 의약품을 제조하는데, 동등한 약효를 지닌 의약품들의 경쟁은 보다 적은 비용으로 소비자들의 선택의 기회를 확대하고 의사의 처방의 자유와 약사의 대체조제의 가능성도 넓혀준다.[32] 건강보험재정의 건전성 보호에도 기여한다. 그래서 세계 각국에서는 제네릭 의약품의 허가절차에서 시간과 비용을 많이 필요로 하는 동물실험이나 임상시험을 다시 거치도록 요구하는 대신에 보다 간이한 방법을 통해 오리지널 의약품과 동등한 정도의 안전성과 효능을 입증하게 하는 방법을 모색하게 되었다. 이 방법들 중 대표적이고 가장 효과적인 방법으로 알려진 것이 생동성시험이다.

2. 미국 의약법상 생동성기준의 도입 연혁

1938년 미국 식품의약법의 제정으로 의약품의 시판 전 허가제도의 도입과 함께 의약품의 안전성 기준이 도입되어 의약품의 유독성이나 부작용에 대한 통제가 이루어지게 되었으나, 그 당시 유효성 기준은 의약품 품목허가의 기준으로 규정되지 않았다. 1962년 미국 식품의약법의 개정(Kefauver Harris Amendment)에 의해 미국에서 유효성(Efficacy, Effectiveness)기준이 두 번째 기준으로 비로소 등장하게 되었으나, 단순한 유효성 기준은 오리지널 의약품과의 비교를 통해 의약품의 품질을 통제하지는 못했다. 생동성의 확보가 의약법의 기준으로서 도입되게 된 것은 많은 제네릭 의약품들 중 화학적으로 주성분이 동일해도 사람들에게 투여되게 되

31) 신상구/손동렬, 약효동성과 생물학적 동등성, 대한의사협회지 제42권 제8호, 1999, 776면.
32) 오늘날 화학의약품의 후발국인 아시아 각국은 물론 인도, 유럽, 캐나다 등 전 세계적으로 의약품가격의 상승을 억제하고 공공의료보험비를 절감시키는 경제적 측면에서 제네릭 의약품의 중요성은 점점 커지고 있다. 화이자, 존슨 앤드 존슨 등 세계적인 대형제약회사들이 가장 많은 미국에서도 2002년 시점에서 처방의약품 중 제네릭 의약품이 양적으로는 거의 50%, 가격으로는 7%의 시장을 차지하고 있다. Mrzek/Frank, The off-patent pharmaceutical market, in : Mossialos/Mrazek/Walley (ed.), Regulating pharmaceuticals in Europe : Efficiency, equity and quality, 2004, p.251.

면 너무나 다른 반응이 나타나는 사례들이 나타나면서 그 부작용의 폐해가 심각하게 문제되었기 때문이다. 1970년 경 오스트리아에서 페니토인(Phenytoin) 제제 중독사건, 영국에서 디곡신(Digoxin) 제제 중독사건이 발생하면서 국제적으로 동종의약품을 제조하는 제네릭 의약품들의 심각한 차이의 정도와 그 원인에 의문이 발생했는데, 당시 연구자들의 조사에 따르면 디곡신 제품들 사이에 제조회사에 따라 흡수속도·농도와 최고 혈중농도가 최고 7배 정도까지 차이가 있는 것으로 조사되었다.[33] 이러한 차이가 방치된다면 의사들은 동종의 의약품에 대해서도 처방의 적절한 양을 판단하기 어렵게 될 것이고 관행적인 처방이 의약품의 과다사용이나 과소사용의 원인이 되어 환자의 건강을 해치게 될 우려가 있었던 것이다.

생동성기준이 미국에서 제네릭 의약품의 허가기준으로서 처음 도입된 것은 1977년 1월 7일의 행정입법(Bioavailability/Bioequivalence Regulations)에 의해서이지만,[34] 법률로서 제정된 것은 1984년 미국 식품의약법의 개정(1984년 Drug Price Competition and Patent Term Restoration Act, Hatch-Waxman Act로 불리어짐)을 통해서이다.

제네릭 의약품에 대해서 많은 비용과 시간을 필요로 하는 동물실험과 임상시험대신에 그의 안전성과 유효성을 입증할 수 있는 간이허가절차로 고안된 것이다. 생동성시험은 오리지널 의약품과 동일한 양의 제네릭 의약품을 사용하여 일정한 수의 피험자원자들에 대한 검사를 통해 시험대상인 의약품의 활성대사체가 제제로부터 전신순환혈에 이르는 시간을 측정하여 흡수율이나 생체이용률을 측정하여 서로 비교하는 방법을 사용한다. 그런데, 의약품의 주성분은 그 자체만으로 투여되지 않고 효과적이고 안정적이면서도 투약하기 쉬운 형태로 만들기 위하여 일정한 첨가제를 첨가하여 제조하게 되는데, 제네릭 의약품이 사용하는 염(Salt)이나 에스테르(Ester) 등에서 오리지널 의약품과 화학적 차이가 있더라도 생체이용률의

---

33) Lindenbaum J/Mellow MH/Blackstone MO/Butler VP, Jr., Variation in biologic availability of digoxin from four preparations. N Engl J Med 285, 1971, pp.1344-1347. 이 논문은 미국 뉴욕시립병원내에서 3개 제약회사의 0.5 mg digoxin 제품을 자원자에게 교차시험한 결과 제품에 따라 최고 혈중농도에 7배의 차이가 있는 것으로 드러났다는 보고를 하였다. 신상구/손동렬, 전게논문, 775면에서 재인용.

34) Bernardo E. Cavana, Bioavailability/Bioequivalence, Food Drug Cosmetic Law Journal 32, 1977, p.512 참조.

동등성이 인정된다면 의약품으로서 동등한 대체제로 취급되어 대체조제가 가능하게 된다. 미국 식품의약청은 제네릭 의약품의 약효가 오리지널 의약품의 80%에서 125% 사이에 있을 것을 요구하고 있다.[35]

Ⅱ 우리 의약법상 생동성기준의 등장과 시험 절차

1. 우리 의약법상 의약품의 허가기준으로서 생동성기준의 등장

우리나라 실정법제에서 의약품의 유효성기준이 품목허가의 기준으로 처음 등장한 것은 1971. 5. 11. 약사법 시행규칙 제12조 제3항 제8호에서 신약에 대해서는 안전성뿐만 아니라 유효성을 입증할 수 있는 자료를 요구하면서부터이지만, 제네릭 의약품의 경우에는 1976. 11. 19. 약사법 시행규칙 제12조 제4항 제1호가 신설되어, 의약품등의 품목별 허가를 받고자 하는 자에게도 유효성 관련 자료를 제출하도록 요구함으로써 품목허가의 심사기준으로 정착되게 되었다.

하지만, 이 당시의 유효성은 의약품에 포함될 주성분의 함량과 같이 일정한 품질기준을 규정하고 그것의 준수여부를 평가하는 방식을 따랐는데, 보다 최근의 평가기준인 생동성기준이 오리지널 의약품과 생체이용률의 비교를 통해 품질을 평가하는 것과는 차이가 있었다.

생동성시험의 도입은 약리학의 발전으로 의약품의 유효성의 심사방법과 기준이 보다 상세하게 되면서, 즉, 의약품이 인체에 흡수되는 속도와 양의 비율을 과학적으로 측정하는 방법과 기술이 개발되면서 가능하게 되었다. 이로 인해 인체에 미치는 영향을 보다 직접적인 방법으로 정교하게 평가할 수 있게 되어 높은 수준의 의약품 품질의 표준화를 달성할 수 있는 기반을 마련하게 된 것이다.

---

35) Orange Book Annual Preface, Statistical Criteria for Bioequivalence. Approved Drug Products with Therapeutic Equivalence Evaluations 28th Edition. U.S. Food and Drug Administration Center for Drug Evaluation and Research(2008. 10. 2. 현재). 제네릭 의약품이 제형, 강도, 투여경로, 질, 경과의 특징, 사용목적 등에서 오리지널 의약품과 동등성을 보여 시험을 통과하여 시판 허가되면 오리지널 의약품뿐만 아니라 제네릭 의약품도 이른바 오렌지북(FDA's Approved Drug Products with Therapeutic Equivalence Evaluations)에 함께 등재된다.

우리 약사법은 현재까지도 생동성시험을 의약품 품목허가의 기준으로 명시적으로 요구하지 않고, 동법 제31조 제8항에서 '의약품의 안전성·유효성에 관한 시험성적서·관계 문헌, 그 밖에 필요한 자료를 보건복지가족부령으로 정하는 바에 따라 제출'하도록 요구하고 있을 뿐이다. 생동성시험 기준은 약사법 시행규칙의 개정에 따라 도입되게 되었다. 즉, 1994. 7. 18 약사법 시행규칙 제23조 제1항 제1호 다목에서 "1989년 1월 1일 이후 제조(수입)품목의 허가를 받은 전문의약품으로 법 제2조에서 정하고 있는 신약과 동일한 의약품(제형이 다른 동일 투여경로의 품목을 포함한다)인 경우 보건사회부장관이 정하는 생동성시험계획서, 생동성에 관한 시험자료, 비교 임상시험계획서 또는 비교임상시험성적에 관한 자료"를 제출하도록 요구한 이래 생동성시험이 허가심사의 주요 기준으로 자리잡아 왔다.

현행 약사법 제31조 제1항, 약사법 시행규칙 제23조 제1항의 규정 등으로부터 명시적 위임을 받아 제정된 '의약품등의 안전성·유효성 심사에 관한 규정'(식품의약품안전청 고시) 제3조 제1항 제1호는 의약품 등의 안전성·유효성 심사에서 제외되는 품목으로 '이미 허가(신고)된 바 있는 품목과 유효성분의 종류, 규격 및 분량(액상제제의 경우 농도), 제형, 효능·효과, 용법·용량이 동일한 품목'을 지정하고 있다. 하지만, 이 중에서 전문의약품에 관해서는 별도로 규정하여 안전성·유효성 심사를 받도록 하고 있는데, 그 내용은 '1989년 1월 1일 이후 제조(수입)품목허가를 받은 전문의약품으로서 신약에 해당하는 의약품'(제형이 다른 동일투여경로의 품목을 포함한다)과 이에 해당되지 않는 전문의약품들 중에서 이미 제조(수입)품목허가를 받은 것과 성분이 동일한 정제·캅셀제 또는 좌제는 생동성시험 계획서, 생동성시험에 관한 자료, 비교임상시험계획서 또는 비교임상시험성적서에 관한 자료 등을 제출하여야 한다는 것이다(약사법 시행규칙 제23조 제1항 다목). 일반의약품 중에서도 '단일성분의 의약품으로서 이미 제조(수입)품목허가를 받은 정제·캅셀제 또는 좌제와 성분이 동일한 의약품을 허가받고자 하는 경우에는 비교용출시험자료' 등을 제출하여 심사받으면 된다(약사법 시행규칙 제23조 제1항 바목).

위의 규정들에서 알 수 있듯이 우리나라에서 오리지널 신약과 달리 제네릭 의약품의 경우 전문의약품과 일반의약품을 나누어 규정하고 있다. 즉, 1989년 1월 1일 이후 제조(수입)품목허가를 받은 전문의약품으로서 신약과, 정제·캅셀제 또는 좌제에 해당되는 단일제 제네릭 전문의약품은 생동성시험계획서, 생동성시험에

관한 자료, 비교임상시험계획서 또는 비교임상시험성적서에 관한 자료 등을 제출
하여야 허가를 받을 수 있지만, 제네릭 일반의약품은 단일성분인 경우 비교용출시
험자료를 제출하여 허가를 얻을 수 있다.

생동성시험은 보험급여가 인정되는 품목들 모두에 대해서 적용되도록 하는 것
이 건강보험재정을 보호하고 약제급여목록에 포함된 의약품목들에 대한 의사, 약
사와 국민들의 신뢰를 높일 수 있는 길이 된다. 그리고 의약품의 효능에 대한 분
석방법이나 분석기기는 계속 개선되고 있으므로 현재로서는 생동성시험의 대상이
아닌 의약품들에 대해서도 그의 특성에 맞는 적절한 분석기기와 분석방법을 선택
하여 생동성시험 대상품목을 확대해 가야 한다.[36]

이러한 관점에서, 1989년 1월 1일 이전에 품목허가를 얻어 시판 중인 의약품
들은 생동성 평가가 면제되고 있는데, 이 의약품들이 과연 생동성기준을 충족시킬
것인지도 의문이므로, 의약품의 재평가 등을 통해 생동성시험을 거치도록 하여 그
질을 통제해 가야 할 것이다.

또, 현행법은 신약이 아닌 제네릭 전문의약품의 허가를 받을 때 단일성분인
경우에는 생동성시험을 거쳐야 하지만 복합제제인 경우 그것이 면제되도록 하고
있다. 그렇지만, 2008년 이래 우리나라에서 복합제 전문의약품에 대해서도 생동
성시험을 거쳐야 한다는 주장이 강해지고 있는데, 반대로 단일제 제네릭 전문의약
품에 대해서까지 생동성시험이 의약품의 허가요건이 아니라 대체조제의 허용요건
인 것으로 이해하여야 한다는 주장도 나타나면서, 정부와 의료계 그리고 제약업계
간 관계법령의 개정을 둘러싸고 갈등이 깊어지고 있다. 선진국가들에서는 우리보
다 넓게 생동성시험이 적용되는 것을 볼 때 우리나라도 여건을 정비해 가면서 확
대해 가야 할 것이다. 다만, 생동성시험이 임상시험과 비슷하게 제약회사의 의약
품개발비용을 상당부분 증가시키는 측면도 있어 영세 제약회사들에게는 상당한

---

36) 생동성시험의 확대를 위해서는 약제의 특성에 맞추어 생동성시험 기준도 보다 세분화되고 구
체화되어야 한다. 전신순환혈로 흡수되지 않고 국소부위에 치료목적으로 제조되는 연고제에
대해서도 생물학적 동등성 시험이 실시되어야 한다는 주장은, 최선옥/정성희/엄소영/정서정/김
주일/정수연, 국소용 후발의약품의 생물학적 동등성시험을 위한 가이드라인, 약제학회지 제34
권 제4호, 2004, 333-340면; 시험에 있어서도 절식상태에서 뿐만 아니라 음식물을 섭취한 상
태에서도 수행되도록 하는 등 그 시험방법도 다양화되어야 한다. 최선옥/정성희/엄소영/정서정
/김주일/정수연, 생체이용률에 미치는 음식물의 영향 및 식후 생물학적동등성시험, 약제학회지
제34권 제3호, 2004, 223-228면.

부담을 주는 것이므로,[37] 생동성시험이 필요한 품목의 대상범위를 어디까지로 할 것인가, 그리고 어떤 경우에 비교용출시험 등만으로 충분한 것인가는 의약품의 사용량, 의약품의 안전성과 유효성의 보호필요, 영세제약회사의 의약품개발비용의 증가에 미치는 영향 등을 고려하여 판단하되 질병치료에 많이 사용되는 의약품을 우선적으로 생동성시험 대상품목으로 포함시켜야 할 것이다.

2. 대체조제의 허용요건으로서 생동성시험

(1) 2000년 7월 의약분업의 도입에 따라 2001년 8월 약사법이 개정되면서 생동성시험은 현재 우리나라에서 제네릭 의약품의 허가요건일 뿐만 아니라 약사에 의한 대체조제의 허용요건이 되었다. 2000년 1월 12일 약사법 제23조의2가 신설되기 전까지 약사는 의사 등의 동의 없이 처방을 변경하거나 수정하여 조제할 수 없었다. 하지만, 개정된 제23조의2 제1항에서 "약사는 의사 또는 치과의사가 처방전에 기재한 의약품을 보건복지부령이 정하는 바에 의하여 그 성분·함량 및 제형이 동일한 경우에 한하여 다른 의약품으로 대체하여 조제할 수 있다"고 규정하면서, 약사는 의사 등의 동의 없이 의약품동등성이 입증된 의약품으로의 대체조제를 할 수 있게 되었다. 다만, 약사가 의약품을 대체조제한 때에는 그 처방전을 발행

---

37) 미국의 경우에도 모든 제네릭 의약품에 대해서 생동성시험을 요구하고 있는 것은 아니지만, Monograph 대상 일반의약품(OTC Drugs)을 제외한 모든 제네릭 의약품에 대해 생동성시험을 요구하고 있어 우리보다 그 대상범위가 넓다. 미국의 생동성시험 기준에 관한 정보는, 신상구/손동렬, 전게논문, 76-77면, 장인진/유경상/배균섭/이일섭, 우리나라 생물학적동등성시험의 문제점 및 개선방안, 대한의사협회 의료정책연구소, 2006. 6. 연구보고서, 18면 이하 및 Loren Gelber, Obtaining Approval of a Generic Drug; Ira R. Berry(ed.), The Pharmaceutical Regulatory Process, 2005, pp.426-431 참조. 일본의 생동성시험 기준에 관한 정보는, 심창구, 일본에서의 후발의약품의 생물학적 동등성 시험 가이드라인, 약제학회지 제29권 제3호, 1999, 253-264면 참조. 일본의 경우 우리의 전문의약품에 해당되는 의료용 후발의약품의 허가신청 시에는 생동성시험을 거치도록 하여 우리보다 넓다.
미국과 일본에서는 생동성시험이 적용되는 범위가 우리보다 훨씬 넓은데 우리 제약업계의 현실과 시험기관의 신뢰성문제 등 미성숙한 여건을 고려하여, 미국과 일본에서 1977년 이후 어떤 단계를 밟아 생동성시험이 확대되고 세분화되었는지 역사를 추적하는 것도 필요하다.
생동성시험을 대체하는 다른 방법에 의해서 의약품의 안전성과 유효성이 증명될 수 있는가도 생동성시험의 적용범위를 결정하는 데 중요한 의미를 가질 수 있을 것이다. 독일 약사법(Arzneimittelgesetz) 제24b 제2항은 제네릭 의약품에 대해 생동성시험에 통과할 것을 요구하면서 "해당 의약품이 생동성에 관한 학문수준에 따를 때 해당 기준을 충족한다는 것을 다른 방식으로 입증하면 허가신청자는 생동성시험 결과를 제출할 의무가 없다"고 규정하고 있다.

한 의사 또는 치과의사에게 대체조제한 내용을 통보하여야 했다.[38]

약사법에서 대체조제의 허용요건으로서 의약품동등성이라는 기준을 사용하는 것에 부정적인 의료계의 입장을 받아들여,[39] 생동성기준을 대체조제의 허용요건으로 채택한 2001년 8월 14일의 약사법개정으로 현재와 같은 모습으로 바뀐다. 2001년 8월 개정된 약사법 제23조의2는 현행 약사법 제27조와 같은 내용을 담고 있었다. 현행 약사법에 따를 때, 약사는 의사 또는 치과의사가 처방전에 적은 의약품을 성분·함량 및 제형이 같은 다른 의약품으로 대체하여 조제하려는 경우에는 미리 그 처방전을 발행한 의사 또는 치과의사의 동의를 받아야 하지만(약사법 제27조 제1항), "식품의약품안전청장이 생동성이 있다고 인정한 품목(생체를 이용한 시험을 할 필요가 없거나 할 수 없어서 생체를 이용하지 아니하는 시험을 통하여 생동성을 입증한 의약품을 포함한다)으로 대체하여 조제하는 경우"에는 "그 처방전을 발행한 의사 또는 치과의사의 사전 동의 없이 대체조제를 할 수 있다"(약사법 제27조 제2항 제1호). 다만, 이 경우에도 동호 단서에서 규정하고 있듯이 "의사 또는 치과의사가 처방전에 대체조제가 불가하다는 표시를 하고 임상적 사유 등을 구체적으로 적은 품목은 제외한다".

이상에서와 같이 약사법에서 생동성시험의 통과여부에 의해 의약품의 대체조제의 범위를 결정하도록 규정한 것은 환자의 의료비용을 줄이고 건강보험재정지출을 축소하면서도 의약품의 질에 대한 불신을 막는 안전장치로서 역할을 하게 하려는 취지에서 출발한 것이지만, 이외에 실제로는 다른 목적도 가지고 있었다.

---

38) 그러나, 이 입장은 이어진 2000년 8월 5일 약사법 제23조의 2의 개정으로 뒤집어지게 된다. 이 개정된 법에서는 대체조제에 대하여 규정하면서 제1항에서 의사 또는 치과의사가 상용처방의약품목록의 의약품을 처방한 경우 약사가 대체조제를 하기 위해서는 "처방전을 발행한 의사 또는 치과의사의 동의"를 얻을 것을 요구했고, 제2항에서 상용처방의약품목록외의 의약품을 처방한 경우 약사는 그 처방전에 기재된 의약품을 다른 의약품으로 대체하여 조제할 수 있다고 규정했다. 이 경우에도 약사는 의사 또는 치과의사가 처방전에 특별한 소견을 기재한 경우 이를 존중하여 조제해야 한다고 규정하고 있었다. 이 당시 의사 또는 치과의사의 동의없이 약효동등성이 인정된 의약품으로의 대체조제가 허용되는 경우는 극히 예외적인 때에 한정되었다. 즉, 약사법 제23조의2 제3항 제1호에 따를 때, 처방전을 발행한 의료기관이 소재하는 지역의 상용처방의약품목록과 약국이 소재하는 지역의 상용처방의약품목록이 상이한 경우에는 당해약국이 소재하는 지역의 상용처방의약품목록을 기준으로 하되, "의사 또는 치과의사가 처방전에 기재한 의약품과 그 성분·함량 및 제형이 동일한 의약품으로서 식품의약품안전청장이 약효동등성을 인정한 의약품으로 대체조제"하는 것이 가능했다.

39) 이 당시의 입법의 경과에 대해서는, 장인진/유경상/배균섭/이일섭, 전게논문, 5~8(8) 참조.

우리나라에서 제약회사들이 특허기간이 만료된 제네릭 의약품의 생산에 몰두하면서 진입장벽이 없어지자 대부분의 제약회사들이 백화점과 같이 다품종을 소량으로 제조하고 있는데, 약국에서는 수많은 동종의 의약품들 중 어떤 의약품을 진열하고 판매해야 하는지 곤란한 상황에 처해 있어서, 생동성시험으로 대체조제가 가능한 의약품들이 결정되면 그 의약품 중심으로 판매할 수 있다는 현실적 필요에도 부합되었다는 것이다.[40]

(2) 품목허가요건과 대체조제의 허용요건으로서 생동성시험은 중대한 차이를 가지고 있다. 1989년 1월 1일 이후 제조(수입)품목허가를 받은 전문의약품으로서 신약과 같은 의약품은 품목허가를 얻기 위해서 의무적으로 생동성시험을 통과하여야 하지만, 여기에 해당되지 않은 의약품들이 대체조제가 가능한 의약품이 되기 위해서는 자율적으로 생동성시험을 의뢰해서 통과되면 가능하게 되는 것이다. 즉, 단지 대체조제를 허용받기 위한 생동성시험은 제약회사들에게 의무적인 것은 아니라는 것이다.

이에 따라, 2003년 11월 기준으로 전체 생동성품목 중 신약허가목적의 의약품이 72.51%(583개 품목), 대체조제목적인 생동성품목이 27.49%(221개 품목)이었는데, 대체조제 목적의 생동성품목은 사용량이 많은 거대품목 중심으로 점차 늘어나고 있는 추세이었지만, 아직도 1만여 품목의 제네릭 의약품들은 생동성의 입증이 이루어지지 않았었다.[41] 하지만, 생동성시험을 대체조제의 허용에 연계시킨 입법정책은 외형상으로는 큰 성공을 거두어 2009년 3월 6일까지 생동성인정품목으로 공고된 품목은 5,689품목에 이르고 있는데, 이 중에서 몇 품목은 품목허가가 취소되었다(식품의약품안전청 홈페이지(www.kfda.go.kr) 2009년 3월 6일자 공고 참조). 이와 같이 빠른 속도로 생동성인정품목이 늘어나면서 대체조제의 가능 범위가 크게 늘어나자 대체조제의 허용여부와 그 범위를 둘러싸고 민감한 이해관계를 갖고 있던 오리지널 제약회사와 제네릭 제약회사, 그리고 처방권을 갖는 의사와 조제권만을

---

40) 김경한, 약물의 생물학적 동등성평가, 대한의사협회지 제45권 제1호, 2002, 67면.
41) 이의경, 제네릭 의약품의 생물학적 동등성 인정현황과 정책과제, 보건복지포럼 2004. 2, 68−70, 77면 참조. 생동성시험은 시험계약에서 결과보고서 제출까지 평균 9.08개월 걸리고, 식품의약품안전청에 제출하여 승인까지는 평균 4.01개월 걸리며, 생동성시험비용은 시험마다 4,000만 원에서 8,000만 원에 이르고 평균 5,410만 원이 소요된다고 한다.

갖는 약사의 갈등도 증폭되고 있고 생동성시험의 부실[42]에 대한 비판도 고조되고 있다.

(3) 대상사건의 1심에서 원고는 생동성시험이 품목허가의 요건이 아니라 대체조제의 허용여부의 판단기준일 뿐이라는 주장을 제기했었는데, 1989년 1월 1일 이후 제조(수입)품목허가를 받은 전문의약품으로서 신약과, 정제·캅셀제 또는 좌제에 해당되는 단일제 제네릭 전문의약품에 대해서는 생동성시험을 품목허가의 요건으로 이해하여야 한다. 비교용출시험만으로는 서양인들과 다른 우리나라 사람들의 체질적 차이 등에 따른 약리효과의 차이를 평가할 수 없기 때문에 대조약과 시험약을 일정한 수의 사람들에게 투여하여 흡수율 등을 비교 측정하는 생동성시험이 허가요건으로 규정될 필요도 확실히 존재한다. 다만, 생동성시험이 언제나 품목허가의 요건이 되는 것은 아니기 때문에 대체조제의 요건만을 충족하기 위해 생동성시험을 거친 품목인지 확인하여야 한다.

서울행정법원도 이러한 입장에서 "1989. 1. 1. 이후 제조 품목허가를 받은 전문의약품으로서 신약에 해당하는 의약품에 대하여는 …… 생동성 시험의 본질에 비추어 보아 제네릭 의약품의 생동성 시험결과가 오리지널 의약품과 통계학적으로 일치하지 않는다는 사정은 제네릭 의약품의 효능을 의심할 수밖에 없는 중대한 자료에 해당한다고 볼 것이라는 점에서, …… 생동성시험은 이 사건 의약품과 같은 제네릭 의약품의 제조품목허가의 요건이 된다고 할 것"이라고 판시하였다. (서울행법 2007. 10. 10. 선고 2006구합47117 판결) 대상판결(대법원 2008. 11. 13. 선고 2008두8628 판결)에서 대법원도 해당 의약품과 관련된 생동성시험을 품목허가요건으로 이해하였다.

3. 생동성시험의 절차

이하에서는 식품의약품안전청장의 고시인 '생물학적 동등성 시험기준'에 규정

---

42) 허문영, 생물학적 동등성 시험사건의 경과와 문제점, 의약품정책연구 제2권 제1호(통권 제2호), 2007, 131면은 "실제로 결과 보고된 생동성시험의 불합격률이 매우 미미한 점에서 하기만 하면 거의 합격되는 이 같은 형식적 시험은 관련 경비만 낭비하게 되고 그 의미를 퇴색시킨다"고 하고 있다.

된 생동성시험의 절차를 개략적으로 살펴보기로 한다.

(1) 생동성시험은 크게 임상파트와 실험실파트로 나눌 수 있다. 임상파트는 피험자의 건강체크를 비롯하여 투약과 표본채취에 이르기까지의 과정이며, 실험 실파트는 임상파트에서 얻은 표본을 대상으로 분석장비를 통해서 실험자료를 얻 는 과정이다. 생동성시험은 보통 20~45세의 건강한 남자들을 대상으로 하여 공 복상태에서 약을 먹인 후 시간별로 혈액과 같은 표본을 채집하여 약물의 농도를 측정하게 된다.

생동성시험에서 시험약은 대조약과 유효성분 및 투약경로가 동일한 제제를 말 하는데 시험약과 대조약의 효능을 비교조사하기 위해 1주일 간격으로 대조약과 시험약에 대한 교차시험을 하게 된다.

(2) 생동성시험은 일정한 기준에 따라 요구된 사람, 건물 및 설비를 포함한 시설을 갖추고 있는 시험기관에게 제약회사가 시험약의 시험을 의뢰하면 개시되 는데, 시험기관이 투약대상이 되는 사람인 피험자를 모집하여 시험을 실시하게 된 다. 시험기관은 시험의 전문성과 신뢰성을 보호하기 위하여 생동성시험 수행에 대 한 전반적인 책임을 지는 시험책임자와 시험책임자의 위임 및 감독 하에 생동성 시험과 관련된 업무를 담당하거나 필요한 사항을 결정하는 시험담당자를 선정하 여야 한다. 시험의뢰자인 제약회사가 시험수행을 여러 시험기관에 의뢰하였을 경 우에는 시험책임자가 소속된 시험기관외의 시험기관에 근무하는 자중에서 주임시 험자를 두어야 한다. 시험기관의 장은 시험기관에서 생동성시험에 사용되는 의약 품의 인수·보관·관리 및 반납에 대한 책임을 갖는 자로서 관리약사를 두어야 한 다.

(3) 생동성시험의뢰자는 생동성시험을 실시하기 이전에 시험계획 및 책임과 권리의 소재와 한계 등에 관하여 시험기관의 장과 문서로 계약을 체결하고 식품 의약품안전청장으로부터 시험계획서에 대한 승인을 받아 생동성시험이 수행되도 록 하여야 한다. 시험기관의 시험책임자는 시험의뢰자와 협의하여 시험목적, 시험 책임자, 시험기간, 시험방법 등을 포함하는 시험계획서를 작성하여 생동성심사위

원회의 승인을 받아야 한다. 시험책임자는 시험결과보고서를 작성하여 시험의뢰자에게 제출하고, 시험의뢰자는 이를 식품의약안전청장에게 제출하여야 한다.[43] 식품의약품안전청장은 생동성시험 결과에 대한 신뢰성을 확인하기 위하여 필요한 경우 관계 공무원 및 식품의약품안전청장이 지정하는 전문가로 하여금 생동성시험 실태조사표에 따라 생동성시험 결과와 관련된 시험기관, 시험의뢰자 등의 모든 시설·문서·기록 등을 실태조사하도록 할 수 있다.

(4) 우리나라에서 생동성시험은 아직 의약품의 특성에 따라 보다 세분화된 기준과 상세지침을 만들어 적용하지 않고 있어서 환자들과 의사나 약사 등도 생동성시험을 통과한 의약품에 대하여 오리지널 의약품과의 동등성에 대한 신뢰가 크지 않은 상황이다.[44] 또, 생동성시험을 통과한 이후에도 실제 제품을 생산하는 과정에서 제조방법을 바꾸는 경우도 있으므로 제약회사들이 사후적으로 품질관리를 철저히 하도록 시판 후 조사를 강화할 필요도 있다.

Ⅲ 생동성자료의 조작과 제재조치의 선택

1. 대상판결의 내용

대상판결(대법원 2008. 11. 13. 선고 2008두8628 판결)이 의미를 갖는 것은 의약품

---

43) 식품의약품안전청 고시인 '생물학적 동등성 시험기준' 제19조 제2항은 동등성판정기준에 관하여 다음과 같이 규정하고 있다.
　　Tmax를 제외한 대조약과 시험약의 비교평가항목치를 로그변환하여 통계처리하였을 때, 로그변환한 평균치 차의 90% 신뢰구간이 log 0.8에서 log 1.25 이내이어야 한다. 다만, 다음을 모두 만족하는 경우에는 동등으로 판정한다.
　　1. 대조약과 시험약의 비교평가항목치의 로그변환한 평균치의 차가 log 0.9에서 log 1.11이내인 경우
　　2. "의약품동등성시험관리규정"(식품의약품안전청고시)에 따라 비교용출시험을 실시할 때 규정된 모든 조건 하에서 동등한 경우. 다만, 경구용제제(서방성제제 제외) 및 장용성제제는 대조약의 평균용출률이 규정된 시간내에 85%에 도달하지 않는 경우는 적용할 수 없으며 서방성제제는 대조약의 평균용출율이 30%, 50%, 80% 부근인 적당한 시점에서의 시험약의 평균용출율이 대조약 평균 용출율의 ±10%이내인 경우에 해당된다.
　　3. 총피험자 수가 24명(1군당 12명)이상
44) 동지. 이의경, 전게논문, 71-73면.

의 유효성에는 문제가 없는 약품이라고 하더라도 생동성을 평가하는 "일부 시험자료만 조작됐더라도 그 자체가 비윤리적이고 비난가능성이 큰 것"이라고 하여 자료조작 그 자체만으로도 의약품목허가의 취소사유로 긍정하였다는 점이다.

1·2심은 생동성시험 결과보고서 내용 가운데 조작된 부분은 약 1%에 불과하고 원본에 의하더라도 생동성시험 기준상 '동등'으로 판정될 것이었으며, 조작의 정도가 경미하고 일치하지 않는 부분이 의약품의 하자라기보다 시험자나 기계의 오류에 의한 것이라고 볼 여지가 크고, 제출자료의 하자 정도와 이 사건 시험의 의뢰 및 자료제출 과정에 비추어 볼 때 제출자료의 조작에 관한 원고의 귀책사유가 상당히 작은 것으로 보인다는 이유로 식품의약품안전청장의 처분은 위법하다고 판시했었다.

대법원은 수익적 처분인 의약품 품목허가의 취소처분 및 폐기·회수명령에 대한 취소청구소송에서 두 가지의 논거를 제시하면서 청구를 인용하였다.

첫째, 수익적 행정처분의 취소에 있어서 당사자에게 귀책사유가 있는 경우에 당사자의 신뢰이익은 고려되지 않는다는 것이다. 즉, "수익적 행정처분의 하자가 당사자의 사실은폐나 기타 사위의 방법에 의한 신청행위에 기인한 것이라면 당사자는 처분에 의한 이익이 위법하게 취득되었음을 알아 취소가능성도 예상하고 있었다 할 것이므로, 그 자신이 처분에 관한 신뢰이익을 원용할 수 없음은 물론, 행정청이 이를 고려하지 아니하였다고 하여도 재량권의 남용이 되지 않고, 이 경우 당사자의 사실은폐나 기타 사위의 방법에 의한 신청행위가 제3자를 통하여 소극적으로 이루어졌다고 하여 달리 볼 것이 아니다"고 하면서,[45] 이 사건에서 원고가 조작된 시험자료를 제출하였고, 피고는 위 시험자료가 진정한 것으로 보아 이 사건 의약품에 관한 제조허가를 하였으므로, 피고가 이 사건 처분을 함에 있어 원고의 신뢰이익을 고려하지 않았다고 하더라도 이 처분에 어떠한 위법이 있다고

---

45) 대법원은 이 논거와 관련하여 대법원 1995. 7. 28. 선고 95누4926 판결, 대법원 2006. 5. 25. 선고 2003두4669 판결을 참조판결로 인용하였다. 95누4926 판결은 개인택시운송사업면허취소처분의 취소청구사건에 대한 것이었고, 2003두4669 판결은 공장등록취소처분의 취소청구사건에 대한 것이었다. 즉, 국민건강보호라는 중대한 공익보호를 위해 처분의 잠정적 성격이 그 특징인 의약품 품목허가취소처분에 관한 것이 아니었다. 의약법에서 행정법상의 신뢰보호원칙은 실정법에 의해 제한적으로 반영되고 있다. 이 사건에서는 신뢰보호원칙의 적용에 앞서 품목허가의 취소처분과 폐기·회수명령에 관한 약사법과 약사법 시행규칙의 관련 규정을 충실히 해석하는 것이 우선시 되어야 할 것이 아닌가 생각한다.

할 수 없다는 것이다.

둘째, 특히 의약품은 사람의 생명이나 건강에 직접적인 영향을 미치는 것이므로 의약품의 안전성과 유효성을 확보함으로써 국민보건의 향상을 기하기 위한 처분에 있어서는 다른 분야의 처분에 비하여 보다 엄격하고 엄정한 기준이 요구된다 할 것인데, 이 사건에서 비록 시험자료 일부분의 조작이 있었을 뿐이고 조작 전의 원본자료에 의하면 생동성시험 기준상 동등으로 판정될 것이라고 하더라도, 시험자료의 조작은 그 자체로 비윤리적인 사위의 방법에 해당하여 비난가능성이 크고, 결과적으로는 시험기준을 충족한다는 이유를 들어 섣불리 조작에 눈감고 이를 용인하게 되면 사전에 그 안전성·유효성이 검증되거나 보증되지 아니한 의약품의 유통을 방치하는 셈이 되며, 이 사건 처분으로 인하여 원고가 입게 될 불이익이 상당하다고 하더라도 이와 같은 불이익은 경제적 손실로 환원될 수 있는 것에 불과하여, 생동성이 사전에 제대로 확인되지 않은 의약품의 유통으로 인하여 국민건강이 침해받을 수 있는 위험을 예방할 공익상의 필요와는 단순 비교하기 어려운 점에 비추어 보면, 이 사건 처분에 어떠한 재량권의 일탈·남용이 있다고 할 수는 없다고 판시했다.

필자로서는 대법원의 판결주문의 내용은 지지하는 바이지만, 판결이유와 논리의 구성에 의문을 갖는다. 이 판결의 주문과 이유만으로는 생동성시험자료의 불일치 또는 조작 등의 경우 언제나 품목허가의 취소사유가 되는지, 아니면 비례원칙에 따라 여러 제재수단들 사이에서 다른 조치의 선택이 가능한 것인지 명확히 알수가 없고, 후자의 경우라면 어떤 법적 기준과 논리로 제재수단들을 차별화할 것인지 검토되어야 한다.

2. 생동성자료의 조작

제네릭 의약품에 대한 동물실험과 임상시험이 면제되고 과학적 연구보고서 등다른 자료에 의한 안전성과 생동성의 입증이 가능해지면서 다른 부작용이 나타나고 있다. 미국에서도 간이해진 규제과정으로 인해 의약품에 대한 검증과정이 약화되자 보다 손쉽게 의약품의 제조와 판매의 허가를 얻고자 뇌물이 성행하고 제출하는 자료의 조작과 사기, 효능의 과장과 부작용보고의 생략이 빈번하게 문제되고 있다.[46] 제네릭 의약품을 만드는 회사들이 오리지널 제약회사가 작성한 동종 의약품에 관한 의학자료를 그대로 또는 약간만 바꾸어 자기의 자료로 제출하기도 하는데, 그 이유는 중소 제약회사의 입장에서는 생동성의 입증을 위하여 건강한 사람들을 대상으로 하는 생동성시험만으로도 많은 시간과 비용을 투입하여야 하기 때문이라고 한다. 또, 생동성이 떨어지는 경우에도 제품허가를 취소하지 않아 위법한 의약품들이 시장에서 지속적으로 유통되어 왔다. 그 원인은 관료와 제약산업 종사자들 사이에 교육배경, 배타적 전문가집단의 밀착적 교류관행과 리베이트 관행, 관료의 전문지식의 부족과 무능, 현행 규제시스템의 부적절성, 해당 의약품의 희귀성, 건강보험재정의 측면에서 의약품 관련 비용의 증가에 대한 우려 등 여러 원인에 기인하였다고 한다.

우리나라에서 2009년 4월 현재까지는 생동성시험기관의 지정제도의 도입이 입법적으로 좌절되고 있지만, 신고제로 운용하면서도 생동성시험기관의 자격을 강화하였는데, 그 자격이 강화되기 전까지는 주로 약학대학의 연구소 등에 위탁되어 생동성시험이 이루어지고 있었다. 심사를 하는 연구소 등 민간기관들은 심사설비와 전문인력을 갖추어 심사절차를 기준에 맞추어 유지해야 하고 심사자료와 심사의 대상인 의약품 샘플들을 일정기간 보관하여야 하는데, 식품의약품안전청이 필요한 전문인력과 검사장비 등을 갖추지 못한 상태에서 광범위한 민간위탁은 어느 정도 불가피한 측면이 있다. 하지만, 식품의약품안전청 자신에게 충분한 심사·평가능력이 갖추어지지 않은 상태에서는 시험의뢰자나 시험기관의 도덕적 해이나 자의적인 심사활동을 통제할 수도 없게 된다.

최근 우리 사회에서 유통되고 있는 생동성시험 대상 의약품들 중 수많은 품목들에서 생동성자료의 조작이나 기준미달이 문제되고 있고 그 기준미달이나 조작이 결코 특정 회사에게 한정된 예외적인 현상이 아니다.[47] 이것은 우선 시험참가

---

46) FDA's Generic Drug Approval Process(Part 3), Hearings, 101 Congress, September 11 and November 17, 1989, Serial No.101－117, pp.138, 167－168.

47) 식품의약품안전청은 2009년 3월 26일자로 2007년 실시한 생동성 재평가 결과를 그의 홈페이지(http://www.kfda.go.kr)에 공시했다. 공시자료에 따르면 2007년도 생동성 재평가 대상 총 2,095품목 중 1,212품목이 재평가 자료를 미제출했고, 883품목만이 재평가를 받은 가운데 869품목이 적합, 14품목이 부적합 판정을 받았다. 결국 2007년 생동성 재평가 품목대상 중 생동성시험을 통과한 품목은 40%에 불과했고, 거의 60%의 품목이 품목허가의 자진취하 및 강제취하로 시장에서 퇴출되게 됐다. 이 공시자료는 그동안 우리나라에서 생동성시험이 얼마나 부실하게 운영되어왔는가를 명확하게 보여준다고 하겠다.

자들이 생동성시험의 필요성과 의의에 대한 이해도가 낮고 생동성시험 기준이 불완전한 점이 있기 때문이다.[48] 또, 생동성시험을 의뢰하는 의약품은 제네릭 의약품인데 이것은 특허에 의해 보호되지 않아 시장에 먼저 출시되어 시장을 선점하는 것이 매우 중요하여 제약회사들은 심사기간을 단축하는 것에 관심이 높고, 시험기관은 부실시험에 대한 제재가 미약한 상황에서 시험의뢰가 많으면 많을수록 이익이 증가하는데 이를 위해서는 시험성공률이 높아야 하고, 시험의뢰자가 의뢰한 시험약이 생동성심사위원회의 시험통과결정을 받아야 용역비 전액을 받을 수 있는 계약관행 때문에 시험기관 자신이 그 시험에 성공하도록 자료를 조작하는 경우도 많았다고 한다.

2006~2008년에는 우리나라에서 제약회사와 의사협회 그리고 정부 사이에서 생동성을 갖추지 못한 의약품들과 그것들을 제조한 제약회사들의 이름공개를 놓고 심각한 갈등이 발생하기도 하였다.[49] 약사법에서 고가의약품의 처방을 줄이기 위해 의사의 처방권에 제한을 가해 생동성인정품목들의 경우 의사의 동의없이 약사에게 대체조제할 수 있는 권한을 부여했었는데, 생동성인정품목이 최근 대폭 늘어나면서 그 시험의 부실과 신뢰도를 둘러싼 갈등이 증폭되게 되었다. 의사들은 약사에게 의사의 동의 없는 대체조제권을 주어서는 안 된다는 것을 입증하고자 유통 중인 의약품들에 대해 자체적으로 생동성시험을 실시하여 생동성기준 미달인 의약품이 생동성인정의약품으로 유통되고 있음을 폭로하였다.[50] 이것은 생동성시험에 대한 심각한 의문을 초래하는 사태이었다. 왜냐하면 대체조제는 제네릭 의약품의 효능이 오리지널 의약품과 비교하여 차이가 없다는 것을 전제로 허용되는 것이었기 때문이다.

---

48) 허문영, 전게논문, 131면에서는 생동성시험 연구의 종사자의 입장에서 "실제로 생동성시험을 하다 보면 다양한 돌발상황이 일어나게 된다. 그런데 생동성시험 기준에는 최소사항만 규정하고 있어서 결국 연구자들이 자의적으로 판단할 수밖에 없는 상황을 만든다"고 하고 있다.

49) 생동성조작은 내부정보를 얻기 어려워 외부로 유출되기 어려우나 2005년 12월 한 시험기관의 내부고발자가 생동성조작사실을 국가청렴위원회에 신고하고 국가청렴위원회는 이 내용을 2006년 2월 식품의약품안전청에 알려서 조치하게 함으로써 사회적으로 이슈화하게 되었다. 의협신문, "생동성 조작의약품 더 있다" 기사, 2006. 6. 26. 참조.

50) 생동성시험 결과를 조작하여 해당 의약품의 효능을 오인하게 하는데 불법적으로 협력하였던 시험기관들과 제약회사가 그 조작사실이 공개되어 명성이 훼손되고 해당 의약품의 매출이 떨어질 것을 우려하여 공개를 막으려 하고, 사회적 혼란을 우려한 식품의약품안전청도 그 사실을 공개하려 하지 않았다.

이러한 갈등은 생동성자료조작에 관한 서울행정법원의 정보공개판결로 일단 정리되었는데(서울행법 2007. 10. 5. 선고 2007구합15131 판결), 서울행정법원은 이 판결에서 "의약품은 일반 국민의 건강과 직접 관련되는 물품으로서 의약품의 소비자들인 환자의 자기결정권 혹은 의약품에 대한 선택의 기회를 보호함과 동시에 의약품에 대한 처방전을 작성하여 환자에게 교부할 의무가 있는 의사들에게도 보다 나은 의료서비스의 제공을 요구하기 위해서는 의약품에 대한 충분한 정보를 제공하는 것이 무엇보다 중요하다"고 하면서, "전문의약품 중 생물학적 동등성 시험자료가 조작되었는지 여부를 판단할 수 있는 자료가 미확보되어 시험자료가 조작되었는지 여부가 밝혀지지 않은 의약품목 리스트가 공개대상정보에 해당한다"고 판시했다. 이 판결 이후 식품의약품안전청도 자체조사를 통해[51] 생동성기준위반품목을 계속 공개하고 품목허가를 취소하거나 생동성인정품목이나 약제급여목록에서 삭제해 가면서 다수의 관련 소송들이 한꺼번에 제기되고 있다.

3. 생동성자료의 조작 등에 대한 제재조치의 선택

(1) 행정법상 행정행위의 취소는 법령에 특별한 규정이 없는 경우에는 행정행위의 성립당시에 하자가 있는 경우에 가능하지만, 수익적 처분의 직권취소에 있어서는 상대방의 귀책사유가 없을 때에는 기득권보호와 신뢰보호를 이유로 제한된다고 이해하고 있다. 하지만, 상대방에게 귀책사유가 있는 경우에 처분청은 수익적 처분이라 하더라도 취소할 수 있다고 본다.

의약법상 의약품 품목허가의 취소에 있어서도 행정법상 수익적 처분의 취소의 법리가 그대로 적용될 수 있는가? 대상판결과 관련하여 생동성자료의 조작이 있을 때 그것은 반드시 품목허가의 취소사유가 되는가, 아니면 판매중지 등 다른 제재수단도 가능한가? 의약품 자체의 유효성에는 문제가 없으나 허가신청자료를 조작하여 허가가 난 경우 품목허가 이외의 다른 제재수단의 선택도 가능하다고 보아야 하는가?

---

51) 식품의약품안전청의 자체조사결과 피험자관리를 소홀히 하여 만취한 상태에서 시험에 응하거나, 타 자료에서 사용된 자료를 변조하여 차용하거나 조작사실을 은폐하기 위하여 컴퓨터의 원본파일을 삭제하거나 원본자료가 없다는 이유로 자료를 제출하지 않은 경우도 있었다. 양기화, "생동성대규모조작" 실체와 대책, 의료정책포럼 제4권 제3호, 2006, 7-9면.

대상판결에서 대법원은 생동성시험자료의 조작에 대해 어떤 제재조치가 가능한가에 관하여 생동성시험이 품목허가의 요건이기 때문에 시험자료의 조작에 의한 허가취소는 당연히 가능하다는 전제위에서 수익적 처분에 대해 가해지는 신뢰보호원칙에 의한 제한을 받는가의 문제를 검토하였다. 그리하여, "수익적 행정처분의 하자가 당사자의 사실은폐나 기타 사위의 방법에 의한 신청행위에 기인한 것이라면 당사자는 처분에 의한 이익이 위법하게 취득되었음을 알아 취소가능성도 예상하고 있었다 할 것이므로, 그 자신이 처분에 관한 신뢰이익을 원용할 수 없음은 물론, 행정청이 이를 고려하지 아니하였다고 하여도 재량권의 남용이 되지 않고, 이 경우 당사자의 사실은폐나 기타 사위의 방법에 의한 신청행위가 제3자를 통하여 소극적으로 이루어졌다고 하여 달리 볼 것이 아니다"고 하였다.

대법원은 이 판결에서 생동성자료의 조작과 관련하여 약사법 등이 특별규정을 두고 있지 않은 것으로 보고 행정법상의 일반법리인 신뢰보호원칙을 적용하여 판단하였다. 그런데, 이러한 판단은 적절한 것이었을까?

(2) 행정법상 허가의 경우 신청자가 허가신청을 하고 행정청이 그 서류를 심사하여 허가요건을 충족하고 있으면 허가를 내준다. 이 경우 허가신청서의 심사책임은 행정청이 지는 것으로 행정청은 그 허가신청서를 심사할 전문지식과 기술을 갖추고 있어야 한다. 그런데, 행정청이 필요한 전문지식과 기술이 부족함에도 불구하고 부실한 심사를 거쳐 허가를 하게 되면 그로 인해 보호해야 할 공익을 보호할 수 없게 되어 관계 국민은 피해를 입게 된다. 때문에, 전문성이 높은 허가심사업무의 경우 입법자는 외부의 전문가들을 참여시킨 전문위원회에 허가에 중요한 자료의 심사를 검토해 주도록 의뢰할 수 있다는 규정을 두기도 한다. 하지만, 이러한 경우에도 행정청은 외부전문가의 자료심사결과를 평가할 전문성은 갖추어야 하는 것으로 공익을 최종적으로 보호할 책임은 외부의 전문위원회가 아니라 행정청 자신에게 있는 것이다.

생동성시험은 약학대학의 연구소 등 외부의 시험기관에서 수행하고 있는데, 현행법상 이 시험기관은 일정한 시설기준 등을 충족시킨 기관이면 허가를 얻지 않아도 시험을 실시할 수 있다.[52] 그런데 제약회사가 의뢰하여 시험기관이 수행

---

52) 생동성시험도 임상시험관리기준과 같은 수준으로 그 기준을 강화시켜야 한다는 주장은, 김경

한 생동성시험에 대해서도 '생물학적 동등성 시험기준'은 식품의약품안전청이 언제나 의무적으로 조사, 평가하도록 규정하고 있는 것이 아니다. 즉, '생물학적 동등성 시험기준' 제21조 제2항은 "식품의약품안전청장은 필요한 경우 관계 공무원 및 청장이 지정하는 전문가로 하여금 시험기관을 불시 방문하여 중간 시험과정을 감독하고, 해당 생동성시험이 계획서, 표준작업지침서, 이 기준 및 관련 규정에 따라 실시 또는 기록되는지 여부를 검토 확인하도록 할 수 있다"고 규정하여, 관계 공무원 및 전문가로 하여금 조사평가할 수 있도록 할 수 있는 재량권을 식품의약품안전청장에게 수여하고 있을 뿐이다. 또, 시험자의 태만이나 무지 등에 기인한 생동성기준의 위반과 관련하여서도 '생물학적 동등성 시험기준' 제23조는 "시험 수행 중, 시험책임자가 이 기준을 준수하지 않은 사실이 발견된 경우, 시험의뢰자는 이를 시정하고 재발을 방지하기 위하여 적절하게 조치하고, 중대하고 지속적인 미준수 사항이 확인된 경우에는 시험을 중지시키고 이를 식품의약품안전청장에게 보고하여야 한다"고 규정하고 있다. 즉, 제도적으로 우리 의약품에 관한 생동성시험은 수많은 오류가 있어도 그것이 방치될 가능성이 매우 높은 것이다.[53] 이에 따라, 생동성시험이 실시된 이후 수많은 의약품들과 관련하여 의뢰자나 시험기관의 탐욕이나 부주의 등에 기인하여 생동성시험 기준과의 불일치가 숨겨져 왔던 것이다.

대상판결의 1심판결은 서울행정법원판결(서울행법 2007. 10. 10. 선고 2006구합47117 판결)이었는데, 시험기관의 잘못 등을 시정하고 감독할 책임과 관련하여 다음과 같이 판시했다. "생동성시험을 피고의 산하기관이 아닌 원고와 같은 제조사로부터 용역을 받은 시험기관이 하도록 하는 현행 제도는 피고의 지도·감독권의 한계에 따라 생동성 시험의 구체적인 실시는 시험기관이 하더라도 그 자료의 제출은 원고와 같은 제조사의 책임으로 하려는 취지이고, 피고에게 생동성 시험기관에 대한 일반적인 감독권이 인정된다고 하더라도 일반적인 시험기관의 운영형태

환, 전게논문, 68면.
53) 시험기관의 도덕적 해이를 방치한 식품의약품안전청의 규제기준의 미비와 전문관리인력의 부족은 시급히 해소되어야 하고, 생동성시험을 실시할 인력이나 시설이 부족하면서도 무리하게 시험을 의뢰받아 전부든 일부든 자료조작을 하였거나 원본파일과 불일치한 결과보고서를 내는 현실은 시정되어야 한다는 의견이, 허문영, 전게논문, 131면에서도 제시되고 있다.

나 사후적·부분적인 시험 내용의 검사가 아닌 생동성 시험 전부에 대한 진정성의 검사·감독은 위와 같은 제도의 취지에도 부합하지 아니하고 현실적으로 가능한 것으로 보이지도 아니하다"고 했다.

그러나, 시험기관의 성격을 서울행정법원의 판시와 같은 것으로 이해하는 것이 옳은 것인가는 의문이다. 왜냐하면 시험기관은 생동성시험의 업무를 법적으로 위탁받은 기관으로서 공무를 수탁 받은 범위 내에서 진실하고 성실하게 생동성시험을 수행해야 할 책임이 있는 것이고, 감독청도 시험기관이 시험업무를 위법하게 수행한 경우 제재할 의무와 책임이 있는 것이다.[54] 때문에, 약사법 시행규칙 제96조 [별표 8] II. 개별기준 17 라목에서는 임상시험기관에 대해서는 "그밖에 식품의약품안전청장이 정한 임상시험관리기준을 준수하지 않은 경우" 1차처분시 경고, 2차 해당 품목 임상시험정지 1개월, 3차 정지 3개월, 4차 정지 6개월을 규정하고 있다. 생동성시험에 대해서도 시험기관이 시험기준을 준수하지 않고 자료를 소홀히 작성하거나 조작하는 경우 제재를 가할 책임이 행정청에게 있다고 보아야 한다. 시험의뢰자인 제조사도 시험기관의 자료를 수집하여 행정청에게 제출할 의무가 있으므로 제조사가 시험기관으로부터 시험결과자료를 받아 제출하기 전까지 조작하였다면 제조사를 강력하게 제재하여야 하겠지만, 시험기관의 고의·과실에 의한 자료불일치의 경우까지 시험의뢰자에게만 책임을 묻는다는 것은 문제라 하지 않을 수 없다.[55] 행정청은 생동성시험뿐만 아니라 임상시험 등 공익을 보호하기 위한 허가요건으로서 과학적 시험이 규정된 경우 시험기관의 자격을 엄격히 강화하고 그들의 시험결과에 대한 사회의 신뢰를 보호하기 위해 시험과 관련된 부정행위나 태만 등에 대하여 엄중한 제재를 가하여야 할 것이다. 이러한 취지에

---

54) 현실적으로는 식품의약품안전청의 인력이 태부족인 관계로 결과보고서의 심사 자체도 수박 겉핥기 식으로 이루어지고 있고 시험기관에 대한 조사실적도 거의 없었다고 한다. 양기화, 전게 논문, 16면. 하지만, 사견으로는 조사인력의 부족이라는 현실이 국민건강보호를 위해 식품의약품안전청이 지고 있는 막중한 행정책임의 면책사유가 될 수는 없다고 본다.

55) 대상판결의 1심판결(서울행법 2007. 10. 10. 선고 2006구합47117 판결)에서 원고는 "이 사건 의약품에 관하여 시험기관인 랩프런티어에 용역계약을 주었을 뿐, 생동성시험 자료 조작에 관여한 사실도 전혀 없고 관여할 수 있는 여지도 없어 이를 인식할 수 없었다. 오히려, 시험기관에 관한 감독권한이 있는 피고가 제조품목허가 처분 이전에 시험자료의 조작 여부에 관하여 확인할 수 있고, 확인할 의무도 있는 것이다"고 주장하였는데, 이 주장에도 어느 정도 타당성이 있다고 보아야 하지 않나 생각한다.

서 시험의뢰자뿐만 아니라 시험기관에 대해서도 제재수단을 강화하여야 할 것이다.

더 나아가 '생물학적 동등성 시험기준' 제21조와 제23조에서 감독책임을 지는 감독청의 공익보호책임을 너무나 미약하게 규정하고 있는데, 이것은 입법자가 생동성자료조작의 위험으로부터 국민건강을 보호할 책임을 입법적으로 충분히 고려하지 못한 결과라고 생각된다. 이를 고려하여 관계법령을 개정하여 감독청과 시험기관의 책임을 강화하여야 할 것이다.

'생물학적 동등성 시험기준'에 따르면, 시험기관의 시험책임자가 시험결과보고서를 작성하여 시험의뢰자에게 제출하고, 시험의뢰자는 이를 식품의약안전청장에게 제출하도록 되어 있다. 이 상황에서, 시험자료가 생동성시험 기준과 일치하지 않는 원인은 1. 시험기관에게 있는 경우, 2. 시험의뢰자에게 있는 경우가 있을 수 있고, 3. 시험기관이나 시험의뢰자의 고의에 기인한 경우, 4. 시험기관이나 시험의뢰자의 부주의나 무지에 기인한 경우가 있을 수 있다. 또, 불일치의 정도에 있어서도 1. 극히 일부의 의약품에서 나타나는 경우, 2. 그 불일치가 경미한 경우, 3. 대부분의 의약품에서 나타나거나 그 불일치가 중대한 경우가 있을 수 있다.

이와 같이 생동성시험자료의 불일치에 다양한 유형이 있을 수 있는데, 그 불일치가 시험의뢰자에 의한 것이든 제3자에 의한 것이든, 고의든 과실이든, 경미하든 중대하든, 결과적으로 의약품의 생동성기준을 충족시키든 못하든 모두 품목허가의 취소가 이루어져야 하는 것일까? 그런데, 이러한 결론은 생동성시험 제도를 도입한 정부가 많은 허점을 갖는 제도를 설계하였으면서도 어떠한 유형의 불일치가 나타나더라도 단호히 취소해야 한다는 결론만을 지지하게 만드는데, 이는 해당 의약품을 제조한 제약회사의 이익을 예측불가능하게 침해하는 것일 뿐만 아니라,56) 그 의약품을 복용하여야 하는 환자에게서 의약품 선택권을 빼앗는 것이 되

---

56) 자료불일치를 이유로 생동성인정품목을 취소당한 제약회사들은 정부의 적극적인 생동성시험 활성화정책의 부작용이 생동성시험기관의 시험품목 유치과욕, 생동성시험 기준의 미비, 관리대책의 부재 등의 원인으로 발생하였으나 그 피해가 고스란히 제약업계에 전가되고 있다고 항의하면서, 생동성시험을 소화할 전문인력이나 시설이 부족하면서도 무리하게 시험을 의뢰받고 결국엔 자료조작을 한 시험기관이 있다면 그 책임을 엄중히 묻되, 생동성시험 관련 인력의 부족, 시설미비 등에 대한 대책을 수립하고 생동성시험기관지정제를 도입해야 한다고 주장했다. 또한, 현재 유통되고 있는 전문의약품 및 일반의약품 등 모든 완제의약품은 정부가 공인한 우수의약품제조시설인 KGMP공장에서 철저한 생산관리 및 품질보증을 통하여 제조 및 출하되었으며, 제네릭의약품의 주성분 규격 및 함량, 이화학적 성질 등은 대조약과 동등하므로, 불필요

지 않나 염려된다.

(3) 약사법 제31조 제1항은 의약품 품목허가제도를 도입하면서 구체적 허가기준은 보건복지가족부령으로 규정하도록 위임함에 따라, 약사법 시행규칙 제24조 제1항 제3호 가목에서 전문의약품의 허가요건으로서 생동성시험을 규정하고 있다. 또, 약사법 시행규칙 제25조는 생동성시험의 기준을 식품의약품안전청장이 정하도록 위임하고 있고, 식품의약품안전청장은 '생물학적 동등성 시험기준'을 고시로 제정해놓고 있다.

약사법 제76조 제1항은 허가취소와 업무정지 등을 할 수 있는 경우에 관하여 다음과 같이 규정하고 있다. "의약품등의 제조업자나 수입자에게는 식품의약품안전청장이", "3. 이 법 또는 이 법에 따른 명령을 위반한 경우, 4. 국민보건에 위해를 주었거나 줄 염려가 있는 의약품등과 그 효능이 없다고 인정되는 의약품등을 제조·수입 또는 판매한 경우, 5. 제39조 제1항에 따른 회수 또는 회수에 필요한 조치를 하지 아니한 경우", "그 허가·승인·등록의 취소 또는 제조소 폐쇄(제31조 제1항에 따라 신고한 업종만 해당한다), 품목제조 금지나 품목수입 금지를 명하거나, 기간을 정하여 업무의 전부 또는 일부의 정지를 명할 수 있다"고 하고 있고, 약사법 제76조 제2항은 "시설 기준에 맞지 아니한 경우"도 취소·정지 등을 명할 수 있도록 하고 있다. 특히, 약사법 제76조 제1항 제3호에서는 "이 법 또는 이 법에 따른 명령을 위반한 경우"에 품목허가취소나 업무정지 등을 할 수 있도록 매우 포괄적으로 규정하고 있는데, 이 요건은 너무 막연하여 구체적으로 어떤 경우를 말하는지가 명확하지 않다. 입법적으로는 너무나 불명확하여 합헌성에 의문이 없는 것도 아니다. 그럼에도 불구하고, 이 규정을 의약품 품목허가요건으로서 생동성시험기준을 위반한 제조업자에 대해서 품목허가취소나 업무정지처분을 내릴 수 있는 법률적 근거규정으로 볼 수 있을 것이다.

약사법 제76조 제3항으로부터 위임받아 약사법 시행규칙 제96조 [별표 8]은 행정처분기준을 정하고 있다. [별표 8] I. 일반기준 12에서는 처분을 감면할 수

하게 국민으로부터 불신받는 일은 없어야 한다고 주장했다. 한국제약협회, "의약품 생동성시험 기관 최종 조사 결과 발표에 대한 제약업계 입장", 2006. 9. 28 발표문, 메디팜스투데이, 2006. 6. 28.자 기사.

있는 경우로 "**가.** 국민보건, 수요공급, 그 밖에 공익을 위하여 필요하다고 인정된 경우, **나.** 유효성분의 함량이 초과된 경우에 상용량, 극량 등을 고려하여 인체에 유해성이 없다고 인정된 경우, **다.** 유효성분의 함량이 미달되거나 순도시험에서 부적합판정을 받은 경우와 유통 중 보관상태 불량 등으로 인하여 그 성분의 경시변화가 초래되었다고 인정된 경우"와 "**아.** 의약품등의 시험결과 성질·상태, 내용량 및 실용량이 부적합판정을 받은 경우로서 부적합의 정도 등을 고려하여 안전성·유효성에 이상이 없다고 인정된 경우"를 들고 있다. 하지만, [별표 8] II. 개별기준에서는 생동성시험 기준위반에 대해서는 구체적 제재기준을 정하지 않고 있는데 혼란을 피하기 위해 입법적으로 행정처분에 관한 세부기준이 마련되어야 할 것이다.

이상의 약사법 시행규칙의 규정들에 의해 해당 의약품이 공익상 필요하거나 유해성이 없거나 안전성·유효성에 이상이 없다고 인정된 경우에는 제재처분이 감면될 수 있다. 그러나, 생동성시험 기준의 위반 시 어느 정도 감면될 수 있는지 구체적인 기준은 없다.

다만, [별표 8] II. 개별기준 25에서는 "의약품등의 제조업자(수입업자를 포함한다)가 다음 각 목의 어느 하나에 해당하는 사항을 거짓으로 보고하거나 보고하지 아니한 경우" 제재처분기준을 규정하면서, 가목 '신약의 부작용보고', 나목 '임상시험 부작용보고'에 관련하여 동일하게 1차처분시에는 '전제조업무 15일', 2차 1개월, 3차 3개월, 4차 6개월이라고 규정하고 있다. 또, 임상시험기관에 대해서는 별표 8 II. 개별기준 17 라목에서는 "그밖에 식품의약품안전청장이 정한 임상시험 관리기준을 준수하지 않은 경우" 1차처분시 경고, 2차 해당품목 임상시험정지 1개월, 3차 정지 3개월, 4차 정지 6개월을 규정하고 있다.

개별기준 25는 생동성시험에 관한 직접적인 기준은 아니지만 시험자료를 조작한 경우 어떤 제재처분이 적절할 것인지 일응 참고는 될 수 있을 것으로 보인다. 이 기준내용을 볼 때, 제재처분은 시험의뢰자와 시험자 양쪽에 부과되어야 하고, 결과적으로 생동성시험 결과로 보아 동등성판정을 받을 수 있고 해당 의약품의 안전성·유효성에 이상이 없다면 적발횟수에 따라 일정 기간 해당 품목의 업무정지나 생동성시험 정지의 처분을 받도록 하는 것이 입법자가 비례원칙을 수용하여 내린 판단이었다고 볼 수 있을 것이다.

그러나, 신약의 부작용보고나 임상시험의 부작용보고와 관련하여 입법자가 왜 이렇게 경미한 제재처분을 두었는지는 의문이다. 부작용이 있는 의약품을 복용한 환자는 건강에 치명적인 위해를 입을 수도 있는데 부작용에 관하여 거짓으로 보고하거나 보고하지 아니한 경우에도 일정기간의 업무정지처분만을 내리도록 규정한 것은 지나치게 경미하다고 본다. 생동성시험자료의 조작이 우리 사회에 광범위하게 만연하게 된 원인 중의 하나가 이와 같은 입법자의 안이한 태도 때문이었지 않나 생각한다. 새로운 시대정신을 반영하여 보다 강한 제재조치가 가해질 수 있도록 입법의 개정의 필요하다고 본다.[57)

(4) 이 사건에서 원심은 "조작의 정도가 경미하고 일치하지 않는 부분이 의약품의 하자라기보다 시험자나 기계의 오류에 의한 것이라고 볼 여지가 크고"라고 판단하여 품목허가취소가 재량권남용이라고 판시했었다. 대상판결에 나타난 대법원의 사실판단에서도 "시험자료 일부분의 조작이 있었을 뿐이고 조작 전의 원본자료에 의하면 생동성시험 기준상 동등으로 판정될" 수도 있는 사안이라는 점을 인정하고 있다.

그럼에도 불구하고 대법원은 대상판결에서, 1. 시험자료의 조작은 그 자체로 비윤리적인 사위의 방법에 해당하여 비난 가능성이 크고, 2. 조작전의 원본자료에 의하면 시험기준을 충족한다는 이유를 들어 섣불리 조작에 눈감고 이를 용인하게 되면 사전에 그 안전성·유효성이 검증되거나 보증되지 아니한 의약품의 유통을 방치하는 셈이 되며, 3. 생동성이 사전에 제대로 확인되지 않은 의약품의 유통으

---

57) 국회와 행정부는 입법을 정비하여 정부의 감독강화, 시험기관의 자격강화와 시험절차의 정비, 그리고 기준 위반 시의 제재강화, 시험의뢰자의 의무와 책임의 강화, 생동성시험 기준과 위반유형의 세분화, 그리고 그의 제재조치의 강화 등을 새로운 입법에 포함시켜야 할 것이다. 식품의약품안전청도 생동성자료조작사건이 공론화된 이후 2006년 8월 시점에 생동성시험기관 지정제를 도입하고 생동성시험현장을 불시에 방문하여 모니터링하는 생동성시험과정평가제를 도입하며, 생동성시험 결과보고서에 컴퓨터자료의 사본을 첨부하도록 하고 원본의 보관을 의무화하며 생동성통과품목을 표본 추출하여 시험결과를 재평가하며 위반사항에 대한 제재를 강화하겠다고 했으나, 2009년 4월 현재까지 이러한 개혁안은 입법으로 정착되지 못하고 있다. 식품의약품안전청의 개혁안에 대해서는, 김동섭, "생동성시험 현황 및 개선방안", 「의약품생동성시험! 문제점과 해결방안은 무엇인가?」, 정책토론회자료집(대한의사협회 의료정책연구소 및 정형근의원 주최), 2006. 8. 22, 57-61면 참조. 김동섭씨는 2006년 8월 식품의약품안전청 의약품평가부장이었음.

로 인하여 국민건강이 침해받을 수 있는 위험을 예방할 공익상의 필요를 중시하여 생동성자료조작을 이유로 처분청의 품목허가의 취소를 지지했다.

그 취소처분의 법적 근거로서 귀책사유있는 당사자에게는 신뢰보호원칙이 적용되지 않아 취소가능함을 제시했다. 그리고 그것은 제3자에 의한 경우, 즉, 시험자의 고의에 의한 자료조작이나 과실에 의한 자료불일치의 경우에도 마찬가지로 품목허가취소는 정당하다고 판시했다.

의약품의 경우 시판되기 전에 그의 안전성과 유효성을 검증하기 위해 생동성시험 이외에도 비교용출시험이나 임상시험 등 많은 시험을 필요로 하는데, 소수의 인력이 실험실 내에서 하는 시험은 시험성공에 따른 인센티브로 인하여 자료조작의 위험이 상당히 크다고 할 수 있다. 때문에 자료조작에 대해서는 제재의 필요성이 크다. 하지만, 법치주의에 적합한 절차와 기준에 따라 제재가 이루어져야 하므로 입법자가 법령에 기준을 마련하여 그 구체적 세부기준에 따라 제재해야 하고 실정법상의 구체적 기준에 따르지 않고 획일적이거나 자의적인 제재를 해서는 안된다.

대법원이 생동성자료조작을 한 제약회사의 의약품에 대하여 품목허가취소처분이 정당하다고 판시한 것은 우리 사회에 일대 경종을 울린 판결로서 커다란 의미를 갖는 것이다. 그렇지만, 생동성자료조작사건에서 약사법령의 관계규정들에 대한 검토를 소홀히 하고 곧바로 일반행정법상 수익적 처분의 취소에 있어 귀책사유있는 상대방에게는 신뢰보호원칙이 적용되지 않음을 근거로 품목허가취소처분이 정당하다고 판시한 것에 대해서는 그 판결의 이유나 논리의 구성이 정당한 것이었는지 의문을 갖는다. 행정법상의 법리는 의약법에 이르러 일정 부분 수정되고 있고 그 수정의 정도를 판단하기 위해서는 우선 관계 실정법의 규정내용을 토대로 판단하여야 하기 때문이다.

위에서 살펴보았듯이 생동성시험 기준위반에 관하여 입법적으로는 구체적으로 명확한 제재기준이 규정되어 있지 않다. 하지만, 불완전하지만 법해석에 의해 그 불완전함은 어느 정도 극복될 수도 있어 보인다. 때문에, 대법원은 의약품 품목허가의 요건을 규정하고 있는 약사법 제31조 제1항과 약사법 시행규칙 제24조 제1항 제3호 가목의 규정으로부터 당연히 식품의약품안전청장이 품목허가의 취소권을 갖는다고 전제하고 나서 신뢰보호원칙을 적용해서는 안되고, 적어도 의약품 품목허가의 취소요건을 규정하고 있는 약사법 제76조 제1항, 동조 제3항과 약사법 시행규칙 제96조 [별표 8]에 대한 검토를 하였어야 한다. 약사법 시행규칙상의 [별표 8]의 규정이 불완전하다면 약사법 제76조 제1항 품목허가취소규정의 취지를 살펴 판단하였어야 한다.

주지하듯이 대법원은 시행규칙의 법규성을 부인하고 있으므로 약사법 시행규칙상의 [별표 8]의 기준을 평가하여 그 문제점을 지적하고 나서 약사법 제76조 제1항에 따라 생동성자료를 조작하여 품목허가를 얻은 의약품의 품목허가취소처분이 정당하다고 판시하였다면, 보건복지가족부와 식품의약품안전청은 약사법 시행규칙의 관계규정과 '생물학적 동등성 시험기준'의 개정에 신속하게 나서지 않을 수 없었을 것이고 생동성자료의 조작에 대해 경종을 울리고자 하는 대법원의 의도는 보다 큰 성공을 거둘 수 있었을 것이다.

또, 이 판결의 주문과 이유만으로는 관계법을 집행하는 식품의약품안전청으로서는 생동성시험자료의 불일치 또는 조작 등의 경우 언제나 품목허가의 취소사유가 되는 것으로 해석하여 집행해야 하는지, 아니면 비례원칙에 따라 여러 제재수단들 사이에서 다른 조치의 선택이 가능한 것인지 명확히 알 수가 없고, 후자의 경우라면 어떤 법적 기준과 논리로 제재수단들을 구체적으로 차별화할 것인지 의문을 갖지 않을 수 없게 된다.

Ⅳ 결어

1. 생동성시험의 필요성 및 그 조작을 둘러싸고 많은 사회적 갈등과 의약품의 안전성에 대한 국민들의 불신과 불안이 퍼지고 있는 상황에서, 2008년 말 나온 의약품의 생동성시험에 관한 최초의 대법원판결(대법원 2008. 11. 13. 선고 2008두8628 판결)은 의약법의 발전사에 큰 의미를 갖는 것이다. 이 판결에서 대법원은 생동성시험을 단순한 대체조제의 허용요건이 아니라 품목허가의 실효적 기준으로 파악하고 그 조작행위를 품목허가의 취소사유로 파악하였는데, 앞으로 우리 사회에서 생동성시험은 의약품 품목허가의 기준으로 확실히 정착되게 될 것이며 의약계 내부의 주요갈등양상과 제약업계의 대응도 과거와는 크게 달라지게 될 것이다.

하지만, 판결이유와 논리의 구성에 의문을 갖는다. 행정법적으로 수익적 행정행위의 직권취소에 있어서 관계법령에 특별한 규정이 있는 경우에는 그 법규정을 따라야 하고, 특별한 규정이 없을 때는 행정법의 일반원칙인 신뢰보호원칙을 적용할 수 있는데, 이에 따르면 상대방의 귀책사유가 있을 때에는 신뢰보호를 받을 수 없게 된다. 이 사건에서 대법원은 의약품 품목허가의 취소에 관하여 특별규정이 없는 것으로 전제하고 약사법령의 관계규정들에 대한 검토를 소홀히 한 채 곧바로 일반행정법상 수익적 처분의 취소에 있어 귀책사유 있는 상대방에게는 신뢰보호원칙이 적용되지 않음을 근거로 품목허가취소처분이 정당하다고 판시하였는데, 그 부분은 문제가 있다고 본다.

대법원판결의 주문과 이유만으로는 관계법을 집행하는 식품의약품안전청으로서는 생동성시험자료의 불일치 또는 조작 등의 경우 언제나 품목허가의 취소사유가 되는 것으로 해석하여 집행해야 하는지, 아니면 비례원칙에 따라 여러 제재수단들 사이에서 다른 조치의 선택이 가능한 것인지 명확히 알 수가 없고, 후자의 경우라면 어떤 법적 기준과 논리로 제재수단들을 구체적으로 차별화할 것인지 의문을 갖지 않을 수 없게 된다.

주지하듯이 대법원은 시행규칙의 법규성을 부인하고 있으므로 약사법 시행규칙상의 별표8의 기준을 평가하여 그 문제점을 지적하고 나서 약사법 제76조 제1항에 따라 생동성자료를 조작하여 품목허가를 얻은 의약품의 품목허가취소처분이 정당하다고 판시하였다면, 보건복지가족부와 식품의약품안전청은 약사법 시행규칙의 관계규정과 '생물학적 동등성 시험기준'의 개정에 신속하게 나서지 않을 수 없었을 것이고 생동성자료의 조작에 대해 경종을 울리고자 하는 대법원의 의도는 보다 큰 성공을 거둘 수 있었을 것이다.

2. 현재 시판되고 있는 수많은 의약품들 중 2007년도 생동성 재평가 대상 총 2,095품목을 지정하여 조사한 결과, 생동성시험 기준에 미달이거나 재평가 자료를 제출하지 않아 결국 품목허가가 취소되게 될 품목이 2009년 3월 26일 식품의약품안전청의 공시자료(주18) 참조)를 보더라도 조사대상 전체품목의 60% 정도에 이르고 있는 현실을 볼 때, 우리나라에서 생동성시험절차의 운영이나 기준위반에 대한 제재규정들의 설계에 있어 입법자는 중대한 실패를 하였다고 볼 수밖에 없는 상황이다.

우리나라의 현행 생동성시험의 구조상 생동성시험이 성공적으로 운영되기 위해서는 생동성시험기관이 중대한 공무를 수탁 받은 사인으로서 엄격한 의무와 책임을 인식하고 시험에 임하도록 하여야 한다. 그런데 우리 법은 생동성시험기관의 지정제를 도입하지 않아 문호가 개방되어 있는 반면 시험 기준위반행위에 대해 구체적 제재기준도 명시적으로 마련해 놓고 있지 않아, 식품의약품안전청은 시험 기준위반행위가 적발되어도 시험기관에 대해서는 제재하지 않고 모든 기준위반행위에 대해 시험의뢰자를 상대로 해당 의약품에 대한 품목허가취소처분을 내리고 있다.

현재 재평가대상이 되지 않은 의약품들 중 생동성시험 기준을 충족하여 국민들이 안심하고 복용하거나 투여받을 수 있는 의약품이 얼마나 될 것인가? 생동성시험 대상인 의약품들 모두에 대해 다시 총체적인 재평가를 하여 기준 미달인 의약품이나 자료조작인 의약품들 모두에 대해 허가취소한다면 국민의 질병치료에는 아무런 문제가 발생하지 않을 것인가? 생동성자료의 일부조작이 있지만 결과적으로 생동성시험 기준을 충족한 의약품들의 취급을 어떻게 할 것인가? 앞으로 생동성시험이 필요한 의약품들의 대상을 확대시켜 나가야 하는데 정부는 국민의 건강을 보호하고 생동성시험의 결과에 대한 국민의 신뢰를 확보하며 시험비용을 부담할 제약회사들이 성실하게 시험에 임하도록 어떻게 유도할 것인가? 새로운 입법은 이러한 우려와 의문들을 실효적으로 해소할 수 있는 방법을 제시해야 할 것이다.

참고문헌

1. 국내문헌

김경한, 약물의 생물학적 동등성평가, 대한의사협회지 제45권 제1호, 2002.

김동섭, 생동성시험 현황 및 개선방안, 「의약품생동성시험! 문제점과 해결방안은 무엇인가?」, 정책토론회자료집(대한의사협회 의료정책연구소 및 정형근의원 주최), 2006.

신상구/손동렬, 약효동등성과 생물학적 동등성, 대한의사협회지 제42권 제8호, 1999.

양기화, "생동성대규모조작" 실체와 대책, 의료정책포럼 제4권 제3호, 2006.

이의경, 제네릭 의약품의 생물학적 동등성 인정현황과 정책과제, 보건복지포럼 2004. 2.

장인진/유경상/배균섭/이일섭, 우리나라 생물학적동등성시험의 문제점 및 개선방안, 대한의사협회 의료정책연구소, 2006. 6. 연구보고서.

최선옥/정성희/엄소영/정서정/김주일/정수연, 국소용 후발의약품의 생물학적 동등성시험을 위한 가이드라인, 약제학회지 제34권 제4호, 2004.

최선옥/정성희/엄소영/정서정/김주일/정수연, 생체이용률에 미치는 음식물의 영향 및 식후 생물학적동등성시험, 약제학회지 제34권 제3호, 2004.

허문영, 생물학적 동등성 시험사건의 경과와 문제점, 의약품정책연구 제2권 제1호(통권 제2호) 2007.

2. 외국문헌

Bernardo E. Cavana, Bioavailability/Bioequivalence, Food Drug Cosmetic Law Journal 32, 1977.

FDA's Generic Drug Approval Process(Part 3), Hearings, 101 Congress, September 11 and November 17, 1989, Serial No.101−117.

Lindenbaum J/Mellow MH/Blackstone MO/Butler VP, Jr., Variation in biologic availability of digoxin from four preparations. N Engl J Med 285, 1971.

Loren Gelber, Obtaining Approval of a Generic Drug, in ; Ira R. Berry(ed.), The Pharmaceutical Regulatory Process, 2005.

Mrzek/Frank, The off−patent pharmaceutical market, in ; Mossialos/Mrazek/Walley (ed.), Regulating pharmaceuticals in Europe : Efficiency, equity and quality, 2004.

Orange Book Annual Preface, Statistical Criteria for Bioequivalence. Approved Drug Products with Therapeutic Equivalence Evaluations 28th Edition. U.S.

Food and Drug Administration Center for Drug Evaluation and Research(2008. 10. 02 현재).

의약법상 자료독점권에 관한 고찰

Ⅰ 우리 의약법상 신약개발자료의 보호

1. 신약의 자료독점권의 등장과 딜레마

세계적으로 신종 질병의 만연에 따라 의약품 수요가 크게 증가하고 있다. 우리나라에서도 산업의 발전에 따른 폐해와 노령인구의 증가로 새로운 질병이 출현하고 있다. 조류독감이나 신종 플루와 같은 질병이 갑자기 확산되기도 하지만, 과거에는 거의 관련 환자가 없어서 국내 제약사들이 관심을 갖지 않았었는데 해외여행 증가나 식생활의 변화 등으로 관련 환자가 급증하기도 한다. 신종질병의 치료약에 대한 수요의 증가에도 불구하고 신물질신약 개발비용의 급격한 증가와 낮은 성공확률, 그리고 수많은 개발도상국들에서 제네릭 제약기업들의 급격한 양적 팽창에 따른 지식재산권 침해위험의 증가 등으로 인해 신약개발은 점점 지연되고 있다. 신약개발의 지연은 점차 다양해지고 있는 질병들에 대한 새로운 치료약이나 보다 효과적인 약을 공급받을 수 없게 된다는 것을 의미하므로 각국은 국민건강의 보호나 제약산업의 발전을 위해 신약개발을 유인할 수 있는 수단들에 큰 관심을 갖게 되었다.

이 과정에서 제약회사들과 연구자들이 신약의 개발과정에서 많은 비용과 시간을 투입한 동물실험, 임상시험 및 독성시험 등에 관한 자료에 대해 보호를 강화할 필요가 있다는 세계적 공감대가 형성되게 되었다. 신약개발자료에 대해서는 기존의 특허권에 의한 보호만으로는 한계가 있어 자료독점권이라는 새로운 지식재산권이자 개인적 공권을 인정하여야 한다는 주장이 설득력을 얻어 그것이 각국의 실정법에 등장하게 되었다. 우리나라에서도 자료독점권은 특허권, 신약의 약가우대정책과 함께 신약의 개발을 촉진하고 국내에 외국의 신약을 신속하게 출시시키기 위한 가장 중요한 제도적 수단 중의 하나가 되었다.[58]

하지만, 신약의 자료독점권이 강화되면 제네릭 의약품을 생산하는 제약회사들의 시장진입이 늦어질 것이고 전반적으로 의약품의 가격은 상승하게 되어 의약품에 대한 국민들의 접근권, 특히 저소득층의 접근권은 위태롭게 될 것이다. 예를들어, 신종 플루와 같은 전염병의 치료를 위한 필수의약품에 대해 특허기간뿐만아니라 자료보호기간의 제약 때문에 치료약의 공급이 늦어질 수도 있다. 이러한딜레마는 이미 AIDS치료약의 개발 등과 관련하여 세계적으로 의약법의 난제가되고 있다.

최근 우리나라가 제약산업의 발전을 위해 정책적 노력을 집중하고 있는 개량신약육성정책과 관련하여서도 자료독점권은 약제급여우대정책과 함께 두 중심축이 되고 있다. 개량신약의 개발자는 처음의 신약의 자료보호기간 동안 독자적인안전성 및 유효성 실험을 통해 신약허가의 요건을 충족시키지 않으면 허가를 얻을 수 없게 되므로 의약품 개발비용이 증가하지만, 신약으로서 허가를 얻게 된다면 그에게 독점적인 이익이 상당기간 발생하게 될 것이다. 하지만, 신물질신약뿐만 아니라 개량신약을 위한 자료독점권의 강화는 제네릭 제약기업들에게 제품개발비용을 상승시키고 의약품의 출시를 지연시키게 된다.

글로벌 사회에서 우리나라 의약산업의 발전을 위해서는 우리 제약회사들이 우리의 특허기준이나 허가기준들을 통과한 의약품을 제조하면 큰 어려움 없이 외국

---

58) 외국의 벤처기업이나 중소규모의 제약회사가 개발한 의약품의 경우 전 세계적 판매망이 없어 특허기간이 만료된 이후에도 국내에 허가신청되지 않을 수 있는데, 특허만료된 의약품의 출시가 오랫동안 지연되는 것을 막기 위해 정부가 재정지원 등의 방법을 통해 그의 신속한 제조와 판매를 유도할 필요가 있다.

에도 판매할 수 있어야 하고 외국의 의약품들의 수입·판매에 있어서도 호환성이 있어야 하므로 외국과 합리적으로 비교 가능하고 상호통용될 수 있는 기준들이 정립될 필요가 있다. 하지만, 각국의 소득수준, 의료문화와 제약업계의 현실 등도 충분히 고려되어서 기준이 정립되는 것 또한 중요하다.

2. 의약품특허와 신약허가의 이용실태

신약제조사들의 특허권이나 자료독점권은 시장에서 독점적 지위를 유지하기 위해 가장 중요한 수단들이지만,[59] 특허권과 자료독점권에 대해 선진국들 및 신약제조사들과 개발도상국 및 제네릭 제조사들이 갖는 문제의식은 매우 다르다.

개발도상국들에서는 다국적기업들 및 국내 신약제조기업들이 제조한 의약품에 대해 매년 인정되는 특허건수가 선진국에 비하여 너무 많고 그 특허도 부실한 경우가 많다는 비판이 나오고 있다. 1995년에서 2004년까지 10년 동안 미국에서 신물질의약품으로 특허를 받은 건수는 총 297건이었는데, 이 기간 동안 인도에 특허출원된 건수는 9,000건이었다고 한다.[60] 우리나라의 경우 2008년 한 해 동안 의약품에 대해 특허출원된 건수는 4,170건인데 내국인이 출원한 건수는 2,281건, 외국인이 출원한 건수는 1,889건이었다.[61]

한편, 우리나라는 매년 많은 의약품목의 허가와 신고를 받아들이고 있고 그들의 경쟁에 의해 의약품 가격을 적정수준으로 유지해 가고 있다. 식품의약품안전청의 통계에 따를 때, 우리나라에서 2007년 말까지 의약품 제조품목허가·신고건수 73,092건, 수입허가·신고건수 7,590건이었다. 2007년만 한정해 보면, 제조품목허가 4,528건, 제조신고 7,720건, 수입품목허가 682건, 수입신고 457건이었다.[62]

---

59) 이외에 신약제조사들은 독점권을 유지하기 위해 다양한 방법으로 노력하고 있다. 예를 들어, 미국에서는 신약제조사들이 제네릭 의약품의 허가를 막기 위해 제네릭 의약품의 제조사들이 일정 기간까지 허가를 신청하지 않는 것을 조건으로 매달 450만 달러를 지불하기로 약정을 맺었다가 적발되거나 매 분기 1천만 달러를 지불하기로 약정을 맺은 사례도 있었다. In re Terazosin Hydrochloride Antitrust Litig., 164 F. Supp. 2d 1340 (S.D. Fla. 2000) and In re Cardizem CD Antitrust Litig., 105 F. Supp. 2d 682 (E.D. Mich. 2000).

60) Gajanan Wakankar, Presentation on "Data Protection Laws – Unfair Commercial Use" organized by Ministry of Health, 2006, p.14. 발표자는 인도제약협회장이었다. 2006년 7월 13일 발표한 보고서인데 세계보건기구의 인도부분자료(www.whoindia.org)에 게재되어 있다.

61) 특허청(홈페이지 www.kipo.go.kr), 9. 기술분야별(WIPO분류) 특허·실용신안 출원건수, 의약 분야 통계 참조.

또, 신약재심사품목 지정현황에 따르면, 1995~2007년 동안 신약재심사지정품목은 1,174품목이었고 해마다 50~150품목 정도가 지정되었다.[63]

이 통계들로 볼 때, 매년 우리나라에서 허가·신고 되는 의약품 건수에 비해 아직까지는 신약으로서 재심사대상이 되는 건수는 상대적으로 적은 편이다. 그것은 우리 기업들의 신약개발능력의 한계에 기인한 것이지만, 이미 우리나라에서도 2008년 한 해만 해도 4,170건의 의약품 특허출원이 이루어지고 있는 것을 볼 때, 특허받은 제조사들이 신약허가신청을 하게 되면 훨씬 더 많은 의약품들과 관련하여 자료독점권의 인정여부가 문제될 것이다.

현재로서는, 우리나라 제네릭 제약회사들은 매년 미국이나 인도 등에 비해서도 많은 의약품특허로 인해 의약품의 개발에 상당한 제약을 받고 있는 것으로 보인다. 특허청과 식품의약품안전청은 특허권과 자료독점권을 모두 고려하여 우리 제네릭 제약산업이 선진국에 비해 부당하게 위축되지 않도록 특허권이나 자료독점권의 무분별한 남발을 방지할 책임이 있다 할 것이다.

3. 심각한 법적 불명확성의 해소 필요

(1) 한미약품 슬리머사건

한미약품 주식회사는 우리나라에서 개량신약의 개발회사로서 가장 유명한데, 한미약품이 비만치료제 개량신약으로서 개발한 슬리머의 개발과정과 그의 실패과정은 우리 정부의 개량신약육성정책의 현주소와 기업들이 부딪치고 있는 어려움을 잘 보여준다. 또, 우리 정부의 개량신약육성정책에 대해 외국의 신물질신약기업들이 어떻게 압력을 넣고 대응하는지도 시사해 주는 중요한 사례가 되었다.

이 사례에서 한미약품은 슬리머라는 개량신약을 개발하여 허가를 신청했다가 식품의약품안전청장이 허가를 거부하자 이에 대해 취소소송까지 제기했다가 자발적으로 취하했다. 그 이유는 외국 기업의 신약에 대한 자료독점권 보호기간의 만료가 가까워지자 다른 제네릭 의약품의 개발자들이 제네릭 의약품으로서 허가를 얻어 시장을 장악할 것을 우려하여 퍼스트 제네릭 의약품의 개발자의 지위를 확

---

62) 식품의약품안전청, 2008년도 식품의약품통계연보, 2008, 표 3-2-2와 표 3-2-3, 215-216
   면 참조.
63) 식품의약품안전청, 상계보고서, 2008, 표 3-7-2, 280면 참조.

보하기 위해서이었다. 이 과정을 구체적으로 살펴보기로 한다.

한미약품은 한국 애보트와 일성신약이 공동으로 판매하고 있는 비만치료제 '리덕틸 캅셀'(염산 시부트라민)과 주성분이 다른 메실산 시부트라민을 적용해 개량 신약 '슬리머 캅셀'을 개발하여, 2003년 전임상을 완료하고 2004년 식품의약품안 전청의 승인 하에 임상 1상과 3상을 마쳤다.

그 이후 한미약품은 한국 애보트의 '리덕틸 캅셀'의 재심사기간(2001년 7월 2 일~2007년 7월 1일) 중 염이 다른 의약품의 허가신청을 했다. 이에 대해 한국 애보 트는 슬리머가 리덕틸과 활성성분이 동일하고 단순히 염만을 변경하는 것만으로 는 신약으로서 허가를 하지 말아야 한다고 주장하면서 다양한 압력을 행사했고 우리의 외교통상부도 외교적 문제가 발생할 것을 우려했다. 그동안 한미약품은 슬 리머에 대해 오스트레일리아에 출원하여 특허를 획득했다. 하지만, 식품의약품안 전청은 두 번의 임상시험을 승인하여 한미약품에게 상당한 비용과 시간을 투입하 게 하는 원인의 일부를 제공했고 그 이전에 '개량성'과 '의약기술에 있어 진보성' 이 낮은 다른 의약품들에 대해서는 개량신약으로서 지위를 인정한 바 있었지만, 한미약품이 허가 신청한 비만치료제 슬리머에 대해서는 '동등범위 이상의 자료' 제출의무의 요건을 충족하지 못한 것으로 보아 개량신약으로서 품목허가하는 것 을 거부했다. 이에 대해 한미약품은 취소소송을 제기했다가 리덕틸의 자료독점기 간의 만료로 다른 제네릭 회사들의 의약품허가와 출시가 임박하자 스스로 소를 취하하였다. 식품의약품안전청은 한국애보트의 리덕틸에 대한 자료독점권의 보호 기간이 끝나자 슬리머에 대해 제일 먼저 퍼스트 제네릭 의약품으로서 허가를 부 여하여 약가의 우대를 받도록 하고, 그 이후 몇 개월이 지나자 다른 제네릭 의약 품의 허가를 해줌으로서, 사실상 일정 기간 한미약품이 리덕틸을 제외하고는 독점 적인 이익을 얻도록 배려하였다.

이 과정에서 우리 기업들은 물론 식품의약품안전청 자체도 새로운 제도인 신 약의 자료독점권제도에 대한 이해부족으로 많은 혼란을 겪었다. 현재까지도 신약 의 자료독점권제도와 관련해서는 심각한 법적 불명확성이 존재한다. 이 불명확성 이 해결되지 않아 정부정책에서도 혼선이 나타나고, FTA체결을 전후하여 정부, 국내 기업들과 외국의 기업들 및 시민단체들 사이에서 자료독점권을 둘러싼 오해 와 불신이 증폭되고 있다.

(2) 주요 법적 쟁점들

자료독점권과 관련하여 혼란을 야기하는 대표적인 몇 가지 쟁점들을 요약해 보기로 한다.

첫째, 우리나라는 일본 의약법을 모델로 삼아 직접적으로는 자료독점권을 인정하는 규정을 두지 않고 신약재심사규정을 변형되게 운영하면서 자료독점권을 간접적으로 보호하고 있는데, 이로 인해 자료독점권의 보호와 관련된 많은 세부적 쟁점들을 판단할 기준이 존재하지 않거나 극도로 불명확한 상황이다. 때문에 국내의 개량신약개발자들의 허가부여와 관련하여 외국의 다국적 기업들이 우리 정부에 가하는 압력에 취약하고, 그것이 우리 기업들이나 시민들에게는 기준 없이 무원칙하게 외국기업들의 압력에 복종하는 것으로 비추이고 있다. 외국 기업들이 우리나라의 허술한 제도를 이용하여 의약품을 계속해서 개량하면서 자료독점권의 보호기간을 연장하려 할 때에도 유사한 문제가 발생할 것이다.

둘째, 우리나라의 신약재심사제도는 단지 자료보호권만을 규정한 것일 뿐이고 자료독점권까지 도입한 것은 아니라는 주장도 제기되고 있다. 이에 따르면, 미국이나 유럽과 자유무역협정을 체결하며 자료독점권을 도입함으로써 서민들이 저렴하게 의약품을 구입할 권리를 침해하고 영세 제네릭 제약회사들의 생존기회를 현저하게 위태롭게 만들었다는 주장이다.

셋째, 우리나라에 대해서도 효력을 가지고 있는 WTO협정의 일부인 '지식재산권의 무역관련협정'(The Trade-Related Aspects of Intellectual Property Rights, 이하 TRIPs협정으로 인용)에서는 신물질신약에 대해서만 자료보호를 인정하고 있고, 미국에서는 개량신약(3년)에 대하여 신물질신약(5년)보다 더 짧은 자료독점권의 보호기간을 인정하고 있는데, 우리나라에서는 개량신약에 대해서 신물질신약과 동일한 장기의 보호기간(6년 또는 4년)을 부여하고 있어서 중대한 문제를 야기하고 있다는 주장이다. 입법론으로 볼 때 우리 의약법에서도 신물질신약에 대해서만 자료독점권을 부여할지, 그리고 개량신약에 대해서도 자료독점권을 부여하고자 한다면 신물질신약과 개량신약을 어떻게 차별화할 것인지 고민하여야 하지만, 우리 법제는 차별 없이 개량신약에게 과도한 자료독점기간을 인정하고 있다.

넷째, 정부가 개량신약육성정책을 추진하고 있는데 그 정책들이 국제조약이나 양자 간 자유무역협정 그리고 기존의 의약법규정들과 조화를 이루지 못하면서 기업들은 혼란스런 상황에 놓이게 되었다. 개량신약육성정책은 자료독점권의 보호정책과 약가우대정책의 두 축에 의해서 추진되고 있는데, 우선 자료독점권의 보호를 받을 수 있는 개량신약의 범위를 국제법이나 기존 국내법과 조화를 이룰 수 있도록 명확한 기준에 의해 한정하여야 하는 것 아닌가 하는 점이다.

우리 국내법제의 내용과 TRIPs협정의 내용은 우리나라 현행법의 내용을 형성하고 있는 것으로 모든 논의의 출발점이 된다. 하지만, 미국, 유럽과 인도 등 개발도상국의 법제내용도 자유무역협정의 체결 등을 통해 우리 법에 영향을 미치고 있다. 뿐만 아니라, 외국 법제의 내용을 면밀히 분석하여 우리 실정에 적합한 제도를 설계할 필요도 있어 미국과 유럽의 법제를 살펴보고자 한다.

따라서, 이 글에서는 현행 국내법제의 모델인 일본법과 국내법의 내용을 간략히 기술하고 현행 국제법인 TRIPs협정의 내용을 소개한다. 그리고 나서 미국과 유럽의 입법내용 순으로 살펴보고 나서 우리의 문제점을 보다 상세히 검토하기로 한다.

Ⅱ 국내법과 TRIPs협정의 내용

1. 국내법의 내용

(1) 일본 약사법상 신약재심사제도와 자료독점권의 보호

일본에서 처음의 신약과 후발 의약품의 관계는 자료독점권이 아니라 신약재심사제도에 의해 간접적으로 규율되고 있다. 일본 약사법 제14조의4 제1항은 신약과 신약의 유효성분, 분량, 용법, 용량, 효능, 효과 등이 명백히 다른 의약품은 허가일로부터 다음의 기간이 경과한 후 3개월 내에 재심사를 신청해야 한다고 하면서, 그 기간에 관하여 희귀의약품은 품목허가후 6년 이상 10년 이내, 약의 효능과 효과에서 처음 허가된 의약품과 명백히 다른 의약품은 허가이후 6년 이내의 기간, 그 이외의 다른 의약품은 허가후 6년의 기간이라고 규정하고 있다.[64]

---

64) 株式會社 ドーモ (編), 改正藥事法 改訂版, 藥事日報社, 2007, 142면 이하.

신약이 허가되면 재심사기간 동안 신약개발자 이외의 제3자가 동일의약품의 허가를 받고자 할 때 신약허가취득자가 제출한 정보를 단순히 원용하기만 해서는 안 된다. 즉, 신약의 재심사기간 중 이전에 허가된 신약과 그 성분, 내용, 투약방법과 효능이 동일한 의약품의 허가를 신청하는 경우, 그 신청은 처음의 신약허가 취득 시 제출된 자료와 동등하거나 그 이상의 자료를 제출하여야 한다. 처음의 신약의 안전성과 유효성이 임상적으로 증명되기 전까지는 그의 안전성과 유효성을 입증할 수 있는 완전한 자료의 제출 없이는 동일 의약품에 대해 더 이상의 허가는 부여되지 말아야 하기 때문이다.

(2) 우리 의약법상 신약재심사제와 자료독점권의 보호

우리 의약법상 자료독점권의 보호제도는 1991년 11월 우리 정부와 유럽연합 간의 지식재산권 협상 시 신약개발과정에서 작성한 허가 관련 임상시험자료 등을 적절히 보호하기로 합의하였고, 또, 1995년 세계무역기구(WTO)에 가입하게 되자, 1995년 1월 1일부터 도입·시행하게 된 제도이다. 제도도입과정에서 그 필요성이나 내용 그리고 효과에 관한 충분한 검토 없이,[65] 일본법을 모델로 기존의 신약재심사제도를 활용하여 간접적으로 자료독점권을 보호하는 방식을 채택하였다. 그 동안 우리나라에서 신약재심사지정품목은 해마다 50~150품목 정도이었는데, 식품의약품안전청에 따르면 1995~2007년 동안 지정된 신약재심사대상품목은 1,174품목이었다.[66]

신약재심사란 허가전 임상시험에서 미처 발견하지 못한, 시판 후 발견되는 부작용 등을 조사하기 위하여 "의약품의 안전성·유효성에 관한 사항과 적정한 사용을 위해 필요한 정보를 수집, 검토, 확인 또는 검증하기 위하여 실시하는 사용성적조사, 특별조사, 시판 후 임상시험 등 재심사기간 중 실시하는 조사"를 말한다 (신약재심사규정 제2조 제1항 제1호). 허가를 받으려는 품목이 신약 또는 식품의약품안전청장이 지정하는 의약품인 경우 그 품목허가를 받은 날부터 품목에 따라 4년에서 6년이 지난 날부터 3개월 이내에 식품의약품안전청장의 재심사를 받아야 한

---

65) 박실비아, 의약품 자료독점제도의 국가별 현황과 국내 제도의 발전방향, 약제학회지 제39권 제4호, 2009, 300면.
66) 식품의약품안전청, 전게보고서, 2008, 280면의 표 3-7-2. 신약재심사품목 지정현황 : 1995-2007 참조.

다(약사법 제31조 제8항과 제32조). 재심사대상으로 지정된 의약품과 동일한 품목의 허가를 얻고자 하는 경우 "최초 허가 시 제출된 자료가 아닌 것으로서 이와 동등 범위 이상의 자료를 제출하여야 한다"(의약품등의 품목허가·신고·심사 규정 제27조 제8항).[67]

우리 법상 신약재심사제도는 두 가지 목적을 갖고 있는데, 첫째, 신약 또는 이미 허가된 의약품에 명백히 다른 효능 및 효과를 추가한 전문의약품 등에 대해 시판 후 조사를 법률로 의무화하여 4년 내지 6년 후 이들 조사결과를 토대로 신약 등의 안전성 및 유효성을 충분히 확보함과 동시에, 둘째, 동 기간 내에 동일한 품목의 제조 허가를 받고자 하는 자는 원개발자가 제출한 자료가 아닌 자료를 제출하도록 하여 원개발자의 자료를 보호하려 한다.

이와 같이 의약품의 시판 후 조사제도 중의 하나인 재심사제도와 자료독점권의 보호제도를 결합시켜 운용하는 나라는 일본과 우리나라인데 그 제도의 내용도 비슷하다. 우리 약사법 제31조 제8항과 제32조는 재심사기간 동안 의약품의 부작용을 발견하여 의약품의 안전성·유효성을 확보하려는 의도만을 규정하였을 뿐이고, 신약허가취득자의 자료보호는 '의약품등의 품목허가·신고·심사 규정'이라는 식품의약품안전청장의 고시로 이루어지고 있는데, 신약개발자와 후발개발자 그리고 국민들 사이에서 첨예한 이해갈등을 보여주고 있는 사항을 법률에서 규정하지도 않고 고시단계에서 비로소 규정한 것은 법치행정의 관점에서 우리 의약법분야가 얼마나 심각하게 낙후되어 있는가를 보여준다고 하겠다.[68] 신속하게 신약개발자의 자료보호와 관련된 쟁점을 법률로 정비해야 한다.

간접적으로 자료독점권을 보호하고 있는 '의약품등의 품목허가·신고·심사 규

---

67) 한·미 FTA협정 제18.9조에서는 신물질신약의 자료독점권 보호기간은 5년, 개량신약은 3년으로 하고 있으며, 자료보호의 방식에 있어서도 제3자의 허가신청 시 원용금지(non-reliance)에 그치지만, 우리의 경우는 "동등범위 이상의 자료를 제출"하도록 하고 있어, 우리나라가 미국보다 신약개발자료에 대한 보호가 더욱 강함을 알 수 있다. 동지의 평가는, 김호철/안덕근, 한미자유무역협정 의약품 지재권 협상결과 관련 법적 쟁점 분석, 서울대학교 법학 제50권 제2호, 2009. 6, 634-636면 참조.
이 협정의 내용은 미국 식품의약법의 내용을 충실히 반영한 것인데, 우리 법제의 정비에 있어 신물질신약의 후발국인 우리나라의 입장으로는 제네릭 제약산업을 배려하는 입법자의 태도가 필요하다고 본다.
68) 박실비아, 전게논문, 303면도 법률에 근거를 두지 않고 곧바로 고시에 규정한 것을 비판하고 있다.

정'의 내용도 매우 부족하고 불명확하여 이 규정만으로는 해석할 수 없는 많은 난제들이 있다. 다만, 우리나라도 TRIPs협정의 규정들을 준수하여야 하고, 또, FTA가 체결되면 그 나라와의 관계에서는 이 조약도 국내법과 마찬가지로 준수하여야 하므로 이러한 국제조약규정들을 종합적으로 고려하여 해석하는 것이 타당한 것이고, 이러한 해석노력으로 상당한 의문점이 해소될 수 있을 것이다.

2. TRIPs협정상 신약자료의 보호

(1) 개요

TRIPs협정 제39조는 부정경쟁방지를 위한 '미공개 정보의 보호'에 대해 규정하고 있다. 동조 제1항은 기업들이 정부기관에 제출한 미공개정보와 자료를 보호해야 한다고 규정하고 있고, 동조 제2항은 정보제출자의 승인 없이 정직한 상업적 실무에 반하여 제3자가 정보제출자의 자료를 획득·사용하고 공개하는 것을 막을 권리를 가진다고 규정한다. 이어서 동조 제3항은 의약품과 농화학물에 대해서 규정하고 있는데, 신물질(New Chemical Entities)을 함유하는 "의약품이나 농화학물질의 허가요건으로서 요구한 자료에 대해 회원국들은 불공정한 상업적 이용(Unfair Commercial Use)으로부터 보호해야 한다. 또, 대중들을 보호하기 위해 필요한 경우 또는 그 자료의 불공정한 상업적 이용을 방지할 수 있는 조치를 취한 경우를 제외하고는 회원국들은 해당 자료의 공개를 방지해야 한다"고 하고 있다.[69] 다만, 공개가 금지되는 정보는 정보제출자가 허가를 얻기 위해 "상당한 노

---

69) 이 조항의 해석과 관련하여 특허청이 발간한 자료(특허청, 우루구아이 라운드(Uruguay Round)와 TRIPs협정의 성립, 2008, 특허청지식재산보호센터, 228면 이하)는, 개발도상국들이 미공개 정보를 지식재산권으로 인정하면 선진국기업에 의한 기술독점을 우려하자 선진국들은 미공개 정보의 보호보다는 제3자의 부정경쟁방지에 주력함으로써 타협에 성공하였다는 경과를 설명하면서도 자료보호권과 자료독점권을 정확히 구별하지 못하고 신약개발자의 임상시험자료 등 원본자료는 공무원이 지득한 비밀로 간주될 수 있으므로 이를 발설하는 것은 공무원의 비밀누설죄(형법 제127조와 국가공무원법 제60조)의 적용을 받는다고 기술하고 있다. 이미 우리나라도 신약재심사제도에 의해 자료독점권보호제도를 채택함으로써 일정한 기간 동안 제3자가 신약개발자의 자료를 원용하여 허가를 취득하는 것을 금지하고 있기 때문에 공무원의 비밀누설죄의 설명은 잘못된 것이다. 즉, 우리나라는 이미 동조 제3항에서 공개조건으로 설정한 것, 즉, "불공정한 상업적 사용으로부터 동 자료의 보호를 보장하기 위한 조치"를 취하고 있기 때문에 특허권과 마찬가지로 신약개발자는 원개발자료를 공개해야 하는 것이고 공개는 자료독점권의 인정을 위한 전제조건으로 이해해야 할 것이다.

력"(Considerable Efforts)을 기울여 작성한 정보인데, 상당한 노력의 의미는 의약품의 개발과정에서의 투입된 노력과 비용의 가치에 관한 것으로서 여러 나라에 의약품 품목허가를 신청하는 경우에도 마찬가지로 인정된다. 하지만, 여러 나라의 언어로 번역하는 데 들인 노력이나 시간 같은 것은 여기서 말하는 상당한 노력에 포함되지 않는다.

이 조약은 자료독점권의 최소한의 보장의 의미를 가지기 때문에 회원국들은 이 조약에서 보장한 자료독점권을 더 제한할 수는 없으나 더 나아가 회원국들이 신물질을 포함하지 않는 희귀의약품이나 개량신약 등에 대해서도 자료독점권을 보장할 수는 있다.70)

TRIPs협정 초안에서는 5년의 자료독점보호기간을 두었으나 최종안에서는 이 기간 규정이 빠지게 되었는데, 그 이후 대부분의 양자 간 또는 다자간 무역협상에서는 자료독점권의 보호기간을 두는 방식이 채택되고 있다.

TRIPs협정 제39조 제3항의 해석에 있어 가장 논란이 많은 것이 신물질(New Chemical Entities)과 불공정한 상업적 이용(Unfair Commercial Use)의 의미이다.

2) 신물질에 있어 "신"의 의미

TRIPs협정에서는 신물질(New Chemical Entities)의 개념을 정의하지 않고 있는데 '신'(New)의 의미가 특허권의 취득에 필요한 '신규성'(Novelty)과 같은 의미인지, 아니면 단지 규제기관에 허가신청을 처음으로 한 의약품을 의미하는 것인지 명확하지 않다. 또, 허가신청을 처음으로 한 의약품을 의미한다면 전세계적으로 어떤 규제기관에게든지 한 번도 허가신청을 한 적이 없다는 것을 의미하는지, 아니면 현재 허가신청을 하고자 하는 국가에 처음으로 허가신청한 의약품을 의미하는지도 명확하지 않다.71)

'신'(New)의 의미를 협의로 파악하는 입장에서는 특허취득의 요건인 '신규

70) G. Lee Skillington/Eric M. Solovy, THE PROTECTION OF TEST AND OTHER DATA REQUIRED BY ARTICLE 39.3 OF THE TRIPs AGREEMENT, Northwestern Journal of International Law and Business Fall, 2003, p.23.
71) Susan Scafidi, The "Good Old Days" of TRIPs : The U.S. Trade Agenda and the Extension of Pharmaceutical Test Data Protection, Yale Journal of Health Policy, Law, and Ethics 4, 2004, p.345.

성'(Novelty)과 같은 의미가 되어 특허권으로 인정될만한 신규성을 갖춘 물질을 함유하는 의약품의 허가취득 시 제출된 자료에 대해서만 자료독점권을 인정할 것이다.

이 입장에서는 천연물질을 함유하는 의약품에 대해서는 그 이용방법이 허가신청시에 처음 자료로 제출된다 하더라도 이미 널리 알려진 물질을 이용하여 의약품을 만든 것이므로 자료독점권이 인정되는 신약허가로 볼 수 없을 것이다. 이 입장은 개발도상국가들의 입장으로 제네릭 산업의 육성을 촉진하기 위해 자료독점권의 인정범위를 제한하려는 의도를 가지고 있다.

광의로 파악하는 입장은 '신'(New)의 의미에 대하여 해당 화학물질이 특허를 받을 수 있는 것일 필요는 없고 허가취득 시 필요한 정보로서 아직 미공개되었고 처음으로 제출된 정보이면 된다고 한다. 이 입장은 자료독점권이 보다 넓게 인정되기를 강력하게 희망했던 선진국들의 입장이다.

TRIPs협정 제39조 제3항과 관련하여 이상의 두 가지 이해방식이 모두 가능하기 때문에 각 회원국들은 신물질신약의 개념을 각국의 실정에 맞게 정의하여 자료독점권의 보호범위를 어느 정도 독자적으로 결정할 재량을 갖는다.[72]

필자로서는 TRIPs협정 제39조 제3항에서의 신물질신약의 개념을 광의설에 따라 이해하기로 한다.[73] 즉, TRIPs협정에서 신물질신약에 대해 자료독점권을 인정한 것은 인간의 질병치료에 기여한 의약품에 대해 투하된 비용을 회수하고 이윤을 획득할 수 있게 하려는 것이 목적임에 비추어볼 때, 이전에 규제기관에 의해 한 번도 허가심사의 대상이 되지 않았던 물질이면 족하고 특허취득에 필요할 정도의 신규성을 갖출 것까지는 필요 없다고 본다.

광의설에 따른다 하더라도 TRIPs협정 제39조 제3항에서 말하는 신물질신약에는 신물질신약을 개량하여 제조한 개량신약은 포함하지 않는다. 즉, 새로운 제형의 의약품, 새로운 염이나 에스테르가 첨가된 의약품, 그리고 기존의 물질들을 함유한 복합제재나 새로운 용법을 추가한 의약품 등의 허가취득을 위해 새로운 임상시험자료 등의 제출이 요구되더라도 이 자료는 보호대상에서 제외된다. 이 협정에서 기존의 의약품을 점진적으로 개량하는 개량신약에 대해서 자료독점권의 보호대상에서 제외하고 있는 것은 제네릭 제약산업이나 소비자들의 의약품접근권에

---

72) Susan Scafidi, a.a.O., p.346.
73) G. Lee Skillington/Eric M. Solovy, a.a.O., pp.26−28.

미치는 부정적 영향을 고려해서이다.

　　다만, 광의설도 해당 의약품이 전 세계적으로 어떤 규제기관에게든지 한 번도 허가신청을 한 적이 없는 화학적 물질을 포함해야 자료독점권이 보장되는 신물질신약이 되는지, 아니면 해당 물질을 함유한 의약품이 현재 허가신청을 하고자 하는 국가에 처음으로 허가신청되기만 하면 신물질신약이 될 수 있다고 보는지에 따라 다시 나눌 수 있다. 전 세계적 의미에서의 신물질신약을 의미한다면 자료독점권의 적용범위는 더 좁혀지게 될 것이다.

(3) 불공정한 상업적 이용의 금지

　　신물질신약과 관련된 자료보호는 불공정한 상업적 이용(Unfair Commercial Use)을 금지시키므로 신물질신약의 허가취득자가 규제기관에 제출한 미공개 자료를 원용하여 제3자는 의약품의 품목허가를 얻을 수 없다. 신약허가취득자가 제출한 미공개자료가 보호되지 않는다면 제3의 제네릭 사업자는 신약허가취득자가 제출한 자료를 이용하여 독자적인 안전성과 유효성 입증자료의 제출을 피하고 신약과의 생물학적 동등성을 입증하는 자료만을 제출함으로써 막대한 비용과 시간의 지출을 줄일 수 있게 되는데, 이것은 불공정한 경쟁을 목적으로 신약허가취득자의 자료를 불공정하게 상업적으로 이용한 것이라고 말할 수 있다.

　　그런데 제3자의 원용(Reliance)의 의미가 문제된다. 예를 들어, 제3의 제네릭 사업자가 주요 활성성분에 있어 신물질신약과 동일하지만 새로운 염을 추가하거나 염을 변경하여 제조함으로써 의약품의 효능을 높였다고 하면서 염변경과 관련된 임상시험자료 등을 제출하여 신약으로 허가해줄 것을 요구한 경우, 규제기관은 어떻게 하여야 하는가? 이때 규제기관은 신물질신약의 허가취득자가 제출한 자료와 스스로 비교하여 주요 활성성분이 동일함을 확인하고, 염변경과 관련된 임상시험자료 등만을 제출하면 허가될 수 있음을 확인해 주는 것도 TRIPs협정에서 금지하는 불공정한 상업적 이용의 범주에 들어가는 것일까? 이 경우 제3자는 규제기관이 가지고 있는 신물질신약과 관련하여 처음의 신약허가취득자가 제출한 정보를 명시적으로 이용하지 않았고, 규제기관만이 두 신청자의 자료를 비교, 확인했을 뿐이다.[74]

---

74) Susan Scafidi, a.a.O., p.346.

이와 같이 자료보호나 자료독점의 의미와 내용에 관한 논란 때문에 선진국들은 신약개발자료를 보호할 수 있는 보다 확실한 방법을 찾아나서게 되었는데, TRIPs협정에서 신약의 자료보호에 관한 기간규정을 두지 않았음에도 불구하고 개발도상국과의 자유무역협정을 체결하면서 3년, 5년, 8년 등과 같이 몇 년의 기간 동안 제3자가 신약개발자의 자료를 이용하여 허가를 취득하는 것을 금지시키는 방법을 선호하고 있다.

3. 국내법과 TRIPs협정의 공통점과 차이점

우리 국내법은 신약재심사제도를 통해 간접적으로 신약허가취득자의 자료독점권을 4년에서 6년 동안 보호하는 방식을 취하고 있는데, 보호대상도 신물질신약뿐만 아니라 개량신약까지 확대하고 있다. 하지만, TRIPs협정에서는 신물질신약에 한정하여 제3자에 의한 불공정한 상업적 이용을 금지시키고 있을 뿐이다. 즉, 신약허가취득자에게 일정 기간 동안 자료독점권을 명시적으로 부여하는 규정을 두고 있지는 않다. 다만, TRIPs협정의 내용은 회원국들이 신약개발자료의 보호를 위하여 준수하여야 할 최소한의 내용일 뿐이므로 그 이상의 보호를 하는 것은 회원국들이 스스로 재량을 가지고 결정할 사항이다.

Ⅲ 미국과 유럽연합의 자료독점권의 보호내용

1. 미국의 자료독점권 보호

미국에서 자료독점권의 보호제도는 1984년 식품의약법의 개정으로 제네릭 의약품에 대한 간이허가절차의 도입에 대한 반대급부로 신약개발자의 지위를 보호하기 위해 세계 최초로 도입되었다.[75] 이 규정은 1984년 9월 24일 이후 허가받은 신분자물질(New Molecular Entities)에 대해서 허가 시로부터 5년의 자료독점권 보호기간을 부여하였는데 이 기간은 동시에 동일 의약품에 대한 허가금지기간(Market Exclusivity)이기도 하다. 신분자물질은 TRIPs협정 제39조 제3항의 신물질(New Chemical Entities)과 같은 개념으로서 단일제이든 복합제이든 미국 식품의약

---

75) Hatch−Waxman Act (1984): 21 USC 355 (j)(5)(D).

품안전청에 의하여 한 번도 허가되지 않았던 화학물질을 말한다. 신약허가 후 4년이 지나면 제네릭 의약품의 개발자는 특허권을 침해하지 않는 경우 허가신청이 가능하다.

미국에서 신약에 대해 부여한 자료독점권은 제네릭 경쟁자들이 시장에 참입하는 것을 금지시키는 것이 아니라 보호기간 동안 스스로의 노력으로 신약허가획득을 위해 필요한 안전성·유효성 자료를 제출하지 않고 처음의 신약허가취득자의 정보를 이용하여 간이한 절차를 거쳐 허가를 얻는 것이 불공정하게 경쟁을 해친다고 판단하여 인정된 것이다.[76] 또, 미국 특허법 제271(e)는 제네릭 의약품 허가를 얻기 위해 특허기간 중에 특허물품에 대해 시험조사를 하는 것이 특허권을 침해하지 않는다고 하고 있으므로 신약의 특허권이 소멸되지 않는 경우에도 제네릭 개발자는 신약에 대해 조사, 연구할 수 있다.

미국에서 개량신약[77]으로 인정받기 위해서는 의약품의 강도, 투약형태, 투약경로, 사용조건 등에서 기존 의약품의 약효를 개량하거나 새로운 치료효과를 입증해야 하는데 처음의 신약에 중대한 변화를 가져와야만 한다. 자료독점권이 보장되는 범위는 개량신약의 허가를 얻기 위해 상당한 노력을 기울여 작성한 시험자료로서 허가획득에 중요한 자료들이어야 하는데, 이 자료들에 대한 자료독점권의 보호기간은 3년이다.[78] 보호대상인 자료 중에 생물학적 동등성 시험자료는 포함되지 않는다.

또, 전문의약품에 비해 안전성의 요구가 강화된 일반의약품(OTC Drugs)으로 전환신청하여 허가를 얻은 때에는 전환허가취득 시 제출한 임상시험자료 등에 대해서는 3년의 자료독점권 보호기간을 부여하였다. 이 제도는 자가치료시장을 활성화하기 위해 일반의약품을 확대하기 위한 것으로 상당한 의미가 있다고 할 것이다.

미국에서 자료독점권의 보호범위는 신약허가의 신청자가 수행하거나 신청자의

---

76) Rebecca S. Eisenberg, THE PROBLEM OF NEW USES, Yale Journal of Health Policy, Law & Ethics, 2005, pp.726-730.

77) supplement, improved drugs, new indications on existing health products, incrementally modified drugs(IMDs) 등으로 불리우고 있다.

78) 3년의 기간 동안 미국식품의약청(FDA)은 간이절차(ANDA)를 거쳐 제네릭 의약품의 허가를 하지 못하지만 제네릭 허가신청을 접수할 수는 있다. 이 경우 미국 식품의약청은 3년이 지나자마자 허가를 하게 된다. Martin A. Voet, The Generic Challenge, 2008, p.110.

지원으로 수행되어 작성된 자료로서 신약허가획득에 본질적인 의미를 갖는 새로운 임상시험자료 등에 한정된다. 학술지에 발표되어 공지의 정보가 된 자료도 보호대상이 아니다. 이러한 사항은 오리지널 신약뿐만 아니라 개량신약에 대해서도 그대로 적용된다. 때문에 개량신약도 새로운 임상시험자료 등을 제출하여야 신약의 허가를 얻을 수 있고 이 자료가 허가취득에 본질적일 때 그 새로운 자료에 대해서만 자료독점권의 보호를 받는다.

2. 유럽연합의 자료독점권 보호

유럽에서 전문의약품의 신약허가취득자는 덴마크, 오스트리아와 핀란드 등에서는 6년 동안 자료독점권의 보호기간이 인정되었고, 영국, 독일, 프랑스 등은 10년 동안 자료독점권을 부여하였다.

하지만, 2003년 12월 유럽약사법의 개정으로 2005년 11월 20일 이후 허가신청된 신물질(New Chemical Entities)을 함유하는 신약에 대해 협의의 자료독점권의 보호기간(Data Exclusivity)을 8년으로 통일하면서, 8년이 지나더라도 제네릭 제약회사는 자료를 원용하여 제품을 개발하고 품목허가를 신청할 수 있으나 시장에의 판매(Marketing Exclusivity)는 10년이 경과할 때까지 가능하지 않도록 했다.[79] 동일 의약품으로 후발 제약사가 허가를 얻어 판매할 수 있기 위해서는 10년이 필요하므로 다른 나라의 기준으로 볼 때 유럽에서 자료독점권의 보호기간은 10년으로 이해할 수 있을 것이다. 이 기간은 신약의 허가취득일로부터 진행된다.

상당한 임상적 유용성(A Significant Clinical Benefit)을 갖는 개량신약(New Therapeutic Indication)에 대해 처음의 신약의 자료독점권이 인정되는 8년의 기간 내에 허가된다면 1년의 시장독점권(Market Exclusivity)이 부여된다. 즉, 상당한 임상적 유용성을 보여주는 개량신약에 대해서는 1년 동안의 자료독점권이 인정된다. 그래서 처음의 신약개발자가 8년 내에 개량신약을 개발하여 허가를 얻으면 총 11년이 경과할 때까지 후발 제네릭 개발자는 동일 의약품을 판매할 수 없게 된다.

유럽에서 협의의 자료독점권(Data Exclusivity)과 시장독점권(Marketing Exclusivity)

---

79) Directive 2001/83/EC을 수정한 Directive 2004/27/EC과 Regulation 726/2004는 유럽연합에 통일적인 자료독점권을 보장하고자 하였는데, Regulation 726/2004 제89조에 따르면 2005년 11월 20일 이전에 허가신청된 신약에 대해서는 적용되지 않는다고 규정하고 있다.

을 분리해서 인정한 것은 제네릭 의약품의 개발자에게 상당한 인센티브가 된다. 신약개발자에게 자료독점권이 인정된 처음의 8년이 지나면 제네릭 개발자는 신약개발자가 제출한 자료를 이용하여 동일 의약품의 연구를 진행하여 허가를 신청할 수 있게 되는데, 처음의 신약의 특허권이 아직 존속하고 있는 동안에도 8년이 지나면 제네릭 개발자는 신약허가취득자의 자료를 이용하여 동일 의약품의 개발을 위한 연구를 할 수 있다.[80]

3. 미국과 유럽연합의 자료독점권보호제도의 공통점과 차이점

미국과 유럽연합은 모두 일정 기간 동안 신약허가취득자의 자료독점권을 보장하고 그 기간 동안 후발 개발자는 행정청에 제출된 신약허가취득자의 자료를 이용하여 연구는 할 수 있되 자신의 허가취득을 위하여 원용할 수 없도록 하고 있다. 다만, 유럽연합은 10년의 자료독점기간을 보장하는데 반해 미국은 5년의 자료독점기간을 인정하고 있다. 개량신약에 대해서는 미국에서는 3년의 자료독점기간을 인정하지만 유럽연합은 1년의 기간을 인정할 뿐이다.

제네릭 의약품개발자와 관련해서 미국에서는 5년의 자료독점기간 중 4년이 지나면 허가신청을 하여 간이허가절차를 이용할 수 있도록 하고 있지만, 유럽연합은 8년이 지나야 신약허가취득자의 자료를 이용하여 허가신청할 수 있도록 하고 있다.

Ⅳ 우리 의약법상 보호되는 권리의 성격

1. 보호되는 권리는 자료독점권인가 자료보호권인가

신약개발자의 자료보호방법은 허가취득일로부터 일정 기간 동안 제3자의 이용을 금지시키는 방법과 신약개발자가 허가취득 시 제출한 자료의 공개를 금지하는 방법이 있다. 전자는 자료독점권과 연결되어 불법적인 자료이용방지에 대한 주된 책임을 행정청에 지우지만, 후자는 자료보호권과 연결되어 불법적인 자료유출방

---

80) European Commission DG Competition Staff, Pharmaceutical Sector Inquiry Preliminary Report, European Commission DG Competition Staff Working Paper, 28 November 2008, n.260, p.108.

지에 대한 주된 책임을 신약개발자 스스로에게 지우고 있다.

(1) 보호되는 권리는 자료독점권이라는 입장

우리 의약법제가 보장하는 것은 공법상의 자료독점권이라고 보는 입장에서는 다음과 같은 이론적 근거를 제시하면서 자료독점권의 내용을 구체화할 수 있을 것이다.

신약개발자가 오랜 시간과 많은 비용을 투자해 작성한 동물실험이나 임상시험 자료 그리고 독성시험자료는 지식재산권으로 제3자가 이러한 자료를 신약개발자의 사용승인을 받지 않고 이용하는 것은 불공정한 무임승차자(Free–Rider)로서 부당한 지식재산권침해가 된다고 보고, 이를 방지할 효과적인 수단을 마련하는 것은 각국 정부의 책임이고 우리 정부는 신약개발자료의 보호방식으로 자료독점권을 선택했다고 이해한다.

이러한 입장에서 자료독점권(Data Exclusivity Right)은 신약의 품목허가를 얻기 위해 행정청에 제출하는 의약품의 안전성 및 유효성에 관한 자료들에 대해 품목허가신청자가 일정 기간 동안 갖는 독점적이고 배타적인 보호권을 뜻한다고 이해한다. 이 자료독점권은 행정법상 개인적 공권으로서 자료보호기간 중 제3자는 신약허가취득자의 자료독점권 때문에 동일한 의약품의 허가를 신청할 때 신약허가취득자가 행정청에 제출한 자료를 이용하지 못한다. 따라서, 후발개발자인 제3자의 품목허가신청에 대한 행정청의 허가행위 또는 허가거부행위는 행정법상 제3자효 행정행위라 할 수 있어서, 불법적으로 자료독점권을 침해하여 행정청이 후발허가신청자에게 품목허가를 한다면 처음의 신약허가취득자는 그 처분의 취소를 청구할 수 있다. 다만, 제3자가 자신의 노력으로 작성한 자료를 제출하여 동일의 약품의 품목허가를 받는다 하더라도 처음의 허가취득자의 자료독점권을 침해하는 것이 아니다.

특허기간과 자료보호기간이 지난 후에는 신약개발자의 자료독점권은 더 이상 존재하지 않기 때문에 동일 의약품의 품목허가를 얻고자 하는 제약회사는 이미 허가받은 신약의 안전성 및 유효성에 관한 자료를 원용하고 생물학적 동등성 시험만 통과하면 품목허가를 받을 수 있다.

(2) 보호되는 권리는 자료보호권이라는 입장

우리 의약법제는 신약개발자료의 보호와 관련하여 사법상의 자료보호권만을 인정한 것이라고 보는 입장에서는 TRIPs협정의 체결배경과 그 규율내용을 가장 강력한 근거로 제시하면서 자료보호권의 내용을 다음과 같이 구체화할 수 있을 것이다.

TRIPs협정이 보호하는 것은 영업비밀을 보호할 권리로부터 나오는 사법상의 자료보호권일 뿐 행정청의 직접 개입을 요청할 수 있는 공법상의 자료독점권을 창설한 것은 아니라는 입장이 인도[81]나 아르헨티나와 같은 개발도상국과 제네릭 의약품의 제조를 주력으로 하는 기업들을 중심으로 강력히 주장되고 있다. 그들의 주장내용은 다음과 같다.

TRIPs협정 제39조는 미공개정보나 영업비밀의 보호를 의미하는 '자료보호'(Data Protection)만을 규정하고 있을 뿐이고, 동조약 제39조 제3항은 신약개발자에게 새로운 재산권을 부여하지도 않았으며, 제3의 의약품개발자가 약효가 동등한 의약품의 품목허가를 신청할 때 처음의 개발자가 제출한 시험자료에 대한 원용을 막을 권리를 인정하고 있지도 않다. TRIPs협정 제39조 제3항은 그동안 세계적으로 널리 인정되어 왔던 영업비밀의 보호나 불공정경쟁행위의 금지에 관한 법리를 표현한 것일 뿐 자료독점에 관한 공법상의 새로운 권리나 특허권과 같은 지식재산권을 창설한 것으로 볼 수 없다. 따라서, 자료보호권을 침해하지 않을 것이 특허권을 침해하지 않을 것과 같이 의약품 품목허가의 소극적 요건이라고 볼 수 없다.

때문에, 처음의 신약개발자는 계약에 의해 그의 권리를 보호하거나 불법행위법에 의해 민사소송을 통해 그의 권리를 보호할 수 있을 뿐 후발 허가신청자의 허가를 거부하도록 행정청에 주장할 수 없다. 즉, 제3자가 처음의 신약허가취득자의 자료보호권을 침해하는지 여부는 처음의 신약허가취득자 스스로 조사하여 제3자를 상대로 민사소송형식의 손해배상소송을 제기하여 해결하여야 한다.

---

81) 미국정부로부터 인도와 미국의 무역확대를 위해 자료독점권의 보호제도가 도입되어야 한다는 압력을 받자, 인도 과학산업부(The Department of Scientific and Industrial Research(DSIR))는 2006년 6월 3년의 자료독점기간의 부여를 권고했는데, 인도석유화학부는 의약품분야에서는 더 많은 시간이 필요하다는 이유로 최종결정을 미루었다 한다(http://www.parmbiz.com, 5 June, 2006).

이러한 입장들 중에서는 다음과 같은 논리를 주장하는 사람들도 있다. 제3자가 신약허가취득자와 효능이 동등한 의약품의 품목허가를 신청할 때 제3자는 신약개발자의 자료를 전혀 원용하지 않고 행정청만이 신약허가취득자가 제출한 자료와 비교하여 주요 활성성분이 동일함을 확인하여 안전성과 유효성에 관한 자료의 제출을 생략하고 생물학적 동등성 시험자료만을 제출하여 허가될 수 있음을 확인해주는 것은 제3자가 TRIPs협정 제39조 제3항에서 금지한 '불공정한 상업적 이용'을 한 것이 아니므로 허용된다고 본다.

(3) 소결

우리나라에서는 신약재심사기간 동안 후발 의약품개발자에게 처음의 신약개발자에 의해 "최초 허가 시 제출된 자료가 아닌 것"으로서 이와 "동등범위 이상의 자료"를 제출하도록 하고 있는데, 이것은 우리나라가 신약개발자에게 기간방식에 의해 자료독점권을 인정하고 자료보호의 주된 책임을 행정청에게 지우는 방식을 채택하고 있다는 것을 의미한다고 생각한다. 일정한 기간 동안 제3자가 의약품허가를 얻기 위해 자료원용을 하는 것을 금지시킴으로써 우리나라는 TRIPs협정 제39조 제3항에서 신약개발자의 자료가 공개될 수 있는 조건인 "그 자료의 불공정한 상업적 이용을 방지할 수 있는 조치를 취한 경우"의 요건을 충족시킨 것이 된다. 따라서, 식품의약품안전청이 신약개발자의 자료를 공개하더라도 TRIPs협정 제39조 제3항을 위반한 것이 아니고, 신약개발자료의 공개는 자료독점권이란 배타적 권리를 신약개발자에게 인정하기 위한 요건이 된다고 보아야 한다.

이미 미국과 유럽 등 대부분의 국가들에서는 자국의 실정법으로 신약개발자의 자료보호를 위해 자료독점권을 규정하고 있으면서 일정한 기간동안 후발 개발자에 의한 신약개발자료의 이용을 금지시키고 있다. 더 나아가, 미국과 유럽을 비롯한 선진국들과 신물질신약을 많이 개발한 대기업들은 TRIPs협정 제39조 제3항이 일정기간동안 정보의 배타적 이용권을 보장하는 지식재산권의 일종으로서 "자료독점권"(Data Exclusivity Right)을 회원국들이 창설할 것을 요구하고 있다고 해석하면서, 이러한 명령을 회원국들이 이행하지 않을 경우 양자 간 또는 다자간 무역협정을 통해 일정기간 동안의 자료독점권의 보장이 관철되도록 압력을 행사하고 있다.

자료독점권을 보장하고 있는 우리나라에서 후발 제3자가 처음의 신약개발자와 동일한 의약품의 품목허가를 신청할 때, 제3자는 신약개발자의 자료를 전혀 인용하지 않고 오직 정부만이 두 의약품의 동일성을 비교하여 안전성·유효성에 관한 자료의 제출책임을 후발주자에게 면제시킨다 하더라도, 그것은 간접적으로 신약개발자의 자료를 상업적 목적으로 이용한 것이 되어 금지된다고 보아야 한다. 또, 처음의 신약허가취득자의 자료독점권을 침해하는지 여부는 행정청이 아니라 처음의 신약허가취득자 스스로 조사하여 제3자를 상대로 민사소송형식의 손해배상소송을 제기하도록 하는 것은 자료보호의 책임을 신약허가취득자에게 부담시키는 것으로 적절하지 않다고 보아야 한다.[82]

2. 신약품목허가의 소극적 요건으로서 자료독점권

신약개발자의 자료독점권은 제3의 후발신청자의 의약품 허가신청에 대한 심사에 있어 소극적 요건이 된다. 즉, 처음의 신약허가취득자의 자료독점권을 침해하지 않아야 한다. 개발도상국들에서는 제네릭 의약품의 신속한 출시를 위하여 신약개발자의 허가자료를 이용하여 제3자가 허가를 얻는 것을 심사청이 방치하는 경우도 있어왔으나, 우리 의약법상으로는 자료독점권을 보호하고 있는 이상 제3의 후발개발자의 허가품목심사에 있어 신약개발자의 자료독점권을 침해하지 않는지 심사하여 침해가 있는 경우 허가를 거부해야 한다. 또, 신약개발자의 자료독점권을 침해하여 부여된 품목허가는 취소사유에 해당하는 하자 있는 행정행위가 되므로, 행정청은 직권으로 후발주자의 허가를 취소하여야 하며, 처음의 신약개발자는 후발주자의 허가의 취소를 구할 수 있는 법적 이해관계 있는 제3자로서 행정소송을 통해 허가취소를 구할 수 있다고 보아야 한다.

3. 신약허가 시 제출된 자료의 비밀보호와 정보공개

(1) 신약개발자료는 비밀보호의 대상인가 아니면 공개의 대상인가

식품의약품안전청장은 제출자의 보호요청이 있는 경우 의약품의 품목허가, 신약의 재심사, 의약품의 재평가 및 의약품의 수입허가를 위하여 제출된 자료를 공개하지 아니하여야 하지만, 공익을 위하여 자료를 공개할 필요가 있다고 인정되는

---

82) G. Lee Skillington/Eric M. Solovy, a.a.O., p.22.

경우에는 공개할 수 있다(약사법 제88조 제1항). 보호를 요청한 제출자료를 열람·검토한 자는 그 자료를 통하여 알게 된 내용을 외부에 공개하여서는 아니 된다(약사법 제88조 제2항).

이 규정들의 내용은 문언상 신약허가취득자가 식품의약품안전청장에게 품목허가취득을 위해 제출한 자료를 공개하지 않도록 한 것으로 일응 이해될 수 있는 것으로 보인다. 다만, 대학이나 연구기관이 신약의 부작용을 연구하기 위하여 신약허가취득자의 개발자료를 연구하는 것은 공익에 부합되기 때문에 허용된다. 부작용에 관한 활발한 연구는 국민의 건강보호를 위해 필수적인 것이기도 하고 그 연구결과가 오히려 해당 의약품에 대한 국민들의 신뢰도를 높일 수도 있기 때문이다. TRIPs협정 제39조 제3항에 따를 때에도 비상업적 목적으로 연구기관 등은 신약개발자의 자료를 제공받아 연구에 참조할 수 있다.

그런데 이와 같이 신약개발자의 자료는 원칙적으로 비공개사항으로 이해하는 것이 자료독점권의 보호제도와 조화될 수 있는 것일까? 신약의 허가취득과 관련하여 제출된 자료는 공개의 대상이 된다고 주장하는 입장은 신약심사과정에서 행정청의 부실한 심사를 통제하고 신약의 시판 후 신화학물질이 인간이나 환경에 미칠 위해에 관한 정보를 수집하고 평가하여 대중들이 스스로를 보호할 수 있도록 하기 위해 신약허가취득 시 제출된 자료는 공개되는 것이 필요하다고 본다. 또, 신약은 허가된 이후에도 그 부작용에 대한 우려 때문에 재심사기간을 설정하고 그 부작용을 조사하여 보고하도록 되어 있다는 점도 국민건강보호라는 공익을 위해 원칙적으로 공개하도록 이해하는 것이 타당하다고 볼 것이다.

하지만, 공개반대론자들은 신약개발자들이 신약허가취득 시 제출한 정보는 영업비밀로서 약사법 제88조에 의해 자료제출자의 요청이 있으면 공개가 금지되는 정보로 취급되어야 한다고 주장할 것이다. 어느 쪽 주장이 맞는 것일까?

(2) 특허권과 영업비밀보호의 관계

신약개발자료의 공개여부의 문제를 판단하기 위해 먼저 특허권과 영업비밀보호의 관계를 살펴본다. 특허, 실용신안 등 산업재산권은 신규성, 산업성, 진보성이 있고 정부에 출원·등록하여 공개하여야만 권리로서 성립된다. 즉, 특허제도는 발명을 보호·장려하고 기술의 진보·발전을 도모하여 궁극적으로는 국가 산업 발전에 기여토록 하기 위하여 기술을 공개하는 대가로 발명자에게 독점·배타적인 권리를 부여하는 제도이다. 때문에, "특허출원으로 인하여 이미 공개되었다고 할 것이어서 그 비밀성을 상실하였다고 할 것"이므로 특허출원한 정보는 영업비밀보호를 이유로 공개금지를 주장할 수 없다(대법원 2004. 9. 2. 선고 2002다60610 판결).

이에 반하여 영업비밀은 기업에 유용성이 있는 정보를 보유자 자신이 비밀로 관리함으로써 이익을 얻는 것이므로 별도의 대외적인 출원, 등록, 공개 등 절차가 필요 없지만, 영업비밀은 특허권과 같은 재산권이 아니기 때문에 사용, 수익, 처분 등 지배권은 물론 제3자에게 독점배타권을 주장할 수 없다. 일단 그 비밀이 누설되면 그때부터 그 기능을 상실하여 누구라도 이용할 수 있게 된다. 다만, 영업비밀이 부정하게 침해되었을 때에 이에 대한 침해예방, 침해금지 등을 법원에 소로 청구할 수 있다.

(3) 자료보호권에 의한 자료공개금지와 자료독점권에 의한 자료원용금지의 병용의 문제

만약 어떤 국가가 사법상의 자료보호권의 논리를 지지하여 허가심사청에 제출된 신약개발자의 자료공개금지방식을 취하면서도, 다른 한편으로는 자료독점권의 보호방식도 채택하여 후발개발자가 신약개발자의 자료를 일정 기간 동안 이용하여 허가도 얻을 수 없도록 한다면 어떤 문제가 발생할까?

이러한 방식은 후발주자의 시장참여는 물론 연구개발도 원천적으로 불가능하게 하는 것으로서 신약개발자에게 너무나 유리한 것이 된다. 그런데 우리 약사법 등의 규정은 문언상 이것을 의도하고 있는 듯하다. 이것은 입법자의 중대한 실수라고 밖에 볼 수 없다.

주지하듯이 인도와 같은 제약산업의 후발국가들과 수많은 제네릭 의약품의 생산자들은 특허권 이외에 신약개발자에게 개발자료와 관련하여 별도의 권리를 주는 것에 적극적으로 반대하고 있다. 선진국들과 오리지널 제약사들은 사법상의 자료보호권 방식에 의한 자료보호의 실효성이 떨어지자 특허권방식의 자료독점권을 채택하도록 주장하면서 그 독점권의 근거로서 신약개발자료의 공개를 통해 의료기술의 혁신에 도움을 준다는 점을 주요 논거로 제시하고 있다. 그런데, 우리나라에서는 자료독점권을 인정하면서도 신약개발자료의 공개도 금지시키도록 하고 있다면 그것은 오리지널 제약사에게 너무나 유리한 것이 된다.

이상의 문제 이외에도, 약사법 제88조 제1항 본문에 따른 자료보호방법, 즉, 신약허가를 위해 제출된 자료에 대해 허가심사기관이 비밀을 유지하도록 하고 제3자에 대해 그의 공개를 거부하는 방법은 자료독점권이 인정되기 이전 자료보호권만을 인정하던 시대에 타당한 자료보호방법으로서 새롭게 도입된 자료독점권의 보호방식과 관련하여 상당한 문제를 야기한다. 의약품과 의료기기에 관한 주요 무역상대국가인 미국이나 유럽과 다른 자료보호방식을 채택하는 것이 되기 때문에 아래와 같은 문제가 생기는 것이다.

식품의약품안전청이 관계법을 집행하면서 자료보호권의 논리에 치중할 경우, 제3자가 자료독점권방식의 자료보호방식을 채택하고 있는 국가, 즉, 해당 자료에 대해 불공정한 상업적 이용만 금지하고 자료는 공개하는 국가(예, 미국과 유럽연합 소속 국가들)로부터 그 정보를 가지고 와서 동일 의약품의 허가를 신청하더라도 국식품의약품안전청은 그 허가를 부여할 수밖에 없는 것이다. 왜냐하면 제3의 후발 주자가 신약개발자료가 공개된 외국에서 동일 의약품의 개발자료를 입수하여 허가를 신청하여도 불법적으로 타인의 영업비밀을 수집한 것이 아닐 뿐더러 사법상의 자료보호권은 허가심사에 있어 품목허가의 요건도 아니기 때문에 그 허가를 거부할 근거가 없기 때문이다.

(4) 신약개발자료의 공개와 자료독점권방식에 의한 자료보호

일정한 기간 동안 자료독점권을 보호하는 방식은 신약개발자에게 그 기간 동안 신약개발의 인센티브를 제공하지만 제3의 후발주자에게도 완전히 불리한 것만은 아니다. 자료독점권은 제3자에게 자료는 공개하지만 동일 의약품의 품목허가를 신청할 때 그것을 원용(Reliance)할 수 없다는 것만을 의미하기 때문에, 자료보호기간 동안 제3자는 해당 의약품의 개발을 위해 필요한 자료를 얻어 연구할 수 있어 기간 만료 후 개발을 위한 시간을 단축할 수도 있다.

제약산업 전체를 위해서도 불필요한 비용의 이중적인 지출을 막게 되고, 후발주자들이 공개된 자료를 연구하면서 보다 개량된 의약품을 출시하여 질병치료효과를 높일 수도 있다. 이 부분은 매우 중요하다. 즉, 신약개발자가 의약품 품목허가절차에서 허가를 얻기에 필요한 정도의 자료만을 제출하고 보다 세부적인 정보는 비밀로 유지하려 하는 것, 특히, 개발한 의약품의 부작용에 관한 정보나 약효에 부정적인 정보는 감추려 하는 것이 문제되는데, 공개된 자료를 통해 후발 경쟁기업들이 연구를 하게 되면 부작용의 제거에 보다 효과적인 의약품이 신속히 출시될 수 있게 되기 때문이다.

하지만, 현행 약사법 제88조에서 규정한 신약개발자의 자료공개금지제도와 약사법 제32조 및 '의약품등의 품목허가·신고·심사 규정' 제27조 제8항에서 규정한 신약재심사제도에 의한 간접적 자료독점권보호제도의 충돌문제는 법해석론으로 도저히 풀기 힘든 모순적인 것이다. 이러한 입법의 극한 모순이 엄연히 존재하는 이유는 입법자들이 자료보호권과 자료독점권의 개념 및 차이를 정확히 이해하지 못했고, 국제적인 법사상의 변화에 무려 과거의 제도를 뒷받침하는 규정을 폐지하지 않은 가운데 현재의 제도를 도입하려 한 점, 자료독점권제도를 정면으로 도입하지 않고 간접적으로 신약재심사제도를 통해 관련 문제를 풀어가려 했던 점, 약사의 면허 등을 다룬 부분과 의약품의 허가 등을 다룬 부분을 분리해서 입법을 정비하지도 못했다는 점 등 우리 의약법제의 낙후성에 그 원인이 있는 듯하다.

이미 식품의약품안전청이 신약의 자료보호의 의미를 자료독점권의 관점에서 파악하고 있는 이상, "특허출원으로 인하여 이미 공개되었다고 할 것이어서 그 비밀성을 상실하였다고 할 것"이므로 특허출원한 정보는 영업비밀보호를 이유로 공개금지를 주장할 수 없다는 대법원판결(대법원 2004. 9. 2. 선고 2002다60610 판결)과 마찬가지로 후발개발자들은 처음의 신약개발자가 제출한 자료를 자료독점권의 보호기간 동안 연구에 활용할 수는 있지만, 허가취득을 위해 원용할 수는 없다고 새기는 수밖에 없다고 본다. 입법의 개정이 이루어지지 않은 상황에서 법적 근거는 약사법 제88조 제1항 단서의 규정, 즉, "공익을 위하여 자료를 공개할 필요가 있다고 인정되는 경우에는 공개할 수 있다"는 것에서 찾을 수밖에 없을 것이다.

4. 자료독점권과 특허권의 구별

자료독점권은 특허권과 별개로 인정되는 지식재산권으로 어떤 의약품의 특허보호기간이 만료되거나 혹은 무효로 되어도,[83] 자료독점권의 존속기한 내에는 제

---

83) Rebecca S. Eisenberg, a.a.O., p.727.

3자가 임의로 신약제조자가 작성·제출한 자료를 이용하여 동일 의약품을 개발할 수 없게 되므로 제2의 특허권(A Second Generation Patent Right)으로 불리우기도 한다.

자료독점권과 특허권 모두 시장독점을 통한 연구개발동기를 부여하는 역할을 하지만, 의약품 시장에 미치는 영향은 자료독점권이 특허권에 비하여 점점 더 커지고 있다 한다.[84]

특허를 받기 위해 필요한 신규성을 만족시키지 못하는 복합제재와 같은 의약품도 새로운 치료효과를 보여주거나 더 우수한 치료효과를 보여줄 수 있는데, 이러한 의약품의 개발자에게는 자료독점권이 거의 유일한 보호수단이 된다. 때문에, 특허권이 만료됨과 동시에 자료독점권이 만료된다고 보아야 한다고 주장되기도 하지만, 양자는 서로 별개의 목적을 추구하므로 특허의 존속기간과 상관없이 자료독점권의 존속기간은 개시되고 종료된다고 볼 수밖에 없을 것이다. 한·미 FTA협정 제18.9조 제4항은 특허권이 만료되더라도 자료독점권의 보호기간을 줄일 수 없도록 규정하고 있다.

하지만, 특허권이 제3자가 동일 의약품을 특허권자의 승인 없이 제조하거나 시장에 판매하는 것을 금지시키는 것(Market Exclusivity)에 비하여 자료독점권만으로는 제3자가 독자적으로 자신의 노력과 비용투입으로 새로운 임상시험 등을 통해 동일의약품을 제조하여 허가를 얻는 것을 방해하지는 못한다.

Ⓥ 우리 의약법상 자료독점권의 보호대상과 그 내용

1. 국민의 의약품접근권의 보장과 신약의 자료독점권보호

헌법상 보장되는 국민의 건강권과 정부의 국민건강보호책임(헌법 제36조 제3항)은 의약품에 대한 국민들의 접근권(Right of Access to Medicines)이 보장될 때 가능한 것인데, 신약에 대한 자료독점권의 인정여부나 그 보호의 강도는 국민들의 의약품접근권에 중대한 영향을 미친다.

개발도상국들에서는 신약의 자료독점권으로 인해 국민들의 의약품접근권이 침

---

84) 박실비아, 전게논문, 299－300면.

해된다고 주장하여 왔다. 자료독점권의 보호기간을 지나치게 길게 하거나 보호대상인 개량신약의 개념을 너무 넓게 파악함으로써 제네릭 의약품의 출시와 경쟁을 제한하여 필요한 의약품의 공급량도 부족하게 되고 의약품의 가격도 오랫동안 높게 유지되어 국민들의 의약품접근권이 중대하게 제약받게 된다는 것이다.

반면에, 선진국들은 자료독점권을 보호하지 않거나 지나치게 미약하게 보장하는 경우에도 국민들의 의약품접근권은 침해될 수 있다고 주장한다. 세계적으로 에이즈, 조류독감, 사스, 신종 플루와 같은 새로운 전염병이 급격하게 확산되고 있는 상황에서 혁신적인 신약을 개발한 제약회사들이 그 신약에 대해 자료독점권을 보장하지 않는 국가에 해당 의약품의 허가신청을 미루게 되면 국민의 생명과 안전을 보장할 의약품에 대한 접근권은 위협을 받게 될 것이라는 것이다.[85]

우리나라에서도 신약허가를 얻어 자료독점권이 부여된 후 그 지위를 남용하는 것을 막기 위해 허가 후 일정 기간 동안 의약품을 공급하지 않거나 상당한 양의 판매를 하지 않으면 자료독점권을 배제함으로써 다른 제네릭 의약품들이 허가를 얻어 판매될 수 있도록 할 필요가 있다고 본다.

2. 신약재심사제도에 의한 자료독점권 보호방식의 한계

신약재심사제도 자체는 의약품 품목허가 이후 일정 기간 동안 부작용을 점검하여 의약품의 안전성을 확보하고자 하는 제도로서 자료독점권만을 염두에 두고 만들어진 제도가 아니기 때문에, 이것을 기초로 자료독점권의 보호범위를 파악하면 많은 문제가 발생한다. 신약재심사제도와 분리하여 보다 세부적인 논점들을 조사하여 자료독점권의 보호를 위한 별도의 입법을 제정하는 하는 것이 시급하다고 본다.

(1) 자료보호에 있어 신물질신약과 개량신약의 동등취급의 문제점

우리나라에서 자료독점권은 신약재심사제도를 통해 간접적으로 인정되고 있는데, 신약재심사의 대상은 허가를 받으려는 품목이 신약 또는 식품의약품안전청장

---

85) Brook K. Baker, ENDING DRUG REGISTRATION APARTHEID: TAMING DATA EXCLUSIVITY AND PATENT/REGISTRATION LINKAGE, American Journal of Law and Medicine, 2008, p.311.

이 지정하는 의약품이므로(약사법 제31조 제8항과 제32조), 우리나라에서 자료독점권의 보호대상은 약사법 제2조 제8호의 신약개념에 한정되지 않는다.

신약재심사의 대상이 되는 "신약"이란 화학구조나 본질 조성이 전혀 새로운 신물질의약품 또는 신물질을 유효성분으로 함유한 복합제제 의약품으로서 식품의약품안전청장이 지정하는 의약품을 말한다(약사법 제2조 제8호, 의약품등의 품목허가·신고·심사 규정 제2조 제8호). 이와 같은 신약개념은 TRIPs협정에서 말하는 신물질(New Chemical Entities) 신약과 대체로 일치하는 것으로 오리지널 제약사가 특허기간중 우리법의 적용을 받아 국내에 처음으로 해당 품목의 허가를 얻은 의약품 또는 외국이나 국내의 특허기간이 만료된 경우에도 아직 동일한 신물질을 함유한 의약품에 대한 허가를 얻은 품목이 없는 상황에서 처음으로 우리 법의 적용을 받아 해당 품목의 허가를 얻은 의약품 등이 있을 것이다. 따라서, 우리나라에서 자료독점권으로 보호되는 신물질신약은 세계적으로 처음 등장한 신물질을 포함한 신약이 아니라 우리 식품의약품안전청에 의하여 허가받은 적이 없는 신물질을 포함한 신약이면 된다.

두 번째로 신약재심사의 대상이 되는 것은 신물질신약 이외에 식품의약품안전청장이 지정하는 의약품, 즉, 자료제출의약품이다. 그런데, 이와 같이 우리 법제가 신물질신약과, 개량신약을 포함하는 자료제출의약품에 대한 자료독점권의 인정에 있어 거의 구별하지 않는 입법태도는 잘못된 것이다. 즉, 단순히 기존의약품의 "개량"과 "의약기술에 있어 진보성"이 있으면 충족되는 개량신약에 대해 우리 법제가 자료독점권의 부여여부나 자료독점기간의 부여에 있어 차별하지 않는 것은 제약회사들에게서 훨씬 많은 비용과 시간이 투입되는 신물질신약의 개발의지를 빼앗는 것이 되기 때문이다.[86]

(2) 자료제출의약품에 대한 자료독점권의 인정범위의 불명확성

우리 법상 자료독점권의 보호대상과 관련하여 또 다른 심각한 의문의 하나는 "식품의약품안전청장이 지정하는 의약품"으로서 안전성·유효성자료를 제출하여야 하는 의약품, 즉, 자료제출의약품이 모두 자료독점권의 보호를 받는 의약품인가

---

86) 신약과 개량신약의 자료독점기간을 차별화해야 한다는 것은, 박실비아, 전게논문, 306면에서도 주장되고 있다.

하는 점이다. 자료제출의약품은 "신약이 아닌 의약품이면서 이 규정에 의한 안전성·유효성 심사가 필요한 품목"(의약품등의 품목허가·신고·심사 규정 제2조 제8호)을 말하는데, 여기에는 "품목허가 또는 품목변경허가를 받거나 품목신고 또는 품목변경신고를 하는 의약품"이 있다(의약품등의 품목허가·신고·심사 규정 제25조 제1항). 구체적으로 자료제출의약품에는 "국내에서 사용례가 없는 새로운 첨가제를 배합하는 경우"뿐만 아니라, 단일성분의 전문의약품으로서 상용이거나 고가인 의약품 또는 의약품동등성 확보가 필요한 의약품으로서 이미 제조(수입)품목허가를 받은 것과 성분이 동일한 정제·캡슐제 또는 좌제 등도 포함된다.

이러한 의미의 자료제출의약품 전부가 자료독점권이 인정되는 신약에 해당된다고 볼 수는 없다. 그 이유는, 첫째, 자료제출의약품에는 허가의약품뿐만 아니라 신고의약품도 포함되는데, 신고의약품에 대해서까지 자료독점권을 인정해야 하는가에 관해서는 의문이 있다. 의약품의 신고는 대한약전 또는 식품의약품안전청장이 인정하는 공정서 및 의약품집에 실려 있는 품목의 경우에는 가능하지만, 국내에서 허가되지 아니한 품목은 제외한다(약사법 시행규칙 제26조 제1항 제1호 단서). TRIPs협정에서 신물질신약으로서 처음으로 허가를 취득한 의약품에 한해서 자료독점권을 인정하고 있는 것을 볼 때, 우리나라에서도 신고의약품에 대해서까지 자료독점권을 인정하고 있다고 해석할 수는 없을 것이다. 둘째, 의약품동등성 확보가 필요한 의약품은 자료독점권이 보호되지 않는 제네릭 의약품을 말하고 있음이 분명하다.

때문에, 특허권과 자료독점권의 보호기간이 만료된 의약품에 대해 동일의약품을 제조판매하는 자는 안전성과 유효성에 대한 특별한 검증의 필요에 의해 그것을 입증하는 자료를 제출하여 허가를 얻어도 그것은 제네릭 의약품이지 신약이라고 볼 수는 없으므로 자료독점권의 보호를 받을 수는 없다. 제네릭 의약품이라 하더라도 의약품의 안전성과 유효성에 의문이 있어 그에 대해 특별한 규제를 가하는 것은 필요할 수 있지만 그것은 자료독점권의 보호문제와는 구별되어야 하기 때문이다.

(3) 신약재심사대상 제외품목에 대한 자료독점권 인정의 필요성

신약재심사의 대상에서 제외되는 경우에는 언제나 자료독점권은 인정되지 않는가에 관한 의문도 있다. 약사법 제32조 제2항의 위임을 받아 제정된 약사법 시행규칙 제35조 제3항은 식품의약품안전청장이 재심사를 면제할 수 있는 의약품으로 1. 인체에 직접 적용하지 아니하는 체외진단용 의약품과 살충제 등, 2. 희귀의약품, 3. 신규성이 없어 재심사를 할 필요가 없다고 식품의약품안전청장이 인정하는 것, 4. 안전성·유효성이 충분히 확보된 것으로 식품의약품안전청장이 인정하는 것, 5. 조사대상자의 수가 너무 적어 재심사의 요건을 충족하기 어려운 것 등을 열거하고 있다.

그런데, 희귀의약품에 대해서는 신약을 개발하더라도 시장규모가 작아 개발비용의 회수에 시간이 많이 걸리기 때문에 자료독점권을 인정하거나 오히려 그 보호기간을 더 늘려주기까지 하는 것이 외국의 일반적 규제방식이고, 체외진단용 의약품이라고 해서 일방적으로 자료독점권을 부인할 수는 없기 때문에, 이러한 의약품에 대해 의약품재심사에서 제외함으로써 자동적으로 자료독점권을 부인하는 것은 합리성을 인정하기 어려운 것이다.

3. 개량신약과 자료독점권의 보호

(1) 개량신약의 개념

우리나라에서 개량신약은 "자료제출의약품" 중 안전성, 유효성, 유용성(복약순응도·편리성 등)에 있어 이미 허가(신고)된 의약품에 비해 개량되었거나 의약기술에 있어 진보성이 있다고 식품의약품안전청장이 인정한 의약품을 말한다(의약품등의 품목허가·신고·심사 규정 제2조 제9호).

구체적으로 개량신약에는 가. 이미 허가된 의약품과 유효성분의 종류 또는 배합비율이 다른 전문의약품, 나. 이미 허가된 의약품과 유효성분은 동일하나 투여경로가 다른 전문의약품, 다. 이미 허가된 의약품과 유효성분 및 투여경로는 동일하나 명백하게 다른 효능·효과를 추가한 전문의약품, 라. 이미 허가된 신약과 동일한 유효성분의 새로운 염 또는 이성체 의약품으로 국내에서 처음 허가된 전문의약품, 마. 유효성분 및 투여경로는 동일하나 제제개선을 통해 제형, 함량 또는 용법·용량이 다른 전문의약품 등이 있다.

이상의 규정을 통해 볼 때, 우리나라에서 단순히 유효성분이나 염, 투여경로나 함량 등에서 변경을 가했다고 해서 모두 개량신약으로 인정될 수는 없고 '개량'이나 '의약기술에 있어 진보성'이 있어야 한다. 그런데, 앞에서 살펴보았듯이 유럽연합의 경우는 상당한 임상적 유용성(A Significant Clinical Benefit)이 있어야 개량신약으로 인정될 수 있고, 미국의 경우에는 의약품의 강도, 투약형태, 투약경로, 사용조건 등에서 기존 의약품의 약효를 개량하거나 새로운 치료효과를 입증해야 하는데 개량신약으로 인정받기 위해서는 처음의 신약에 중대한 변화를 가져와야만 한다.

우리나라 법제에서 말하는 개량과 의료기술의 진보성의 의미는 유럽연합법제의 상당한 임상적 유용성, 그리고 미국에서의 "처음의 신약에 중대한 변화"요건과 같은 것인지 아니면 다른 것인지가 문제된다. 이미 우리나라는 미국 및 유럽연합과 자유무역협정을 체결하고 비준만 남겨놓고 있는 상황인데, 개량신약의 개념에 차이가 있게 되면 법집행에 있어 상당한 혼란과 불만이 따를 것이다. 그러므로 이 개념들은 비슷한 의미로 이해하는 것이 타당할 것이다.

고시규정과 외국의 법제를 참고할 때, 우리나라에서 개량신약은 상당한 획기적 임상적 유용성이 나타나는 개량행위와 기술혁신행위로 제조된 의약품으로서 신물질신약의 구조변경이나 제형변경인 경우는 물론 염이나 에스테르의 변경인 경우에도 기존의 신물질신약에 중대한 변화를 가져오면 된다고 이해할 수 있을 것이다.

그러나, 의약행정의 실제에서는 법문표현의 차이보다도 법집행기관의 정책과 법집행자들의 태도가 개량신약으로서의 지위인정 여부에 더 큰 영향을 미친다. 왜냐하면 '개량', '의약기술에 있어 진보', '상당한 임상적 유용성' 그리고 '처음의 신약에 중대한 변화'라는 기준은 모두 불확정개념으로서 일의적으로 확정될 수 없어 법집행기관의 정책과 법집행자의 태도 여하에 따라 개량신약이 쉽게 양산될 수도 있고 그 승인이 어려울 수도 있기 때문이다. 이하에서는 개량신약육성정책의 찬성론과 반대론을 소개하여 법집행에 있어 고려하고 유의해야 할 사항들을 제시하기로 한다.

(2) 자료독점권의 인정을 통한 개량신약육성정책의 찬성론과 반대론

TRIPs협정에서는 신물질신약에 대해서는 자료독점권을 명시적으로 긍정했지만 개량신약에 대해서는 침묵을 지켜 각국의 대응에 맡겨두고 있다. 이에 따라,

신물질신약을 넘어 개량신약에 대해서도 자료독점권을 인정해야 하는가를 놓고 세계 각국에서 논쟁이 전개되고 있는데 찬반론을 살펴보기로 한다.

1) 자료독점권의 부여를 통한 개량신약육성정책의 찬성론

오랜 세월 동안 화학약품개발의 역사를 가진 미국과 유럽의 선진국들은 의약품에 대하여 수많은 특허와 자료독점권으로 무장한 채 전 세계의 질병치료시장을 장악하고 있다. 이 상황에서 제약산업의 후발주자인 아시아 국가들과 중소 제약회사들이 선진국들의 다국적 제약회사들과 신물질신약의 개발을 위해 전면적인 경쟁에 나서는 것은 그 막대한 개발비용을 감당할 수 없고 신약개발기술도 뒤떨어지기 때문에 중단기적으로 보았을 때 성과를 내기 힘들다. 그렇지만 전 세계적으로 노령화시대에 접어들고 있어 의약품 시장이 급팽창하고 있는 상황에서 제약산업을 육성하지 않을 수도 없다. 그래서 각국 정부와 제약회사들이 중단기적 목표로 삼은 것이 개량신약의 개발이다.[87]

신물질신약의 특허기간이 만료된 후 제네릭 의약품이 출시되기 시작하면 동종 의약품 가격은 급격히 낮아져서 제약회사들은 높은 이윤을 올리기가 어려워진다. 이때, 신물질신약이 의도한 약효 이외의 약효를 새로 발견하거나 그 약효를 개선한 개량신약을 개발하여 자료독점권을 부여받고 높은 가격에 판매하는 것은 제약회사들에게 크나 큰 유인이 된다. 개량신약의 개발경험은 기업들의 신약개발능력의 신장에도 도움을 줄 수도 있고 질병치료효과의 개선에도 도움이 된다. 이러한 실익이 있기 때문에 개량신약개발을 위해 기업들이 상당한 노력을 기울여 작성

---

87) 세계적으로 의약산업이 가장 발달한 미국에서도 매년 미국 식품의약품안전청(FDA)에 허가신청되는 신약 중 신물질신약은 단지 3분의 1 정도이고 나머지 3분의 2는 개량신약이라고 한다. Congress of the United States Congressional Budget Office, Research and Development in the Pharmaceutical Industry, Pub. Num. 2589, 2006, pp.14－15; 보다 구체적으로 1989년부터 2000년까지 미국 식품의약청이 신약으로 허가한 의약품은 총 1,035품목이었는데 이 중 신물질신약은 35%이었고 나머지 65%는 개량신약이었다고 한다. 그리고 2000년에 가장 비싼 의약품들도 신물질신약이 아니라 신물질신약을 혁신적으로 개량한 의약품들이었다고 한다. The National Institute for Health Care Management Research and Educational Foundation, Changing Patterns of Pharmaceutical Innovation, 2002, pp.7－13. 전 세계적으로 신물질의 탐색은 점점 힘들어지고 있고 비용도 급증하고 있어 상대적으로 비용과 시간을 크게 낮출 수 있을 뿐만 아니라, 신물질신약을 개량하여 환자들의 질병치료능력을 보강하고 복용을 편리하게 하는 등의 방법으로 실제로 치료효과도 높이고 있기 때문에 개량신약의 개발이 매우 중요해지고 있다.

한 자료에 대해서 일정 기간 동안 자료독점권을 부여할 필요가 있다는 견해가
주장된다.

2) 자료독점권의 인정을 통한 개량신약육성정책에 대한 반대론

개량신약에 대해 자료독점권을 부여하여 그의 육성정책을 펴는 것에 반대를
하는 입장을 살펴보기로 한다.

첫째, TRIPs협정 제39조 제3항에서는 오리지널 제약회사와 제네릭 제약회사
그리고 소비자의 이익을 조정하면서 신물질신약을 자료보호대상으로 한정하였는
데, 이 기준을 국내입법자도 존중해야 한다고 주장한다. 개량신약에 대해서까지
자료독점권을 인정하는 것은 기존 의약품을 개량하여 특허를 연장하거나 자료독
점권을 통해 독점적 이익을 연장하려는 오리지널 제약사의 Ever-Greening전략
을 지원하는 의미가 되는데, 정부가 국민과 제네릭 회사들의 이익을 희생시켜가면
서 신약제조회사의 이익을 보호할 의무는 없다는 것이다.

둘째, 신약허가신청자가 제출한 자료는 신청자 개인의 재산권의 일부로서 원
칙적으로 스스로 보호하도록 하는 것이 타당하므로, 정부가 TRIPs협정의 기준을
넘어 제3자에 의한 이용을 금지시키는 조치를 취할 의무는 없고, 더구나, 개량신
약에까지 보호조치를 취할 필요는 전혀 없다는 것이다.

셋째, 개량신약에 대해서까지 자료독점권을 확대 인정하는 것은 개량신약의
개념 자체가 불분명할 수밖에 없고 제출된 자료 중 어떤 것이 신약허가획득에 본
질적으로 중요한 자료인지 논란이 제기되어 정부는 불필요한 논쟁과 소송에 휘말
리게 될 것이라고 한다.

넷째, 정부는 개량신약의 안전성과 유효성의 검증을 위해 충분한 자료를 요구
하여야 하지만, 개량신약개발자들이 대량으로 제출한 자료들에 대해 독점권을 부
여하게 되면, 제네릭 제약회사들이 의약품을 개발할 때 활용할 수 있는 정보를 크
게 제약하여 후발 제약회사들의 의약품개발이 극도로 힘들어질 것이다. 또, 개량
신약 지위의 남발은 허가심사기관이 심사에 활용할 수 있는 자료를 극도로 좁혀
서 재량권행사도 중대한 제약을 받게 될 것이다. 이러한 문제점을 해소하기 위해
후발제약회사들이 불충분한 자료를 제출하더라도 의약품의 허가를 하게 되면 의
약품의 안전성과 유효성에 의문이 생기게 될 것이다.

3) 소결

현재 우리나라를 비롯한 세계 각국에서 제약산업과 생명공학산업의 육성이라는 이름 아래 개량신약에 대해 약가우대정책과 함께 자료독점권을 인정하고 있다. 하지만, 반대론이 주장하듯이 개량신약에 대해 무분별하게 자료독점권을 인정하는 것은 문제점도 많다. 소송을 통하여 특허가 무효로 되거나 특허기간이 만료되더라도 자료독점권은 특허권을 상실한 제조자를 경쟁으로부터 보호함으로써 특허기간을 실질적으로 확장시켜주는 역할을 한다.

신물질신약의 경우 오랜 기간 많은 비용을 통해 개발되는 경우가 보통이기 때문에 그 지식재산권에 대한 강력한 보호장치는 그 비용회수를 위해 반드시 필요하다. 하지만, 개량신약은 상황이 다르다. 개량신약의 지위를 무분별하게 인정하면 제약회사는 조금의 비용만 지출하여 약간의 용량변경이나 복용방법을 변경해놓고도 자료독점권의 보호를 받고 약가우대정책의 수혜를 입게 될 것이다.

신약심사능력이 열악한 현실에서 우리 식품의약품안전청이 개량신약육성정책에 급급하여 국내외 기업들의 쇄도하는 신약허가신청에 대하여 무분별하게 신약허가를 남발하는 것은 제네릭 제약산업을 극도로 위축시키고 국민건강보험재정도 부실하게 할 우려가 있다. 또, 개량신약 지위의 남발은 TRIPs협정이나 미국과 유럽연합의 법적 규율의 내용에도 반한다. 때문에, 개량신약육성정책의 실익과 그 비용을 비교형량의 관점에서 정확히 평가하여 최소한 편익이 큰 경우에 한하여 개량신약의 지위를 부여해야 할 것이다.

4. 자료독점권으로 보호되는 자료의 범위

자료독점권의 보호대상과 관련하여 "최초 허가 시 제출된 자료가 아닌 것으로서 이와 동등범위 이상의 자료를 제출하여야 한다"(의약품등의 품목허가·신고·심사규정 제27조 제8항)는 규정의 의미가 문제된다.

(1) 허가의 취득에 필요한 자료로서 자신의 상당한 노력과 비용으로 작성하였을 것

"최초 허가 시 제출된 자료"는 법문상 오해의 가능성이 있으나 국제조약이나 미국 및 유럽에서 자료독점권의 적용시기 등을 고려할 때 단순히 신약허가신청시 신청자가 제출한 모든 자료를 의미하는 것이 아니다. 후발 제약사들이 의문을 갖고 식품의약품안전청의 실무도 신약허가취득자가 제출한 모든 자료에 대해서 자료독점권이 인정되는 듯 오해를 하는 경향도 있는데, 제출한 자료의 성질, 자료의 작성을 위해 지출한 비용과 노력 등을 고려하여 보호대상의 범위를 한정적으로 판단하여야 한다. 사견으로는 신약허가를 받기 위해 반드시 필요한 자료를 개발자 스스로 상당한 노력을 기울여 작성한 경우에만 자료독점권이 인정된다고 보아야 한다. 한·미 FTA협정 제18.9 제2항 가호도 자료독점권으로 보호되는 자료의 범위를 "생물적 동등성과 관련된 정보 이외에 이전에 승인된 화학물질을 포함하는 의약품의 승인에 필수적인 새로운 임상정보"라고 하고 있고, 동조 제1항 가호에서는 "그 제품의 안전성 또는 유효성에 관하여 작성에 상당한 노력이 소요되는 정보"라고 규정하고 있다.

실무상 신약허가를 신청하는 제조사가 자신이 개발과정에서 확보한 자료로서 신약허가의 취득에 반드시 필요한(Essential) 범위를 넘어 제출하는 경우가 많은데, 이것을 후발 제조사들은 과잉제출이라고 부르면서 문제삼기도 한다. 즉, 학술지 등에 공개된 자료의 경우, 신약제조사 스스로 작성한 자료가 아님에도 불구하고 배타적 이용권을 갖게 되어 다른 제네릭 제약회사가 신규허가를 얻고자 해도 허가신청자료의 작성을 어렵게 하여 시장에의 진출을 부당하게 오랫동안 막는 것은 아닌가 하는 비판이 제기되고 있는 것이다. 학술지에 발표된 자료를 신약허가취득자가 허가신청 시 제출하더라도 이는 개발자 스스로 상당한 노력을 기울여 작성한 자료가 아니기 때문에 자료독점권의 보호대상이 아니다. 후발 제약사들도 스스로 상당한 노력을 기울여 작성한 자료가 아닌 학회논문 등을 제출할 수는 있지만 자료독점권의 보호대상이 되지는 않는다.

더 나아가 가능성은 그렇게 높지는 않지만, 외국의 제약회사가 우리나라에서 신약으로 허가를 얻어 첫 번째 신약허가취득자가 되었으나, 세계적으로 볼 때 이 회사는 동일의약품의 제네릭 개발자일 뿐이어서 다른 특허권자와 자료독점권 보유자의 개발자료를 이용하여 국내에서 허가를 얻은 경우이라면, 그러한 의약품의 자료는 자신이 상당한 노력을 투입하여 작성한 자료가 아니기 때문에 자료독점권의 보호를 받을 수는 없다고 보아야 할 것이다.

하지만, 외국에서 특허권이나 자료독점권이 만료되었더라도 해당 의약품의 원개발자가 처음으로 국내에 신약허가신청을 하여 허가취득한 경우 국내법에 의해 새롭게 4~6년의 자료독점권의 보호를 받을 것이다. 때문에 국내기업들이 외국의 특허권과 자료독점권의 만료여부를 잘 살펴서 신속하게 동일의약품을 개발하여 허가를 얻도록 정부는 관련 정보를 제공할 필요가 있다.

(2) 동일한 신약의 개발과 동등범위 이상의 자료제출의무

문언상으로 동등범위 이상의 자료란 안전성과 유효성을 입증할 수 있는 동등한 자료와 그 이상의 자료를 의미한다. 즉, 후발주자는 동등한 자료를 제출하거나 그 이상의 자료를 제출하여 허가를 얻을 수 있다.

최초의 신약개발자와 후발 제약사가 동일한 신약을 개발하여 허가를 얻는 경우를 상정할 때, 동등이상의 자료의 해석과 관련하여 다음과 같은 의문이 생긴다. 즉, 후발 제약사는 자신의 노력으로 작성한 의약품의 안전성·유효성 입증자료를 처음의 신약개발자와 동등한 정도로 제출하면 족하다고 보는 것이 옳고, 처음의 신약개발자가 제출한 자료보다 그 이상의 자료를 제출하도록 하거나 다른 새로운 효능을 입증하도록 요구하는 것은 후발 신약개발자에게 근거 없는 차별을 하는 것이 아닌가 하는 것이다.

자료독점권으로 보호되는 것은 처음의 신약개발자에 의해 허가취득 시 제출된 자료일 뿐이므로 후발 주자에게 처음의 신약개발자보다 허가취득을 더 어렵게 할 이유는 없기 때문이다. 약사법에서 신약허가취득을 위해 그의 안전성과 유효성을 입증하는 자료를 제출하면 된다고 규정하였는데, 고시규정만으로 상위법에 근거도 없이 새로운 요건을 추가하여 신약허가취득을 더 어렵게 했다고 보는 것은 상위법을 위반한 해석이 될 것이다. 자료독점권의 논리도 처음의 신약허가취득자가 제출한 자료를 이용하지 말라는 것이지 동일 활성물질을 포함한 두 번째 신약허가신청자가 독자적으로 임상시험 등을 거쳐 의약품의 안전성과 유효성을 입증하여 허가를 취득하는 것을 방해하지는 않는다.

여기서 '동등범위 이상의 자료'의 의미는 처음의 신약허가취득자의 자료와 동일하지 않은 자료이어야 한다는 뜻으로 해석한다.

(3) 개량신약의 허가와 동등범위 이상의 자료제출의무

1) 신물질신약의 자료독점권 보호기간 내 개량신약개발자가 제출하여야 할 자료의 범위

개량신약의 개발자가 신물질의 안전성과 유효성에 관한 자료는 제출하지 않고 추가하거나 개선시킨 효능과 관련된 자료만을 제출한 경우에도 신약허가취득자의 자료독점권을 침해하고 동등 범위이상의 자료제출의무를 위반하는 것인가 하는 의문이 있다. 두 가지 의견이 가능할 수 있다.

첫 번째 의견은, 개량신약개발자에게 자료독점권으로 보호되는 자료의 범위는 자신이 상당한 노력을 기울여 작성한 자료로서 효능의 추가나 개선의 입증에 필요한 자료에 한정되므로, 추가한 효능이나 개선된 효능과 관련된 자료를 제출하기만 하면 신약의 요건을 충족시키는 것으로 볼 수 있다는 입장이다.

구체적으로 개량신약개발자가 염변경과 관련된 임상시험자료 등을 제출하여 신약으로 허가해줄 것을 요구한 경우, 식품의약품안전청장은 신물질신약의 허가 취득자가 제출한 자료와 개량신약개발자의 신청자료를 스스로 비교하여 주요 활성성분이 동일함을 확인한 후 그의 안전성과 유효성을 신뢰하고 추가되거나 변경된 염의 이용과 관련된 자료에 대해서만 안전성·유효성 요건의 충족 여부만을 확인하고 허가하였을 때, 신물질신약허가취득자의 자료독점권을 침해하지 않는다고 본다. 이때, 개량신약개발자는 신물질신약허가취득자의 자료를 직접 인용하지 않았기 때문에 자료독점권을 침해하지 않는다고 보는데, 이 입장은 TRIPs협정에서 금지하는 불공정한 상업적 이용의 금지에도 해당되지 않는다고 본다.

두 번째 의견은, 우리 법에서 최초 허가 시 제출된 자료와 동등 이상의 자료를 제출하도록 한 것의 의미는, 신물질신약개발자의 자료독점권을 침해하지 않기 위해서는, 개량신약의 허가심사에 있어서 추가되거나 변경된 염의 사용과 관련하여 그의 안전성과 유효성을 새로이 입증하도록 요구해야 할 뿐만 아니라, 신물질로 된 주활성성분과 관련하여서도 처음의 신물질신약 허가취득자와 관련 없는 독자적인 임상시험자료 등을 제출하여 그의 안전성과 유효성을 입증하도록 요구해야 한다는 의미로 이해한다. 다만, 이 경우에도 신물질을 함유한 의약품의 특허권이 만료되어 특허권침해문제가 발생하지 않아야 한다.

　　개량신약개발자가 신물질신약허가취득자의 자료를 인용하지 않고 식품의약품안전청만이 이 자료의 존재를 전제로 개량신약개발자에게 신물질의 개발과 관련된 안전성과 유효성에 관한 자료의 제출을 면제시키는 것도 불공정한 상업적 목적의 이용으로 자료독점권을 침해한다고 본다.

　　필자는 두 번째 의견을 지지하기로 한다. 왜냐하면 신물질신약개발자의 자료독점권의 보호기간 내에 개량신약개발자는 물론 식품의약품안전청이 처음의 신물질신약의 주활성성분의 개발자료에 의존하여 개량신약에 포함된 주활성성분의 안전성과 유효성을 신뢰하는 것도 간접적인 이용에 해당되어 TRIPs협정 제39조 제3항에서 금지하고 있는 "불공정한 상업적 이용"에 해당된다고 보아야 하기 때문이다.[88]

2) 신물질신약의 자료독점권 보호기간 종료 후 개량신약개발자가 제출하여야 할 자료의 범위

　　신물질신약의 자료독점권 보호기간 종료 후 몇 차례의 개량신약의 허가가 있는 경우, 즉, 용법이나 용량을 변경하여 동일한 제약회사나 다른 제약회사가 몇 차례의 개량신약허가를 얻은 경우(예, 마빌정 10밀리그램과 마빌정 70밀리그램, 국행심 01-03734 의약품제조품목허가신청반려처분취소청구사건), 자료독점권으로 보호되는 자료의 범위가 문제된다. 개량신약의 경우 자료독점권의 보호범위는 각각 개량신약으로서 허가취득에 필수적인 자료로 스스로 상당한 노력을 기울여 작성한 자료에 한정된다고 보아야 한다. 각각 개량한 부분에 대해서 자료독점권의 보호를 받는 것만으로도 신약개발과 비교하여 훨씬 비용과 시간이 적게 들면서도 경쟁사들과의 관계에서 어느 정도 판매의 우위를 확보할 수 있을 것이므로 후발 제약사들에게도 상당한 유인이 될 수 있을 것이다. 따라서, 제3의 제네릭 제약회사들은 개량 없이 자료독점권의 보호기간이 만료된 신물질신약과 동일한 주활성성분을 함유하는 제네릭 의약품들에 대해 생물학적 동등성 시험만을 거쳐 허가를 얻어 시판할 수 있다.

　　만약 신물질신약의 주활성성분에 대한 것까지 개량신약개발자의 자료독점권의 보호범위를 확대한다면 그것은 타인의 노력으로 작성된 자료에까지 보호범위를 넓히게 되어 부당할 뿐만 아니라 제네릭 의약품의 출시는 무한정 늦추어지게 될

---

88) G. Lee Skillington/Eric M. Solovy, a.a.O., pp.30-31.

것이어서 국민들의 의약품접근권의 보장을 위해서도 바람직하지 않다.

5. 자료독점권의 보호기간과 제네릭 개발자의 허가신청가능성

(1) 자료독점권의 보호기간

1) 현행법의 내용

의약품의 재심사기간은 품목허가를 받은 날부터 품목에 따라 4년에서 6년이다(약사법 제32조 제1항). 재심사기간이 그 품목허가일로부터 6년인 품목은 가. 신약, 나. 이미 허가된 의약품과 유효성분의 종류 또는 배합비율이 다른 전문의약품, 다. 이미 허가된 의약품과 유효성분은 동일하나 투여경로가 다른 전문의약품이다(약사법 시행규칙 제35조 제1항 제1호). 재심사기간이 그 품목허가일로부터 4년인 품목은 가. 이미 허가된 의약품과 유효성분 및 투여경로는 동일하나 명백하게 다른 효능·효과를 추가한 전문의약품, 나. 그 밖에 식품의약품안전청장이 재심사를 받을 필요가 있다고 인정한 의약품이다(약사법 시행규칙 제35조 제1항 제2호).

자료독점권의 보호기간은 품목허가일로부터 기산한다. 신약허가신청일을 기산일로 삼는 것은 처음의 신약개발자가 아직 허가를 기다리고 있을 뿐 시판할 수 없어서 신약개발비용의 회수가 가능하지 않은 시점부터 자료독점기간이 시작되는 것이므로 자료독점권의 보호제도의 취지에 반한다.

후발개발자인 제3자가 다른 나라에서 품목허가를 얻은 신약개발자의 자료를 원용하는 경우 자료독점권의 보호기간은 해당 국가에서 품목허가를 얻은 날로부터 시작된다고 보아야 하는가, 아니면 우리나라에서 신약의 허가일로부터 기산한다고 보아야 하는가? 우리나라와 다른 나라에서 동시에 신약의 품목허가를 얻지 않은 이상 후발 제약회사들은 자료독점기간이 만료된 다른 나라의 자료를 이용하여 우리나라에서 보다 일찍 허가를 얻을 가능성이 있는가는 중요한 문제일 수 있지만, 동일 회사의 의약품개발정보인 이상 우리나라에서 인정되는 자료독점권의 보호기간 동안에는 다른 나라에 제출된 자료라 하더라도 이용할 수 없다고 보아야 할 것이다.

2) 현행법과 법집행실무의 문제점

우리나라에서 인정된 자료독점권의 보호기간을 미국이나 유럽의 법제, 그리고 한·미 FTA협정의 내용과 비교할 때 다음과 같은 심각한 문제점이 있다고 생각한다.

첫째, 개량신약에 대해서 6년 또는 4년의 보호기간을 부여하고 있는데, 미국의 경우 3년, 유럽의 경우 1년인 것에 비해 지나치게 길다. 또, 유효성분이나 투여방법을 달리한 전문의약품의 경우는 6년, 유효성분 및 투여경로는 동일하나 명백하게 다른 효능·효과를 추가한 전문의약품의 경우는 4년으로 차이를 두고 자료독점권의 보호기간을 설정하는 이유도 납득하기 어려운 것이다.

이러한 규제현실로 인해 제약회사들은 진정한 신약인 신물질신약에 대한 개발의지를 거의 가질 수 없게 될 것이다. 뿐만 아니라, 이 규정들은 국내 제약회사뿐만 아니라 외국의 제약회사들에도 동일하게 적용되는 것으로서, 외국에서 특허권과 자료독점권의 보호기간이 끝난 의약품인데도 우리나라에서 계속해서 약간씩 의약품의 질이나 복용방법 등을 변경하여 10년 이상씩 새로이 자료독점권의 보호를 연장해갈 우려도 있다.

이러한 과잉보호는 제네릭 제약회사들의 출현을 지연시키게 되는데, 그들의 경쟁을 촉진하여 의약품의 질을 개선하고 약가를 인하시키려는 목적에 심각한 부정적 영향을 미칠 것이다. 제네릭 제약회사들은 개량신약으로 자료독점권을 부여하지 않아도 자기 제품의 우수성을 소비자들에게 입증하기 위하여 기존 의약품을 계속해서 개량해 가려 할 것인데, 긴 시간 동안 자료독점권이 존재하는 것은 개량기술에 관한 정보의 이용과 확산만을 막게 되어 제약산업의 발전에 부정적 영향만을 미치게 될 것이다. 더불어, 제약회사들도 기존의 의약품들과 약간의 차별성만 보여주는 개량신약의 개발에만 안주하려 할 것이다.

둘째, 약사법과 약사법 시행규칙에서 신약에 대해서는 6년, 개량신약에 대해서는 6년 또는 4년의 자료독점권 보호기간을 설정한 것은 우선 한·미 FTA협정 제18.9조 제1항 및 제2항과 비교할 때 다음과 같은 차이가 있다. 동협정에서는 신약의 자료독점권의 보호기간을 최소한 5년으로 하고 있고 농약품에 대해서는 최소한 10년으로 하며, 개량신약에 대해서는 최소한 3년의 자료독점기간을 부여하고 있다. 즉, 우리나라에서 자료독점권의 보호기간이 이 협정에서 보장된 기간보다 길다는 것을 알 수 있다. 우리 입법자가 이 협정보다 자료독점권을 강화시켜서 보장할 수 있는 입법재량을 갖는 것은 사실이므로 우리 법제의 내용이 이 협정에 배치되는 것은 아니지만, 신물질신약개발자는 물론 개량신약개발자에 대해서까지 경우에 따라서는 6년이라는 2배의 자료독점권 보호기간을 인정하는 것은 제네릭 산업에 심각한 부정적 영향을 미칠 우려가 있지 않은가 생각한다.

셋째, 동일 회사에서 개발하였고 동일성분을 함유하지만 용량을 달리하여 몇 개의 개량신약허가가 부여된 의약품들(예, 마빌정 10밀리그램과 마빌정 70밀리그램, 국행심 01−03734 의약품제조품목허가신청반려처분취소청구사건)이 있는 경우, 현실적으로 동일 유사의 의약품들에 대해 별도의 재심사를 받도록 요구하는 것이 제약회사들에게 상당한 부담이 되고 그 실익도 의문스러워서, 식품의약품안전청은 동일 회사가 얻은 두 번째 개량신약(예, 마빌정 70밀리그램)에 대해서는 첫 번째 개량신약(예, 마빌정 10밀리그램)의 재심사기간까지 그의 재심사기간을 단축하고 있다.

이러한 실무는 의약품재심사제도와 관련하여서는 그 합리성을 긍정할 수도 있겠지만, 이와 연계되어 운영되고 있는 자료독점권의 보호제도에는 매우 곤란한 문제를 야기시킨다. 우선 용량만 달리 한 경우에도 개량신약으로 지위를 부여한 것도 문제이지만, 두 번째 개량신약에 대해서 행정청이 재심사기간을 임의로 단축하는 행위를 한 경우 그로 인해 자료독점권의 보호기간도 당연히 단축된다고 보아야 하는가? 만약 이것을 긍정한다면 일정 기간의 자료독점권의 보호기간을 두는 제도만을 알고 있는 미국이나 유럽 계열의 제약회사들은 우리나라의 법집행실태가 자유무역협정의 위반이라거나 국제관례에 반한다고 항의할 것이고, 식품의약품안전청은 그때 가서야 해당 외국기업들이 제조한 의약품에 대해서만 자료독점권의 보호기간을 연장해줄 것이다. 이것이 부당함은 말할 나위가 없다.

(2) 자료독점권의 보호기간 내 제네릭 의약품 개발자의 허가신청가능성

1) 제네릭 의약품 개발자의 허가신청가능성

우리 현행법상 제네릭 의약품의 개발자는 신약의 자료독점권의 보호기간 내라 하더라도 신약개발자의 원자료에 대해서 연구, 조사할 수는 있다. 이것은 자신의 허가신청에 신약개발자료를 원용한 것이 아니므로 아무런 문제가 없다. 또, 우리 특허법 제96조에서 제3자는 연구 또는 시험을 하기 위해 타인의 특허발명을 실시할 수 있는 것으로 규정하고 있기 때문에, 해당 신약의 특허기간이 만료되지 않은 경우에도 제네릭 개발자는 원자료를 공개 받아 연구할 수는 있다. 한·미 FTA협정 제18.8조에서도 특허기간만료전 제네릭 개발자가 "자국의 시판승인요건을 충족하기 위한 신청을 뒷받침하기 위하여" 원자료를 활용하여 연구하는 것을 인정하고 있다.[89] 여기서 더 나아가 제네릭 개발자는 신약의 자료독점권의 보호기간 내에 허가신청을 할 수 있는가? 다만, 여기서 주의해야 할 점은 자료독점권의 기간만료 전 허가신청이 있더라도 식품의약품안전청은 그의 보호기간이 지나야 비로소 허가할 수 있다는 점이다.

미국에서는 전문의약품의 자료독점권의 보호기간은 5년으로 하면서도 4년이 지나면 후발주자는 허가신청을 하여 간이허가절차를 이용할 수 있되 미국 식품의약청은 5년이 지나야 허가를 부여할 수 있도록 하고 있다. 유럽연합은 8년이 지나면 후발주자는 신약허가취득자의 자료를 이용해 연구를 하고 허가를 신청할 수는 있되 10년이 지나야 제네릭 의약품의 허가를 내주도록 하고 있다.

신약재심사제도를 통해 간접적으로 자료독점권을 보호하는 우리 의약법제는 재심사기간 중에 제네릭 의약품 개발자가 제네릭 의약품의 허가를 신청할 수 있는지 전혀 규정하고 있지 않다. 다만, 우리 법제는 재심사대상으로 지정된 의약품과 동일한 품목의 허가를 얻고자 하는 경우 "최초 허가 시 제출된 자료가 아닌 것으로서 이와 동등범위 이상의 자료를 제출하여야 한다"고 하여(의약품등의 품목허가·신고·심사 규정 제27조 제8항), 후발 개발자가 신약의 방식으로 허가신청할 경우 제출하여야 할 자료의 내용에 대해서만 규정하고 있다.

명확한 법적 기준이 없는 상황에서는 시급히 입법을 정비하여 제네릭 의약품의 출시를 촉진시킬 필요가 있다고 보지만, 현재 상황에서 법해석상 몇 가지 의견이 가능할 수 있다고 본다.

첫 번째 입장은, 신약과 동일한 제네릭 의약품을 개발하고자 하는 후발주자는 의약품개발을 위한 연구는 할 수 있으나 허가신청은 신약의 안전성과 유효성이 검증된 재심사기간이 지나야 가능하다고 보는 입장이다. 이 입장에서는 우리나라에서 제네릭 의약품의 개발자는 신약의 안전성과 유효성에 대한 신뢰를 전제로 동일 의약품의 안전성·유효성 자료는 제출하지 않고 생물학적 동등성 자료만을 제출하여 허가를 얻는데, 약사법은 재심사기간을 4년에서 6년으로 하면서도 재심사기간이 지난 날부터 3개월 이내에 식품의약품안전청장의 재심사를 받아야 한다고 규정하고 있는 것을 볼 때(약사법 제31조 제8항과 제32조), 재심사기간이 지났더라도 아직 신약의 안전성과 유효성은 완전하게 검증된 것은 아니기 때문에, 제네

---

89) 특허청, 한·미FTA 지적재산권분야 이행방식에 관한 연구, 2007, 137면 이하.

릭 의약품의 허가신청은 이 재심사기간이 지나야 가능하다고 할 것이다.

두 번째 입장은, 신약재심사제도는 의약품의 부작용을 발견하여 의약품의 안전성과 유효성을 보장하기 위한 제도이지만, 자료독점권의 보호제도는 일정 기간 제3자의 허가취득 시 신약개발자료의 원용을 금지시키는 것으로서 의약품의 안전성과 유효성의 입증 여부와는 상관없는 제도라고 하면서, 제네릭 개발자가 재심사기간이 지나야 허가를 신청하도록 하는 것은 사실상 신약개발자의 자료독점권의 보호기간을 부당하게 연장하는 것이 될 것이라고 비판한다. 때문에, 제네릭 개발자는 재심사기간 중에도 동일한 품목의 허가를 신청할 수 있다고 본다. 다만, 재심사기간 중 언제부터 허가를 신청할 수 있다고 보아야 하는지가 문제되는데, 명문의 규정이 없는 이상 제네릭 의약품의 허가심사에 있어 실무경험상 걸리는 시간을 고려하여 자료독점기간이 만료되는 시점에 허가가 부여될 수 있는 시점부터는 허가신청이 가능하다고 본다. 식품의약품안전청장은 법률에서 새로이 규정하거나 최소한 고시 등을 개정하여 언제부터 허가신청이 가능한지 명확화하는 것이 불필요한 혼선을 방지하기 위해 필요하다고 본다.

첫 번째 입장을 따르게 되면, 외국의 규제상황과 비교할 때 우리나라의 제네릭 회사들에게는 불리한 것으로서 부당하게 신약개발자의 자료독점기간을 사실상 연장시켜주는 결과를 가져올 것이다. 따라서, 필자로서는 두 번째 입장을 지지하기로 한다.

2) 자료독점권의 보호기간 내 부관부 허가의 가능성

신약자료의 보호기간 내 제네릭 개발자의 허가신청이 가능하다는 입장을 따르는 경우 제기될 수 있는 의문은, 식품의약품안전청장은 신약의 자료독점권의 보호기간 내 제네릭 개발자가 동일의약품에 대해 허가신청했을 때, 독점기간만료시점부터 허가의 효력이 발생될 수 있도록 부관부 허가를 미리 부여할 수 있는가 하는 점이다. 즉, 허가는 미리 내주되 허가의 효력발생시점은 자료독점권의 만료시점으로 하는 방식이다.

최근 의약품의 제조업허가나 품목허가와 관련하여 의약품의 출시를 앞당기기 위하여 부관부 허가방식이 널리 이용되고 있기 때문에 문제된다. 더구나, 퍼스트 제네릭의 경우 약가의 우대를 받으므로 어떤 기업에 그 지위를 부여할 것인가의 문제와도 관련되고, 부관부 허가라 하더라도 허가를 받은 기업은 효력발생시점전에 공장에서 대량생산할 수 있는 투자를 하여 생산하여 놓고 판매할 수 있는 시점만을 기다려도 되므로 안정된 투자를 할 수 있는 여건이 조성되는 것이기 때문에 실무상 상당히 중요한 쟁점이 될 수 있다고 본다.

자료독점권의 보호제도는 시판금지(Market Exclusivity)를 의미한다고 보면 부관부 허가도 자료독점권의 보호기간 내에 부여될 수 있다고 볼 것이다. 하지만, 자료독점권의 보호제도가 보호기간 내 원자료를 이용하여 허가를 얻을 수 없음(Data Exclusivity)을 의미한다면 부관부 허가라 하더라도 보호기간 내에 부여되어서는 안될 것이다. 앞에서 소개했듯이 유럽연합에서는 두 개념을 분리해서 사용하고 있다. 우리 입법자는 이 부분도 신중하게 고려해서 법을 정비해야 할 것이다.

현행법의 해석상 두 견해가 가능할 것이다. 첫 번째 견해는, 현행법의 해석상 우리나라의 자료독점권의 보호기간이 미국에 비해서는 길지만 유럽연합에 비해서는 상대적으로 짧은 점, 그리고 유럽연합과의 FTA체결 상황 등을 고려할 때, 명시적인 법적 근거가 없는 이상, 비록 의약품의 품목허가가 재량행위로서 부관을 붙이는 것이 행정법상 일반적으로 허용될 수 있다 하더라도 외국법제와의 조화를 위하여 자료독점권의 보호기간 내에 부관부 허가는 가능하지 않다고 주장할 수 있을 것이다.

두 번째 견해는, 신종 플루 치료약이나 AIDS 치료약과 같은 경우 오리지널 제약사에 의한 의약품공급이 원활하지 않을 수 있는데, 특허 받은 신물질신약의 경우에도 응급상황에서는 정부가 강제실시권을 사용하여 특허기간 내에 제네릭 기업들에게 생산하는 것을 허용할 수 있다는 점을 고려할 때, 자료독점권의 보호기간 내에도 정부는 생물학적 동등성 시험만을 거쳐 제네릭 의약품의 허가를 하되 효력발생시기를 특허기간과 자료독점권의 보호기간 만료 시로 하여 생산준비를 마쳐 오리지널 의약품의 공급부족 등 응급상황에 대비할 수 있도록 하는 것이 가능하다고 보아야 하고, 이러한 해석이 재량행위의 경우에 부관을 붙여 그 행위를 발할 수 있다는 행정법 일반이론에도 부합한다고 주장할 것이다.

이미 우리나라 자료독점권의 보호기간이 미국에 비해서도 길다는 점, 부관부 허가의 경우에도 허가의 효력발생 시기는 자료독점권의 보호기간이 종료한 시점이라는 점, 제네릭 의약품의 신속한 출시가 국민들의 의약품접근권의 보장을 위해서도 필요하다는 점 등을 고려하여 자료독점권의 보호기간 내에도 부관부 허가는

가능하다는 입장을 취하기로 한다.[90]

Ⅵ 결어

1995년 우리나라도 신약재심사제도를 이용하여 간접적으로 자료독점권제도를 도입하였으나, 도입을 위한 근거를 단지 고시에 규정하여 두었을 뿐이고 관련 조문도 너무나 부족해, 신약개발자료의 보호와 내용에 관해 법적 불명확성이 심각한 상태이다. 신약재심사제도와 자료독점권은 보호의 필요성이나 보호대상도 틀리고 보호되는 자료의 범위에 관해서도 서로 다르게 규율해야 할 필요가 있다.

TRIPs협정은 사법상의 자료보호권과 공법상의 자료독점권 사이에서 반드시 자료독점권을 도입하도록 회원국들에게 요구하지 않고, 신약개발자료의 보호를 위한 조치 없이는 그 자료를 공개해서는 안 된다는 규정을 두었을 뿐이었다. 하지만, 미국은 이미 1984년 이래 신약에 대해서는 5년, 개량신약에 대해서는 3년의 공법적 성질의 자료독점권을 도입하고 있었고, 유럽연합도 신물질신약의 경우 10년, 개량신약의 경우 1년의 자료독점권 보호기간을 설정하였다.

우리 정부는 제약산업발전을 위한 단계적 목표로서 개량신약육성정책을 추진하면서 약가우대와 함께 자료독점권을 인정하고 있다. 하지만, 개량신약의 자료독점권 보호기간은 신물질신약과 동일하게 6년인 경우도 있고 4년인 경우도 있어 너무 길 뿐만 아니라, 두 의약품 간 차별화가 이루어지지 않아 신약개발의지를 훼손시키고 있고, 후발 제네릭 의약품의 출시를 지연시키며 상호경쟁을 저해하고 있다.

---

90) 신종 플루의 치료약을 생산판매하는 스위스계 제약사 로슈가 판매하는 독감치료제인 타미플루는 물질특허의 보호기한이 2016년인데, 2009년 12월 7일 식품의약품안전청은 타미플루의 복제약인 종근당의 타미비어 캡슐에 대해 생물학적 동등성 시험만을 거쳐 품목허가를 부여하였다. 종근당 이외에도 10여 개의 국내 제약회사가 타미플루 복제약의 허가신청을 고려하고 있다 한다. 타미플루는 특허 이외에 자료독점권의 보호도 받고 있는데 신약개발자료와 동등범위 이상의 자료를 제출하도록 요구하는 신약허가절차를 거치지 않고 제네릭 의약품 품목허가절차를 거치도록 하고 보호기간 내에도 허가한 것은 식품의약품안전청이 자료독점권의 보호기간 내에도 제네릭 의약품의 허가를 부여할 수 있되 그 효력은 보호기간의 종료시점에 발생하도록 할 수 있다는 입장을 취하고 있는 것으로 이해할 수 있을 것이다. 정부는 복제약의 사전허가는 이를 통해 응급상황에서 강제실시권을 실효적으로 발동하기 위해서도 필요하다고 한다. KMA times(www.kmatimes.com) 2009. 12. 9. 기사 참조.

신종 전염병이 국제적으로 확산되면서 인류를 괴롭히고 있지만 신물질신약의 개발은 점점 어려워지고 비용도 많이 들고 있다. 이러한 상황에서 특허권과 자료독점권은 신약개발산업의 촉진을 위해 점점 더 중요한 지렛대가 되고 있다. 개량신약의 허가나 제네릭 의약품의 허가와 관련하여 신약에 대한 자료독점권의 인정과 그 보호범위 등을 둘러싸고 기업과 정부 간 분쟁뿐만 아니라 국가 간 분쟁의 소지도 커지고 있다. 자료독점권의 보호와 관련된 법적 쟁점들이 새로운 입법을 통해 명확한 기준에 의해 신속하게 정리되기를 기대한다.

참고문헌

1. 국내문헌

김호철/안덕근, 한미자유무역협정 의약품 지재권 협상결과 관련 법적 쟁점 분석, 서울대학교 법학 제50권 제2호, 2009. 6.

박실비아, 의약품 자료독점제도의 국가별 현황과 국내 제도의 발전방향, 약제학회지 제39권 제4호, 2009.

식품의약품안전청, 2008년도 식품의약품 통계연보, 2008.

특허청, 우루구아이 라운드(Uruguay Round)와 TRIPs협정의 성립, 특허청 지식보호센터, 2008.

_____, 한·미FTA 지적재산권분야 이행방식에 관한 연구, 2007.

2. 외국문헌

Brook K. Baker, ENDING DRUG REGISTRATION APARTHEID: TAMING DATA EXCLUSIVITY AND PATENT/REGISTRATION LINKAGE, American Journal of Law and Medicine 2008, 2008.

Congress of the United States Congressional Buget Office, Research and Development in the Pharmaceutical Industry, Pub. Num. 2589, 2006.

European Commission DG Competition Staff, Pharmaceutical Sector Inquiry Preliminary Report, European Commission DG Competition Staff Working Paper, 28 November 2008.

Gajanan Wakankar, Presentation on "Data Protection Laws – Unfair Commercial Use" organized by Ministry of Health, 2006.

G. Lee Skillington/Eric M. Solovy, THE PROTECTION OF TEST AND OTHER DATA REQUIRED BY ARTICLE 39.3 OF THE TRIPs AGREEMENT, Northwestern Journal of International Law and Business Fall 2003, 2003.

Martin A. Voet, The Generic Challenge, 2008.

Rebecca S. Eisenberg, THE PROBLEM OF NEW USES, Yale Journal of Health Policy, Law & Ethics, 2005.

Susan Scafidi, The "Good Old Days" of TRIPs : The U.S. Trade Agenda and the Extension of Pharmaceutical Test Data Protection, Yale Journal of Health Policy, Law, and Ethics 4, 2004.

The National Institute for Health Care Management Research and Educational

Foundation, Changing Patterns of Pharmaceutical Innovation, 2002.

株式會社 ドーモ (編), 改正藥事法 改訂版, 藥事日報社, 2007.

제4절

의약품 품목허가의 취소와 변경

Ⅰ 의약법상 허가행정의 현실과 법치주의보장의 과제

1. 심각한 허가취소와 변경의 실태

우리나라 제약회사들이 주로 제조하는 제네릭 의약품들은 적은 개발비용[91] 을 들여 비교적 소규모의 제조시설과 적은 인원 그리고 원료약품의 수입 후 가공행위를 통해 완성약품으로 제조될 수 있으므로 많은 중소기업이 시장에 쉽게 진입했다가 사라지고 있다. 이로 인해 제네릭 의약품 제조회사들 사이에서 시장참여시기를 앞당기고 비용을 절감하기 위한 경쟁은 상상할 수 없을 만큼 치열하다. 그결과 의약품의 제조허가와 품목허가를 받은 제약업체들의 도산도 빈발하고 있다. 그래서 때로는 GMP의 기준을 충족시키지 못한 시설들에서 비위생적이거나 약효가 떨어지는 의약품들이 판매허가를 얻어 저가를 무기로 급속히 시장을 확대시키

---

91) 예를 들어, 미국에서 제네릭 의약품의 안전성이 크게 문제되었던 1989년 의회청문회에 대한 보고서에서 미국의 Quantum이라는 제네릭 제약회사는 하나의 제네릭 의약품의 연구개발비용은 4만 달러에서 25만 달러에 달한다고 보고하고 있다. 이것은 오리지널 신약 한 개당 평균적으로 수천만 달러 이상의 비용을 지출해야 하는 경우와 비교할 때 매우 저렴한 것이다. FDA's Generic Drug Approval Process(Part 3), Hearings, 101 Congress, September 11 and November 17, 1989, Serial No.101-117, p.339.

기도 하지만 허가취소되어 사라지는 의약품들도 많다. 최근에는 의약품의 국제거래가 활성화되고 가격경쟁이 치열해지면서 인건비 등이 훨씬 낮고 제조시설의 합법성을 검증하기 어려운 외국으로부터 영세 유통업자들에 의해 항생제나 원료의약품 등의 수입이 확대되면서 의약품의 안전성과 유효성에 대한 의구심도 증대되고 품목허가의 취소와 변경도 자주 나타나고 있다.

2008년도 식품의약품안전청의 통계연보에 따르면 2007년까지 우리나라에서 의약품으로 허가·신고된 의약품은 총 73,092품목인데 허가취소·신고취소된 의약품은 2007년까지 총 56,914품목이었다. 2007년까지 수입허가·신고된 의약품은 총 7,590품목인데 허가취소·신고취소된 의약품은 총 3,224품목이었다.[92] 이 통계는 우리나라에서 의약품 품목허가의 취소가 얼마나 빈번하게 이루어지고 있는지 여실히 보여주고 있다고 하겠다. 의약품 품목허가가 대량으로 빈번하게 취소·철회되고 변경되는 현실은 행정법적 현상임에도 불구하고 그동안 행정법학에서 관심의 대상이 되지 못했었다.

2. 의약품 품목허가제의 운영에 있어 법치주의의 보장과 특별행정법영역의 특수성의 발견

의약품은 제약회사에게는 중요한 수익원이지만 국민들에게는 자신의 건강과 생명에 직접적이고 중대한 영향을 미치는 상품이기도 하다. 의약품의 품목허가는 행정법상 행정행위, 그중에서도 수익적 행정행위라고 볼 수 있는데, 이에 대해서는 행정법학상 다수의 법이론들이 개발되어 있다. 이러한 행정법이론들이 의약품의 품목허가와 그 취소 등의 경우에는 그의 적용이 포기되어 있는가, 아니면 일정한 수정을 거쳐 적용되고 있는가 하는 의문이 이 글의 출발이 된 문제의식이다. 이 글에서는 의약품의 품목허가와 그 취소의 영역에서도 법치주의는 포기될 수 없다고 보지만, 의약법의 특수성을 고려하여 일정 정도 수정될 수는 있다고 본다. 과연 어떤 특수성이 있고 어떻게 수정되어야 하는지 살펴보기로 한다.

이 글에서는 의약법의 특수한 성질이 행정법의 일반이론들의 수정을 가져온다는 점을 인정하지만, 또, 그 특수성의 지나친 강조로 인해 법치행정을 보장하기 위해 발전된 우리 행정법의 일반이론들을 무용지물로 만드는 것은 지극히 경계되

---

92) 식품의약품안전청, 2008년도 식품의약품통계연보 제10호, 2008. 12, 215－216면 참조.

어야 한다는 점을 명확히 할 것이다.

이 글의 내용은 주로 수익적 행정행위의 취소·철회·변경의 문제에 한정하고 있지만, 여기에 기술되는 내용만으로도 모든 행정법의 영역에서 행정법의 일반이론들이 동일하게 적용되고 있을 것이라는 막연한 추측과 달리, 특별행정법의 영역에 따라서는 특별한 법규정을 근거로 오랫동안 매우 다른 규율이 이루어져 왔다는 것을 소개하는 의의가 있을 것으로 생각한다.

Ⅱ 의약품 품목허가의 의의, 법적 성질과 유효성기준

1. 의약품 품목허가의 의의

의약품의 품목허가는 "사람이나 동물의 질병을 진단·치료·경감·처치 또는 예방할 목적으로 사용하는 물품"이나 "사람이나 동물의 구조와 기능에 약리학적 영향을 줄 목적으로 사용하는 물품"에 대하여 식품의약품안전청장이 그의 안전성과 유효성을 심사하여 의약품으로 판매를 허용하는 행위이다(약사법 제2조, 제31조 제1항). 우리 약사법상 의약품의 제조업허가와 품목허가는 구별되어 있으므로 의약품의 제조를 업으로 하고자 하는 자는 제조업허가와 품목허가를 얻어야 한다(약사법 제31조 제1항). 때문에 어떤 의약품에 품목허가취소사유가 있다고 하여 제조업허가까지 취소해서는 안 된다.[93)94)] 각 의약품목들 중에서 국민건강에 중대한 영향을 미치는 의약품은 허가사항으로 규정하고 있지만,[95)] 신고만으로 제조 가능한

---

93) "본조의 허가는 구체적인 의약품을 떠나서 추상적인 의약품제조허가를 의미하는 것이 아니고 의약품 하나 하나의 품목에 관한 제조업허가를 말하는 것이므로 역가미달의 한가지 약품을 제조하였다 하더라도 이를 이유로 다른 전품목에 대하여 의약품제조업허가를 취소할 수 없다"고 한다(대법원 1966. 7. 19. 선고 66누64 판결).
94) 제조업허가는 의약품의 제조와 판매가 국민건강에 미치는 중대한 영향을 고려하여 제조시설, 제조과정, 제조관리인 등의 측면에서 일정한 기준을 충족하고 일정한 자격을 갖춘 자가 관리하고 있는가 여부를 심사하여 판단하게 된다. 의약품의 제조업에 대해서는 허가사항으로 규정하고 있지만 각 품목의 제조에 대해서는 허가사항과 신고사항으로 나누어 규정하고 있다.
95) 의약품의 품목허가에 포함되는 사항은 식품의약품안전청의 고시인 "의약품등의 품목허가·신고·심사 규정" 제9조에서 규정하고 있다. 즉, 의약품 제조판매품목허가증·신고증, 수입 품목허가증(신고증)에 기재하여야 하는 사항은 1. 제품명, 2. 분류번호 및 분류(전문 또는 일반의약품), 3. 원료약품 및 그 분량, 4. 성상, 5. 제조방법(주성분의 제조소와 모든 제조공정의 소재지를

의약품도 있다.

2. 의약품 품목허가의 법적 성질

(1) 품목허가는 기속행위인가 재량행위인가

의약품 품목허가는 기속행위인가 아니면 재량행위인가? 의약품의 "제조품목허가처분은 기속재량으로 행정청은 요건을 충족한 경우에 반드시 허가를 내 주어야 하나 요건을 갖추지 아니한 경우에는 제3자의 보호관점에서 허가를 한다면 위법한 처분이 될 수 있을 것"이라고 하여 기속재량행위라는 재결례가 있다(국무총리행정심판재결 96-00521 의약품제조품목허가처분취소청구).

하지만, 사견으로는 의약품 품목허가는 재량행위라고 보아야 할 것이다. 그 근거는 다음과 같다. 첫째, 의약품에 대한 행정청의 심사는 매우 전문적인 특성을 갖는 것으로 허가심사청이 다년간 축적한 지식과 경험을 존중하지 않을 수 없으므로 법원이 허가심사청의 판단을 원칙적으로 전면적으로 대치할 수 있는 기속행위 또는 기속재량행위라고 보는 해석은 잘못된 것이라고 보아야 한다. 둘째, 다른 국무총리행정심판재결례(국행심 97-03827 의약품제조품목허가조건부가처분취소청구)에서도 의약품 품목허가에는 사후적 부관의 부가가 가능하다고 하고 있는데, 우리 판례(대법원 2004. 3. 25. 선고 2003두12837 판결)상 어떤 처분에 부관을 붙이는 것이 가능하기 위해서는 그 행위가 재량행위이어야 하므로 판례의 입장에서 보더라도 의약품 품목허가는 재량행위라고 볼 수 있을 것이다.[96]

(2) 의약품 품목허가의 잠정적 성격

의약품 품목허가는 행정법상의 일반적 행위의 허가와 다른 중요한 특징인 잠

기재한다), 6. 효능·효과, 7. 용법·용량, 8. 사용상의 주의사항, 9. 포장단위, 10. 저장방법 및 사용(유효)기간, 11. 기준 및 시험방법, 12. 제조업자 중 제조판매품목허가증·신고증을 보유한 자, 위탁제조판매업자 및 위탁제조판매업자로부터 수탁을 받아 제조하는 제조업자, 수입자(제조원을 포함한다), 13. 허가조건 등이다.

96) 다만, 학설은 재량행위에만 부관을 붙일 수 있다는 견해와, 기속행위의 경우에도 법률상 규정되어 있거나 법률요건충족적 부관을 붙일 수 있다는 견해로 나뉘고 있어, 두 번째의 근거, 즉, 품목허가에도 부관을 붙일 수 있다는 것이 반드시 의약품 품목허가의 성격을 재량행위라고 보는 근거는 될 수 없다는 비판도 가능할 것으로 보인다.

정적 성격을 가지고 있다.[97] 대부분의 의약품들은 화학약품으로서 특정한 질병의 치료목적으로 인위적으로 추출되거나 합성된 것이어서 정해진 사용조건을 위반해서 사용하면 인체에 치명적인 위해를 끼칠 우려도 있다. 그럼에도 불구하고 질병의 치료·예방효과가 인체에 대한 위해성보다 크기 때문에 시판이 허용되는 것이다. 하지만, 제한된 사람들에 대한 실험조사와 달리 다양한 체질과 조건을 가진 수많은 사람들이 복용하게 되면 예기치 못한 이상반응이 나타나기도 하기 때문에 의약품의 감독청은 언제든지 개입하여 품목허가를 취소·철회하거나 변경할 필요가 있게 된다. 이러한 특성 때문에 의약품 품목허가는 건축허가 등 다른 일반적 행위허가보다 잠정적 성격을 갖는다고 볼 수 있고, 또한, 허가결정에 있어서는 반드시 위험과 편익의 비교형량의 과정을 거쳐야 한다.

우리 약사법도 의약품 품목허가의 잠정적 성격을 반영하고 있는데, 품목허가의 취소·철회와 변경 등과 관련하여 행정청에게 허가내용의 사후적 수정권을 광범위하게 부여하고 있다. 그렇지만, 여기서 더 나아가 의약품의 품목허가가 다른 허가제도와 달리 독일 행정법에서 논의되는 잠정적 행정행위로서 "행정청이 어떤 이유에서든 사안을 완전히 심사하지 않은 채 발해지기에, 추후의 종국적 규율이 유보되며, 그리하여 최종결정에 비해 구속력을 발생시키지 않는 고권적 규율"[98]에 해당한다고 볼 수 있는지는 의문이다. 독일 행정법상 잠정적 행정행위 또는 가행정행위로 불리우는 것들 사이에도 성격의 차이가 있어서 일률적인 비판이 적절하지 않은 면도 있지만, 무엇보다 의약품의 품목허가에 대해서 행정청이 허가요건을 완전히 심사하지 않은 채 허가를 했다고 보는 것은 무리가 있어 보인다. 왜냐하면, 허가심사청은 심사당시 전문가들의 자문을 거쳐 그 당시의 과학지식 및 정보를 토대로 종국적 결정을 내리기 때문에 이 허가결정은 종국적 규율로서 구속력을 갖는다고 보아야 하기 때문이다.

다만, 의약품이 국민들의 건강에 중대한 영향을 미치기 때문에 안전성과 유효성의 보호 차원에서 광범위한 사후적 수정권이 감독청에게 주어진다. 건축허가의 경우에도 건축물의 안전성에 관한 지식이 바뀔 수 있기 때문에 심사당시의 과학

---

97) 의약품 품목허가의 잠정적 성격에 대한 분석은, 김중권, "약사법상의 신약의 허가와 재심사에 관한 연구", 중앙법학 제8집 제3호, 2006, 62-66면의 선구적 연구에서 잘 소개되고 있다.
98) 김중권, 상계논문, 63면 이하에서는 분명하지는 않지만 의약품 품목허가를 일종의 잠정적 행정행위로 보는 듯하다.

지식이 바뀔 수 있는 점은 이론상 비슷해 보이지만, 의약품은 훨씬 더 미묘하고 미세한 영역인 인체 내의 생리작용에 영향을 미치기 때문에 과학의 한계성은 훨씬 심각한 문제가 된다. 때문에 감독청에게 허가에 대한 광범위한 수정권을 부여할 필요가 있는 것이다. 이 점에서 의약품 품목허가의 경우 허가의 존속력 내지 구속력은 건축허가의 경우보다는 약하다고 볼 수도 있을 것이다. 하지만 이러한 특성은 실정법 규정의 틀 내에서 고려되어야 한다.

이러한 입장에서 볼 때 의약품 품목허가의 취소와 변경의 문제를 다룸에 있어 전통적 행정법이론이 어느 정도로 수정되어야 할 것인가는 우리 실정법의 규율내용을 면밀히 살펴서 판단할 문제이고 가행정행위의 법논리를 이용하여 도출해내는 것은 무리가 아닌가 보여진다. 구체적으로 품목허가의 존속력을 배제하고 취소·철회·변경을 무제한적으로 허용하는 문제나, 신뢰보호원칙의 적용배제의 문제 등과 관련하여 쉽게 판단해서는 안 되고 법조문의 충실한 해석을 통해 이해관계인들의 이익을 적절하게 보호해야 할 것이다.

3. 의약품 품목허가의 기준으로서 유효성

(1) 의약품의 유효성기준의 의의

의약품의 유효성은 허가 당시 해당 의약품이 의도된 치료효과를 발생하기 위해 제재에 함유되어야 하는 주성분의 함량 등이 대한약전 등의 기재내용에 따른 허가내용과 조건을 준수하고 있는가의 여부에 의해 판단한다.[99] 즉, 어떤 의약품이 유효한가 여부는 의도한 치료효과를 발생하는 의약품인가와 그 효과의 발생을 위해 필요한 품질을 확보하고 있는가에 의해 판단한다. 의약품의 유효성판단에 있어 품질의 균등성 평가는 매우 중요하다. 왜냐하면, 의약품이 인체에 안전한가의 문제와는 별도로 의약품의 균질성이 확보되어야 의사나 약사 등 의료종사자들뿐만 아니라 환자를 포함한 모든 일반인들이 동일 성분(함량, 제형 등)의 의약품이면 모두 동일한 양을 투여하여 동일한 효과를 나타내는 같은 의약품으로 인식하고 사용될 수 있게 되어 의약품의 남용을 막을 수 있게 되기 때문이다.[100]

---

99) 이러한 방법은 특허를 얻어 최초로 판매되기 시작한 오리지널 의약품과 비교하여 동일한 분량을 동일한 방식으로 인체에 투입할 때 동등한 치료효과를 보여주는가의 문제인 생물학적 동등성 시험이 등장하기 전부터 사용된 유효성 통제방법이다.

의약품의 안전성 문제와 달리 우리 국민들은 그동안 의약품의 유효성 문제에 대해서는 상대적으로 관대한 태도를 취해왔다. 그것은 우리 국민들이 한약과 같이 그 성분이나 효능이 부정확한 의약품에 익숙하였다는 점에 그 원인의 역사적 측면을 찾아볼 수 있을 것이다. 의약품이 동일한 양으로 투여되었을 때 치료의 효과가 떨어진다고 해서 인체에 반드시 유해한 것은 아니고 조금 더 많이 투여하면 되는 것이 아닌가 하는 생각으로 의약품의 품질에 대한 국민들의 소비탄력성이 낮았기 때문에, 특허기간이 끝난 제네릭 의약품들에 대해 많은 영세 제약회사들이 치료의 효과가 떨어지더라도 저가의 매력을 무기로 시장에 참여할 수 있었다. 현재까지도 수많은 의약품 제조업자들, 판매업자들과 병원·약국 등이 영리추구 욕망에 의해 리베이트로 얽혀 있으면서 의약품의 안전성에 문제가 없으면 품질기준에 미달하더라도 반드시 문제 삼을 필요는 없다고 생각한다.

이러한 안이한 인식은 규모가 큰 제약회사나 도매회사에도 만연하여 우리나라에서 의약품 품목허가의 취소·변경사례들이 매년 수십 건에서 수백 건 이상 나타나고 있고 품질기준 미달이 그 사유의 큰 비중을 차지하고 있다.[101] 하지만, 이러

---

100) 대법원은 1990년 판결(대법원 1990. 5. 11. 선고 90누1069 판결)이래 의약품의 함량미달로 인한 품질부족을 품목허가의 취소사유로 확고하게 인정하고 있다. 이 사건의 원심(서울고등법원 1989. 12. 21. 선고 88구11454 판결)은 함량부족은 제조 공정상의 잘못으로 인한 것이지 우황의 함량을 원고가 의도적으로 줄인 것이 아니고, 타 회사의 동일한 제품에 대한 2개의 우황함량 분석결과 22퍼센트와 83퍼센트로 상이하게 나왔음에도 허가취소나 단기간의 정지처분을 하는 대신 중간기간의 정지처분을 한 사실이 있다는 이유로 이 취소처분이 위법하다고 판시했으나, 대법원은 1) 의약품의 균질성, 안전성, 유효성을 확보함으로써 국민보건향상을 기하려하는 이 사건 처분의 공익상 필요보다 크다고는 할 수 없으며, 2) 원고는 피고로부터 1986. 11.경 원고회사 제조의 소아청심원에 대하여 우황함량 부족을 이유로 1개월간의 제조업무정지처분을, 1987. 10.경 같은 우황포룡환에 대하여 함량시험부적합을 이유로 그 제조허가목에 대한 허가취소처분을, 1988. 10.경에는 같은 천일 원방우황청심원에 대하여 함량시험부적합을 이유로 1개월간 제조업무정지처분을 받은 사실이 있고, 3) 이 사건 천일우황청심원이 그 표시함량인 90퍼센트에 훨씬 미치지 못한 66퍼센트로 판명된 점을 고려하면 이 사건 위반행위의 내용과 정도가 결코 가볍다고 할 수 없다고 하면서 품목허가취소처분이 정당하다고 판시했다.
이 대법원판결은 우리나라에서도 의약품 품질의 균질성에 대해 보다 심각한 인식을 갖도록 하는 계기가 되어 의약품의 과학화를 크게 진전시킨 의미가 있다고 할 것이다.
101) 의약품 등 제조·수입업소 약사감시·위반 통계를 보면 2005년 272건의 위반사례 중 자기품질관리위반이 177건, 2006년 716건의 위반사례 중 자기품질관리위반이 299건, 2007년 609건의 위반사례 중 자기품질관리위반이 218건이었다. 식품의약품안전청, 2008년도 식품의약품통계연보 제10호, 2008. 12, 241면 참조.

한 인식은 심각한 위험을 안고 있는데, 최근 저가 의약품들의 수입이 급속하게 확대되는 과정에서 약효가 미약하거나 유해하기까지 한 불량의약품들이 이제 국민의 건강까지도 위협하기에 이르렀기 때문이다.

(2) 미국 식품의약법상 유효성기준의 등장

의약품의 유효성기준이 세계적으로 의약법에 최초로 도입된 것은 1962년 미국 식품의약법의 개정(Kefauver Harris Amendment)에 의해서이다.

1938년 미국 식품의약법의 제정과 함께 시판 전 허가제도가 도입되고 의약품의 안전성기준이 확립되어 의약품의 유독성이나 부작용에 대한 통제가 이루어진 당시 유효성 기준은 적어도 명시적으로 의약품 품목허가의 기준은 아니었다.[102] 현실적으로도 미국에서 1940년에서 1962년까지 시판 전 허가의 대상이 된 의약품들은 대부분 항생제이었는데, 그 효능은 크게 문제되지 않았고 영세한 제약회사들에 의해 불결한 작업환경에서 제조되어 유독물질을 함유한 의약품들에 의한 인사사고를 방지하는 것이 주요 과제이었다.

1962년 미국 식품의약법의 개정(Kefauver Harris Amendment)에 의해 미국에서 유효성(Efficacy, Effectiveness)기준이 두 번째 기준으로 등장하게 된 역사적 배경은 흥미롭다. 이 개정법은 유럽에서 발생했던 탈리도마이드(Thalidomide) 약해사건에 의해 그 계기가 마련되었는데, 탈리도마이드는 1957년 독일, 1958년 일본에서 제조·판매되어, 주로 임신구토증, 즉, 입덧을 멎게 하는 약으로 임산부들에게 사용되었고 위장약에도 넣어 처방되었다. 그런데, 이 약제를 임신 초기에 복용함으로써 수천 명의 기형아가 출생하여 각국에서 시판이 중단되고 국가배상이 이루어지게 되었다. 이 사고를 계기로 안전성검사에 기형유발검사를 추가하도록 하였으며 의약품의 시판허가를 신중하게 하기 위하여 유효성기준이 추가되었다.[103]

---

102) 어떤 의약품후보물질의 안전성심사는 그 후보물질이 먼저 질병의 치료나 예방의 효과를 갖는 의약품인지를 평가하여야 하는데, 이때 안전성과 유효성의 문제는 상호밀접하게 관련되게 된다. 따라서, 안전성기준에 의해 심사를 하는 경우 암묵적으로 유효성심사도 어느 정도 이루어질 수 있기 때문에 두 기준이 명확하게 분리해서 다루어질 수 있는 것은 아니다. 동지 Charles. F. Hagen, "The Efficacy Requirements of the Food, Drug and Cosmetic Act", Food Drug Cosm. L. J. 26, 1971, p.683.

103) 탈리도마이어사건은 유효성의 문제가 아니라 의약품의 안전성 문제와 관련이 있었고, 미국 의회의원들도 1962년의 입법 당시 그 사실을 알고 있었음에도 의약품의 시판 전보다 신중한

유효성기준이 도입됨으로써 미국 식품의약청이 의약품에 대해 허가신청을 심사할 때 해당 의약품이 인체에 대하여 의도된 효과를 갖는다는 점에 관한 실질적 증거(Substantial Evidence)가 있을 것을 요구하게 되었다.[104] 실질적 증거는 3단계의 임상시험을 포함해서 적절하면서도 잘 통제된 조사가 있어야 한다는 점, 유효성을 평가하는 사람은 의학적 훈련과 경험을 가진 전문가이어야 한다는 점, 이 전문가들이 공정하고 책임성을 가지고 해당 의약품이 처방된 사용방법과 조건에 따라 사용될 때 의도한 효과를 발생시킨다고 결론을 내릴 수 있어야 한다는 점을 요구한다.

(3) 우리 약사법상 유효성기준의 등장

우리나라 실정법제에서 의약품의 유효성기준이 품목허가의 기준으로 처음 등장한 것은 1971. 5. 11. 약사법 시행규칙 제12조 제3항에 제8호, " 허가를 받고자 하는 품목이 신약인 경우에는 보건사회부장관이 정하는 안전성 및 유효성에 관한 임상성적서 및 관계문헌"이 추가되면서부터이다. 하지만, 이 당시 유효성 기준은 신약허가 신청 시에만 요구되었기 때문에 제네릭 의약품의 경우에는 적용되지 않았다. 그래서 1976. 11. 19. 약사법 시행규칙 제12조 제4항 제1호가 신설되어, 제네릭 의약품 등의 품목허가를 받고자 하는 자에게도 유효성 관련 자료를 제출하도록 요구함으로써, 즉, "국립보건연구원장이 인정한 당해품목의 시험기준 및 시험방법(안전성 및 유효성에 관한 검토사항을 포함한다)에 관한 서류로서 그 인정한 날로부터 2년이 경과되지 아니한 서류 및 그 시험에 필요한 시설·기구명"을 제출하도록 요구함으로써 유효성기준은 우리나라에서도 실질적으로 의약품의 품목허가 기준으로 적용되게 되었다.

하지만, 이 당시의 유효성기준은 오리지널 의약품과 비교함에 있어 제네릭 의

심사를 거치게 하기 위해 유효성기준이 도입된 것은 역사의 아이러니라고 평가하기도 한다. Barry s. Roberts/David Z. Bodenheimer, "The drug Amendments of 1962 : The anatomy of a Regulatory Failure", Arizona State Law Journal, 1982, pp.584 – 585 참조.

104) 현재는 미국 식품의약법 제355조 (d)에서 실질적 증거를 정의하고 있지만, 본문에서 소개된 1962년 미국식품의약법 개정법상 실질적 증거의 의미는 1962년 미국의회보고서에 나타난 내용이다. The Senate Report No. 1744, 87th Cong., 2nd Sess., Part. 1 at 16 (1962), (Hutt/Merrill/Grossman, Food and Drug Law, 3ed., 2007, p.690에서 재인용).

약품의 성분에 치중하였을 뿐 인체에 대한 직접적 약효비교를 통해 품질을 통제하지는 못했는데, 그것이 가능하게 된 것은 생물학적 동등성 기준이 유효성의 새로운 통제기준으로 등장하면서부터이다.

현행법은 전문의약품과 일반의약품을 나누어 규정하고 있다. 즉, 1989년 1월 1일 이후 제조(수입)품목허가를 받은 전문의약품으로서 신약과, 이에 해당되지 않는 의약품들 중에서 정제·캡셀제 또는 좌제에 해당되는 제네릭 전문의약품은 생물학적 동등성 시험 계획서, 생물학적 동등성 시험에 관한 자료, 비교임상시험계획서 또는 비교임상시험성적서에 관한 자료 등을 제출하여야 허가를 받아야 한다 (약사법 제31조 제1항, 약사법 시행규칙 제23조 제1항 다목, 의약품등의 안전성·유효성 심사에 관한 규정(식품의약품안전청 고시) 제3조 제1항 제1호).

일반의약품 중에서도 '단일성분의 의약품으로서 이미 제조(수입)품목허가를 받은 정제·캡셀제 또는 좌제와 성분이 동일한 의약품을 허가받고자 하는 경우에는 비교용출시험자료' 등을 제출하여 심사받아야 한다(약사법 시행규칙 제23조 제1항 바목). 단일제 일반의약품의 경우 유효성심사기준인 비교용출시험을 요구하면서도 생물학적 동등성 시험을 요구하지 않고 있고, 복합제재인 일반의약품에 대해서는 이러한 유효성평가도 실시하지 않고 있는데, 복합제재는 복합으로 인해 약효에 특유한 문제도 있을 수 있기 때문에 현행법의 태도는 문제가 있다고 하겠다.

(4) 제재처분의 적용과정에서 안전성기준과의 차이

유효성기준은 안전성기준과 더불어 의약법의 중요한 기준으로 제재는 필요한 것이지만 유효성기준의 위반에 대한 제재의 필요성과 그 강도는 상대적으로 더 낮을 수도 있다. 이와 관련하여 의약품의 함량미달을 이유로 품목허가가 취소되자 효력정지신청을 한 사건에서 간접적으로 법원의 생각을 엿볼 수 있다.

한화제약이 폐경치료제인 리비알의 일부에서 주성분의 함량이 허가받은 기준보다 낮게 나왔다는 이유로 받은 품목허가취소처분의 취소청구사건에서 효력정지신청을 했는데, 서울행정법원은 "리비알정 중 유효성분 미달이 발견된 병 포장제품은 전체 생산량의 3%에 불과하다"며 효력정지결정을 내림으로써 본안판결 때까지 해당 의약품을 계속 생산할 수 있게 하였다.105)

---

105) 2003년 11월 25일 서울행정법원의 집행정지결정, 위드뉴스(withnews), 2003. 12. 22.자 기사

서울행정법원이 집행정지결정을 내린 것은 이 사안에서는 해당 의약품의 안전성이 아니라 함량미달이라는 유효성기준의 위반이 문제되었고 전체 생산량 중 아주 일부에서만 함량미달이 발견되었다는 점을 고려한 것으로 보인다. 안전성기준의 위반 시 즉시 품목허가를 취소하고 판매의 중단과 폐기·회수의 필요성이 크지만, 유효성기준을 위반하고 그 하자가 아주 일부에서만 발생한 경우 법원이 더 경미한 제재처분을 받는 것이 타당하다고 판단한다면 해당 품목허가취소처분을 취소할 수도 있다. 때문에, 판례상 집행정지의 요건인 본안판결에서 원고가 승소할 가능성이 없지는 않아야 한다는 것(대법원 1992. 6. 8. 선고 92두14 판결)을 충족한다고 본 듯하다. 반대로, 안전성기준위반이나 중대한 유효성기준의 위반 시에는 행정소송법 제23조 제3항에서 "집행정지는 공공복리에 중대한 영향을 미칠 우려가 있을 때에는 허용되지 아니한다"고 규정하고 있기 때문에 법원이 집행정지결정을 내릴 수는 없었을 것이다.

Ⅲ 의약품 품목허가의 취소 · 철회 · 변경과 행정법 이론

1. 행정법상 허가의 취소 · 철회 · 변경의 법리의 의약법에의 적용가능성

행정법학에서 행정행위의 취소, 철회와 변경은 개념상 구별되지만, 수익적 행정행위의 경우 허가보유자의 기득권보호와 신뢰보호원칙에 의한 제한의 관점에서 논의되어 왔다. 취소는 위법한 경우에만 가능하지만 철회의 경우에는 예외적으로 위법하지 않더라도 중대한 공익상 필요가 있을 때 가능하다는 것이 다수설과 판례의 입장이다.[106) 또, 취소와 철회의 사유가 있다고 하더라도 그 취소권과 철회권 등의 행사는 기득권의 침해를 정당화할 만한 중대한 공익상의 필요 또는 제3자의 이익보호의 필요가 있는 때에 한하여 상대방이 받는 불이익과 비교하여 결정하여야 한다.

행정법학상 취소의 효과는 원칙적으로 과거에 소급하여 발생하고 철회의 효과는 장래에 향해서만 발생하지만, 침익적 처분의 직권취소와 달리 수익적 처분의

참조.
106) 대법원 2002. 11. 26. 선고 2001두2874 판결; 대법원 1997. 9. 12. 선고 96누6219 판결.

직권취소는 상대방의 귀책사유가 있는 경우를 제외하고는 장래효가 미친다고 보고 있다. 철회의 경우에도 예외적으로 법령에서 특별규정을 둔 경우에는 소급효가 미칠 수도 있는데, 예를 들어, 상대방의 의무위반이나 지정된 목적 외 사용으로 인한 보조금지급결정의 철회와 같은 경우처럼 소급효를 인정하여 반환명령을 내릴 수 없다면 철회의 목적을 달성할 수 없는 때 등이다.[107]

행정행위의 변경에 관한 법리는 학계에서 자세히 검토되지는 않았지만 기존 행정행위의 취소와 새로운 행정행위의 발급이라는 두 개의 행정행위를 한 것으로 이해되고 있으므로 행정행위의 변경은 취소의 요건과 새로운 발급의 요건이 동시에 충족된다면 가능한 것으로 본다.

이상과 같은 행정법상 허가의 취소·철회·변경의 법리가 의약법에서는 그대로 존중되는가, 전혀 별개의 것으로 무시되는가, 아니면 일정한 수정을 거쳐 적용되는가를 살펴보기로 한다.

2. 의약품 품목허가의 취소·철회의 요건과 선택재량

(1) 약사법상 의약품 품목허가의 취소·철회와 그 요건

의약품 품목허가의 취소사유는 품목허가의 발급 당시부터 하자가 존재했던 경우로서 예를 들어, 제약회사가 치료효과를 입증할 충분한 자료를 제출하지 못했거나 조작해서 제출했음에도 행정청이 허가를 내준 경우이다. 하지만, 의약법상 품목허가의 하자는 대부분 후발적 사유로서 강학상 철회에 해당된다. 후발적 하자의 예로는, 해당 의약품의 부작용이 드러나거나 생물학적 동등성 시험기준을 충족하지 못하거나 시판 후 조사절차에서 품질미달인 의약품이 발견된 경우 등이다.

의약품 품목허가는 의약품의 안전성·유효성에 문제가 있거나, 질병의 치료·예방의 효과가 없거나 사람이나 동물의 구조와 기능에 약리학적 영향을 미치지 못하는 경우와 제조업자 등의 시설이 약사법상의 시설 기준에 맞지 아니한 경우

---

107) 독일연방행정절차법 제49조 제3항에 따르면, 일회적 또는 계속적 금전급부를 보장하거나 특정 행정목적을 위해 가분적 현물급부를 보장하는 행정행위의 경우 그 급부가 특정 목적에 즉시 사용되지 않거나 부담부 행정행위에서 수익자가 법정기한 내에 부담을 이행하지 아니하면 그 행위의 전부 또는 일부가 소급효를 갖고서 철회될 수 있다. 우리나라 행정법학자들도 독일법에서와 같은 요건이 갖추어지면 철회의 소급효를 인정하는 견해를 취하고 있고 이에 반대하는 견해는 찾아보기 힘들다.

취소·철회될 수 있다(약사법 제76조 제1, 2항).108)

(2) 취소·철회에 관한 선택재량의 보유와 필요적 청문

행정법상 허가의 취소·철회사유가 존재하는 경우 행정청은 반드시 취소·철회를 하여야 하는가? 판례는 "비록 취소(철회) 등의 사유가 있다고 하더라도 그 취소권(철회권) 등의 행사는 기득권의 침해를 정당화할 만한 중대한 공익상의 필요 또는 제3자의 이익보호의 필요가 있는 때에 한하여 상대방이 받는 불이익과 비교교량하여 결정하여야 할 것이다"고 하여 일반행정법상 행정청에게 취소·철회에 관한 재량을 인정하고 있다(대법원 1992. 4. 14. 선고 91누9251 판결).

약사법 제76조가 의약품 품목허가의 위법사유가 존재하는 경우 여러 제재조치들 사이에서 선택할 수 있다고 규정하고 있는 것으로 보아 의약품 품목허가와 관련하여서도 식품의약품안전청장은 취소·철회의 재량을 가지고 있는 것으로 해석할 수도 있어 보인다. 하지만, 사견으로는 안전성·유효성이 부족한 의약품으로부터 국민건강을 보호할 중대한 필요가 있기 때문에, 의약품의 품목허가가 위법하게 된 경우 행정청은 그 위법을 시정시키는 조치를 취할 것인가에 관한 결정재량을 갖지는 못하고 선택재량만을 가져 위법을 시정시킬 수 있는 특정 행위를 할 의무는 진다고 해석해야 할 것이다. 이 경우 약사법 제76조의 법문 '할 수 있다'는 표현은 여러 제재수단들 사이에서 선택재량을 준다는 의미로만 이해하고 제재하지 않을 재량까지 준 것으로 해석해서는 안 될 것이다.109) 이러한 입장에서 볼 때, 식품의약품안전청장은 제재조치를 선택할 경우에는 목적 달성을 위하여 최소침해를 야기하는 수단을 선택하여야 하므로 관계 이익들을 형량하여 품목허가의 취소나 철회 대신에 판매중지나 부담의 부과로 충분한 경우에는 그것들을 선택할 재량은 갖는다. 다만, 무제한의 판매중지는 허가보유자에게 수인할 수 없는 불안정

---

108) 미국 식품의약법 제355조 (e)항은 의약품 품목허가의 취소사유로 안전성결여, 유효성의 결여, 특허관련정보의 결여, 신청서에 허위사실을 기재하여 제출한 경우 등 우리나라보다 다양한 취소원인을 열거하고 있다.

109) 독일 약사법(Arzneimittelgesetz) 제30조는 의약품 품목허가의 취소, 철회와 판매중지 등에 관해 규정하고 있는데, 취소와 철회 등의 사유가 존재하는 경우 행정청은 결정재량을 갖지는 못한다고 해석되고 있다. E. Deutsch/H.D.Lippert, Kommentar Zum Arzneimittelgesetz, 2. Aufl., 2007. §30; Wolfgang A Rehmann, Arzneimittelgesetz Kommentar, 2. Aufl., 2003, §30, Rn.2.

을 야기하기 때문에 기간을 제한하여 부과하여야 한다.

약사법 시행규칙은 구체적인 함량미달기준에 따라 제재수단을 단계적으로 차별화한 규정을 두고 있다(약사법 제76조 제3항, 약사법 시행규칙 제96조 [별표 8] 46 아(2)). 유효성분의 함량이 기준치에 대하여 5% 미만 부족부터 적발횟수에 따라 단계적으로 제재처분을 하도록 되어 있으며 10% 이상 과부족한 때에는 1차로 적발된 경우에도 당해 품목에 대해 허가취소가 가능하다고 규정하고 있는데, 이 기준은 이익형량과 제재수단을 구조화하여 실질적으로 행정청의 제재처분의 재량을 크게 제한하고 있다.[110]

의약품 품목허가의 취소·철회의 경우에는 청문을 실시하여야 한다(약사법 제77조 제1항). 청문을 실시하지 않고 처분을 하게 되면 취소사유가 존재하게 될 것이다.[111]

3. 의약품 품목허가의 취소·철회와 신뢰보호원칙의 적용문제

(1) 허가신청자의 귀책사유와 취소·철회의 가능성

의약품의 경우는 국민건강에 미치는 영향이 중대하기 때문에 일반행정법의 신뢰보호론의 적용이 제한된다. 그래서 의약품의 안전성·유효성에 하자가 있으면, 허가신청자가 아니라 그 신청을 심사한 행정청의 심사과실 등만이 존재하는 경우에도 허가보유자의 신뢰보호를 이유로 해당 의약품에 대한 품목허가의 취소가 제한된다고 할 수는 없다.

하지만, 신뢰보호의 원칙이 일정 한도에서는 입법에 반영되어 있다. 즉, 약사법 제76조 제1항 단서는 "국민보건에 위해를 주었거나 줄 염려가 있는 의약품등과 그 효능이 없다고 인정되는 의약품등을 제조·수입 또는 판매한 경우", "그 업자에게 책임이 없고 그 의약품등의 성분·처방 등을 변경하여 허가 또는 신고 목적을 달성할 수 있다고 인정되면 그 성분·처방만을 변경하도록 명할 수 있다"고

---

110) 판례(대법원 1997. 5. 30. 선고 96누5773 판결)에 따를 때, 제재처분의 내용에 관한 약사법 시행규칙의 별표기준은 단순한 사무처리기준에 불과하여 대외적으로 국민이나 법원을 구속하지는 못하므로, 제재처분의 재량남용여부는 시행규칙상의 기준뿐만 아니라 약사법의 규정내용과 취지를 준수했는가에 달려 있다.

111) 대법원 2004. 7. 8. 선고 2002두8350 판결; 대법원 1992. 2. 11. 선고 91누11575 판결; 대법원 2001. 4. 13. 선고 2000두3337 판결.

규정하고 있는데, 이 단서규정은 신뢰보호원칙을 의약법이라는 특수한 법영역에 제한적으로 반영한 결과인 것으로 보인다. 의약품의 품목허가보유자로서는 취소보다는 허가변경을 통해 해당 의약품의 판매를 계속하는 것이 손실을 줄일 수 있기 때문이다.

그러나, 이 단서규정의 해석에 있어 의약품의 안전성·유효성에 문제가 있거나 효능이 없는 경우에도 허가보유자에게 귀책사유가 없으면 품목허가를 취소하지는 못하고 직권으로 변경만 할 수 있는 것으로 새겨서는 안 된다. 이러한 해석은 허가보유자에게 귀책사유가 없다는 주관적 이유로 허가변경으로 해소하기 어려운 유해한 의약품의 사용을 국민에게 강요하는 것이 되어 적절하지 않다. 법문도 "변경하여 허가 또는 신고 목적을 달성할 수 있다고 인정"되는 경우에 변경할 수 있다고 규정하고 있을 따름이다.

(2) 취소 · 철회의 소급효 인정 여부

의약품 품목허가의 취소에 소급효가 인정되는 상황에서는 시중에 유통되는 의약품은 불법유통되는 것이므로 행정청이 해당 의약품에 대하여 당연히 회수명령과 폐기명령을 내려야 하고, 소급효가 인정되지 않고 장래효만 인정되는 경우라면 행정청은 장래에 향하여 의약품의 제조를 중단시키고 기산일 이후의 제조된 의약품은 더 이상 판매할 수 없도록 조치해야 한다. 일반행정법의 취소의 법리가 의약법에도 적용된다고 본다면, 품목허가의 취소사유가 발생했을 때, 허가보유자의 신뢰가 보호할 가치가 있다면 소급효는 인정되지 않으므로 허가 받은 의약품에 대한 회수·폐기의 명령은 내릴 수 없고, 취소일 이후의 의약품에 대해서만 유통을 금지시킬 수 있다고 해야 한다.

그런데, 약사법은 어떤 의약품이 "공중위생상 위해가 발생하였거나 발생할 우려가 있다고 인정"되거나 "그 효능이 없다고 인정"되면 식품의약품안전청장, 시·도지사 또는 시장·군수·구장은 의약품의 품목허가를 받은 자에게 "유통 중인 의약품등을 회수·폐기하게 하거나 그 밖의 필요한 조치를 하도록 명할 수 있다"고 규정하고 있다(약사법 제71조). 약사법 시행규칙 제45조는 약사법 제71조를 구체화하여 안전성·유효성에 문제가 있는 의약품에 대해 위해등급을 평가하여 회수하고 폐기하도록 규정하고 있다. 이 규정들은 위해발생이나 그 우려의 존부만을 문제삼

을 뿐 그 위해나 효능결여가 허가신청당시부터 있었는가 아니면 후발적으로 생겨
난 것인가, 누구의 귀책사유로 인해 출현한 것인가를 묻지 않고 있다. 즉, 약사법
은 특별규정을 두어서 취소·철회의 효과와 관련하여 일반행정법상 적용되는 신뢰
보호원칙을 일정부분 후퇴시키고 있다. 이러한 일반원칙의 수정적용은 입법자가
국민의 건강과 생명보호를 고려하여 입법자가 특별규정을 둔 것으로 적절한 것이
라고 평가할 수 있을 것이다.

4. 의약품 품목허가의 변경과 사후적 부담의 허용성

(1) 의약품 품목허가의 변경

의약품 품목허가의 변경은 허가내용을 변경함으로써 실시되는데 제조업자나
판매업자 등의 변경신청에 의하여 이루어질 수도 있고 직권으로 이루어질 수도
있다. 의약품의 품목허가를 취소하는 대신에 허가사항을 변경하여 유효하게 존속
시키면 해당 품목이 시장에서 퇴출되지 않고 판매될 수 있어서 허가보유자의 이
익에도 반하지 않기 때문에 실무상으로도 빈번히 이용되고 있다.

의약품등의 제조업자, 위탁제조판매업자, 수입자 또는 의약품 판매업자가 품목
허가를 받은 사항을 변경하려면 식품의약품안전청장 등에게 품목허가의 변경신청
서를 제출하여 변경허가를 받아야 한다.[112](약사법 제31조 제1항, 약사법 시행규칙 제
88조) 이미 허가받은 사항 중 효능·효과 등의 변경허가를 받고자 하는 품목의 경
우는 해당 적응증 등에 대한 임상시험성적에 관한 자료를 제출하여야 하며, 그외
의 경우에는 그 내용에 따라 심사에 필요한 국내외의 새로운 임상시험성적에 관
한 자료 또는 안정성에 관한 자료나 기타 충분한 근거자료를 제출하여야 한다(의
약품등의 안전성·유효성 심사에 관한 규정 제5조 제8항, 동규정 제3조 제2항 제7호).

식품의약품안전청장은 의약품의 품목허가처분의 취소·철회 대신에 직권으로
변경처분을 할 수도 있다. 즉, 의약품의 품목허가로 국민보건에 위해를 주었거나
줄 염려가 있는 경우나 그 효능이 없다고 인정되는 의약품등을 제조·수입 또는

---

112) 다만, 의약품의 효능·효과 및 용법·용량을 변경하는 경우에는 변경허가를 얻어야 하지만, 의
약품의 주원료와 허가된 품목의 성분, 함량 사이에 물리화학적 성질이 동일하다면 제조방법
과 제조공정을 달리 하는 경우 변경허가를 얻지 않아도 된다. 대법원 2004. 5. 28. 선고 2002
두2451 판결(의약품제조허가취소처분등취소).

판매한 경우, 그 업자에게 책임이 없고 그 의약품등의 성분·처방 등을 변경하여 허가 또는 신고 목적을 달성할 수 있다고 인정되면 직권으로 그 성분·처방만을 변경하도록 명할 수 있다(약사법 제76조 제1항 단서). 식품의약품안전청장이 시판 후 조사를 거쳐 일정기한까지 품목을 변경하도록 지시한 경우에는 식품의약품안전청장 또는 지방청장이 변경허가를 하거나 신고를 수리한 것으로 본다(약사법 시행규칙 제88조 제1항 단서). 식품의약품안전청장이 시판 후 조사 등을 통해 허가·신고 항목을 재설정(통일조정)한 경우에도 마찬가지이다(의약품등의 품목허가·신고·심사 규정 제53조).

약사법 제77조 제1항의 법문은 품목허가의 취소와 달리 품목허가의 변경, 판매중지, 부담의 추가와 변경 등에 관해서는 청문을 실시하여야 한다고 규정하고 있지는 않다. 즉, 허가·승인·등록의 취소 또는 위탁제조판매업소·제조소 폐쇄, 품목제조금지명령, 품목수입금지명령의 경우 명시적으로 청문을 거치도록 규정한 것과는 다르다.

이와 관련하여, 품목허가변경의 경우는 허가의 취소와 새로운 처분의 부여라고 볼 수 있으므로 품목허가의 변경절차에서 청문이 실시되어야 하지 않을까 생각해 볼 수 있을 것이다. 하지만, 실무상 품목허가의 변경이 대량으로 빈번하게 실시되고 있어 사전청문이 실시되어야 하면 많은 인력과 번거로움 그리고 국민건강보호를 위해 필요한 신속한 조치가 지체되는 문제점이 있다. 자신의 이해관계가 걸린 문제에 관한 행정결정과정에 참여할 국민들의 절차적 권리는 보장되어야 하지만, 약사법 제77조 제1항 제1호에서 청문의 적용대상에 명시적으로 포함되지 않았다는 점, 그리고 품목허가의 잠정적 성격을 고려하고, 품목허가변경의 경우 의약품 제조업자에 대한 이익침해는 취소 등의 경우와 비교하여 상대적으로 적다는 점을 고려한다면 행정절차법상의 의견제출기회가 보장되는 것으로 해석될 수 있다고 본다.113)

---

113) 청문에 관한 입법개정의 연혁을 살펴보더라도 허가변경의 경우에 청문을 실시하도록 해석하는 것은 적절하지 않은 것으로 보여진다. 즉, 1991. 12. 31. 개정된 약사법 제69조의2에서 도입된 의견제출기회의 보장제도는 허가의 취소, 업무의 정지와 허가의 변경의 경우에 "당해 처분의 상대방 또는 그 대리인에게 의견을 진술할 기회"를 주어야 한다고 하여 허가의 취소, 업무의 정지와 허가의 변경을 구별하지 않았으나, 이 조문은 1997. 12. 13. 약사법의 전면개정으로 바뀌어 지금과 비슷하게 제69조의2 제1호에서 "허가·승인 또는 등록의 취소, 품목제

장차 약사법을 개정하여, 청문을 실시하지 않아도 되는 경우, 의견제출기회의 보장으로 충분한 경우, 청문을 실시해야 하는 경우 등 여러 상황을 유형화하여 명문으로 규정하는 것이 필요하다.[114]

(2) 의약품 품목허가에 대한 사후적 부담의 허용성

행정법상 부관의 사후변경은, 법률에 명문의 규정이 있거나 그 변경이 미리 유보되어 있는 경우 또는 상대방의 동의가 있는 경우에 한하여 허용되는 것이지만, 사정변경으로 인하여 당초의 부담목적을 달성할 수 없게 된 경우에도 그 목적 달성에 필요한 범위 내에서 예외적으로 허용된다(대법원 1997. 5. 30. 선고 97누2627 판결).

의약법에서 사후적 부관의 추가와 변경의 문제는 일반행정법이 가정하고 있는 상황과는 상당히 다르다. 의약품은 판매 전 허가를 필요로 하는 다른 상품과 달리 화학적 합성물로서 다양한 체질의 사람들에게 예측하지 못한 이상반응이나 부작용이 나타나고 있어 시판 후 조사가 필수적이고 중요한 행정절차로 제도화되어 있다. 그런데, 의약품 품목허가 시 예측하지 못한 부작용이 나타나는 등 사후적인 사정변경이 있을 때, 그 허가의 취소나 철회 대신에 사후부관을 붙여서 그 문제를 해결할 수 있다면 제약회사의 입장에서는 판매가 금지되는 것보다는 훨씬 유리할 것이다. 약사법 제76조 제1항 단서는 그 업자에게 책임이 없고 그 의약품 등의 성분·처방 등을 변경하여 허가 또는 신고 목적을 달성할 수 있다고 인정되면 그 성분·처방만을 변경하도록 명할 수 있는 직권변경권을 행정청에게 부여하고 있는

조금지명령 또는 품목수입금지명령"의 경우에 청문을 실시하도록 규정할 뿐, 업무의 정지와 허가의 변경 등의 경우에는 아무런 규정도 두지 않게 된 것이다.

114) 독일 약사법 제30조 제3항은 긴박한 위험이 없는 한 허가보유자는 허가의 취소 등에 대하여 청문권을 갖는다고 규정하고 있다. 여기서 긴박한 위험이 있는 때란 소비자의 건강의 안전을 위하여 긴급한 조치가 필요하여 청문 등을 거칠 시간적 여유가 없고 허가취소 등이 즉시 필요한 때이다.
우리나라의 경우에도 1991. 12. 31. 구약사법 제69조의2 단서에서는 "당해 처분의 상대방 되는 그 대리인이 정당한 사유 없이 이에 응하지 아니하거나 처분의 상대방의 주소불명 등으로 의견진술의 기회를 줄 수 없는 경우와 국민보건위생상 큰 위해를 미치거나 미칠 우려가 있어 행하여지는 경우에는 그러하지 아니하다"고 규정하여 처분의 상대방 등에게 의견진술의 기회를 주지 않을 수 있는 것으로 규정하였으나, 이 예외규정은 1997. 12. 13 약사법 전면개정으로 사라지게 되었다. 청문규정이 언제나 지나치게 엄격하게 적용되도록 하면 행정실무가 그것을 준수하지 않아 위법행정이 만연하게 된다는 점에서 법치주의를 오히려 위태롭게 할 수도 있다. 여러 상황을 유형화한 새로운 특별규정이 필요하다고 하겠다.

데, 이 직권변경권 속에는 사후적 부관의 부과권도 포함된다고 본다.115) 실무상으로도 의약품의 처방범위의 제한, 용법·용량의 제한 등의 방법으로 사후적 부관이 추가되거나 변경되는 경우가 빈번하게 나타나고 있다.

의약품의 품목허가의 취소 등의 경우와 달리 품목허가에 대한 사후부담의 부과에 있어서는 명문의 규정이 없는 이상 청문이 아니라 행정절차법상의 의견제출 기회가 보장되어야 한다고 본다.116)

Ⅳ 결어

우리나라에서 의약품의 유효성은 의약품 품목허가의 중요한 기준이지만 현재까지도 잘 지켜지지 않아, 유효성을 평가하는 가장 기초적인 기준인 품질기준의 위반이 실무상 가장 많은 의약법위반유형에 속하고 있다.

이 글에서는 행정법상 수익적 행정행위의 취소·철회·변경의 법리가 의약법상 품목허가에 어떻게 수정되고 있는가를 종합적으로 살펴보았다. 행정법 이론의 의약법에의 적용은 일정한 한계를 갖는다. 그 이유는 무엇보다도 국민건강을 보호할 강력한 필요에 의해 품목허가가 잠정적 성격을 갖고 있기 때문이고, 이로 인해 감독청에게 품목허가의 사후적인 수정권이 광범위하게 인정되고 있다. 그럼에도 불

---

115) 이러한 입장에서 국무총리행정심판재결례(국행심 97-03827 의약품제조품목허가조건부가처분취소청구)는 구약사법 제69조 단서를 근거로 의약품 품목허가에 사후적 부관이 허용된다고 보았다. 즉, ""복합우루사캅셀"의 광고는 의도되었던 그렇지 않던 간에 광고가 금지된 간장질환용제의 광고를 우회적으로 하게 되는 효과를 초래하는 것이라고 볼 수밖에 없다 할 것이므로 이에 대하여 피청구인이 청구인에 대하여 의약품을 오·남용하는 부작용이 나타날 우려가 있는 광고를 하였다는 이유로 동 제품의 허가취소 또는 품목제조금지라는 극단적인 처분을 하는 대신에 최소한의 조치로서 광고가 금지된 "우루사캅셀"의 경우와 같이 광고를 금지하는 허가조건을 부가한 것을 비례의 원칙에 위반되어 위법·부당하다고 할 수는 없을 것"이라고 한다.
    외국의 입법례로서 독일 약사법 제28조 제1항 단서는 "부담은 사후적으로도 부과될 수 있다"고 규정하고 있다.
116) 1991. 12. 31.의 구약사법이 적용되던 당시 국무총리행정심판재결례(국행심 97-03827 의약품제조품목허가조건부가처분취소청구)는 부담의 사후적 변경의 경우에도 의견제출기회의 보장제도가 적용되는 것을 전제로 하여 그것을 생략할 수 있는 구약사법 제69조의2 단서의 규정에 해당된다고 재결하였다.

구하고, 귀책사유 없는 위반자에 대해 품목허가취소대신에 변경을 하도록 한다든지 위반유형에 따라 제재수단을 차별화하는 등의 방식으로, 의약법에서 행정법상의 신뢰보호원칙이나 비례원칙 등도 제한된 범위에서 존중되고 있다. 그리고 청문과 같은 당사자의 절차적 권리도 특별규정을 통해 존중되고 있다. 하지만, 사견으로는 특별규정이 없는 경우에도 행정절차법의 보충적 적용을 통해 불이익처분에 대한 의견제출기회를 보장하는 방법으로 현재의 행정실무는 변화되어야 하고 법원은 그것을 준수하도록 통제하여야 할 것이다.

 **참고문헌**

1. 국내문헌

김중권, "약사법상의 신약의 허가와 재심사에 관한 연구", 중앙법학 제8집 제3호, 2006.
식품의약품안전청, 2008년도 식품의약품통계연보 제10호, 2008. 12.

2. 외국문헌

Barry s. Roberts/David Z. Bodenheimer, "The drug Amendments of 1962 : The anatomy of a Regulatory Failure", Arizona State Law Journal, 1982.

Charles. F. Hagen, "The Efficacy Requirements of the Food, Drug and Cosmetic Act", Food Drug Cosm. L. J. 26, 1971.

E. Deutsch/H.D.Lippert, Kommentar Zum Arzneimittelgesetz, 2. Aufl., 2007.

FDA's Generic Drug Approval Process(Part 3), Hearings, 101 Congress, September 11 and November 17, 1989, Serial No.101 – 117.

Hutt/Merrill/Grossman, Food and Drug Law, 3ed., 2007.

Wolfgang A Rehmann, Arzneimittelgesetz Kommentar, 2. Aufl., 2003.

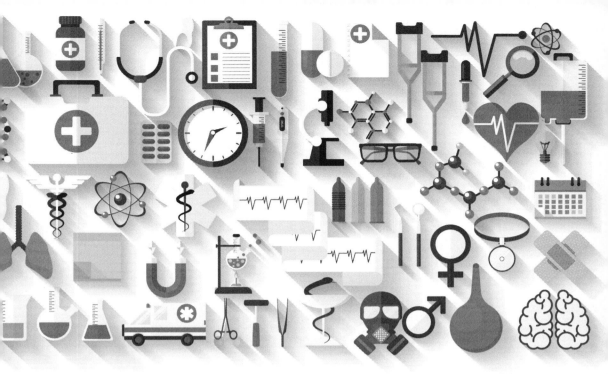

제3장

건강보험

실거래가상환제의 재검토

Ⅰ 의약법상 경제성원칙과 약제비상환금액의 급격한 증가의 통제 필요

1. 의약법상 경제성원칙

(1) 의의

전통적으로 의약품은 안전성의 원칙에 따라 규제되어 왔으나, 제네릭 의약품들이 증가하면서 생물학적 동등성 중심의 유효성의 원칙도 중요한 규제원칙으로 자리잡아 왔다. 최근에는 전 세계적으로 공적 의료보험의 확대와 의료보험재정의 건전성보호 그리고 의료비용의 억제를 목표로 제3의 규제원칙으로서 경제성의 원칙이 주목받고 있다. 모든 국민이 국민건강보험의 가입자인 우리나라에서 의약법상의 경제성원칙은 의약품의 가격과 약제비, 치료비와 의료수가 등을 통해 지출하는 비용과 그 지출로 얻을 수 있는 건강상의 편익에 대한 비용편익분석을 통해 의약품의 제조·판매·투여 및 치료와 관련된 비용이 적정한 수준으로 유지되어야 한다는 원칙이라고 정의해 볼 수 있을 것이다.

우리 헌법 제36조 제3항이 "모든 국민은 보건에 관하여 국가의 보호를 받는다"고 규정한 것에서 드러나듯이, 우리나라에서 국민들의 질병치료는 정부도 책임을 져야 하는 과제로서 이러한 책임은 전염병의 예방·치료뿐만 아니라 어떤 질병이든 치료할 수 있는 의약품과 전문인력이 충분히 공급되고 그 치료비용도 합리적인 수준으로 유지되게 하는 것도 포함하고 있다고 볼 수 있을 것이다. 그러므로, 경제성원칙의 입법적 구체화와 같이 중장기적으로 존속할 수 있는 국민건강보장의 조건을 제도화하는 것은 우리 헌법이 입법자에게 부과한 중요한 과제라고 볼 수 있을 것이다. 특히, 국민건강보험제도에 의해 전 국민이 공적 보험에 가입해 있는 우리나라에서 노령화사회로 진전됨과 함께 치료비용이 급증해 가고 있고 그 금액의 규모가 크고 잘못 운영했을 경우의 심각성 때문에 국민건강보험제도의 운영과 관련하여 경제성원칙은 점점 더 중요해지고 있는 법원칙이 되어 가고 있다.[1]

우리 법제에 경제성원칙에 관한 명시적 근거는 "요양급여는 경제적으로 비용효과적인 방법으로 행하여야 한다"는 규정(국민건강보험 요양급여의 기준에 관한 규칙 제5조 제1항 [별표 1] 다)과 "요양급여대상여부의 결정신청을 받은 보건복지가족부장관은 당해 약제의 경제성, 요양급여의 적정성 및 기준 등에 관한 평가를 건강보험심사평가원장에게 의뢰하여야 한다"는 규정(국민건강보험 요양급여의 기준에 관한 규칙 제11조의2 제1항)이라고 볼 수 있을 것이다.[2] 이 규정들은 2006년 12월 29일

---

1) 우리나라에서 의약법이 단지 의약품의 허가나 의료서비스에 대한 규제를 중심으로 다루거나 의사, 약사 또는 의료법인 등의 규제를 포함하는 약사관계법이나 의료전문가관계법의 규율영역을 넘어, 공적 보험의 규제대상으로서 의약품과 의료서비스의 문제와 같이 미국에서 건강법의 영역까지 연구대상으로 삼아야 하는 것은 양 분야가 밀접하게 관련되어 있을 뿐 아니라 약사행정이나 의료전문가행정뿐만 아니라 국민의 질병치료에 관한 공법적 규제의 분석과 관련하여서도 국내연구의 공백을 극복해야 할 긴급한 필요가 있기 때문이다. 국민의 건강을 보호하기 위한 정부의 책임을 다루는 공적 건강법으로서 의약법은 정부가 국민의 건강보호를 위하여 무엇을 하여야 하는가, 어떤 권한을 정부에 부여하여 어떻게 행사되도록 할 것인가, 그리고 정부권한의 한계는 어디인가 등이 다루어져야 한다. Lawrence O. Gostin, Public Health Law—Power·Duty·Restraint, 2000, p.25ff.

2) 이 규정들은 보건복지가족부령에 있는 것으로 법률이나 시행령 수준에서는 경제성원칙의 명시적인 근거를 찾기가 어렵다. 의약법의 원칙규정을 시행규칙에서 비로소 규정한 것은 입법기술상 적합하지 않은 방식이어서 입법의 정비가 시급하다고 할 것이다. 뿐만 아니라 경제성원칙이 의약법에서 갖는 중요성을 고려하여 국민건강보험법 등에서 보다 많은 법조문으로 체계적으로 규정하여야 할 것이다.

이외에 보건복지가족부 고시인 '신의료기술 등의 결정 및 조정기준' 제8조 제1항은 각 전문평가위원회는 신의료기술 등을 평가함에 있어 "경제성의 경우에는 대체가능성 및 비용효과성 등을 고려하고, 급여의 적정성의 경우에는 보험급여원리 및 건강보험재정상태 등을 고려한다"고 규정하고 있다.

'신의료기술 등의 결정 및 조정기준'(보건복지가족부 고시) 제8조에서 선별적 급여목록제도를 도입하면서 비로소 우리나라에서도 본격적으로 의약품과 의료서비스에 대한 경제성평가를 할 수 있게 되었기 때문에 단지 선언적 의미가 아니라 실질적인 원칙으로서 성격이 강화되게 되었다.[3]

요양급여에 관해 경제성원칙을 규정하고 주목하는 것은 우리나라뿐만 아니라 세계 각국에서 어느 정도 공통된 일이라고 할 수 있다. 요양급여비용은 의약품비용과 의료서비스비용으로 나누어 볼 수 있는데, 전자가 상품의 가격에 대한 규제의 문제인 반면에 후자는 치료행위의 가격에 대한 규제의 문제로서 규제의 방식이 서로 다르다. 이 글의 고찰대상인 의약품의 상환(Reimbursement)가격에 대한 규제방식은 세계 각국에서 질병에 대한 치료비용의 처리를 개인의 문제로 보지 않고 공적 보험제도를 확장하여 해결하게 되면서 경제성원칙의 적용과 관련된 핵심쟁점 중의 하나가 되었다.

의약품의 상환가격에 대한 규제방식은 직접적 규제와 간접적 규제로 나누어 볼 수도 있다. 또, 고정가격방식인가 상한설정방식인가(또는 상한과 하한을 함께 성정하는 방식)로 나누어 볼 수 있고, 공급자와 수요자의 가격협상에 따른가 아니면 일방적 결정방식인가, 외국의 유사약품가격과 비교해서 결정하는 방식인가 아니면 국내의 유사약품가격과 비교해서 결정하는 방식인가로 나누어 볼 수 있다. 또, 실거래가로 상환하는가, 원가를 고려해 결정하는가, 아니면 원가에 일정한 이윤을 고려해 결정하는가로 그 방식을 나누어 볼 수 있다. 상환가격결정에 있어 판매량을 고려하는가의 여부에 따라 나누어 볼 수도 있다.[4]

우리 실정법제는 요양급여와 관련하여서만 경제성원칙을 표현하고 있지만 이 원칙의 적용범위가 여기에 한정되는 것은 아니다. '경제', '경제성', '비용 효과적인

---

3) 경제성원칙과 선별급여목록제도와 관련된 설명은, 이의경외 4인, 선별목록 중심의 보험의약품 등재관리제도 개선방안연구, 한국보건사회연구원 연구보고서, 2005, 156면 이하 참조.

4) Mrzek/Mossialos, Regulating pharmaceutical Prices in the European Union, in; Mossialos/ Mrazek/Walley (ed.), Regulating pharmaceuticals in Europe : Efficiency, equity and quality, 2004, p.114ff; 직접적 가격규제방식은 다시 정부가 일방적으로 가격을 결정하는 방식과 제약회사와 협상을 통해 결정하는 방식으로 나눌 수 있다. 간접적 가격규제는 참조가격제, 가격－수량 연동제, 이익률통제 등 몇 가지 방법이 있다. 유럽각국은 대부분 직접적 가격통제제도를 도입하고 있으면서 간접적 가격통제제도도 병행 도입하기도 한다. 허순임외 2인, 합리적 약제비 지출방안 연구, 국민건강보험공단 연구보고서, 2006, 19－22면 참조.

방법' 등의 표현을 사용하지 않고 있지만 경제성원칙에 따라서 규제를 하고 있는 사례들은 많이 있다. 때문에, 경제성원칙은 우리나라에서 의약법 전체를 관통하는 원칙으로서 국민의 건강보호와 관련되는 의약품의 제조, 판매와 투여에 이르기까지의 과정에 적용될 뿐만 아니라 의사의 치료행위와 국민건강보험재정의 운용행위 전반에까지 적용되는 것으로 이해되어야 한다. 다만, 경제성원칙은 안전성원칙이나 유효성원칙에 비하여 의약법제에 정착하게 된 것은 최근의 일이어서 개념, 내용과 다른 원칙과의 관계 등에서 명확화·체계화되어야 할 부분이 많이 남아 있다고 할 수 있을 것이다.

(2) 의약법상 경제성원칙의 등장 배경

최근에 의약품의 제조와 거래에서 경제성원칙이 중요하게 된 것은 몇 가지 특수한 사정이 존재하고 있기 때문이다.

첫째, 일정한 의약품에 대하여 특허기간이 만료되지 않았을 때, 공급자는 독점적 지위를 향유하면서 해당 의약품에 대한 수요가 증가하면 독점적 이윤을 획득할 수 있다. 그렇지만, 인간의 질병치료에서 생겨나는 절대적 수요 때문에 제약회사가 의약품가격을 부당하게 높이더라도 수요는 크게 줄어들지 않는다. 때문에 의약품의 경우 시장경제의 수요공급의 법칙에 따른 가격결정방식에 그대로 맡겨 놓을 수는 없어서 제네릭 의약산업의 육성정책이나 강력한 가격통제가 필요하게 된다.

둘째, 많은 국가들에서 국민의 질병치료는 국민 각자의 개인적 지출에만 맡겨두지 않고 공적 보험제도를 도입하여 공적 보험재정에서 그 비용의 상당부분을 지출하고 있다. 우리나라는 모든 국민이 국민건강보험에 의무적으로 가입하도록 하는 제도를 도입하고 있는데 의약품가격의 상승을 통제하지 못한다면 국민건강보험의 재정은 곧 부실해지고 건강보험료는 급격히 상승할 것이다. 특히, 국민의 수명의 증가에 따라 급증하고 있는 노인이나 만성질환자와 같이 장기간 다량으로 의약품을 복용해야 하는 환자들이나 저소득층에 대해 국민건강보험공단에서 지출하는 약제비가 매우 빠른 속도로 증가하고 있다. 또, 중환자의 질병치료에 필수적이거나 약효가 뛰어난 것으로 인정받은 의약품들도 약제급여목록에 편입되면서 약제비는 급증하고 있다. 그럼에도 불구하고 정부는 국민의 건강보호의 책임을 포기할 수 없기 때문에 의약품의 규제원칙으로서 경제성원칙은 점점 중요한 의미를 가지게 되었다.

셋째, 다른 재화의 거래방식과 달리 의약품에 대한 가격지불은 수요자와 공급자 사이에 직접 이루어지는 것이 아니라 국민건강보험공단이라는 제3자가 환자를 대신하여 지불한다. 더구나 의약품 구매는 요양기관이 담당하고 국민건강보험공단은 사후적으로 그것을 상환해주는 간접적 제3자 지불방식을 취하기 때문에 요양기관과 국민건강보험공단은 의약품 등의 가격상승에 대해 민감하게 느끼지 않아 가격상승에 비탄력적으로 대응하기 쉽다.

이러한 상황 하에서 건강보험심사평가원에 신고하는 가격의 결정에 참여하는 두 이해관계자인 요양기관과 제약회사는 상호이익을 다 같이 증가시키기 위해서 가능한 높은 가격을 청구하려는 유인을 가질 수밖에 없게 되어 허위자료를 동원해서라도 약제비를 실제 거래된 가격보다 높게 신고하게 되는 것이다. 이러한 제3자 지불방식에서 약제비와 의료서비스의 거래에 대한 도덕적 해이는 차단하기가 매우 어려워서 경제성원칙의 적용을 통해 문제를 극복하려고 노력하게 되었다.

(3) 우리나라 의약품의 제조, 거래 및 투여에 있어 경제성원칙의 주요 적용례

각국에서 의약법상 경제성원칙의 구체적 적용모습은 전 국민을 위한 공적 의료보험제도의 존재여부, 의료보험재정의 취약정도, 노인인구의 비율, 그리고 신약 개발능력을 갖춘 기업과 제네릭 의약품의 개발능력만을 갖는 기업의 비율, 정부의 오리지널 제약산업의 육성의지 등에 따라 달라지고 있다. 특히, 특정 국가의 공공 부문과 시장의 역할과 관련하여 공공의료보험정책과 제약·의료산업의 육성정책 상호 간에 그 우선순위가 어떻게 설정되는가는 어떤 국가에 경제성원칙을 적용함에 있어 고가약제비의 수용정도에 중대한 영향을 미친다.[5] 오리지널 의약품을 제조하는 다국적 대기업들이 많이 있고 첨단의료시술능력을 갖춘 국제적인 영리병원들이 있는 국가들에서 의약품과 의료서비스의 가격은 상대적으로 높은 편이다.

우리나라 의약법상 의약품의 제조, 거래 및 투여에 있어 경제성원칙이 구현된

---

5) 갈원일, 우리나라의 약가관리제도, 의약품정책연구 제3권 제2호, 2008, 24, 36−37면에서 한국 제약협회 상무인 저자는 약가관리제도는 보험재정절감뿐만 아니라 제약산업의 육성측면도 함께 고려해야 한다고 주장하고 있다.

주요 적용례들을 살펴보면 다음과 같다.

첫째, 의약품의 제조에 있어 경제성원칙은 제네릭 제약산업의 육성정책을 지지한다. 즉, 제네릭 의약품을 제조하는 회사들의 숫자와 생산량을 늘려 경쟁을 촉진시킴으로써 의약품의 거래에 있어 경쟁을 통한 가격인하를 유도하려 한다. 특허기간이 끝난 의약품들을 생산하는 것에 대해 허가요건을 완화하여 신속한 허가를 받도록 함으로써 보다 많은 의약품들이 시장에서 경쟁하게 하려 한다. 특허기간이 끝나자마자 의약품을 출시한 퍼스트 제네릭 의약품들에 대해 보다 높은 가격으로 상환될 수 있도록 우대하는 제도도 도입해 놓고 있다.

이 분야에서 정부정책의 목표는 제네릭 의약품 제조회사들의 안이한 이윤추구를 제어하면서 단순한 판매촉진활동에 대한 과다한 지출을 줄이고 연구개발활동에 진력하여 진정으로 혁신형 기업이 되도록 유도하는 것이다. 이러한 목적으로 원료의약품을 국내에서 생산한 경우나 개량신약을 개발한 경우 보다 높은 상환가격을 보장해 주고 있다.

둘째, 의약품의 판매와 유통에 있어서도 경제성원칙은 중요한 위치를 차지하고 있다. 의약품은 다른 상품들과 달리 동종 의약품들의 수가 많고 요양기관들도 처방하고 조제하는 데 수많은 의약품들이 필요하기 때문에 의약품의 보관, 유통과 판매를 위해서는 전국적인 유통망을 갖춘 다수의 판매상들이 존재할 필요가 있다. 특히, 영세 제조회사나 혁신적인 벤처제조기업들은 전국적인 유통망을 갖추지 못하고 있기 때문에, 위생적인 보관시설, 약사와 같은 전문가의 관리, 전국적인 유통망을 갖춘 도매상이 필요하다. 뿐만 아니라, 모든 제약회사들이 전국의 요양기관들을 상대로 동종유사의약품들을 가지고 극심한 판매경쟁을 직접적으로 벌이게 되면 과다한 영업활동비와 리베이트비가 발생하여 의약품가격의 상승을 가져오고 불법적이거나 유해한 저가 의약품거래를 증가시키게 될 수도 있다. 더 나아가 많은 영업활동비를 감당할 수 있는 대형 제약회사에게 유리하게 작용하여 영세 제약회사들을 도태시키게 될 것이다. 이러한 이유로 우리 의약법제는 종합병원에 대해서는 도매상만이 의약품을 공급하도록 하고 있다.

셋째, 국민건강보험법상 요양급여될 수 있는 의약품들에 대해서는 등재하도록 요구하고 있고, 급여대상 의약품의 경우에도 약제비의 상한을 설정하고 있으며, 등재된 의약품의 상한금액에 대해서도 사후조사 등을 통해 조정할 수 있도록 하고 있다.

2. 약제급여상환비용의 급격한 증가로 인한 현행 제도에 대한 재검토 필요

인간의 수명이 늘어나면서 많은 나라들에서 노령인구가 급증하고 있어 의약품의 소비량과 가격이 급증하고 있다. 새로운 질병을 치료하기 위해 신약도 계속 개발되고 있지만 그 가격은 기존 의약품에 비하여 더욱 비싸다는 점도 의료보험재정의 건전성을 위협하고 있다. 우리나라 의약법상 약제비에 관한 문제는 국민건강보험 총급여비에서 약제비가 차지하는 비중이 절대적으로 높다는 점과 약제비가 매우 빠른 속도로 증가하고 있다는 점이다.[6]

미국 상원특별위원회의 조사보고서에 따르면, 1980~1992년 의약품가격의 상승률(128.4%)은 다른 제품의 물가상승률(21.7%)보다 6배 높았고 제약회사들의 매출총이윤율은 미국 500대기업의 이익평균(3.2%)보다 4배 정도(12.8%) 많았다고 한다. 또, 이 보고서는 제약회사들이 신약연구개발비(16%)보다 마케팅비용(22.5%)에 훨씬 더 많은 비용을 지출하고 있다고 하고 있다.[7]

2006년 우리나라 국민의 의료비 지출은 GDP의 6.4% 수준이며, OECD 회원국의 평균 GDP 대비 국민 의료비 지출수준은 8.9%이었다. 2006년 우리나라의 GDP 대비 국민의료비 지출수준 6.4%는 2001년 5.2%에서 1.2%p가 증가한 것으로 OECD 증가수준(0.8%p)을 상회하고 있는데, 고령화 사회가 진전되면서 이 비율은 점점 높아질 것이다.[8] 또, 우리나라의 경우 의료비 중 약제비의 비율이 다른 OECD국가들에 비하여 현저히 높다. 우리나라의 의약품 지출 비중은 2001년 26.0%에서 2006년 25.8%로 큰 변화가 없으며, OECD도 비슷한 감소수준을 보여

---

6) 보건복지가족부도 다른 나라보다 월등히 높은 약제비지출규모에 관한 문제점을 인정하고 있다. 이태근, 약제비적정화방안과 제약산업 발전의 조화를 도모하는 보험약가정책, 의약품정책연구 제3권 제2호, 2008, 38-40면 참조. 이 글의 저자인 이태근은 이 논문 작성 당시 보건복지가족부 보험약제과장이었다.

7) Staff of Senate Special Comm. on Aging, 103d. Cong., 1st Sess. Earning A Failing Grade : A Report Card on 1992 Drug Manufacturer Price Inflation, p.1-3(Comm. Print 1993).

8) 보건복지가족부, 우리나라 보건의료 실태분석 결과 - OECD Health Data 2008 주요내용 -, 2008. 7, 32, 35면. 2006년 OECD 회원국 중에서 GDP 대비 국민의료비 지출 수준이 높은 나라는 미국 15.3%, 스위스 11.3%, 프랑스 11.1% 등이며, 지출 수준이 낮은 나라는 터키 5.7%(2005년), 폴란드 6.2%, 우리나라 6.4% 등이었다.

준다(2001년 17.6% → 2006년 17.3%). 다른 OECD 회원국과 비교해 보면 OECD 평균 17.3%를 훨씬 상회하는 높은 비율을 보여주고 있다. 또, 국민건강보험공단이 발간한 '2008년 건강보험주요통계'를 보면, 국민건강보험공단이 지출한 총진료비는 '06년(28조 4,102억 원) → '07년(32조 3,890억 원) → '08년(34조 8,457억 원)이었다. 약제비는 '01년(4조 6,069억 원)에서 '05년(7조 229억 원)으로 급격히 증가하다가, '06(8조 359억 원) → '07년(8조 8,925억 원) → '08년(9조 5,487억 원)으로 증가했는데, '08년 총진료비 중 약제비의 비중을 계산해 보면 27.4%가 나온다.

OECD자료(OECD Health Data, 2008)와 국민건강보험공단이 발간한 '2008년 건강보험주요통계'를 종합해 보면, 최근에도 우리나라의 총진료비가 급격하게 증가하고 있지만 총진료비 중 약제비의 높은 비중도 최근까지 유지되고 있다는 것을 알 수 있다.

▌ 2008년 건강보험 총진료비

◎ 2008년 총진료비는 34조 8,457억 원

의료기관 25조 297억 원, 약국 9조 5,487억 원

구 분		2001	2005	2006	2007	2008	증감률
총진료비(억 원)		178,433	248,615	284,102	323,890	348,457	7.6%
의료기관	진료비(억 원)	132,364	178,386	203,744	234,987	252,970	7.7%
	연간 1인당 이용횟수(일)	13.16	15.32	16.01	16.58	16.80	1.3%
	내원일당 진료비(원)	21,821	24,560	26,844	29,723	31,363	5.5%
약국	약제비(억 원)	46,069	70,229	80,359	88,925	95,487	7.4%
	연간 1인당 약제비(원)	99,952	148,149	169,502	186,501	198,927	6.5%
	내원일당 약제비(원)	11,725	17,578	19,297	21,127	22,482	6.4%
	연간 1인당 처방일(일)	8.52	8.43	8.78	8.83	8.82	△0.1%

출처; 보건복지가족부, 2008 건강보험 주요통계.

이러한 약제비의 과다한 지출은 보험료 인상의 원인이 되고 있어 특히 직장의료보험의 가입자 등 국민들로부터 많은 비판을 받고 있다. 아래의 표에 나와 있듯이 '01년 8조 8,562억 원에서 '08년 24조 9,730억 원의 보험료가 징수되었다. 특히, 직장보험료의 경우 '01년 5조 2,408억 원에서 '08년 19조 297억 원이 징수되

어, 무려 3.63배가 증가하였다.

▌2008년 보험료부과액

◎ 2008년 보험료 부과총액 24조 9,730억 원

직장보험료 19조 297억 원 부과, 지역보험료 5조 9,434억 원 부과

구 분	2001	2002	2003	2004	2005	2006	2007	2008
보험료 (억 원) - 직장 - 지역	88,562 52,408 36,154	109,277 68,719 40,558	137,409 91,684 45,725	156,142 108,283 47,859	169,277 121,209 48,068	188,106 138,975 49,141	217,287 163,485 53,802	249,730 190,297 59,434
세대당 월보험료(원) - 직장 - 지역	32,713 28,830 36,253	37,200 35,209 39,071	43,978 44,581 43,390	47,787 49,675 45,818	50,080 52,956 46,871	53,773 57,092 49,688	59,278 62,430 55,054	66,217 69,169 61,982
1인당 월보험료(원) - 직장 - 지역	11,274 9,542 12,982	13,425 12,220 14,650	16,248 15,727 16,807	17,985 17,752 18,256	19,104 18,999 19,237	20,851 20,713 21,050	23,690 23,449 24,065	26,837 26,304 27,736

주) 1인당 월보험료는 개인부담보험료 기준

출처; 보건복지가족부, 2008 건강보험 주요통계.

뿐만 아니라, 2006년 우리나라 국민의료비 중 가계부문에서의 본인부담 지출 비율은 36.9%로 2001년의 37.3%보다 0.4% 감소했으나 OECD 수준인 19.0% 보다 높았다.[9]

한편, 한국보건산업진흥원이 2007년 국내 주요 120개 의약품 제조업체의 매출액, 원가, 판매관리비, 연구개발투자비 및 영업이익을 조사한 결과에 따르면,[10] 매출액 10조 6,659.4억 원, 원가 4조 5,140.2억 원(42.3%), 판매관리비 3조 6,863.6 억 원(34.5%), 연구개발투자비(자체투자에 정부 등의 투자를 합한 금액임) 5,845.8억 원 (5.4%) 및 영업이익 1조 2,548.8억 원(11.8%)이었다. 판매관리비가 연구개발투자비 의 6.3배에 이르고 있다는 점은 심각한 문제이다. 위에서 소개했듯이 미국 500대

---

9) 보건복지가족부, 우리나라 보건의료 실태분석 결과 -OECD Health Data 2008 주요내용-, 2008. 7, 35면.

10) 정명진외 4인, 2008년 의약품산업 분석보고서, 2008. 12, 109면 이하 참조.

제약회사들에서의 신약연구개발비(16%)와 마케팅비용(22.5%)의 비중과 비교해서 얼마나 차이가 나는지 알 수 있을 것이다.

이 조사결과는 제네릭 의약품의 가격을 높게 유지하고 원료약이나 개량신약 등을 우대하여 신약개발과 제약산업의 발전을 지원하고자 하는 정부정책으로 확보한 높은 이윤을 제약회사들이 신기술개발비용이 아니라 영업활동비용으로 주로 사용하고 있다는 것을 보여주는 것으로 정부가 의약법정책의 방향을 재검토해야 하는 것은 아닌가 하는 의문을 낳고 있다.

Ⅱ 약제급여상환제로서 실거래가상환제

전국민건강보험제도를 채택하고 있는 우리나라에서 가입자 및 피부양자의 질병·부상·출산 등에 대하여 진찰·치료와 함께 약재·치료재료의 비용에 대하여 본인부담분을 제외하고 국민건강보험공단이 지급하는데 이를 요양급여라 한다. 또, 요양급여비 중 약제에 대한 비용을 약제비라 하는데, 국민건강보험공단이 요양기관 등에게 약제비를 지급하는 것을 약제급여상환이라 한다. 약제급여상환결정, 감액결정, 환수결정은 모두 행정처분의 성격을 갖는다.

1. 고시가상환제의 등장과 그의 폐지

1977년 의료보험제도의 시행과 함께 약제급여상환제도로서 고시가상환제도가 채택되어 존속해 오다가 2000년 의약분업의 실시를 대비하여 1999년 1월 6일 실거래가상환제도가 도입되었다. 고시가상환제는 실거래가격과 관계없이 제약회사가 제출한 공장도출하가격의 적정여부를 심사하여 조정한 가격에 소정의 유통거래폭을 가산하여 결정·고시한 가격으로 상환하여 주는 제도이었다.[11] 고시가상환제도 하에서 약가는 한국제약협회가 주관하여 자율적으로 결정하였다.

공장도가격은 제조원가와 일반관리비에 적정한 이윤과 제세를 가산하여 산정한 가격을 말했다. 제조업자가 원가계산서 또는 가격조정사유서와 함께 한국제약

11) 고시가상환제도에 관한 소개는, 고영훈, 의약품의 가격관리제도에 대한 법적 검토, 사회과학연구(한남대) 제9집, 1999, 187-202면 참조.

협회에 제출하면 한국제약협회 분과위원회가 의약품가격 자율책정조정기준과 의약품가격 사후관리 운영기준에 의하여 그 기준에 부합되는지 여부를 확인한 후 그 결과를 다시 제조업자에 통보하면 출하하는 가격으로서, 현실적으로는 한국제약협회장이 보건복지부장관과 대한약사회에 통보한 가격이 공장도가격이 되었다.

표준소매가격은 약국 등 개설자에 대한 판매의 기준이 되는 가격으로서 제조업자 등이 약품의 개개의 포장 또는 용기에 표시하는 가격을 말했다. 표준소매가격은 제조업자가 공장도가격과 함께 한국제약협회장에게 제출하여야 하고 그 결과를 통보받은 후 출하하게 된다. 판매가격은 실제로 판매하는 가격을 말했다.

고시가상환제에서 약사는 판매가격의 결정에 있어 상당한 자율권을 가지고 있어 다른 약국들과 가격경쟁을 할 수 있었다. 이러한 약값자율관리시스템에서 과도하게 높은 약가를 통제하기 위한 장치도 존재했는데, 제조업자 등이 표준소매가격을 상당수 약국에서의 실제판매가격의 20% 이상으로 과도하게 높게 표시한 경우 또는 제조업자가 한국제약협회장에게 제출한 공장도가격보다 20% 이상 과도하게 낮은 가격으로 약국 등에 출하한 경우에는 한국제약협회장이나 보건복지부장관은 표준소매가격 또는 공장도가격을 인하조정함으로써 합리적인 가격이 형성되도록 관리했다. 하지만 이러한 통제장치는 지나치게 사후적이고 소극적인 것이어서 대부분의 약값은 제약회사가 원하는 대로 결정되었으므로 건강보험재정에 큰 부담을 주게 될 위험성이 있었다.

약값자율관리시스템 하에서 고시가상환제도는 정부에서 고시한 가격으로 요양기관에 약값을 지급하여 주었기 때문에 고시가와 실제 구입가 간 차액이 발생하여도 보험재정으로 환원되지 않고 모두 요양기관의 수입으로 귀속되어 사회문제가 되었다. 또, 약제사용량이 이윤확대와 비례하므로 요양기관의 과잉투약 등이 사회적 문제로 되었다. 이러한 이유로 고시가상환제도가 폐지되고 실거래가상환제가 도입되었다.

2. 실거래가상환제의 의의와 특징

(1) 실거래가상환제의 의의

우리나라의 현행 약제급여상환제인 실거래가상환제는 보건복지가족부장관이 고시하는 약제상한금액의 범위 안에서 요양기관이 당해 약제 및 치료재료를 구입한 금액 그대로 건강보험심사평가원의 심사를 거쳐 국민건강보험공단이 요양기관에 상환하는 제도이다(국민건강보험법시행령 제24조 제3항). 요양급여는 국민건강보험의 가입자 및 피부양자의 질병·부상·출산 등에 대하여 국민건강보험공단이 지급하는 상환급여를 말하는데, 그 항목으로는 1. 진찰·검사 2. 약제·치료재료의 지급, 3. 처치·수술 기타의 치료, 4. 예방·재활, 5. 입원, 6. 간호, 7. 이송 등이 포함된다(국민건강보험법 제39조 제1항). 요양급여의 하나로서 건강보험심사평가원의 심사를 거쳐 국민건강보험공단이 요양기관에 상환하는 약제비는 총약제비 중에서 일부 본인부담을 제외한 것이다. 약국에서 약을 구입할 때 "진료를 담당한 의사 또는 치과의사가 발행한 처방전에 따라 의약품을 조제 받은 경우에는 요양급여비용총액의 100분의 30"을 본인이 부담하도록 규정하고 있다(국민건강보험법시행령 제22조 제1항 [별표 2] 1.다.1). 즉, 전체 약제비 중 70%만 국민건강보험공단이 상환해 주는 금액이고 나머지 30%는 환자본인이 구입 당시 지불해야 한다.

국민건강보험법은 요양급여비용 중 약제와 치료재료의 비용은 실구입가를 기준으로 상환하도록 하고 있지만, 진찰이나 수술 등 치료행위의 비용은 1년마다 국민건강보험공단의 이사장과 의약계를 대표하는 자와의 계약으로 정하도록 규정하고 있다(국민건강보험법 제42조 제1항).

이상과 같이 고시가상환제를 폐지하고 실거래가상환제를 도입하면서 바뀌었거나 기대했던 내용은 다음과 같았다.

첫째, 제약회사와 한국제약협회가 주관하여 공장도가와 표준소매가를 결정하는 시스템이 사라지고 의약품의 도매상과 소매상인 약사가 현상품, 사은품 등의 경품류를 제공하지 않고 실제 구입한 가격 미만으로 판매하지 않는다면 스스로 판매가격을 결정할 수 있게 되었다는 점이다(약사법 시행규칙 제57조 제1항 제6호).

둘째, 고시가상환제도에서는 요양기관들이 고시가보다 싸게 구입하고도 차액만큼의 부당이득을 취하였는데 실거래가로 상환하면서 그 약가차액이 소비자에게 환원되고 의약품의 과잉투약을 통한 이익획득의 욕구가 제어되기를 기대하였다. 이 두 번째 이유가 실거래가상환제 도입의 핵심적 이유이었다. 서울행정법원도 실거래가상환제도에 대해 "리베이트 등 불법적인 의약품 거래관행을 일소하고 국민건강보험재정의 건전성을 도모하기 위해 시행되는 제도"라고 이해하였다(서울행법 2008. 11. 5. 선고 2008구합19482 정보비공개결정취소).

셋째, 고이윤추구가 그의 본질적 속성인 제약회사들이 신약개발에 투자하지 않고 단순한 판매촉진활동을 통해 의약품의 매출량만을 늘리려는 경쟁을 제어하려는 목적을 가지고 있었다. 제약회사 상호 간 품질경쟁을 유도하여 R&D 투자동기를 부여하려 하였다. 즉, 국민건강보험공단에서 실거래가로 상환을 하게 되면 요양기관이 의약품의 가격인하를 요구하지 않으므로 제약회사들은 가격경쟁보다는 비가격경쟁을 벌이게 될 것인데, 그 비가격경쟁이 효능이 높은 의약품들을 구매하고자 하는 요양기관의 요구를 반영하여 의약품의 품질을 향상시키기 위한 경쟁이 된다면 이는 우리나라 제약산업의 발전에 기여할 수 있을 것으로 기대한 것이다.

(2) 약제급여상환제로서 실거래개상환제의 특징

우리나라에서 채택된 실거래가상환제의 특징을 몇 가지로 요약해 보기로 한다.

첫째, 우리의 실거래가상환제는 개별 의약품 품목마다 실제로 거래가 이뤄진 가격을 가중 평균하여 상환하는 개별 실거래가 상환제[12]로서 동일 성분을 함유한 동일 효능의 의약품들의 평균거래가격과는 상관이 없다.

둘째, 우리나라에서 상환의 대상이 되는 많은 제네릭 의약품들의 가격은 제네릭 의약품 우대정책에 따라 오리지널 의약품의 특허만료 이후 출시되는 시점에 따라 그 가격들이 계단식으로 할인되면서 결정되는 출시시점별 계단형 가격구조를 통해 결정되고 있다.[13] 이에 따라, 제네릭 의약품들에 대해 상환되는 약제비도 경직적일 뿐만 아니라 상대적으로 고가로 유지되고 있으므로 동종 의약품들 사이에서 가격경쟁의 여지는 상당히 좁다.

셋째, 우리의 실거래가상환제는 약제급여상한제와 함께 도입되어 있는데 양자가 결합하여 의약품에 대한 간접적 가격규제제도로서 기능하고 있다. 정부가 의약품을 구입하고 상환할 때 의약품가격이 급격히 상승하고 약제비가 급증하더라도

---

12) 우리나라의 실거래가상환제가 개별실거래가상환방식을 취함으로써 약제비가 인상되는 문제를 강조한 글은, 윤희숙, 건강보험약가제도의 문제점과 개선방안, KDI 정책연구시리즈 2008－01, 2008, 30－31면 참조. 이 문제는 유사약효를 갖는 의약품들의 가격을 비교하여 상환가격이 결정되는 일본과는 다른 것이다.

13) '신의료기술 등의 결정 및 조정기준' 제8조 제2항 제5호 [별표 2] '약제상한금액의 산정 및 조정기준'에 따르면 1개 제품만 등재된 경우, 2－5개 제품이 등재된 경우 및 6개 제품 이상 등재된 경우로 유형화하여 약제상한금액을 고정적으로 차등화하고 있다.

정부는 직접적인 약제구입가격이 아니라 약제급여금액의 상한만을 인하할 수 있을 뿐이므로 간접적으로 다음 해의 거래가격결정에 영향을 미칠 수 있을 뿐이다. 즉, 실거래가상환제에서 정부의 직접적 가격조절권은 존재하지 않는다. 그래서 현행 실거래가상환제도에서 요양기관들의 신고에 기초해 결정되는 상환가격들이 상한가에 집중되고 있다.

이상과 같은 실거래가상환제의 특징으로 인해 다음과 같은 문제점이 나타나고 있다. 첫째, 정부가 상환가격을 직접 규제하는 고시가방식과 비교할 때, 현행 실거래가상환제와 약제급여상한제의 결합방식은 제약회사와 요양기관에게 보다 많은 이윤을 안겨줄 가능성이 크다고 볼 수 있을 것이다. 고시가제도 하에서는 정부가 고시가의 조정을 통해 약가를 어느 정도 통제할 수 있었지만, 실거래가상환제에서는 제약회사·도매상과 요양기관 간의 담합에 의해 장부상 거래가격을 높게 신고하거나 고가의약품을 과다 사용하더라도 실거래가로 상환해야 하는 국민건강보험공단으로서는 허위사실을 적발하지 않는 한 그것을 통제하는 것도 가능하지 않고 다음 분기의 가격을 통제할 명분도 없게 된다. 제약회사들이 상호경쟁을 통해 거래가격을 인하하도록 유도하는 기능도 잘 작동하지 않는다. 따라서 실거래가상환제도에서는 장기적으로 높은 약제비상환을 피하기 어렵다.

둘째, 상한가나 신고된 가격이 아닌 실제 거래된 가격의 발견이 전적으로 정부에게 맡겨져 있어 부실신고의 적발비용이 크게 상승하게 될 뿐만 아니라 정보은닉의 인센티브가 너무 커서 필연적으로 조사부실과 실패가 광범위하게 존재할 수밖에 없다.

3. 실거래가정보의 수집, 확정절차와 정보공개

실거래가상환제의 성패는 요양기관의 실제구입가를 얼마나 정확하게 파악할 수 있는가에 달려 있었기 때문에 정부와 국민은 실거래가를 확인할 수 있는 방안들을 찾는데 많은 노력을 기울였다. 의약품 유통정보의 일원화와 정보공개소송은 이러한 노력들의 대표적인 예라고 볼 수 있을 것이다.

(1) 실거래가정보의 수집과 의약품 유통정보의 일원화

제약회사·도매상·요양기관 등 의약품 생산·유통·소비과정에서 생산되는 정보가 제출받는 기관, 보고주기 및 보고방식 등이 상이해 체계적인 정보관리에 어려움이 있어 2008년 4월 18일 약사법의 개정을 통해 의약품종합정보센터를 세우도록 하였다. 즉, 의약품의 생산·공급·수입·사용실적 등 의약품유통정보의 수집·조사·가공·이용 및 제공을 위하여 요양기관에 의약품을 공급하는 모든 제약회사나 의약품도매상은 건강보험심사평가원의 의약품관리종합정보센터에 전문의약품은 물론 일반의약품까지 공급내역을 매월 보고해야 한다(약사법 제47조의2 제1항, 제2항, 약사법 시행규칙 제44조 제1항, 제90조).

의약품관리종합정보센터가 출범하면서 제약회사와 요양기관 등은 신고가격과 별도로 음성적인 실거래가격을 감추는 것이 더 어려워질 것으로 예상되지만, 시장 참여자들의 이해가 합치되는 이중가격의 존재와 음성적인 리베이트를 정부가 얼마나 적발해낼 수 있을 것인지 회의적인 것도 사실이다.

(2) 실거래가의 확정절차

국민건강보험공단으로부터 약제비상환을 받기 위해서는 먼저 약제급여목록에 등재되어 있어야 하므로 의약품의 제조회사는 식품의약품안전청의 품목허가일로부터 30일 이내에 건강보험심사평가원 내에 있는 약제전문평가위원회에 급여목록에의 등재를 신청하여야 한다.

요양기관이 요양급여목록에 포함된 의약품을 환자들에게 사용한 경우에 국민건강보험공단으로부터 요양급여비용을 지급받을 수 있는데, 이를 위해서는 먼저 건강보험심사평가원에 요양급여비용의 심사청구를 하여야 한다(국민건강보험법 제43조 제1, 2항). 요양기관은 상한금액의 범위 내에서 전분기에 구입한 약제의 실구입가격의 가중평균가격으로 청구한다. 이를 위해 매 분기 첫째 달 14일까지 병원급 이상은 건강보험심사평가원에 전분기 구입내역을 제출해야 하고, 의원급 및 약국은 보험의약품의 구입단가, 구입량, 가중평균가격 등을 기재한 '의약품 구입내역 관련 확인서'를 제출하여야 한다.

요양급여비용의 심사청구를 받은 건강보험심사평가원은 그 심사청구내용이 요양급여의 기준과 요양급여비용의 내역에 적합한지를 심사하여 요양급여의 적정성을 평가한 후 요양급여비용의 심사청구를 받은 날부터 40일, 그리고 전자문서교환방식에 의한 경우에는 15일 이내에 심사하여 그 요양급여비용심사결과통보서를

국민건강보험공단과 요양기관에 통보하여야 한다(국민건강보험법 제43조 제2항, 제56
조 제1항 제1, 2호, 동법시행규칙 제13조 제2항). 다만, 기간계산에 있어 심사평가원의
원장이 요양기관에 심사에 필요한 자료를 요청한 때에는 그 기간은 제외하고 계
산한다. 이 경우 심사평가원의 원장은 제출받은 자료에 대한 사실여부를 확인할
필요가 있다고 인정하는 때에는 소속직원으로 하여금 당해 사항에 관하여 현지
출장하여 확인하게 할 수 있다(국민건강보험법 제13조 제1항).

　　건강보험심사평가원의 심사결과를 통보받은 국민건강보험공단은 그 평가결과
에 따라 요양급여비용을 가산 또는 감액 조정하여 지급하는데, 가산 또는 감액의
조정은 평가대상 요양기관의 전년도 심사결정 공단부담액의 100분의 10의 범위
안에서 보건복지가족부장관이 정하여 고시한 기준에 의하여 산정한 금액으로 한
다(국민건강보험법 제43조 제5항, 동법시행규칙 제11조).

(3) 정보공개소송을 통한 실거래가정보의 공개

　　의약품의 거래가격에 대한 신고는 매분기 각 요양기관별로 신고하게 되어 있
는데, 실거래가정보를 공개하게 되면 제약회사들과 도매상들이 각 요양기관들에
게 판매한 가격이 드러나게 된다. 이렇게 되면 제약사회사들과 도매상들이 요양기
관에 차별적인 가격으로 의약품을 공급했다는 것이 나타나게 되어 차별대우를 당
한 요양기관의 반발을 받아 영업활동에 지장이 초래될 수 있다. 최근에 제기된 실
거래가정보의 공개거부처분에 대한 취소소송(서울행법 2008. 11. 5. 선고 2008구합
19482 판결)에서도 제약회사들은 행정청에 보조참가하며 이러한 주장을 전개했다.

　　2008년 3월 4일 경제정의실천시민연합은 건강보험심사평가원에 대하여 요양
기관별 의약품 실거래가 신고내역에 관련된 자료를 요청하는 내용의 정보공개청
구를 하였는데, 건강보험심사평가원은 요양기관별 신고가격은 ① 공공기관의 정
보공개에 관한 법률 제 9조 제1항 제7호에 의거 법인 등의 경영·영업상 비밀에
관한 사항으로 ② 공개될 경우 법인 등의 정당한 이익을 현저히 해할 우려가 있
다고 인정되는 정보에 해당된다고 하면서 비공개결정을 내렸다. 이에 대해 경제정
의실천시민연합은 실거래가정보공개의 거부처분에 대한 취소소송을 제기했다.

　　이 소송에서 서울행정법원(서울행법 2008. 11. 5. 선고 2008구합19482 판결)은 실
거래가정보가 제약회사의 영업비밀이라는 점은 인정하면서도 공개를 거부할 정당

한 이익이 되지 않는다고 하면서 정보공개거부처분 취소판결을 내렸다. 정보공개법 제9조 제1항 제7호는 '법인 등의 경영·영업상의 비밀에 관한 사항'이라도 공개를 거부할만한 정당한 이익이 있는지의 여부에 따라 그 공개여부를 결정하도록 규정하고 있는데, ① 실거래가상환제도는 리베이트 등 불법적인 의약품 거래관행을 일소하고 국민건강보험재정의 건전성을 도모하기 위해 시행되는 제도로서, 정보공개가 제도의 투명성을 확보하기 위해 필요하고, ② 정보가 공개될 경우 제약회사의 판매가격, 특히 낙찰가격 등이 경쟁업체에 알려짐으로써 추후 다른 의약품의 입찰 등에 참여함에 있어 어느 의약품에 얼마 정도의 금액을 제시할 것인지 등을 미리 예측하게 되리라는 점을 전제로 하고 있으나, 이는 과거의 일회적인 입찰에 있어서의 낙찰가격일 뿐, 장차 가변적인 조건 하에서 입찰 등 영업전략에 있어 치명적인 차질을 빚게 할 만한 정보까지 내포하는 것은 아니며, ③ 모든 제약회사에 대해 그 판매가격 등을 공개하도록 함으로써 약가이윤제공에 의한 불법적인 경쟁을 배제하고 건전하고 합리적인 방식으로 경쟁을 유도한다는 긍정적인 면도 적지 아니하다고 하면서, 공개청구정보는 제약회사 등의 정당한 이익을 현저히 해할 우려가 있는 정보에 해당된다고 보기 어렵다고 판시했는데, 이 판결은 정당하다고 보아야 할 것이다.

4. 실거래가상환제의 위반에 대한 제재

(1) 제재강화의 필요성

제약회사들은 동종의 의약품을 생산하는 많은 회사들과의 경쟁을 뚫고 매출을 늘리기 위해 도매유통업자나 대형병원 등 중요하다고 생각하는 구매자에 대해서 특별히 낮은 가격으로 의약품을 차별적으로 판매하기도 한다. 하지만 제약회사들은 약제금액의 상한이 낮추어지게 되면 회사 전체의 이윤이 줄어들기 때문에 요양기관들이나 도매상들에 대해 건강보험심사평가원에는 상한가격에 근접한 가격으로 구입한 것으로 신고해 주기를 기대한다. 때문에 신고가와 실제 거래된 가격 사이에 괴리가 음성적으로 존재하게 된다. 이러한 현상은 실거래가상환제의 취지에 반하기 때문에 제재조치가 필요하게 된다. 어떤 수준의 제재조치가 허위청구를 막기 위해 필요한 것일까?

법을 위반한 자들은 위반했을 때의 이익과의 관계에서 적발률이나 제재의 강도 및 법을 준수했을 때의 손해와 비교해서 법의 준수여부를 판단하게 될 것이다. 또한 경쟁자들의 대응 양태도 상호영향을 미치게 될 것이다. 강력한 제재의 필요성은 여기에서 나온다. 미국의 경우 의약품과 의료서비스의 제공과 관련된 사기행위 등 위법행위에 대해서 허위청구소송(Qui Tam Action; False Claims Act)이 강력한 통제수단으로 이용되고 있다.[14)]

(2) 약제비 감액 · 환수처분, 상한금액인하처분과 약제급여대상삭제처분

실거래가로 신고한 가격들이 건강보험심사평가원이나 국민건강보험공단의 조사결과 허위로 드러난 경우 약제비상환금액을 감액 결정할 수도 있고 이미 지급한 경우는 초과 지급한 부분에 대해서 부당이득금으로서 환수처분할 수도 있다. 이와 관련하여 서울행정법원(서울행법 2004. 8. 5. 선고 2004구합1094 판결)은 다음과 같이 판시하고 있다. "국민건강보험공단과 국민건강보험심사평가원은 각각 독립된 법인격을 가진 공법인으로서 국민건강보험법 제52조에 의하여 부당이득의 징수권한이 국민건강보험공단에 주어져 있는 이상 국민건강보험공단으로서는 법률상 주어진 부당이득 징수권한의 행사를 위하여 요양기관의 요양급여 비용의 부당청구 사실을 독자적인 견지에서 조사하여 그 환수 여부를 결정할 수 있다고 할 것이고 국민건강보험심사평가원의 요양급여비용청구에 대한 심사처분이 이의신청기간이나 제소 기간 경과로 이를 더 이상 다툴 수 없는 상태가 되었다고 하더라도 국민건강보험공단으로서는 부당이득징수권의 시효기간이 남아 있는 한 언제든지 그 권한을 행사할 수 있다고 봄이 상당하고, 그 권한의 행사가 국민건강보험심사평가원의 심사처분의 공정력에 반하는 것이라고 볼 수 없다".

이외에도 행정청은 약제급여상한금액인하처분(대법원 2006. 12. 21. 선고 2005두16161 판결; 대법원 2006. 9. 22. 선고 2005두2506 판결)을 내릴 수도 있고, 해당 의약품을 약제급여목록에서 제외하는 약제급여대상삭제처분(대법원 2009. 4. 23. 선고

---

14) 의료영역에서 널리 이용되고 있는 미국의 허위청구소송에 관한 소개는, 졸고, 국민소송의 도입에 관한 법적 쟁점의 검토 -미국의 허위청구방지소송-, 행정법연구 제15호, 2006. 05 참조. 미국 문헌으로는 Joan H. Krause, a conceptual Model of Health Care Fraud Enforcement, J. L. & Pol'y 12, 2003-2004, p.55ff. 및 Pamela H. Bucy, Growing Pains: Using the False Claims Act to Combat Health Care Fraud, Alabama Law Review 51, 1999, p.57ff 참조.

2008두8918 판결)을 할 수도 있을 것이다.

(3) 국민건강보험법과 약사법상 과징금 등에 의한 제재

실거래가정보의 확인을 위하여 단순히 요양기관의 신고에만 의존해서는 안 되므로 보건복지가족부장관은 요양기관에 대하여 요양·약제의 지급 등 보험급여에 관한 보고 또는 서류제출을 명하거나 소속공무원으로 하여금 관계인에게 질문을 하게 하거나 관계서류를 검사하게 할 수 있다(국민건강보험법 제84조 제2항). 요양기관이 속임수나 그 밖의 부당한 방법으로 보험자인 국민건강보험공단에게 요양급여비용을 부담하게 하거나, 또는 요양기관이 서류제출명령에 위반하거나 거짓 보고를 하거나 소속공무원의 검사 또는 질문을 거부·방해 또는 기피한 때에는 보건복지가족부장관이 1년의 범위 안에서 요양기관의 업무정지를 명할 수 있다(국민건강보험법 제84조 제1항 제1, 2호). 보건복지가족부장관은 요양기관이 속임수나 그 밖의 부당한 방법으로 보험자인 국민건강보험공단에게 요양급여비용을 부담하게 하여 업무정지처분을 하여야 하는 경우로서 그 업무정지처분이 그 요양기관을 이용하는 자에게 심한 불편을 주거나 보건복지가족부장관이 정하는 특별한 사유가 있는 경우 그 업무정지처분에 갈음하여 속임수나 그 밖의 부당한 방법으로 부담하게 한 금액의 5배 이하의 금액을 과징금으로 부과·징수할 수 있다. 이 경우 보건복지가족부장관은 12개월의 범위 안에서 분할납부를 하게 할 수 있다(국민건강보험법 제85조2 제1항). 과징금을 납부하여야 할 자가 납부기한까지 납부하지 아니한 경우 국세 체납처분의 예에 따라 징수한다.

행정처분을 받은 요양기관 중 관련 서류를 위조·변조하여 요양급여비용을 거짓으로 청구한 요양기관으로서 거짓으로 청구한 금액이 1천 500만 원 이상인 경우나 요양급여비용총액 중 거짓으로 청구한 금액의 비율이 100분의 20이상인 경우에는 건강보험공표심의위원회의 심의를 거쳐 그 위반행위, 처분내용, 해당 요양기관의 명칭·주소 및 대표자 성명 등을 공표할 수 있다. 이 경우 공표 여부를 결정함에 있어서 그 위반행위의 동기, 정도, 횟수 및 결과 등을 고려하여야 한다(국민건강보험법 제85조의3 제1항). 국민건강보험공단은 속임수나 그 밖의 부당한 방법으로 보험급여비용을 지급받은 요양기관을 신고한 자에 대하여 포상금을 지급할 수 있다(국민건강보험법 제87조의2).

의약품의 품목허가를 받은 자·수입자 및 의약품 판매업자 등은 의약품등의 유통 체계 확립과 판매질서유지에 필요한 사항을 지켜야 하는데, 의료인, 의료기관 개설자 또는 약국 등의 개설자에게 의약품 판매촉진의 목적으로 금전, 물품, 편익, 노무, 향응, 그 밖의 경제적 이익이나 현상품·사은품 등 경품류를 제공해서는 안 된다(약사법 시행규칙 제62조 제1항 제5호, 제6호). 의약품의 품목허가를 받은 자·수입자 및 도매상 등은 의약품을 판매할 때 특정 도매상 또는 약국에만 의약품을 공급하여 의료기관과 약국 간의 담합을 조장하거나 환자의 조제·투약에 지장을 주는 행위를 해서도 안 되고, 매점매석 또는 판매량 조정의 방법으로 의약품을 판매하여 부당한 이득을 취하거나 환자의 조제·투약에 지장을 주는 행위를 해서도 안 된다(약사법 시행규칙 제62조 제1항 제15호). 의약품 도매상은 부당한 방법이나 가격으로 종합병원과 공급계약을 체결하고 품목허가를 받은 자에게 그 의약품의 공급을 강요해서도 안 된다(약사법 시행규칙 제62조 제2항 제5호).

약사법 시행규칙 제62조를 위반한 자에 대해서는 약사법 시행규칙 제96조 별표8 II. 개별기준 35에서 그 위반의 경중을 고려해 해당 품목의 판매정지에서 품목허가취소, 그리고 업무정지처분을 부과할 수 있도록 규정하고 있다.

(4) 독점규제 및 공정거래에 관한 법률에 의한 제재

의약품의 품목허가를 받은 자·수입자 및 의약품 판매업자 등이 의료인, 의료기관 개설자 또는 약국 등의 개설자에게 의약품 판매촉진의 목적으로 금전이나 향응 등을 제공하게 되면 공정거래법상 부당한 고객유인행위로서 공정거래위원회에 의한 시정명령과 과징금에 의한 제재의 대상이 되고(독점규제 및 공정거래에 관한 법 제23조 제1항 제3호)[15] 의약품의 품목허가를 받은 자나 수입자 등이 의약품 도매상이나 약국 등의 개설자에게 의약품의 재판매가격을 제한하게 되면 공정거래

---

[15] 공정거래위원회는 10개 제약회사에 대하여 부당고객유인행위, 재판매가격유지행위 등을 이유로 시정명령을 내리고 199억 7천만 원의 과징금을 부과한다고 발표했다. 공정거래위원회(www.ftc.go.kr) 2007. 11. 2. 보도자료 참조. 또, 공정거래위원회는 2009. 1. 15. 보도자료를 통해 7개 제약회사의 부당고객유인행위, 재판매가격유지행위 및 사업활동방해행위 등에 대해 시정명령 및 과징금 총 204억 원을 부과하기로 하였다고 발표했다. 실거래가상환제와 관련하여 허위청구를 막기 위해 우리나라에서 독점규제 및 공정거래에 관한 법률은 점점 더 중요해지고 있다.

위원회에 의한 지성명령과 과징금에 의한 제재의 대상이 된다.(독점규제 및 공정거래에 관한 법 제29조 제1항)

Ⅲ 현행 실거래가상환제의 문제점과 개혁방향

1. 현행 실거래가상환제의 문제점

(1) 약값인하유인의 상실

1) 요양기관의 저가구매동기의 상실

자본주의사회에서 상품과 서비스의 수요와 공급은 가격경쟁을 통해 이루어진다. 공급자는 품질을 향상시켜 보다 고가로 판매하여 이윤을 늘리려 하고 수요자는 보다 좋은 상품과 서비스를 보다 낮은 가격으로 살려고 하는 반대방향의 힘에 의해 균형가격이 찾아진다. 하지만 전국민보험제도에서 의료서비스와 의약품의 수요는 국민건강보험공단 등에 의해 대리되고 있고 제약회사와 요양기관도 의약품과 의료서비스의 공급가격결정을 위해 수요자인 국민이 아니라 대리자인 국민건강보험공단 등과 접촉하여야 한다. 이와 같이 의약품 사용을 결정하는 주체와 구입하는 주체가 다른 제3자 지불방식 하에서 의약품과 의료서비스의 가격결정에서는 도덕적 해이가 나타나기 쉽다.

현행 실거래가상환제에서 국민보험공단은 가격의 차이에 상관하지 않고 요양기관이 구매한 의약품의 가격을 전부 지급해 주고 급여상한가보다 싸게 의약품을 구입한다고 해서 이익이 발생하는 것이 아니므로 요양기관은 많은 노력을 기울여 의약품을 저가에 구입하려는 유인이 생기지 않는다. 동종 의약품 중 저가품에 대한 구매욕구가 없는 요양기관은 제약회사의 로비를 받아 고가의약품위주로 처방하게 되고,16) 시장점유율이 높은 제약회사나 도매상은 판매가격을 고정하는 것이

---

16) 김성옥외 5인, 고가의약품 사용실태 및 영향요인 분석, 국민건강보험공단 연구보고서, 2005, 109면은 동일 성분 내 최고가 품목과 최고가의 90% 이내의 의약품들 중 저가의 대체품이 존재하는 고가의약품의 사용비율을 조사한 자료에 따르면, 2004년의 경우 58.6%의 비율을 차지하는데, 의원급보다는 종합병원급에서 고가의약품의 사용비율이 높았다고 보고하면서, 저가 대체의약품의 사용을 장려하는 정책이 시급히 도입되어야 한다고 진단한다.

비교적 용이할 뿐만 아니라 시간이 지남에 따라 오히려 올릴 가능성이 있다.

2) 약제급여상한가로의 수렴과 제약회사 간 가격경쟁소멸

실거래가와 연동하여 약제급여금액의 상한이 정하여지기 때문에 제약회사는 이윤축소의 방지를 위하여 약값을 고가로 유지하려 하게 된다.[17] 즉, 만약 약값을 할인하여 공급하면 다음 분기에 약제급여상한가가 내려가게 될 것이므로 요양기관에 할인된 가격으로 의약품을 공급하려 하지 않아 결국 개별 의약품들의 가격은 그 상한가로 수렴하게 된다.

동종의약품들의 가격비교를 고려하지 않고 개별 의약품의 실거래가를 기준삼아 상환이 이루어지는 상황에서는 현실적으로 동종의약품의 공급자들끼리의 가격경쟁도 찾아보기 어렵게 된다. 더구나 건강보험심사평가원에 의하여 어떤 의약품의 약제급여상한이 인하되면 제약회사는 그 의약품의 공급을 중단하고 제형이나 상품명을 변경하여 더 높은 가격으로 약제급여목록에 등재하기도 해왔다.

결국, 거의 모든 요양기관들이 약제급여상한금액과 비슷한 가격에서 거래하는 상황에서는 건강보험심사평가원과 국민건강보험공단이 실거래가를 조사하여 조정하고 상한금액을 새롭게 설정하는 것의 실효성이 크게 떨어지게 된다.

(2) 신고한 거래가격과 실제 거래된 가격의 괴리 심화

1) 이면계약과 이중장부의 범람

실거래가상환제에서 요양기관들은 의약품가격의 고저에 상관없이 보험금상환을 받을 수 있기 때문에 저가구매동기가 없지만 제약회사들은 수많은 동종의 의약품들 중에서 자기 회사의 의약품을 선택하도록 요양기관들을 설득하지 않으면 안된다. 이 상황에서 실거래가상환제가 요양기관이 약제의 구입가격을 신고하도록 하면서 다른 증거가 없는 한 그것이 상환가격으로 된다는 것은 중요한 허점이 된다. 제약회사는 요양기관에 낮은 가격으로 의약품을 팔면서도 요양기관으로 하

---

17) 김진현, 약가관리제도의 전반적인 평가 및 개선방안, 의약품정책연구 제3권 제2호, 2008, 56면도 실거래가상환제도 하에서 요양기관의 저가구매에 대한 경제적 동기가 뒷거래의 형태로 나타나므로 고가의약품 처방이 증대되고 가격결정 또한 대부분 상한가격으로 결정됨으로써 시장경제에 의한 가격조절기능이 무너지고 약가인하시스템이 사라졌다고 한다. 윤희숙, 보험약가제도개선을 통한 건강보험지출 효율화, KDI정책포럼 제203호(2008-15), 2008. 5. 22, 6-7면도 동일 취지의 진단을 내리고 있다.

여금 공식적으로는 상한가와 같은 가격에 구입한 것처럼 허위 신고하도록 이면담합을 할 유인이 매우 커진다. 제약회사로서는 건강보험심사평가원에 신고한 가격이 약제급여상한가를 결정하기 때문에 실제 공급가격보다 더 중요한 의미를 갖기 때문이다. 이러한 이면담합을 통해 국민을 대리하여 보험금을 지급하는 국민건강보험공단의 지출은 크게 늘리는 반면 제약회사와 요양기관은 증가한 지대를 서로 나누어 가질 수 있다. 이면계약은 의약품의 공급자인 제약회사나 의료서비스의 공급자인 요양기관의 이익의 합을 증가시켜주므로 서로 숨기려 할 것이기 때문에 건강보험심사평가원은 신고된 가격이 아닌 실제공급가격에 관한 정보를 얻기가 대단히 어렵고 간혹 얻는다 하더라도 그것은 극히 예외적인 것이 될 것이다. 그리고 공식적으로는 요양기관이 상한가에 근접한 가격으로 구입한 것으로 되어 있기 때문에 건강보험심사평가원은 약가 인하의 근거를 찾기 어렵게 된다.

2) 제약회사에 의한 강력한 판매가격유지행위의 존재

각 요양기관들이 건강보험심사평가원에 신고하는 가격은 각 요양기관과 제약회사(혹은 도매상)와의 계약조건에 따라 다를 것이다. 그런데 실제로는 특정 의약품에 대한 모든 요양기관의 신고가격이 약제급여상한가와 근접한 가격으로 거의 동일하다. 그것은 제약회사들이 강력하게 의약품의 직접 판매가격과 도매상에 의한 재판매가격을 약제급여상한가로 유지하려는 행위, 즉, 재판매가격유지행위가 관행화되어 있기 때문이다.[18]

3) 동일 성분 · 동일 효능 의약품들의 심각한 가격편차의 존재

건강보험심사평가원은 매분기 요양기관으로부터 제출·신고된 약제의 실제구입가격의 정확성 여부와 공급업소의 의약품 유통거래내역을 현지 확인·조사하여야 하고, 상한금액과의 차이가 발견되면 이에 대해 조사품목의 가중평균가격을 다시 산출하여 상한금액을 조정할 수 있다. 즉, 건강보험심사평가원이 약제급여상한을 결정할 때 거래가를 기초로 하여 결정할 뿐, 의약품의 원가를 분석하고 조사하는 것이 필수적이지는 않다.[19] 때문에 특정 제약회사가 어떤 의약품을 판매하여

---

18) 공정거래위원회(www.ftc.go.kr에 게재된 공시자료 참조)는 2009. 1. 15. 재판매가격유지행위 등을 이유로 7개 제약회사에 대해 시정조치와 총 204억 원의 과징금을 부과하였는데, 제약회사들은 도매상과의 거래계약서에 의약품 병·의원 및 약국 판매가격을 지정약가(보험약가)대로 판매토록 하고 이를 지키지 않은 경우 계약해지 및 손실보상 등을 규정하고, 문서 발송 등을 통해 지정가격을 준수하도록 촉구하는 행위를 하였다.

원가를 제외하고 어느 정도의 이윤을 얻는가는 정확히 알기 어렵다. 그러나, 동일 성분의 의약품 간 가격 편차가 큰 경우가 많고, 동일 효능을 가지고 있지만 치료 개선이나 부작용감소의 효과에 비해 너무 가격이 높게 책정된 의약품들이 상당히 존재한다.[20] 이러한 현상은 약제급여의 상한을 결정할 때 각 제약회사의 개별 의약품의 판매가격들에 대해서만 주목했을 뿐, 동일 성분·동일 효능 의약품들의 원재료비를 고려하여 동종의약품들의 평균 소매가가 비슷하도록 조정하려는 노력은 부족했기 때문에 나타나는 문제점이라고 볼 수 있고, 이러한 문제점은 결국 원가를 모른 채 신고된 거래가를 중심으로 상환금액과 그의 상한가가 결정되기 때문에 나타났다고 볼 수 있을 것이다.

4) 가격할인 이외의 보상지급경쟁의 격화

실거래가상환제와 약제급여상한제에서도 제약회사는 생존과 발전을 위해서 자기가 제조한 의약품의 판매증대와 시장점유율을 확대시키기 위해 노력하지 않을 수 없다. 이 점은 도매상도 마찬가지이다. 때문에, 의약품의 구매주체인 요양기관에 대해 강력한 판매촉진활동을 벌이게 된다. 이면계약과 이중장부를 통해 신고가보다 낮은 가격으로 의약품을 공급하는 것은 실거래가조사나 세무조사 등에 적발될 위험도 있다. 이러한 위험을 회피하기 위해 제약회사들은 의약품의 공급가격을 낮추어 공급하는 것과 비슷한 이익을 요양기관이나 그것을 운영하는 주요 인사에게 제공함으로써 판매처를 확보하고 판매량을 늘리려 하게 된다. 이것이 실거래가상환제에서 음성적 리베이트의 문제가 지속적으로 나타나고 있으면서도 근절하기 어려운 이유이다. 그 방식은 병원에서 사용하는 주사약이나 처방에서 선택할 의약품에 영향력을 지닌 의사들에게 고액의 상품권을 제공하거나 세미나비용이나 골

---

19) 제약회사들은 약제비상한을 신청할 때 이미 일정한 삭감까지 고려하여 신청하는데, 건강보험심사평가원은 신청한 약제비상한에 거품이 많더라도 약제비상한금액의 산정기준에 부합되면 그 금액을 상한가격으로 받아들일 수밖에 없다. 이로 인해 수요독점자로서 보험자의 협상력이 미미할 수밖에 없다. 양봉민외 2인, 약제비관리방안연구, 국민건강보험공단 연구보고서, 2004, 30 − 31면.

20) 2002년 7월 29일 경제정의실천시민연합 주최 '약가정책 개선방안에 대한 토론회'에서 발표된 홍춘택의 논문은 동일 성분·동일 효능 의약품 간 가격편차의 문제를 약사의 입장에서 분석하고 있다. 홍춘택, 현재 약가정책의 문제점과 개선방안, 6면(홈페이지(www.ccej.or.kr)에 게재)은 파모티딘 20MG을 함유한 동아 가스터정과 한미 파모티딘정의 가격편차는 2002년 기준으로 11.9배이고, 아시클로버크림 5MG을 함유한 동아 조비락스크림과 대신 아시클크림의 가격편차는 10.8배라고 보고하고 있다.

프접대·식사비·유흥비의 제공, 그리고 병원의 건축비의 장기무상대여, 시설비나 집기류의 구입 등과 관련된 금품제공 등 다양하다. 약국에 대해서도 그 규모는 작지만 비슷하게 리베이트가 제공된다.[21] 리베이트 조사가 시작되면 상당기간 제공하지 않다가 일정 기간 후 과거의 것까지 소급해서 제공하므로 근절하기가 매우 어렵다.

2. 약제급여상환제도의 설계에 있어 경제성원칙의 보장

이상에서 살펴보았듯이 현행 실거래가상환제는 많은 문제를 안고 있어서 개혁이 시급하다. 우리 정부가 실거래가상환제의 문제점을 직시하고 새로운 약제급여상환제를 설계함에 있어서는 경제성원칙이 보장될 수 있도록 다음의 두 가지 사항이 적절히 고려되어 제도설계가 이루어져야 할 것이다.

(1) 정부의 가격협상권의 확보 필요

의약품은 다른 상품과 다른 특성을 가지고 있다. 즉, 특허권에 의해 그의 독점적 지위가 보호되고 있고, 특허기간이 만료된 경우에도 인간의 생명과 건강에 직접적인 영향을 미치기 때문에 수요자에 비해 공급자가 우위의 위치에서 가격을 주도적으로 결정할 수 있게 된다. 하지만 환자 개인이나 영세 의료기관과 달리 정부는 국민건강보험제도에 의해 전체 국민이 사용할 의약품의 품목을 결정할 수 있기 때문에 독점적 수요자로서 의약품거래에 있어 공급자우위를 깨뜨릴 수 있는 중요한 위치에 있다. 이를 위해서 정부와 제약회사의 가격협상이 매우 중요한 의의를 갖는다. 때문에 각국에서 정부의 가격협상력을 최적화할 수 있도록 약제급여상환금액의 결정절차를 구조화하고 있다.

우리나라에서 약제비를 평가하는 기관인 약제급여평가위원회는 '국민건강보험 요양급여의 기준에 관한 규칙' 제11조의2 제2항 및 '신의료기술등의 결정 및 조정기준' 제8조 제2항 제5호에 따라 건강보험심사평가원장이 요양급여대상여부의 결

---

21) 공정거래위원회(www.ftc.go.kr에 게재된 공시자료 참조)는 2007. 11. 1. 부당고객유인행위와 재판매가격유지행위 등을 이유로 10개 제약회사에 대해 시정조치와 총 199.7억 원의 과징금을 부과하였는데, 제약회사들이 본문에서 열거된 다양한 보상과 리베이트를 요양기관들과 의료인들에게 주고 있는 것을 확인하였다.

정과 약제급여상한을 결정하기 전에 거치는 심의기관인데, 위원의 구성방법에 대해서는 규정하고 있지 않다. 2009. 02. 22. 건강보험심사평가원의 보도자료(www.hira.or.kr에 게재됨)에 따를 때, 평가위원의 구성을 위해 '약제급여평가위원회 운영규정'이 제정되어 있는 듯하다.[22] 임기 2년의 2기 위원회를 구성했는데, 그 절차는 2009년 1월 23일에 개정된 약제급여평가위원회 운영규정에 따라 각 추천단체로부터 3배수 인원을 추천받아 선정된 18인으로 이루어졌다고 한다. 이 위원들은 운영규정에 의한 위원 자격기준에 적합한 전문성을 겸비한 자로서 혈액종양내과·소아과·외과·임상약리학 등 전문의학 5인 △약리학·약제학·임상약학 등 7인 △경제학·보건의료기술평가 및 보건통계 각 1인 등으로 구성되어 있다 한다.

우리나라의 요양급여절차에서 건강보험심사평가원과 국민건강보험공단이 약가협상자로서 국민을 대리하는 지위는 매우 취약하고, 평가위원들의 배경에서 알 수 있듯이 가격결정에 영향을 미칠 수 있는 평가위원들의 구성에 있어서도 공급자의 이해관계를 반영할 수 있는 사람들이 과반수 이상 참여하도록 되어 있어 로비에 매우 취약한 구조이다.[23] 의약품과 진료서비스의 공급자와 구별하여 수요자들을 보다 충실히 대리할 수 있도록 건강보험심사평가원 내의 약제급여평가위원회와 건강보험공단의 관계를 명확하게 정비하고 평가위원들의 구성에서도 공정성을 강화하여야 한다. 약제급여평가위원들을 구성함에 있어 약제를 구입하는 국민들의 이익을 보호하기 위해 공급자인 제약회사나 도매상들 그리고 요양기관의 이해관계에 독립적인 인사들로 구성되어야 한다. 지금까지와 같이 약사와 의사 중심으로

---

22) 법률과 법규명령 이외의 행정규칙들에 대해서는 그것이 법령보충규칙으로서 법규성이 인정되는 경우에도 고시가 의무적이지 않아 확인하기가 매우 어렵다. 정부가 제정한 법령과 행정규칙이 법규성을 갖기 위해서는 도달주의에 따라 국민이 인식할 수 있는 상태로 공표되어야 한다는 것이 우리나라의 확립된 법원칙인데 아직까지도 우리 정부부처에서는 이 문제가 해결되지 않고 있다. 정보사회에 맞게 고시 등 행정규칙에 대해서도 각 부처의 홈페이지에 전문을 공시하고 그 연혁도 확인 가능하도록 하여야 할 것이다.

23) 미국에서 높은 의약품가격에 대한 많은 문제제기가 있었지만 가격통제제도의 도입이 번번이 실패한 원인은 제약회사들과 의료기관들의 강력한 로비에 있는 것으로 지적되고 있다. Michael B. Moore, Open wide (Your Pocket that is!) a Call for the Establishment in the United States of Prescription Drug Price Regulatory Agency, Southwestern Journal of Law & Trade in the Americas, 1994, p.151. 우리나라에서도 의약품가격통제제도를 도입하고 약제평가위원들을 구성함에 있어 로비를 막을 수 있는 방안에 대한 진지한 고민을 담지 않는다면 약제비인상의 통제는 실패하기가 쉬울 것이다.

구성해서는 수요자들의 이익을 보호하려는 의지를 찾아보기 어려워 약제비의 지속적인 인상에 속수무책이게 될 것이다. 의약품의 안정성과 유효성을 평가하는 문제와 의약품의 가격을 매기는 문제는 전혀 별개의 문제로서 원가를 알고 의약품과 의료서비스의 거래과정을 이해할 수 있으면 반드시 평가위원들이 의료전문가일 필요는 없을 것이다. 의료전문가들은 약제급여평가위원들이 아니라 평가과정에 의문이 생길 때 자문을 얻을 수 있는 자문위원회의 구성원들로 하고, 약제급여평가위원들은 철저하게 의약품의 수요자의 입장에서 그 이익을 보호할 수 있는 자들로 구성해야 할 것이다. 그래야 공급자들로부터 제공된 정보에 일방적으로 의존하여 가격이 결정되는 관행이 극복될 수 있을 것이다. 국가예산을 수립하는 부처와 국민건강보험재정정책의 설계와 관리를 담당하는 부처의 공무원들의 참여도 확대되어야 할 것이다.

(2) 원가를 고려한 약제비상환제로의 개혁과 정부의 직권조사권의 확대

현행 실거래가상환제에 있어서 정부는 실거래가를 확정함에 있어 제약회사와 요양기관이 신고한 매매가격이 기준에 부합되고 허위의 것이 아니라면 그대로 상환해주어야 한다. 어떤 제약회사가 특허에 의해 독점적 지위를 가지든 아니면 판매능력에 의해 독과점적 위치에서 고가로 의약품을 판매하지만 원가는 매우 낮은 경우에도 정부는 그 상환가격을 낮출 수가 없다. 이것은 정부가 매우 낮은 수준의 가격협상력만을 가지고 있기 때문이다. 당해 연도 특정 의약품의 상환금액의 결정에 있어 정부는 상환금액의 인하권을 갖지 못하고, 약제급여의 상한을 낮추더라도 그것은 다음에 영향을 미칠 뿐이다.

실거래가상환제에서의 정부권한의 제약은 국민소득수준이 높아질수록 더욱 많은 문제를 야기할 것이다. 많은 다국적 제약회사들이 각국의 소득수준이나 정부의 가격통제능력 그리고 국민의 소송제기정도 등을 고려하여 의약품가격을 차별화하여 판매하고 있는 상황에서[24] 우리 정부의 가격협상능력의 취약성은 다국적 기업

---

24) 가격차이의 주 원인은 제약회사들이 가격차별화정책을 취하고 있다는 점이었다. 미국에서 거대 제약회사들은 의약품의 가격을 높게 유지하면서도 캐나다에서는 동일 의약품을 낮은 가격으로 판매하였는데, 그 원인은 캐나다에서는 연방정부와 주정부가 높은 가격협상력과 가격통제력을 갖고 있기 때문이었다. 이로 인해, 특히 미국의 북쪽지역 주민들이 캐나다로 넘어가 싼 가격에 많은 의약품들을 구입하면서 미국의 높은 의약품가격을 비판하자 메인주를 비롯한 여

들의 이익확보를 위하여 중요한 포인트가 될 것이기 때문이다. 선진국들 사이에서
도 동일 의약품의 가격편차는 다른 상품들과 달리 매우 크게 나타날 수도 있다는
점[25]은 우리 의약품가격통제제도에 대한 재정비의 시급성을 잘 말해준다고 할 것
이다.

다만, 정부는 2008년 3월 3일 '국민건강보험 요양급여의 기준에 관한 규칙' 제
10조의2를 새로이 규정하여 약제의 제조업자·수입자에게 "급여목록표로 고시되
지 아니한 새로운 약제에 대하여 보건복지가족부장관에게 요양급여대상여부의 결
정을 신청"하도록 하는 선별적 급여목록제도를 도입하였는데, 이 제도의 도입으로
경제성이 떨어지는 의약품은 약제급여목록에서 제외할 수 있는 권한을 갖게 되어
정부의 약가협상권은 과거보다 더 강화되었다고 볼 수 있으나, 실거래가상환제가
현행대로 유지되고 있는 한 정부가 약제비를 낮추는 것은 한계가 있는 것이다.

정부가 지급할 약제비는 제약회사가 특정 의약품을 제조하면서 지출한 원가를
고려한 바탕위에서 결정되도록 약제급여상환제가 개혁되어야 한다. 정부는 상환
가격을 결정함에 있어 원가를 고려하여 개별 의약품의 신고된 평균거래가격과 다
르게 상환가격을 결정할 수 있어야 한다. 현재 정부는 제약회사와 도매상 그리고
요양기관이 얼마만큼의 이윤을 획득하는지 알지 못한 상태에서 선진국가들에서의
동종의약품가격이나 제네릭 의약품으로의 품목허가와 급여목록에의 등재시기 등
에 따르거나 요양기관이 신고한 가격에 크게 의존하여 급여상환금액을 결정하고

러 주들이 주정부수준에서 가격통제정책을 도입하였다. 이와 관련된 정보들은, Shawna Lydon
Woodward, Will Price Control Legislation satisfactorily address the Issue of high
Prescription Drug Prices? : several States are waiting in the Balance for PhRMA v.
Concannon, Seattle Uni. L. Rev. 26(2002−2003), p.172ff.
25) 미국, 유럽 및 캐나다의 의약품가격비교.
아래의 가격은 2003년을 기준으로 한 것으로, 정보출처는, Jonathan P. Glazier, The Drug
Pricing Controversy : A Review of Actions taken by the Pharmaceutical Industry and
the Federal and State Governments, J. Health & Biomed. L. 1, 2004, p.167.

Drug Type	U.S. Price	European Price	Canadian Price
Augmentin	$55.50	$8.75	$12
Cipro	$87.99	$40.75	$53.55
Claritin	$89.00	$18.75	$37.50
Coumadin	$64.88	$15.80	$24.94
Glucophage	$124.65	$22.00	$26.47
Norvasc	$67.00	$33.00	$46.27

있다.

국민건강보험공단은 단순한 약제비지급기관에서 벗어나 건강보험심사평가원의 심사결과를 참고하여 요양급여비용을 100분의 10의 범위에서 조정할 수 있도록 일부 조정권을 가지고 있다.26)(국민건강보험법 제43조 제5항, 동법시행규칙 제11조) 하지만, 이 규정은 건강보험심사평가원과 국민건강보험공단에게 의약품의 제조원가를 파악하여 가격을 조정할 수 있는 권한을 부여한 것이 아니다. 2007년 제약회사의 전체 매출액 중 판매관리비 3조 6,863.6억 원(34.5%)와 연구개발투자비(자체 투자에 정부 등의 투자를 합한 금액임) 5,845.8억 원(5.4%)으로서 판매관리비가 연구개발투자비의 6.3배에 이르는 상황에서,27) 원가를 파악하지 않고 단순히 전년도의 100분의 10의 범위에서 조정할 수 있도록 한 것이 약가조정의 방법으로 얼마나 효과를 발휘할지는 매우 의문스럽다.

제네릭 의약품의 제조만으로도 원가를 초과하여 많은 이윤이 보장된다면 제약회사는 지금까지와 마찬가지로 혁신적 신약의 개발이 아니라 판촉활동에 매진하게 되고 의료기관들도 의료서비스 혁신을 통한 수익성의 추구가 아니라 처방약 선택으로 인한 음성적인 리베이트와 고가진료의 확대 등에 의한 이윤추구에 매달리게 될 것이다.

다만, 정부가 수많은 의약품들에 대하여 원가를 파악하기는 현실적으로 어렵기 때문에 원가를 파악할 수 있는 다양한 방안들을 도입하여야 한다. 그러한 방안들을 몇 가지 열거해 보기로 한다.

첫째, 특허가 만료된 제네릭 의약품의 경우 동일 성분과 동일·유사 효능의 의약품들 사이에서 과도한 가격편차가 존재한다면 그중 고가의약품들은 원가와 중대한 괴리가 있는 것으로 보고 가격편차를 줄이는 방향으로 상환가격을 조정하여야 한다. 정부는 과도한 가격편차가 존재하는 경우 이면계약이나 이중장부에 의해 실거래가가 은폐되어 있는지를 확인하기 위하여 과도한 가격편차의 근거를 입증하도록 해당 제약회사에게 요구하고 원가의 구성요소들에 관한 자료의 제출을 요

---

26) 이 규정은 2001. 6. 30. 의 국민건강보험법시행규칙의 개정으로 등장했는데, 2001년의 개정 전에는 2000. 12. 30. 개정으로 건강보험공단은 "전년도 심사결정 공단부담액의 100분의 5의 범위"안에서 상환가격을 조정할 수 있었다.

27) 보건복지가족부, 우리나라 보건의료 실태분석 결과-OECD Health Data 2008 주요내용, 2008. 7, 35면.

구하여 확인하여야 한다.

둘째, 과거에 리베이트 수수사실이 적발되었던 사례들의 특징을 분석하여 유사한 징후를 보여주는 사례가 나타나면 거래현장을 방문하여 조사하는 등 강화된 직권조사를 실시하여야 한다.

셋째, 제약회사가 정부에 의약품의 제조원가를 보고할 의무에 대해서 의약품의 특허취소[28], 허가취소나 요양급여목록에의 등재거부를 연계시키는 방안도 고려될 수 있을 것이다. 정부는 제조원가를 파악한 후 정부의 우대정책에 맞추어 일정 수준의 이익을 오리지널 제약회사나 개량신약의 제조회사들에게 보장해줌으로써, 원가를 파악하여 의약품가격의 상승을 통제한 후에도 제약회사들이 연구개발에 대한 투자를 줄이지 않고 일정 수준 이상으로 하도록 유도할 수 있을 것이다. 국민건강보험법이나 독점규제 및 공정거래에 관한 법률을 위반하여 징수한 과징금들을 연구개발투자가 확대되도록 유도하는 수단으로 활용할 수도 있을 것이다.

Ⅳ 결어

우리나라에서 채택된 실거래가상환제는 국민보험공단이 개별 의약품 품목마다 요양기관들에서 실제로 거래가 이뤄진 가격을 가중평균하여 상환하는 개별 실거래가 상환제로서 동일 성분을 함유한 동일 효능의 의약품들의 평균거래가격과는 상관이 없다. 이로 인해 동일 성분의 의약품들 사이에도 가격편차가 심하게 존재하고 있다. 또, 제네릭 의약품 우대정책에 따라 오리지널 의약품의 특허만료 이후

---

28) 선진국가들 중 의약품가격통제에 가장 성공적인 국가에 속한 캐나다의 사례는 우리에게 상당한 시사를 줄 수도 있을 것이다. 특허기간이 만료되지 않은 제약회사가 해당 의약품의 원가와 도매가격을 정부에 보고하지 않는 경우 캐나다 특허의약품가격심사위원회(PMPRB; Patended Medicine Prices Review Board. 1987년 설립)는 해당 의약품의 특허를 취소할 수 있었다. Michael B. Moore, "Open wide (Your Pocket that is!) — a Call for the Establishment in the United States of Prescription Drug Price Regulatory Agency", Southwestern Journal of Law & Trade in the Americas, 1994, pp.163 – 164. 우루과이 라운드 이후 이 특허취소권은 삭제되었지만 그 대체수단으로서 캐나다 특허의약품심사위원회는 부당하게 높은 가격으로 판매한 제약회사 등에게 직접적으로 약가인하를 명령하거나 얻은 초과이익이나 그 2배를 정부에 반환하도록 요구할 수 있도록 개정되었다. 이러한 가격통제에도 불구하고 제약회사의 연구개발투자가 줄어들지 않도록 노력한 결과 연구개발투자가 매출의 10%로 증가했다고 한다.

출시되는 시점에 따라 그 가격들이 계단식으로 할인되면서 결정되는 출시시점별 계단형 가격구조를 통해 결정되고 있다. 이에 따라, 제네릭 의약품들에 대해 상환되는 약제비도 경직적일 뿐만 아니라 상대적으로 고가로 유지되고 있다. 이는 의약품의 연구개발촉진을 위해서도 바람직하지 않은 것으로 2007년의 정부통계에서도 제약회사 매출액 중 판매관리비가 연구개발투자비의 6.3배에 이르고 있는 현실에서 문제의 심각성이 드러난다.

현행 제도에서 정부가 의약품을 구입하고 상환할 때 의약품 가격이 급격히 상승하고 약제비가 급증하더라도 정부는 직접적인 약제구입가격이 아니라 약제급여금액의 상한만을 인하할 수 있을 뿐 정부의 직접적 가격조절권은 존재하지 않으므로 그 해의 실거래가 그대로 상환해야 한다. 그래서 현행 실거래가상환제도에서 요양기관들의 신고에 기초해 결정되는 상환가격들이 가격을 올릴 수 있는 상한인 상한가에 집중되고 있다. 제약회사·도매상과 요양기관 간의 담합에 의해 장부상 거래가격을 높게 신고할 경우에도 정부로서는 그 허위정보를 발견하지 못하는 한 다음 분기의 가격을 통제할 명분이 없게 되므로 지속적인 약가 인상을 피하기 어렵다. 실제 거래된 가격의 발견이 전적으로 정부에게 맡겨져 있어 부실신고의 적발비용이 크게 상승하게 될 뿐만 아니라 정보 은닉의 인센티브가 너무 커서 필연적으로 조사부실과 실패가 광범위하게 존재할 수밖에 없다.

이러한 문제점을 극복하기 위해 이 논문에서는 실거래가상환제의 개혁방안을 모색했다.

첫째, 실거래가상환제의 개혁은 정부의 가격협상력을 최적화할 수 있도록 재설계되는 방향에서 찾아야 한다. 환자 개인이나 영세 의료기관과 달리 정부는 국민건강보험제도에서 독점적 수요자로서 공급자우위를 깨뜨릴 수 있는 매우 중요한 위치에 있는데, 이를 잘 활용하기 위해 약제비를 평가하는 기관이 수요자의 입장을 충실히 반영할 수 있도록 개편해야 한다. 평가자들이 제약회사들과 요양기관들의 이해관계에 민감하고 로비에 영향받을 수밖에 없는 인사들로 구성해서는 약제비의 인상을 막을 수 없을 것이다. 이 때문에 의료전문가로 대부분의 평가위원들을 구성하도록 하고 있는 현행 고시의 입장은 재고되어야 한다.

둘째, 현행 실거래가상환제는 정부가 지급할 약제비는 제약회사가 특정 의약품을 제조하면서 지출한 원가를 고려한 바탕위에서 결정되도록 개혁되어야 한다.

정부가 상환가격을 결정함에 있어 원가를 고려하여 개별 의약품의 신고된 평균거래가격과 다르게 판단할 수 있어야 한다. 이를 위해서 제약회사가 정부에 의약품의 제조원가를 보고할 의무를 지도록 법률에 규정하고 이 의무를 이행하지 않는 경우 다양한 제재규정들을 부과할 수 있도록 하여야 한다.

 **참고문헌**

1. 국내문헌

갈원일, 우리나라의 약가관리제도, 의약품정책연구 제3권 제2호, 2008.

고영훈, 의약품의 가격관리제도에 대한 법적 검토, 사회과학연구(한남대) 제9집, 1999.

김성옥외 5인, 고가의약품 사용실태 및 영향요인 분석, 국민건강보험공단 연구보고서, 2005.

김진현, 약가관리제도의 전반적인 평가 및 개선방안, 의약품정책연구 제3권 제2호, 2008.

보건복지가족부, 우리나라 보건의료 실태분석 결과—OECD Health Data 2008 주요내용—, 2008. 7.

선정원, 국민소송의 도입에 관한 법적 쟁점의 검토—미국의 허위청구방지소송—, 행정법연구 제15호, 2006. 5.

양봉민외 2인, 약제비관리방안연구, 국민건강보험공단 연구보고서, 2004.

윤희숙, 보험약가제도개선을 통한 건강보험지출 효율화, KDI정책포럼 제203호(2008—15), 2008. 5. 22.

윤희숙, 건강보험약가제도의 문제점과 개선방안, KDI 정책연구시리즈 2008—01, 2008.

이의경외 4인, 선별목록 중심의 보험의약품 등재관리제도 개선방안연구, 한국보건사회연구원 연구보고서, 2005.

이태근, 약제비적정화방안과 제약산업 발전의 조화를 도모하는 보험약가정책, 의약품정책연구 제3권 제2호, 2008.

정명진외 4인, 2008년 의약품산업 분석보고서, 2008. 12.

허순임외 2인, 합리적 약제비 지출방안 연구, 국민건강보험공단 연구보고서, 2006.

홍춘택, 현재 약가정책의 문제점과 개선방안, 2002. 7. 29, '약가정책 개선방안에 대한 토론회' 발표문(경제정의실천시민연합홈페이지(www.ccej.or.kr)에 게재).

2. 외국문헌

Joan H. Krause, a conceptual Model of Health Care Fraud Enforcement, J. L. & Pol'y 12, 2003—2004.

Jonathan P. Glazier, The Drug Pricing Controversy : A Review of Actions taken by the Pharmaceutical Industry and the Federal and State Governments, J. Health & Biomed. L. 1, 2004.

Lawrence O. Gostin, Public Health Law—Power·Duty·Restraint—, 2000.

Michael B. Moore, Open wide (Your Pocket that is!) — a Call for the Establishment in the United States of Prescription Drug Price Regulatory Agency, Southwestern Journal of Law & Trade in the Americas, 1994.

Mrzek/Mossialos, Regulating pharmaceutical Prices in the European Union, in ; Mossialos/Mrazek/Walley (ed.), Regulating pharmaceuticals in Europe : Efficiency, equity and quality, 2004.

Pamela H. Bucy, Growing Pains: Using the False Claims Act to Combat Health Care Fraud, Alabama Law Review 51, 1999.

Shawna Lydon Woodward, Will Price Control Legislation satisfactorily address the Issue of high Prescription Drug Prices? : several States are waiting in the Balance for PhRMA v. Concannon, Seattle Uni. L. Rev. 26(2002—2003).

Staff of Senate Special Comm. on Aging, 103d. Cong., 1st Sess. Earning A Failing Grade : A Report Card on 1992 Drug Manufacturer Price Inflation, 1993.

〈추록〉 실거래가상환제도의 보완

1. 리베이트 쌍벌제의 도입

실거래가상환제가 도입된 후에도 의약품공급자와 의료기관 그리고 약국 등 사이에서 의약품거래와 관련된 불법행위, 이른바, 리베이트가 계속 적발되었다.

약사법 제47조 제2항은 "의약품공급자는 의약품 채택·처방유도·거래유지 등 판매촉진을 목적으로 약사·한약사·의료인·의료기관 개설자 또는 의료기관 종사자에게 금전, 물품, 편익, 노무, 향응, 그 밖의 경제적 이익을 제공하거나 약사·한약사·의료인·의료기관 개설자 또는 의료기관 종사자로 하여금 약국 또는 의료기관이 경제적 이익등을 취득하게 하여서는 아니 된다"고 규정하여 이미 의약품공급자의 불법적인 경제적 이익제공행위를 금지해왔으나 그러한 이익의 수혜자에 대해서는 처벌하지 않았었다. 이로 인해 리베이트가 근절되지 않는다는 비판이 꾸준히 제기되었다.

그래서 국회는 2015년 12월 29일 의료법 제23조의2를 추가하여 제1항에서 "의료인, 의료기관 개설자 및 의료기관 종사자는 「약사법」 제47조 제2항에 따른 의약품공급자로부터 의약품 채택·처방유도·거래유지 등 판매촉진을 목적으로 제공되는 금전, 물품, 편익, 노무, 향응, 그 밖의 경제적 이익을 받거나 의료기관으로 하여금 받게 하여서는 아니 된다"고 규정하였다.

2. 포상금과 장려금 제도의 도입

그동안 국민건강보험법은 불법적으로 보험급여를 지급받은 요양기관을 신고한 자에 대한 포상금제도를 두고 있었으나(국민건강보험법 제104조 제1항), 약제비나 치료비 등을 감축시켜 건강보험재정의 건전화에 적극적으로 기여한 자에 대한 유인조치는 없다는 비판이 있었다.

그래서 국회는 2013년 5월 22일 국민건강보험법 제104조 제2항을 추가하여 "공단은 건강보험 재정을 효율적으로 운영하는 데에 이바지한 요양기관에 대하여 장려금을 지급할 수 있다"고 함으로써 장려금제도를 도입하였다. 장려금은 보다 저렴한 약제를 사용하거나 고시된 상한금액보다 저렴하게 구입하거나 전년도 약제 사용량보다 사용량을 줄였을 때에는 "처방 또는 조제로 인하여 건강보험 재정 지출에서 절감된 금액의 100분의 70을 넘지 아니하는 금액"을 장려금으로 지급할 수 있게 했다(국민건강보험법시행령 제75조의2).

제2절

과잉진료와 과잉원외처방으로 인한
부당이득의 환수처분과 손해배상청구

Ⅰ) 서론

1. 연구대상판결들의 개요

이 논문에서는 요양기관이 요양급여기준을 위반하여 치료한 행위에 대해 국민건강보험법(이하 법이라 인용함) 제52조 제1항에 따라 과잉진료로 보고 그로부터 얻은 이익을 부당이득으로 평가한 후 그의 환수처분이 적법하다고 한 대법원 판결(대법원 2008. 7. 10. 선고 2008두3975 판결)과, 요양급여기준에 위배되는 원외처방을 한 의료기관이 국민건강보험공단(이하 공단이라 함)에 대하여 불법행위에 기한 손해배상책임을 부담한다고 한 서울고등법원의 판결(서울고법 2009. 8. 27. 선고 2008나89189 판결)상의 주요 법적 쟁점을 분석하면서 관련 법리를 규명하고자 하였다. 두 번째 사건은 현재 대법원에 계류 중인 상태이다.

과잉진료 및 허위청구로 인한 과잉급여문제와 관련하여 수많은 법적 쟁점들이 출현하였다. 위 두 판결에도 너무 많은 쟁점들이 출현하여 이를 전부 분석하기 어려우나 이 논문에서는 공법적 측면과 관련된 주요 쟁점들을 분석정리하고자 하였다.

(1) 대상판결들의 개요

첫 번째 대법원판결(대법원 2008. 7. 10. 선고 2008두3975 판결)은 제주도에서 병원을 운영하는 의사가 의료기기의 신고 및 검사의무를 이행하지 않고 진단용 방사선발생장치인 골밀도 검사기기를 환자의 치료에 사용하고 요양급여를 받았다는 이유로 공단으로부터 환수처분을 받자 그의 취소소송이 제기된 사건에 관한 것이다. 대법원은 "신고 및 검사, 측정의무를 이행하지 아니한 상태의 이 사건 요양급여장비를 사용하여 의료행위를 한 데 대하여 원고가 요양급여비용을 청구하여 지급받은 것은 사위 기타 부당한 방법으로 요양급여비용을 받은 때에 해당한다"고 하면서, "'사위 기타 부당한 방법으로 보험급여비용을 받은 경우'라 함은 요양기관이 요양급여비용을 받기 위하여 허위의 자료를 제출하거나 사실을 적극적으로 은폐할 것을 요하는 것은 아니고, 관련 법령에 의하여 요양급여비용으로 지급받을 수 없는 비용임에도 불구하고, 이를 청구하여 지급받는 행위를 모두 포함한다고 할 것이므로, 신고 및 검사·측정 의무를 이행하지 않은 요양급여장비를 사용하여 실시한 요양급여비용을 받는 경우"도 여기에 해당한다고 하였다.

두 번째 서울고등법원의 판결사례(서울고법 2009. 8. 27. 선고 2008나89189 판결)에서 건강보험심사평가원(이하 심사평가원이라 함)은 서울대학교병원이 원외처방을 발급하면서 요양급여기준을 위반하였다는 이유로 초과한 약제비용을 장래 지급할 요양급여비에서 삭감하였고 이것을 기초로 공단이 나머지 요양급여금액만을 지불하였다. 서울대학교병원은 공단의 징수처분이 당연무효임을 이유로 부당이득반환청구의 소를 제기하였고, 제1심법원은 의료기관의 원외처방약제비를 부당이득으로 판단해 환수하는 조치는 무효이므로 징수금을 반환해야 한다고 판결하였다(서울서부지법 2008. 8. 28. 선고 2007가합8006 판결). 제1심판결은 원외처방에 따른 과잉약제비의 환수조치 또는 징수조치에 대하여 의료기관에게 약제비 징수처분을 하는 것은 위법하여 취소되어야 한다는 취지의 판결(대법원 2005. 9. 29. 선고 2005두7037 판결), 징수처분은 하자가 중대하고 명백하여 당연무효라는 판결(대법원 2006. 12. 8. 선고 2006두6642 판결)이 대법원에 의해 선고되었었기 때문에 예고된 것이기도 하였다.

공단은 항소심에서는 새로운 논거로서 의사가 요양급여기준을 위반한 행위를 불법행위로 보아 손해배상청구권을 주장하면서 그 상계의 방법으로 징수할 수 있다고 주장하였다. 서울고등법원은 국민건강보험법은 "모든 국민에게 국민건강보험의 가입을 강제하고, 법정 기준에 따라 보험료를 산정하여 강제로 징수하며, 보험급여의 기준도 법으로 정하여 건강보험제도 자체의 목적을 위하여 설정된 일정한 범위 내에서만 건강보험 요양급여를 인정하고 요양급여의 범위나 방법에 대한 판단에 있어 의료기관의 재량권을 제한하고 있는 것이고, 요양급여기준은 법이 요양급여의 기준을 법정하도록 한 것과 마찬가지로 불필요한 요양급여를 방지하고 요양급여와 비용의 합리성을 확보하여 한정된 건강보험재정으로 최대한의 건강보험 혜택을 부여하고자 하는 것인바(헌재 2007. 8. 30. 선고 2006헌마417 결정 참조), 결국 위 요양급여기준은 법 제39조 제2항의 위임에 따른 것으로 법률상 위임근거가 있는 법규명령이고 강행규정으로서의 성질을 가지는 것이라 할 것"이라고 하면서, "요양급여기준은 의약계 전문가의 의견 등을 반영하여 마련된 것으로서 일응 객관적이고 합리적인 것이라 할 것이므로, 요양기관이 요양급여기준에 정한 바에 따르지 아니하고 임의로 이에 어긋나는 원외처방을 하는 것은, 그것이 환자에 대한 최선의 진료를 위하여 의학적 근거와 임상적 경험에 바탕을 둔 것으로서 정당행위에 해당한다는 등의 특별한 사정이 없는 한, 일응 위법성이 인정된다"고 했다.

또, 서울고등법원은 심사평가원이 "의약분업 실시 이후 이미 수차례의 공문을 통하여 요양급여기준 및 고시 내용을 벗어나거나 의학적 관점에서 적절하지 못한 처방 등 상병명과 처방내역을 비교하여 부적절하거나 과다 처방된 것으로 인정되는 경우에는 부적정한 약제비 및 처방료, 조제료를 조정하겠다는 취지의 내용을 대한의사협회, 대한병원협회 등을 통하여 각 의료기관에게 고지한 사실을 인정할 수 있으므로, 원고가 요양급여기준에 위반된 원외처방을 함에 있어 고의·과실도 인정된다"고 보았다.

위와 같은 이유로 공단은 요양기관이 요양급여기준을 위반한 경우 불법행위에 기한 손해배상청구권을 갖고 그 금액을 환수결정의 방식으로 상계할 수 있다고 판결하였다.

(2) 관련 법적 쟁점들

그동안 우리나라에서 의약제도와 건강보험제도의 주요 기준의 결정과 그의 운영방식은 국민의 건강과 삶의 질의 보호를 위해 매우 중요함에도 불구하고 주요 고시의 제정이나 요양급여처분·환수처분의 결정에서 드러나듯이 소수의 의료전문가들에 의해 결정되어 왔다. 고시나 요양급여처분은 공법적 주제임에도 불구하고 공법학자들이 주요 쟁점들을 분석한 글은 드물었다.

논문에서는 미국의 건강보험에서 어떤 질환에 대해 필요한 치료행위를 판단하고 그 치료행위에 대해 지급할 비용을 정하기 위해 어떤 기준이 사용되고 있고 그 취지는 무엇인가를 조사한다. 요양급여처분과 그 환수처분의 해석과 관련해서는 치료의 필요여부의 판단에 존재하는 의사의 재량과 어떻게 조화를 이루도록 해석할 것인가 하는 부분을 염두에 두고 논리를 전개한다. 그리고 우리나라의 요양급여기준은 법규성을 가질 뿐만 아니라 강행규정으로 보아야 하는가, 전통적으로 치료비용은 의사와 환자의 계약으로 정하던 것을 고시기준이 대체하고 그 규정을 강행규정으로 해석할 수 있는 근거는 무엇인가 하는 점을 검토할 것이다. 그리고 가장 중요한 쟁점인 공단이 요양급여기준을 위반하여 급여비용을 지급한 경우에도 판례가 치료행위를 한 의료기관에 대해서는 부당이득환수성격의 징수처분을 인정하지만, 과잉원외처방의 경우에는 의료기관에게 약제비상당금액에 대해 부당이득환수성격의 징수처분을 한 것을 무효로 보고 있는 이유는 무엇인지, 그리고 고등법원에서 불법행위에 기한 손해배상청구권의 논리를 사용하여 징수행위의 타당성을 긍정하였는데 그것은 타당한 것이었는지 하는 점 등을 검토한다.

Ⅱ) 우리나라의 요양급여제도와 미국법상 필요성심사

1. 건강보험재정의 건전성 확보

(1) 모든 국민을 위한 국민건강보험제도의 도입

각국에서 의료보장을 시행하는 방법은 재원조성의 방법에 따라, 법률에 자격이 정해진 자가 보험료를 낼 것을 전제로 하여 보험급여를 하는 보험방식과 일반조세를 재원으로 하여 국민 또는 거주자라는 요건만 갖추면 국가가 의료서비스를 보장하는 조세방식으로 구분되는데[29], 우리나라는 보험방식에 의한 의료보장제도를 도입하고 있다.

헌법 제34조는 제1항은 "모든 국민은 인간다운 생활을 할 권리를 가진다"고 규정하여 생존권적 기본권을 보장하고 있고, 제34조 제2항에서는 "국가는 사회보장·사회복지의 증진에 노력할 의무를 진다"고 규정하고 있으며, 제36조 제3항은 "모든 국민은 보건에 관하여 국가의 보호를 받는다"고 규정하고 있다. 이와 같은 헌법규정들은 국민의 건강보호에 대한 국가의 의무의 근거가 되고 있다.

헌법의 규정들에 따라 전 국민을 위한 의료보험의 근거법률로서 국민건강보험법이 제정되어 2000년 1월 1일부터 시행되고 있는데, 법은 "국내에 거주하는 국민"(법 제5조 제1항), 즉, 국내 거주 중인 모든 국민을 가입자로 하면서 국민의 보험료와 국가의 보조금으로 조성된 보험재정에서 가입자와 피부양자에게 보험급여를 실시하도록 하고 있다. 심사평가원은 "요양급여비용을 심사하고 요양급여의 적정성을 평가"하는 업무를 맡고 있으며(법 제55조 제1항), 공단은 가입자 및 피부양자의 자격관리, 보험료의 부과·징수, 보험급여비용의 지급 등을 담당하고 있다.

(2) 건강보험재정의 건전성 확보

국민건강보험제도는 장기적으로 그의 수입과 지출이 균형을 이루어야 적절하게 운영될 수 있는데, 이 제도가 도입되면서 개인의 의료비부담의 고통은 크게 줄어들었지만 수명의 연장과 인구의 증가로 치료수요가 증가하면서 공적 보험의 재전건전성은 크게 위협받게 되었다. 요양급여비용의 지급은 가입자들의 보험료를 기초로 이루어지는 것인데 그동안 보험급여비의 급증으로 국민들의 보험료는 매년 인상되고 있으나 보험재정의 적자가 증가하여 국가에 의한 보조금의 부담도 늘어나고 있다.[30] 그럼에도 불구하고, 매년 수가협상과정에서 의료계에 의해 수가인상의 요구는 강화되고 있고, 급여항목의 확대[31], 노인인구의 의료과소비와 약제

---

29) 전 세계적으로 의료보장을 시행하고 있는 국가 중에서, 영국, 이탈리아, 호주, 뉴질랜드, 캐나다, 스웨덴, 덴마크 등과 같이 조세방식의 의료보장제도를 취하고 있는 소수의 국가를 제외한다면, 대부분의 국가는 사회보험방식의 의료보장을 택하고 있다. 헌재 2000. 6. 29. 선고 99헌마289 결정, 판례집 12-1, 913, 937 참조.

30) 건강보험에 대한 국고보조금은 2005년의 경우 3조 6948억 원, 2008년 4조 262억 원, 2009년은 4조 6828억 원으로 노인의 의료비지출의 증가, 서민의료비 부담경감조치 및 보장성 강화 확대 등으로 급증하고 있다. 박인화, 국고지원의 문제점과 개선방향, 의료정책포럼 제8권 제3호, 2010, 17면 참조.

31) 의료인들은 합리적 근거 없이 선심성 정책을 남발하며 급여항목과 급여범위를 확대하고 있다

급여의 급격한 증가,[32] 허위청구나 선택진료의 증가 등으로 과잉진료에 의한 요양급여비도 급격히 증가하고 있다.[33]

과잉진료는 건강보험재정을 위태롭게 하는 핵심 원인 중의 하나이기 때문에 세계각국에서는 비용 효과적인 적정한 진료방법의 선택을 위해 다각도의 노력을 기울이고 있다. 의사의 진료가 필수적 진료의 기준에 적합한 경우 경제적 인센티브를 주기도 하고, 치료의 난이도나 고가장비의 사용 필요 등을 고려하여 종합병원이나 전문병원 그리고 의원 사이에서 환자들의 접근가능성과 의료비용에 차별을 두기도 한다.

(3) 일부 본인부담제의 채택

불필요하고 과다한 의료이용을 방지하여 보험재정의 건전성을 보호하기 위하여 우리나라는 의료비용의 일부를 본인에게 부담시키는 본인부담제도를 요양급여제도와 병행하여 채택하고 있다. 즉, "요양급여를 받는 자는 대통령령이 정하는 바에 의하여 그 비용의 일부를 본인이 부담"해야 하는데(법 제41조), "본인이 부담할 비용의 부담률 및 부담액"은 시행령에 규정되고 있다(법시행령 제22조 제1항 별표 2).[34]

고 비판한다. 최정규, 건강보험 요양급여체계의 문제점과 개선방안 : 임의비급여를 중심으로, 의료정책포럼 제6권 제4호, 2008, 95면.

32) 우리나라에서 비노인인구 대비 노인인구의 1인당 급여비 비율은, 2004년 약 3.4배, 2005년 약 3.5배, 2006년 약 3.6배 등으로 지속적으로 증가하고 있고, 전체 보험급여비에서 약품비가 차지하는 비율이 23%(2001)에서 30%(2008)로 증가하였다. 송우철, 2010년 수가결정과정, 그 내용과 의의, 의료정책포럼 제7권 제3호, 2009, 32면 참조.

33) 심사평가원과 공단이 2008년 발간한 자료에 따르면, 2005－2007년 3년 동안 건강보험 및 의료급여 허·부당청구 현지조사 적발률은 78.6%, 적발금액은 474억 원, 허위청구비율은 31.6%이다. 2007년 전체 요양기관(76,818) 중 건강보험 및 의료급여 부당이득 환수조치 결정기관은 56.6%이며, 환수율은 82.8%에 이르렀다. 적발된 요양기관에 대한 행정처분비율은 91.7%이었다. 김진현, 요양급여 조사, 심사 및 사후관리, 요양급여심사 및 진료수가 제도개선 공청회자료, 국민권익위원회, 2008. 3. 4, 19면에서 재인용.

34) 5%의 본인부담률과 연간 200만 원 한도의 본인부담상한제를 내용으로 하는 현행 본인부담제는 여전히 도덕적 해이가 발생하므로 개정될 필요가 있다는 주장은, 박은철, 보장성강화정책의 현황과 방향, 의료정책포럼 제8권 제3호, 2010, 32면.

2. 요양급여금액의 결정

(1) 진료행위별 수가제의 채택

우리나라의 건강보험제도는 진료행위별 상대가치를 정하여 수가산정의 기준이 되도록 하는 진료행위별 수가제를 채택하고 있다.[35] 진료행위별 수가제는 진료에 소요된 약제 또는 재료비를 별도로 산정하고 의료인이 제공한 진료행위마다 일정한 값을 정하여 의료비를 지급하는데, 의료기술의 발전에는 유리하지만 과잉진료와 의료비용증가의 위험을 안고 있다고 알려져 있다.[36] 요양급여의 대상이 되는 진료행위는 가입자 및 피부양자의 질병·부상·출산 등에 있어 진찰·검사, 약제·치료재료의 지급, 처치·수술 기타의 치료, 예방·재활, 입원, 간호, 이송 등이다(법 제39조 제1항).[37]

---

35) 의료보장제도에 있어서 진료비를 지급하는 요양급여방식은 진료행위별 수가제방식, 인두제방식, 봉급제방식과 총액예산제방식이 있다. 인두제방식은 의료인의 환자가 될 수 있는 일정 지역의 주민수에 일정 금액을 곱하여 이에 상응한 보수를 의료제공자측에게 지급한다. 봉급제방식은 의료인들에게 그들 각자의 근무경력, 기술수준, 근무하는 의료기관의 종별 및 직책에 따라 보수수준을 결정하고 그에 따라 매월 혹은 일정 기간에 한 번씩 급료를 지급한다. 총액예산제방식은 일정 기간 동안 의료기관이나 의사의 총 지출 또는 지출의 일부를 감당하기 위하여 사전에 일정한 금액을 지불한다. 국가에 따라서는 하나 이상의 방식들을 혼합하는 경우도 많고 동일한 방식의 구체적 내용도 국가마다 다르다. 헌재 2003. 12. 18. 선고 2001헌마543 결정 참조.

36) 김운묵, 건강보험 진료비청구 및 심사지급에서의 권리분쟁과 구제, 의료법학 제8권 제2호, 2007, 129면. ; 진료행위별 수가제는 각 진료행위에 대한 수가가 고정되기 때문에 의료인들은 진료행위의 양을 늘리고 급여대상이 되는 진료행위중 보다 고가의 진료행위를 선택하는 경향이 있다는 문제점을 가지고 있다. Stanley S. Wallack/Kathleen Carley Skwara/John Cai, Redefining rate regulation in a competitive environment, Journal of Health Politics, Policy and Law 21, 1996, pp.497–498.

37) 우리나라에서 취하는 진료행위별 수가제는 보험급여의 대상인 의료행위, 약제와 치료재료 중 의료행위에 한정되는 것으로, 의료행위의 비용에 대해서만 수가계약의 대상이 될 뿐, 한약재 등을 제외하고는 약제 및 치료재료에 대해서는 "요양기관이 해당 약제 및 치료재료를 구입한 금액"을 기준으로 지급하도록 규정하여 수가계약의 대상에서 제외하고 있다(법시행령 제24조 제3항).

(2) 수가계약에 의한 요양급여금액의 결정

요양급여비용은 "공단의 이사장과 대통령령이 정하는 의약계를 대표하는 자와의 계약"으로 정하는데, 계약기간은 1년으로 한다(법 제42조 제1항). 이를 수가계약이라 하는데, 공단이사장과 의약계대표자와의 계약이 체결되더라도 공단의 재정운영위원회의 심의·의결을 거쳐야 한다(법 제42조 제5항). 이러한 조건은 이사장과의 합의결과가 성급하게 급증하는 보험재정의 부실원인이 될 소지를 차단하기 위한 것이지만, 의약계를 대표하는 자들은 공단이사장과의 계약의 의미를 낮게 평가하며 매년 수가협상을 결렬시키는 원인 중의 하나가 되는 측면도 있다.

요양급여비용에 관한 공단이사장과 의약계대표자와의 구체적인 계약의 내용은 "요양급여의 상대가치점수의 점수당 단가를 정하는 것"(법시행령 제24조 제1항)이다. 상대가치점수라는 것은 "요양급여에 소요되는 시간·노력 등 업무량, 인력·시설·장비 등 자원의 양과 요양급여의 위험도를 고려하여 산정한 요양급여의 가치를 각 항목 간에 상대적 점수로 나타낸 것"으로, 상대가치점수의 산정자체는 보건복지부장관이 심의조정위원회의 심의를 거쳐 결정하여 고시하도록 되어 있다(법시행령 제24조 제2항).[38]

---

38) 상대가치점수의 결정과 그 점수당 단가의 결정문제는 다른 것으로서 수가계약의 대상이 되는 것은 점수당 단가일 뿐 상대가치점수 그 자체는 아니다. 때문에, 개별 의료행위들에 대한 상대가치점수의 결정 자체의 불합리성을 이유로 소송이 제기되거나 소송에서 주장될 수도 있다. 이와 관련하여 헌법재판소는 "상대가치점수의 평가와 산정은 계약제의 도입에도 불구하고 국민건강보험법의 전체적 체계를 고려하여 볼 때 보건복지가족부장관의 결정사항으로 할 수 있도록 위임될 수 있음을 누구나 충분히 예측할 수 있다고 할 것이므로 상대가치점수의 산정에 관한 법적 근거가 되는 국민건강보험법 제42조 제7항의 내용은 위임입법의 한계를 준수한 것"이라고 한다(헌재 2003. 12. 8. 선고 2001헌마543 판결). 대법원도 "상대가치점수에 관하여는 피고 보건복지부장관이 심의조정위원회의 심의를 거쳐 정하도록 하고 있을 뿐 그 개정에 관하여 별다른 제한이 없는 점"을 인정하고 나서, 보건복지부장관이 일방적으로 그 점수를 결정하고 변경하더라도 법 제42조 제1항의 취지에 맞게 "그 상대가치점수의 변경이 요양급여 제공자인 의약계의 의견을 시기적으로 적절히 반영하여 물가상승 등 유동하는 경제현실에 상응한 요양급여비용이 산정될 수 있도록"하고 있다면 보건복지부장관이 계약기간에 관계없이 요양급여행위 및 그 상대가치점수를 변경하더라도 문제될 것이 없다고 보고 있다. 대법원 2006. 5. 25. 선고 2003두11988 판결 참조.
다만, 점수당 단가가 결정된 후 보건복지부장관이 상대가치점수 자체를 합리적 사유없이 변경하는 것은 처분적 고시의 내용에 대한 요양기관들의 신뢰를 침해할 우려가 있다 할 것이다. 황선줄, 현행 요양급여비용 계약제(수가계약제)의 법률적 문제점, 의료정책포럼 제6권 제4호,

(3) 고시에 의한 요양급여기준의 결정

수가계약은 "그 계약기간 만료일의 75일 전까지 체결하여야 하며, 그 기한까지 계약이 체결되지 아니하는 경우 보건복지부장관이 심의위원회의 의결을 거쳐 정하는 금액을 요양급여비용으로 한다"(법 제42조 제3항). 이에 따라, 2010년 보건복지부고시로 '건강보험 행위 급여·비급여 목록표 및 급여 상대가치점수'가 제정되어 요양급여행위별 상대가치점수와 점수당 단가가 결정되었다. 2010년의 경우 뿐만 아니라 수가계약은 최근 매년 결렬되어 보건복지부의 고시로 수가가 결정되고 있다.

(4) 요양급여의 심사절차

요양기관이 심사평가원에 요양급여비용의 심사청구를 하면, 심사평가원은 사후적으로 진료행위의 필요성과 그 수가를 평가한 후 지체 없이 그 내용을 공단 및 요양기관에 통보하여야 한다. 심사평가원으로부터 심사의 내용을 통보받은 공단은 지체 없이 그 내용에 따라 요양급여비용을 요양기관에게 지급한다(법 제43조). 그 구체적인 실무를 간략히 보기로 한다.

심사평가원은 요양기관이 제출한 심사청구서와 비용명세서의 청구내용이 법령의 기준을 초과하거나 위반했는지의 여부를 심사하여 요양기관에 지급할 금액을 결정하는데, 심사평가원의 심사는 지표심사와 정밀심사로 구분된다.[39] 지표심사는 청구경향이 양호한 요양기관에 대하여 요양기관이 청구한 내용의 기본사항을 점검하고 전산심사를 실시한 후 바로 지급절차에 들어가는 간이심사방식이다. 전산심사는 약가나 수가 등을 포함한 전산프로그램에 의해 심사하는 것이다.

2008, 30면 참조.

사견으로는 일정한 기간마다 상대가치점수의 결정단계에서도 의약계 대표들이 그 의견을 충분히 주장할 수 있도록 적절한 절차적 장치가 도입되어야 할 것으로 본다. 진료과목별로 갈등이 나타날 것이지만 정부가 발주하는 용역과 정부내의 준비와 논의만을 거쳐 정부가 일방적으로 결정하는 것이 불합리성을 은폐하거나 키울 수도 있다. 특히, 새로운 의료기술의 등장이나 인건비나 재료비의 변화 등의 사유를 적절히 반영하지 못할 수도 있을 것이다. 그렇지만, 매년 수가계약의 내용에 상대가치점수까지 포함시키자는 주장(황선줄, 상계논문, 30면)은 많은 혼란을 초래하고 실익은 적을 것이라 본다.

39) 건강보험심사평가원, 건강보험제도의 심사와 평가, 2006, 22-26면.

정밀심사는 전산심사 후 요양기관이 청구한 내용에 대하여 심사직원이 직접 확인점검을 한 후 의학적인 판단이 요구되거나 진료비가 고액인 경우 심사직원이 심사소견을 첨부하여 심사위원에게 심사를 의뢰하여 심사위원이 전문심사를 실시하는 방식을 말한다. 전문의학적 판단에 의해 새로운 심사기준이 필요한 사항, 심사기준을 적용함에 이의가 있는 사항, 기타 심사위원들의 합의에 의한 결정이 필요한 사항에 대해서는 중앙과 지원단위로 설치된 진료심사평가위원회의 심의를 거쳐 심사가 이루어진다. 정밀심사를 통해 급여기준 초과사항, 기준적용의 착오 등이 있는 경우에는 청구된 진료비를 조정한다.

심사가 완료되면 수진자의 본인일부부담금과 보험자부담금으로 나누어 금액을 결정하고, 비용을 조정한 경우에는 조정사유를 기재한 심사결과통보서를 보험자와 요양기관에 송부한다. 보험자는 이 통보서에 근거하여 요양급여비용을 지급한다.

3. 미국법상 진료행위에 대한 필요성심사

(1) 필수적 진료의 개념

의사가 갖는 환자의 진료행위에 대한 재량과 과잉진료행위의 경계가 어디인가를 판단하는 것이 쉬운 것은 아니다. 이와 관련하여 미국 의약법상 중요한 개념이 필수적 진료(Medical Necessity)이다. 필수적 진료라는 용어는 미국의 의료보험체계에서 보험급여의 범위를 판단하기 위한 핵심개념으로서 공적 의료보험(Medicare and Medicaid)과 사적 의료보험 모두에서 보험급여가 이루어져야 할 진료행위와 불필요한 과잉진료행위를 구별하고 그 급여금액을 결정하기 위해 사용되고 있다.[40] 주로 낭비적인 불필요한 진료를 방지하기 위해 사용된다. 여기서 필수적 진료는 질병의 치료나 불완전한 신체의 기능을 회복하기 위하여 "필요하면서도 합리적인"(Reasonable and Necessary) 의료행위를 말한다. 질병의 치료는 물론 예방이나 진단행위도 모두 포함하며 질병으로 인한 고통을 감소시키거나 회복을 신속하게 하기 위한 행위도 포함한다.

필수적 진료의 개념에 따를 때, 의료행위는 충분해야 하지만 필요한 범위를 넘어서는 안 되는데, 의료행위의 필요여부는 의학적으로 판단하되 그 당시 "일반

---

40) Timothy P. Blanchard, "MEDICAL NECESSITY" DETERMINATIONS A CONTINUING HEALTHCARE POLICY PROBLEM, Journal of Health Law 37, 2004, p.600.

적으로 인정된 의료행위의 기준"(Generally accepted Standards of Medical Practice)
에 비추어 판단하여야 한다. 또한, 의료행위는 "안전하고 효과적"이어야 하고(Safe
and Effective), "실험 중이거나 임상시험 중인 것이어서는 안 된다"(Not Experimental
or Investigational).[41] 주로 환자, 의사나 병·의원 등의 편의를 위한 것이거나 환자
의 단순한 미용개선을 위한 것이어서는 안 된다.[42] 그러므로 의료행위는 일반적
으로 인정된 의료행위의 표준에 적합하여야 하고, 그 치료방식, 빈도, 강도, 위치
와 지속기간 등에서 임상적으로 적절해야 한다. 필수적 진료행위 여부의 판단에
있어 중요한 구체적 기준은 질병의 치료를 위해 필요한 의료행위의 양, 지속시간
과 범위(Amount, Duration, and Scope)로서, 그것들이 질병의 치료를 위해 부족해
서는 안 된다.[43][44][45]

---

41) 보험급여를 필수적 진료에 한정하는 것은 의사들에 의한 무가치한 진료를 방지하여 여기에 지
   출될 비용이 치료를 절실히 필요로 하는 사람들에게 쓰일 수 있게 한다. James S. Cline/Keith
   A. Rosten, The effect of policy language on the containment of health care cost, Tort
   and Insurance Law Journal 21, 1985, p.131.
42) Furrow/Greaney/Johnson/Jost/Schwartz, Health Law, 5ed., 2004, p.627.
43) 미국연방법전 42 USC 1396a(a)(10)(B)는 필수적 의료행위는 "다른 사람과 비교하여 그 양,
   지속시간과 범위에 있어 적지 말아야 한다"(shall not be less in amount, duration, or
   scope than the medical assistance made available to any other such individual)고 규정
   하고 있다.
44) 1998년 미국 의사협회는 "필수적 의료"(Medical Necessity)에 대해 다음과 같이 정의내리고
   있다(Policy H-320.953[3], AMA Policy Compendium): Health care services or products
   that a prudent physician would provide to a patient for the purpose of preventing,
   diagnosing, or treating an illness, injury, disease or its symptoms in a manner that is: (a)
   in accordance with generally accepted standards of medical practice; (b) clinically
   appropriate in terms of type, frequency, extent, site and duration; and (c) not primarily
   for the convenience of the patient, physician, or other health care provider.
   미국에서 필수적 의료행위의 구체적 정의는 각 주의 입법권에 속하는 사항이다. 예를 들어, 미
   국 TENNESSEE주는 주법률에서 가장 정형화된 정의를 담고 있는데, TENNESSEE 주 법률
   CHAPTER 1200-13-16 MEDICAL NECESSITY를 다음과 같이 규정하고 있다.
   1200-13-16-.01 DEFINITIONS.
   (1) ADEQUATE when applied to a medical item or service shall mean that the item or
   service, considered as part of a course of diagnosis or treatment, is sufficient, but not in
   excess of what is needed, for diagnosis or treatment of the particular medical condition.
   In order for a medical item or service to be determined adequate, such item or service
   must also satisfy the requirements at rule 1200-13-16-.05(5) regarding "safe and
   effective" and the requirements at rule 1200-13-16-.05(6) regarding "not experimental
   or investigational."

(2) 필요성심사

필수적 진료행위에 관한 행정청의 심사를 필요성심사(Utilization Review)라고 한다. 필요성심사는 어떤 질병의 치료를 위해 어떤 진료행위가 필요한지, 그리고 그 수가는 얼마인지를 그 핵심적 심사내용으로 하므로, 의학적 측면과 경제적 측면을 함께 고려한다.[46]

필요성심사는 진료행위시점을 기준으로 사전적 필요성심사와 사후적 필요성심사로 나눌 수 있다. 의료비용증가를 막기 위한 방법으로 예산의 범위 내에서 사전에 보험급여가 인정되는 진료행위인지를 심사한 후 진료를 받도록 하는 것이 사전적 필요성심사이고, 먼저 진료행위를 한 후 나중에 그 행위가 보험급여의 대상인지를 심사하는 방식을 사후적 필요성심사라고 부른다. 이 중에서 사전적 필요성심사가 의료비용 통제에 보다 효과적인 것으로 알려져 있지만, 경우에 따라서는 환자에게 반드시 필요한 진료행위도 사전적 필요성심사에서 비급여대상으로 결정되면 병원과 의사가 치료를 거부하거나 지연하여 질병이 악화되는 문제가 발생하기도 한다.[47]

이외에도 미네소타주나 조지아주 등 미국의 수많은 주들에서 필수적 진료행위에 관하여 이와 유사하게 정의하는 규정들을 두고 있다. Nan D. Hunter, MANAGED PROCESS, DUE CARE: STRUCTURES OF ACCOUNTABILITY IN HEALTH CARE, ale Journal of Health Policy, Law & Ethics 6, 2006, p.128ff.

45) 미국의사협회(American Medical Association (AMA)는 1998년 "필수적 의료행위"(Medical Necessity)를 다음과 같이 정의하고 있는데, 이 정의는 미국에서 가장 널리 통용되는 기준이다. "Health care services or products that a prudent physician would provide to a patient for the purpose of preventing, diagnosing or treating an illness, injury, disease or its symptoms in a manner that is: (a) in accordance with generally accepted standards of medical practice; (b) clinically appropriate in terms of type, frequency, extent, site, and duration; and (c) not primarily ... for the convenience of the patient, treating physician, or other health care provider".

46) Aaron Seth Kesselheim, WHAT'S THE APPEAL? TRYING TO CONTROL MANAGED CARE MEDICAL NECESSITY DECISIONMAKING THROUGH A SYSTEM OF EXTERNAL APPEALS, University of Pennsylvania Law Review 149, 2001, p.881.

47) 총액예산제에서는 사전적 필요성심사를 하는데 보험기관의 사전적 보험급여거부로 의사가 치료를 중단하여 의료사고가 발생하면 누가 책임을 져야 하는가 하는 문제가 제기된다. 이 문제는 미국의 의료보험제도에서 빈번하게 나타나고 있다. Allison Faber Walsh, The legal attack on cost containment mechanisms : the expansion of liability for physicians and managed care organizations, John Marshall Law Review 31, 1997, p.224ff.

　필요성심사를 하는 기관이 의학적 측면과 경제적 측면 중 지나치게 경제적 측면만 고려해서 치료비용의 지급을 거절하거나 환수하면 불충분하거나 질 낮은 치료로 인해 환자의 질병이 악화될 수도 있다. 반대로 필요성심사를 하는 기관이 의료전문가들로 구성되어 지나치게 의료인들에게 유리한 판단을 내리게 되면 의료기관에 의한 낭비적인 의료비용지출의 통제는 요원하게 될 것이다. 때문에 이의 균형잡힌 고려와 외부기관에 의한 적절한 통제가 필요하다.[48]

4. 국민건강보험법상 필수적 진료 및 필요성심사의 암묵적 수용과 그 의의

　우리 법은 보건복지부장관이 "요양급여의 기준을 정함에 있어 업무 또는 일상생활에 지장이 없는 질환 기타 보건복지부령이 정하는 사항은 요양급여의 대상에서 제외할 수 있다"고 규정하고 있다(법 제39조 제3항). 또, 국민건강보험 요양급여의 기준에 관한 규칙(보건복지부령 제30호) 제5조 제1항 [별표 1] '요양급여의 적용기준 및 방법' 제1호에서는 요양급여의 일반원칙을 규정하고 있는데, 제1호 가목에서는 "요양급여는 가입자 등의 연령·성별·직업 및 심신상태 등의 특성을 고려하여 진료의 필요가 있다고 인정되는 경우에 정확한 진단을 토대로 하여 환자의 건강증진을 위하여 의학적으로 인정되는 범위 안에서 최적의 방법으로 실시하여야 한다"고 규정하고 있다. 또, 의학적 기준의 적용 이외에 제1호 다목에서는 "요양급여는 경제적으로 비용효과적인 방법으로 행하여야 한다"고 규정하고 있고, 제2호 가목에서는 "각종 검사를 포함한 진단 및 치료행위는 진료상 필요하다고 인정되는 경우에 한하여야 하며 연구의 목적으로 하여서는 아니 된다"고 하고 있다. 이상의 규정들에 따를 때, 요양급여의 대상이 되는 진료는 "업무 또는 일상생활의 수행에 지장을 주지 않는 질환"은 제외하고, 또, 환자의 건강증진을 위한 필요를 검토하도록 규정하고 있는데, 이 기준들은 미국법상 필수적 진료, 즉, "질병의 치료나 불완전한 신체의 기능을 회복하기 위하여 필요"한 진료라는 것과 유사한 의미인 것으로 이해할 수 있을 것이다.

　국민건강보험법은 "요양급여의 방법·절차·범위·상한 등 요양급여의 기준은 보건복지부령"으로 정하도록 하고 있어(법 제39조 제3항), 보건복지부장관이 보건복지부령과 고시로 보험급여가 인정되는 의료서비스의 종류, 양과 방식을 제한하

---

48) Aaron Seth Kesselheim, a.a.O., p.881ff.

고 그 수가도 결정해 두고 있다. 즉, 미국법상 필수적 진료의 구체적 판단기준인 "질병의 치료를 위해 필요한 의료행위의 양, 지속시간과 범위"에 대해 우리 국민건강보험법상으로도 규제가 이루어져, 의사들의 진료내용에 대해 전문가들이 사후심사하여 불필요하거나 과잉이라고 인정되는 진료에 대해서는 보험급여를 거부하거나 지출된 비용의 환수를 결정한다.

　우리나라에서 필수적 진료인지 여부와 그 범위를 판단하는 필요성심사는 심사평가원과 공단에 의해서 수행되는데 사후적 필요성심사방식을 채택하고 있다. 요양기관이 의학적 측면 이외에 경제적 측면까지 고려한다는 것은 환자의 진단과 치료를 위해 합리성과 필요성을 갖춘 것들 중 동등한 치료효과를 갖는 둘 이상의 치료행위들 중에서 더 비용이 적게 드는 행위를 선택하도록 규정한 요양급여기준을 준수하여 그 비용에 대해서만 보험기관에 청구해야 한다는 것을 의미한다.[49]

　법 제39조 제3항에서 요양급여기준을 규정하면서 경제적 측면까지 고려한 것은 의료비용의 결정과 관련하여 중요한 역사적 의미를 갖는 것이다. 과거 오랜 시간 동안 어떤 환자에 대한 진료의 필요여부와 그 내용은 의사가 결정하고 비용과 관련해서는 의사가 환자와 상의하여 결정하여 왔고 국가는 개입하지 않았었다가 신고제 등으로 약하게 개입했었다. 국가가 의료비용에 대한 규제를 하지 않거나 느슨하게 규정하고 의료인에게 그 비용결정의 주도권을 인정하는 방식을 전환하여 수가의 기준을 법령에 규정하고 그것의 준수를 강제하게 된 것은 인구증가와 국민건강보험제도의 채택으로 의사들의 과잉진료와 의료수가의 상승을 유발하여 의료비용을 급증시키는 문제가 있었기 때문이다. 또, 요양급여의 기준이 필수적 진료의 개념에 기초하여 전국적으로 통일적인 기준으로 정해지게 됨으로써 각 지방에 있는 국민들이 누리는 의료혜택과 그 비용이 동일하게 되어 사회적 약자인 국민들의 건강보호에 크게 기여하게 되었다.

　오늘날 세계적으로 공적 건강보험이 널리 보급되고 보험재정의 건전성이 국민적 관심사가 되면서 어떤 의료행위의 필요여부 및 그 금액의 결정에 있어 공적

---

49) 심사평가원의 실무상으로도 건강보험 진료비심사는 의학적 보편타당성과 경제적 비용효과성 측면에서 요양급여가 이루어졌는가를 검토하는 형태로 이루어지고 있다. 이에 관한 소개는, 김운묵, 건강보험 진료비 청구 및 심사지급에서의 권리분쟁과 구제, 의료법학 제8권 제2호, 2007, 12, 130면 이하 참조.

보험기관의 영향력이 점점 커지고 있는 상황에서 의료비용의 판단기준으로 개발된 필요성심사는 미국뿐만 아니라 우리나라에서도 점점 중요한 의미를 갖게 될 것이다.

Ⅲ 요양급여기준과 요양급여처분의 법적 성격

1. 요양급여기준의 법적 성격

(1) 법규로서의 고시와 그의 통제

보험급여를 구체화하기 위해 제정된 요양급여의 기준들은 보건복지부령인 '국민건강보험 요양급여의 기준에 관한 규칙'과 보건복지부의 고시인 '요양급여의 적용기준 및 방법에 관한 세부사항' 및 '건강보험 행위 급여·비급여 목록표 및 급여상대가치점수' 등이다.

대법원은 부령에 대하여 그 형식이 법규명령이라 하더라도 그 규정의 성질과 내용이 관계 행정기관 및 직원에 대하여 그 직무권한 행사의 지침을 정하는 것에 불과하다면 행정규칙의 성질을 가진다고 하고 있다(대법원 1987. 2. 10. 선고 84누350 판결; 대법원 1992. 3. 27. 선고 91누5143 판결; 대법원 1992. 3. 31. 선고 91누4928판결). 이러한 판례의 입장에도 불구하고, '국민건강보험 요양급여의 기준에 관한 규칙'은 부령의 형식을 취하고 있지만 국민건강보험법의 관계규정들로부터 구체적인 위임을 받아 요양급여의 방법·절차·범위·상한 및 제외대상 등 요양급여기준에 관하여 필요한 사항을 정하기 위해 제정된 것으로, 단순히 직무권한행사의 지침을 정하는 것이 아니라 국민의 권리와 의무에 관한 실체적 법규사항을 정하고 있어 그 성질상 법규명령이라 할 것이다.[50] 대법원도 구 국민건강보험 요양급여의 기준에 관한 규칙 제13조 제4항 제6호에 대해 그 법규성을 긍정하는 것을 전제로 하여 그 규정내용이 헌법상 금지되는 소급입법에 해당한다고 볼 수 없고, 개정 전 법령의 존속에 대한 제약회사의 신뢰가 공익상의 요구와 비교형량하여 더 보호가치 있는 신뢰라고 할 수 없어 경과규정을 두지 않았다고 하여 신뢰보호의

---

50) 동지의 글로, 명순구, 원외처방 약제비 환수의 법적 근거, 고려법학 제53호, 2009. 6, 179면.

원칙에 위배된다고 볼 수 없다고 판시하였다(대법원 2009. 4. 23. 선고 2008두8918 판결; 대법원 2009. 4. 23. 선고 2008두17745 판결).

　보험급여에 관하여 규정하고 있는 행정규칙인 고시들에 대하여 대법원과 헌법재판소는 많은 판결들을 통하여 그 법규성을 긍정하였고 대부분의 사안들에서 처분성도 긍정하였다.51) 이러한 대법원판례들로는 보건복지부 고시인 약제급여·비급여목록 및 급여상한금액표가 항고소송의 대상이 된다는 판결(대법원 2006. 9. 22. 선고 2005두2506 판결), 요양급여규칙에 대해 처분적 법규의 성격을 긍정한 결정(대법원 2004. 5. 12. 선고 2003무41 판결), 항정신병 치료제의 요양급여 인정기준에 관한 보건복지부 고시에 대해 처분적 법규의 성격을 긍정한 결정(대법원 2003. 10. 09. 선고 2003무23 판결) 등이 있다.

　헌법재판소는 보건복지부고시인 '건강보험요양급여행위및그상대가치점수개정'에 대하여 그 제정형식은 행정규칙이지만, 상위법령과 결합하여 그것을 시행하는 데 필요한 구체적 사항을 정한 것으로써 대외적인 구속력을 갖는 법규명령으로서 기능하고 있다고 보고 나서, 고시는 심사평가원이나 공단에게 재량의 여지를 주지 아니한 채 요양급여비용의 금액산정을 일의적이고 명백하게 규정하고 있다고 할 것이므로 비록 심사평가원의 심사와 공단의 비용지급처분이 개재된다고 하더라도 그 이전에 이 고시는 요양기관 개설자인 청구인들의 요양급여비용에 관한 권리관계를 확정적으로 변동시키고 있으며, 따라서 동인들의 재산권 등 기본권의 침해여부와 직접 관련되어 있다고 한다(헌재 2003. 12. 18. 선고 2001헌마543 결정).

　대법원이 요양급여기준인 고시에 대하여 "다른 집행행위의 매개 없이 그 자체로서 직접 국민의 구체적인 권리의무나 법률관계를 규율하는 성격"을 가진다는 처분법규론을 기초로 항고소송의 대상으로 인정하는 것과 달리, 헌법재판소는 이와 약간 다른 논리를 사용하고 있다. 즉, 헌법소원의 대상이 되기 위해 필요한 기

---

51) 법령구체화규칙으로 알려진 법논리는 "법령의 직접적인 위임에 따라 수임행정기관이 그 법령을 시행하는 데 필요한 구체적 사항을 정한 것이면, 그 제정형식은 비록 법규명령이 아닌 고시, 훈령, 예규 등과 같은 행정규칙이더라도, 그것이 상위법령의 위임한계를 벗어나지 아니하는 한, 상위법령과 결합하여 대외적인 구속력을 갖는 법규명령으로서 기능하게 된다고 보아야 한다"는 것이다. 또, 처분법규론으로 알려진 법논리는 "어떠한 고시가 일반적·추상적 성격을 가질 때에는 법규명령 또는 행정규칙에 해당할 것이지만, 다른 집행행위의 매개 없이 그 자체로서 직접 국민의 구체적인 권리의무나 법률관계를 규율하는 성격을 가질 때에는 행정처분에 해당한다"는 것이다.

본권침해의 직접성 요건을 충족시키는가를 검토한다. 헌법재판소는 "기본권침해의 직접성이란 집행행위에 의하지 아니하고 법령 그 자체에 의하여 자유의 제한, 의무의 부과, 권리 또는 법적 지위의 박탈이 생긴 경우를 뜻한다. 그러므로 구체적 집행행위를 통하여 비로소 당해 법령에 의한 기본권침해의 법률효과가 발생하는 경우에는 직접성의 요건이 결여된다"고 하면서, "그러나 비록 법규범이 집행행위를 예정하고 있더라도 법규범의 내용이 집행행위 이전에 이미 국민의 권리관계를 직접 변동시키거나 국민의 법적 지위를 결정적으로 정하는 것이어서 국민의 권리관계가 집행행위의 유무나 내용에 의하여 좌우될 수 없을 정도로 확정된 상태라면 그 법규범의 권리침해의 직접성이 인정된다"고 한다(헌재 1991. 3. 11. 선고 91헌마21 결정; 헌재 1995. 2. 23. 선고 90헌마214 결정; 헌재 1997. 5. 29. 선고 94헌마33 결정; 헌재 1997. 7. 16. 선고 97헌마38 결정; 헌재 2003. 12. 18. 선고 2001헌마543 결정). 헌법재판소의 입장은 법령의 집행을 위해 행정행위가 예정된 경우에도 기본권이 침해된 자는 일정한 경우 직접 해당 법령의 규정에 대해 위헌소원을 청구할 수 있다는 것으로 이해할 수 있을 것이다.[52][53]

(2) 고시의 제정·개정과 입법재량

의료수가가 수가계약에 의해 결정되는 경우 그 구체적 금액은 당사자 간의 합의에 따르는 것이지만, 계약실패로 보건복지부가 고시로 수가를 결정하는 경우 행정입법에 관한 일반적인 법리와 마찬가지로 보건복지부는 입법재량을 갖는 것일까?

---

52) 헌법재판소는 직접성 요건 이외에 헌법소원의 보충성원칙과 관련하여서도 처분적 고시의 경우 헌법소원과 항고소송의 대상이 중첩된 듯이 보일 수 있지만, 항고소송에서는 처분의 효력이 소멸한 이후 과거의 처분에 대한 항고소송이 권리보호이익의 부존재를 이유로 각하 당할 가능성이 있다는 점에서 헌법소원이 허용되어야 한다고 한다. "이 사건 개정고시를 직접 대상으로 하는 다른 권리구제절차가 허용되는지 여부가 객관적으로 불확실할 뿐 아니라, 만일 허용된다 하더라도 이 사건 개정고시의 내용은 법 제42조 제1항에 따라 매년 체결되어야 할 계약에 관한 것으로써 의료기술의 발달과 건강보험재정 및 기타 사회경제적 여건의 변화에 따라 언제든지 개정될 소지가 농후하므로 개정 이후에는 청구인들의 권리보호의 이익이 부정될 가능성이 많은 점 등을 종합하여 판단하여 보면, 헌법소원심판을 청구하는 외에 달리 효과적인 구제방법이 있다고 보기 어렵다"(헌재 2003. 12. 18. 선고 2001헌마543 결정).
53) 하지만, 헌법재판소와 법원 사이에서 행정입법에 대한 중복관할의 인정 및 판결내용의 차이는 상당한 문제를 안고 있다. 헌법소원의 보충성원칙의 무력화위험도 있고, 헌법재판과 항고소송의 재판내용의 모순저촉우려도 있다. 행정청과 기업들에게 관계법령의 기준이 무효화 될 이중의 위험 앞에 놓이게 하여 법적 안정성을 해친다는 문제도 발생한다.

먼저, 재량이 인정되어야 한다는 입장의 근거를 찾아본다.

첫째, 고시에 의해 수가기준을 제시하지 않으면 환자와 의사 사이에서 계약으로 수가가 정하게 되는데, 이것은 보험기관과 환자에게 일방적으로 불리하게 결정될 위험이 크다. 치료행위는 전문적인 지식과 기술을 갖춘 요양기관이 비전문가인 불특정 다수의 환자를 상대로 하는 것으로 의료인의 정보우위가 현저하여 환자들로서는 생명을 구하기 위해 필요한 치료행위와 편의적인 치료행위를 구별하기가 쉽지 않고 적정한 금액이 얼마인지도 판단하기 힘들다.

둘째, 의료인들이 요구하는 대로 수가금액을 결정하게 하면 건강보험재정이 급격하게 악화되거나 환자의 부담능력을 초월하여 수가가 결정될 위험성이 있다. 한정된 보험재정으로 최대한의 건강보험혜택이 국민들에게 보장되도록 하기 위해서는 행정입법의 제정자에게 입법재량이 보장될 필요가 있다(헌재 2007. 8. 30. 선고 2006헌마417 결정).

셋째, 보험재정에 영향을 미치는 국가경제상황이나 재정수요는 매우 다양한 요인들에 의해 영향받고 있고 수시로 변화될 것이 예상되므로 보험급여수가나 보험료 등에 관해서는 엄격한 법률유보에 의해 미리 결정해두는 것이 한계가 있으므로 고시제정권자에게 상당한 재량을 주는 것이 불가피하다.[54]

보건복지부의 고시에 의한 수가의 일방적인 결정과 입법재량에 반대하는 입장에서는 다음과 같이 주장하고 있다.

첫째, 의료서비스의 내용, 질과 의료비용의 관계가 보건복지부의 고시에 의해 획일화되어 하나의 기준에 의해서만 정해지는 것은 의료서비스에 대한 수요와 공급이 다양화되어가는 추세에 역행하는 것이다.

둘째, 고시가 의료기술의 발전이나 특이 체질을 가진 환자의 특수성을 적절하게 반영하지 못할 우려가 있다.

셋째, 의사들이 지나치게 소극적인 태도로 방어진료만 함으로써 사실상 치료거부가 양산될 우려도 있다.

---

54) 헌법재판소도 "보험재정에 관한 사실관계는 매우 다양하고 수시로 변화될 것이 예상되므로 보험료율 또는 등급구분 … 등급별 금액의 규율을 대통령령과 국민건강보험공단정관에 위임하는 것은 불가피한 것이어서 위임입법의 한계를 넘는 것이 아니라 할 것"이라고 하였다(헌재 2003. 10. 30. 선고 2000헌마801 결정).

판례는 보건복지부장관이 "이미 고시된 요양급여대상 약제에 대하여 일정한 사유가 발생할 경우에는 그 약제의 상한금액을 조정할 수 있는 재량권을 가진다고 할 것이나, 그 조정의 절차 및 내용 등이 관련 법령과 국민건강보험 요양급여의 기준에 관한 규칙 및 조정기준 등 제반규정에 비추어 허용될 수 없는 방식으로 이루어져 사회통념상 현저하게 그 타당성을 잃었다고 볼 수 있는 경우에는 재량권을 일탈·남용한 것으로서 위법하다고 할 것이다"(대법원 2010. 9. 9. 선고 2009두218 판결; 대법원 2007. 1. 11. 선고 2006두3841 판결)고 하여 고시의 제정에 있어 입법자의 재량을 인정한다.[55]

사견으로 의료수가의 결정을 고시로 하는 경우 다른 행정입법의 제정에서와 마찬가지로 행정청의 재량을 인정하지 않을 수는 없을 것이지만, 전문성도 높고 갈등의 소지가 큰 주제이므로 전문가들의 충분한 사전검토를 거쳐 결정되어야 하고, 일정한 예외적 사유가 존재하는 경우 탄력적으로 수가가 결정될 수 있는 여지도 인정해야 할 것이다. 우리 법에서 의료수가, 즉, 상대가치점수의 산정자체는 보건복지부장관이 의료전문가들로 구성된 심의조정위원회의 심의를 거쳐 결정·고시하도록 한 것은 의료전문가의 의견을 충실히 반영하겠다는 입법자의 의지가 드러난 것이라 할 수 있을 것이다(국민건강보험법시행령 제24조 제2항). 이 과정에서 보건복지부는 고시의 제정·개정과 관련된 재량을 행사함에 있어 의료기술의 변화와 의료인들의 전문적인 판단을 적절하게 반영할 수 있을 것이다.[56]

---

55) 요양급여기준은 대법원판례(대법원 2006. 09. 22. 선고 2005두2506 판결)에 따르는 경우에도 처분적 법규로서 직접 항고소송의 대상이 된다. 의료인과 환자는 고시기준이 의료수가와 의료비용에 직접 영향을 미치기 때문에 법률상의 이익을 갖는다. 나아가 고시기준의 제정과정에서 환자, 의사 및 병원 등이 각자의 이해관계가 적정하게 반영될 수 있도록 기준제정절차에 참여할 권리를 갖는지가 문제된다. 우리 행정절차법은 행정입법의 제정과 관련하여 입법예고를 하고 자발적으로 개인이 자신의 의견을 제출하는 것과는 별도로 그 입법절차에의 참여권을 사인에게 인정하고 있지 않다. 입법론으로서는 제한적으로라도 행정입법의 기준제정절차에 이해관계인의 참여권을 보장할 필요가 있다. 특히, 처분적 입법의 경우 최소한의 절차참여의 기회도 주지 않는 것은 침익적 처분의 경우 최소한 의견제출기회를 보장하도록 한 행정절차법 제22조 제3항의 규정에 비추어 문제라 할 것이다.
56) 수가기준을 명확하게 하여 의료인들의 무지로 기준위반사례가 나타나지 않도록 고시의 내용을 홍보하는 것은 매우 중요하다. 기준의 개정이 이루어졌다면 이를 의료인들이 신속하게 인지할 수 있도록 하여야 할 것이다.

2. 요양급여처분 및 환수처분의 법적 성격

(1) 고시의 제정에 있어 입법자는 재량을 갖지만 고시를 해석적용하여 요양급여처분을 하는 행정청도 재량을 갖는 것일까? 이와 관련하여 헌법재판소는 다음과 같이 판시한다. 즉, 요양급여고시의 적용상황을 보면 그 중간에 심사평가원의 심사와 공단의 지급결정이라는 처분이 매개되어 있다고 할 수 있지만, 심사평가원은 요양기관의 청구내용 중 요양급여로서 적정하지 아니한 행위를 가려내어 제외할 뿐이며, 일단 그 청구내용이 적정한 요양급여행위에 해당하는 한 고시에서 정한 비율에 따른 기계적·자동적 금액산정이 강제되어 있다고 할 것이고, 이러한 금액산정에 있어서는 아무런 재량도 인정될 수 없고, 또한 공단의 요양급여비용의 지급이라는 집행행위도 고시가 정한 기준에 따른 계산의 결과에 불과하다고 하면서, 고시가 심사평가원이나 공단에게 재량의 여지를 주지 아니한 채 요양급여비용의 금액산정을 일의적이고 명백하게 규정하고 있다고 한다(헌재 2003. 12. 18. 선고 2001헌마543 결정). 이 결정에 나타난 헌법재판소의 입장은 요양급여 여부의 결정처분과 요양급여금액의 결정처분 모두 기속행위로 이해하는 듯하다.

한편, 서울행정법원은 건강보험심사평가원은 요양급여의 기준에 따라 "요양기관이 행한 의료행위·약제 및 치료재료의 지급이 급여대상인지 비급여대상인지만을 확인하는 것이므로, 건강보험심사평가원의 요양급여대상 여부에 대한 확인 및 환불처분은 기속행위"라고 한다(서울행법 2007. 9. 13. 선고 2005구합27925 판결). 서울행정법원의 입장도 요양급여 여부의 결정처분과 금액의 결정처분을 기속행위로 보고 있다. 하지만, 이러한 두 재판례들의 입장은 타당한 것일까?

(2) 사견으로는 일반적인 경우에는 요양급여처분을 기속행위로 보는 것이 타당하더라도,[57] 아주 예외적인 특수한 사정이 있으면 재량처분일 수 있다고 보는

---

[57] 건강보험제도는 단순히 의료인과 특정 환자 간의 개별적 법률관계만을 염두에 둔 것이라고 볼 수 없고, 소득수준이 다양한 전체국민들이 의료혜택을 입도록 하기 위해서 도입된 제도로 헌법의 사회적 법치국가에 기초한 사회연대사상에 근거를 둔 것으로 의료전문가들의 견해를 참조하여 제정된 요양급여기준에 대해 통상적인 경우 의료인들은 준수해야 할 의무를 진다고 할 것이고 의료비용이나 의료인의 기대치만을 고려하여 의료비용을 결정할 수는 없는 것이다. 동지의 견해로, 명순구, 전게논문, 173면.

기속재량행위로 이해하는 것이 적절하지 않을까 생각한다.

주지하듯이 대법원은 이른바 법령보충규칙론을 통해 고시에 대해서도 법규성을 긍정한다. 하지만 부령의 별표형식으로 규정된 제재처분규정들에 대해서는 그 법형식을 무시하고 법규성을 부인하고 있는데, 이러한 부인에도 불구하고 해당 제재처분규정들은 여전히 행정현실에서 사실상 강력한 규범력을 가지고 집행되고 있다. 이러한 대법원의 태도는 법의 체계에 많은 문제를 일으키지만 현실론으로서는 제재처분규정들이 경직적으로 기본권이나 권리들을 침해하는 것을 제어하여 구체적 타당성을 확보하게 하는 순기능도 발휘하고 있다.

또, 기속행위와 재량행위의 구별방식 이외에 대법원은 기속재량행위라는 개념을 계속 사용하고 있다. 대법원에 따를 때 기속재량행위는 원칙적으로 법에 구속당하지만 예외적으로 '공익상 중대한 필요'가 있을 때 제한적으로 행정의 재량이 인정되는 행위로서 대법원은 채광계획인가의 거부(대법원 1993. 5. 27. 선고 92누19477 판결), 주유소등록의 거부(대법원 1998. 9. 25. 선고 98두7503 판결) 등과 관련하여 이 개념을 사용하고 있다.

대법원이 위 두 사례들에서 보여주는 탄력적인 법해석방법은 고시에 나타난 요양급여기준의 해석적용과 관련하여서도 중요한 시사점을 줄 수 있다고 본다.

(3) 특정한 환자가 병원에 오면 의사는 진단을 통해 그 환자에게 필요한 의료행위를 결정하는데, 의사는 환자의 치료여부와 치료내용의 선택에 있어 일정 한도에서 재량을 갖는다.[58] 환자의 치료 후 의료기관이 요양급여비용을 청구하면 심사평가원은 의사의 재량적 판단내용이 급여기준에 부합하는지 여부를 심사해야 한다.

---

58) 의료법 제4조는 "의료인과 의료기관의 장은 의료의 질을 높이고 병원감염을 예방하며 의료기술을 발전시키는 등 환자에게 최선의 의료서비스를 제공하기 위하여 노력하여야 한다"고 규정하고 있고, 동법 제12조 제1항은 "의료인이 하는 의료·조산·간호 등 의료기술의 시행에 대하여는 이 법이나 다른 법령에 따로 규정된 경우 외에는 누구든지 간섭하지 못한다"고 규정하고 있으며, 보건의료기본법 제6조 제2항은 "보건의료인은 보건의료서비스를 제공할 때에 학식과 경험, 양심에 따라 환자의 건강보호를 위하여 적절한 보건의료기술과 치료재료 등을 선택할 권리를 가진다. 다만, 이 법 또는 다른 법률에 특별한 규정이 있는 경우에는 그러하지 아니하다"고 규정하고 있는 것을 볼 때, 의사는 치료와 관련하여 일정한 재량을 갖는다고 보아야 할 것이다.

이러한 심사평가과정에서 심사평가원과 공단은 요양급여기준의 내용도 고려해야 하지만 환자의 치료에 있어 의사가 갖는 재량도 고려해야 한다. 요양급여기준에서는 유사한 질병을 앓고 있는 불특정 다수의 사람들에 대해서 시술되어야 할 의료행위의 목록과 그 수가금액을 규정해두고 있기 때문에, 전형적인 사례에서는 기준의 기계적인 집행이 가능하겠지만, 의사가 특수한 환자의 치료를 위해 상당한 재량을 발휘한 사례에 있어서는 요양급여기준의 기계적인 집행이 어려울 수도 있다. 이 상황에서 심사평가원과 공단은 기계적으로 기준을 집행할 의무를 질 뿐 전혀 재량을 가질 수 없다고 보는 것은 의사의 재량의 존재를 전제로 할 때 타당성이 없는 경우도 생겨날 수 있다.

사견으로는 요양급여처분, 그 거부처분과 환수처분은 판례가 말하는 소위 '기속재량행위'에 속한다고 본다. 법 제52조 제1항은 공단이 "그 급여 또는 급여비용에 상당하는 금액의 전부 또는 일부를 징수한다"고 규정하고 있는데, 이 법률규정의 의미는 기준위반으로 판단되는 경우에도 예외적 정당화사유가 존재하는 경우 그 초과한 금액 전부가 아니라 그 중 일부만 징수할 수 있다는 것으로 해석될 수 있을 것이고,[59] 이러한 입장에서는 이 규정은 환수처분을 기속행위로 보지 않을 실정법상의 근거가 될 수 있다고 본다.

고시규정만으로 수많은 다양한 사항들을 일의적으로 규정할 수 없는 상황에서 심사평가원과 공단의 재량은 전혀 없다고 보는 것은 심사평가원에 진료심사평가위원회를 두고 사안의 성질에 따라 그의 심의를 거쳐 판단하도록 한 것(법 제59조 제1항)을 보더라도 현실과 맞지 않는 해석이라 할 것이다.

고시의 제정자는 고시기준에 따라 진료의 시간, 양과 질을 정형화하려 하지만, 동일 유사한 질병을 앓고 있는 환자도 각각 상황이 다르고, 의사는 환자에 대한 치료여부와 치료의 내용과 그 시간에 대해 전문가로서 재량을 가지고 판단할 수 있기 때문에 그것의 획일적인 사전확정은 가능하지 않다. 때문에, 의료행위의 시술여부 및 그 내용선택에 있어 의사의 재량을 심사하는 심사평가원도 그 전문성 때문에 예외적인 상황에서는 일정 정도 판단여지와 재량을 갖는다고 보아야 할 것이다.[60]

---

59) 이러한 견해는, 현두륜, 건강보험에 있어서 의사와 환자간의 법률관계－임의비급여 문제를 중심으로－, 의료법학 제8권 제2호, 2007. 12, 104면 참조.

　　기속재량행위로 그 성격을 파악하게 되면 다음과 같은 결론이 나올 것이다. 요양급여기관이 요양급여기준을 위반한 경우 공단은 일단 기속행위와 동일하게 해당 금액을 환수하여야 한다. 하지만, 요양기관이 요양급여기준의 위반에 예외적 정당화사유를 주장·입증하는 경우 요양기관은 요양급여기준을 넘어 지급받은 금액에 대해서도 환급할 의무가 없고 환수처분도 위법하게 된다.

　　요양급여처분과 그 환수처분의 성격과 관련하여 서울고등법원은 대상판결(서울고법 2009. 8. 27. 선고 2008나89189 판결)에서 다음과 같이 판단하고 있다. "요양급여기준은 의약계 전문가의 의견 등을 반영하여 마련된 것으로서 일응 객관적이고 합리적인 것이라 할 것이므로, 요양기관이 요양급여기준에 정한 바에 따르지 아니하고 임의로 이에 어긋나는 원외처방을 하는 것은, 그것이 환자에 대한 최선의 진료를 위하여 의학적 근거와 임상적 경험에 바탕을 둔 것으로서 정당행위에 해당한다는 등의 특별한 사정이 없는 한 일응 위법성이 인정된다 할 것이다"고 한다. 즉, "의학적 근거와 임상적 경험에 바탕을 둔 것으로서 정당행위에 해당"하는 예외적인 특수상황에서 의사는 요양급여기준을 위반한 방식으로 치료행위를 할 수 있는 것이라고 보고 있다.[61] 이 입장을 요양급여처분과 그 환수처분을 기속행위로 보고 있는 것으로 이해할 수는 없을 것이다.

　　과거의 대법원판결 중에서는 요양기관과 환자가 보험비급여로 합의하고 수진자 본인으로부터 지급받은 경우(대법원 2005. 10. 28. 선고 2003두13434 판결)는 물론 수술방법이 근본적으로 향상된 새로운 치료법이라든가, 현행의 보험수가로는 병원의 유지조차 힘들다는 사정(대법원 1999. 1. 26. 선고 97누14224 판결)이 있어도 "사위 기타 부정한 방법으로 보험급여비용을 받은 경우"에 해당한다고 판시한 것이 있으나, 언제나 예외 없이 기속행위로서 요양급여기준을 기계적으로 집행해야 한다고 보는 것은 지나치게 현실을 무시한 법해석이라고 판단된다.[62]

---

60) 동지의 견해로는, Timothy P. Blanchard, a.a.O, p.600ff.
61) 병·의원이 의료비용의 징수문제의 불확실성 때문에 환자의 치료를 거절하거나 그 시기를 연기할 수 있는지가 문제된다. 진료비용은 공단이나 본인이 부담할 수 있는 것으로 환자의 치료 여부를 비용징수가능성에서 찾아서는 안 된다. 따라서, 환자에 대한 적시의 치료를 하지 않아 발생한 의료사고에 대해서 의사와 병원에게 책임이 있다고 해야 할 것이고 공단에게 그 책임을 돌려서는 안 될 것이다. 동지의 의견으로는, Allison Faber Walsh, a.a.O., pp.225－227 참조.
62) 서울행정법원의 판결 중에도 난치병으로 알려진 중증 아토피 치료와 관련하여 완전한 표준치

(4) 이른바 '임의비급여'도 이러한 관점에서 분석할 필요가 있다. 임의비급여
는 법적으로는 보험급여사항임에도 의료기관이 임의로 수진자들에게 진료비를 부
담시키는 것을 말한다.[63] 보건복지부장관은 요양급여목록을 매년 고시로 공표하
고 있는데 의료행위의 종류가 다양하고 혁신적인 기술이 새로 생겨나면서 종래
요양급여대상인 의료행위와 다른 일부 혁신적인 의료행위가 급여목록표에서 빠지
는 경우도 나온다. 이 기술들이 신의료기술로서 등재되기에는 상당한 시간이 걸리
는데 중환자로서 긴급한 치료가 필요한 경우 의료기관과 환자는 합의 하에 이 기
술들을 치료에 이용하게 되는 것이다. 이러한 경우 요양급여기준을 기계적으로 해
석하여 항상 요양급여의 대상에서 제외하는 것은 합리적인가 하는 의문이 생긴
다.[64][65][66]

의사들은 치료의 효과를 높이는 의료기술의 획득에 시간이 많이 걸리고 고가

료법이 정착되지 않은 상태에서 "의사의 진료행위에는 자유로운 판단에 기반한 고도의 의학적
결단이 요구되고, 그 자유로운 판단에 따른 진료실시가 치료효과와 연결될 것이기 때문에 그
와 같은 전문가적 재량성을 보장해주는 것은 결국 환자의 이익과도 합치될 것", "원고로 하여
금 더 이상 아토피 환자들을 진료할 수 없게 한다면 의료서비스 발전정책에 역행함으로써 오
히려 공익에 반한다"고 하면서 공단이 요양급여기준을 위반했다는 이유로 내린 부당이득금 환
수처분과 1년의 요양기관 업무정지처분에 대해 재량권을 일탈 남용한 처분이라 판시한 것도
있다(서울행법 2006. 6. 28. 선고 2005구합12558 판결).

63) 임의비급여의 개념에 대하여 광의로 파악하는 견해도 있다. 즉, 급여항목에 속하는 임의비급
여, 비급여항목에 속하는 임의비급여, 급여항목 및 비급여항목에도 속하지 않는 임의비급여 세
항목으로 나누기도 한다. 최정규, 건강보험 요양급여체계의 문제점과 개선방안 : 임의비급여를
중심으로, 의료정책포럼 제6권 제4호, 2008, 93면 참조. 이 중 급여항목에 속하는 임의비급여
의 문제가 가장 쟁점이 되고 있어, 이 글에서는 협의로 임의비급여를 파악하여 논의를 전개한다.

64) 보건복지부 고시인 '건강보험요양급여행위 및 그 상대가치점수'가 의료인의 직업수행의 자유를
침해한다는 것을 이유로 제기된 헌법소원사건에서 헌법재판소는 이 고시로 인해 의료인의 직
업수행의 자유가 침해되지 않는다고 결정했지만, 조대현재판관은 보충의견으로 요양급여사항
에도 해당되지 않고 비급여사항에도 해당되지 않는 의료행위 등이 생기는 것을 인정하고 의료
기술이 발달함에 따라 그러한 사항은 증가하게 된다는 점을 시인하였다. 헌재 2007. 8. 30. 선
고 2006헌마417 결정 참조.

65) 동지의 글로, 현두륜, 전게논문, 77-78면 참조.

66) 개인적 체질의 차이 등에 따라 동일한 질병에 대해서도 선호하는 치료방식이 다를 수 있고, 요
양급여기준은 희귀병과 같은 특수한 질병에 대해서는 적시에 고려하기 어렵기 때문에 임의비
급여를 금지하는 것은 적절하지 않다는 비판은, 김나경, 의료행위의 규범적 통제방식에 대한
소고 - 독일의 의료보험체계에 비추어 본 임의비급여통제의 정당성 -, 인권과 정의 제392
호, 2009. 4, 85-88면.

의 의료장비를 사용해야 하기 때문에 새로운 의료기술을 이용한 치료에 대한 수 가를 높여야 한다고 주장하면서 임의비급여를 막는 것은 환자의 선택권을 제한하 고 의료행위의 전문성을 훼손하는 것이라고 주장한다.[67] 의사들의 지나친 방어적 진료로 인한 치료실패를 막고 의료기술의 발전을 촉진하는 것은 공익목적에도 부 합하므로 예외 없이 요양급여기준에 열거된 치료기술을 사용할 때만 급여비를 지 급한다고 보는 것은 적절치 않다고 할 것이다.

예외적 정당화사유가 존재하는 의사의 치료행위로서 기준에서 열거되지 않은 치료행위를 한 경우 심사평가원은 심사를 통해 보험급여대상으로 판단할 수도 있 고 본인이 부담하여야 한다고 판단할 수도 있을 것이다.[68]

Ⅳ 요양급여기준을 위반하여 지급한 비용의 환수

1. 의약분업의 실시 이후 과잉진료 및 허위청구로 인한 과잉급여비용환 수의 곤란성

(1) 의약분업 실시 이후 과잉급여비용환수의 실제

1999년까지 의약분업이 실시되기 전에는 의료기관이 진료·처방·조제까지 실 시하였으므로 의료기관이 국민의료보험관리공단에 약제비에 관한 요양급여지급청 구를 하였고, 국민의료보험관리공단은 약제비 청구가 법령의 기준에 위반된다고 판단되는 경우에는 구 의료보험법 제45조 제1항 및 구 국민의료보험법 제44조 제 1항에 의하여 약제비 상당의 요양급여비용을 의료기관으로부터 징수하였는데, '부 정한 방법으로 보험급여비용을 지급받은 요양기관'이 '요양급여를 청구한 의료기 관'과 같았기 때문에 아무런 문제가 발생하지 아니 하였다.

그런데 2000년 7월부터 의약분업이 실시되어 요양급여가 의료기관의 진료와 약국의 조제로 구분되어 실시된 결과, 약제급여비용을 지급받은 요양기관은 약국

---

67) 최정규, 전게논문, 95면
68) 통상적인 질병의 치료범위를 넘어서는 아주 특별한 사정이 있는 때 합리적인 범위 내에서 지 출하는 특수한 치료비용은 환자 본인이 동의하였거나 동의하였을 것으로 보이는 경우에는 본 인부담으로 치료할 수 있다. 서울행법 2007. 9. 13. 선고 2005구합27925 결정.

이 되었다. 그럼에도 불구하고, 공단은 여전히 의약분업 이전과 같이 과잉원외처방으로 약국이 지급받은 약제급여비용 상당액에 대해 그 처방전을 발급한 의료기관으로부터 징수하여 왔다.

(2) 통일적인 환수논리구성의 어려움

법 제52조(부당이득의 징수) 1항은 과잉진료, 과잉처방 및 허위청구로 인한 과잉요양급여의 문제를 해결하기 위한 것인데, 의료기관에게 과잉급여로 인한 부당이득을 환수하는 데는 문제가 없지만, 원외처방으로 인한 과잉급여의 문제를 해결하지 못한 문제를 안고 있다.

첫 번째 대상판결(대법원 2008. 7. 10. 선고 2008두3975 판결)에서 요양급여기준을 위반하여 의료장비를 사용하고 요양급여를 받은 의료기관에게 부당이득을 이유로 환수처분한 것을 적법하다고 판시했고 그것은 판례의 일관된 입장이지만, 원외처방의 경우에도 부당이득환수의 논리를 사용하는 것은 잘못이라는 것이 또한 판례의 태도이다. 즉, 공단이 과잉원외처방으로 인해 증가한 약제비를 의료기관들에게 징수하자 의료기관들이 그 징수처분을 다투는 사건들에서 대법원은 의료기관에게 약제비 징수처분을 하는 것은 위법하여 취소되어야 한다는 취지의 판결(대법원 2005. 9. 29. 선고 2005두7037 판결)을 하다가, 최근에는 더 나아가 이 징수처분은 하자가 중대하고 명백하여 당연무효라는 판결(대법원 2006. 12. 8. 선고 2006두6642 판결)을 선고하였다. 그 이유는 의사의 과잉처방에 따라 의약품을 조제하고 요양급여를 받은 자는 약사이기 때문에 의사의 과잉처방에 따른 이익은 약사에게 발생할 뿐이고, 의료기관에게는 과잉처방으로 인한 의약품조제의 이익, 즉, 부당이득이 발생하지 않는데도 불구하고 의료기관에게 내린 부당이득반환청구성격의 징수처분은 부당하다는 것이다.

그렇다면 공단은 원외처방의 경우 보험재정이 위태로워지더라도 과잉급여금의 환수조치를 취할 수 없는 것일까? 과잉처방으로 공단이 불필요한 요양급여비용을 지출한 경우 그것은 공단의 손해가 되므로 공단은 그 손해에 대해서 해당 의료기관에게 손해를 배상하도록 청구할 수는 없는가 하는 의문이 생긴다. 두 번째 대상판결(서울고법 2009. 8. 27. 선고 2008나89189 판결)에서는 강행규정으로서 요양급여기준을 위반한 불법행위를 하였음을 이유로 의료기관의 손해배상책임을 인정하였다.

현행 대법원판례는 원외처방에 있어 의료기관이 요양급여기준을 위반하더라도 부당이득은 발생하지 않으므로 그 환수처분은 무효라고 할 뿐 불법행위를 이유로 손해배상청구를 할 수 있는지에 대해서는 침묵하고 있다. 대상판결 중의 하나인 서울고등법원판결의 사례가 대법원에 계류 중이므로 대법원판결이 조만간 나오게 되면 과잉처방으로 인한 보험재정의 부실화에 대한 대응방안으로 불법행위이론이 적용될 수 있는지 밝혀질 것으로 생각한다.

(3) 과잉급여비 환수방법으로서 부당이득반환청구제도와 손해배상청구제도의 비교

부당이득반환청구제도[69]와 손해배상청구제도[70]는 다음의 점에서 구별된다.

---

69) 부당이득은 법률상의 원인 없이 부당하게 타인의 재산이나 노무에 의하여 얻은 재산적 이익을 말하는데, 이로 말미암아 타인에게 손해를 준 자는 이익을 반환할 의무를 진다(민법 제741조). 부당이득은 손실자의 의사와 급부행위가 사전에 있었으나 계약의 무효·취소 등으로 법률상 원인이 사라진 경우도 있고, 타인의 물건을 무단으로 점유·사용하는 경우처럼 손실자의 의사에 기하지 아니하고 부당이득이 성립하는 경우가 있다.

부당이득의 경우 이득자의 선의와 악의를 불문하고 반환의무를 진다. 다만, 반환의 범위는 이득자가 법률상의 원인이 없음을 몰랐었느냐(善意) 알고 있었느냐(惡意)에 따라서 달라진다. 선의의 경우라면 현재 이익이 있는 한도에서 반환하면 되나(민법 제748조), 악의의 경우에는 불법행위자와 마찬가지로 현존하느냐 않느냐를 불문하고 이득 전부에 이자를 붙이고 그 위에 손해가 있으면 그것도 배상해야 한다(민법 제748조).

공법상 부당이득에 관한 일반법은 없으며 통설은 법령에 특별한 규정이 없는 한 민법규정이 직접 또는 유추적용되어야 한다고 보고 있다. 공법상 부당이득에 관한 특별규정으로 국세기본법 제51조와 제54조 등이 있다.

70) 불법행위는 법을 위반하여 고의 또는 과실로 타인에게 손해를 가하는 행위를 말하는데, 불법행위가 있으면 가해자는 피해자에게 가해행위로 인한 손해를 배상하여야 한다(민법 제750조). 계약이 당사자의 자유로운 의사의 합치에 의한 채권발생원인인 반면, 불법행위는 법률의 규정에 의한 채권발생원인이다. 불법행위가 성립하기 위해서는 객관적으로 불법행위가 있어야 하며 주관적으로도 행위자의 고의 또는 과실이 있어야 한다.

위법성은 법규위반에 한하지 않고 선량한 풍속, 기타 사회질서에 반하는 것도 포함하여 법률이 보호할 가치있는 이익을 위법하게 침해하는 것을 말한다. 위법성을 결정함에 있어서는 피침해이익의 성질과 침해행위의 태양의 상관관계에서 구체적으로 판단해야 한다. 고의란 결과의 발생을 인식하면서도 감히 이를 행하는 심리상태를 말하며, 과실이란 일정한 결과의 발생을 인식해야 할 것임에도 불구하고 부주의로 그것을 알지 못하고 어떤 행위를 하는 심리상태를 말한다. 가해행위에 의해 손해가 발생해야 하고, 또 가해행위와 그 손해와의 사이에는 인과관계가 존재해야 한다. 손해의 종류는 재산적 손해에 한하지 않고 정신적 손해도 포함된다. 그 가해행위와 손해의 인과관계의 범위는 상당인과관계에 있는 범위 내의 것이어야 한다.

첫째, 부당이득의 경우 법률관계의 일방이 피해를 입더라도 다른 일방에게 이득이 발생하지 않으면 그에게 그 이득의 반환청구를 할 수 없다. 이에 반해, 손해배상 제도에 있어서는 법률관계의 일방에게 손해가 발생하기만 하면 타방에게 이익이 발생하였는가는 묻지 않고 손해배상청구권이 발생하게 된다. 둘째, 부당이득의 경우 이득자가 타방에게 손해를 준다는 사실을 알았을 필요도 없고 이와 관련한 주의를 태만하였는가와는 상관없이 그 이득의 반환의무를 진다. 이에 반하여 일반적 손해배상제도에 있어서는 가해자에게 고의 또는 과실이 있어야 피해자는 배상청구권을 갖게 된다. 셋째, 부당이득의 성립을 위해서는 이득자의 이익이 부당할 것은 요구하지만 반드시 위법할 필요는 없다. 하지만, 손해배상의 경우 가해자의 행위가 위법해야 한다.

부당이득반환청구제도와 손해배상청구제도 사이에 존재하는 차이점은 과잉요양급여비의 환수에 영향을 미치게 될 것이다. 현재와 같이 통일적인 입법규정이 존재하지 않은 상황에서 제도운영자는 이 차이점을 주의하여야 한다.

2. 부당이득반환청구의 형식으로서 환수결정

법 제52조가 "부당이득의 징수"라는 제목을 붙이면서 제1항에서 "공단은 사위 기타 부당한 방법으로 보험급여를 받은 자 또는 보험급여비용을 받은 요양기관에 대하여 그 급여 또는 급여비용에 상당하는 금액의 전부 또는 일부를 징수한다"고 규정하여 공단에게 그 권한을 부여하고 있다. 이 규정은 요양기관에게 과잉지급된 요양급여비용을 부당이득금으로 파악하고 있다.

여기에서 "사위 기타 부당한 방법"은 급여 또는 급여비용을 청구함에 있어 악의와 고의로 실제 사실과 다르게 허위로 청구하는 허위청구, 명백한 사기나 고의에 기인하지 않고 요양급여기준을 초과하여 비용을 지급받음으로써 보험자와 가

민법상 불법행위로 인한 손해배상제도는 자기가 한 위법행위에 대해서는 책임을 지지만, 타인의 행위에 대해서는 책임을 지지 아니한다. 특수한 경우에는 이 책임이 수정되고 확장되는데, 자기의 감독·지배 하에 있는 자(책임 무능력자·피용자)나 물건에 의한 손해발생에 대해서도 책임을 져야 한다(민법 제755~758조).
과실책임의 원칙은 특수한 경우에는 수정되는데, 사람을 고용하거나 위험한 물건을 보유하는 자는 피용자나 위험물의 관리 면에서의 무과실을 입증하지 않는 한 책임을 면치 못하고(민법 제756조, 758조, 759조), 하자공작물의 소유자는 과실의 유무에 불구하고 배상책임을 진다(민법 제758조).

입자에게 손해를 끼치는 과잉청구, 그리고 계산착오, 기재사항 누락 등 착오청구를 모두 포괄하는 의미이다.[71] 대법원도 대상판결(대법원 2008. 7. 10. 선고 2008두3975 판결)뿐만 아니라 여러 판결에서 "'사위 기타 부당한 방법으로 보험급여비용을 받은 경우'란 요양기관이 요양급여 비용을 받기 위하여 허위의 자료를 제출하거나 사실을 적극적으로 은폐할 것을 요하는 것은 아니고, 관련 법령에 의하여 요양급여 비용으로 지급받을 수 없는 비용임에도 불구하고 이를 청구하여 지급받는 행위를 모두 포함"한다고 하고 있다(대법원 2005. 10. 28. 선고 2003두13434 판결; 대법원 2001. 3. 23. 선고 99두4204 판결; 대법원 1999. 1. 26. 선고 97누14224 판결).

행정법상 선행의 행정처분이 존재하는 상황에서 지급한 금전을 부당이득금으로 반환청구하기 위해서는 선행 행정처분의 구속력과 공정력을 제거하여야 하므로 선행 행정처분이 취소되거나 무효이어야 한다. 따라서, 법 제52조 제1항에서 이미 지급한 요양급여금을 다시 징수하도록 규정한 것의 의미는 기존의 요양급여처분을 묵시적으로 취소하고 새로운 징수처분을 한 것을 의미하는 것으로 볼 수 있을 것이다.[72] 공단이 새로운 징수처분방식으로 반환청구를 하지 않는 경우, 원래의 요양급여처분에 존재하는 하자가 무효사유가 아닌 한 묵시적 취소처분은 이루어지지 않은 것이므로 요양기관은 공단에 그 금액을 반환할 의무가 없다고 해야 할 것이다.

법 제52조 제1항의 본질은 부당이득금의 환수에 있기 때문에 과잉급여비의 환수방법으로서 부당이득반환청구제도가 갖는 한계를 그대로 안고 있다. 원외처방에 있어 의사의 처방에 따라 의약품을 조제하여 판매한 약사가 약제보관료와 조제료로 얻는 개인적 이익에 대해서는 법률상 원인 없는 이득으로 볼 수 없어 환수할 수 없고, 처방전을 쓴 의사는 직접적인 이득을 얻은 바 없어 그에게 환수처분을 내릴 수 없게 되는 것이다.

그럼에도 불구하고, 이 규정은 의료기관의 진료비에 대해 환수결정을 내리는 경우 행정청의 입장에서는 장점을 가지고 있다. 불법행위로 인한 손해배상의 경우와 달리 의료기관의 고의·과실을 요구하지 않아 무과실인 경우에도 이득이 발생

---

71) 김계현/김한나/장욱, 국민건강보험법상 요양급여비용 환수 및 처벌 관련규정의 문제점과 개선방안, 법학연구(충남대) 제20권 제2호, 2009, 241 – 245면.

72) 의약법에서 행정청이 기존의 수익적 처분의 일부 취소를 포함하는 변경은 빈번히 이용되고 있다. 선정원, 의약품 품목허가의 취소와 변경, 법제연구 제37호, 2009. 12, 205 – 228면 참조.

했으면 환수처분을 내릴 수 있으며, 의료기관의 행위가 위법이라 평가하기는 곤란하지만 부당한 경우라고 평가할 수 있는 때에도 환수처분을 내릴 수 있어 환수처분이 가능한 경우가 더 넓다고 할 수 있다.

3. 원외처방의 경우 의료기관의 불법행위책임

(1) 요양급여기준의 강행규정으로서의 성격

의료기관이 요양급여기준을 위반하여 요양급여비를 지급받는 행위가 민법 제750조의 불법행위가 되기 위해서는 요양급여기준의 성격이 법규성을 가지는 것에서 더 나아가 강행규정으로서의 성격도 가져야 한다. 요양급여기준은 강행규정인가?[73]

공단은 법에 의하여 설립된 공법인이고, 그 회계연도는 정부의 회계연도에 따르고 보건복지부장관의 예산안 승인 및 결산보고를 거쳐야 하며(법 제33조 내지 제35조), 요양기관은 그 지정이 강제되고(법 제40조), 공단이 법 제52조에 의하여 요양기관에게 보험급여징수처분을 한 경우 이를 다투는 요양기관은 행정소송을 제기하여야 한다(법 제78조). 또, 보건복지부장관은 요양기관에 대하여 요양·약제의 지급등 보험급여에 관한 보고 또는 서류제출을 명하거나 소속공무원으로 하여금 관계인에게 질문을 하게 하거나 관계서류를 검사하게 할 수 있고(법 제84조 제2항), 요양기관이 1. 속임수나 그 밖의 부당한 방법으로 보험자·가입자 및 피부양자에게 요양급여비용을 부담하게 한 때, 2. 보고 또는 서류제출의 명령에 위반하거나 거짓 보고를 하거나 소속공무원의 검사 또는 질문을 거부·방해 또는 기피한 때에는 보건복지부장관이 업무정지처분을 내릴 수 있다(법 제85조 제1항). 업무정지처분 대신에 과징금처분을 할 수도 있다(법 제85조의2 제1항). 또, 업무정지처분이나 과징금처분을 받은 요양기관 중 관련 서류를 위조·변조하여 요양급여비용을 거짓으로 청구한 요양기관에 대해서는 그 위반행위, 처분내용, 해당 요양기관의 명칭·주소 및 대표자 성명 등을 공표할 수 있다(법 제85조의3 제1항).

이상과 같은 규정들에 비추어 그의 위반으로 행정제재처분을 받게 되는 요양급여기준은 임의적 훈시규정이 아니라 강행규정이라 할 수 있을 것이고, 공단 또

---

73) 요양급여기준의 강행법규성을 긍정하는 입장(명순구, 전게논문, 179 – 181면)과 강행법규성을 부인하는 입장(현두륜, 전게논문, 105면)으로 이 주제를 검토한 연구자들의 입장이 나뉘어 있다.

는 심사평가원과 요양기관들이 요양비용의 지급과 관련하여 맺는 법관계의 성격
은 공법관계라고 볼 수 있을 것이다. 때문에 요양급여기준을 위반한 요양기관에
대하여 사법상의 채무불이행을 이유로 손해배상청구권을 주장할 수는 없고,[74] 강
행규정을 위반하였음을 이유로 불법행위에 기한 손해배상청구권을 주장하여야 한다.

(2) 요양기관의 고의·과실에 기인한 손해배상책임과 요양급여기준위반의 정당화가능성

1) 의료기관이 요양급여기준을 위반함으로 인해 공단에게 손해가 발생했다고
해도 공단이 의료기관에게 손해배상책임을 물을 수 있는가? 만약 국민건강보험법
제52조 제1항이 특별규정으로서 민법 제750조의 규정이 적용되지 않는다고 본다
면 요양기관의 불법행위책임은 발생하지 않을 것이다.

판례는 요양기관의 요양급여기준위반행위에 대하여 국민건강보험법 이외에 다
른 법들도 적용된다고 봄으로써 건강보험의 재정건전성 유지에 대해 확고한 의지
를 보여주고 있다. 대법원은 여러 판결을 통해 요양급여기준을 위반하여 사기적으
로 급여비를 청구하는 경우 사기죄가 성립한다고 판시했다. 즉, "입원실 체류시간
과 환자의 증상, 진단 및 치료 내용과 경위, 환자들의 행동 등을 종합 판단하여
치료의 실질이 입원치료가 아닌 통원치료에 해당하는 경우는 물론, 위와 같은 입
원의 필요성이 없음에도 의사로 하여금 입원치료의 필요성이 있다고 오판하도록
하여 필요 이상의 장기입원을 한 경우 역시 이를 알리지 않은 채 보험회사에 대
하여 보험약관에 정한 입원기간을 충족시켰다고 주장하면서 보험금을 청구하는
행위는 사기죄에 있어서의 기망행위에 해당한다"고 한다(대법원 2006. 1. 12. 선고
2004도6557 판결; 대법원 2007. 6. 15. 선고 2007도2941 판결; 대법원 2009. 5. 28. 선고
2008도4665 판결).

또, 요양기관의 사기적 요양급여기준위반행위에 대해 대법원은 요양기관의 손
해배상책임도 인정하였다. 즉, "원료제조회사인 대희화학의 주식 과반수를 계속하
여 보유할 의사가 없이 이 사건 의약품에 관한 최고가의 상한금액을 인정받은 다

---

74) 다만, 수가계약이 체결된 경우는 다른데, 수가계약이 체결되었다면 요양기관이 요양급여기준을
준수할 의무는 수가계약으로부터 나오는 채무의 내용에 포함된다고 해석하는 것이 타당할 수
있을 것이다. 다만, 이 논점은 보다 심층적인 검토를 요하므로 여기서는 생략한다.

음 바로 이를 반환할 의도로 일시적·형식적으로 주식을 취득하였으면서도 주식 보유에 관한 근거서류를 심사기관에 제출하면서 마치 계속하여 대희화학 주식의 과반을 보유할 것처럼 이 사건 특례규정의 적용을 요청하였는바, 이러한 피고의 행위는 위 특례의 적용을 심사하는 건강보험심사평가원 또는 보건복지부장관을 착오에 빠뜨리는 적극적인 기망행위에 해당한다고 봄이 상당하다. 따라서 이 사건 제1고시의 공정력으로 인하여 피고가 얻은 이득이 법률상 원인 없는 이득에 해당하지 않는다고 하더라도, 피고의 위와 같은 기망행위로 인하여 원고에게 손해가 발생하였다면 피고는 원고에게 불법행위로 인한 손해배상책임을 부담한다고 할 것"이라 판시했다(대법원 2010. 7. 8. 선고 2010다21276 판결).

사견으로는 이러한 판례들에도 나타나듯이 건강보험재정의 부실방지라는 공익은 매우 중대하기 때문에 국민건강보험법 이외에 민법의 규정들도 보충적으로 적용될 수 있다고 보아야 한다. 때문에 대상판결에서 서울고등법원이 국민건강보험법상의 근거가 존재하지 않아 민법상의 불법행위론을 근거로 요양기관의 책임을 인정한 입장을 지지하기로 한다.

그런데, 의료기관에 대해 공단이 불법행위를 이유로 손해배상청구를 하는 경우 공단 스스로 과거에 발급한 요양급여처분의 구속력 및 공정력과 충돌하지 않는가 하는 점이 문제된다. 원외처방에 있어 공단이 요양급여비용을 지급받은 약사가 아니라 의료기관에게 손해배상청구를 하는 것은 약사에 대한 요양급여처분이 결과적으로 위법하다는 것을 인정하는 것이다. 하지만 의료기관의 원외처방내용이 위법하다고 평가하는 것은 약사에 대한 요양급여처분의 효력을 상실시키는 취소행위가 없더라도 가능한 것이라고 보아야 한다. 왜냐하면, 약사에 대한 요양급여처분은 수익적 처분으로서 위법하더라도 약사의 귀책사유가 없으면 취소할 수가 없는 것일 뿐이어서 해당 요양급여처분에 대한 위법평가는 별개로 가능하다고 보아야 하기 때문이다. 다만, 공단이 의료기관에 대해 손해배상청구를 하는 방식으로 장래 지급할 요양급여금액 중 해당하는 금액만큼 삭감하고 지급한다 하더라도 그것의 의미를 약사에 대한 기존의 요양급여처분을 취소하는 행위를 암묵적으로 한 것으로 볼 수는 없을 것이다. 이러한 해석을 하게 되면 약사는 지급받은 요양급여비용의 보유근거가 사라져 부당이득으로서 반환해야 할 의무를 지게 될 것이기 때문이다.

2) 불법행위로 인한 손해배상청구방식에 의해 환수하고자 할 때 의료기관에게 고의 또는 과실이 없다면 과실책임주의에 의해 공단은 배상을 청구할 수 없다.[75] 이 점은 부당이득의 환수방법에 의하는 경우와 다르다. 어떤 경우에 의료기관에게 무과실이 인정될 수 있을까? 그리고 이 차이가 요양급여의 지급과 환수의 실무에 의미있는 차별적 영향을 미칠 수 있을 것인가?

이와 관련하여 서울고등법원이 대상판결(서울고법 2009. 8. 27. 선고 2008나89189 판결)에서 제시한 판단기준은 상당한 시사점을 준다. 즉, "요양급여기준은 의약계 전문가의 의견 등을 반영하여 마련된 것으로서 일응 객관적이고 합리적인 것이라 할 것이므로, 요양기관이 요양급여기준에 정한 바에 따르지 아니하고 임의로 이에 어긋나는 원외처방을 하는 것은, 그것이 환자에 대한 최선의 진료를 위하여 의학적 근거와 임상적 경험에 바탕을 둔 것으로서 정당행위에 해당한다는 등의 특별한 사정이 없는 한, 일응 위법성이 인정된다 할 것이다"고 하면서, "변론 전체의 취지를 종합하면, 심사평가원은 의약분업 실시 이후 이미 수차례의 공문을 통하여 요양급여기준 및 고시 내용을 벗어나거나 의학적 관점에서 적절하지 못한 처방 등 상병명과 처방내역을 비교하여 부적절하거나 과다 처방된 것으로 인정되는 경우에는 부적정한 약제비 및 처방료, 조제료를 조정하겠다는 취지의 내용을 대한의사협회, 대한병원협회 등을 통하여 각 의료기관에게 고지한 사실을 인정할 수 있으므로, 원고가 요양급여기준에 위반된 원외처방을 함에 있어 고의·과실도 인정된다"고 했다. 경우를 나누어 살펴보기로 한다.

첫째, 요양급여기준이 구체적이고 명확한 경우를 살펴본다. 요양기관이 구체적이고 명확한 요양급여기준을 위반하여 청구를 한다면 그로 인해 건강보험재정에 손해를 가할 것이라는 점을 인식하고 있었다고 보아야 할 것이다. 요양기관은 요양급여기준을 인지할 의무가 있는 것이고, 가령 요양급여기준의 변경 등으로 요양급여기준을 몰랐다고 주장하더라도 그것은 자신이 직업으로서 장기적으로 행하는

---

75) 아주 예외적인 특수한 사정이 없는 한 요양기관이 요양급여기준을 알았는가는 상관없이 적어도 요양기관이 기준을 준수하지 않으면 적어도 과실책임은 인정될 수 있다고 본다. 때문에, "보험급여에 해당되지 아니함을 명확히 인식하면서 보험급여비용을 청구한 경우"에 불법행위 책임을 구성할 수 있다는 입장(박동진, 부당발급된 처방전에 의한 의료기관의 약제비반환의무 서울행정법원 2004. 6. 1. 선고 2003구합20449 판결 사건을 중심으로, 한국의료법학회지 제 12권 제1호, 2004. 6, 19면)은 타당하지 않다고 본다.

진료행위 수가의 기준을 명확하게 숙지하고 있어야 할 의무를 위반한 것으로 그 무지에는 과실이 있었다고 보아야 할 것이다.[76)]

둘째, 질병의 치료에 있어 난치병 등의 사정으로 의사에게 치료기술의 선택에 상당한 재량이 인정될 수밖에 없는 상황에서 아직 신기술로 지정되지는 않았지만 그 질병의 치료에 보다 효과적인 치료기술을 사용하여 치료한 경우가 문제된다.[77)] 요양급여기준이 불명확한 경우도 비슷한 문제가 생긴다. 이와 관련하여 서울고등법원은 요양급여기준을 위반했더라도 "환자에 대한 최선의 진료를 위하여 의학적 근거와 임상적 경험에 바탕을 둔 것으로서 정당행위에 해당"하는 경우에는 손해배상책임이 성립하지 않을 수 있다고 했다. 사견으로도 예외적 정당화사유가 존재하는 경우 환자에 대한 의사의 치료의무를 고려할 때 요양급여기준을 위반하더라도 적어도 무과실로 배상책임은 발생하지 않을 수 있다고 본다.

4. 원외처방의 경우 약사의 책임

원외처방이 있는 경우 약사에 대한 요양급여처분은 수익적 처분으로서 의사의 과잉원외처방으로 인해 결과적으로 약사에 대한 요양급여처분이 위법하게 된 경우에도 그의 취소에는 신뢰보호원칙에 의한 제한이 따른다. 약사에게 귀책사유가 없는 경우, 보다 중대한 공익의 보호 필요성이 인정되지 않는 한 약사에 대한 요양급여처분을 취소할 수는 없다. 판례도 의사의 처방이 요양급여기준을 위반하더

---

76) 착오로 요양급여기준을 위반한 경우 부당이득반환책임 등 최소한의 책임만 지고 과징금이나 업무정지처분은 면제되어야 한다는 주장(김계현, 건강보험법의 요양급여비용환수·처벌 관련 규정의 문제점과 개선방안, 의료정책포럼 제7권, 2009, 71－73면)에 대해서는 약간의 의문이 있다. 물론, 이 입장에서도 원외처방의 경우 의료기관의 불법행위책임은 긍정할 것으로 보인다. 착오나 무지로 기준을 위반한 것에 대해 현행법과 같이 과징금부과처분과 영업정지처분이 가능하더라도 비례원칙에 의해 과도한 처분은 위법하게 될 것이고, 착오나 무지에 대해 환수행위이외에 제재가 가능하지 않게 되면 의료기관으로서는 요양급여기준에 대한 정보획득의 노력을 태만하게 할 우려가 있을 것이기 때문이다.

77) 특정 질병에 관한 요양급여기준의 설정당시에는 실험적이었던 의료기술이 전문의료계에서 이미 합의된 최신의료기술로서 매우 효과적임이 입증된 경우도 있을 수 있다. 이때, 요양급여의 거절우려와 본인부담능력의 부족으로 치료를 거부하여 사망하거나 질병이 회복할 수 없을 정도로 악화될 위험도 있다. 미국 필요성심사에서 보험급여거절로 의료사고가 발생하여 재판이 제기되었다가 보험기관이 패소한 사례들도 많다. 이에 관한 소개는, Jody C. Collins, EXPERIMENTAL MEDICAL TREATMENTS: WHO SHOULD DECIDE COVERAGE?, Seattle University Law Review 20, 1997, p.451ff 참조.

라도 약사 자신이 의사와 공모하거나 의학적 상식에 반하는 처방임에도 그대로 따르는 등 사위 기타 부당한 방법으로 급여비용을 받지 않는 한, 법 제52조 제1항에 따른 부당이득환수성격의 징수의무를 부담한다고 볼 수 없다고 하고 있다(대법원 2006. 12. 8. 선고 2006두6642 판결). 또, 약사에게 불법행위를 이유로 손해배상청구를 하고자 하여도 약사의 고의 또는 과실은 존재하지 않으므로 약사에게 손해배상책임을 묻기는 어려울 것이다.

약사가 의사와 사전에 이익을 분배하기로 약속하거나 상호길항작용을 하는 약제에 대해 그대로 처방하는 경우와 같이 약사의 귀책사유가 있는 경우, 약사에 대한 요양급여행위는 결과적으로 요양급여기준을 위반한 것이고, 또, 약사에게 고의나 과실이 존재하므로 불법행위를 이유로 손해배상청구를 할 수 있을 것이다. 약사에게 부당이득의 반환명령을 내릴 수도 있는가? 약사에게 귀책사유가 있는 경우 수익적 처분의 취소에 있어 신뢰보호원칙의 제한을 받지 않으므로 행정청은 당연히 약사에 대한 요양급여처분도 취소하고 그 금액의 반환명령을 내릴 수 있다고 본다. 이 경우 법 제52조 제1항의 규정은 민법에 대한 특별규정이므로 행정청은 약사에 대해서 손해배상청구 대신에 부당이득의 반환명령을 내려야 할 것이다.

5. 과잉급여비 환수방식의 통일을 위한 입법의 정비 필요

의료기관의 과잉진료나 과잉원외처방에 대하여 보험기관이 과잉급여를 하더라도 통일적 법이론에 따라 환수를 하지 못하고 부당이득의 반환청구나 불법행위로 인한 손해배상의 논리를 분리해서 사용할 수밖에 없다는 것은 상당한 문제를 일으킨다. 환수의 요건이 서로 다르고 환수금액도 불명확하고 차이가 있으며 환수가능성에도 불확실성이 존재하고 있다. 이로 인해 국민의 건강보호와 건강보험재정의 건전성 보장에 중대한 법적 불안정이 초래되고 있다. 대법원이 과잉원외처방에 대해 불법행위이론을 수용한다 하더라도 요양급여기준을 위반한 행위에 대해 상이한 환수논리의 사용으로 인한 문제는 해소되지 않는다.

의약분업 시행으로 처방과 조제가 분리되어 외래 과잉약제비 회수에 대한 책임소재가 불분명해졌음에도 불구하고 이에 대해 국민건강보험법은 적절한 배려를 하지 못했다. 조속한 시일 내에 법을 개정하여 과잉처방으로 발생한 약제비의 환수근거를 명확하게 하는 것이 필요하다고 본다.

Ⅴ 결어

이 논문에서는 요양기관이 요양급여기준을 위반하여 치료한 행위에 대해 국민건강보험법 제52조 제1항에 따라 과잉진료로 보고 그로부터 얻은 이익을 부당이득으로 평가한 후 그의 환수처분이 적법하다고 한 대법원판결(대법원 2008. 7. 10. 선고 2008두3975 판결)과, 요양급여기준에 위배되는 원외처방을 한 의료기관이 국민건강보험공단에 대하여 불법행위에 기한 손해배상책임을 부담한다고 한 서울고등법원의 판결(서울고법 2009. 8. 27. 선고 2008나89189 판결)상의 주요 법적 쟁점을 분석하면서 관련 법리를 규명하였다.

그 동안 건강보험실무에서는 의료기관의 과잉원외처방으로 인한 약제비를 부당이득으로 판단해 의료기관에게 환수하여 왔으나, 이러한 징수처분은 하자가 중대하고 명백하여 당연무효라는 판결(대법원 2006. 12. 8. 선고 2006두6642 판결)이 나오면서 공단은 불법행위책임을 묻는 방식으로 전환하였다. 두 번째 대상판결에서 서울고등법원은 요양급여기준의 법규성과 강행법규성을 긍정하면서 이 기준에 대해 의사협회, 대한병원협회 등을 통하여 각 의료기관에게 고지한 사실을 인정할 수 있으므로 의료기관의 고의·과실도 긍정하였다.

논문에서는 미국의 의료보험법상 사용된 필수적 진료와 필요성심사의 개념을 소개하면서 심사평가원과 공단의 진료비심사의 비교법적 근거를 제시하고 나서, 요양급여기준이 법규성을 갖는 이외에 강행법규로서의 성격도 가짐을 긍정하였다.

요양급여처분과 그 환수처분의 성격에 대해서 치료의 필요여부의 판단에 존재하는 의사의 재량과 기준의 강행법규성을 조화롭게 고려하는 방안으로 이 처분들을 기속재량행위로 파악하였다. 이 입장은 기속행위라는 판례의 입장과 재량행위라는 일부 연구자의 입장과는 다른 것이다. 필자의 입장은 의사가 "환자에 대한 최선의 진료를 위하여 의학적 근거와 임상적 경험에 바탕을 둔 것으로서 정당행위에 해당"하는 경우에는 법 제52조 제1항을 근거로 매우 제한적으로 요양급여기준을 위반할 수도 있는 것으로 보기 위함이었다.

그리고 과잉원외처방의 경우에는 의료기관에게 약제비상당금액에 대해 불법행위에 기한 손해배상청구권의 논리를 사용하여 징수한 행위를 적법하다고 본 서울고등법원의 입장을 지지하면서, 원내처방과 함께 통일적인 법적 근거를 갖도록 입법의 정비가 필요하다고 보았다.

 참고문헌

1. 국내문헌

건강보험심사평가원, 건강보험제도의 심사와 평가, 2006.

김계현, 건강보험법의 요양급여비용환수·처벌 관련규정의 문제점과 개선방안, 의료정책
　　포럼 제7권, 2009.

김계현/김한나/장욱, 국민건강보험법상 요양급여비용 환수 및 처벌 관련규정의 문제점과
　　개선방안, 법학연구(충남대) 제20권 제2호, 2009.

김나경, 의료행위의 규범적 통제방식에 대한 소고 - 독일의 의료보험체계에 비추어 본
　　임의비급여통제의 정당성 -, 인권과 정의 제392호, 2009. 4.

김운묵, 건강보험 진료비 청구 및 심사지급에서의 권리분쟁과 구제, 의료법학 제8권 제2
　　호, 2007.

김진현, 요양급여 조사, 심사 및 사후관리, 요양급여심사 및 진료수가 제도개선 공청회자
　　료, 국민권익위원회, 2008. 3. 4.

명순구, 원외처방 약제비 환수의 법적 근거, 고려법학 제53호, 2009. 6.

박동진, 부당발급된 처방전에 의한 의료기관의 약제비반환의무 - 서울행정법원 2004. 6.
　　1. 2003구합20449 사건을 중심으로, 한국의료법학회지 제12권 제1호, 2004. 6.

박은철, 보장성강화정책의 현황과 방향, 의료정책포럼 제8권 제3호, 2010.

박인화, 국고지원의 문제점과 개선방향, 의료정책포럼 제8권 제3호, 2010.

선정원, 의약품 품목허가의 취소와 변경, 법제연구 제37호, 2009. 12.

송우철, 2010년 수가결정과정, 그 내용과 의의, 의료정책포럼 제7권 제3호, 2009.

최정규, 건강보험 요양급여체계의 문제점과 개선방안 : 임의비급여를 중심으로, 의료정책
　　포럼 제6권 제4호, 2008.

현두륜, 건강보험에 있어서 의사와 환자간의 법률관계 - 임의비급여 문제를 중심으로 -,
　　의료법학 제8권 제2호, 2007. 12.

황선줄, 현행 요양급여비용 계약제(수가계약제)의 법률적 문제점, 의료정책포럼 제6권
　　제4호, 2008.

2. 외국문헌

Aaron Seth Kesselheim, WHAT'S THE APPEAL? TRYING TO CONTROL
　　MANAGED CARE MEDICAL NECESSITY DECISIONMAKING THROUGH A
　　SYSTEM OF EXTERNAL APPEALS, University of Pennsylvania Law Review 149,
　　2001.

Allison Faber Walsh, The legal attack on cost containment mechanisms : the expansion of liability for physicians and managed care organizations, John Marshall Law Review 31, 1997.

Furrow/Greaney/Johnson/Jost/Schwartz, Health Law, 5ed., 2004.

James S. Cline/Keith A. Rosten, The effect of policy language on the containment of health care cost, Tort and Insurance Law Journal 21, 1985.

Jody C. Collins, EXPERIMENTAL MEDICAL TREATMENTS: WHO SHOULD DECIDE COVERAGE?, Seattle University Law Review 20, 1997.

Nan D. Hunter, MANAGED PROCESS, DUE CARE: STRUCTURES OF ACCOUNTABILITY IN HEALTH CARE, ale Journal of Health Policy, Law & Ethics 6, 2006.

Stanley S. Wallack/Kathleen Carley Skwara/John Cai, Redefining rate regulation in a competitive environment, Journal of Health Politics, Policy and Law 21, 1996.

Timothy P. Blanchard, "MEDICAL NECESSITY" DETERMINATIONS — —A CONTINUING HEALTHCARE POLICY PROBLEM, Journal of Health Law 37, 2004.

〈추록〉 과잉진료와 과잉원외처방에 관한 대법원 전원합의체 판결

1. 2011년 4월 학술지에 게재된 이 글의 본문에서 필자는 "사건으로는 요양급여처분, 그 거부처분과 환수처분은 판례가 말하는 소위 '기속재량행위'에 속한다고 본다. 법 제52조 제1항은 공단이 "그 급여 또는 급여비용에 상당하는 금액의 전부 또는 일부를 징수한다"고 규정하고 있는데, 이 법률규정의 의미는 기준위반으로 판단되는 경우에도 예외적 정당화사유가 존재하는 경우 그 초과한 금액 전부가 아니라 그 중 일부만 징수할 수 있다는 것으로 해석될 수 있을 것이고, 이러한 입장에서는 이 규정은 환수처분을 기속행위로 보지 않을 실정법상의 근거가 될 수 있다고 본다"고 하면서, 다음과 같이 주장했다.

"고시의 제정자는 고시기준에 따라 진료의 시간, 양과 질을 정형화하려 하지만, 동일 유사한 질병을 앓고 있는 환자도 각각 상황이 다르고, 의사는 환자에 대한 치료여부와 치료의 내용과 그 시간에 대해 전문가로서 재량을 가지고 판단할 수 있기 때문에 그것의 획일적인 사전확정은 가능하지 않다. 때문에, 의료행위의 시술여부 및 그 내용선택에 있어 의사의 재량을 심사하는 심사평가원도 그 전문성 때문에 예외적인 상황에서는 일정 정도 판단여지와 재량을 갖는다고 보아야 할 것이다.

기속재량행위로 그 성격을 파악하게 되면 다음과 같은 결론이 나올 것이다. 요양급여기관이 요양급여기준을 위반한 경우 공단은 일단 기속행위와 동일하게 해당 금액을 환수하여야 한다. 하지만, 요양기관이 요양급여기준의 위반에 예외적 정당화사유를 주장·입증하는 경우 요양기관은 요양급여기준을 넘어 지급받은 금액에 대해서도 환급할 의무가 없고 환수처분도 위법하게 된다."

2. 임의비급여 진료행위에 관한 대법원 전원합의체 판결

대법원은 2012년 전원합의체 판결로 요양급여처분에 관해 엄격하게 요양급여기준에 구속된다는 기존의 해석을 바꾸는 전원합의체 판결을 내리게 된다(대법원 2012. 6. 18. 선고 2010두27639,27646 전원합의체 판결 [과징금부과처분취소·부당이득환수처분취소] 〈임의 비급여 진료행위 사건〉 [공2012하,1312]).

이 쟁점에 관한 다수의견은 다음과 같다.

"(1) 국민건강보험제도는 보험재정의 허용한도 내에서 가입자 등에게 비용과 대비하여 효과적이면서도 의학적으로 안전성과 유효성을 갖춘 진료행위를 요양급여로 제공하고, 그 보험혜택을 모든 국민이 보편적으로 누릴 수 있도록 함으로써 공공복리의 증진을 도모하기 위한 제도이다.

    이러한 제도의 취지를 바탕으로 위에서 본 바와 같은 요양급여의 대상, 비용기준 및 지급절차와 비급여 대상 등에 관한 법정주의 등 관련 법령 체계를 살펴볼 때, 국민건강보험을 규율하는 법령은 ① 원칙적으로 모든 진료행위를 요양급여대상으로 삼고, 요양급여의 구체적인 적용기준과 방법은 구 요양급여기준규칙과 보건복지부장관의 고시에 의하도록 하며, ② 거기에 규정되지 아니한 새로운 형태의 진료행위가 이루어지거나 기존 요양급여기준에 불합리한 점이 있으면 구 요양급여기준규칙이 정하는 여러 신청절차를 통하여 이를 요양급여대상으로 포섭하게 하고, ③ 구 요양급여기준규칙 제9조 [별표 2]에 규정된 이른바 법정 비급여 진료행위는 이를 건강보험 적용대상에서 제외하여 그 부분에 한하여 비용 부담을 요양기관과 가입자 등 사이의 사적(사적) 자치에 맡기고 있는 것으로 해석된다. 따라서 요양기관은 법정 비급여 진료행위가 아닌 한 원칙적으로 요양급여의 인정기준에 관한 법령에서 정한 기준과 절차에 따라 요양급여를 제공하고, 보험자와 가입자 등으로부터 요양급여비용을 지급받을 때에도 그 산정기준에 관한 법령에서 정한 기준과 절차에 따라야 한다.

    그러므로 요양기관이 그러한 기준과 절차를 위반하거나 초과하여 가입자 등으로부터 요양급여비용을 받은 경우뿐 아니라, 그 기준과 절차에 따르지 아니하고 임의로 비급여 진료행위를 하고 가입자 등과 사이에 요양 비급여로 하기로 상호합의하여 그 진료비용 등을 가입자 등으로부터 지급받은 경우도 위 기준에 위반되는 것으로서 원칙적으로 구 국민건강보험법 제52조 제1항, 제4항과 제85조 제1항 제1호, 제2항에서 규정한 '사위 기타 부당한 방법으로 가입자 등으로부터 요양급여비용을 받거나 가입자 등에게 이를 부담하게 한 때'에 해당한다고 할 것이다.

    (2) 그러나 다른 한편으로, 의료인과 의료기관의 장은 가입자 등과 체결한 진료계약에 따라 최선의 진료를 다할 의무가 있음은 물론, 구 의료법(2006. 10. 27. 법률 제8067호로 개정되기 전의 것, 이하 같다) 제4조가 규정하는 것처럼 '의료의 질을 향상시키고 병원감염을 예방하는 등 환자에게 최선의 의료서비스를 제공하기 위하여 노력'할 의무를 부담하고 있고, 가입자 등 환자 스스로도 질병·부상 등에 대하여 과도한 비용 부담없이 유효·적절한 진료를 받을 권리가 있다. 이러한 점에 비추어 보면, 요양기관이 국민건강보험의 틀 밖에서 임의로 비급여 진료행위를 하고 그 비용을 가입자 등으로부터 지급받은 경우라도 ① 그 진료행위 당시 시행되는 관계 법령상 이를 국민건강보험 틀 내의 요양급여대상 또는 비급여대상으로 편입시키거나 관련 요양급여비용을 합리적으로 조정할 수 있는 등의 절차가 마련되어 있지 아니한 상황에서, 또는 그 절차가 마련되어 있다 하더라도 비급여 진료행위의 내용 및 시급성과 함께 그 절차의 내용과 이에 소요되는 기간, 그 절차의 진행 과정 등 구체적 사정을 고려해 볼 때 이를 회피하였다고 보기 어려운 상황에서, ② 그 진료행위가 의학적 안전성과 유효성뿐 아니라 요양급여 인정기준 등

을 벗어나 진료하여야 할 의학적 필요성을 갖추었고, ③ 가입자 등에게 미리 그 내용과 비용을 충분히 설명하여 본인 부담으로 진료받는 데 대하여 동의를 받았다면, 이러한 경우까지 '사위 기타 부당한 방법으로 가입자 등으로부터 요양급여비용을 받거나 가입자 등에게 이를 부담하게 한 때'에 해당한다고 볼 수는 없다.

다만 요양기관이 임의로 비급여 진료행위를 하고 그 비용을 가입자 등으로부터 지급받더라도 그것을 부당하다고 볼 수 없는 사정은 이를 주장하는 측인 요양기관이 증명하여야 한다. 왜냐하면 항고소송에 있어서 당해 처분의 적법성에 대한 증명책임은 원칙적으로 그 처분의 적법을 주장하는 처분청에 있지만, 처분청이 주장하는 당해 처분의 적법성에 관하여 합리적으로 수긍할 수 있는 정도로 증명이 있는 경우에는 그 처분은 정당하고, 이와 상반되는 예외적인 사정에 대한 주장과 증명은 상대방에게 그 책임이 돌아간다고 봄이 상당하기 때문이다(대법원 1984. 7. 24. 선고 84누124 판결; 대법원 2011. 9. 8. 선고 2009두15005 판결 등 참조).

이와 달리 요양기관이 건강보험의 가입자 등에게 요양급여를 하고 그 비용을 징수하는 경우 반드시 관계 법령에서 정한 기준과 절차에 따라야 하며 이와 다르게 그 비용을 징수하는 경우, 예외 없이 '요양기관이 사위 기타 부당한 방법으로 가입자 등에게 요양급여비용을 부담하게 한 때'에 해당한다는 취지로 판시한 대법원 2007. 6. 15. 선고 2006두10368 판결 등을 비롯한 같은 취지의 판결들은 이 판결의 견해와 저촉되는 범위에서 이를 모두 변경한다."

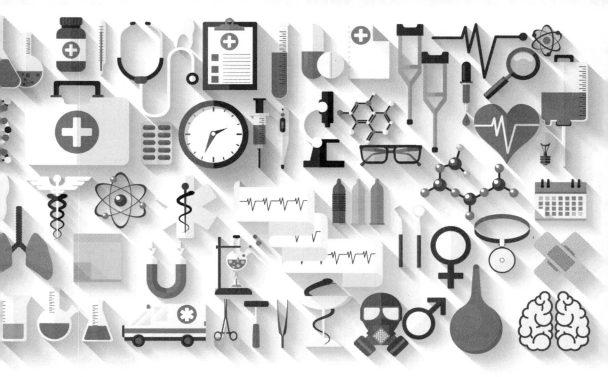

제4장

의료직업과 병원의 규제

제1절 의료직업의 규제 – 의사와 한의사의 직역한계
제2절 지방의료원에 관한 법적 검토

제1절

의료직업의 규제 - 의사와 한의사의 직역한계*

이 글에서는 최근 법원에 제기되었던 한의사직역침해를 이유로 한 의사면허정지처분에 관한 법적 쟁점들을 검토할 것이다. 해당 사건의 개요와 경과는 다음과 같다.

강원도 태백에서 병원을 운영하는 의사가 환자들에게 IMS(Intramuscular Stimulation) 시술을 해오다 2004년 6월 태백시 보건소공무원들에 의해 침을 이용해 진료한다는 이유로 검찰에 의료법위반으로 고발되어 기소유예처분을 받았고 보건복지부로부터 1개월 15일의 의사자격면허정지처분을 받았다. 이에 대해 해당 의사는 "IMS 시술을 한방 침술로 보고 면허를 정지한 것은 행정청의 재량권 남용"이라며 행정소송을 냈지만 1심에서 패소하였다(서울행법 2006. 7. 6. 선고 2005구합111 판결). 1심법원은 IMS 시술이 한의학의 침술행위에 해당하는지 여부는 별론으로 하고, 해당 의사의 시술행위는 엑스레이나 CT촬영과 같은 정밀한 의학적 검사를 시행하였다고 인정할 증거가 없으므로 IMS 시술이 아니라 한의학의 전통 침술행위에 해당한다고 하면서 면허정지처분이 타당하다고 판시했다.

항소법원인 서울고등법원은 면허정지처분취소소송에서 1심 판결을 깨고 의사에게 승소판결을 내렸다(서울고법 2007. 8. 10. 선고 2006누17293 판결). 서울고등법원은 IMS 시술행위는 "긴장된 근육 깊은 곳에 침을 자입해 전기자극을 줌으로써 근육통증

---

* 이 글은 2010년 3월 30일 대법원 비교법실무연구회에서 필자가 발표한 글을 일부 수정한 것이다.

을 완화하는 치료방법"이지만, "의학적 근거, 치료방법 등에 있어 한방의료행위인 침술행위와 다르므로 한방의료행위인 침술로 볼 수 없다"고 밝히면서, IMS 시술을 한의사에게 면허정지처분을 내린 것은 재량권 남용이라고 보았다. 이 판결에서 서울고등법원은 IMS 시술이 한의사만이 할 수 있는 한방의료행위에 해당하는지 여부에 대해, "해당 진료행위가 학문적 원리를 어디에 두고 있는가에 따라 다르고, IMS 시술은 의사와 한의사들 사이에 심하게 의견 대립이 있지만 학문적으로는 의료행위인지 한방의료행위인지 분명하게 정리되어 있지 않다"며, "치료방법이나 의학적 근거를 볼 때 한방의료행위인 침술과 실질적으로 동일하지 않기 때문에 비록 침을 사용한다고 해도 IMS 시술이 한방의료행위인 침술로 보기 힘들다"며 IMS 시술이 한방의료행위가 아니라고 하였다. 그 차이점들에 대해 IMS 시술도 침을 이용하지만, "IMS 시술의 경우, 침과 전기를 함께 사용, MRI나 CT촬영 등 사전검사를 통해 통증부위를 확인한 후 통증부위에만 시술, 침에 따라 자입하는 깊이가 일정하지 않은 점 등이 한방의 침술과 다르다"고 하였다. 이에 대해 보건복지부는 다시 상고를 제기하였다.

대한한의사협회와 대한의사협회가 각 당사자들의 소송참가인으로서 소송에 참여하였는데, 그것은 대법원의 판결로 IMS 시술행위의 관할이 결정된다면 후속적 입법조치와 법집행조치에 의해 한의사들과 의사들은 소송에 참가하거나 전혀 참가하지 않더라도 이 판결에 의해 직업수행활동에 지대한 영향을 받을 수밖에 없고 이 기준을 방해하는 것은 위법한 행위로서 제재를 받게 될 것이기 때문이었다.

이 글에서는 의료직업규제의 기준으로서 한방의료행위가 동아시아국가들에서 갖는 역사성과 미국과 유럽에서 인기를 얻고 있는 점을 고려하여, 의료직업 규제 전반을 살피고 각국에서의 한방의료직업규제의 현황을 살피고 나서 한방의료행위와 의료행위의 구별, 침술의 정의, 침술과 IMS 시술행위의 성격을 규명해 가는 순서로 진행할 것이다.

Ⅰ 의료직업면허의 의의, 요건과 한계

1. 의료직업면허의 의의

(1) 직업으로서 의료직업

직업이란 생활기초의 창출 및 존속을 위한, 지속적이거나 일시적인 활동으로 정의되거나,[1] 사람이 살아가는 데 필요한 정신적 또는 물질적 생활수단을 얻거나 유지하기 위하여 계속적으로 행하는, 공공에 해가 되지 않는 모든 생활수단적 소득활동으로 정의되고 있다.[2]

직업은 인간의 생존을 위한 수단이기 때문에 극심한 경쟁관계에 놓여 있어서 보다 많은 소득을 바라는 인간의 이윤추구속성을 제어하기 위하여 법에 의해 상당한 규제를 가하는 경우가 많다. 우리 헌법 제15조는 모든 국민에게 직업선택의 자유를 인정하고 있는데 이 규정은 단지 직업의 선택만을 보호하기 위한 규정으로 보기 어렵고 국민의 직업생활과 관련된 종합적인 포괄적 기본권인 직업의 자유를 규정한 것으로 이해할 수 있을 것이다(헌재 1997. 10. 30. 선고 96헌마109 결정).

보건의료직업은 국민의 건강을 보호하고 질병을 예방·치료하는 직업으로서 직업에 필요한 전문성과 신뢰성을 보호하기 위하여 면허제 및 자격제로 규율하여 운영하고 있다. 그래서 일반인에게는 허용되지 않고 일정한 전문교육을 받고 면허시험을 거쳐 전문성을 인정받은 사람에 한하여 독점적인 직업종사의 권리를 인정하고 있다.

의료인의 개념은 광의, 협의와 최협의로 구분해볼 수 있을 것이다. 광의의 의료인 개념은 보건의료기본법 제3조 제3호에서 규정하고 있는 "보건의료인"과 동일한 개념으로 "보건의료 관계 법령이 정하는 바에 의하여 자격·면허 등을 취득하거나 보건의료서비스에 종사하는 것이 허용된 자"를 말한다. 면허제로 운영되는 보건의료인으로는 의사, 치과의사, 한의사, 조산사 및 간호사, 약사 및 한약사, 의료기사(임상병리사, 방사선사, 물리치료사, 작업치료사, 치과기공사, 치과위생사), 접골사, 침사·구사, 안마사, 안경사 등이 있다.

협의의 의료인 개념은 의료법 제2조 제1항에서 정의하고 있는 "의료인"에 해당되는 개념으로 "의료인"은 보건복지부장관의 면허를 받은 "의사·치과의사·한의사·조산사 및 간호사"이다. 이 중에서 조산사와 간호사를 제외하고 의사·치과의사·한의사를 최협의의 의료인으로 부를 수 있을 것이다.

이 글에서는 최협의의 의료인 개념에 따라 의료인을 이해하고 의료직업면허의

---

1) Rolf Stober, Handbuch des Wirtschaftsverwaltungs— und Umweltrechts, 1989, S.459.
2) 이승우, 직업의 자유의 보장을 위한 인허가제도의 운영방향, 공법연구 제38집 제2호, 2009. 12, 34면.

개념에 이 직업군에 한정된 사람들에 관한 규제의 문제를 다루도록 하겠다.

(2) 의료직업면허의 의의

유럽과 미국에서 의료직업의 규제(Regulation of Health Care Professionals)는 직업법(Berufsrecht) 또는 직업면허(Occupational Licensure)의 주제로 다루어져 왔고, 우리나라 행정법에서는 대인적 허가의 일종으로서 취급되어 왔다.

의료직업면허는 국민건강[3]이라는 특정한 공익을 보호하기 위하여 전문성과 신뢰성(Zuverlässigkeit)을 갖는 일정한 사람들에게 직업으로서 국민건강의 보호활동을 허용하는 행정청의 행정행위이다. 의료직업면허제를 통해 달성하려는 목적은 무자격자의 보건의료행위에 의한 위험방지,[4] 보건의료서비스의 질 확보 및 유지, 보건의료인력의 공급 및 수요의 균형 등이다.[5]

의료직업면허의 대상으로서 의사와 한의사는, 직업활동을 수행함에 있어 일정한 자격을 가지고 있음을 소비자에게 알리는 단순한 인증제(Certification)나 해당 직업명칭을 독점적으로 사용할 수 있는 명칭보호제(Title Protection)와 같은 약한 직업규제의 대상이 아니고, 가장 강한 직업규제의 영역에 속한 것으로 법령에서 해당 직업의 업무와 서비스가 정의되어 있고 그 서비스의 제공은 일정한 교육훈련과 시험을 거친 사람에게만 허용되며 일반인에게는 금지되는 직업으로 다른 나라에서도 면허제의 방식으로 규율되고 있다.[6] 때문에, 무면허행위자가 "어떤 시술방법에 의하여 어떤 질병을 상당수 고칠 수 있었다고 하더라도 국가에 의하여

---

3) 의료행위와 한방의료행위 등을 수행하는 의료직업인에 대한 규제는 인간의 존엄과 가치(헌법 제10조)를 보호하기 위해 국민보건을 보호해야 할 국가의 의무(헌법 제36조 제3항)에 헌법적 근거를 두고 있다. 동지. 신현호, 헌법상 의료제도의 이념과 의료법의 접근방향, 성신법학 제7호, 2008, 135면 이하.

4) 의료행위는 가장 존귀한 사람의 생명이나 신체를 다루는 일로서 이를 조금이라도 그르치면 그 피해는 영원히 회복할 수 없거나 회복하기 어려운 것이므로 의과대학에서 기초의학부터 시작하여 체계적으로 의학을 공부하고 상당기간 임상실습을 한 후 국가의 검증(국가시험)을 거친 사람에 한하여 의료행위를 하게 하고 그러한 과정을 거치지 아니한 사람은 이를 하지 못하게 하여 사람의 생명, 신체나 공중위생에 대하여 위해를 발생케 할 우려가 있는 의료행위 그 자체를 미리 막자는 것이 무면허의료행위를 금지한 취지이다. 헌재 1996. 10. 31. 선고 94헌가7 결정.

5) 김기경, 보건의료의 직업과 영업에 대한 법적 규제 ─ 직업면허와 영업규제를 중심으로 ─, 연세대학교 박사학위논문, 2002, 44─47면.

6) Ruth Roemer, Regulation of health personnel, in; Ruth Roemer/George Mckray, Legal Aspects of Health Policy ─ Issues and Trends ─, 1980, p.99.

확인되고 검증되지 아니한 의료행위는 항상 국민보건에 위해를 발생케 할 우려가 있으므로 전체국민의 보건을 책임지고 있는 국가로서는 이러한 위험 발생을 미리 막기 위하여 이를 법적으로 규제할 수밖에 없는 것"이다(헌재 2002. 12. 18. 선고 2001헌마370 결정).

우리나라에서 의사와 한의사의 면허는 행정법상 허가, 그 중에서도 대인적 허가의 일종으로 분류되고 있지만, 진입규제는 강력하고 무면허업자의 참여에 대해서는 강력한 처벌의 부과에 의해 그의 독점적 지위가 보장되면서도 그의 전문성 때문에 치료행위와 관련하여 높은 자율성이 보장되고 있다는 특징을 갖는다. 그래서 전통적인 대인적 허가(예, 운전면허)와 사업자에 대한 특허(예, 개인택시사업자에 대한 면허)와 비교하여 볼 때, 진입규제가 강력하다는 점에서는 특허와 성격이 비슷하지만 치료행위에 대해서는 높은 자율성이 보장된다는 점은 강력한 사후 감독의 존재를 그 전형적 특징으로 하는 특허와 다른 점도 있다. 또, 허가받은 자가 갖는 이익은 법적 보호이익인 경우도 있지만 단순히 반사적 이익에 불과한 경우도 있다고 이해되고 있지만, 의사면허와 한의사면허를 취득한 자는 행정청의 면허 관련 제재행위에 대하여 항상 개인적 공권을 갖는다고 볼 수 있을 것이다.

헌법상 직업의 자유에 대해서는 헌법 제37조 제2항에 의해 국가안전보장·질서유지 또는 공공복리를 위하여 필요한 경우에 한하여 본질적인 내용을 침해하지 않는 범위에서 법률로써 제한할 수 있으므로 입법자는 여러 이익들을 형량하여 규제기준을 마련하여야 한다. 의료직업에 대해 면허제는 도입될 당시에도 해당 면허집단들에게 허용되는 치료활동과 그 범위를 정의해야 하지만, 질병의 변화, 의료기술의 발전과 국민들의 의식변화 등을 고려하여 면허를 통해 보호하는 의료활동의 범위를 재정의할 필요가 발생할 수도 있다. 또, 국민건강보호를 위해 각 유형의 의료인력을 적정하게 유지하여 안전하고 유효한 의료서비스에 대한 국민의 접근성과 의료서비스의 경제성을 일정 수준 이상으로 보호할 필요가 있다. 경쟁질서의 보호와 공익보호를 위한 규제가 적절한 조화를 이룰 수 있도록, 한편으로는 필요한 인력의 지속적 공급에 의해 서비스독점을 방지하여야 하지만, 다른 한편으로는 전문인력 간 과잉경쟁에 의한 폐해를 방지할 필요도 있다.

2. 의료직업면허의 요건과 그 면허의 범위와 한계

(1) 의료직업면허의 요건

의료업은 국민의 생명과 건강에 미치는 영향이 매우 커서 위해요소를 사전에 예방하고 사후적으로 감독할 필요가 있다. 뿐만 아니라, 의료의 전문성 때문에 소비자는 의료공급자에 비해 충분한 정보를 보유하지 못하는 전형적인 공급자우위의 시장이어서 시장 내재적인 힘에 의한 교정작용이 약해 정부규제가 매우 중요한 역할을 한다.

의료직업의 진입요건으로서 전문성은 교육과 시험의 두 가지 수단을 통해 평가한다. 우리 의료법 제5조 제1항은 한의사의 자격요건으로서 한의학을 전공하는 대학을 졸업하고 한의학사 학위를 받은 자와 한의학을 전공하는 전문대학원을 졸업하고 석사학위 또는 박사학위를 받은 자로서 한의사 국가시험에 합격한 후 보건복지부장관의 면허를 받을 것을 요구하고 있다. 의료직업면허에 시험 이외에 장기간의 교육을 요구한 것은 질병을 이해하고 치료를 위한 기술을 터득하며 필요한 의약품에 대한 지식을 획득하기 위해서는 장기간 충분한 교육과 훈련이 필요하기 때문이다. 헌법재판소도 "주로 전문적 지식의 습득수준만을 가리게 되는 국가시험의 합격을 면허취득의 유일한 요건으로 삼는 것은 양질의 보건의료인력을 확보하기에 충분하지 않으며, 이를 위해서는 해당 분야의 전공교육을 위하여 설립되고 또 양질의 교육에 필요한 실험실습을 위한 시설을 갖춘 대학에서 일정 기간 이상의 실습과정, 인간의 생명·건강과 직결된 업무를 책임 있게 다룰 수 있는 인성의 계발을 위한 교육과정 등을 성공적으로 이수할 것을 면허부여의 추가적인 요건으로 삼을 필요가 있다"고 한다(헌재 1997. 11. 27. 선고 96헌마226 결정).

(2) 의료직업면허의 범위와 한계

기술이 발전되면서 면허제로 보호되는 둘 이상의 의료인들의 직업수행활동사이에 경계가 불명료해 직역갈등이 생기는 경우가 빈번하고 있다. 직역의 범위와 한계를 명확히 하는 것은 경우에 따라서는 어떤 의료인의 치료행위를 제한하는 것으로 인식될 수 있다. 때문에 전문적 판단과 공정성이 특별히 요구된다.

의료인이 치료행위를 할 때에 면허받은 행위의 범위 내에서 치료행위를 해야 한다. 즉, 의료인도 면허된 것 이외의 의료행위를 할 수 없다(의료법 제27조 제1항).
문제는 면허된 의료행위의 범위를 무엇을 기준으로 판단할 것인가인데, 각 의료집
단의 교육과정과 면허시험 과목의 내용을 살펴서 교육받고 시험을 통과한 전문지
식과 기술이 그들의 직업수행활동과 일치하도록 하는 수밖에 없다고 본다. 이 판
단의 내용은 면허의 의미와 내용을 해석하는 것일 뿐 직업의 자유에 대한 제한으
로 볼 수 없을 것이다.

하지만, IMS 시술행위와 같이 새로운 측면을 내포한 치료행위의 경우, 어떤
의료직업인에게 그 치료행위를 할 권한이 부여되어야 하는가를 판단함에 있어서
는 단순히 기존의 교육과정과 시험내용만을 살펴서는 적절한 기준을 발견하는 것
이 곤란할 수 있다. **이때 문제된 진단 및 치료행위에 대한 관할배분은 각 면허집**
단의 기존 치료행위와의 근접성과 유사성에 의해 판단해야 할 것이다. 그리고 해
당 업무가 어떤 면허집단의 직업활동의 본질적인 영역에 속하는가 아니면 비본질
적인 영역에 속하는가를 살펴서, 그 업무를 다른 면허집단과 공유하는 것이 각
면허집단의 직업의 존속 자체를 심하게 침해하는지 아니면 단순히 직업행사의 자
유에 대한 제한에 불과한 것인지에 따라 판단해야 할 것이다. 그것이 규제를 가
하는 경우에도 비례의 원칙을 위반하여 직업활동에 과도한 제한을 가하여서는 안
된다는 판례의 정신에도 부합할 것이다.[7)]

다른 면허집단의 본질적인 업무영역에 속한 영업활동을 타 면허집단에게 허용
하기 위해서는 침해되는 면허집단의 면허제를 존속시킬 필요가 없거나 통합하여
새로운 면허제를 도입해야 하는 상황에서 가능할 것이다. 국가는 해당 면허집단에
게 일정한 질병치료행위를 독점시키면서 국민의 건강보호에 지장을 초래하지 않
기 위해 전문인력의 수요공급의 상황을 고려하여 교육기관들의 입학생들과 시험
합격자수를 조절하고 있기 때문에 핵심적인 치료업무를 서로 다른 면허집단에게
공유시키는 것은 기존의 경쟁질서를 근본적으로 해하게 될 것이다. 때문에, 면허
제로 보호하고 있는 어떤 직업의 존속에 중대한 영향을 미치는 제한을 함에 있어

---

7) 주관적 사유에 의한 직업의 자유의 제한도 희망자 모두에게 동일하게 적용되어야 하며, 주관적
   요건 자체가 그 제한목적과 합리적인 관계가 있어야 한다는 비례의 원칙이 적용되어야 할 것이
   다. 헌재 1995. 6. 29. 선고 90헌바43 결정; 이승우, 직업의 자유의 보장을 위한 인허가제도의
   운영방향, 공법연구 제38집 제2호, 2009, 40면.

서는 단순한 직업수행활동에 대한 제한의 경우와 달리 훨씬 심각하고 신중한 고려를 통해 접근해야 하며 의료직업의 존속에 대한 제한과 의료직업의 행사에 대한 제한의 필요를 동등하게 평가해서는 안 될 것이다.

Ⅱ 각국의 한방의료직업규제

1. 일본, 대만과 중국의 한방의료직업규제

일본, 대만, 중국과 한국은 모두 유사한 전통의학을 가지고 있으나 현대에 들어와서 전통의학 및 전통의료인에 대한 규제는 서로 상이한 면도 있다.

(1) 일본의 한방의료직업규제

1) 개관

일본의 한방의료는 칸포(漢方)로 불리우고 있다. 명치유신 이후 서양의 무기, 기술과 학문에 대한 학습열풍이 일본을 지배하면서 1879년 의사면허규칙이 개정되어 의사면허시험 제도가 공포되고 일본의 의료는 서양의학 중심으로 일원화되었다. 때문에, 일본에서는 양의와 구분되는 한방의는 없고, 한방전문약의 경우에도 의사의 처방이 있어야 판매할 수 있게 되었다.

1858년에 당시 주류인 한방의의 반대를 무릅쓰고 동경에 종두소를 설치했으며, 이곳이 일본 서양의의 거점이 되어 그 후 동경대학 의학부로 발전해 갔다. 명치유신 직후 일본정부는 주류의학을 독일의학위주의 양의로 정해 동경의학교(동경대학 의학부전신)에서는 독일교수를 채용하여 독일식 의학교육과 연구가 일본의학을 형성하게 되었다. 1875년 의사국가고시제도가 만들어졌고, 그 과정에서 서양의학만이 포함되고 칸포는 제외되었다. 칸포는 민중 속에서 명맥을 이어갔다. 이러한 배경으로 인해 일본에서 칸포가 독립된 의학이 아니라 서양의학의 보조의학으로 취급되었다.

서양의학교육과 서양의면허제만을 유지한 결과 침술 이외에 칸포의 교육은 중단되었다. 그에 따라 현재 20여만의 일본 현직 의사들 중 95% 이상이 역사적 단절로 인해 칸포를 배운 적이 없으나 최근에 다시 중의약개론 등이 의과대학 커리

큘럼에 포함되기 시작하고 있다 한다.[8]

우리나라의 한의사와 비견할만한 제도가 없는 일본에서는 의료기술자로서 안마사 및 지압사와 함께 뜸치료사, 침술사가 함께 동일한 법률로 규정되어 있어 침술을 담당하는 의료전문가가 독립하여 존재한다. 침구사가 되기 위해서는 전문대학 등에서 3년간의 전문 교육을 받고 국가시험에 합격하여 면허를 취득해야 한다.

이하에서는 일본에서 침술사 제도가 일본에서 정착되게 된 과정을 살펴본다.

2) 일본 침술의 역사와 현행 침술사제도의 정착과정

6세기에 중국으로부터 침술이 일본으로 전래된 이래 철로 된 침을 사용하다가 17세기에 들어와서 금과 은으로 된 침이 나타났다. 御薗意斎, 杉山和一 등이 중국과 달리 중국의 침보다 가는 침을 침관에 넣어 처음으로 사용함으로써 침이 유입될 때 덜 통증을 느끼도록 하는 방식을 고안하였는데 이 방식이 오늘날 일본에서 보편화되어 중국과 다른 특징이 되고 있다.

20세기 초반에는 침술의 효과에 대해 서양의 과학적 실험방법에 의해 증명하기 위한 연구들이 수행되었는데 경혈과 경락을 무시하는 경향도 나타났다. 2차대전 이전까지 침술사들은 주로 맹인들이었으나 2차대전 이후 맹인 아닌 사람들이 침술사로 대거 등장하게 되었다.

1945년 연합군에 일본이 패망하면서 맥아더 점령군이 일본에서 침술의 사용을 금지시켰을 때가 일본 침술의 최대 위기였는데, 그 이유는 2차대전 중 일본군이 연합군포로들에 대해 의료인력의 부족으로 서양의료행위 대신에 침술치료를 하였는데 연합군은 이것을 고문으로 인식하여 매우 나쁜 기억을 가지고 있었을 뿐만 아니라 그 과학성을 신뢰하지 못하기 때문이었다.[9] 이러한 위기를 경험한 후 침술사들 스스로도 침술의 생존을 위해 과학적 증명을 위해 노력하고 교육기관을 통해 교육훈련을 강화하게 되었다.

---

8) 오월환/이병욱/권영규 역, 일본의 중의약에 대한 재평가, 2004, 東西醫學 제29권 제4호(통권 제97호), 2004. 12, 27면.

9) The Japan Society of Acupuncture and Moxibustion (JSAM, 全日本鍼灸学会), Invitation to Japanese Acupuncture, 2007, 7면. 이 보고서는 홈페이지(http://jsam.jp/jsam_domain/english/intro_index.htm)에 게재되어 있다; Akiko Kobayashi/Miwa Uefuji/Washiro Yasumo, History and Progress of Japanese Acupuncture, eCAM(Evidence-based Complementary and Alternative Medicine, Oxford Journal), 2007, p.6.

침술에 대한 점령군과 정부의 부정적 인식을 불식시키고자 노력한 결과 안마사, 지압사, 침술사, 뜸치료사 등에 관한 법률(あん摩マッサージ指圧師' はり師' きゅう師等に関する法律, 1948년 법률 제217호)이 제정되어 동법 제2조에 의해, 침술에 대해 면허취득을 요건으로 허용하면서 면허를 소지하지 않은 자가 침술행위를 하는 것을 금지하고 그것을 위반하면 형사처벌받도록 규정하였다. 이 법률은 몇 차례의 개정을 겪었으나 그 골격은 오늘날에도 유지되고 있다. 1993년 통일적인 국가면허시험제도가 도입되었는데 그 전에는 각 지방자치단체들이 주관하여 침술사면허시험을 실시하였었다.

1999년 일본에는 침술사양성학교가 28개교이었는데, 2000년 침술사양성학교에 대한 진입규제가 완화된 후 급증하여 2005년 현재는 71개에 이르고 있다. 이중 2개교가 종합대학교(University)에 속해 있는데, 1983년 메이지 동양의학대학이 최초의 종합대학이다. 이외에도 시각장애인을 위한 침술사양성학교가 69개교에 이른다. 이 학교들에서는 침술이외에 안마나 지압 등도 함께 가르친다. 2004년 4월 기준으로 일본후생성에 등록된 침술사의 숫자는 123,740명이지만, 사망한 침술사 등을 제외할 때 실제 활동하는 침술사는 72,000명 정도로 추정되고 있다.[10] 일본에서 서양의료행위는 국민건강보험이 적용되지만, 침술치료에 대해서는 국민건강보험이 적용되지 않고 환자들이 침술치료를 한 번 받을 때마다 보통 2,500엔에서 6,000엔 정도를 지불한다고 한다.

1981년 이후 전일본침구사협회는 한국과 중국의 한의사들의 참여가 활발하지 않은 상황에서 세계보건기구(WHO)를 통해 세계침술표준의 정립과 증거에 기초한 의료행위(Evidence-based Medicine)로서 동방의료 내지 한방의료의 정립을 주도했다.

(2) 대만의 한방의료직업규제

1) 의사와 중의사의 분리

대만에서는 의사와 중의사가 분리되어 있고 현재는 중의과대학이 별도로 존재하면서 중의사들을 배출하고 있다.[11]

---

10) The Japan Society of Acupuncture and Moxibustion (JSAM, 全日本鍼灸学会), 상계보고서, 12면.
11) 대만의 중의학교육에 대한 학제의 설명은 대만의 보건복지부에 해당하는 행정원위생부의 중의약위원회(Committee on Chinese traditional Medicine, http://www.ccmp.gov.tw)의 공시자

1940년대에 국민당정부가 들어서면서 중의사가 되기 위한 특별시험과 면허제가 도입되었다. 하지만, 이 당시에는 중의사배출을 위해 대학과 같은 교육기관은 없었고 시험을 위한 학력요건도 존재하지 않았으며 중의지망생들은 사설학원에 다니거나 기존의 전통중의사들로부터 도제식으로 교육받았다. 시험에 합격하면 일정한 기간 실무수습을 요구했다. 특별시험의 내용은 전통중의학에 대한 상세한 지식과 기초적인 서양의학지식을 평가하는 것으로 되어 있었는데, 시험을 통해 중의사가 터득해야 할 기준과 기술을 표준화할 수 있게 되었다. 교육요건을 요구하지 않은 대신 이 특별시험은 어려워서 2005년까지 특별시험을 통한 면허취득자는 3,253명이었다고 한다.

1958년 중의학을 교육시키기 위한 대만 최초의 대학교육기관(University)으로 中國醫藥大學이 타이중시에 세워졌다. 이 학교는 중의과대학 이외에도 의과대학, 건강간호대학, 약학대학, 공공위생대학, 생명과학대학 등 6개 단과대학으로 이루어져 있다. 중의과대학의 커리큘럼은 중의사가 되기 위한 특별시험의 과목들과 비슷하다. 중국의약대학이외에도 長庚大學 중의과가 있다. 중의과대학과 중의학과를 나온 뒤에도 면허시험을 쳐야 한다. 2005년말까지 대학을 졸업하고 면허시험을 통과하여 중의사로 활동하는 인원이 20,961명이라 한다.

현재 대만에는 많은 중의약품들이 정부의 품목허가나 신고를 얻고 보험급여의 대상이 되고 판매대상이 되고 있어 중의약품 시장이 일본과 마찬가지로 상당히 크게 형성되어 있다.[12] 1992년 대만에서 모든 국민이 참여하는 국민건강보험제도가 도입되면서 침술과 같은 중의치료와 중의약품도 국민건강보험제도의 급여대상으로 포함되어 중의약품 시장이 활성화되고 있고 양·한방치료를 병행 실시하는 병의원도 늘어나고 있다.

료, 중국의약대학(http://www.cmu.edu.tw)의 대학소개 및 영어권독자들에게 한의학과 보완대체의학을 알리는 목적으로 만들어진 패러다임출판사(http://www.paradigm-pubs.com)에서 인터넷공개한 대만의 교육실무를 소개한 자료(Nigel Wiseman, Education and Practice of Chinese Medicine in Taiwan, 2006), 그리고 남민우, 경희대학교 台灣 中國醫藥大學 교류 참가기(1).(2), 민족의학신문 2009. 3. 13, 2009. 3. 20.자 기사를 참고했다.

12) 우리나라의 경우 한의약품 시장이 미미한 형편인데 한의약품의 질과 양을 균일화하고 그의 안전성을 높이는 노력이 필요하다. 이를 위해 품목허가와 신고의 대상인 한의약품의 제조가 시급히 증대되어야 한다. 한의약품에 대한 보험급여의 대상을 확장시키는 것도 먼저 제조되는 한의약품이 증가하여야 가능할 것이다.

2) 대만의 중의학 교육과정과 한방의료직업의 특징

대만의 의사와 중의사면허제도가 우리나라와 다른 점은 중의과대학의 교과과정 중 일부 과정을 이수하면 중의사와 의사의 면허 모두를 취득할 수 있도록 하고 있다는 점이다.

中國醫藥大學 중의과대학의 학부는 '학사 후 중의학과'와 '중의학과'로 나뉘어져 있다. '학사 후 중의학과'는 한국의 한의학전문대학원과 같이 학사 학위를 가지고 있는 학생들이 입학할 수 있는 과정으로, 5년의 교육 기간을 거쳐 중의사 국가고시에 응시할 수 있는 자격을 얻게 된다. '학사 후 중의학과'는 학생들의 쌍수과정으로의 편중을 막기 위해 1984년 도입되었는데 중의사면허만 취득할 수 있다.

'중의학과'는 한국의 한의과대학과 같이 고등학교를 졸업한 후 대입수능을 통해 입학할 수 있는 과정으로, 7년의 교육 과정을 이수하게 되는 單修와 8년의 교육과정을 이수하게 되는 雙修로 다시 나뉜다. 單修는 졸업 후 중의사 면허시험에만 응시할 수 있는 자격을 얻게 되나, 雙修는 서의병원 실습 과정을 거쳐 중의사와 의사 국가고시에 모두 응시할 수 있는 자격을 얻게 된다.

이 두 과정은 1학년을 마친 후 치르는 시험 성적으로 지원하여 결정되지만 중의과대학에 들어가는 학생들 중 상당수는 고등학교 졸업 당시 서양의를 양성하는 의과대학지망생이었기 때문에 쌍수과정이 더 인기 있는데 현실적으로 60% 정도의 학생들이 쌍수과정에 들어간다고 한다. 쌍수과정의 졸업자들은 중의사면허시험에 합격한 후 의사면허시험을 치를 수 있다.

(3) 중국의 한방의료직업규제

1) 중의 · 서의 통합의료제도의 등장

2차대전후 마오쩌뚱 시대 이래 중국정부는 중의와 서의의 통합을 추구하여 왔다.[13] 1955년 베이징에 중의연구센터가 세워졌는데, 이곳에서 서의들도 중의학을

---

13) 중국에서 마오쩌뚱 시대에 중서의결합의 전통이 시작된 것은 혁명 당시 마오쩌뚱이 질병에 걸렸을 때 중의와 서의의 치료를 병용하여 효과를 봄으로써 그 결합의 효과를 일찍 인식했기 때문이라 한다. 신순식, 중국 중서의 결합의 발전과정과 정책변화, 의사학 제8권 제2호, 1999, 214-215면.

배워야 했고 중의학의 연구에 있어서도 서양의학의 과학적 방법과 기술을 적용해야 했다. 그 이후 중국의 다른 지역에서도 비슷한 연구기관들이 설립되었다. 의과대학 학생들은 서의와 중의의 이론과 실무를 함께 배우고 익혀야 했다. 1958년 서양의술을 익힌 의사들은 누구나 3개월의 중의교육을 받도록 하였다.14) 그 기본목적은 서의와 중의의 장점을 취합하여 양 의학의 결함을 극복하여 대중의 건강을 더 잘 보호하기 위함이었다.15)

마오 시대 중국인들의 80% 이상이 농촌에 살고 있던 상황에서 중국정부는 대중을 위한 의료를 표방하면서 농민들의 질병예방과 치료에 노력하였다. 도시지역에 거주하던 의사들까지 농촌으로 이주시키기도 하였지만 이들로는 너무나 인력이 부족하였으므로 단기간 핵심적인 의료기술을 익힌 사람을 양성하여 농민진료에 나서도록 할 필요가 있었다. 그래서 3개월에서 10개월 정도까지 중의술과 서양의술 중 필요한 것을 배워 농민들의 질병의 예방 및 치료에 힘쓰던 '맨발의 의사'(赤脚医生, Barefoot Doctors)들이 대거 등장하게 되었는데, 이들은 농민들의 임금과 비슷한 액수의 금액을 마을주민들로부터 받았다. 맨발의 의사들에 대한 교육시간 중 중의술에 관한 것이 40% 이상이었다.16) 이들은 중의와 서의의 통합의료의 중요한 주체이면서 가난한 농민들의 건강개선에 크게 기여하였다. 중국사회의 개방이후 1981년 '맨발의 의생'제도는 폐지되었고 이들은 의사시험을 응시할 기회가 주어져 합격하면 농촌마을의 의사가 될 수 있었다.

2) 중국의 의사양성을 위한 교육제도

오늘날 중국에서 면허로서 중의와 서의는 학문체계상 구별되고 교육기관들도 그것을 구별하고 있지만, 의료직업면허로서는 중의사와 서의사를 구별하지 않고

---

14) David M. Lampton, The Politics of Medicine in China, 1977, p.112; Teresa Schroeder, CHINESE REGULATION OF TRADITIONAL CHINESE MEDICINE IN THE MODERN WORLD: CAN THE CHINESE EFFECTIVELY PROFIT FROM ONE OF THEIR MOST VALUABLE CULTURAL RESOURCES?, Pacific Rim Law and Policy Journal 11, 2002, p.690.

15) S.M.Hu/Eli Seifman, Revolution in chinese medical and health work, Asian Affairs, Volume 9 Issue 1, 1978, p.46.

16) Wang Xueshao, The Integration of Traditional Medicine in Primary Health Care in Yantai, in; World Health Organization Regional Office for Western Pacific Report Working Group on the Integration of Traditional Medicine in Primary Healthcare 35, Oct. 3-7, 1983, p.36.

단지 '의사'라는 공통된 하나의 의사면허제도만 존재한다. 한의사면허와 의사면허를 분리하고 있는 우리나라와는 다른 점이다. 그래서 중국에서는 의과대학과 중의약대학으로 학교는 분리되어 있지만 졸업을 하여 국가면허를 취득할 때는 하나의 의사면허증으로 통합이 되고, 독립된 중의사 면허는 없다. 다만, 전공이 의학, 중의학 및 중서의결합 등으로 세분되어 있다. 이것은 중국의 건국 이후 취해온 중의와 서의의 통합발전이라는 기본방향에 맞추기 위해서이다.

중국에서 중의사가 되기 위해서는 5년제 이상의 중의학 학사과정을 졸업하는 것이 보통이지만 이외에도 많은 다양한 학제가 있다. 학사과정을 졸업한 후 1년 이상 대학교 부속병원급 이상에서 각 과를 이수한 뒤 국가고시에 합격하면 자격이 주어지게 된다. 단, 석사·박사생은 대학원 기간을 인정하여 졸업하는 연도부터 시험을 볼 수 있다. 현재 중국 전역에 34개 정도의 중의과대학이 있으며 1956년 최초의 중의과대학이 설립된 이래 10만명 이상의 학생들을 배출하고 있다.[17]

아래의 표는 중의사가 되기 위한 교육제도를 요약, 정리한 것이다.[18]

▌ **중국 중의학 학제**

	3년 박사과정		
3년 박사과정			
	2년 석사과정	편입학사	
7년 학사석사과정	5년제 학사과정		
		4년 학사과정	3년 전문과정

중국 중의학 학제의 특이한 점은 한국의 교육과정과 비교할 때 그 졸업소요기

---

17) Qiao Wangzhong, The education of Traditional Chinese Medicine in China, Geneva Foundation for Medical Education and Research, 1996.
의료분야 교육연구재단인 제네바 재단의 전통중의학분야 홈페이지는 다음과 같다.
http://www.gfmer.ch/TMCAM/Hypertension/Education_Traditional_Chinese_Medicine_China.htm.
18) 중국의 중의학교육제도에 관한 소개는, 신현규/배순희, 한국·중국의 전통의약 교육제도 현황 비교를 통한 시사점 연구, 한국한의학연구원논문집 제11권 제1호(통권 제14호), 2005. 6, 83-95면 참조.

간이 다양하다는 점이다. 한국은 전통의약 관련학과로 한의과대학과 한약학과 밖에 없지만 중국은 중의학과 중약학 이외에, 침구추나학, 중서의임상의학, 중약재약학, 중의골상학 등 여러 전공이 있다.

2. 미국, 유럽 및 세계보건기구의 보완대체의학과 침술사의 자격 규제

(1) 보완대체의학의 의의

보완대체의료행위와 보완대체의학(Complementary and Alternative Medicine)의 개념은 서양각국이나 우리나라에서 아직 명료하지 않은 상황으로, 그 용어에 대해서도 그것은 과학적 체계를 이루지 못했으므로 '의학'이라고 하기에 부족하고, 의료법상의 의료인이 아닌 자가 시행하는 경우도 많으므로 '의료'라고 하기에 부적절하다는 견해도 있다.[19]

학자들은 "대체의학은 의과대학에서 광범위하게 교육하지 않거나 병원에서 일반적으로 행하지 않는 의학적 요법으로 또는 의약품이나 화학적 치료가 아닌 방법으로 병을 치료하는 자연요법을 총칭하는 용어로서 정통의학과는 상대적인 개념이다"고 하거나,[20] "대체의학은 정통적 의학(Conventional Medicine) 이외의 모든 비주류 의학과 민간요법을 통틀어 지칭하는 말이다"고 하거나,[21] "보완대체의료는 보건위생관련 행위 중에서 제도적 주류의료(서양의학의료와 한방의료)와 일상생활성 의료행위를 제외한 일체의 것을 말한다"는 견해 등이 있다.[22]

미국과 유럽에서는 분석적으로 질병의 원인을 찾아 그것을 제거하는 서양의학이 아닌 각 민족의 고유의 전통의학들을 모두 보완대체의학이라고 부르고 있지만, 각국에서 유래하는 전통적 치료방법들이 다양하기 때문에 보완대체의학이란 무엇이며 그 범위는 어디까지인가에 대한 대답은 거의 불가능하다. 하지만, 분석적인 서양의학과 달리 보완대체의학은 질병뿐만 아니라 건강의 주체인 전인격(The Whole Person)을 대상으로 몸, 마음과 영혼 그리고 주변 생활환경까지 살피는 전체론적 의료(Holistic Medicine)의 특성을 보여주는 것으로 이해되어 왔다.

19) 이윤성, 보완대체요법의 의학적 평가, 의료법학 제5권 제1호, 2004, 46−47면.
20) 조성준, 도시와 농촌지역에서 대체의료현황 비교, 의료법학 제5권 제1호, 2004, 28면.
21) 전세일, 대체의학의 현황과 전망, 의료법학 제5권 제1호, 2004, 21면.
22) 석희태, 보완대체의료의 법적 평가, 의료법학 제6권 제1호, 2005, 154면.

한방의료행위를 포함한 동양의학의 전통적인 시술도 미국이나 유럽 각국에서는 보완대체의료에 해당한다고 본다. 그러나, 우리나라에서는 주류적인 치료행위로서 의사의 의료행위와 한의사의 한방의료행위라는 이원적 제도를 유지하고 있는 이상 보완대체의료에서 한방의료행위를 제외해야 할 것이다.[23]

(2) 미국의 보완대체의료행위와 의료직업규제

1971년 뉴욕타임즈 기자 James Reston이 중국을 방문하여 중의사들이 외과수술이후 침을 이용하여 통증을 완화시켜주는 사례들을 보도한 이후 미국에서 침술이 알려지기 시작했는데, 그 이후 중국, 한국 및 일본 등으로부터 침술을 널리 받아들여, 이제는 침술이 보완대체의료행위 중 가장 널리 활용되면서도 가장 부작용이 적은 치료기술[24] 로서 평가받고 있고, 그의 유효성에 관한 과학적 증거를 찾기 위한 연구도 매우 활발하다. 2004년 고용건강보험의 혜택을 받는 미국인들 중 50% 정도가 침술치료에 대해서도 고용보험에 가입해 침술치료를 받고 있다.[25]

미국에서는 각 주들이 침술정착초기에는 동양의 침술경험을 가진 사람들에 대해 도제경험의 증명과 간단한 시험을 통해 침술사의 자격을 획득하게 하였으나, 이제 대부분의 주들은 정규교육기관에서 충분한 교육훈련을 거쳐 면허시험을 통과한 자에 대해서만 침술사가 될 수 있도록 자격취득요건을 강화시켜가고 있다. 미국에서 침술면허를 받은 침술사들은 12,000명에 이르는데 38개주에서 침술을 법적으로 독립한 의료행위로서 인정하고 있다.[26]

1998년 보완대체의료행위의 문제를 다루기 위해 국립보완대체의료센터(NCCAM; National Center for Complementary and Alternative Medicine)가 설립되었는데, 이 기

---

23) 석희태, 전게논문, 154면.
24) 이러한 평가는, 미국 국립보완대체의료센터에서 침술에 대해 설명으로부터도 확인되고 있다. http://nccam.nih.gov/health/acupuncture/introduction.htm 참조.
25) Report: Insurance Coverage for Acupuncture on the Rise. Michael Devitt, Acupuncture Today, January, 2005, Vol. 06, Issue 01 ; The Kaiser Family Foundation and Health Research and Educational Trust Employer Health Benefits 2004 Annual Survey. 2004, pp.106-107.
26) Chidi Oguamanam, Between Reality and Rhetoric : The epistemic Schism in the Recognition of traditional Medicine in international Law, St. Thomas. Law. Review 16, 2003 - 2004, p.87.

관의 주요업무는 과학의 눈으로 보완대체의료행위에 의한 질병의 예방, 조기발견 과 치료 등의 과정을 분석하고 재정지원하며 임상시험을 격려하는 것이다.[27]

침술사를 비롯한 보완대체의료행위자에 대한 자격규제와 진입규제는 주법에 따라 규율할 문제이기 때문에 주마다 규제내용이 다르지만 대부분의 주들에서 침 술에 대해서는 면허제를 도입하여 규제하고 있다. 침술에 대해 면허제를 도입한 주들에서 의사들은 별도의 면허 없이 침술행위를 하여서는 안 된다.

의사들은 일정한 경우 서양의료행위를 보완하거나 대체하여 침술사 등으로부 터 침술치료 등을 받도록 환자에게 조언할 수 있지만 이는 기록으로 남겨야 한다. 의사들이 침술치료 등을 조언할 때 위험과 편익을 비교하여 판단하여야 하는데, 기존의 서양의료행위에 따른 치료를 지속하는 것과 비교하여 침술치료로 더 저렴 한 비용을 쓰거나 더 좋은 치료결과가 기대되어야 한다.[28]

미국에서 침술사(L.Ac.; Licensed Acupuncturist)가 되기 위한 면허기준은 주마다 다르지만, 대체로 침술면허획득을 위해 필요한 교육시간은 2,500~4,000시간 정도 라 한다. 미국 식품의약품안전청은 1996년 침에 대해 의료기기로서 침의 등급을 Class III에서 Class II로 변경시켜 면허받은 침술사에 의해 이용되는 것을 조건으 로 안전하고 유효한 것으로 인정하였다.[29]

(3) 유럽의 보완대체의료행위와 의료직업 규제

유럽연합에서는 인구의 33% 정도가 침술을 비롯한 보완대체의료행위를 이용 하고 있지만,[30] 이에 관한 독자적인 정책과 기준을 마련하지 않고 각 회원국들에 게 그 규율의 책임을 맡기고 있다. 암스테르담조약으로 불리는 EC조약 제152조는

---

27) Christopher Mills, MAINSTREAMING THE ALTERNATIVES WHEN COMPLEMENTARY AND ALTERNATIVE MEDICINES BECOME WESTERNIZED, Albany Law Journal of Science and Technology 13, 2003, p.782ff.

28) Federation of State Medical Boards of the United States, Model Guidelines for the Use of Complementary and Alternative Therapies in Medical Practice, 2002. 이 문서는 미국주 의료위원회연합회에서 각 주에 권고한 내용으로 홈페이지(http://www.fsmb.org)에 게재되어 있다.

29) Updates-June 1996 FDA Consumer.

30) 유럽보완대체의료포럼(European Federation for Complementary and Alternative Medicine (EFCAM)) 홈페이지(http://www.efcam.eu)에 게재된 정책자료 참조.

"공공건강의 분야에서 유럽연합은 의료서비스와 치료를 위한 조직과 그 전달에 대해 각 회원국들의 책임을 완전히 존중한다"고 규정하고 있다.

독일의 경우는 자격시험을 통과한 사람들에게 "치료사"(Heilpraktiker)라는 면허를 부여하지만 특별한 교육훈련은 요구하지 않는다. 치료사의 치료활동으로서 독일인들에게 인기 있는 것은 허브약품과 동종질환동종치료법(Homoepathy) 등이고 침술도 점차 인기를 얻어가고 있다. 독일에 비하여 프랑스와 영국에서 침술치료는 더 인기 있는데, 영국의 경우에는 보완대체의료행위 중 침술행위가 가장 인기 있고 허브약품이나 동종질환동종치료법도 인기 있다.[31]

영국에서 침술이 인기를 얻으면서 침술사들도 약 7,500명 정도에 이르고 있는데, 침술치료를 하는 사람들 중 등록을 한 사람들에 대해서만 침술사라는 명칭을 사용할 수 있도록 하고 전문교육기관에서 일정한 교육훈련을 받도록 해야 한다는 개혁안이 정부나 의회에서도 나오고 있지만, 아직까지는 민간협회의 회원으로 등록하도록 하고 교육훈련도 민간의 자율에 맡기고 있을 뿐이다.[32]

(4) WHO에 의한 보완대체의료행위의 존중과 그의 한계

서양의학이 통증완화, 노인성 질환, 만성질환이나 난치병 등의 치료에 있어 한계를 드러내고 질병예방과 스트레스치료 부분에서 취약성을 보여주면서 제3세계 국가들이나 개발도상국들뿐만 아니라 선진국에서도 전통의료행위가 계속 주목을 받고 그 이용이 확산되고 있다. 2000년 현재, 78개 국가에서 침술이 사용되고 있다. 또, 현재, 인도와 파키스탄, 그리고 중국과 한국 등에서 전통의학과 서양의학은 세부적인 갈등과 충돌은 있지만 법적으로 상호존중의 기초 위에서 발전할 수 있도록 입법화되어 있다. 그러나, 아프리카와 중남아메리카 등에서 전통의료행위는 치료행위로서 법적인 보호장치가 결여되어 있다.

국제기구에서도 서양의학 이외에 각 민족들의 전통의료행위(Traditional Medicine)

---

31) Edzard Ernst/Anna Dixon, Alternative Medicines in Europe, in; Elias Mossialos/ Monique Mrazek/Tom Walley(ed.), Regulating pharmaceuticals in Europe : striving for efficiency, equity and quality, 2004, pp.314−318.

32) The Prince of Wales' Foundation for Integrated Health, The Statutory Regulation of the Acupuncture Profession, The Report of the Acupuncture Regulatory Working Group, 2003, p.15ff.

의 가치를 일찍부터 존중하여 왔는데, 인간의 건강보호를 위한 대표적인 국제기구
인 세계보건기구(WHO)는 건강의 개념에 대해 "단순히 질병이 없는 상태를 의미
하는 것이 아니라 육체적, 정신적, 사회적인 안녕의 상태"로 이해하면서 1970년대
이래 회원국들이 서양의료행위와 전통의료행위를 모두 존중하고 이해를 통해 협
력을 촉진하도록 노력해 왔다. 1991년에는 전통의료행위의 평가를 위한 준칙
(Guidelines for the Assessment of Herbal Medicine)을 제정하여 전통의료행위의 질,
안전성과 유효성을 평가하기 위한 기준을 제공함으로써 회원국들이 전통의료행위
에 대한 입법을 제정하는 데 도움을 주고자 하였다.

그럼에도 불구하고, 세계보건기구(WHO)는 서양의학의 과학적 평가의 기준을
가지고 전통의료행위를 평가하는 경향이 있어 이질적인 지식체계의 통합적 조화
에 아직 성공하지 못했으며, 그 결과 회원국들에게 고유한 전통의료행위를 존중하
도록 권고하는 정도를 넘어 국제조약 등을 통해 각국이 전통의학과 서양의학이
상호존중속에 발전할 수 있는 구속력있는 제도적 틀을 제공하지는 못하고 있
다.[33]

Ⅲ 우리나라 한방의료직업의 규제

1. 우리나라 한방의료직업규제의 변천

(1) 대한제국기까지 한방의료행위와 의료직업

조선이 멸망하고 대한제국이 들어서면서 근대적인 의료직업을 최초로 규정했
던 "의사규칙"(醫士規則)은 1900년 1월 2일 제정되어 1900년 1월 17일자 관보에
게재되었다. 의사[34]에 대하여 "醫士는 의술을 慣熟하여 天地運氣와 脈候診察과
內外景과 大小方과 藥品溫涼과 鍼灸補瀉를 통달하여 對症投劑하는 자"라고 규정
하여 한방의료행위를 하는 한의사를 더 염두에 두고 의사의 개념을 설정하고 있

---

33) Chidi Oguamanam, Between Reality and Rhetoric : The epistemic Schism in the
   Recognition of traditional Medicine in international Law, St. Thomas. Law. Review 16,
   2003 – 2004, p.80ff, 94ff.
34) 오늘날 의사는 한자로 '醫師'로 표기하지만 그 당시 이 규칙에서는 '醫士'로 표기하고 있었다.

었다. 이 규정의 취지는 한의학을 공부한 자나 서양의학을 공부한 자 모두 의사로 인정하려는 것이었다.[35]

(2) 일제시대의 의료행위

일본은 일본열도 내에서 1875년 의사국가고시제도를 만들면서 의사로서 서양의사만 포함시키고 한방의료인 칸포치료를 하는 한의사들은 제외하였는데, 조선에 대한 식민통치를 하면서도 1913년 "의생규칙"(醫生規則)을 제정하여 한의사를 의생으로 그 지위를 격하시키고 양의사에 대해서만 의사의 지위를 인정하였다. 하지만, 이 당시 현실적으로 양의사의 수가 매우 부족하여 한의사들의 한방의료활동을 널리 인정하지 않을 수 없었다. 의생으로서 한의사의 지위는 1944년 9월 14일 제정된 "朝鮮醫療令"에서도 변함이 없었다.

(3) 1951년 국민의료법에 의한 양·한방분리원칙의 확립

1) 의료직업으로서 한의와 양의가 동등한 권리와 의무를 가지는 현행 양·한방분리원칙은 제2대 국회가 존속하던 당시인 1951년 9월 25일 제정된 국민의료법에 의해서 형성된 것이다.[36] 국민의료법 제2조는 3종의 '의료업자'로서 제1종 의료·치과의사, 제2종 한의사, 제3종 보건원·조산원·간호원을 규정하고 있다. 국민의료법에 한의사와 양의사의 지위를 동등한 것으로 규정하기까지 국회에서 제1대 국회당시부터 오랫동안 수많은 논쟁을 거치지 않으면 안 되었다. 1951년 국민의료법은 한방의료행위를 하는 자의 명칭을 '醫生'에서 한의사로 바꾸고 그 치료행위를 하는 곳도 한의원으로 부르며 한의와 양의가 동등한 지위를 갖도록 규정하였다. 양자의 대등한 지위부여를 반대한 사람들은 한의학의 과학성에 의문을 제기하였으나, 국회의 과반수 이상의 국회의원들은 오랜 역사적 유산으로서 전통한의학이 국민들에게 보다 널리 뿌리내린 현실을 주목하고 한의학에게도 대학과 학과의 설립 등을 통해 과학화를 진전시킬 기회를 부여해야 한다는 데 동의했다.

---

35) 여인석/박윤재/이경록/박형우, 한국 의사면허제도의 정착과정 – 한말과 일제시대를 중심으로 –, 의사학 제11권 제2호, 2002, 140–141면 참조.
36) 1951년 12월 25일 제정된 국민의료법시행세칙(보건부령 제11호) 제1조 제3항은 '한의사는 한방진료와 이에 관련되는 위생지도에 힘써 국민의 보건향상과 건강증진을 도모한다'고 규정하여 한의사에 대해 현행 의료법의 내용과 거의 동일하게 규정하고 있었다.

국민의료법이 제정된 후 민간교육기관이던 '동양대학관'이 1952년 문교부로부터 '서울한의과대학'(경희대학교 한의과대학 전신)으로 승인되어 대학교에서 한의사교육을 시작하게 되었다.[37] 1960년대 1개였던 한의대가 현재 11개로 증가해 매년 800여 명의 한의사가 배출되고 있다.

2) 현행 의료법의 모태인 국민의료법의 제정당시 한의사와 의사의 지위를 동등하게 하는 것에 대한 반대론자들이 가지고 있던 가치관은 IMS 시술행위가 침술행위인가 아닌가 하는 쟁점과 관련해서도 일정 부분 영향을 미치고 있는 것으로 보인다. 다양한 모습으로 존재하는 보완대체의료행위자들에 대한 직업규제에 있어 미국이나 유럽 각국에서 기존의 의사와 대등한 전문적 의료인(health care professionals)으로서 지위를 인정하는 데 소극적인 것에 영향받아,[38] 한방의료행위를 허준의 동의보감과 이제마의 사상의학설의 시대의 모습대로 정태적인 것으로 한정하고 그 이후 동양과 서양에서 발전된 한방의료관련기술은 모두 한방의료행위에 속하지 않은 것으로 보려하는 것이다. 한의학의 과학적 발전의 기회를 제한함으로써 한의사의 치료영역을 매우 제한하고자 하는 것이다.

하지만, 침술행위를 비롯한 한방의료행위는 서양의 각국들과 달리 오랫동안 우리나라에서 국민들의 건강보호를 위한 주류적 의료행위로서 고대로부터 조선시대에 이르기까지 지속적으로 발전의 역사를 개척해 왔었다는 점, 일제시대에 일시적으로 저평가된 상태에 있다가 해방 이후 수년 동안 우리나라의 미래 의료직업규제의 틀과 관련하여 국회에서 심각한 논쟁을 거쳐 의사와 한의사에게 대등한 지위를 부여한 근본적 결단이자 의료제도의 골격에 해당된다는 점이 무시되어서는 안된다. 우리나라에서 국민의료법상의 근본결단이 내려진 이후 이미 많은 제도와 법령도 이 가치판단을 계승해서 내려온 것이기 때문에 이제 다시 의사 일원적인 시스템이 될 수는 없는 것이다.

(4) 21세기 양·한방분리원칙의 발전과 양·한방의 협력 촉진

현대의술은 치료기술의 발전과정에서 전통적 의학지식이외에 공학·생물학 등 많은 학문으로부터 자양분을 흡수해 왔다. 자연과학의 발전을 바탕으로 의료장비

---

37) 정우열, 한의학 100년 약사, 의사학 제8권 제1호, 1999, 79면.
38) Tamara K. Hervey/Jean V. Mchale, Health Law and the European Union, 2004, p.193.

도 획기적으로 발전되었다. 최근에는 선진국에서 고령화사회가 진전되면서 증가하는 노인성 질병이나 비만·고혈압 등 현대적 질병의 예방 및 치료와 관련하여서 한방의료가 새롭게 주목받으면서 한의학과 서양의학의 융합 및 한방의 과학화시도도 활발하다. 합동진료와 합동시술이 난치병의 치료를 위해 점점 더 중요해지고 있고 병원과 중의원의 영역파괴추세도 더욱 빈번히 나타나는 현상이다.

하지만, 우리나라에서는 양방과 한방 간 상호이해와 협력이 부족해 상대방의 의료기술을 적절하게 이용하지 못하고 있으며, 이로 인해 국민들은 중요한 치료의 기회를 놓쳐 생명을 잃거나 질병이 악화되는 경우도 빈발하고 있다. 더구나, 최근에는 한의과대학과 의과대학의 졸업자들이 크게 증가하면서 중환자들과 고소득 환자들을 치료할 수 있는 최신 고가 의료장비를 갖춘 대형병원이 아닌 소형병원과 의원들 그리고 한의원들은 인구증가의 정체로 인해 치열한 경쟁상태에 접어들었고 부도율도 점차 늘어나고 있는 상황이어서 직역갈등은 더욱 고조되고 있다. 한의원과 한의사들에게 있어 경쟁의 격화로 인한 소득의 감소는 더욱 심각한 상황이다.

다른 측면에서는 약제비와 의료비의 증가로 인해 매년 국민건강보험료를 올리고 있으면서도 국민건강보험의 재정적자가 매년 국회, 언론과 학계에 의해 심각한 문제로 지적되고 있다.

이와 같은 현대적 문제상황에서 양·한방분리원칙은 어떠한 방향으로 발전해야 하는가? 폐기되어야 하는가, 아니면 아직도 중요한 독자적 의미를 갖고 있는 것인가? 상호협력은 어떤 방식으로 추구되어야 하는가?

첫째, 양·한방분리원칙의 골격을 유지함으로써 각자 독자적으로 발전하도록 하는 것이 아직도 중대한 의미를 갖는다는 점을 인식하여야 한다. 현재와 같이 의사수와 한의사수가 압도적으로 차이가 나고 상호이해가 결여되어 있으며 정부에 의한 상호협력 프로그램이 제도화되어 있지 않는 상황에서 상대방 치료기술의 공유관할화는 사실상 상호이해와 협력은 없이 자기관할의 확대를 의미할 뿐이기 때문이다. 이미 중국에서 중서의결합의 지나친 강조는 서양의 의학이론에 의해 중의학을 개조하는 것에 치중하게 되어 중의학의 발전이 오히려 저해되는 경향이 있다는 문제점도 지적되고 있다.[39]

---

39) 이치중, 중의학의 무게 : 서양의학과의 비교론, 2003 동양의학 제29권 제1호(통권 제84호), 2003. 1, 76-77면; 서양의학의 일원적 기준(Monostandard)에 의해 중의학을 평가하게 되면

국민건강보험재정의 건전성을 장기적으로 보호하기 위하여서도 의사, 약사, 한의사 등 의료직업집단 사이에서 경쟁의 균형을 적절히 보호해 나가야 한다. 한방의료행위는 질병의 치료뿐만 아니라 질병의 예방에서도 효능을 입증해 왔는데, 이 예방적 특성은 질병의 발생을 줄여 급증하고 있는 국민건강보험재정의 적자감소에 기여할 것이다. 그리고 어느 일방의 절대적 우위는 질병치료와 관련하여 국민들의 선택가능성을 제한하고 독점을 심화시켜 정부와 국민들에게 어느 한 의료직업집단에 대안 없이 종속되게 하고 약제비협상이나 수가협상 등에서 정부의 협상력을 크게 떨어뜨리게 할 것이다.

둘째, 한의학이 동의보감과 이제마의 사상의학의 기술수준에 정체되어 있는 것으로 이해되고 한정되어서는 안 된다. 그것은 양·한방의료의 분리원칙을 채택할 당시 한방의료행위의 과학화를 위한 기회를 부여해야 한다는 입법자들의 의도와도 전혀 부합되지 않는 것이다.

한방의료행위로서 침술행위는 이미 고대로부터 지속적으로 발전해 왔다. 치료경험이 축적되면서 수많은 혈이 발견되어 경혈로 체계화되고 그 이후 경외기혈, 아시혈과 신혈이 계속 추가되었다. 그리고 전침은 서양의학과 한의학이 결합되어 나타난 현대서양침의 하나이다. 한방의료행위도 한의학과 과학의 융합이 진전됨에 따라 외국에서 발전된 의료과학기술을 수용하여 발전할 수 있어야 한다.

셋째, 양·한방협력은 정부와 의료업계가 상당한 전제조건들에 대한 진지한 검토를 통해 단계적으로 접근해 가야 한다.

정부는 국민의 건강권 보장을 위해 각각의 직업집단의 자율적 태도에만 맡겨두지 말고 공공의 기능을 보다 활성화시킬 수 있는 다양한 방안을 모색해야 한다. 먼저 쌍방의 불필요한 감정적 대립으로 인해 국민건강에 미칠 부정적인 영향과 불필요한 의료비지출의 증가를 막기 위해 대화와 협력을 촉진시킬 수 있는 틀을 만들어내야 한다. 객관적이고 안정된 제도적 틀 내에서의 협력이 개별 의사들과 병원들에게도 한방의료행위의 오남용의 위험을 크게 줄여줄 것이다.[40) 양·한방

서 중의학의 독자적 이론이 위축되고 사장되어가고 있다고 지적하면서 경쟁발전을 가능하게 하기 위하여 이원적 기준(Dual Standard)으로 전환되어야 한다는 주장은, Ruiping Fan, MODERN WESTERN SCIENCE AS A STANDARD FOR TRADITIONAL CHINESE MEDICINE: A CRITICAL APPRAISAL, Journal of Law, Medicine and Ethics 31, 2003, p.213ff 참조.

의사들로 구성된 공동위원회를 새롭게 구성하여 양·한방의 협력을 제도적으로 촉진시켜가는 것이 필요하다. 이 위원회는 양·한방협력의 촉진으로 질병의 치료와 예방에 효과적인 분야를 선정하고, 필요한 치료행위의 내용과 그 한계를 명시하며, 의료사고가 발생한 경우 그 책임의 배분문제를 판단하여 공지함으로써 협력을 촉진해야 한다. 이 위원회에서는 다른 직업집단의 치료효과에 대한 과학적 의문이나 안전성에 대한 불신의 해소를 위해 노력하여야 하고, 난치병이나 다수가 걸리는 질환을 보다 효과적이면서 저렴하게 치료할 수 있는 양·한방협력의 방법을 안내하여야 한다. 의사와 한의사 지망 학생들의 교육에 있어 양·한방의 상호이해를 촉진시킬 수 있는 교과목들이 개발되어야 하고, 대학원과 연구기관에서는 공동연구주제를 선정하여 상호협력의 이점과 한계에 대한 연구를 할 수 있도록 자금지원이 이루어져야 한다.[41] 의사협회와 한의사협회도 이 위원회의 성공적 임무수행을 위해 적극 협력하여야 한다.

공식적인 제도적 틀을 통한 양·한방의 협력은 의사와 한의사들 상호 간의 감정대립을 극복하여 질병을 보다 효과적으로 치료할 수 있게 함으로써 질병치료에 들어가는 건강보험재정의 지출을 줄일 수 있을 것이다. 또한, 전국의 병·의원들에게 현대적 장비의 중복 구매로 인한 병원경영의 악화를 방지해줄 수 있는 방안이 될 수도 있을 것이다. 양·한방의 효과적인 병용으로 치료비용을 줄인 병원 및 한의원 등에게는 일정한 보험급여인센티브를 주는 것도 협력촉진을 위해 효과적인 수단이 될 수 있을 것이다.

2. 의료직업면허의 대상으로서 의료행위와 한방의료행위의 구별

(1) 의사·한의사·치과의사 등에 의한 의료행위의 개념

의료법상 의료행위라는 개념은 매우 다양한 의미로 쓰이고 있다. 첫째, 의사

---

40) Michael H. Cohen/Mary. C. Ruggie, Integrating Complementary and Alternative Medical Therapies in Conventional Medical Settings : Legal Quandaries and Potential Policy Models, University of Cincinnati Law Review72, 2003−2004, pp.682−683, 698−700.

41) JAMES GIORDANO/MARY K. GARCIA/GEORGE STRICKLAND, Integrating Chinese Traditional Medicine into a U.S. Public Health Paradigm, THE JOURNAL OF ALTERNATIVE AND COMPLEMENTARY MEDICINE 10, 2004, pp.706−710. 저자들은 이 글에서 미국에서의 양·한방협력을 위해 필자와 동일 취지의 제안을 하고 있다.

및 치과의사에 의한 의료행위의 개념이 사용된다. 둘째, 의사·한의사·치과의사에 의한 의료행위의 개념이 사용된다. 셋째, 의사·한의사·치과의사 및 조산사·간호사 등이 제공하는 서비스를 의료행위라고 부르기도 한다.

이 글에서는 용어 사용의 혼란을 줄이기 위해서 세 번째의 행위를 의료행위로 부르지 않고 의료용역이라고 부르기로 한다. 판례에 따를 때 의사·한의사·치과의사는 물론 간호사 및 조산사까지 포함한 광의의 의료인이 행하는 의료용역은 "질병의 예방과 치료행위뿐만 아니라 의학적 전문지식이 있는 의료인이 행하지 아니하면 사람의 생명·신체나 공중위생에 위해를 발생시킬 우려가 있는 행위와 그에 필수적으로 부수되는 용역의 제공"을 말한다(대법원 2008. 10. 9. 선고 2008두 11594 판결).

그리고 판례에 따를 때, 의사·한의사·치과의사 등 최협의의 의료인이 행하는 의료행위라 함은 의학적 전문지식을 기초로 하는 경험과 기능으로 진찰, 검안, 처방, 투약 또는 외과적 시술을 시행하여 하는 질병의 예방 또는 치료행위 및 그 밖에 의료인이 행하지 아니하면 보건위생상 위해가 생길 우려가 있는 행위를 의미하는 것이다(대법원 1994. 5. 10. 선고 93도2544 판결; 대법원 2003. 9. 5. 선고 2003도 2903 판결; 대법원 2007. 6. 28. 선고 2005도8317 판결). 때문에, "질병의 치료와 관계가 없는 미용성형술도 사람의 생명, 신체나 공중위생에 위해를 발행시킬 우려가 있는 행위에 해당하는 때에는 의료행위에 포함된다"(대법원 2007. 6. 28. 선고 2005 도8317 판결).

그리고 진찰이라 함은 환자의 용태를 듣고 관찰하여 병상 및 병명을 규명·판단하는 작용으로 그 진단 방법으로는 문진, 시진, 청진, 타진, 촉진, 기타 각종의 과학적 방법을 써서 검사하는 등 여러 가지가 있고, 위와 같은 작용에 의하여 밝혀진 질병에 적합한 약품을 처방, 조제, 공여하거나 시술하는 것이 치료행위에 속한다(대법원 1974. 11. 26. 선고 74도1114 판결; 대법원 1978. 9. 26. 선고 77도3156 판결; 대법원 1999. 3. 26. 선고 98도2481 판결; 대법원 2001. 7. 13. 선고 99도2328 판결; 대법원 2004. 10. 28. 선고 2004도3405 판결).

하지만, 의사·한의사·치과의사 등의 의료인이 행하는 의료행위의 개념은 의사·치과의사의 행위로서의 의료행위와 한의사의 한방의료행위를 모두 포괄하는 것으로서 양자를 구별해야 하는 이 글의 목적에는 맞지 않는다.

(2) 의사 · 치과의사의 행위로서의 의료행위와 한방의료행위의 구별

의료법 제2조 제2항은 의사와 한의사에 대해 "종별에 따라 다음 각 호의 임무를 수행하여 국민보건 향상을 이루고 국민의 건강한 생활확보에 이바지할 사명을 가진다"고 하면서, "의사는 의료와 보건지도를 임무로 한다"고 하고 "한의사는 한방 의료와 한방 보건지도를 임무로 한다"고 규정하고 있다. 의료법 제5조는 대학을 졸업하고 학위를 취득한 자중에서 일정한 시험에 합격한 자에게 의사와 한의사의 자격을 부여할 수 있도록 규정하고 있다. 의료인이 아니면 누구든지 의료행위를 할 수 없고 의료인도 면허된 이외의 의료행위를 할 수 없으므로, 의사 아닌 자가 의료행위를, 한의사 아닌 자가 한방의료행위를 할 수 없다(의료법 제27조 제1항, 보건범죄단속에 관한 특별조치법 제5조).

하지만, 의료법은 의료행위와 한방의료행위에 관해 적극적인 정의규정을 두지 않고 있다. 한의약육성법 제2조 제1호가 한방의료행위를 "우리의 선조들로부터 전통적으로 내려오는 한의학을 기초로 한 의료행위"로 정의하고 있을 뿐이다. 이 정의규정만으로는 특정한 치료행위가 의료행위나 한방의료행위 중 어디에 속하는지 그 한계를 판단하기가 어려워서 학설과 판례에 의한 구체화가 필요하다.

의료행위와 한방의료행위의 개념과 범위는 의료기술의 발달로 한방과 양방의 진료 기술 및 방법이 서로 근접해지면서 명확히 구분하기가 힘들어지고 있다. 이로 인해 양측 업계는 진료행위의 범위를 둘러싸고 법적인 분쟁을 벌이는 경우가 늘어나고 있다. 더구나, 우리나라의 의료인들은 매우 실험정신이 강하고 환자들도 시험개발중인 새로운 치료행위나 임상시험중인 의약품이라도 시술·투여받고 싶은 욕구가 강해 '학문적으로 인정되지 아니하는 진료행위'나 임상시험중인 시험약을 투여하는 경우도 빈번히 나타나고 있다. 이로 인해 환자들이 몰리고 건강보험 급여가 제외되는 의료행위나 한방의료행위로서 고가의 수입을 얻기도 한다.

이 갈등상황에서 각 의료직업의 핵심적 지식과 기술을 고려하여 치료행위의 범위를 존중해 주면서도 국민의 건강보호를 위해 조화롭게 발전할 수 있는 기준이 마련되어야 한다.

현재로서는 의료행위와 한방의료행위의 구별기준에 관한 학계의 논의도 거의 없고, 양방의료와 한방의료의 구별기준에 대해 직접적이고 체계적으로 언급하고 있는 판례도 없는 것으로 보여진다. 이하에서는 미국이나 유럽에서 의료행위와 보완대체의료행위의 구별기준에 관한 논의를 참고하고 우리 판례에서 보조적으로 제시되었던 논의들을 기준으로 다음의 두 가지 기준에 관한 검토를 하여 논의의 단초를 제공하고자 한다.

첫째, 의료행위의 근거인 의학은 해부학에 기초를 두고 인체를 분석적으로 보는 것과 달리 한방의료행위의 근거인 한의학은 인체를 하나의 소우주로 바라보고 종합적으로 바라본다는 점에서 구별할 수 있다고 보는 입장이 있다. 이 입장에서는 의료행위는 분석적 입장에서 미시적으로 질병의 원인자를 찾아내서 제거하는 것에 주안점을 두고, 한방의료행위는 몸전체의 입장에서 질병을 발생시킬 정도로 몸의 균형을 상실시킨 핵심 지점을 찾아 몸의 균형을 찾아주며, 막힌 기혈의 순환을 원활하게 함으로써 질병을 근원적으로 치료하고 질병을 예방하는 역할까지 담당한다고 한다.

둘째, 의료행위는 그 학문적 기초가 서양에서 도입된 의학이고, 한방의료행위는 그 학문적 기초가 우리의 옛 선조들로부터 전통적으로 내려오는 한의학(한의약육성법 제2조 제1호)이라는 점이 다르다고 보는 입장이 있다(헌재 2007. 3. 29. 선고 2003헌바15·2005헌바9(병합) 결정; 서울고등법원 2006. 6. 30. 선고 2005누1758 판결; 서울고등법원 1993. 12. 10. 선고 93노3025 판결).

첫 번째 입장은 인체의 각 부분과 인체 전체는 각 부분에서 질환이 발생하는 경우 상호 어느 정도는 연관되어 있기도 하고 질병이 있는 부위에 그 질병의 원인이 보다 집중되어 있는 경우도 있어 질병에 따라 그 상호관련성의 정도가 달라지는데, 한방의료행위와 의료행위의 차이를 지나치게 단순화시켜 구별한 것이라 볼 수 있다. 개별적인 치료행위를 가지고 이 기준을 적용해 한방의료행위와 의료행위의 차이를 설명하려 하면 그 한계가 더욱 분명해진다.

예를 들어, 허리통증의 치료에 있어 침술행위는 아픈 부위를 보다 정밀하게 진단하고 통증부위 중심으로 침을 놓게 되는데, 질병의 원인분석에서는 평소의 생활방식과 신체 전체의 활동양식 전체를 살펴보지만 치료행위 자체는 허리부위의 아픈 부분에 보다 분석적으로 접근해서 시술하게 된다. 서양의술에 의한 디스크치료에 있어서도 평소의 생활습관이나 신체 전체의 활동양식을 살펴 질병의 원인을 분석하고 나서 디스크 부위를 분석적으로 살펴 수술 필요 여부 및 수술부위를 결정하게 된다. 이 사례에서 한방의료행위와 의료행위 사이에 전체적 접근법과 분석적 접근법이라는 구별기준은 유용한 구별기준이 되기 어렵다.

또, 의학분야에서도 예방의학이 점점 더 중요해지고 있어 의사에 의한 의료행위가 질병의 예방에 무관심하다고 말할 수는 없을 것이고, 침술행위의 경우에도 사혈침법의 경우에는 질병의 원인부위의 독소나 죽은피를 제거하는 방법을 사용함으로써 질병의 원인자를 찾아 제거하는 방법을 사용한다.

두 번째 입장은 침술과 IMS 시술을 예로 들 때, IMS 시술행위는 동양의 침술을 하는 의료인이 캐나다로 가서 서양의학의 원리로 해명하는 과정을 거쳐 그 치료원리가 탄생한 것으로, 전통적인 침술기술과 서양의 의학이론이 접목되는 것과 같이 동양의학과 서양의학이 혼합된 경우에는 유용한 구별기준이 될 수 없다는 약점을 지닌다. 세계 각국의 의료인들의 교류가 활성화되면서 이러한 융합은 더욱 많이 발생할 것으로 보여진다.

사견으로는 <u>의료행위와 한방의료행위의 구별은 우선적으로 치료행위의 원리와 기술을 함께 고려하여 판단하여야 하는데, 원리와 기술 중에서는 기술을 보다 중시하여 판단하여야 할 것으로 본다.</u> 의과대학과 한의과대학에서 또는 사설학원에서 학생들이나 수강생들은 누구나 치료원리를 배우는 경우에도 치료기술을 모르는 상태에서는 환자를 치료할 수 없지만, 치료원리를 잘 몰라도 치료기술을 아는 자는 관련 질환자를 치료할 수는 있을 것이기 때문에, 어느 치료행위가 의료행위인지 한방의료행위인지 여부를 판단하는 데 있어 치료기술이 보다 중요한 기준이 되어야 한다고 본다. 더구나, 치료원리에 있어 서양의학과 동양의학의 패러다임은 전혀 다르지만 치료기술은 상호접근해 가고 있어서 이제 치료원리는 문화의 차이에 따른 인간이해방식의 차이일 뿐으로 보는 것이 더 타당할 것이다. 어느 하나의 설명방식이 다른 설명방식을 무용지물로 만드는 상호배타적인 것으로 보아서는 안 되고 동일한 치료기술에 대한 상이한 설명방식으로 이해해야 한다는 것이다. 따라서, 치료기술이 동일하다면 그 치료원리에 차이가 있는 것처럼 보여도 그것은 문화적 차이에 따른 다양성의 측면을 반영한 것일 뿐 치료행위의 동일성 여부를 판단하는 결정적 기준은 될 수 없다고 본다.

이상에서 검토한 치료행위의 원리와 기술 이외에도, 어느 행위가 의료행위인지 한방의료행위인지 여부는 의학과 한의학의 전문지식과 자격을 가진 의사와 한

의사 등의 견해뿐만 아니라, 그 행위가 일반사람에게 어떤 치료행위를 한 것으로 인식되고 있는지 하는 것도 참작되어야 하고, 누가 하는 것이 사람의 생명, 신체나 일반 보건위생에 위해를 가할 가능성이 가장 낮은지 하는 관점도 고려되어야 할 것이다.

Ⅳ 침술, IMS 시술과 의료직업의 규제

1 한방의료행위로서 침술

(1) 침술의 정의

중국, 한국, 일본, 말레이시아 및 베트남 등 동아시아 국가에서 수천년 동안 이용되어 온 침술행위는 신체의 질병이나 부조화를 치료하고 통증을 완화하거나 예방하기 위하여 신체의 어느 부위나 표면 근처에 바늘을 투입하여 생리적 기능을 정상화하려는 치료행위로 정의하는 입장이 있다.[42] 침술개념을 단순한 시술을 넘어 진단, 시술 및 처방까지 포함하는 보다 광의로 파악하는 입장도 있다. 서울지방법원(서울지법 2000. 2. 1. 선고 99노6870 판결)은 다음과 같이 판시하고 있다. "침술행위는 질병의 치료를 위하여 경혈에 침을 놓거나 뜸을 뜨는 행위로서, 시술자가 인체의 어느 부위에 어떤 침이나 뜸을 어느 정도 어떤 방법으로 놓을 것인가는 환자의 질병에 따라 결정되는 것이고, 환자의 질병에 대한 판단은 문진, 맥진 등의 진찰과 이에 의하여 얻어진 정보에 의하여 이루어지므로 침술행위란 단순히 인체의 특정 부위에 침이나 뜸을 놓는 행위에 국한되는 것이 아니라 위 행위에 필연적으로 수반되는 환자에 대한 진단과 처방까지 포함하는 것이라고 보아야 할 것이다".

침술의 특징은 그 시술행위에서 두드러지지만 환자를 치료하기 위해서는 필연적으로 진단과 처방까지 포함할 것이므로, 여기서는 서울지방법원의 판결과 같이 진단, 시술 및 처방까지 포함하는 것으로 이해하여 다음과 같이 정의하기로 한다.

---

42) 캘리포니아주법에 나타난 침술의 정의규정이다. Cal. Bus. & Prof. Code §4927(e) (West 1990); Erin M. Stepno, ACUPUNCTURE—STRICTER STANDARDS FOR THOSE PERFORMING ACUPUNCTURE, McGeorge Law Review, 1998, p.411.

침술이란 신체표면의 일정 부위인 혈위에 침을 투입하여 생체에 일정한 자극을 주고 이로 인해 발생하는 효과적인 생체반응을 이용하여 생리적 기능을 정상화하는 치료와 그에 수반되는 진단 및 처방을 말한다.

(2) 침술의 기술

1) 혈위(穴位)의 증가와 압통점으로서 아시혈(阿是穴)의 등장

침놓는 지점으로서 혈위는 침술기술 발전의 출발점이 된다. 혈위는 한방의료행위의 경험이 축적되면서 계속해서 증가해 왔다. 침술이 최초 등장할 당시 혈위는 정해지지 않았다. 반복되는 의료실천을 통해서 어느 혈위에 침을 놓으면 효과가 좋은지 점차 알게 되어 혈위에 대한 지식이 축적되었다. 전국시대 만들어진 황제내경시대에는 160개의 혈위가 기록되고 있으나 명대에는 349개가 기록되고 있었다. 이 혈위중에서 중요한 것을 **경혈**이라고 불렀는데 14경혈로 체계화되었다. 그 후 계속 새롭게 발견된 혈위를 **경외기혈**로 불렀다.

하지만, 경혈과 경외기혈로 불리운 것말고도 근육을 다치는 등의 이유로 아픈 부위에 침을 놓으면 효과가 있다는 것이 침술발전의 초기단계부터 인식되어 왔다. 이 혈위부위는 일정하지 않은 '不定穴'로서 아픈 지점 바로 그곳이 치료해야 할 혈위이기도 했는데, 침을 놓으면 곧 치료가 되었기 때문에 **'아시혈'**(阿是穴)이라고 불리웠다. 아시혈은 부정혈의 특징을 가진다는 점에서 경혈과는 구별되는데, 7세기 당나라의 손사막이 천금요방에서 이미 기록하고 있었다. 이때 '아'(阿)의 의미는 '통'(痛)을 의미했고, 아시혈에 대한 침술은 바로 근육통증의 치료행위를 의미했다. 아시혈에 대한 침술치료는 아시혈 자체가 부정혈이기 때문에 의료인이 침놓는 손이 아닌 다른 손으로 촉진(觸診)을 통해 정확한 침술지점을 찾는 행위가 필수적이게 된다.

동양의학이 서양으로 전파되면서 전침이 등장하게 되는데, 근대 이후 새로운 임상시험이나 연구로 나타난 혈위들을 **신혈**(新穴)로 부르고 있다. 많은 신혈이 동서의학의 결합으로 그리고 해부학이나 생리학의 기초지식을 근거로 발견되었다.[43] 그래서 침구학에서는 경혈, 경외기혈, 아시혈과 신혈을 모두 합하여 침놓는 자리라는 뜻으로 수혈(腧穴)이라고 부르고 있다.[44]

---

43) 최용태 외, 침구학(상), 집문당, 1994, 180면.

2) 촉진(觸診)과 득기(得氣)

침은 피부에 얇게 놓는 방법, 피하에 놓는 방법, 근육에 놓는 방법, 골격에 도달하기까지 깊게 자입하는 방법 등 그 깊이는 질병에 따라 다양하다. 근육통증을 치료하기 위해 아시혈을 발견하여 치료하기 위해서는 혈위의 정확한 지점을 파악하는 것이 중요하다. 압통지점을 파악하기 위한 방법을 **혈위촉진법 또는 체표**(體表)**촉진법**이라 하는데, 가볍게 또는 세게 문지르거나 누르거나 꼬집거나 하는 등의 방법으로 환자의 이상반응을 살펴서 정확히 아픈 지점을 발견하는 방법이다.[45] 아시혈치료에 있어서는 경락상의 근육과 인대 등을 포괄하는 개념인 경근(經筋)과 근육이 많이 뭉쳐 있는 부위인 **합곡**이 주요한 치료부위가 되지만, 부정혈의 특징상 반드시 이에 한정되지는 않는다.

침술치료가 성공했는가의 여부는 得氣했는가의 여부에 달려 있다. 득기의 성공여부는 환자와 의료인 모두 알 수 있는데, 침이 도달해야 할 지점에 정확하게 도달하여 정확한 움직임을 보이면 환자는 시큰하고 저려서 쥐가 나는 듯한 느낌이 든다. 의료인에게는 침이 가라앉고 죄어드는 느낌이 있게 된다. 득기했다고 해서 곧바로 침을 빼서는 안 되고 득기반응이 쉽게 소실되지 않도록 수기(守氣)를 위해 세심하게 살펴 득기한 부위를 벗어나지 않게 유지하거나 가볍고 정교하게 침을 움직여야 한다.[46]

다만, 환자가 보이는 득기반응은 건장한 사람은 반응이 강하지만 허약한 사람은 반응이 약하는 등 차이가 있다. 근육의 두께나 근육부위에 따른 차이도 있다.

3) 전침(電鍼)의 등장과 동서학문의 융합에 의한 침술의 발전

침구학의 발전사에서 동양의학과 서양의학이 융합되어 침술의 도구와 그 방식에 중대한 영향을 미친 것이 전침(電鍼)이다. 전침은 1816년 프랑스의 Louis Berlioz에 의한 논문발표에서 단초가 마련되고 1825년 프랑스 의사 Sarlandiere가 최초로 전침치료를 하면서 서구 각국은 물론 이제는 동양각국의 한의원에서 널리 이용되고 있다.[47]

---

44) 최용태 외, 침구학(하), 집문당, 1991, 175－180면.
45) 최용태 외, 상게서, 1163면.
46) 이윤호 편역, 침자수법, 정담, 1994, 209－211면. 이 책의 원저는 陸壽康/胡伯虎/張兆發, 鍼刺手法 100種 임.
47) 최용태 외, 전게서, 447면.

전침이란 침과 전기적 자극을 함께 사용하여 침자극으로 인한 효과를 상승시키고 지속시키는 것으로 전통적 한방의료행위에 현대적 과학기기를 접목시켜 치료방식을 확장시킨 것이다. 한의학의 경락이론과 서양의학의 저주파 전류자극법이 결합된 것으로,[48] 수술 후의 통증완화나 분만 시의 통증완화를 위해 전침의 이용이 늘어나고 있다.

IMS 시술행위에서 사용하는 Plunger는 전침과 마찬가지로 숙련된 침술가의 침사용법을 잘 모르는 의료인들도 비교적 가벼운 침술을 할 수 있도록 도와주는 도구라 할 수 있어서 전침의 한 계열에 속하는 것으로 볼 수도 있을 것이다.

(3) 침술의 종류 – 전통침술(Traditional Acupuncture)과 현대서양침술(Modern Western Acupuncture)

침술은 중국, 일본, 대만과 한국 사이에도 상당한 차이가 있고 침술치료를 하는 사람들 사이에도 어느 정도 차이가 있어서 관점에 따라 다양하게 분류될 수 있다. 중국의 경우 보다 굵은 침을 피부 깊이 자입하는 경향이 있고 일본의 경우에는 더 가는 침을 피부에 더 얕게 자입하는 경향이 있다. 침술은 바늘을 손으로 쥐고 시술하는 방법도 있고 전기침의 방식으로 시술할 수도 있다.

미국과 유럽에서는 침술을 동양의 전통적 침술이론을 따르는 전통침술과 서양의학적 관점에서 침술을 설명하고 시술하는 현대서양침술[49]로 나누는 방법이 널리 채택되고 있다. 현대서양침술은 생리학이나 해부학 그리고 병리학의 개념들과 이론에 기초해서 침술을 설명하려 한다. 양자는 질병에 대해 다른 이론에 기초하여 다른 용어로 다르게 진단하고 있지만, 그 둘은 엄격히 분리될 수 있는 것이 아니고 의견의 편차의 일종이라고 보는 것이 더 정확할 것이다.[50] 양이론의 치료사들이 이용하는 침의 숫자나 침술치료시간에서는 차이가 있을지라도 침을 자입하는 과정과 그 기술은 유사하다.

---

48) 이현/성락기, 전침에 대한 문헌적 고찰, 논문집 한의학편(대전대), 1994. 8, 181면.
49) 현대서양침술이라고 부르지 않고 '과학적 침술'이라고 부르기도 한다. C. Chan. Gunn, Acupuncture in context, in ; Jacqueline Filshie/Adrian White, Medical Acupuncture(ed.), -a western scientific Approach-, 1998, p.11ff.
50) The Prince of Wales' Foundation for Integrated Health, The Statutory Regulation of the Acupuncture Profession, The Report of the Acupuncture Regulatory Working Group, 2003, pp.14-15.

중국이나 한국 등의 한의사들이 침술에서 새로운 혁신기법을 도입하기도 하고,[51] 유럽이나 미국 등에 있는 전통침술사들이 서양의학이론을 수용하여 전통침술의 혁신을 하고 있을 뿐 아니라, 현대서양침술이론을 전개하는 침술사들 중에서도 일정 정도 동양의 침술이론을 수용하는 사람도 있는데 그 정도도 달라 완전히 거부하는 사람도 있는 등 양자 사이에 명확한 구별을 하기는 매우 힘들다. 예를 들어 경혈과 경락에 관한 전통침술이론에 대해 현대서양침술이론가들은 이것들을 이해하고 해석하는 것이 가능하다고 보는 사람도 있고, 신경생리학이나 병리학에서 나온 개념들로 침술을 설명하고 분석하려 할 뿐 경혈과 경락은 완전히 무시하는 사람들도 있다. 전통침술사들은 전통침술을 그들의 치료행위의 주된 수단으로 이용하는 것에 비하여 현대서양침술을 이용하는 사람들은 기존의 다른 치료수단에 대한 보조수단으로 삼거나 통합하여 침술을 이용하려 한다.

우리나라에서는 침 시술에 국민건강보험이 적용되고 있고, 침술요법의 연구와 발전에 따라 전기침, 레이저침은 물론 약침술까지 한의원에서 시술되고 있다.

(4) 침술의 가치

오늘날 현대의학은 너무나 전문화하고 세분화하여 스트레스나 면역력 약화 그리고 신체와 정신의 종합적 조절기능의 약화 등에 기인한 일상적인 유사질병이나 컨디션저조 등의 문제를 다루는 데 한계를 드러내고 있다.[52] 때문에 수많은 검사와 세분화된 전문병원들을 방문하여 진단을 받고 나서도 특별한 이상을 발견하지 못했다는 진단을 받은 사람들이 매우 많은 실정이다.

침술은 한의사와 독립하여 침술사시험을 부활할 필요성이 주장되는 등 한의학계 내에서도 전통적 한약조제분야와의 관계에서 그 독자성이 강한 분야이다. 한의학 중에서도 침술은 서양의학과 접목시켜서 질병치료능력을 개선시키려는 시도가

---

51) 우리나라 한의학자들 중에서도 한의학이 현대의학의 지식을 수용하지 못함에 따라 질병에 대한 인식과 처리방법이 전반적으로 충분하지 못한 한계성이 있으므로 현대의학의 치료방법을 전통적인 한의학의 치료방법과 결합하면 질병에 대한 인식이 비교적 충분해질 것이며 진단에 있어서도 더욱 정확해질 것이고 치료방법에 있어서도 더욱 효율을 높이게 될 것이라고 보는 입장도 있다. 김완희, 한의학원론, 성보사, 2003, 34면.

52) Lori B. Andrews, The Shadow Health Care System : Regulation of Alternative Health Care Providers, Houston Law Review 32, 1995 - 1996, pp.1278 - 1279

우리나라에서도 강한데, 그것은 병원과 의사들의 수익을 증진시키는 새로운 수단이면서도 환자들로부터 상당한 인기를 얻고 있어 병원과 의사들에게 중요한 미래 영역으로 인식되고 있기 때문이다.

침술이 국내는 물론 외국에서도 높은 인기를 누리는 원인은 외과수술이 아니기 때문에 마취가 필요 없고 장기의 회복기간도 필요 없으며 신체에 대한 심각한 부담이나 후유증 등이 없거나 약하기 때문이다. 뿐만 아니라, 비용도 저렴하고 노인들에게 문화적·심리적 친숙성과 접근성이 높으며, 신경통이나 이유 없는 두통과 통증 등 일상적인 많은 유사질병들의 치료를 위해 병원치료가 한계를 드러내는 곳에서 상당한 보완대체역할을 해주고 있기 때문이다.[53]

그럼에도 불구하고, 의료기술을 주도적으로 발전시켜 온 서구국가들은 다른 국가들의 전통적 의료행위에 대해 그의 교육훈련과 평가시험의 부재나 불완전성으로 인해 불신감을 갖고 있고,[54] 상당수의 의사들과 보험회사들도 침술에 의한 치료효과에 대한 과학적 증거의 불충분성을 이유로 침술을 회의적인 눈으로 바라보고 있다.

하지만, 우리나라, 일본, 중국과 대만은 의료행위 이외에 침술을 포함한 한방의료행위에 대해서도 일찍부터 주류의료행위에 속한 것으로 보고 교육훈련과 평가시험의 체제를 정비하여 한방의료행위의 안전성과 유효성에 대한 불안과 그의 서비스가격에 대한 불신을 훌륭하게 극복해 왔다. 때문에 미국이나 유럽에서도 침술은 아프리카와 인도의 전통의료행위와 달리 그의 과학성과 치료효과에 대한 신뢰가 높은 상황이다.

(5) 한방의료행위로서 침술 – 유사의료행위가 아니다

한의사가 되기 위해서는 한의사국가시험을 쳐야 하는데(의료법 제9조, 의료법시

---

53) 1992년 국내 연구자들의 조사결과에 따르면 침치료를 받는 원인은 삐어서가 45.3%이었고, 신경통 28.9%, 관절염 8.4%, 고혈압 2.4%이었다. 정홍수/변정환/남철현, 도시민의 침치료에 대한 의식과 관련요인분석, 한국보건교육학회지 제9권 제1호, 1992. 8. 69면.
54) Marcus Powlowski, THE REGULATION OF TRADITIONAL PRACTITIONERS: THE ROLE OF LAW IN SHAPING INFORMAL CONSTRAINTS, North Carolina Journal of International Law and Commercial Regulation 32, 2006, pp.242－243. 인도나 아프리카의 전통의료행위와 관련된 치료자격의 부여를 위해 일정기간 도제경험의 증명을 요구하거나 정부가 마련한 일정한 교육훈련프로그램을 이수할 것을 조건으로 요구해야 한다고 제안한다.

행령 제5조), 한의사국가시험과목에 침구학이 포함되어 있는 것을 볼 때(의료법시행규칙 제2조 [별표 1]), 침술행위는 한의사의 한방의료행위의 한 종류에 속한다고 할 수 있을 것이다. 대법원판례도 침술행위는 경우에 따라서 생리상 또는 보건위생상 위험이 있을 수 있는 행위임이 분명하므로 한의사의 한방의료행위에 포함된다고 판시하고 있다(대법원 1986. 10. 28. 선고 86도1842 판결; 대법원 1994. 12. 27. 선고 94도78 판결; 대법원 1996. 7. 30. 선고 94도1297 판결; 대법원 1999. 3. 26. 선고 98도2481 판결). 헌법재판소도 의료법의 입법목적, 의료인의 사명에 관한 의료법상의 여러 규정들과 한방의료행위에 관련된 법령의 변천과정 등에 비추어 보면 침시술행위는 그 시술방법과 원리를 보거나 현행 한의사의 시험과목에 침구학을 추가하는 한편 비록 기존의 침사·구사의 시술행위는 인정하나 새로운 침사·구사의 자격을 부여하지 아니한 사실 등에 미루어 한방의료행위에 포함되는 것이 명백하다고 한다(헌재 2007. 3. 29. 선고 2003헌바15·2005헌바9(병합) 결정; 헌재 2005. 5. 26. 선고 2003헌바86 결정; 헌재 2003. 2. 27. 선고 2002헌바23 결정; 헌재 1996. 12. 26. 선고 93헌바65 결정).

보건복지부장관은 헌법재판소에 제출한 답변서(헌재 2003. 2. 27. 선고 2002헌바23 결정)에서 다음과 같이 기술하고 있다.

"침구사제도는 1914. 10. 시행되었으나 1946. 4. 미 군정청 후생부 결정에 의거 위 규칙의 효력이 정지된 후 1962. 3. 20. 국민의료법에 대체하여 의료법이 제정·공포되면서 폐지되었다. 침구사 제도를 폐지한 것은 **침구술이 국민의 건강과 생명에 직접관련이 있는 한방의료행위로서 특히 윤리성과 전문성이 요구될 뿐만 아니라 고도의 전문지식과 경험을 필요로 하며, 단기교육과정으로 시술행위를 할 수 있는 의술이 아니고, 기초 한의학과의 연계 하에 과학적이고 체계적인 전문교육 및 임상실습이 필요함에 따라 6년제 한의과대학을 졸업한 후 국가시험에 합격하여 면허를 취득한 한의사가 침구시술을 하는 것이 타당하기 때문이다.**

침구학 교육은 한의과대학의 가장 기본이 되는 학문으로 한의과대학에서 다루어져 왔다. 한의학은 "침"과 "첩약"이 개별적이 아닌 일침, 이구, 삼약의 순으로 병행되어 치료되는 학문으로서 진단학, 내과학, 소아과학의 모든 과목에서 기본적으로 다루어지는 학문이다."

용어의 사용에 있어 주의할 점이 있다. 침술행위는 한방의료행위이지 유사의료행위가 아니라는 점이다. 의료법 제81조는 '의료유사업자'라는 제목 하에 제1항에서 의료법이 시행되기 전의 규정에 따라 자격을 받은 접골사, 침사, 구사를 의료유사업자로 부르면서 해당 시술소에서 시술을 업으로 할 수 있다고 규정하고 있고, 간호조무사 및 의료유사업자에 관한 규칙 제2조 제3항은 침사의 시술행위를 규정하고 있다. 즉, 의료법과 간호조무사 및 의료유사업자에 관한 규칙은 의료유사업자를 규정하고 있을 뿐 의료유사행위를 규정한 것이 아니다. 때문에 침술행위는 한방의료행위에 속하는 것으로 이해하여야 할 것이고 유사의료행위라고 불러서는 안 된다. 침사는 한방의료행위의 중의 일부인 침술을 업으로 할 수 있는 자로 유사의료업자중의 한 직업집단으로 이해하여야 한다.

(6) 잘못된 침술로 인한 부작용과 그의 방지 필요

침술치료를 받는 환자들은 일상적인 가벼운 질환이나 통증의 불편을 해소하고자 하는 경우도 있지만 서양의료기술로 치료가 어려운 난치병이나 만성질환을 앓는 환자들인 경우도 상당히 많은데, 후자의 경우에는 잘못된 침술의 사용이 질병을 악화시키거나 다른 부작용을 가져오는 경우도 있다. 때문에, 오랫동안 정확한 침술교육과 훈련을 받은 사람만이 침술치료를 할 수 있도록 하여야 할 뿐만 아니라 특정 부위의 질환의 치료와 관련하여 사용해야 할 침술치료의 방법들에 대한 공인된 표준이 필요하다.

학문적 기초 없이 또는 학문적 기초에 의해 뒷받침되는 범위를 넘어서 이루어지는 행위들은 아무런 치료효과도 없이 단지 환자에게 심리적 치료효과만 주는 가짜치료행위(Placebos and Sham Acupuncture)에 그치는 경우가 많을 것이다. 이러한 행위들은 환자나 국민건강보험공단에 의료비용만 지출하게 할 뿐만 아니라 더 중요한 문제는 치료시기를 놓치게 하는 경우가 많다는 것이다. 침술사용의 표준에 반하여 침술행위를 하다가 질병이 악화되거나 치료시기를 놓쳐 야기된 의료사고에 대해서는 침술시술자가 책임을 져야만 한다.[55]

---

55) Christine C. Kung, DEFINING A STANDARD OF CARE IN THE PRACTICE OF ACUPUNCTURE, American Journal of Law and Medicine 31, 2005, p.127ff.

우리나라에서 침술행위에는 환자의 상태나 병증, 일시 및 기후, 혈위에 따라 금해할 사항이 있는가 하면, 그 부작용으로서 비록 드물기는 하지만 체침(근육긴장으로 침이 잘 들어가지도 빠지지도 아니한 상태), 곡침, 절침, 훈침(환자가 허약하거나 침 자극이 강했을 때 생기는 어지럼증, 기절 등의 증상) 등의 부작용이 있을 수 있는 것으로 인정되어 왔다(서울지법 2000. 2. 1. 선고 99노6870 판결).

외국에서 나타난 부작용사례로는 침을 살균처리하지 않거나 1회용 침을 여러 번 사용하거나 침놓는 부위를 알코올 등으로 소독하지 않아 세균을 감염시키거나 질병을 전파시키는 사고도 종종 발생하고 있다.[56] 더 치명적인 것은 침이 부러지거나 대침을 사용하여 난 인체의 구멍으로 들어온 바람으로 인해 폐호흡에 장애가 발생하는 경우도 있다.

2. 현대서양침술 또는 과학적 침술로서 IMS 시술행위

(1) IMS 시술행위의 의의

최근 캐나다나 미국의 통증클리닉에서 이용되고 있는 IMS(Intramuscular Stimulation)시술행위를 개척한 Chan Gunn은 캐나다에 소재한 그의 통증클리닉에서 20여 년의 임상경험을 통해 개발한 통증치료기술이 IMS 시술행위라고 설명하면서 전통적인 침술보다 통증치료에 효과적인 경우도 많고 많은 근육통의 치료에 광범위하게 이용할 수 있다고 하면서, 전통적인 침술과 IMS 시술행위의 관계를 다음과 같이 설명하고 있다.[57]

중국에서 침술은 전통의학의 전문가들에 의해 중국 전통의학에 속한 것으로 인식되어 왔다. 하지만, 서양의사로서 침술을 배운 사람들은 **중국의 전통문화나 전통의학의 배경지식 없이 침술을 배워 사용하면서, 환자의 통증감소에 한정하여 침술을 활용한다.** 그리고 그 작동원리도 침이 인체의 통각에 미치는 신경화학적(Neurochemical) 설명에 따라 이해한다.

침술사들은 침술의 사용에 있어 **통증유발점치료**(Trigger Point Theraphy)**의 방식을 따르거나 전자침 치료기**(전침기)**에 의한 전기적 자극**(Procedure of Electric

56) Julie Stone/Joan Matthews, Complementary Medicine and the Law, 2003, pp.217－218.
57) C. Chan Gunn, Acupuncture and the peripheral nervous system, in ; Jacqueline Filshie/Adrian White(ed.), Medical Acupuncture: a Western scientific approach, 1998. p.448.

Stimulation)의 방법을 따른다. 때문에 **침술은 그 원리를 고려할 때 '피부를 통한 전기적 신경자극'**(Transcutaneous Electrical Nerve Stimulation)의 치료방식이라고 부르는 것이 적당할 것이다.

동양의학에서 침술은 천식에서부터 알러지성 비염, 그리고 마약이나 알콜 중독에서 만성통증환자에 이르기까지 매우 다양한 질병치료에 효과적인 것으로 알려져 왔다. 하지만, 이러한 평가가 진실이라면 침술과 같이 상대적으로 간단한 처치행위가 어떻게 그와 같이 광범위한 질병의 치료에 효과적인지, 어떤 생리학적 메카니즘이 작동하는지 매우 불분명한 상황이다.

그래서 **침술을 활용하는 서양의사들은 침의 통증감소능력에 집중하여 그것을 신경화학적 설명에 따라 이해**하고 있다. 최근에는 이러한 관점에서 침술을 더욱 변형시켜 가고 있다. IMS 시술행위는 전통적인 침술 중에서 Dry Needling기법 (바늘을 통하여 약물을 주입하는 것이 아니라, 바늘로 찌르기만 하는 기법)에 속하는 것으로 인체의 말초신경계에 자극을 가해 조사, 진단 및 치료를 진행해가는 행위이다.

Chan Gunn은 IMS 시술행위가 만성통증환자의 신경뿌리를 따라 나타나는 신경근병증을 치료하는 행위라고 하면서,[58] 구체적으로 그 시술과정을 다음과 같이 설명한다.[59]

1 내지 2인치 길이의 가늘고 단단한 바늘을 플런저에 끼워 사용하는데 치료하는 근육의 두께에 따라 바늘의 깊이를 조절할 수 있다. 침을 자입하여 최선의 결과를 얻기 위해서, 즉, 침이 심부근육의 정확한 자침점에 도달하기 위해서는 정확한 진단, 근육의 해부에 대한 지식, 그리고 경험을 필요로 한다.

IMS 시술행위가 성공했는가의 여부는 **득기**(得氣, Teh Ch'i 또는 Deqi)현상이 발견되는가에 의해 알 수 있는데, 침이 정상적인 근육을 찔렀을 때에는 거의 통증이 **없지만, 근육이 단축된 지점을 찌르게 되면 침이 근육에 의해 잡히게 되며** (Grasped) **환자는 쥐가 나는 듯한**(Cramp-Like), **특이한 감각을 느끼게 된다.** 침을 손으로 돌려서 단축된 근육을 풀어주게 되는데 이때 경련(Cramp)과 잡힘(Grasp)의 현상이 나타나다가 서서히 해소되게 된다.

---

58) C. Chan Gunn, Intramuscular Stimulation — a neuroanatomic dryneedling techique for myofascial pain syndromes affecting the musculoskeletal system, in, ; Harris Gellman (ed.), Musculoskeletal Pain, 2002, p.156.

59) 옥광휘 역(C.Chan Gunn 저), Gunn의 접근법에 의한 만성통증의 치료, 2000, 169-170면.

위에서 Gunn이 기술하고 있듯이 IMS 시술행위는 침술에서 비롯되었다. 침술의 치료점인 경혈, 야시혈, 경외기혈, 신혈 등으로 구성된 수혈 중에서 IMS 시술행위를 하는 지점인 발통점, 운동점, 압통점, 민감점 등은 경혈이거나 아시혈에 속하는 지점들이다. 또, IMS 시술행위에서는 침놓는 자리를 정확하게 발견하기 위해서 CT기기 등을 이용할 수 있으나 한의학에서도 근육통증이 발생하는 혈위인 아시혈은 부정혈이기 때문에 침놓지 않는 다른 손에 의한 **촉진**(觸診)이 필수적이라는 점에서 기본적으로 동일하다고 할 수 있다. 침놓는 부위도 한의사들이 근육통증의 치료를 위해서 주로 시술하는 경근(經筋)과 일치하고 있다. 경근에 있는 아시혈에 대한 치료는 압통점 그 자리에 대한 침시술이기 때문에 IMS 시술행위와 차이가 없다. 또, IMS 시술행위의 성공적 수행여부는 **得氣**라는 기술을 터득하여 치료시 그것을 치료자와 환자 모두 느꼈는가 여부에 의해서 알 수 있다. 득기는 침술의 성공을 위한 결정적이고 핵심적 기술이기 때문에 기술의 측면에서 IMS 시술행위와 침술을 구별하는 것은 매우 힘들게 된다.

(2) IMS 시술행위의 종류 및 경피적 전기신경자극요법(TENS)과의 구별

IMS 시술행위는 현재 네 종류가 있는 것으로 알려지고 있다.[60] 가장 간단한 '단순 IMS,[61] GUNN's IMS,[62] IMNS,[63] FIMS[64] 등이 그것들이다. 또, IMS 시술행위와 구별해야 할 시술행위로 경피적 전기신경자극요법(TENS; Tranacutaneous Electrical Nerve Stimulation)이 있다. 이것은 전기자극을 원활하게 하기 위하여 경

---

60) 이와 같은 분류는, 이상철, 척추협착증과 FIMS, 2004, 2004년 대한 IMS학회 추계학술대회 발표문 참조.
61) Simple IMS. 침관과 유사한 Plunger를 사용하지 않음. X-Ray, CT, MRI 등 영상투시장치도 전혀 사용하지 않음.
62) 전침에서와 같이 침관과 유사한 Plunger를 사용함.
63) 근신경자극술. Interventional Microadhesiolysis and Nerve Stimulation. 침관과 유사한 Plunger가 아니라 鍼刀를 이용해 치료를 함. 하지만, FIMS와 달리 영상투시장치를 사용하지는 않음.
64) Fluoroscopy guided Interventional Musculoskeletal Adhesiolysis and Nerve Stimulation. 영상투시장치를 반드시 사용함. 척추심부근, 병변이 있는 근육에 자극을 주는 것을 넘어 척추관 협착증이 있는 경우 신경근 주위 조직의 유착 박리가 이루어짐. 컴퓨터영상촬영(C-ARM)을 이용하여 현장에서 마취된 환자의 구체적 시술부위를 영상화면으로 보면서 시술하는 방식이 보통임. 근육들이 많이 모여 있는 척추심부근에 매우 강한 자극을 가하는 것으로 환자의 반응도 강하고 잘못 치료하면 부작용도 클 수 있다.

피부위에 바늘을 사용하는 행위를 말하는데, 이에 대해 보건복지부는 전기 또는 기계적 자극을 가하는 도구로 바늘을 사용하는 것은 의사의 면허 외 의료행위로 볼 수 없는 것으로 해석해 왔다. 현실적으로도 병원들은 통증을 완화시키기 위해 경피적 전기신경자극치료(TENS)나 수가가 더 높은 간섭파전류치료(ICT)를 이용하여 환자들의 통증을 완화시켜주고 있다.[65]

하지만, 보건복지부는 직접 근육에 바늘을 투입하여 치료행위를 하는 IMS 시술행위 자체에 대해서는 한방의료행위에의 포함 여부 및 신의료기술의 지정여부에 관한 어떤 판단도 하지 않은 채 대법원의 판결을 기다리고 있는 상태이다. 보건복지부가 IMS 시술행위의 귀속에 대해 어떠한 판단도 한 적이 없다는 점은 주의를 요한다.

(3) 보건위생상 위해의 발생 우려와 무면허의료행위의 통제

신의료기술은 "새로 개발된 의료기술로서 보건복지부장관이 안전성·유효성을 평가할 필요성이 있다고 인정하는 것"을 말하는 것으로(의료법 제53조 제2항), 미용성형수술이나 인공수정행위처럼 과거에는 의료행위로 보지 않았던 행위들이 의료행위속에 새로이 포함되기도 한다. 하지만, 위에서 살펴보았듯이 IMS 시술행위와 침술은 그 기술이 동일한 것으로 전침과 마찬가지로 현대서양침술의 일종이라 할 수 있다. 때문에, IMS 시술행위는 '침술행위와 다른 신의료기술'일 수 없다.

무엇보다 대한의사협회에서 그동안 인정하기를 주저해 왔듯이 IMS 시술행위는 서양의 근거중심의학의 관점에서는 '학문적으로 인정되는 진료행위'로 파악하는 데에도 많은 난점이 있을 수밖에 없을 것이다. 더구나, IMS 시술행위가 신의료기술로서 지정되기 위해서는 '학문적으로 인정되는 진료행위'인 것만으로는 안 되고, 더 나아가 '침술행위와 다른 신의료기술'로서 '학문적으로 인정되는 진료행위'인가도 물어야 하는데 그것이 긍정되기는 어려울 것이다.

그럼에도 불구하고 한방의료행위 자체를 보완대체의료행위로 취급하는 미국이나 유럽 각국과 같이 IMS 시술행위를 한방의료행위와는 별개로 취급하는 것은 우리 법질서가 지금까지 수호해 왔던 의료법질서에 커다란 혼란을 초래할 것이다.

---

65) 보건복지부, "피부과 등 동네의원 45곳 기획실사결과, 대부분 부정청구", 보건복지부 홈페이지 (www.mw.go.kr), 2002. 10. 01. 에 게시.

IMS 시술행위가 침술이 아니라면 전침과 같은 현대서양침술은 모두 한방의료행위에서 삭제되어야 할 것인데 그것은 양·한방분리원칙 자체를 무너뜨리고 한방의료행위의 영역을 비현실적으로 축소시켜 의료직업으로서 한의사직업의 독자적 존속자체를 불가능하게 할 것이다.

우리나라에서 의사들에 의한 IMS 시술행위는 허가 없이 침술행위를 하는 것으로 무면허행위로서 성격지워질 수밖에 없다. 어떤 의료인이 치료행위에 나서기 전에 사전에 충분한 교육훈련과 평가시험을 거치도록 정부가 규제해 온 것은 그러한 과정을 통과하지 않거나 그 교육내용이나 기간도 서로 다른 민간기관 등에서 임의로 교육을 받는 것만으로는 그 치료행위의 안전성과 질을 보장할 수 없기 때문이다.[66] 그렇기 때문에, 침술사란 독자적 면허제도를 유지하는 미국의 각 주들에서도 침술사면허시험을 보기 전에 학생들에게 2,500~4,000시간의 교육훈련을 받도록 대학의 커리큘럼을 관리하고 있는 것이다.

의료인은 "의료의 질을 높이고 병원감염을 예방하며 의료기술을 발전시키는 등 환자에게 최선의 의료서비스를 제공하기 위하여 노력하여야"하고(의료법 제4조), "자신의 학식과 경험, 양심에 따라 환자에게 양질의 적정한 보건의료서비스를 제공"하여야 하는데(보건의료기본법 제5조 제1항), 의료행위와 관련하여 의사에게 재량권(대법원 1984. 6. 12. 선고 83도3199 판결; 대법원 1999. 3. 26. 선고 98다45379 판결)이 인정된다 하더라도 그것이 일탈행위가 되어서는 안 되도록 합리적인 한계 내에 있어야 한다.[67] 때문에, 치료로 인해 나타날지 모르는 구체적 위험 내지 이상반응에 대해 대처할 수 있는 전문지식과 기술을 갖지 못한 행위에 대해서까지 의료행위의 범위 내에 속한다고 보기 어려울 것이다.

어떤 의료인이 IMS 시술행위와 같이 기존의 의료행위와 다른 성격의 치료행위를 할 수 있기 위해서는 "보건위생상 위해가 생길 우려"를 방지하기 위해 환자들의 그날 그날의 육체적·정신적 상태나 특수한 체질이나 육체적 조건 등 때문에 발생하는 이상반응에 신속히 대처할 수 있도록 충분한 훈련이 되어 있어야 한

---

66) 이미 한의사는 침술의 교육훈련을 통해 이와 같은 능력과 조건을 갖춘 상태인 것에 비할 때 의사의 경우 단기간의 불충분한 교육훈련과 정부에 의해 검증된 시험절차 없이 IMS 시술행위를 하려는 것이라는 점, 즉, 현행 IMS 시술교육훈련시스템의 문제점도 지적되어야 한다.

67) 박영호, 의료행위의 재량성과 그 한계 —미국, 일본, 우리나라의 판례를 중심으로—, 衡平과 正義 제16집, 2001, 204면 이하.

다.68) 또, 정부 스스로도 의료사고가 발생한 경우 의료인의 과실 여부를 판단할 수 있는 표준적인 기준을 마련하여 지도해야 하는데, 이러한 기준도 미정립된 상태에서 개별 병원들과 의사들이 각자의 판단에 따라 IMS 시술행위에 뛰어들도록 정부가 묵인해 온 것은 국민들의 건강에 미칠 부정적 위험을 사전에 방지해야 할 정부의 책임에 비추어 문제라 할 것이다.

의료법상 의료인도 "면허된 것 이외의 의료행위"를 할 수 없으며(의료법 제27조 제1항), 위반행위를 하는 경우 보건복지부장관은 자격정지나 면허취소의 처분을 할 수도 있다(의료법 제66조 제1항 제4호, 제8호). 판례도 이미 "보건위생상 위해가 생길 우려"가 있는가의 기준에 의해, 수지침사건에서 침술과 관련한 교육과 경험이 없는 경우 매우 짧은 교육기간만으로는 "보건위생상 위해가 생길 우려"가 있기 때문에 의료인이 아닌 일반인에게는 허용되지 않는다고 했으며(대법원 2002. 12. 26. 선고 2002도5077 판결), 시각장애자 및 안마사의 침술행위도 허용되지 않는다고 했다(대법원 1996. 7. 30. 선고 94도1297 판결).

더 나아가, 외국에서 침구사자격을 취득하였으나 국내에서 침술행위를 할 수 있는 면허나 자격을 취득하지 못한 자에게는 침술행위가 허용되지 않는다고 했다(대법원 2002. 12. 26. 2002도5077 판결; 대법원 1996. 7. 30. 선고 94도1297 판결). 또, "자격기본법에 의한 민간자격관리자로부터 대체의학자격증을 수여받은 자가 사업자등록을 한 후 침술원을 개설하였다고 하더라도 국가의 공인을 받지 못한 민간자격을 취득"하였기 때문에 "무면허의료행위"에 해당된다고 판시했다(대법원 2003. 5. 13. 선고 2003도939 판결). 수년 동안 중국 등에서 중의과대학을 졸업하고 중의자격을 얻었거나 자격기본법에 따라 대체의학자격증을 얻은 사람들도 한의사면허를 얻지 않았기 때문에 판례는 침술행위를 허용하지 않고 있는데, 현대서양침술의 일종인 IMS 시술행위를 단기간의 민간교육만 거치면 의사들이 할 수 있도록 허용한

---

68) IMS 시술행위에 대한 교육은 대학에서 이루어지지 않고 사설기관에서 이루어지는 것으로 그 내용이나 수준도 규제되지 않아 서로 다르고, 또, 훈련 받은 이후 정부가 승인한 시험에 의해 수강자의 능력을 평가하여 합격자와 불합격자를 가려내지도 않는다. 때문에 IMS 시술행위를 하는 자의 치료행위의 안전성과 유효성에 대한 환자의 신뢰를 보증할 수 없다. 그럼에도 불구하고 의사에게 IMS 시술행위를 허용하는 것은 교육과 시험의 절차를 거쳐 면허를 얻은 자에 의해서만 치료행위를 할 수 있도록 한 의료직업규제방식에 근본적 의문을 불러일으킬 것이고, 지금까지 엄격하게 면허자에게만 면허된 의료행위를 하도록 한 실정법과 법원의 입장에 정면으로 배치되는 것이 될 것이다.

다면 그것은 의사들에 대한 지나친 특혜라고 하지 않을 수 없을 것이다.

무면허 의료행위는 그 가시적인 위험성에 차이가 있을 수는 있지만 본질적으로 인간의 생명, 신체에 대한 위해를 가져올 수 있고 경우에 따라서는 회복할 수 없는 치명적인 결과를 야기할 수 있다는 점에서 차이가 없다고 할 것이다. 더욱이 무면허 의료행위를 영리 목적으로 '업'으로 하는 경우에는 단순히 호의적, 일회적으로 하는 경우보다 더 많은 국민의 생명과 신체가 위험에 노출된다. 이를 방치한다면, 국민의 생명, 신체에 대한 위험뿐만 아니라 자칫 국가의 의료인 면허 제도를 유명무실하게 만들 우려도 있다(헌재 2007. 3. 29. 선고 2003헌바15 · 2005헌바9(병합) 결정).

(4) 의료직업규제에 있어 건전한 경쟁질서에 대한 국가의 보호의무

의료인들은 교육·연구를 통해 새롭고 획기적인 기술을 배워 기존의 건강보험 급여의 제약을 받지 않거나 새로운 급여체계를 따르는 의료행위를 계속해서 추구하고 있다. 이윤추구동기는 의료기술발전의 원동력이기도 하기 때문에 정부는 그것을 막아서는 안 되고 적절한 균형감각을 가지고 규제해 가야 한다. 의사와 한의사와 같이 의료직업인들 사이에 직역갈등이 생긴 경우 그 갈등의 방치가 국민건강에 미치는 위험성을 고려하여 신중하고도 공정한 입장에서 건전한 경쟁질서가 유지되도록 노력하여야 한다.

정부가 의료인들의 치료행위에 대한 규제를 가할 때 현실적으로 중요한 의미를 갖는 것은 국민건강의 보호를 위한 의료서비스의 질을 유지하는 것과 국민건강보험의 재정건전성에 미치는 영향, 즉, 치료서비스의 가격에 관한 것이다.[69]

오늘날 침술은 이미 보험급여의 대상이 되어 환자 각자는 매우 낮은 수준의 개인비용만 지출하고 침술치료를 받을 수 있기 때문에 환자의 이익과 국민건강보험의 재정건전성의 이익에도 부합된다. IMS 시술행위는 전통 침술과 서양의 과학이론을 접목시켜 등장한 것으로 IMS 시술행위 중에는 CT나 MRI 등 의료기기를 사용하지 않는 형태가 대부분이어서 외관상 IMS 시술행위와 침술행위는 대단히 유사하다. 전통적으로 침술치료 자체도 뼈어서 통증이 있는 곳에 가장 널리 이용되어 왔으므로 그 치료분야도 IMS 시술행위와 겹치고 있으므로 환자들은 침술행

---

69) Tamara K. Hervey/Jean V. Mchale, Health Law and the European Union, 2004, p.194.

위와 구별하지 못한다. 더구나, 최근 IMS기술은 더욱 진화·발전하여 전통적인 침술에서 사용하는 대침을 인체에 보다 깊이 사용하여 척추근 등에 사용하는 방식으로 진화하고 있기 때문에 그 중복영역은 더욱 확대되어 갈 것이다.

그럼에도 불구하고, 병·의원의 의사들에게 IMS 시술행위가 허용된다면 보험회사 그리고 의료계현실도 대규모로 움직여 그동안 침술치료를 받던 수많은 환자들이 병·의원으로 이동할 것이다. 보건복지부도 IMS 시술행위를 신의료기술로서 병·의원의 보험급여대상으로 인정할 것이다. 현실적으로 만성질환자나 노인환자들은 근육통증 이외에도 소화불량이나 신경통 등 다양한 질환을 함께 치료해 주기를 요청하는 것이 보통인데, 수많은 병·의원들에서 의사들은 사실상 침술행위를 하거나 소화불량치료나 신경통치료와 침술행위를 병행하면서도 IMS 시술행위만 했다고 하면서 보험급여신청을 할 것이다. 이러한 미래가 현실화하면, 침술치료행위가 한의원 수입의 거의 50%에 이르는 상황에서 양·한방분리원칙은 존폐의 중대한 기로에 서게 될 것이다. 이것은 한의원의 존립에 심대한 타격을 가할 것이고 우리나라가 1951년 이후 유지해 온 양·한방분리발전의 대원칙은 근본부터 흔들리게 될 것이다.

의료직업에 대한 입법적 규제와 판례의 형성은 의료행위와 한방의료행위의 분리원칙을 무너뜨리지 않는 가운데서 추구되어야 한다. 양·한방의 협력은 양·한방협진병원의 설립이나 상호보완이 가능한 치료행위들을 공통으로 연구개발하여 보급함으로써도 상당 정도 달성될 수 있을 것이다. 의사가 자신의 전공영역이 아니거나 치료능력의 범위를 넘는 부분과 관련하여 잘못 치료하는 대신에 환자를 한의사에게 보내는 것이 적절한 경우에도 그것을 기대하기 어렵고, 반대로 환자가 한의원으로부터 병원에 오는 것이 너무 늦어 질병이 악화되는 경우가 존재하는 것이 우리나라의 실정인데, 그것은 한의사와 의사 사이에 상호신뢰와 협력이 부족하기 때문에 나타나는 현상이다. 의사협회와 한의사협회, 의과대학과 한의과대학이 상호협력이 가능하고 치료효과를 높일 수 있는 질병을 골라서 일정한 조건이 갖추어지면 작동하는 연결프로그램을 만들어 의사와 한의사들의 협력을 제도화할 수 있도록 하는 노력이 필요하다.70) 정부 또한 이것을 촉진시키도록 노력하여야

---

70) Marcus Powlowski, THE REGULATION OF TRADITIONAL PRACTITIONERS: THE ROLE OF LAW IN SHAPING INFORMAL CONSTRAINTS, North Carolina Journal of International

할 것이다.

Ⓥ 결어

1. 의료인도 면허된 것 이외의 의료행위를 할 수 없는데(의료법 제27조 제1항), 면허된 의료행위의 범위는 각 의료집단의 교육과정과 면허시험과목의 내용을 살펴서 판단해야 하지만, IMS 시술행위와 같이 새로운 측면을 내포한 치료행위의 경우, 교육과정과 시험내용만을 살펴서는 적절한 기준을 발견하는 것이 곤란할 수 있다. 이때 문제된 진단 및 치료행위에 대한 관할배분은 각 면허집단의 기존 치료행위와의 근접성과 유사성에 의해 판단해야 할 것이다. 그리고 해당 업무가 어떤 면허집단의 직업활동의 본질적인 영역에 속하는가 아니면 비본질적인 영역에 속하는가를 살펴서, 그 업무를 다른 면허집단과 공유하는 것이 각 면허집단의 직업의 존속 자체를 심하게 침해하는지 아니면 단순히 직업행사의 자유에 대한 제한에 불과한 것인지에 따라 판단해야 할 것이다. 그것이 규제를 가하는 경우에도 비례의 원칙을 위반하여 직업활동에 과도한 제한을 가하여서는 안 된다는 판례의 정신에도 부합할 것이다.

2. 의료행위와 한방의료행위의 구별은 우선적으로 치료행위의 원리와 기술을 함께 고려하여 판단하여야 하는데, 원리와 기술 중에서는 기술을 보다 중시하여 판단하여야 할 것으로 본다. 의과대학과 한의과대학에서 또는 사설학원에서 학생들이나 수강생들은 누구나 치료원리를 배우는 경우에도 치료기술을 모르는 상태에서는 환자를 치료할 수 없지만, 치료원리를 잘 몰라도 치료기술을 아는 자는 관련 질환자를 치료할 수는 있을 것이기 때문에, 어느 치료행위가 의료행위인지 한방의료행위인지 여부를 판단하는 데 있어 치료기술이 보다 중요한 기준이 되어야 한다고 본다. 더구나, 치료원리에 있어 서양의학과 동양의학의 패러다임은 전혀 다르지만 치료기술은 상호접근해 가고 있어서 이제 치료원리는 문화의 차이에 따른 인간이해방식의 차이일 뿐으로 보는 것이 더 타당할 것이다. 따라서, 치료기술

Law and Commercial Regulation 32, 2006, pp.245 – 246.

이 동일하다면 그 치료원리에 차이가 있는 것처럼 보여도 그것은 문화적 차이에 따른 다양성의 측면을 반영한 것일 뿐 치료행위의 동일성 여부를 판단하는 결정적 기준은 될 수 없다고 본다.

치료행위의 원리와 기술 이외에도, 어느 행위가 의료행위인지 한방의료행위인지 여부는 의학과 한의학의 전문지식과 자격을 가진 의사와 한의사 등의 견해뿐만 아니라, 그 행위가 일반사람에게 어떤 치료행위를 한 것으로 인식되고 있는지 하는 것도 참작되어야 하고, 누가 하는 것이 사람의 생명, 신체나 일반 보건위생에 위해를 가할 가능성이 가장 낮은지 하는 관점도 고려되어야 할 것이다.

3. Gunn이 기술하고 있듯이 IMS 시술행위는 침술에서 비롯되었다. 침술의 치료점인 경혈, 아시혈, 경외기혈, 신혈 등으로 구성된 수혈 중에서 IMS 시술행위를 하는 지점인 발통점, 운동점, 압통점, 민감점 등은 경혈이거나 아시혈에 속하는 지점들이다. 또, IMS 시술행위에서는 침놓는 자리를 정확하게 발견하기 위해서 CT기기 등을 이용할 수 있으나 한의학에서도 근육통증이 발생하는 혈위인 아시혈은 부정혈이기 때문에 침놓지 않는 다른 손에 의한 촉진(觸診)이 필수적이라는 점에서 기본적으로 동일하다고 할 수 있다. 침놓는 부위도 한의사들이 근육통증의 치료를 위해서 주로 시술하는 경근(經筋)과 일치하고 있다. 경근에 있는 아시혈에 대한 치료는 압통점 그 자리에 대한 침시술이기 때문에 IMS 시술행위와 차이가 없다. 또, IMS 시술행위의 성공적 수행여부는 得氣라는 기술을 터득하여 치료시 그것을 치료자와 환자 모두 느꼈는가 여부에 의해서 알 수 있다. 득기는 침술의 성공을 위한 결정적이고 핵심적 기술이기 때문에 기술의 측면에서 IMS 시술행위와 침술을 구별하는 것은 매우 힘들게 된다.

4. 우리나라에서 의사들에 의한 IMS 시술행위는 면허된 것 이외의 침술행위를 하는 것으로 무면허행위로서 성격지워질 수밖에 없다. 어떤 의료인이 치료행위에 나서기 전에 사전에 충분한 교육훈련과 평가시험을 거치도록 정부가 규제해 온 것은 그러한 과정을 통과하지 않거나 그 교육내용이나 기간도 서로 다른 민간기관 등에서 임의로 교육을 받는 것만으로는 그 치료행위의 안전성과 질을 보장할 수 없기 때문이다. 그렇기 때문에, 침술사란 독자적 면허제도를 유지하는 미국

의 각 주들에서도 침술사면허시험을 보기 전에 학생들에게 2,500~4,000시간의 교육훈련을 받도록 대학의 커리큘럼을 관리하고 있는 것이다.

5. 그동안 대한의사협회에서 인정하기를 주저해왔듯이 IMS 시술행위는 서양의 근거중심의학의 관점에서는 '학문적으로 인정되는 진료행위'로 파악하는 데에도 많은 난점이 있을 수밖에 없을 것이다. 더구나, IMS 시술행위가 신의료기술로서 지정되기 위해서는 '학문적으로 인정되는 진료행위'인 것만으로는 안 되고, 더 나아가 '침술행위와 다른 신의료기술'로서 '학문적으로 인정되는 진료행위'인가도 물어야 하는데 그것이 긍정되기는 어려울 것이다.

그럼에도 불구하고 IMS 시술행위를 한방의료행위와 별개로 취급하는 것은 우리 법질서가 지금까지 수호해 왔던 의료법질서에 커다란 혼란을 초래할 것이다. IMS 시술행위가 침술이 아니라면 전침과 같은 현대서양침술은 모두 한방의료행위에서 삭제되어야 할 것인데, 그것은 침술치료행위가 한의원 수입의 거의 50%에 이르는 상황에서 양·한방분리원칙 자체를 무너뜨리고 한방의료행위의 독자적 영역을 비현실적으로 축소시켜 의료직업으로서 한의사직업의 독자적 존속 자체를 불가능하게 할 것이다.

참고문헌

1. 국내문헌

김기경, 보건의료의 직업과 영업에 대한 법적 규제 − 직업면허와 영업규제를 중심으로 −, 연세대학교 박사학위논문, 2002.

김완희, 한의학원론, 성보사, 2003.

남민우, 경희대학교 台灣 中國醫藥大學 교류 참가기(1), 민족의학신문 2009. 3. 13,

_____, 경희대학교 台灣 中國醫藥大學 교류 참가기(2), 민족의학신문 2009. 3. 20.

박영호, 의료행위의 재량성과 그 한계 −미국, 일본, 우리나라의 판례를 중심으로− , 衡平과 正義 제16집, 2001.

석희태, 보완대체의료의 법적 평가, 의료법학 제6권 제1호, 2005.

선정원, 행정소송상 제3자 보호와 소송참가에 관한 고찰, 행정법연구 제1호, 1997. 6.

신순식, 중국 중서의 결합의 발전과정과 정책변화, 의사학 제8권 제2호, 1999.

신현규/배순희, 한국·중국의 전통의약 교육제도 현황 비교를 통한 시사점 연구, 한국한의학연구원논문집, 제11권 제1호(통권 제14호), 2005. 6.

신현호, 헌법상 의료제도의 이념과 의료법의 접근방향, 성신법학 제7호, 2008.

여인석/박윤재/이경록/박형우, 한국 의사면허제도의 정착과정 − 한말과 일제시대를 중심으로 −, 의사학 제11권 제2호, 2002.

오월환/이병욱/권영규 역, 일본의 중의약에 대한 재평가, 2004, 東西醫學 제29권 제4호(통권 제97호), 2004. 12.

옥광휘 역(C.Chan Gunn 저), Gunn의 접근법에 의한 만성통증의 치료, 2000.

이승우, 직업의 자유의 보장을 위한 인허가제도의 운영방향, 공법연구 제38집 제2호, 2009.

이윤성, 보완대체요법의 의학적 평가, 의료법학 제5권 제1호, 2004.

이윤호 편역, 침자수법, 정담, 1994.

이현/성락기, 전침에 대한 문헌적 고찰, 논문집 한의학편(대전대학교), 1994. 8.

전세일, 대체의학의 현황과 전망, 의료법학 제5권 제1호, 2004.

정우열, 한의학 100년 약사, 의사학 제8권 제1호, 1999.

정홍수/변정환/남철현, 도시민의 침치료에 대한 의식과 관련요인분석, 한국보건교육학회지 제9권 제1호, 1992. 8.

조성준, 도시와 농촌지역에서 대체의료현황 비교, 의료법학 제5권 제1호, 2004.

최용태 외, 침구학(상), 집문당, 1994.

_____, 침구학(하), 집문당, 1991.

2. 외국문헌

Akiko Kobayashi/Miwa Uefuji/Washiro Yasumo, History and Progress of Japanese Acupuncture, eCAM(Evidence—based Complementary and Alternative Medicine, Oxford Journal), 2007.

C. Chan. Gunn, Acupuncture in context, in; Jacqueline Filshie/Adrian White(ed.), Medical Acupuncture, — a western scientific Approach —, 1998.

C. Chan Gunn, Acupuncture and the peripheral nervous system, in ; Jacqueline Filshie/Adrian White(ed.), Medical Acupuncture: a Western scientific approach, 1998.

C. Chan Gunn, Intramuscular Stimulation—a neuroanatomic dryneedling techique for myofascial pain syndromes affecting the musculoskeletal system, in, ; Harris Gellman (ed.), Musculoskeletal Pain, 2002.

Chidi Oguamanam, Between Reality and Rhetoric : The epistemic Schism in the Recognition of traditional Medicine in international Law, St. Thomas. Law. Review 16, 2003—2004.

Christine C. Kung, DEFINING A STANDARD OF CARE IN THE PRACTICE OF ACUPUNCTURE, American Journal of Law and Medicine 31, 2005.

Christopher Mills, MAINSTREAMING THE ALTERNATIVES WHEN COMPLEMENTARY AND ALTERNATIVE MEDICINES BECOME WESTERNIZED, Albany Law Journal of Science and Technology 13, 2003.

David M. Lampton, The Politics of Medicine in China, 1977.

Edzard Ernst/Anna Dixon, Alternative Medicines in Europe, in; Elias Mossialos/Monique Mrazek/Tom Walley(ed.), Regulating pharmaceuticals in Europe : striving for efficiency, equity and quality, 2004.

Erin M. Stepno, ACUPUNCTURE—STRICTER STANDARDS FOR THOSE PERFORMING ACUPUNCTURE, McGeorge Law Review, 1998.

Federation of State Medical Boards of the United States, Model Guidelines for the Use of Complementary and Alternative Therapies in Medical Practice, 2002.

JAMES GIORDANO/MARY K. GARCIA/GEORGE STRICKLAND, Integrating Chinese Traditional Medicine into a U.S. Public Health Paradigm, THE JOURNAL OF ALTERNATIVE AND COMPLEMENTARY MEDICINE 10, 2004.

Julie Stone/Joan Matthews, Complementary Medicine and the Law, 2003.

Lori B. Andrews, The Shadow Health Care System : Regulation of Alternative Health Care Providers, Houston Law Review 32, 1995—1996.

Marcus Powlowski, THE REGULATION OF TRADITIONAL PRACTITIONERS: THE ROLE OF LAW IN SHAPING INFORMAL CONSTRAINTS, North Carolina Journal of International Law and Commercial Regulation 32, 2006.

Michael H. Cohen/Mary. C. Ruggie, Integrating Complementary and Alternative Medical Therapies in Conventional Medical Settings : Legal Quandaries and Potential Policy Models, University of Cincinnati Law Review72, 2003−2004.

Nigel Wiseman, Education and Practice of Chinese Medicine in Taiwan, 2006.

Qiao Wangzhong, The education of Traditional Chinese Medicine in China, Geneva Foundation for Medical Education and Research. 1996.

Report: Insurance Coverage for Acupuncture on the Rise. Michael Devitt, Acupuncture Today, January, 2005, Vol. 06, Issue 01.

Rolf Stober, Handbuch des Wirtschaftsverwaltungs− und Umweltrechts, 1989.

Ruiping Fan, MODERN WESTERN SCIENCE AS A STANDARD FOR TRADITIONAL CHINESE MEDICINE: A CRITICAL APPRAISAL, Journal of Law, Medicine and Ethics 31, 2003.

Ruth Roemer, Regulation of health personnel, in; Ruth Roemer/George Mckray, Legal Aspects of Health Policy − Issues and Trends −, 1980.

S.M.Hu/Eli Seifman, Revolution in chinese medical and health work, Asian Affairs, Volume 9 Issue 1, 1978.

Tamara K. Hervey/Jean V. Mchale, Health Law and the European Union, 2004.

Teresa Schroeder, CHINESE REGULATION OF TRADITIONAL CHINESE MEDICINE IN THE MODERN WORLD: CAN THE CHINESE EFFECTIVELY PROFIT FROM ONE OF THEIR MOST VALUABLE CULTURAL RESOURCES?, Pacific Rim Law and Policy Journal 11, 2002.

The Japan Society of Acupuncture and Moxibustion (JSAM, 全日本鍼灸学会), Invitation to Japanese Acupuncture, 2007.

The Kaiser Family Foundation and Health Research and Educational Trust Employer Health Benefits 2004 Annual Survey, 2004.

The Prince of Wales' Foundation for Integrated Health, The Statutory Regulation of the Acupuncture Profession, The Report of the Acupuncture Regulatory Working Group, 2003.

Wang Xueshao, The Integration of Traditional Medicine in Primary Health Care in Yantai, in, ; World Health Organization Regional Office for Western Pacific Report Working Group on the Integration of Traditional Medicine in Primary

Healthcare 35, Oct. 3 – 7, 1983.

〈추록〉기술발전에 따른 의료직역갈등의 증가와 판례의 변화

현대 의약법에서 과학지식과 의료기술의 발전을 반영하여 과거 견고했던 경계와 구별이 약화되고 있는 추세들이 나타나고 있다. 건강기능식품의 출현으로 의약품과 식품의 경계가 약화되고 있고, 이 글 본문의 주제인 IMS 시술로 한의사와 의사의 업무경계가 약화되고 있으며, 보톡스 판결에서는 치과의사와 성형외과의사 간 업무경계의 엄격성이 완화되었다.

1. 한의사와 의사 - 의사의 단순 IMS 시술행위

본문에서 다루었던 IMS 시술 관련 의사면허정지처분사건은 서울행법 2006. 7. 6. 선고 2005구합111 판결, 서울고법 2007. 8. 10. 선고 2006누17293 판결을 거쳐 대법원에서 다루어졌다.

대법원은 직접적으로 IMS 시술행위가 의료행위인지 안방의료행위인 침술행위인지는 검토하지 않았지만 간접적으로 의사가 의원에서 단순 IMS 시술행위를 한 것에 대해서 시술부위들이 "침술행위에서 통상적으로 시술하는 부위인 경혈에 해당하고, 침이 꽂혀 있던 방법도 경혈부위에 따라 나란히 또는 한 부위에 몇 개씩 집중적으로 꽂혀 있고 피부 표면에 얕게 직각 또는 경사진 방법으로 꽂혀 있었는데, 이는 침술행위의 자침방법과 차이가 없다고 할 것인 점 등을 알 수 있다"고 판단하였다(대법원 2011. 5. 13. 선고 2007두18710 판결 [의사면허자격정지처분취소]).

더 상세히 살펴보면, 서울고등법원이 "의원에서 침대에 눕거나 엎드린 상태의 내원환자 7명을 침을 이용하여 치료를 한 이 사건 시술행위가 의사는 할 수 없는 한방의료행위인 침술행위에 해당된다고 인정하기에 부족하고, 달리 이를 인정할 증거가 없다는 이유로, 이 사건 시술행위가 한방의료행위인 침술행위임을 전제로 하는 이 사건 처분은 위법하다고 판단"(서울고등법원 2007. 8. 10. 선고 2006누17293 판결)한 것에 대해 심리미진을 이유로 파기환송하였다. 그 이유는 "의원에서 한00, 박00 등 7명의 내원 환자의 몸에 침을 꽂는 내용의 이 사건 시술행위를 하였는데, 00시 보건소 소속 공무원들에게 적발될 당시 위 7명의 환자들은 진료실이 아닌 별도의 장소에서 침대에 눕거나 엎드린 상태로 얼굴, 머리, 목, 어깨, 등, 상복부(배꼽 위), 하복부(배꼽 아래), 손등, 팔목, 무릎, 발목, 발등 등에 수십 개에 이르는 침을 꽂고 적외선조사기를 쬐고 있었던 점, 침이 꽂혀 있던 위와 같은 부위들은 침술행위에서 통상적으로 시술하는 부위인 경혈에 해당하고, 침이 꽂혀 있던 방법도 경혈부위에 따라 나란히 또는 한 부위에 몇 개씩 집중적으로 꽂혀 있고 피부 표면에 얕게 직각 또는 경사진 방법으로 꽂혀 있었는데, 이는 침술행위의 자침방법과 차이가 없다고 할 것인 점 등을 알 수 있는바, 이를 앞서 본 법리에 비추어 보면, 이 사건 시술행위는 한방의료행위인 침술행위라고 볼 여지가 많다"고 했다(대법원 2011. 5. 13. 선고 2007두18710 판결 [의사면허자격정지처분취소]).

이 사건을 둘러싸고 의사들과 한의사들은 심각한 직역갈등을 겪었다. 2011년 5월 13일의 판결에서 대법원은 단순 IMS 시술행위가 의료행위인지 침술의 일종인지를 직접적이고 명시적으로 밝히지 않았기 때문에 의료현장과 보건복지행정실무에서 직역갈등이 해소되기는 어려울 것으로 보인다.

2. 치과의사와 성형외과의사 – 치과의사의 보톡스시술을 통한 미간주름치료행위

대법원은 2016년 치과의사와 성형외과의사의 업무경계를 약화시키는 전원합의체판결(대법원 2016. 7. 21. 선고 2013도850 전원합의체 판결)을 선고했다. 그 내용을 요약한다.

<사실관계와 판결요지>
치과의사가 보톡스 시술법을 이용하여 환자의 눈가와 미간의 주름 치료를 함으로써 면허된 것 이외의 의료행위를 하였다고 하여 의료법 위반으로 기소된 사안에서, 환자의 안면부인 눈가와 미간에 보톡스를 시술한 행위가 치과의사에게 면허된 것 이외의 의료행위라고 볼 수 없고, 시술이 미용 목적이라 하여 달리 볼 것은 아니라고 했다.

<판결이유>
다수의견은 다음과 같다.
"의료법 제2조 제1항, 제2항 제1호, 제2호, 제3호, 제5조, 제27조 제1항 본문, 제87조 제1항이 의사, 치과의사 및 한의사가 각자 면허를 받아 면허된 것 이외의 의료행위를 할 수 없도록 규정한 취지는, 각 의료인의 고유한 담당 영역을 정하여 전문화를 꾀하고 독자적인 발전을 촉진함으로써 국민이 보다 나은 의료 혜택을 누리게 하는 한편, 의사, 치과의사 및 한의사가 각자의 영역에서 체계적인 교육을 받고 국가로부터 관련 의료에 관한 전문지식과 기술을 검증받은 범위를 벗어난 의료행위를 할 경우 사람의 생명·신체나 일반 공중위생에 발생할 수 있는 위험을 방지함으로써 궁극적으로 국민의 건강을 보호하고 증진하기 위한 데 있다.

이러한 취지에서 의료법은 의료기관의 개설(제33조), 진료과목의 설치·운영(제43조), 전문의 자격 인정 및 전문과목의 표시(제77조) 등에 관한 여러 규정에서 의사·치과의사·한의사의 세 가지 직역이 각각 구분되는 것을 전제로 규율하면서 각 직역의 의료인이 '면허된 것 이외의 의료행위'를 할 경우 형사처벌까지 받도록 규정하고 있으나,

막상 각 의료인에게 '면허된 의료행위'의 내용이 무엇인지, 어떠한 기준에 의하여 구분하는지 등에 관하여는 구체적인 규정을 두고 있지 아니하다. 즉 의료법은 의료인을 의사·치과의사·한의사 등 종별로 엄격히 구분하고 각각의 면허가 일정한 한계를 가짐을 전제로 면허된 것 이외의 의료행위를 금지·처벌하는 것을 기본적 체계로 하고 있으나, 각각의 업무 영역이 어떤 것이고 면허의 범위 안에 포섭되는 의료행위가 구체적으로 어디까지인지에 관하여는 아무런 규정을 두고 있지 아니하다. 이는 의료행위의 종류가 극히 다양하고 그 개념도 의학의 발달과 사회의 발전, 의료서비스 수요자의 인식과 요구에 수반하여 얼마든지 변화될 수 있는 것임을 감안하여, 법률로 일의적으로 규정하는 경직된 형태보다는 시대적 상황에 맞는 합리적인 법 해석에 맡기는 유연한 형태가 더 적절하다는 입법 의지에 기인한다.

의사나 치과의사의 의료행위가 '면허된 것 이외의 의료행위'에 해당하는지는 구체적 사안에 따라 의사와 치과의사의 면허를 구분한 의료법의 입법 목적, 해당 의료행위에 관련된 법령의 규정 및 취지, 해당 의료행위의 기초가 되는 학문적 원리, 해당 의료행위의 경위·목적·태양, 의과대학 등의 교육과정이나 국가시험 등을 통하여 해당 의료행위의 전문성을 확보할 수 있는지 등을 종합적으로 고려하여 사회통념에 비추어 합리적으로 판단하여야 한다."

"치과의사인 피고인이 보톡스 시술법을 이용하여 환자의 눈가와 미간의 주름 치료를 함으로써 면허된 것 이외의 의료행위를 하였다고 하여 의료법 위반으로 기소된 사안에서, 의료법 등 관련 법령이 구강악안면외과를 치과 영역으로 인정하고 치과의사 국가시험과목으로 규정하고 있는데, 구강악안면외과의 진료영역에 문언적 의미나 사회통념상 치과 의료행위로 여겨지는 '치아와 구강, 턱뼈 그리고 턱뼈를 둘러싼 안면부'에 대한 치료는 물론 정형외과나 성형외과의 영역과 중첩되는 안면부 골절상 치료나 악교정수술 등도 포함되고, 여기에 관련 규정의 개정 연혁과 관련 학회의 설립 경위, 국민건강보험공단의 요양급여 지급 결과 등을 더하여 보면 치아, 구강 그리고 턱과 관련되지 아니한 안면부에 대한 의료행위라 하여 모두 치과 의료행위의 대상에서 배제된다고 보기 어려운 점, 의학과 치의학은 의료행위의 기초가 되는 학문적 원리가 다르지 아니하고, 각각의 대학 교육과정 및 수련과정도 공통되는 부분이 적지 않게 존재하며, 대부분의 치과대학이나 치의학전문대학원에서 보톡스 시술에 대하여 교육하고 있고, 치과 의료 현장에서 보톡스 시술이 활용되고 있으며, 시술 부위가 안면부라도 치과대학이나 치의학전문대학원에서는 치아, 혀, 턱뼈, 침샘, 안면의 상당 부분을 형성하는 저작근육과 이에 관련된 주위 조직 등 악안면에 대한 진단 및 처치에 관하여 중점적으로 교육하고 있으므로, 보톡스 시술이 의사만의 업무영역에 전속하는 것이라고 단정할 수 없는 점 등을 종합하면, 환자의 안면부인 눈가와 미간에 보톡스를 시술한 피고인의 행위가 치과의사에게 면허된 것 이외의 의료행위라고 볼 수 없고, 시술이 미용 목적이라 하여 달리 볼 것은 아니다".

소수의견의 논거는 다음과 같았다.

"의료법 제2조 제1항, 제2항 제1호, 제2호, 제3호, 제5조는 의사와 치과의사, 의학과 치의학, 보건과 구강보건을 서로 구별하여 의사와 치과의사의 면허를 명확하게 나누어 별도로 정하고 있고, 나아가 의사의 임무를 일반적으로 '의료와 보건지도'로 정한 것과 달리 치과의사의 임무를 '치과 의료'와 '구강 보건지도'라는 특수한 범위를 설정하여 제한하고 있다. 이는 의료법이 '한방'인지 여부에 따라 의사와 한의사 임무에서 차이를 두어 특정한 의료행위의 기초가 되는 학문적 원리를 면허 범위의 주요한 구별기준으로 제시하면서, 의사·치과의사와 한의사 사이에 치료 부위나 대상에 대하여 아무런 구분이나 차이를 두고 있지 않은 것과는 대조된다.

이처럼 의사와 치과의사의 면허 및 그 범위를 준별한 취지는, 의학적 기초 원리와 방법론에서 의학과 치의학이 질적으로 다르지 않음을 전제로 하는 한편, 치아 치료와 같이 치과의사의 고유한 담당 영역을 별개로 인정함으로써 이에 해당하는 의료행위는 치과의사만 전담하도록 하려는 데 있다. 또한 구강 보건지도에 관한 사항을 의사의 임무 영역에서 분리하여 치과의사에게 전담시켜 이를 활성화하는 한편 전문화가 이루어질 수 있도록 유도한 것 역시 같은 취지이다.

위와 같은 의료법의 문언·체계·취지 등에 비추어 보면, 의사와 치과의사의 면허 및 그 대상인 의료 영역을 최소한의 문언적 표지를 두어 구분한 것은, 개념 정의의 포괄성과 불확정성을 고려하면서도 양자 사이의 한계는 명확하게 구별하기 위한 것으로서 의료법의 근본적인 결단에 해당한다. 따라서 이러한 면허 범위의 한계는 이러한 구분을 정한 의료법 문언에 기초한 기준에 따라 명확하게 구별될 수 있도록 규범적으로 해석되어야 한다. 그렇게 해석하지 아니하면 의사와 치과의사가 할 수 있는 각 의료행위의 구분이 불분명하게 되어 혼란을 초래하고 예측가능성을 해치게 되므로 죄형법정주의 정신에 반하게 되는 결과를 낳게 된다.

치과의사 면허 범위를 확정하는 전제가 되는 의료행위는 치아와 구강, 위턱뼈, 아래턱뼈, 그리고 턱뼈를 덮고 있는 안면조직 등 씹는 기능을 담당하는 치아 및 그와 관련된 인접 조직기관 등에 대한 치과적 예방·진단·치료·재활과 구강보건(이하 이를 통칭하여 '치과적 치료'라 한다)을 목적으로 하는 의료행위를 뜻한다고 해석된다. 그리고 치과적 치료를 목적으로 하는 의료행위라면, 목적이 직접적인 경우뿐 아니라 간접적인 경우에도 이를 치과의사 면허 범위에 포함할 수 있다. 예컨대 치아와 구강에 대한 치과치료가 안면 부위의 조직에도 영향을 미친다면, 그 부분에 대하여 치과의사가 시술할 수 있는 경우도 있다. 그렇지만 그 경우에도 치과적 치료 목적이라는 범위 내에서 제한적으로 허용되는 것에 불과하고, 치과적 치료 목적을 벗어나 시술이 이루어진다면 이는 치과의사의 면허 범위를 벗어난 것으로 보아야 한다."

지방의료원에 관한 법적 검토

Ⅰ 지방의료원의 의의, 법적 성격과 기능

최근 진주의료원의 해산[71]을 둘러싸고 한국사회에서 많은 갈등이 나타났고 정치사회적 논의도 상당히 전개되었다. 이 글에서는 관련 법학적 연구가 부족한 실정을 고려하여 지방의료원을 규율하고 있는 법적 구조와 관련 법적 쟁점들을 개괄적으로 조사하여 소개하고자 한다.

1. 의료기관의 종류와 지방의료원의 의의 및 성격

(1) 의료기관의 개념과 종류

의료기관은 의료인이 공중 또는 특정 다수인을 위하여 의료·조산의 업을 하는 곳을 말하는데(의료법 제3조 제1항), 의원급 의료기관, 조산원, 병원급 의료기관으로 분류된다. 의원급 의료기관은 "의사, 치과의사 또는 한의사가 주로 외래환자

---

71) 2013년 4월 11일 경상남도의회는 진주의료원의 해산을 부칙에 명시한 '경상남도 의료원 설립 및 운영 조례'를 개정 통과시켰다. 즉, 2013. 7. 1. 효력을 발생한 '경상남도 의료원 설립 및 운영 조례' 부칙 제2조는 '해산'이라는 제목 하에 "경상남도진주의료원을 해산하고 잔여재산은 경상남도에 귀속한다"고 명시하였다.

를 대상으로 각각 그 의료행위를 하는 의료기관"으로서 그 종류는 의원, 치과의원, 한의원이 있다. 조산원은 조산사가 조산과 임부·해산부·산욕부 및 신생아를 대상으로 보건활동과 교육·상담을 하는 의료기관을 말한다.

병원급 의료기관은 "의사, 치과의사 또는 한의사가 주로 입원환자를 대상으로 의료행위를 하는 의료기관"으로서 그 종류는 병원, 치과병원, 한방병원, 요양병원(정신병원, 장애인을 위한 의료재활시설), 종합병원이 있다. 종합병원을 제외한 병원급 의료기관(병원·치과병원·한방병원 및 요양병원)은 30개 이상의 병상 또는 요양병상을 갖추어야 한다. 종합병원은 100개 이상의 병상을 갖출 것이 요구된다(의료법 제3조의3).

(2) 지방의료원의 의의와 성격

1) 지방의료원의 의의

지방의료원은 "지역주민의 건강 증진과 지역보건의료의 발전에 이바지함"을 목적으로 지역주민에 대한 의료사업을 수행하기 위해 지방자치단체에 의해 설립되어 운영되는 의료기관이다(지방의료원의 설치 및 운영에 관한 법률(이하 지방의료원법이라 함) 제1조, 제2조). 형식과 절차의 측면에서는 지방자치단체가 주된 사무소의 소재지에 설립한 지방자치단체의 명칭에 "의료원"을 붙여 설립등기를 하여야 성립한다(지방의료원법 제4조 제2항).

우리나라에서 처음으로 1876년 부산의료원이 설립되면서 지방의료원의 역사가 시작되었는데, 2013. 10.말 기준으로 우리나라에서 지방자치단체가 설립하여 운영하고 있는 지방의료원은 33개소이다.[72] 이 중 32개소는 설립주체가 광역자치단체이고 2개소(목포, 울진)만 기초자치단체가 설립주체이다.

2) 지방의료원의 법적 성격
가. 공공보건의료기관으로서 지방의료원

국가와 같은 공공주체는 헌법에 의하여 국민에게 '인간다운 생활'을 보장하기 위하여 질병으로부터 국민을 보호할 의무를 지고 있고,(헌법 제34조 제1항, 제5항)

---

72) 이신호, 지방의료원 현황 및 발전방안, 진주의료원 정상화를 위한 해법과 지방의료원 활성화대책 그리고 공공의료시스템 재정립방안(진주의료원 정상화를 위한 2차 국회토론회 자료집), 2013. 5. 16, 40면.

이를 위해 낙후지역이나 취약계층에 대하여서도 흠결 없는 의료서비스를 제공할
책임을 지고 있다. 이러한 국가는 사회국가의 이념을 따른다는 점에서 국민건강보
험과 같은 공적 보험과 그 성격을 같이 한다. 때문에 사립병원들과 같이 경제성과
수익성을 전면에서 추구하여서는 안 된다.[73]

　이 책임의 이행을 위하여 국가나 지방자치단체 또는 대통령령으로 정하는 공
공단체가 공공보건의료의 제공을 주요한 목적으로 하여 설립·운영하는 보건의료
기관을 공공보건의료기관이라 한다(공공보건의료에 관한 법률 제2조 제3호). 공공보건
의료기관은 국민의 보편적인 의료이용을 보장하는 의료기관으로서 "보건의료 공
급이 원활하지 못한 지역 및 분야에 대한 의료 공급에 관한 사업"이나 "보건의료
보장이 취약한 계층에 대한 의료 공급에 관한 사업"을 담당한다(공공보건의료에 관
한 법률 제2조 제2호).

　공공보건의료기관은 그 설립주체에 따라 국가, 지방자치단체 그리고 공공단체
로 나눌 수 있다.[74] 설립주체가 지방자치단체인 경우는 지방의료원과 보건소(보건
진료소 및 보건의료원포함)가 있다. 그 설립의 근거법률은 다른데 지방의료원의 경우
는 지방의료원의 설립 및 운영에 관한 법률에 근거를 두고 설치되어 있지만, 보건
소의 경우는 지역보건법에 근거를 두고 있다.

　농어촌지역을 위하여 설치되는 의료기관에 대해서는 농어촌 등 보건의료를 위
한 특별조치법에서 규율하고 있는데, 의사의 배치가 어려운 곳은 보건소가 아니라
보건진료소라고 부르고, 간호사·조산사 면허를 가진 사람중에서 보건진료 전담공
무원을 임명하여 배치하고 있다.

나. 사립병원과의 구별

　지방의료원과 같은 공공보건의료기관은 사립병원들과 의료서비스의 공급주체

---

73) Stefan Huster/Markus Kaltenborn, Krankenhausrecht, 2012, S.4, 517.
74) 설립주체가 국가 또는 대통령령으로 정하는 공공단체인 경우는 다음이 있다. 1.「국립대학병원
　　설치법」에 따른 국립대학병원, 2.「국립대학치과병원 설치법」에 따른 국립대학치과병원, 3.「
　　국립중앙의료원의 설립 및 운영에 관한 법률」에 따른 국립중앙의료원, 4.「국민건강보험법」제
　　13조에 따른 국민건강보험공단, 5.「대한적십자사 조직법」에 따른 대한적십자사, 6.「방사선
　　및 방사성동위원소 이용진흥법」제13조의2에 따른 한국원자력의학원, 7.「산업재해보상보험법」
　　제10조에 따른 근로복지공단, 8.「서울대학교병원 설치법」에 따른 서울대학교병원, 9.「서울대
　　학교치과병원 설치법」에 따른 서울대학교치과병원, 10.「암관리법」제27조에 따른 국립암센터,
　　11.「한국보훈복지의료공단법」에 따른 한국보훈복지의료공단.

로서 공통점도 있지만 여러 차이점들을 가지고 있다.

우리나라에서는 제주도 등 일부 지역에서 외국인에게 영리병원의 설치가 인정되는 경우를 제외하고는 사립병원도 비영리법인의 성격을 갖기 때문에 병원운영으로 수익을 얻더라도 설립자가 투자수익으로 그것을 분배받을 수는 없다. 운영수익으로부터 분배받을 수 없다는 점은 사립병원과 지방의료원에게 공통되는 사항이다.

하지만 양자 사이에는 많은 차이점들이 존재한다. 첫째, 지방의료원은 지방자치단체나 국가와 같은 공공주체가 의료취약계층을 위한 의료서비스의 직접적인 제공을 추구한다는 점에서 설립주체가 사인인 사립병원이나 의원과 다르다.

둘째, 지방의료원의 설립과 운영에 있어 공공성 또는 공익의 관점이 특별한 의미를 갖는다. 수익성에 따라 설립지와 진료과목이 결정되는 사립병원이나 의원들과 달리, 지방의료원을 특정 지역에 설치할 것인가 여부와 지방의료원이 제공해야 할 서비스의 내용과 범위를 판단함에 있어서는 공익적 관점에 따라 주민들에게 필수적인 의료서비스인가(필수성의 원칙), 그리고 민간병원이 그것을 충분히 제공하기 어려운가(보충성의 원칙) 하는 기준이 중요한 의미를 갖게 된다.[75] 특히, 농어촌지역에서는 사립병원들은 개인병원 중심이기 때문에 대부분 응급의료서비스를 제공하지 않고 있어 주민들은 응급의료서비스와 관련하여 지방의료원에 많은 의존을 하고 있다.

셋째, 지방의료원의 운영에 있어서도 서비스요금의 산정과 관련하여 공익적 이유로 많은 제한이 따르고 있고 운영상 적자가 발생하면 재정지원을 통해 그 적자를 메꾸게 된다. 사인이 설립한 병원이나 의원은 해당 법인이나 그 설립자에게 그 소유권이 속해 있기 때문에 그의 운영으로 손해를 보더라도 국가나 지방자치단체는 그의 존립과 운영을 위하여 재정지원의 의무가 없다.

넷째, 사회의 양극화가 심해지고 결손가정이 늘어나고 있을 뿐만 아니라 탈북

---

75) 진주의료원의 폐업사태 이후 보건복지부는 지방의료원의 공익성을 강화하기 위해 지역내에서 충족되지 않는 의료분야로 다문화가족진료센터, 장애인재활센터, 모자진료센터, 노인만성질환센터로 특성화하거나, 응급, 격리병상, 분만 등 필수의료시설의 설치를 확대지원하겠다고 밝혔다. 보건복지부, "지방의료원 육성을 통한 공공의료 강화"−관계부처 합동, 「지방의료원 육성을 통한 공공의료 강화대책」 확정(이하 "지방의료원 육성을 통한 공공의료 강화"로 인용함), 보도자료(www.mw.go.kr), 2013. 10. 31, 2면.

자들이나 외국으로부터 불법이민자들이 늘어나고 있다. 이로 인해 사립병원의 의
료비용을 감당하지 못할 뿐만 아니라 기존의 의료급여제도에도 포섭되지 않고 건
강보험의 적용을 받지 못하는 빈민환자들이 증가하고 있다. 이들을 방치하는 것은
인간의 존엄의 보호를 최대이념으로 하는 우리 헌법의 정신에 비추어 적절치 않
기 때문에 지방의료원과 같은 공공보건의료기관이 사립병원의 사각지대를 보완하
여 의료서비스를 제공해야 할 책임이 있다고 할 수 있을 것이다.[76] 또, 지방의료
원은 사회소외계층을 위한 중요한 사회안전망의 역할도 수행하여야 한다.[77]

3) 지방의료원과 보건의료원의 관계 및 그 구별

지방자치단체가 지역주민들의 건강보호와 질병치료를 위하여 설립·운영하는
의료기관으로 지방의료원과 보건의료원은 유사한 기능을 수행하고 있다. 지방의
료원은 지방의료원의 설립 및 운영에 관한 법률에 따라 지역주민의 의료사업을
수행할 목적으로 지방자치단체가 법인의 형식으로 설립하도록 되어 있지만, 보건
소를 포함한 보건의료원은 지역보건법 제7조에 따라 해당 지방자치단체가 조례에
설립근거를 두고 설치·운영하고 있다.

의료법 제3조 제2항 제3호에 따른 병원의 요건을 갖춘 보건소에 대해 보건의
료원이라는 명칭을 사용하고 있는데, 보건의료원은 보건소 업무에 진료 및 입원기
능을 특화한 것으로 주로 의료취약지역에 설치하고 있다. 보건소 및 보건지소는
의원, 치과의원 또는 한의원으로서 규모를 갖추어 역할을 수행하고 있다(지역보건
법 제22조).

보건의료원은 병원급의 의료기관으로 의료법이 정하는 바에 따라 30개 이상의
병상(지역보건법 제3조의2)과 시설(지역보건법시행규칙 제34조)을 갖추어야 하는데, 대
부분의 보건의료원은 농어촌지역에서 소규모의 의원들이 응급의료기능을 갖추지
못한 실정을 고려하여 응급실 및 응급차량을 구비하여 운영하고 있다. 2014년 12

---

76) 의료비용이 매우 높은 미국에서도 공립병원은 홈리스나 불법이민자 결손가정의 아동 등에 대
한 의료서비스의 제공과 관련하여 매우 중요한 역할을 수행하고 있다. Lewis R. Goldfranka,
THE PUBLIC HOSPITAL, Fordham Urban Law Journal 24, 1997, pp.703-718.

77) Bruce Siegel/Marsha Regenstein/Peter Shin, HEALTH REFORM AND THE SAFETY NET:
BIG OPPORTUNITIES; MAJOR RISKS, Journal of Law, Medicine & Ethics 32, 2004,
p.427.

월 23일 현재 보건의료원은 전국에 17개소가 설치되어 있다.

2. 지방의료원의 사회경제적 지위

(1) 의료서비스의 경쟁적 공급자로서 지방의료원

의료서비스는 인간의 생명과 신체를 대상으로 하기 때문에 국가는 강력한 규제기준을 정립하여 서비스의 내용과 질을 통제하고 있다는 점에서 규제를 덜 받는 다른 상품이나 서비스와는 다른 특성을 가지고 있다. 공급자를 의료인에 한정하거나 사용하는 의약품이나 의료기술도 사전 허가나 신고를 거친 것에 한정하거나 제공되는 의료서비스의 가격에 대해서도 국민건강보험이 적용되는 서비스의 경우 가격상승은 강력히 억제되고 있다.

하지만, 의료서비스도 다른 상품이나 서비스와 같이 시장에서 공급자와 수요자가 경쟁하고 있다는 점은 다른 서비스와 같다.[78] 그것이 필수적인 서비스의 성격을 갖는가와 상관없이, 그리고 민간의료기관과 공공보건의료기관 중 어떤 기관이 제공하는가와 상관없이 모든 의료서비스는 시장경쟁을 거쳐 제공된다.

의료서비스의 공급자로서 지방의료원은 사립병원들과 서비스의 제공범위, 가격과 질 등에 걸쳐 환자들의 평가와 선택을 받아야 한다. 지방의료원이 경쟁력을 갖기 위해서는 사립병원들과 비교하여 서비스의 제공 범위가 넓다거나 가격이 낮거나 아니면 질적으로 우수하여야 한다. 또는 소비자의 편의성을 높일 수 있도록 주민접근성이 우수한 지역에 위치하거나 친절도를 높이거나 서비스제공을 위한 대기시간을 줄여야 한다.

지방의료원은 사립병원과 비교하여 수익성을 우위에 두고 운영할 수는 없고 사립병원만큼 소비자의 선호에 민감하게 반응하기도 어렵다. 이러한 이유로 지방의료원의 존속과 유지를 위해 공공재정에 부담을 줄 수밖에 없고, 동종의 서비스에 대해서도 저가로 제공할 수밖에 없어서 부유층의 선택에서 후순위로 밀릴 가능성도 있다.

---

78) E. Bruckenberger/S. Klaue/H.P. Schwintowski, Krankenhausmärkte zwischen Regulierung und Wettbewerb, 2006, SS.6－9.

(2) 의료인력과 의료장비의 수요자로서의 지방의료원

의료인들에게도 헌법상 인정된 직업의 자유와 영업의 자유가 보장되어 있기 때문에 일정한 절차를 거쳐 어디에서라도 병원과 의원을 개업할 수 있다. 농어촌 지역에서 의료기관이 부족하다 하더라도 국가나 지방자치단체는 의료인들에게 그 부족한 곳에서 병원이나 의원의 설립이나 존속을 강제할 수는 없다.

지방의료원은 다른 의료기관과 마찬가지로 인적인 측면에서 의사, 간호사와 행정인력 등을 고용해야 하는데,[79] 경쟁적 시장 상황에서 의료인력의 질과 양의 측면에서 필요충분한 수준으로 확보하기 위해서는 많은 비용의 지출을 감당할 수 있어야 한다. 하지만, 공공의료기관의 특성상 사립병원의 경우에 비해 보수가 낮고 충분한 숫자의 의료인의 확보도 어렵다. 의료장비와 소모품의 경우에도 현대 기술수준의 발전에 따라 첨단장비는 매우 고가인 경우도 많기 때문에 지방의료원의 재정을 심각하게 위협하는 요인이 되고 있다.[80]

의료인력과 의료장비의 수요자로서 지방의료원은 많은 자본의 투입을 필요로 하고 있다. 공공성의 특성상 지방의료원이 그의 운영으로부터 수익을 나기도 어렵고 민간자본의 투자도 가능하지 않아 국가나 지방자치단체의 재정투입이 반복되어 왔다.

3. 정부의 직접 이행책임과 공공보건의료기관의 존속 보호

우리 헌법 제34조는 "모든 국민은 인간다운 생활을 할 권리를 가진다"(제1항), "국가는 사회보장·사회복지의 증진에 노력할 의무를 진다"고 규정하고 있을 뿐만 아니라(제2항), "신체장애자 및 질병·노령 기타의 사유로 생활능력이 없는 국민은 법률이 정하는 바에 의하여 국가의 보호를 받는다"(제4항)고 규정하고 있다.

헌법의 정신에 따라 우리 법제는 국민의 보험료납입을 전제로 국민건강보험제도를 도입하고 있는 것과는 별개로, "부양의무자가 없거나, 부양의무자가 있어도 부양능력이 없거나 부양을 받을 수 없는 사람"(의료급여법 제3조 제1항 제1호, 국민기

---

79) 현재 우리나라 지방의료원의 운영과 관련하여 의료장비의 부족문제보다 더 심각한 것은 의사와 간호사 등 전문인력의 부족이다. 김남순외 7인, 공공보건의료의 현황과 발전방안 : 지방의료원과 국립대 병원 중심으로, 한국보건사회연구원 보고서, 2014, 327, 335면 참조.
80) E. Bruckenberger/S. Klaue/H.P. Schwintowski, a.a.O., SS.19-20.

초생활보장법 제12조의3조 제2항)을 중심으로 빈민에 대한 의료급여제도를 도입하여, 의료비용의 지급을 환자의 보험료납입과 연계시키지 않고 무상으로 비용을 지불하는 제도를 도입하고 있다. 또, 보험료의 납입을 전제로 하는 연금보험 등 일반적인 사회보험과 달리 국민기초생활보장법을 통해 무상의 복지급여의 성격을 갖는 공적 부조제도도 기초생활수급자 등을 위해 도입하고 있다. 복지제도의 도입에 있어 유상성과 무상성을 병존시키는 법제의 모습은 우리나라 건강보험과 사회보험 제도의 일반적인 특징이라고 할 수 있다.

이상과 같은 사회복지제도에 관한 우리 법제의 특징을 고려할 때, 국가와 지방자치단체가 일정한 요건 하에 국민의 건강보호를 위해 취약계층에 대해 지방의료원을 설치하고 유지함으로써 의료서비스의 직접적인 이행책임[81]을 지는 것은 사회보장적 의료서비스제공책임의 이행으로서 헌법적으로 의무지워진 것이라고 보아야 할 것이다.[82] 우리 헌법 제34조 제4항이 "신체장애자 및 질병·노령 기타의 사유로 생활능력이 없는 국민은 법률이 정하는 바에 의하여 국가의 보호를 받는다"고 하고 있듯이, 모든 국민은 질병에 걸렸을 때 그의 주거지로부터 너무 멀리 떨어지지 않은 곳에 병원이 존재하고, 그 병원이 필요한 장비와 전문인력을 갖추고 있어 늦지 않은 시간에 그의 질병을 치료할 수 있도록 하는 것은 국가와 지방자치단체에게 부여된 국민의 생명과 건강의 보호책임에 속한다고 볼 수 있다.[83]

이와 같은 국가와 지방자치단체의 국민건강보호책임을 고려할 때, 지방의료원의 설립, 유지와 폐지의 결정에 있어 지방자치단체와 국가는 단지 경제적 사유를

---

81) 보장책임론에 따를 때, 국가가 지는 책임단계를 3유형으로 나누는데, 공공임무의 수행에 있어 행정이 자신이 운영하는 인원으로 직접 이행하거나 자신의 영향하에서 책임을 지는 결과책임 또는 이행책임, 민영화가 진행되면서 사인이 제대로 임무를 수행하도록 보장하기 위하여 행정에게 남아 있는 보장책임, 그리고 사인에 의한 임무이행이 충실하게 수행되지 않을 때 국가의 보장책임에 내재하고 있던 것으로서 보충책임으로 나눈다. 박재윤, 보장국가론의 비판적 수용과 규제법의 문제, 행정법연구 제41호, 2015, 195면.
보장책임론은 공공복리의 실현에 있어서 국가가 직접 이행하는 대신 사인이 일정한 역할을 하고, 국가는 이러한 임무수행이 제대로 이루어지도록 보장해야 할 책임을 진다는 법이론이다. 김유환, 민간의 참여와 협력에 의한 행정과 국가의 보장책임, 행정법학 제7호, 2014, 6면; 박재윤, 전게논문, 193면.
82) 우리나라의 경우 아직 공공병원의 비중이 낮다. 우리나라와 일본 및 미국의 공공병원의 현황을 비교연구한 연구에서는 일본의 공공병원비중이 우리나라보다 3~4배 정도 높고, 미국의 경우도 2~3배 높다고 한다. 김남순외 7인, 전게서, 326면.
83) Stefan Huster/Markus Kaltenborn, a.a.O., SS.517-518.

넘어 국민의 생명과 건강보호의 필요를 중요하게 고려하여야 한다. 공공보건의료
기관의 사회보장적 역할을 필요로 하는 곳이 명백하게 존재하는 상황에서는 재정
적자를 이유로 지방의료원을 폐업하는 것은 적절치 않다. 다만, 지방의료원의 운
영에 있어 공익성과 경제성이 조화를 이루고 원장의 경영자율성을 보장하면서도
그의 남용을 막을 수 있도록 효율적인 행정감독방안에 대한 다양한 대안들이 연
구될 필요가 있다 할 것이다.

Ⅱ. 지방의료원에 대한 법적 규율의 변천

1. 지방공기업법에 의한 지방의료원의 법적 규율

(1) 지방공기업법에 의한 규율(2005. 9. 14. 이전)

2005. 9. 14. 지방의료원법이 제정되기 이전 지방공기업법은 지방자치단체가
"의료사업"을 직접 또는 지방공사를 통해서 할 수 있는 것으로 규정하였다(구 지
방공기업법(2005. 3. 31) 제2조). 이에 따라 설치된 "의료사업을 목적으로 설립한 지
방공사"로서 지방의료원이 설치·운영되었다. 지방직영기업형태의 지방의료원의
직접적인 설치근거는 지방공기업법이외에 "그 설치·운영의 기본사항"은 조례로
정하도록 되어 있었다(구 지방공기업법(2005. 3. 31) 제5조, 제49조 제2항). 그러나,
2005. 7. 13. 지방의료원법의 제정과 함께 지방의료원법에 의한 지방의료원이 되
었고(지방의료원법 부칙(2005. 7. 13.) 제2조), 지방공사의 권리의무와 재산은 승계되
었다. 예를 들어, 지방의료원중의 한 기관인 삼척의료원은 1940. 10. 1. 강원도립
병원으로 설립되었다가, 1980. 7. 1. 지방공사삼척의료원으로 전환되었고, 2006.
9. 7. 강원도삼척의료원(http://www.ksmc.or.kr)으로 변경되었다.

지방공기업법상 지방자치단체가 지방공기업을 설립하여 운영하는 목적은 "경
영을 합리화함으로써 지방자치의 발전과 주민의 복리증진에 기여"하게 하는 데
있었는데(구 지방공기업법 제1조(2005. 3. 31.)), 지방자치단체가 지방공사 형태로 지
방의료원을 운영하면서 전문인력의 충원이나 재정적자 등의 문제가 나타났다. 그
래서, 2005년 시점에도 이미 지방의료원 중에서는 위탁운영되는 것도 있었는데
그 위탁계약은 지방의료원법의 제정 이후에도 승계유지되었다.

(2) 지방공기업법상 지방의료원의 설립기준과 행정감독권의 내용

지방공기업법은 지방자치단체가 의료사업을 영위하는 공사를 설립하고자 하는 때에는 주민복리 및 지역경제에 미치는 효과·사업성 등 지방공기업으로서의 타당성 여부를 사전에 검토하도록 요구하였고(구 지방공기업법 제49조 제3항), "기업의 경제성과 공공복리를 증대하도록 운영"(구 지방공기업법 제3조 제1항)되도록 요구하였다. 지방공기업법은 의료사업을 "민간인의 경영참여가 어려운 사업으로서 주민복리의 증진에 기여할 수 있는"(구 지방공기업법 제2조 제2항 제1호) 사업이지만, "경상경비의 5할 이상을 경상수입으로 충당할 수 있는 사업"(구 지방공기업법 제2조 제2항)으로서 "지방직영기업·지방공사 또는 지방공단이 경영"할 수 있는 사업으로 파악했다.

지방공기업법상 지방자치단체의 장은 관리자에 대하여 1. 경영의 기본계획에 관한 사항, 2. 업무의 집행에 관한 사항중 당해 지방자치단체의 주민의 복리에 중대한 영향이 있다고 인정되는 사항, 3. 지방의료원의 업무와 다른 업무와의 필요한 조정에 관한 사항에 대해 감독권을 가지고 있었고, 업무에 관한 관리규정을 제정할 수 있고 감독도 할 수 있었다(구 지방공기업법 제10조, 제11조, 제73조).

(3) 지방공기업법상 지방의료원의 재무에 대한 규정 내용

지방공기업법은 지방공사형태의 지방의료원의 재무측면에 대해 광범위한 규정들을 두고 있었다.

첫째, 지방의료원의 자본금은 지방자치단체가 전액을 현금 또는 현물로 출자하되, 필요한 경우에는 자본금의 2분의 1을 초과하지 아니하는 범위 안에서 지방자치단체외의 자(외국인 및 외국법인을 포함한다)로 하여금 출자하게 할 수 있도록 했다(구 지방공기업법 제53조).

둘째, 지방의료원에 대하여 병원마다 하나의 특별회계를 설치하여야 하고, 그 경비는 당해 기업의 수입으로 충당하여야 하는 것이 원칙이지만, 지방의료원의 "성질상 그 경영에 수반한 수입만으로 충당하는 것이 객관적으로 곤란"하다고 인정되므로, 당해 지방자치단체의 일반회계나 다른 특별회계가 부담금 기타의 방법에 의하여 부담하도록 규정했다(구 지방공기업법 제13조, 제14조). 지방자치단체의 일반회계나 다른 특별회계는 예산이 정하는 바에 따라 지방직영기업의 특별회계에 장기대부를 할 수도 있었고, 지방직영기업의 특별회계의 부담으로 지방채를 발행할 수 있었다. 지방자치단체는 사업의 운영을 위하여 필요하다고 인정하는 경우에는 공사에 보조금을 교부할 수도 있었다(구 지방공기업법 제71조의2). 사업연도는 지방자치단체의 일반회계의 회계연도에 의하였다.

셋째, 지방의료원이 제공하는 의료서비스에 대해서 그 요금결정의 기준과 관련하여 적정하여야 하며, 지역간 요금수준의 형평을 기하여야 하며, 이를 결정함에 있어서는 당해 지방직영기업이 제공한 급부의 원가를 보상함과 아울러 기업으로서 계속성을 유지할 수 있도록 하여야 한다고 규정하였다(구 지방공기업법 제22조 제2항). 또, 요금의 징수에 관하여는 지방세징수의 예에 의하도록 했다(구 지방공기업법 제22조 제4항).

2. 2005년 지방의료원법의 제정과 그 내용

(1) 2005년 지방의료원법상 지방의료원의 설립기준과 행정감독권의 내용

2005년 9월 14일 새로 제정된 '지방의료원의 설립 및 운영에 관한 법률'은 "지역주민의 건강증진과 지역보건의료의 발전"을 목표로 "지방의료원의 설립·운영 및 지원에 관한 사항"을 정하고자 하였다(2005년 지방의료원법 제1조). 지방공사의 형태일 때 법인이었던 것과 같이 법인으로 설립등기절차를 밟도록 했다. 지방의료원에 규정한 사항을 제외하고는 그 설립·업무 및 운영에 관하여 필요한 사항은 지방자치단체의 조례로 정할 수 있도록 했다.

지방의료원이 "지역주민의 건강증진과 지역보건의료의 발전" 목표를 적정하게 수행함에 있어서는 경영진의 자질이 매우 중요하다. 그것을 확보하기 위하여 지방의료원법은 임원추천위원회를 구성하여 원장을 추천하도록 하고 지방자치단체장이 임명하도록 하였다. 또, 임원중 이사는 임원추천위원회가 추천하여 지방자치단체의 장의 승인을 얻어 원장이 임명하고, 감사는 지방자치단체의 장이 임명하도록 했다(2005년 지방의료원법 제8조, 제9조, 제10조).

지방자치단체의 장은 지방의료원의 업무를 지도·감독하며, 업무·회계 등에 관하여 필요한 사항을 보고하게 하거나 필요한 서류의 제출을 명할 수 있고, 소속 공무원으로 하여금 지방의료원의 업무·회계 및 재산에 관한 사항을 검사하게 할 수 있게 했다.

(2) 2005년 지방의료원법상 지방의료원의 재무에 대한 규정 내용

2005년 지방의료원법은 지방의료원의 설립 및 운영에 필요한 재원의 조달과 관련하여 국가, 지방자치단체는 물론 개인에게도 기부의 형태로 개입할 수 있는 방법을 규정하고 있었다. 즉, 지방자치단체는 지방의료원의 설립에 소요되는 경비를 출연하거나 운영에 필요한 경비를 보조할 수 있다고 규정하면서, 국가도 공공보건의료 시책의 수행을 위하여 필요한 경우에는 지방의료원의 시설·장비 확충 및 우수 의료인력 확보 등 공공보건의료사업에 소요되는 경비의 일부를 예산의 범위 안에서 지원할 수 있다고 했다. 또, 개인·법인 또는 단체는 지방의료원의 사업을 지원하기 위하여 지방의료원에 금전 그 밖에 재산을 기부할 수 있다고 규정했다(2005년 지방의료원법 제17조). 지방의료원에 대한 국가의 보조금교부가 국가의 재량사항이기는 하지만 명시적으로 규정되어 있는 점은 구 지방공기업법이 적용되던 때와는 달리 국가의 재정능력의 증대도 어느 정도 반영한 것으로 보인다.

지방의료원의 원장은 매 사업연도 개시 전까지 지방의료원의 사업계획서 및 예산서를 작성하여 보건복지부장관 및 지방자치단체의 장에게 제출하여야 하는데, 지방의료원의 회계는 의료기관회계기준(구 의료법 제49조의2)에 따라야 하고, 사업연도는 지방자치단체의 일반회계의 회계연도에 의하였다(2005년 지방의료원법 제14조, 제15조, 제16조). 세입·세출 결산서는 보건복지부장관 및 지방자치단체의 장에게 제출하고, 지방자치단체의 장의 승인을 얻어야 했다.

현실적으로 지방의료원의 수입은 의료사업의 수익금, 국가나 지방자치단체의 보조금과 출연금이므로 의료사업의 수입금이 운영경비를 충당하기 쉽지 않은 상황에서 지방자치단체와 국가의 보조금 등은 매우 중대한 의미를 여전히 가지고 있다는 점은 2005년 지방의료원법의 제정으로도 거의 바뀌지 않았다. 지방의료원은 필요한 자금을 차입할 수도 있었는데, 그의 차입에는 지방자치단체의 장의 사전승인이 필요했고 때로는 차입의 상황에 대한 지방자치단체의 장의 보증도 가능하도록 규정했다(2005년 지방의료원법 제19조).

지방의료원의 경영평가에 관한 사항도 규정하고 있었다(2005년 지방의료원법 제21조, 제22조, 제24조, 제26조).

첫째, 보건복지부장관은 지방의료원에 대한 운영평가를 실시하고, 그 결과에 따라 필요한 조치를 강구할 수 있도록 규정하면서, 보건복지부장관이 필요하다고 인정하는 경우에는 지방자치단체의 장으로 하여금 운영평가를 실시하게 할 수 있도록 규정했다.

둘째, 지방의료원의 운영평가에는 지방의료원의 경영상태, 취약계층에 대한 공공보건의료사업의 성과, 지역주민 건강증진에 대한 기여도, 업무의 능률성 및 고객서비스 등의 요소를 포함하도록 규정했다.

셋째, 보건복지부장관 또는 지방자치단체의 장은 지방의료원의 효율적인 운영을 위하여 운영평가 결과와 관련하여 다음의 경우에는 그 결과를 공표하는 등 필요한 지도나 권고를 할 수 있게 했다. 1. 3개 사업연도 이상 계속하여 당기 순손실이 발생한 경우, 2. 특별한 사유 없이 전년도에 비하여 경영수입이 현저하게 감소한 경우, 3. 경영여건상 사업규모의 축소, 법인의 청산 또는 공공의료기능을 제대로 수행할 수 없는 경우 등 경영 구조 개편이 필요한 경우.

넷째, 보건복지부장관은 운영진단 결과 필요하다고 인정되는 경우에는 지방자치단체의 장 또는 원장에게 당해 지방의료원의 임원의 해임, 조직의 개편 등 운영개선을 위하여 필요한 조치를 하도록 요청할 수 있었다.

다섯째, 지방의료원의 원장은 세입·세출결산서, 연도별 운영목표, 경상실적평가결과 그 밖에 운영에 관한 중요사항을 주민에게 공시할 의무가 있었다.

여섯째, 지방자치단체의 장은 경영상 상당한 이유가 있다고 판단하는 경우 보건복지부장관의 승인을 얻어 조례로 정하는 바에 따라 지방의료원 운영의 전부 또는 일부를 대학병원 등에 위탁운영할 수 있었다.

Ⅲ) 현행 지방의료원법의 규율 내용

2013. 4. 11. 경상남도의회가 '경상남도 의료원 설립 및 운영 조례'에 진주의료원의 해산을 명시한 부칙규정을 둠으로써 진주의료원을 해산하자, 국회는 지방의료원법을 개정하여 국가의 감독권을 강화하고 지방의료원이 안고 있는 재정문제 등에 대한 새로운 개혁을 시도했다.[84][85]

1. 지방의료원의 설립, 존속과 해산에 관한 지방자치단체의 결정권과 그의 통제 강화

(1) 지방의료원의 설립, 존속과 해산에 관한 지방자치단체의 결정권

우리 헌법은 제34조 제4항에서 생활능력이 없는 국민에 대한 국가의 보호의무를 선언하였다. 하지만, 그 구체적 요건은 법률에 위임하였다.

현행 지방의료원법은 "지방자치단체는 지방의료원을 설립할 수 있다"(지방의료원법 제4조 제1항)고 규정하여 과거와 마찬가지로 지방의료원의 설립권을 국가가 아니라 지방자치단체에게 부여하고 있다. 또, 지방의료원법은 1. 설립 또는 통합하거나 분원을 두는 경우, 2. 지방의료원을 해산하고자 하는 경우, 3. 지방의료원을 신축·이전하거나 매각하려는 경우, 4. 그 밖에 지방의료원의 운영상 중요 사항을 변경하려는 경우를 구체적으로 열거하면서 지방자치단체가 그 권한을 행사하는 방법과 절차를 규정함으로써, 설립 이외에 통합 및 분원, 해산, 신축·이전과 매각의 권한까지 지방자치단체에게 부여하고 있다(지방의료원법 제4조 제4항).

하지만, 지방의료원법은 지방자치단체의 재량권행사와 관련하여 일정한 기준을 제시하여 준수하도록 요구하고 있다. 우선 지방의료원법은 지방의료원의 설립, 존속과 해산과 관련한 지방자치단체의 재량권행사에 있어서는 "지역주민의 건강증진, 지역보건의료에 미치는 영향, 사업의 타당성" 등의 사유를 고려하여야 한다고 규정하고 있는데(지방의료원법 제4조 제4항), 시행령은 설립 및 해산의 타당성검토의 기준을 보다 세부적으로 제시하고 있다. 설립 및 해산에 대한 판단을 하기

---

84) 2005년 지방의료원법은 2013. 8. 13. 일부 개정되었으나 2005년 법률의 골격에는 변화가 없었다. 의미 있는 것은 2015. 7. 29. 개정이다. 특히, 2015. 7. 29 개정은 재무를 중심으로 새로운 규정들을 도입하였다.

85) 지방의료원법은 2016. 8. 4. 일부개정을 하였다. 개정내용은 지방의료원의 사업에 감염병에 관한 각종 사업의 지원 부분을 추가하여 지방의료원이 감염병환자 발생 및 확산시 감염병 지역거점의료기관으로서의 역할을 수행할 수 있도록 하기 위해 법 제7조 제1항 제7호에 '감염병에 관한 각종 사업의 지원'을 추가했다. 또, 제28조 중 "임원 및 회계관계 직원 등 대통령령으로 정하는 직원"을 "임직원"으로 개정하여 공무원 의제 규정의 범위를 전체 임직원으로 확대함으로써 부패행위를 방지하고 공공업무의 공정성과 신뢰성을 높이려고 했다. 다만, 이 개정내용은 2015년의 전면개정내용의 연장선위에서 일부를 보완한 것이어서 2015년 법률의 골격과 내용에는 변화가 없다.

전에 미리 조사를 하여야 할 사항으로, 1. 해당 지방자치단체의 인구분포, 의료 이용 및 공급 현황, 2. 지역주민에 대한 의료사업의 필요성 및 적정성, 3. 지방의 료원 설립·해산 등에 관한 지역주민 의견 수렴 결과, 4. 지방의료원 설립·해산등 이 지역경제와 지방재정에 미치는 영향, 5. 지방의료원 설립·해산 등에 따른 소 요 예산과 재원조달 방법 및 그 적정성 등을 규정하였다(지방의료원법시행령 제2조 의2 제1항).

설립 및 해산에 관한 타당성검토를 위한 기초자료조사의 공정성을 위하여 지 방자치단체가 직접 조사할 것이 아니라 공공보건의료에 관한 법률 제21조에 따른 공공보건의료 지원센터, 회계법인, 대학, 정부출연연구기관 등이 조사하도록 하였 고, 조사 결과를 바탕으로 판단을 내리기 전에 지방의료원 설립·해산등 심의위원 회를 구성하여 심의하도록 하였다(지방의료원법시행령 제2조의2 제2항, 제4항).

(2) 지방의료원의 설립과 폐지에 대한 통제 강화

1) 설립과 폐지에 대한 신설된 행정내부적 통제규정들과 그의 강화 필요

2005년 지방의료원법은 지방의료원의 폐업에 관하여 명시적인 규정을 두고 있지 않았으나, 2015년 법률은 폐업에 관하여 명시적으로 규정하였다.

2005년 법률의 체제 하에서도 의료기관의 폐업에 관하여 의료법 제40조 제1 항은 "의료기관 개설자는 의료업을 폐업하거나 1개월 이상 휴업하려면 보건복지 부령으로 정하는 바에 따라 관할 시장·군수·구청장에게 신고하여야 한다"고 규 정하고 있었기 때문에, 이 규정에 따라 예를 들어 진주의료원의 개설자인 경상남 도지사는 지방의료원의 해산조례가 효력을 발휘하자 진주시장에게 진주의료원의 폐업신고를 했었다. 하지만 지방의료원법에 해산 및 폐업에 관한 명시적 근거는 없었다.

2015년 법률은 지방의료원의 폐업과 해산에 관한 절차를 규정하여 혼란을 최 소화하고 지방자치단체의 장이 국가의 정책방향과 다른 입장을 취하는 것을 견제 하려고 했다. 우선, 지방자치단체의 장이 지방의료원을 "폐업하거나 해산하려는 경우에는 미리 보건복지부장관과 협의하여야 한다"고 규정하고, "남은 재산 중 국 고보조금에 해당하는 부분에 대하여는 국고로 귀속하거나 공공보건의료사업에 사 용하게 할 수 있다"고 규정하였으며, 환자보호를 위한 규정을 두었다. 즉, 지방자치단체의 장은 지방의료원이 폐업하거나 해산하려는 경우, 1. 지방의료원의 입원 환자가 다른 의료기관으로 전원할 수 있도록 적절한 안내 및 지원, 2. 보조금·후 원금 등의 사용 실태와 이를 재원으로 조성한 재산 중 남은 재산의 확인, 3. 그 밖에 지방의료원 이용 환자의 권익 보호를 위하여 필요한 조치 등을 미리 원장에 게 하도록 하고 그 이행 여부를 확인하도록 했다(지방의료원법 제20조의2).

현행 지방의료원법이 과거와 달리 그의 폐지에 있어 "미리 보건복지부장관과 협의하여야 한다"(지방의료원법 제4조 제3항, 제20조의2 제1항)고 하여 국가의 사전관 여권을 인정하였지만, 지방의료원의 존속과 해산에 관하여 과거와 마찬가지로 지 방자치단체가 결정권을 갖도록 하였다. 보건복지부는 이 조문을 근거로 지방자치 단체가 부당하게 지방의료원을 폐업하려 할 때 그 타당성을 조사하고 검토하여 지방자치단체에게 의견을 제시할 수 있을 것이다. 하지만, 법조문의 문언상으로는 협의권을 규정하고 있을 뿐이기 때문에 이 규정이 국가의 사전승인권을 의미한다 고 해석하기는 어려울 것으로 본다. 하지만, 국가의 역할에 관하여 이와 같은 입 법자의 소극적인 태도는 문제가 있다고 본다.

지방자치단체에 인정된 지방자치권은 자신의 행정구역에서 주민과 관련된 모 든 일들에 대해 법률에서 사전에 규정하지 않았고 법률을 위반하지 않는 한 개별 적인 법률의 위임이 없더라도 개입할 수 있는 것을 의미하기 때문에,[86] 공공의료 기관에 대한 주민수요가 있을 때 구체적으로 해당 지역의 어떤 곳에 지방의료원 을 설치하고 어떤 진료과목을 운영할 것인가는 지방자치단체의 재량이라고 할 수 있을 것이고 이에 관하여 자치법규로 그 기준을 정할 수는 있을 것이다.

하지만, 국가에게는 헌법이 부과한 국민의 건강보호의무(헌법 제34조 제1항, 제5 항)가 부과되어 있기 때문에 이 의무의 이행을 위하여 지방의료원의 설치와 유지 에 관하여 특정 지역의 지방자치단체의 부정적인 입장에도 불구하고 신규설립이 나 존속이 필요하다고 판단할 수 있을 것이고, 국회는 "국민생활의 균등한 향상" (헌법전문)과 건강의 보호를 위해 필요하다고 판단하면 자치입법에 대한 법률의 우 위원칙에 의해 해당 지역 지방자치단체의 의견 여하에 불구하고 특정 지역에 지

---

86) 지방자치권에 관한 이러한 이해는 독일에서 지방자치권의 내용과 범위에 관한 매우 중요한 판 결로 평가받는 독일연방헌법재판소 판례인 Rastede-Entscheidung(BVerfG 79, 127)에서도 확인하였다. Stefan Huster/Markus Kaltenborn, a.a.O., S.516.

방의료원을 신규설치하고 계속 유지할 수 있게 하는 권한을 국가에 부여할 수도 있을 것이다.[87] 하지만, 현행 지방의료원법은 지방의료원의 폐지에 있어 해당 지방자치단체에 보건복지부장관과의 사전협의의무만을 규정하고 있을 뿐이어서 국민의 건강보호를 위한 헌법적 명령을 이행해야 할 국가의 최종책임의 확보를 위해 미흡하다.

또, 과거와 마찬가지로 법률에 규정된 사항을 제외하고는 "그 설립·업무 및 운영에 관하여 필요한 사항은 지방자치단체의 조례"로 규정할 수 있도록 하고 있어, 지방의회도 여전히 조례형식으로 개입할 수 있다(지방의료원법 제4조 제1항, 제3항, 제5항).

2) 사법적 통제

지방의료원의 설립 및 폐지에 대한 지방자치단체의 결정에 대해 사법적 통제방법이 이용될 수 있다. 통제방법으로서 검토해야 할 쟁점은 행정소송으로서 항고소송의 대상적격과 원고적격을 갖출 수 있는가, 아니면 헌법소원의 대상적격과 청구인적격을 갖출 수 있는가 하는 점, 그리고 헌법재판으로서 권한쟁의심판이나 행정소송으로서 기관소송의 대상이 될 수 있는가 하는 점이 검토되어야 할 것이다.

진주의료원의 해산에서 나타났던 예, 즉, 경상남도의회가 '경상남도 의료원 설립 및 운영 조례' 부칙 제2조(해산)를 규정하여 진주의료원을 폐업시킨 조치는 항고소송의 대상이 되는가? 이 부칙규정에 대해서 창원지방법원은 "경남도의회 의결절차에 하자가 있다고 하더라도 해산조례는 도의원의 심의, 표결 권한 침해에 해당할 여지가 있을 뿐이고, 일반 시민인 원고들이 법률상 권리를 직접적으로 침해받는 것이 아니다"고 하여(연합뉴스 2014. 9. 26.), 사법적 통제에 상당히 소극적인 태도를 취하였다. 많은 세부쟁점들을 검토하여야 하겠지만 문제가 있는 판결이었다고 본다. 다만, 지방의료원에 관한 법적 규율 체계의 소개를 중심으로 하는 이 글의 성격상 사법적 통제방법들에 대한 더 이상의 검토는 생략한다.

---

87) Stefan Huster/Markus Kaltenborn, Ka.a.O., S.20－22. 독일에서도 학자들은 연방 전체에 걸쳐 국민들의 균등한 건강보호를 위한 연방의 책임 때문에 주와 권한이 충돌하는 상황에서 연방은 그의 의지를 법률을 통해 관철시킬 수 있다고 한다. 또, 주민들은 자기 지역에 병원이 부족한 경우 국가의 국민건강보호의무의 이행을 위한 공공보건의료기관의 설치에 관한 계획절차에 참가하여 평등원칙에 따라 자기 지역에 공공보건의료기관의 설치를 주장할 수 있다고 한다.

2. 지방의료원의 공공성 확보

현행법은 지방의료원의 의료사업과 관련하여 공공성을 매우 강조하고 있다. 즉, "민간 의료기관이 담당하기 곤란한 보건의료사업"(지방의료원법 제7조 제1항 제3호)도 지방의료원의 의료사업분야가 되도록 규정하고 있으며, 또, 우선적으로 제공하여야 할 의료서비스로 다음의 것들을 열거하고 있다. 1. 의료급여환자 등 취약계층에 대한 보건의료, 2. 아동과 모성, 장애인, 정신질환, 감염병, 응급진료 등 수익성이 낮아 공급이 부족한 보건의료, 3. 교육·훈련 및 인력 지원을 통한 지역적 균형을 확보하기 위한 보건의료 등(공공보건의료에 관한 법률 제7조 제1항).

또, 국가 또는 지방자치단체는 지방의료원이 공공보건의료에 관한 법률에서 명시한 공공의료의 제공에 관한 원칙, 즉, "공공보건의료 수행기관은 환자에게 양질의 보건의료서비스를 제공하여야 한다"(공공보건의료에 관한 법률 제17조 제1항)는 원칙을 준수하는 데에 드는 비용을 조사하여 경비를 지원하거나 출연·보조할 때 규모 등을 조정할 수 있도록 했다(지방의료원법 제4항, 제5항).

하지만, 이와 같은 법규정들에도 불구하고 지방의료원의 수익성이 강조되면서 많은 문제점들도 나타났다. 낮은 처우 등의 이유로 의사와 간호사 등 전문인력이 매우 부족하거나 특히 전문의가 부족하게 되었다. 환자수가 부족하거나 수익성이 떨어지거나 의사들이 근무를 기피하는 산부인과나 응급의료센터가 축소되기도 했다. 또, 필수적인 의료장비의 구입이 늦추어지고 낙후된 의료장비나 시설의 교체가 늦추어지는 문제도 나타났다.[88]

지방의료원과 같은 공공의료기관의 지속적인 존립과 운영을 위해서는 충돌하고 있는 수익성과 공공성이 감당 가능한 범위에서 조화를 이루어지도록 해야 할 것이다.

3. 지방의료원의 설립과 운영에 관한 비용지원과 잔여재산의 처리

(1) 비용지원

지방의료원의 설립 운영과 관련하여 지방자치단체와 국가는 그 비용의 지원에

---

88) 뿐만 아니라, 지나치게 수익성이 강조되면 많은 민간병원에서 현실적으로 나타나는 문제들과 같이 환자에 대한 고가의 의료장비나 치료행위를 과잉사용거나 입원일수를 불필요하게 늘리거나 의료비용을 감당할 수 없는 환자를 기피하는 문제도 나타날 우려도 있다.

서 재량권만 부여되어 있는가, 아니면 지원의무도 일정 범위에서 지고 있는가 의문이 존재한다.

우리 법률은 지방의료원의 설립과 자산형성과 관련하여 다음의 방안들을 제시하고 있다. 첫째, 지방자치단체는 지방의료원의 설립에 드는 경비를 출연하거나 운영에 필요한 경비를 보조할 수 있고, 국가도 공공보건의료 시책을 수행하기 위하여 필요한 경우에는 지방의료원의 설립, 시설·장비 확충 및 우수 의료인력 확보 등 공공보건의료사업에 드는 경비의 일부를 예산의 범위에서 지원할 수 있다 (지방의료원법 제17조 제1항, 제2항, 공공보건의료에 관한 법률 제6조 제1항, 제2항).

지원해야 할 보조금의 규모는 "환자에게 양질의 보건의료서비스를 제공하여야 한다"는 공공보건의료서비스의 제공원칙(공공보건의료에 관한 법률 제17조 제1항)을 준수하여 사업을 수행함에 필요한 비용의 규모를 판단하여야 하는데, 국가와 지방자치단체는 이 비용을 평가하기 위해 조사할 수 있다(지방의료원법 제17조 제3항, 제4항). 그 지원내용을 구체적으로 보면, 2008년부터 2012년까지 국가와 지방자치단체는 총 8400억 원을 지원하였는데, 이것은 1개 지방의료원당 연평균 50억 원을 지원한 것이 된다. 이 중에서 국가는 주로 시설·장비 등의 구입자본에 2500억 원의 보조금을 제공하였고, 지방자치단체는 운영비로 5900억 원을 보조금으로 지급하였다.[89]

지방의료원법의 규정상 국가와 지방자치단체는 지방의료원에 비용을 지원할 수 있는 재량을 가지고 있음은 분명하다. 여기서 더 나아가 비용지원의무도 진다고 해석할 수 있을까? 필자는 행정법학상 유명한 재량통제이론인 재량권의 수축이론이 여기에도 적용될 수 있다고 본다. 이 이론을 적용하면 지방의료원의 설립이나 해산과 관련하여 주민들의 의료수요가 매우 크고 절박한데 민간의료기관이 그 수요를 충족시켜주지 못하는 상황에서는 국가와 지방자치단체는 비용을 지원하여 지방의료원을 설립하거나 해산하지 않고 적정운영이 가능하도록 하여야 할 의무를 진다고 본다. 그 수요의 크기, 절박의 정도와 보완적 필요의 강도 등에 따라 공공보건의료기관의 종류(지방의료원, 보건의료원, 민간의료기관과의 협약 등)와 진료과목과 병상의 규모 등을 선택할 수는 있을 것이다.

둘째, 국가가 지방자치단체의 재정자립도를 고려하여 지방의료원의 설립과 운

---

89) 보건복지부, "지방의료원 육성을 통한 공공의료 강화", 12면.

영의 비용을 지원해야 하는가 하는 점도 문제된다. 지방자치단체마다 지방의료원에 대한 재정지원의 정도는 상당한 편차를 보여주는데 그 원인이 지방자치단체의 재정능력의 취약성에 기인할 수도 있기 때문이다.[90] 현행 지방의료원법은 이것을 지지할만한 명확한 근거규정이 없다.

하지만, 현행 공공보건의료에 관한 법률은 "국가와 지방자치단체는 공공보건의료기관을 설치·운영하여 국민의 기본적인 보건의료 수요를 형평성 있게 충족시킬 수 있도록 노력하여야 한다"고 하면서, 그 비용에 관해서 "국가와 지방자치단체는 공공보건의료기관의 설치·운영에 필요한 비용을 보조할 수 있다"고 규정하고 있다(공공보건의료에 관한 법률 제6조 제1항, 제2항). 사견으로는 현행 법률의 해석상으로도 "형평성 있게 충족"해야 한다고 규정한 문언으로부터 재정능력이 취약한 지방자치단체에 설립된 지방의료원에 대한 국가의 지원규모를 더 확대해야 하는 국가의 법적 의무의 실정법적 근거를 발견할 수 있을 것으로 본다.

셋째, 개인·법인 또는 단체가 지방의료원의 사업을 지원하기 위하여 지방의료원에 기부한 금전이나 그 밖의 재산이 지방의료원의 자산의 기초가 될 수 있다(지방의료원법 제17조 제5항). 지방의료원은 필요한 자본의 확보를 위해 지방자치단체의 장의 승인을 받아 필요한 자금을 장기 차입 또는 일시 차입할 수 있다. 이때, 지방자치단체의 장은 그 차입의 상환을 보증할 수도 있다(지방의료원법 제19조). 또, 지방의료원 자체의 사업수익금으로 운영경비 등을 충당할 수도 있다.

(2) 지방의료원의 해산 시 잔여재산의 처리

지방의료원을 폐업하거나 해산하는 경우 남은 재산은 해당 지방의료원의 정관으로 정하는 바에 따라 처리하되, 남은 재산 중 국고보조금에 해당하는 부분에 대하여는 국고로 귀속하거나 공공보건의료사업에 사용하게 할 수 있다. 지방자치단체의 장은 지방의료원의 원장에게 미리 보조금·후원금 등의 사용 실태와 이를 재원으로 조성한 재산 중 남은 재산의 확인조치를 하도록 하게 할 수 있다(지방의료원법 제20조의2 제2항, 제3항 제2호).

---

90) 보건복지부, "지방의료원 육성을 통한 공공의료 강화", 12면. 이 보도문에서 보건복지부는 이 지원결과를 분석하면서 시도별로 재정여건, 공공의료 관심도에 따라 지원편차가 있는 것으로 나타났다고 했다.

경상남도가 진주의료원의 폐업 이후 잔여재산을 경상남도에 귀속시키는 조치를 한 것에 대해 보건복지부는 국가가 지원한 재산이 있음에도 전부 경상남도에 귀속시킨 것은 위법이라고 비판했는데,[91] 지방의료원법 제20조의2는 2013. 8. 13. 법개정으로 신설된 조항이기 때문에 국가의 주장이 타당한지 의문이 제기될 수 있다.

2013. 7. 1. 효력을 발생한 '경상남도 의료원 설립 및 운영 조례' 부칙 제2조는 '해산'이라는 제목 하에 "경상남도진주의료원을 해산하고 잔여재산은 경상남도에 귀속한다"고 명시하였다. 이 규정의 효력발생시점(2013. 7. 1.)이 신설된 지방의료원법 제20조의2(2013. 8. 13.)보다 앞서기 때문에 경상남도가 지방의료원의 해산 이후 잔여재산을 경상남도에 귀속시킨 것은 위법하지 않다는 주장도 일응 타당해 보일 수 있다.

하지만, 진주의료원을 비롯한 지방의료원에 국가가 비용을 설립비용 등을 지원한 자금은 국가보조금이라고 할 수 있기 때문에 지방의료원법에 해산 이후의 잔여재산처리에 관한 관련 규정이 없을 때에는 국가가 보조금을 지급한 사업을 종료했을 때 취해야 할 조치에 대해 규정한 구 보조금관리에 관한 법률(시행 2013. 3. 23.) 제35조 제3항[92]이 적용되어야 한다. 이 규정에 따를 때, 경상남도가 진주의료원을 해산하고 그 잔여재산을 경상남도에 귀속시킨 조치는 보조금의 교부목적에도 맞지 않고 중앙관서의 장의 승인 없이 중요재산을 양도한 행위라고 볼 수 있어 구 보조금관리에 관한 법률 제35조 제3항을 위반한 것이라고 볼 수 있을 것이다. 이와 같이 보조금수령자가 보조금을 지급목적과 다른 용도로 사용한 경우 국가는 보조금의 전부 또는 일부의 환수조치를 취할 수 있을 것이다(구 보조금관리에 관한 법률(시행 2013. 3. 23.) 제33조의2 제1항, 제2호).

---

91) 보건복지부, "보건복지부, 경상남도에 진주의료원해산조례 재의요구요청(게시용).hwp", 보도자료 첨부파일(www.mw.go.kr) 2013. 6. 13. 참조.

92) 보조금관리에 관한 법률 제35조 제3항.
   보조사업자 또는 간접보조사업자는 해당 보조사업을 완료한 후에도 중앙관서의 장의 승인 없이 중요재산에 대하여 다음 각 호의 행위를 하여서는 아니 된다. 다만, 대통령령으로 정하는 경우에는 중앙관서의 장의 승인을 받지 아니하고도 다음 각 호의 행위를 할 수 있다.
   1. 보조금의 교부 목적에 위배되는 용도에 사용
   2. 양도, 교환, 대여
   3. 담보의 제공

4. 지방의료원의 운영에 대한 행정감독과 주민공시의 강화

(1) 행정감독의 강화와 효율 개선

보건복지부의 자료에 따를 때, 지방의료원들의 적자가 지속되고 있고 채무도 많은 것으로 나타났다. 2012년 한 해 우리나라 지방의료원들의 당기순손실은 총 863억 원, 1개 지방의료원당 25억 원이었으며, 시설·장비 투자, 퇴직금 중간정산, 차입금 채무보전을 위한 지역개발기금으로부터의 차입 등의 명목으로 부채가 총 5,338억 원이었으며, 1개 지방의료원당 평균 157억 원의 차입을 하고 있었다.[93]

이에 따라, 국회는 2015년 지방의료원법을 개정하여 지방의료원의 경영개선과 감독강화를 위하여 많은 규정들을 추가 규정하여(동법 제10조의2, 제21조, 제21조의2, 제22조), 공공성의 정신에는 부합되면서도 해당 의료서비스를 가능한 한 비용절약적으로 제공하도록 지방의료원의 운영자들이 노력하는지, 아니면 주인의식이 없는 상태에서 자신들과 친인척들을 위한 의료비감면을 늘리고 보수를 증가시키며 휴가를 늘리고 근무시간을 줄이는 등 도덕적 해이상태에 빠져 있는지 여부를 효과적으로 감독하려 하였다.

첫째, 지방의료원의 운영목표, 성과보장과 책임 등을 담은 지방자치단체장과 지방의료원장의 계약체결의무를 부과하였다.

2005년 법률이 지방의료원장에 대한 임명과 보고 등 감독규정만 두고 있던 상태에서 2015년의 전면개정으로 원장과의 계약과 그 기준에 관한 것을 신설했다. 지방자치단체의 장은 1. 원장의 임명 시 원장이 임기 중 달성하여야 할 운영목표, 성과에 대한 보상과 책임 등에 관한 계약, 2. 매 회계연도 개시 후 1개월 이내 원장이 해당 연도에 달성하여야 할 구체적인 운영목표에 관한 성과계약 등을 내용으로 원장과 계약을 체결하여야 한다(지방의료원법 제10조의2 제1항). 지방자치단체의 장이 원장의 다음 연도 보수를 책정할 때에는 운영목표의 달성 정도를 반영하여야 한다. 또, 보건복지부장관은 운영평가를 실시할 때에는 성과계약서를 지방자치단체의 장으로부터 제출받아 원장의 성과계약 이행 여부와 이행정도를

---

93) 보건복지부, "지방의료원 육성을 통한 공공의료 강화", 11면. 의료수익/의료비용의 비율은 지방의료원은 80.1%이었으나, 민간병원의 경우는 15.8%이었다. 의료수익 대비 인건비율도 지방의료원은 71.6%, 민간병원은 44%이었다.

함께 평가할 수 있고, 평가결과에 따라 필요한 경우 지방자치단체의 장에게 원장의 해임을 요청할 수 있다. 이 경우 지방자치단체의 장은 정당한 사유가 없으면 원장을 해임하여야 하고, 그 결과를 보건복지부장관에게 통보하도록 규정했다(지방의료원법 제21조 제5항, 제6항).

둘째, 보건복지부장관이 사업수행, 조직운영, 인사관리와 예산 및 자금운영 등에 적용할 운영지침을 정하여 운영기준의 준수를 제시할 수 있도록 했다. 이 경우 보건복지부장관은 미리 지방자치단체의 장의 의견을 들을 수 있고, 확정되면 이를 지방자치단체의 장과 원장에게 통보하도록 규정했다(지방의료원법 제21조의2 제1항, 제2항).

지방의료원의 경영과정에서 불합리한 이유로 비용이 급증하는 것을 막기 위해 지방의료원의 조직, 보수 또는 재산의 관리 등 예산상의 조치를 수반하는 규정을 제정하거나 개정하는 경우에는 이사회의 의결을 거친 후 지방자치단체의 장에게 보고하도록 했다(지방의료원법 제13조의2).

셋째, 원장이 예산상의 조치를 수반하는 규정의 신설 시 이사회의 의결과 지방자치단체장에의 보고의무를 신설하고, 원장의 사업계획서 및 예산서에 대한 지방자치단체의 장의 사전승인을 얻는 것을 의무화했다.

2005년 법률은 지방의료원의 원장은 매 사업연도 개시 전까지 지방의료원의 사업계획서 및 예산서를 작성하여 보건복지부장관 및 지방자치단체의 장에게 제출하되, 세입·세출 결산서에 대해서만 보건복지부장관 및 지방자치단체의 장에게 제출하고, 지방자치단체의 장의 승인을 얻도록 규정했었다.

2015년 법률은 이것을 개정하여 원장은 매 사업연도가 시작되기 전까지 지방의료원의 사업계획서 및 예산서를 작성하여 이사회의 의결을 거친 후 지방자치단체의 장의 승인을 받도록 의무화했다. 또, 승인 받은 후에 중요 내용을 변경하려면 미리 그 변경할 내용 및 사유를 명시한 사업계획서 또는 예산서를 작성하여 이사회의 의결을 거친 후 지방자치단체의 장의 승인을 받도록 의무화했다(지방의료원법 제16조 제1항, 제2항). 지방자치단체의 장은 승인한 사업계획서 및 예산서를 승인한 날부터 7일 이내에 보건복지부장관에게 제출하여야 한다.

행정감독의 강화과정에서 지방의료원의 업무처리과정을 관료화시켜 수많은 문서들과 불필요한 회의들을 양산하여 지방의료원의 부족한 인력들이 의료서비스

이외의 업무에 과도하게 시간을 낭비하게 할 우려도 매우 크다. 행정감독의 효율화를 위한 노력도 진행되어야 한다.[94]

또, 의료장비나 의료소모품의 구매과정을 중앙집중화함으로써 일견 비용절감과 부패방지에 유용한 듯 하지만 사립병원들에서의 통상적인 구매과정에 비해 매우 불합리하고 결과적으로 재정낭비를 불러일으킬 우려도 있다. 필요한 소모품이나 장비를 구매할 때 해당 지방의료원의 규모나 의료상품의 특성을 고려하여 관료화의 폐해를 방지하여야 할 것이다.

(2) 주민공시의 강화

2015년 지방의료원법은 지방의료원의 원장이 주민에게 공시해야 할 사항을 더 구체적이고 상세하게 규정하여, 지방의료원의 운영상황에 대한 주민공시를 강화했다. 2005년 법률에서 공시사항으로 규정했던 세입·세출결산서, 연도별 운영목표, 경상실적평가결과 그 밖에 운영에 관한 중요사항 이외에 공시의무를 부과한 사항들은 다음과 같다. 사업계획서, 임원 및 운영인력 현황, 인건비 예산과 집행현황, 원장과 직원 간 체결한 단체협약의 내용, 운영평가결과와 운영진단결과 및 조치사항, 정관, 규정 및 이사회 회의록, 지방자치단체의 장의 감사결과 또는 자체 감사 결과보고서 등이 추가되었다(지방의료원법 제24조).

보건복지부장관은 공시사항을 표준화하고 이를 통합하여 공시할 수 있는데, 원장에게 통합공시에 필요한 자료의 제출을 요청했을 때, 자료제출을 이행하지 아니하거나 거짓 사실의 공시 또는 거짓 자료의 제출을 한 때에는 해당 지방의료원으로 하여금 그 사실을 공고하고 허위 사실 등을 시정하도록 명령할 수 있으며, 해당 지방자치단체의 장에게 관련자에 대한 인사상의 조치 등을 하도록 요청할 수 있도록 규정했다(지방의료원법 제24조의2).

---

94) Phyllis E. Bernarda, PRIVATIZATION OF RURAL PUBLIC HOSPITALS: IMPLICATIONS FOR ACCESS AND INDIGENT CARE, Mercer Law Review 47, 1996, pp.1004-1005.

Ⅳ 농어촌지역에 있어 지방의료원의 설치운영과 사립병원과의 협력

1. 농어촌지역에서 지방의료원의 설치와 의료서비스의 내용

농어촌지역의 경우 주민들의 특성상 지방의료원이 수익성을 추구하기 어려워 수익성과 공공성의 조화가 매우 어렵다. 그렇지만 입법자는 공공성을 매우 강조하여 보건복지부장관이 "국민에게 양질의 공공보건의료를 제공하기 위하여" 의료수요를 예측하여 공공보건의료의 기본계획을 세우고 시·도지사는 지방의료원의 설치운영에 관한 공공보건의료 시행계획을 매년 세워서 시행하도록 하고 있다(공공보건의료에 관한 법률 제4조 제1항, 제3항).[95]

또, "농어촌 등 보건의료 취약지역의 주민 등에게 보건의료를 효율적으로 제공함으로써 국민이 고르게 의료혜택을 받게 하고 국민의 보건을 향상"시킬 목적으로 농어촌 등 보건의료를 위한 특별조치법을 제정하여, 의사·치과의사 또는 한의사 중 공중보건의사에 편입된 전문의료인력(병역법 제34조제1항, 농어촌 등 보건의료를 위한 특별조치법 제2조, 제5조)에 대해 농어촌지역의 보건소나 지방의료원 또는 위탁병원 등에서 일정 기간 동안의 복무를 의무화하고 있다.

농어촌지역중 어느 곳에 지방의료원을 설치할 것인가, 설치하는 경우 어떤 의료서비스를 제공하도록 할 것인가는 어떤 장소가 "국민의 기본적인 보건의료 수요를 형평성 있게 충족시킬 수" 있는가(공공보건의료에 관한 법률 제6조 제1항, 평등원칙), 주민들이 요구하는 의료서비스가 필수적인 의료서비스인가(필수성의 원칙), 민간병원들이 주민들이 요구하는 필수적인 의료서비스를 충분히 제공하기 어려운가(보충성의 원칙) 등이 고려되어 판단되어야 한다.

특히, 농어촌지역에서 지방의료원의 설치장소와 진료범위를 결정함에 있어 구체적으로 농어촌지역 환자들의 특성 등 다음의 요소들을 고려하여야 할 것이라고 본다.

---

95) 이 규정들은 단순한 권고규정이 아니라 농어촌 지역주민들에게 필수적인 의료서비스의 제공이 결핍이 예상되거나 확인될 때에는 최종적으로 국가나 지방자치단체는 직접 지방의료원을 설치하든가 아니면 다른 방법을 활용해서라도 필수적 의료가 적절하게 제공되게 할 책임을 지고 있음을 전제로 한 규정이라 할 것이다.

첫째, 농어촌지역의 환자들은 노인들이 많다. 노인들은 신경통, 관절염이나 천식 등을 앓는 경우가 많고 임플란트와 같은 치과치료의 수요도 높으며 만성질환자인 경우가 대부분이다. 노인들이 많이 필요로 하는 의료서비스에 대해서는 건강보험공단을 통해 보험급여가 이루어지고 있고 본인이 부담하는 부분은 적기 때문에 의료비용의 미지불 염려가 없어 수많은 개인병원들이 소도시나 읍과 같은 지역에 위치하며 이와 같은 의료서비스들을 제공하고 있지만, 수익성이 있는 의료서비스에 한정하여 공급하고 있다.

둘째, 소규모의 개인병원들이 대부분인 지역사정 때문에 고가의 의료장비를 갖춘 병원이 없거나 중환자실 또는 응급의료서비스를 제공하는 의료기관이 거의 없어 공공의료기관이 이러한 서비스를 보충적으로 제공하지 않으면 안 된다.

셋째, 농어촌지역에서는 다문화가정들이 급증하고 있고 외국인노동자들도 많이 살고 있다. 이들은 젊은 사람들이어서 산부인과나 소아과에 대한 수요도 크지만 그 숫자가 적어서 민간의료기관이 이 수요를 충족시키지 못하고 있다.

2. 농어촌지역 지방의료원에 대한 재정지원

농어촌지역의 경우 규칙적으로 소득을 창출하지 못하는 노인인구가 많다. 기초생활수급 대상자들과 같이 저소득층에 속해 의료급여 환자들이어서 보험료를 내지 않고 의료서비스를 제공받는 경우도 상당한 비율로 존재한다. 소득수준이 낮은 불법체류 외국인 노동자들도 존재하는데 이들은 건강보험의 적용을 못받고 있다.

공공보건의료에 관한 법률 제6조 제2항은 "국가와 지방자치단체는 공공보건의료기관의 설치·운영에 필요한 비용을 보조할 수 있다"고 규정하고 있다. 하지만, 현실적으로 지방의료원의 설치와 고가 장비 등의 구입 시 지방의료원은 지역개발기금에서 자본을 빌리고 그 채무의 상환의무를 지게 되는 경우가 많은데, 운영경비이외에 인프라건설비용과 장비구입비용에 대한 상환부담이 지방의료원의 재정에 지속적인 어려움을 야기하는 경우가 많다.

보건복지부장관과 시도지사는 공공보건의료에 관한 기본계획과 시행계획을 수립할 때, 인프라건설비용과 고가의 장비구입비용같은 비용은 국가와 지방자치단체의 자체예산으로 지불할 수 있도록 계획을 세워서 단계적으로 실천해 가는 것이 필요하다고 본다. 예를 들어, 지방의료원의 신·증축사업, 의료장비 구입, 노인요양병원·장례식장의 건축, 의사숙소의 건축 등에 대해서는 "지역주민의 건강 증진과 지역보건의료의 발전"(지방의료원법 제1조)의 책임을 지고 있는 지방자치단체와 국가가 재정지원하여 그 비용을 지출하여야 할 것이다. 지방의료원은 운영경비에 대해서만 자체 수익금으로 부담하도록 하는 것이 공공성의 보장과 적자확대방지의 이익 사이에서 실현가능한 절충방안일 것이다.

3. 사립병원들과의 협력

오늘날 교통이 발달하고 농어촌인구가 줄어들면서 기존의 지방의료원의 존속필요가 그다지 크지 않거나 제공하는 진료과목 중의 일부를 폐지시킬 필요가 있을 수도 있고 새로운 지방의료원의 설치가 필요하지 않을 수도 있다. 하지만, 이러한 경우에도 소수의 취약의료계층들을 위한 공공의료서비스에 대한 수요는 여전히 존재할 수 있다. 이와 같은 상황에서 국가와 지방자치단체는 소수의 취약계층에 대해서도 의료서비스의 제공에 대한 보장책임을 지고 있기 때문에 다양한 대안들에 대한 검토가 필요하다. 우리 법제는 다음의 대안들을 입법적으로 허용하고 있다.

첫째, 지방의료원의 경영과정에서 재정부실이 심해지거나 전문인력의 충원이 어려워질 수 있다. 이러한 경우 지방자치단체는 보건복지부장관의 승인을 얻어 지방의료원을 대학병원에 위탁하여 운영할 수도 있는데, 운영에 관해 필요한 사항은 조례로 정할 수 있다(지방의료원법 제26조 제3항). 현실적으로 위탁경영이 많이 이루어지고 있다.

둘째, 공공의료수요의 충족을 위하여 진료대상자, 진료과목, 진료가격 등을 중심으로 의료기관의 분포와 입지조건 등을 고려하여 특정 민간의료기관과 협약을 체결할 수도 있다. 이와 관련하여 공공보건의료에 관한 법률은 "보건복지부장관 또는 시·도지사 및 시장·군수·구청장은 공공보건의료사업을 추진하기 위하여 필요하면 의료기관과 협약을 체결할 수 있다"고 하고 있는데(동법 제16조 제2항), 이러한 민간병원은 "공공보건의료 수행기관"으로 인정되어(동법 제2조 제4호 라목), 의료취약지 거점의료기관으로 지정되면(동법 제13조), 의료시설 및 장비의 보조와 공중보건의와 같은 보건의료인력의 지원을 받을 수 있다.

셋째, 우리나라 공공의료기관의 형태상 보건의료원은 지방의료원보다 그 규모는 작지만 병원급 의료기관으로서 보건소와 달리 몇 개의 전공영역도 갖추고 의료서비스를 제공할 수 있으므로 의료수요를 고려하여 보건의료원의 설치를 고려할 수도 있을 것이다.

넷째, 인구가 매우 적은 여러 도서지역들의 주민들을 위해서는 양방 의료인력뿐만 아니라 한방 의료인력이 함께 정기적으로 여러 섬들을 순회하면서 의료서비스를 제공하고 있는데, 인구가 격감하고 있고 거동이 불편한 노인인구가 많은 농어촌지역에서도 순회출장서비스의 도입을 검토할 필요가 있다. 이것은 현행법에서도 가능한 방안일 것이다.

이상과 같은 대안들은 그 운영방식이나 행태에 따라서는 공공보건의료기관으로서 공공성을 보장하지 못할 위험성도 있다. 사립병원에서 보이듯이 수탁받거나 협약을 맺은 사립병원들이 의료서비스를 제공하면서 사기업의 전형적인 모습처럼 이윤극대화의 관점에서 운영을 할 수도 있는 것이다. 지방의료원의 직접 운영 이외의 대안들을 계획하고 시행함에 있어서는 지불능력의 유무와 상관없이 지역주민들에게 필요한 의료서비스가 보장되도록 하는 것이 주민들의 정치적 반발을 초래하지 않고 대안의 성공 여부를 결정짓게 될 것이다.[96] 때문에 수탁받거나 협약을 맺은 의료기관들이 공적 책임을 이행하는지 여부를 감시하기 위한 행정감독이 효과적으로 수행되어야 한다.

Ⓥ 결어

지방의료원은 공공보건의료기관으로서 보건의료 보장이 취약한 지역주민에 대한 의료사업을 수행하기 위해 지방자치단체에 의해 설립되어 운영되는 의료기관이다. 수익성이 강조되는 사립병원들과 달리 지방의료원의 설립과 운영에 있어서는 공공성의 관점이 중요한 의미를 갖는다.

하지만, 지방의료원은 경쟁적 시장상황에서 전문인력의 충원에서 큰 어려움을 겪어 왔다. 또. 시설과 장비의 조달과 병원의 운영과정에서 적자가 누적되면서 국

---

96) Phyllis E. Bernarda, a.a.O., p.1000.

가나 지방자치단체의 재정투입이 반복되어 왔다.

2005년 지방의료원법이 제정되기 이전에는, 지방공기업법이 지방자치단체가 "의료사업을 목적으로 설립한 지방공사"를 설립하여 취약계층과 주민들에게 의료서비스를 제공하도록 규정하였는데, 현행 지방의료원법은 진주의료원의 폐업사태를 경험하면서 2015년 재무부문에 대한 행정감독의 강화를 중심으로 대폭 개정되었다.

일부 농어촌지역과 같이 주민들의 특성상 지방의료원이 수익성을 추구하기 어려워 수익성과 공공성의 조화가 매우 어려운 지역들도 존재한다. 그렇지만, 국민건강에 대한 국가와 지방자치단체의 보호책임을 고려할 때, 지방의료원의 설립, 유지와 폐지의 결정에 있어 지방자치단체와 국가는 단지 경제적 사유를 넘어 국민의 생명과 건강보호의 필요를 중요하게 고려하여야 한다. 공공보건의료기관의 사회보장적 역할을 필요로 하는 곳이 명백하게 존재하는 상황에서는 재정적자를 이유로 지방의료원을 폐업하는 것은 적절치 않다. 국민의 생명과 건강에 직접적 영향을 미치는 특별한 상황에서는 지방의료원을 설치하고 폐지하는 결정을 함에 있어 국가의 직접 이행책임의 영역이 있음을 존중하여야 할 것이다. 다만, 지방의료원의 운영에 있어 공익성과 경제성이 조화를 이루고 원장의 경영자율성을 보장하면서도 그의 남용을 막을 수 있도록 효율적인 행정감독방안에 대한 다양한 대안들이 연구될 필요가 있다 할 것이다.

참고문헌

1. 국내문헌

김남순외 7인, 공공보건의료의 현황과 발전방안 : 지방의료원과 국립대 병원 중심으로, 한국보건사회연구원 보고서, 2014.

김유환, 민간의 참여와 협력에 의한 행정과 국가의 보장책임, 행정법학 제7호, 2014.

박재윤, 보장국가론의 비판적 수용과 규제법의 문제, 행정법연구 제41호, 2015.

이신호, 지방의료원 현황 및 발전방안, 진주의료원 정상화를 위한 해법과 지방의료원 활성화대책, 국회토론회 자료집, 2013.

_____, 공공의료시스템 재정립방안(진주의료원 정상화를 위한 2차 국회토론회 자료집), 2013. 5. 16.

보건복지부, "지방의료원 육성을 통한 공공의료 강화" – 관계부처 합동, 「지방의료원 육성을 통한 공공의료 강화대책」 확정, 보도자료(www.mw.go.kr), 2013. 10. 31.

2. 외국문헌

Bruce Siegel/Marsha Regenstein/Peter Shin, HEALTH REFORM AND THE SAFETY NET: BIG OPPORTUNITIES; MAJOR RISKS, Journal of Law, Medicine & Ethics 32, 2004.

E. Bruckenberger/S. Klaue/H.P. Schwintowski, Krankenhausmärkte zwischen Regulierung und Wettbewerb, 2006.

Lewis R. Goldfranka, THE PUBLIC HOSPITAL, Fordham Urban Law Journal 24, 1997.

Phyllis E. Bernarda, PRIVATIZATION OF RURAL PUBLIC HOSPITALS: IMPLICATIONS FOR ACCESS AND INDIGENT CARE, Mercer Law Review 47, 1996.

Stefan Huster/Markus Kaltenborn, Krankenhausrecht, 2012.

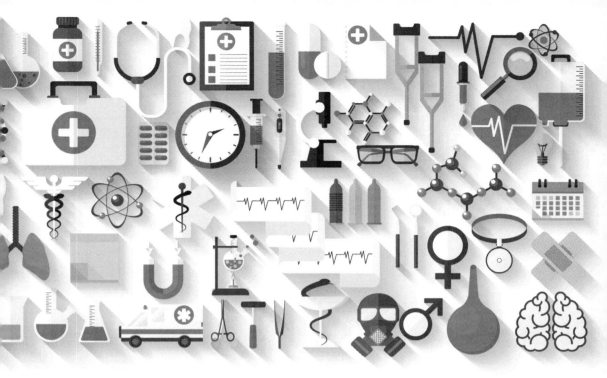

제5장

건강기능식품과
기능성 물질에 대한 규제의 정비

제1절

의약산업의 규제완화와 건강기능식품

Ⅰ 건강기능식품의 의의, 종류와 현황

1. 건강기능식품의 의의

건강기능식품이란 인체에 유용한 기능성을 가진 원료나 성분을 사용하여 제조(가공을 포함)한 식품을 말한다(건강기능식품에 관한 법률(이하 건강기능식품법이라 인용) 제3조 제1호).

첫째, 건강기능식품은 의약품[1]과는 구별되는 식품이다. 입법자는 식품의 개념을 적극적으로 정의하지 않고 '식품은 의약으로 취급되는 것을 제외한 모든 음식물'을 말한다고 하여(식품위생법 제2조 제1호), 소극적으로 정의하고 있다. 건강기능식품도 식품인 이상 질병의 치료나 사람의 구조와 기능에 대한 약리학적 영향을 가진다는 의약품의 특징을 표방하여서는 안 된다.

둘째, 건강기능식품이 일반 식품과 구별되는 부분은 인체에 유용한 기능성을 가진 원료나 성분을 사용하여 제조된다는 점이다. 여기서 '기능성'이란 인체의 구

---

[1] 의약품은 "사람이나 동물의 질병을 진단·치료·경감·처치 또는 예방할 목적으로 사용"하거나 "사람이나 동물의 구조와 기능에 약리학적 영향을 줄 목적으로 사용"하는 물품을 말하는데 현실적으로는 대한약전에 등재여부가 중요한 판단기준이 되고 있다(약사법 제2조 제4호).

조 및 기능에 대하여 영양소를 조절하거나 생리학적 작용 등과 같은 보건용도에 유용한 효과를 얻는 것을 의미한다(동조 제2호).

식품은 원칙적으로 규제기관의 사전심사를 받지 않고 시장에서 거래되므로 허가를 얻을 필요가 없고 생산자가 자기책임 하에 자유롭게 시장에서 판매할 수 있다. 하지만, 식품에 대해 입법자가 규정한 명령규범이나 금지규범을 위반하여 위해식품을 제조하거나 판매하게 되면 그 행위에 대해서는 사후적인 제제를 받게 된다(식품위생법 제4조). 예를 들어, 상하거나 유해물질이 들어 있거나 오염된 것들이 위해식품에 해당되게 된다.

식품 중에서 건강기능식품으로 표시될 수 있기 위해서는 기능성을 갖는 원료나 성분을 사용하여 제조되어야 한다. 우리나라에서 기능성 물질로 인정받기 위해서는 고시에 의해 공포된 물질로서 기준과 규격에 맞는 고시형에 적합하거나 신규물질인 경우는 규제기관으로부터 사전인정을 받아야 한다. 때문에, 식품과 건강기능식품의 구별은 형식적으로는 고시형에 속하는가의 여부 및 개별적으로 인정을 받았는가에 의해 구별되고, 실질적으로는 기능성 물질이나 원료를 그 성분으로 가지고 있는가에 의해 구별된다.

셋째, 건강기능식품은 건강기능식품법 제3조 제3호에서 언급한 기능성이 표시된 식품을 말한다. 시장에서 소비자들은 전통적으로 건강에 좋다고 여겨져 널리 섭취되어온 식품에 대해 건강식품, 건강보조식품, 기능성식품 또는 건강기능식품 등의 용어를 구별하지 않고 사용하는 경향이 있으나, 2003년 시행된 건강기능식품법이 제정된 후 전통적 식품과 달리 기능성 표시를 할 수 있는 식품으로 허용된 것은 '건강기능식품'일 뿐이다.

예를 들어, 마늘, 감초, 가시오가피, 산수유, 동충하초 등은 전통적으로 건강을 유지·증진시키는 데 효과가 좋다고 여겨져 널리 섭취해 온 식품이지만 식품의약품안전청에 의하여 인정된 건강기능식품은 아니다. 또, 과거 껌과 같이 대한약사회 등 민간단체가 건강증진에 유용한 것으로 인증해온 식품들은 건강기능식품이 아니어서 그러한 인증의 표시는 허위표시나 과장광고에 해당된다(식품위생법 제8조 제6호).

2. 건강기능식품의 종류

대상의 신규성, 성질과 출처 등의 기준에 의하여 건강기능식품은 다음과 같이 구별된다.

(1) 고시형과 개별인정형

건강기능식품법은 그 성분의 안정성과 기능성이 공인된 식품에 대해서는 그 기준과 규격을 건강기능식품공전에 등록 게재한 고시형 건강기능식품과, 새로이 그 성분의 안정성과 기능성에 대해 심사자료를 제출하여 인정받도록 한 개별인정 형 건강기능식품의 두 종류를 구별하고 있다(건강기능식품법 제14조 제1항, 제2항).

고시형 건강기능식품은 현행 건강기능식품공전에 등록되어 있는 제품을 개발·생산하고자 하는 경우로서, 건강기능식품공전의 기준규격에 적합한 제품을 생산하면 별도로 식품의약품안전청장의 사전인정이 필요하지 않다. 건강기능식품제조업의 허가를 받은 자가 건강기능식품을 제조하고자 하는 때에는 그 품목의 제조방법설명서 등을 구비하여 지방식품의약품안전청장에게 신고하면 된다(건강기능식품법 제7조).

개별인정형 건강기능식품은 식품업계, 제약업계와 연구자들의 노력에 의하여 천연자원물의 연구개발을 촉진하여 건강기능식품의 품목을 확대하려는 목적을 가지고 규정된 것이다. 개별인정형 건강기능식품의 제품개발을 위해서는 먼저 제조하고자 하는 자가 건강기능식품 제조업허가를 식품의약품안전청장으로부터 사전에 얻고 나서 기능성 소재를 발굴하여 그 기준과 규격을 식품의약품안전청장으로부터 인정받아야 한다. 기능성 소재의 안전성과 기능성을 입증할 수 있는 구비서류를 준비하여 식품의약품안전청장에게 신청하여야 하는데, 원료의 안전성과 기능성에 대하여 인체시험 등을 통하여 입증해야 할 수준과 강도는 의약품의 경우보다는 상당히 낮다.

(2) 생리활성형과 질병발생위험감소형

기능성 원료의 특성에 따라 식품의약품안전청장의 고시인 '건강기능식품 기능성 원료 및 기준·규격 인정에 관한 규정'(2011. 7. 8.) 제16조는 기능성 원료의 등급을 생리활성형과 질병발생위험감소형으로 건강기능식품을 나누고 있다.[2) 우리

---

2) 건강기능식품 기능성 원료 및 기준·규격 인정에 관한 규정 부칙(2010. 10. 29.) 제1조에 의해 2011년 11월 1일부터 효력이 발생한다.

나라의 건강기능식품법에서는 위와 같은 건강기능식품의 유형에 관하여 규정하고 있지 않는데, 이 구별에 대해 법률적인 근거규정을 둘 필요가 있다고 생각한다.

이와 달리 식품의약품안전청고시인 '건강기능식품의 표시기준' 제2조 제11호는 "기능성표시"에 대해 인체의 성장·증진 및 정상적인 기능에 대한 영양소의 생리학적 작용을 나타내는 영양소기능표시, 인체의 정상기능이나 생물학적 활동에 특별한 효과가 있어 건강상의 기여나 기능 향상 또는 건강유지·개선을 나타내는 영양소기능 외의 생리기능향상표시, 그리고 전체 식사를 통한 식품의 섭취가 질병의 발생 또는 건강상태의 위험감소와 관련됨을 표시하는 질병발생위험감소표시로 3분하고 있다.3) '건강기능식품의 표시기준'에 규정된 영양소기능표시와 영양소기능외의 생리기능향상표시의 유형은 '건강기능식품 기능성 원료 및 기준·규격 인정에 관한 규정'에 정의된 생리활성기능형을 다시 2분한 것이라고 볼 수 있을 것이다.

'건강기능식품 기능성 원료 및 기준·규격 인정에 관한 규정'은 '생리활성기능'을 가진 것에 대해 제출된 기능성 자료가 인체의 정상기능이나 생물학적 활동에 특별한 효과가 있어 건강상의 기여나 기능향상 또는 건강유지·개선을 나타내는 것을 말한다고 한다. 생리활성기능형은 다시 3등급으로 나누고 있다. 1등급은 탄수화물이 지방으로 합성되는 것을 억제하여 체지방감소에 도움을 주는 경우, 2등급은 전립선 건강의 유지에 도움을 줄 수 있는 경우, 3등급은 면역조절에 도움을 줄 수 있으나 인체적용시험이 미흡한 경우이다.

과거 식품위생법만이 존재하던 당시에도 건강보조식품·특수영양식품 및 인삼제품류의 경우에는 그 유용성과 관련하여 (1) 신체조직 기능의 일반적인 증진을 주목적으로 하는 표현(다만, 질병의 예방과 치료에 관한 사항을 표현할 수 없다), (2) 식품영양학적으로 공인된 사실의 표현, (3) 제품에 함유된 주요성분의 신체조직 기능에 대한 식품영양학적·생리학적 기능 및 작용의 표현이 허용되었었다(1989년 11월 30일의 식품위생법시행규칙 제6조 제3항 [별표 3]).

'질병발생위험감소기능'을 가진 것은 제출된 기능성 자료가 질병의 발생위험감

---

3) 국제식품규격위원회(Codex Alimentarius Commission)는 식품의 기능성표시를 인정하면서 2000년 5월 이후 영양소 기능표시(Nutrient Function Claim), 기타 기능표시(other function claim), 질병위험감소 기능표시(Reduction of Disease Risk Claim)의 3종류로 구분하고 있다. 기타 기능표시는 고도기능표시(Enhanced Function Claim)라는 명칭에서 개칭된 것이다. 이에 관한 더 상세한 소개는, 신효선, 식품의 건강강조표시, 효일, 2006, 38면 이하 참조.

소를 나타내며,[4] 확보된 과학적 근거자료의 수준이 과학적 합의(Significant Scientific Agreement)에 이를 수 있을 정도로 높은 것을 말한다. 질병발생위험감소형은 건강 기능식품이 과거 건강보조식품과는 질적으로 다른 것도 포함한다는 것을 명확하게 드러낸 것으로써 건강기능식품법이 제정되기 전에는 식품에 질병발생위험감소의 표시를 하는 것은 의약품으로 오인되게 하는 것으로 취급되어 제조업자나 판매업자를 형사처벌하였던 것이다.[5] 이와 같이 사업자의 자유권과 형사처벌여부에 중요한 영향을 미칠 수 있는 건강기능식품의 유형구별이 처음으로 식품의약품안전청장의 고시에 나타나고 있는 것은 기본권의 보장과 법치주의보장의 관점에서 문제 있는 것이라 할 수 있을 것이다.

건강기능식품은 생리활성기능형과 질병발생위험감소형의 모두 의약품과 달리 질병상태의 치료가 목적이 아니라 생체기능의 활성화를 통해 질병발생위험을 감소시키거나 건강유지나 증진을 목적으로 하고 있다는 한계를 갖는다. 때문에, '질병의 예방 및 치료를 위한 의약품이 아니라는 내용의 표현'을 하여야 한다(건강기능식품의 표시기준 제4조 제10호, 동 제6조 제10호).

3. 건강기능식품산업의 현황[6]

간편식품의 증가, 노령화 등으로 다양한 질병이 증가하고 있고 민간의 의료비 지출은 물론 국민건강보험의 지출이 증가하는 가운데, 식품 및 의약품 중 건강기능식품의 판매가 급증하고 있다.

2010년도 우리나라 건강기능식품의 매출액은 10,671억 원으로 2009년(9,598억

---

[4] 2012년 3월 현재 자일리톨이 질병발생위험감소형으로 인정받았다(제2004-2호). 자일리톨의 치아우식발생위험감소기능에 대해서는 과학적 합의에 이를 수 있을 정도로 상당한 수준의 근거자료가 확보되어 "플라그 감소, 산생성 억제, 충치균 성장을 저해시켜 충치발생위험을 감소시킬 수 있습니다"는 평가를 받았다. 식품의약품안전청, "기능성 원료 인정현황", 2008. 2. 11. 등록자료 참조.
[5] 판례는, 식품위생법 제11조 제1항 및 같은 법 시행규칙 제6조 제1항 제2호에서 식품에 대하여 질병의 치료에 효능이 있다는 내용 또는 의약품으로 혼동할 우려가 있는 내용의 표시·광고를 금지하고 있는 것과 관련하여, 이 법령조항들은 식품 등에 대하여 마치 특정 질병의 치료·예방 등을 직접적이고 주된 목적으로 하는 것인 양 표시·광고하여 소비자로 하여금 의약품으로 혼동·오인하게 하므로 금지한 것으로 이해하고 있다(헌재 2000. 3. 30. 선고 97헌마108 결정 참조).
[6] 이하의 통계자료는 식품의약품안전청이 2011년 12월 26일 발간한 2011년도 식품의약품통계연보 제13호(41-42면)을 참조한 것이다.

원) 대비 11.2% 증가하였다. 매출액 상위 5개 품목은 홍삼(5,817억 원, 54.5%), 개별인정제품(1,129억 원, 10.6%), 비타민 및 무기질 제품(991억 원, 9.3%), 알로에(584억 원, 5.5%), 오메가-3 지방산함유 유지(348억 원, 3.3%)이었다.

건강기능식품 품목수는 2009년 말 현재 11,185품목으로 2008년(9,189품목) 대비 21.7% 증가하였다. 품목수 기준 상위 3개 품목은 비타민 및 무기질 제품(2,857품목, 25.5%), 홍삼 제품(1,291품목, 11.5%), 개별인정제품(1,030품목, 9.2%)이었다.[7]

위와 같은 성장세에도 불구하고 건강기능식품시장은 현재 유통구조의 다각화, 식품대기업과 제약회사의 시장참여, 건강기능식품유형의 제형확대 등의 요인으로 겨우 성장초기단계일 뿐이라고 할 수 있을 것이다.[8][9]

Ⅱ　의약품규제로부터의 이탈

1. 규제완화를 통한 건강관련 식품산업의 육성 필요 – 정부와 시장의 역할의 재조정

종래 정부는 식품과 의약품을 엄격하게 나누어, 의약품은 안전성과 유효성의 검사를 거치고 이에 따른 제조 및 판매 등을 허가제로 엄격히 관리하여 왔지만, 식품은 일반적으로 식품의 제조와 판매는 규제하지 않는 대신에 인체의 건강을 해할 우려가 있는 위해식품의 판매 등을 금지하는 방식으로 관리하여 왔다. 그리고 식품에 대해서는 질병의 예방이나 치료의 기능을 표시하는 것을 허용하지 않았을 뿐만 아니라, 질병위험의 발생가능성을 감소시켜주는 사항을 표시하는 것은 허용하지 않았다.

또한, 국민 모두 국민건강보험제도의 적용을 받도록 함으로써 국민에게 질병

---

7) 식품의약품안전청, 식품의약품통계연보 제12호, 2010. 12. 8, 41-42면.
8) 김미경외 13인 공저, 건강기능식품, 교문사, 2010, 18-19면.
9) 미국에서도 건강기능식품산업은 급팽창하고 있다. 1994년에는 4,000개의 건강기능식품이 존재했으나 2008년에는 75,000개의 건강기능식품이 시장에 출현했다. Richard Potomac, "ARE YOU SURE YOU WANT TO EAT THAT? : U.S. GOVERNMENT AND PRIVATE REGULATION OF DOMESTICALLY PRODUCED AND MARKETED DIETARY SUPPLEMENTS", Loyola Consumer Law Review, 2010, p.91.

이 발생한 경우 의약품의 구입이나 병원에서의 질병치료와 관련하여 국민보험급여를 받도록 하였다.

위와 같이 의약품의 영역에서는 위험방지의 입장에서 강력한 진입규제를 유지하고 의료비 지출과 관련하여서는 사회연대적 입장에서 국민들의 의료비용의 개인부담을 대폭 완화시켜주는 제도를 유지해 왔다.

하지만, 지속적으로 국민들의 수명이 증가하고 노령화가 진전되면서 국민보험 재정의 건전성이 위협 받고 국민들의 보험료도 계속하여 상승하는 부담이 가해지면서 보다 근본적으로 정부개입의 영역 밖에서 국민 스스로 질병을 예방하고 관리할 수 있는 영역과 수단을 확대시키지 않으면 안 되게 되었다.

건강기능식품의 출현과 활성화는 예방의학적 차원에서 질병의 예방과 감소에 기여하여 의료비의 지출 및 보험급여의 지출을 줄여줄 것으로 기대되고, 국민의 건강에 대한 자기관리영역, 시장의 자율적 관리영역을 확대해 정부책임의 과부화 상태를 완화해 줄 것으로 기대될 뿐만 아니라, 시기적으로도 수요자와 공급자의 필요에 적절히 대응한 것이라고 볼 수 있을 것이다.

수요측면에서 볼 때, 경제성장과 함께 생활수준이 높아지면서 지불능력이 증가한소비자들은 건강에 대한 관심이 높아지고 있고, 사회에서 경쟁의 격화로 업무에 쫓겨 생활하면서 나타난 운동부족과 불규칙적인 생활, 건강진단기술의 발전으로 자신의 영양결핍요소에 대한 정보획득의 증가 등이 건강기능식품에 대한 수요를 증가시키고 있다. 공급측면에서는 식품가공기술의 발전으로 특정 성분의 추출기술이 널리 이용되게 되었고, 전통적인 건강식품들로부터의 추출물이 건강기능물질로 인정되는 경우가 증가하고 있을 뿐만 아니라 세계 각국에서 개발된 새로운 건강기능식품들의 수입도 늘어나고 있으며, 일반 식품에 비하여 높은 가격을 받을 수 있어 공급기업들에게는 높은 이윤을 창출해 주는 상품으로 각광받고 있다는 점 등이 최근 건강기능식품시장의 확대에 기여하고 있다.

한의약품의 경우 한의사들이 한의약품의 처방권 이외에 조제권을 갖고 더 나아가 제조권을 갖고 있어 제조와 처방·조제가 미분화상태이다. 또, 개별 한의사의 적은 자본규모와 한방제조기술의 비방화로 인해 우리나라에서 기업들이 식품의약품안전청장의 허가를 얻어 시판하는 한의약품이 지극히 드물어 한의약품의 제조산업이 저발전상태이다. 이에 비해 일본, 중국과 미국 등에서는 한방을 포함한 전통건강지식을 활용하여 기업들이 의약품이나 건강기능식품을 제조하고 그것에 대한 지적 재산권의 보호를 받는 경우가 점차 늘어나고 있다. 이것은 장래 우리나라의 의약산업의 발전에 중대한 문제요인이 될 소지가 크다.

천연물의약품과 건강기능식품은 현대의 과학적 분석기술을 이용하여 일정한 물질을 추출하여 제품을 만드는 방법을 사용함으로써 한약재를 배합하여 사용하는 전통적인 제조방법을 사용하는 한의약품에 비하여 세계시장에서도 통용될 수 있는 가능성이 높다. 또, 지역에 전래하는 건강관련식품을 이용한 산업을 촉진시켜 지역경제의 촉진효과도 기대되고, 전통적 민간지식을 이용하여 새로운 기능성 원료를 발굴함으로써 외국의 다국적 기업들의 특허에 제한받지 않는 새로운 상품들의 개발이 촉진될 수도 있다.

2. 건강관련 식품에 대한 규제의 변화

종래 건강기능식품법이 제정되기 전 건강에 유익한 특수한 기능성을 가진 식품들에 대해 식품위생법의 개정으로 '영양식품'은 1977년, '특수영양식품'은 1987년, 그리고 '건강보조식품'은 1989년 도입되었다.

1989년 식품공전은 건강보조식품에 대하여 "건강보조의 목적으로 특정 성분을 원료로 하거나 식품원료에 들어 있는 특정 성분을 추출, 농축, 정제, 혼합 등의 방법으로 제조, 가공한 식품"이라고 정의하였는데, 건강보조식품이 되기 위해서는 "의약품으로 사용된 식품이 아닌 것"이 요구되었다. 건강보조식품은 안정성과 기능성을 검증하기 위한 제출자료에 대한 규제기준이 불명확하고 기능성 표시의 내용이나 방법 그리고 소비자에 대한 복용방법의 설명 등에서 미흡하여 소비자의 신뢰를 그다지 얻지 못하였다.[10]

건강기능식품제도는 2002. 8. 26. 건강기능식품법을 제정·공포하여 2003. 8. 27.부터 시행 중인데, 건강기능식품의 안전성 확보 및 품질향상을 위해 평가기준을 보다 명확하게 하고 표시에 대한 규제기준도 정비하며 그 유형도보다 다양하게 함으로써 소비자의 신뢰를 확보하려 하였다. 특히, 과거 건강보조식품 당시와 비슷한 제품들에 대해 생리활성형으로 인정하면서도 건강기능식품의 새로운 유형으로 질병발생위험감소형을 인정한 것은 국민보건의 보호와 관련하여서도 중대한

---

10) 문상덕, 건강기능식품법의 현황과 과제, 법과 정책연구 제9집 제1호, 2009, 52−53면 참조.

의미를 갖는 것이다.

입법자가 건강기능식품이라는 새로운 식품 유형을 인정한 이유를 다음과 같이 정리해 볼 수 있을 것이다.

첫째, 종래 건강기능식품은 식품위생법의 적용으로 일반식품과 동일하게 취급되어, 건강기능식품을 제조·가공하고자 하는 업체는 식품공전 및 식품첨가물공전에 수록된 원료와 첨가물에 한정하여 제조할 수밖에 없었다. 이로 인해 국민건강의 증진에 도움이 되는 새로운 기능성원료의 개발은 촉진될 수가 없었다. 하지만, 식품 중에서도 의약품에 가까운 건강기능식품에 대하여는 의약품과 마찬가지로 화학적 첨가물의 사용을 적극적으로 허용할 필요가 있게 된 것이다.

둘째, 식품이나 식품에 함유된 영양소도 경우에 따라 일정한 약리적 작용을 할 수 있고, 사람의 건강증진과 질병의 치료 및 예방에 일정한 역할을 할 수 있다는 사실이 점차 받아들여지고 있으며, 이에 관한 과학적 연구성과도 축적되어 가고 있다. 영양학적으로도 식품영양과 질병 사이에 밀접한 관련이 있다고 알려져 있는데, 칼슘, 마그네슘과 같은 미네랄(Mineral), 그리고 비타민(Vitamin)은 생명현상에 필수적인 유기물로서 그 섭취가 부족하거나 균형이 깨어지면 질병을 유발하거나 악화시킨다고 한다. 이와 같이 어떠한 식품에 일정한 약리적 효능이 있다면 그에 관한 정확한 정보를 제공하는 것은 국민의 건강수준 향상을 위하여 필요한 일이라고 보지 않을 수 없는 것이다(헌재 2000. 3. 30. 선고 97헌마108 결정; 헌재 2004. 11. 25. 선고 2003헌바104 결정). 하지만, 과거 식품위생법의 규율에 따를 때, 새로운 건강기능성원료를 개발한 후에도 식품으로서의 일반적인 효능을 초월하여 가지는 유용성이나 기능성을 표시할 수 없었던 어려움이 있었다.

건강기능식품법은 기존의 식품위생법이 건강기능식품을 위와 같이 일반식품과 동일하게 규율하여 왔던 것이 잘못된 정책이었고, 이로 인해 건강기능식품 개발이 장려되지 못하고 지지부진하였다는 반성적인 고려에서 제정된 것으로, 법률사상 또는 법률이념의 변경에 따른 것이다(서울고등법원 2005. 1. 7. 선고 2004노2619 판결).

3. 건강기능성의 표시허용에 의한 전통 식품과의 차별화 승인

건강기능식품법이 시행되기 전에는 질병발생위험의 감소에 관한 신물질의 개발로 특허를 받았다 하더라도 그것에 대해 의약품으로 품목허가를 받지 않는 이상 식품으로 판매하면서 질병발생위험감소의 표시를 할 수 없었고 그러한 표시를 하게 되면 형사처벌을 받았다. 또, 식품이 의약품과 동일한 성분을 함유하였다고 하더라도 그 효능·효과의 광고에 있어서 의약품과 같은 효능·효과가 있다는 표시·광고는 금지되었다(헌재 2004. 11. 25. 선고 2003헌바104 결정).

식품에 대해 의약품과 유사한 인식을 주는 표시를 금지한 것은 제조업자와 소비자사이의 정보의 불평등으로 인한 시장실패를 보완하고 잘못된 광고로 인한 불특정 다수 소비자의 건강에 미치는 위해를 방지하기 위한 것이었다. 특히, 식품에 대해서 건강증진이나 질병발생위험감소관련 표시를 금지한 것은 입증되지 아니한 정보를 식품의 표시·광고에 이용하도록 하면 소비자는 적절한 치료시기를 놓칠 수 있고 식품의 유용성 광고에 현혹되어 필요하지 않은 제품을 구입함으로써 경제적 손실이 초래될 수 있기 때문이었다.

이 당시 법원은 현재는 건강기능식품으로 인정되어 있는 간기능 개선제인 클로렐라를 처음 개발한 기업이 특허를 받은 이후 클로렐라를 판매하면서 그 내용을 표시한 경우라도 "건강보조식품에 대하여 간기능 장해 개선제와 혈중 지질 개선제로 특허를 받았다고 하더라도 의약품으로 공인받지 아니한 이상 그 표시나 광고의 내용에 의학적 효능·효과가 있는 것으로 오인될 우려가 있는 표현이 허용되는 것은 아니"라는 이유로 형사처벌하는 것을 지지하였다(부산지방법원 2005. 9. 7. 선고 2005노2117 판결).

그러나, 건강기능성을 갖는 식품에 대해서까지 건강기능성의 표시를 금지시키면 국민건강에 관한 유용한 정보를 사장시키고, 식품의 약리적 효능에 관한 연구·개발, 건강보조식품 또는 식이식품의 개발·개선 및 보급도 위축시킴으로써, 오히려 국민의 건강수준과 국가전체의 보건수준 향상에 걸림돌이 될 수 있다. 또, 식품제조업자 등의 영업의 자유, 광고표현의 자유, 나아가 소비자의 행복추구권을 지나치게 제약하는 것으로서 헌법적으로 용인되지 아니한다고 보아야 한다(헌법재판소 2000. 3. 30. 선고 97헌마108 결정).

4. 건강기능식품의 제조에 대한 규제강도의 완화

현행법상 의약품은 그 제조업자나 수입자가 품목별로 품목허가를 받거나 품목신고를 하여야 한다(약사법 제31조, 제42조). 건강기능식품법은 건강기능식품의 제조의 경우 규격과 기준에 맞으면 신고만으로 제조할 수 있도록 하되(건강기능식품법 제7조, 제8조),[11] 식품기술사나 식품기사 또는 식품관련 대학 학과를 나온 후 일정 경력을 쌓은 자 등에게 '품질관리인'의 자격을 부여하고 건강기능식품의 제조시 품질관리인의 고용을 의무화하였다(건강기능식품법 제12조).

　건강기능식품에 대하여 각 품목마다 허가를 얻도록 하지 않고 신고만으로 제조하도록 한 것은 의약품과 비교하여 중대한 규제 완화라 할 수 있다. 의약품의 경우 시판 전에 막대한 시간과 비용을 투자하여 안전성·유효성의 입증을 위하여 임상시험이나 생물학적 동등성 시험을 거친 후 그 자료를 제출하여 허가를 받는 경우에만 소비자에게 판매될 수 있도록 하여 소비자보호를 강화하고 있지만, 이로 인해 의약품의 제조비용과 시간이 과다하게 필요하게 된다는 문제점을 안고 있었다. 건강기능식품의 경우 질병발생위험의 감소 표시를 허용하는 경우처럼 소비자들에게 거의 의약품과 유사한 효과를 광고할 수 있도록 허용해 주면서도 제조비용과 시간을 크게 경감시킬 수 있도록 한 것이다.

5. 건강기능식품 판매자의 자격에 대한 제한 철폐

　의약품을 판매할 때에는 의사의 처방에 따라 약사가 조제·판매하여야 한다. 건강기능식품의 경우 일반 식품보다 기능성을 강화하여 인체의 건강에 보다 직접적인 영향을 미친다는 점을 고려하면 건강기능식품을 판매할 때에도 어느 정도의 판매자의 자격규제가 필요한 것은 아닌지 의문이 생긴다.

　하지만, 우리 건강기능식품법은 건강기능식품의 판매와 관련하여 의약품과 달리 판매자나 그의 고용인과 관련하여 어떤 자격규제도 하지 않았다. 다만, 주로 위생상의 위해를 방지한다는 측면에서 위해 건강기능식품의 판매를 금지하였을

---

11) 다만, 건강기능식품의 제조 및 판매의 경우와 달리 계속적 사업으로서 제조업을 영위하고자 하는 자는 제조업허가를 사전에 얻도록 규정했고(건강기능식품법 제5조 제1항), 수입업과 판매업을 영위하고자 하는 자는 사전에 신고하도록 규정했다(건강기능식품법 제6조 제1, 2항). 건강기능식품의 제조업허가를 얻도록 한 것은 그 기능성 때문에 일반식품보다 국민건강에 더 위험성을 갖고 있는 상황에서 너무 쉽게 시장진입을 허용하면 피해사례가 많이 나타날 수 있고 자본규모의 영세성 등의 원인으로 너무 단기적으로 시장에의 진입과 퇴출이 발생하면 소비자는 피해를 입어도 그것에 대해 손해배상을 구하기도 쉽지 않기 때문이라고 볼 수 있을 것이다. 이러한 견해에 대해서는 제조업의 허가를 규정한 것은 과도한 진입규제라는 비판도 존재한다. 이세정, 건강기능식품법제에 관한 비교법적 연구, 한국법제연구원, 2006, 122－123면.

뿐이다(건강기능식품법 제23조).

건강기능식품은 일반 식품에 비해 기능성이 강화되어 그의 건강개선의 효능이 개선된 것은 물론이지만, 건강침해의 위험성도 높아진 것이라 할 수 있는데도 불구하고 판매자의 자격과 관련하여 아무런 자격규제를 가하지 않은 것은, 사업자들이 건강기능식품 판매시장에 보다 쉽게 참가하도록 하여 해당 산업을 촉진시키기 위한 것이다.

장래 판매자에게 일반 식품판매자보다 강화된 교육훈련을 의무화하거나 일정한 자격을 취득한 자만이 판매할 수 있도록 할 것인가 등의 대안들이 비교·검토되어 법개정으로 보완되어야 할 것이다.

Ⅲ 경쟁촉진적 규제에 의한 건강기능식품산업의 육성

1. 규격과 기준 규제방식에 의한 대체가능품목의 확대

건강기능식품법은 고시형과 개별인정형 모두에 걸쳐 규격과 기준을 공개하도록 함으로써 건강기능식품의 판매시장에 대한 신규 참가의 진입장벽을 크게 완화시키고 있다. 또, 한의약품의 경우에 문제되었던 표준화의 어려움을 극복하기 위해 건강기능식품의 경우 표준화를 통해 일관성 있는 제품이 생산되도록 하고 있다. 건강기능식품의 표준화는 원재료의 표준화, 제조공정의 표준화와 지표성분[12]과 분석방법의 선정을 통해 이루어지는데,[13] 다른 사업자도 재현 가능하도록 함으로써 품질의 균질성보장에 기여할 것이다.

고시형의 경우 식품제조업허가를 가진 신규참여희망자는 공전에 게재된 규격과 기준에 맞추기만 하면 개별적으로 자신의 제품을 인정받을 필요 없이 식품의약품안전청장에게 단순히 신고(건강기능식품법 제7조, 제8조)함으로써 자신의 제품을 시장에서 판매할 수 있게 된다. 이를 통하여 시장에서 유사한 기능성을 갖는 대체가능품목이 신속하게 증가할 수 있게 되는 것이다. 또, 규격과 기준에 의한 정형

---

12) 건강기능식품 기능성 원료 및 기준·규격 인정에 관한 규정 제2조 제1항 제3호에 따를 때, 지표성분이란 "원료 중에 함유되어 있는 화학적으로 규명된 성분 중에서 품질관리의 목적으로 정한 성분"을 말한다.
13) 김미경외 13인 공저, 전게서, 70−76면 참조.

화는 사업자의 비용경감 및 소비자에 대한 광고홍보비용을 감축할 수 있게 해준다.

개별인정형의 경우에는 인정심사를 거치도록 하되 일정기간의 배타적 독점권의 보장기간이 끝나면 고시형으로 전환해 다른 사업자들의 참여를 쉽게 하도록 하고 있다.

2. 기능성 원료물질의 확대 – 식·약 공용 한약재가 기능성 원료가 될 수 있는가?

2011. 6. 21. 개정된 식품의약품안전청 고시인 '건강기능식품의 기준 및 규격' Ⅰ. 공통 기준 및 규격에서는 건강기능식품 제조에 사용할 수 없는 원료로 '의약품의 용도로만 사용되는 원료 등 섭취방법 또는 섭취량에 대해 의·약학적 전문지식을 필요로 하는 것'이라고 하고 있는데, 이것은 식품위생법 제2조 제1호에서 의약품을 식품의 개념에서 제외시키고 있는 법률의 취지에 따른 것이다.[14] 이 규정은 '건강기능식품의 기준 및 규격'의 개정(2011. 6. 21.) 이전에는 폐지된 '건강기능식품에 사용할 수 없는 원료 등에 관한 규정' 제3조에 있었던 것으로 제3조 제1호에서 한약조제지침서에서 수재되어 있는 품목으로 원료의 종류 및 함량이 동일한 것을 건강기능성 원료에서 제외하고 있었다.[15][16]

하지만, 건강기능성 원료와 의약품의 원료는 동일한 경우도 많고, 캐나다 같은 경우는 천연건강물질에 대해서는 한약재이든 한약재가 아닌 식물에서 추출한 것이든 동일한 법령의 적용을 받도록 하고 있으며,[17] 우리나라에서도 한약재의 경

---

14) 식품위생법 제2조 제1호에서 식품이란 "모든 음식물(의약으로 섭취하는 것은 제외한다)을 말한다"고 하고 있듯이, 의약품으로 인정되는 것은 식품으로 인정될 수 없는데, 건강기능식품도 특수한 '식품'이기 때문에 의약품이면서 동시에 건강기능식품으로 인정될 수는 없는 것이다.

15) 2011. 7. 8. 전면 개정된 '건강기능식품 기능성 원료 및 기준·규격 인정에 관한 규정' 제14조 제10호에서도 기능성 원료로 인정받기 위해서는 "의약품과 같거나 유사하지 않음을 확인하는 자료"를 제출하도록 하고 있다. 다만, 단서 규정으로 3가지 이하의 원료로 구성된 것은 건강기능성 원료로 포함될 수 있는 것으로 규정하였다.

16) 식품의약품안전청의 고시가 법률이나 법규명령에서 명시적 위임 없이 제정되면서 사업자나 소비자의 권리를 제한하도록 규정한 것은 문제이다. 왜냐하면 대법원 판례(대법원 1987. 9. 29. 선고 86누484 판결)에 따를 때, 법규성을 갖는 법령보충규칙으로 인정되려면 법률이나 법규명령에 의하여 명시적 위임이 있어야 하는데, 식품의약품안전청의 고시들은 '건강기능식품에 사용할 수 없는 원료 등에 관한 규정'과 같이 상위법령의 명시적 위임 없이 제정되고 있기 때문이다. 동지. 조태제, 건강기능식품법의 문제점과 개선방안, 법과 정책연구 제9집 제1호, 2009, 25면.

우 그 용도에 따라 식품으로 인정되는 경우도 있고 의약품으로 인정되는 경우도 있는 등,[18] 특정 천연건강물질이 건강기능성식품의 원료가 될 수 있는지가 명확하지 않은 경우가 상당히 존재한다.

때문에, 고시에서 간단하게 '의약품의 용도로만 사용되는 원료 등 섭취방법 또는 섭취량에 대해 의·약학적 전문 지식을 필요로 하는 것'이라고 하거나, "의약품과 같거나 유사하지 않음을 확인하는 자료"를 제출하도록 요구하는 것만으로는 이러한 불명확성이 명확하게 해소되지 않는다. 법률에서 한약재를 포함한 의약품 원료와 기능성 원료의 관계를 명확히 할 수 있는 근거를 마련하고 행정입법에서 그것을 세부적으로 구체화하는 것이 필요하다.

식·약 공용 한약재가 존재하는 상황에서는 한약재이면서 건강기능식품원료로서의 성격도 동시에 갖는 물질의 존재를 승인할 수밖에 없을 것이다. 유럽에서도 식품이면서 동시에 의약품이기도 한 "이중용도"(Dual–Use) 식품의 존재가 건강기능식품제도의 도입에 중요한 영향을 미쳤는데, 이 식품들은 의약품의 엄격한 진입 규제요건을 충족하기에는 과학적 지식과 정보가 부족하지만 일정 범위에서는 건강의 증진에 영향을 미친다는 점이 인정되어, 그 정보를 소비자에게 전달하고 제조판매업자들의 이윤추구동기를 자극하여 이 시장을 촉진시킬 필요가 있다고 보았던 것이다.[19]

전통한방지식을 이용하여 의약품이나 건강기능식품으로 개발되도록 하고 그 지적 노하우를 지적 재산권으로 보호하는 것이 중국 및 일본과의 경쟁관계에 비

---

17) 캐나다에서 건강기능식품은 천연건강물법(Natural Health Products Regulations)에 의해 규제되고 있는데, 천연건강물질을 의약품이나 식품과 다른 제3의 범주로서 인정하면서도 미국이나 우리나라와 달리 시판 전 제조허가를 얻도록 하고 있다. Greg Lindquist, DIET STARTS MONDAY: AN ANALYSIS OF CURRENT U.S. DIETARY SUPPLEMENT REGULATIONS THROUGH AN INTERNATIONAL COMPARISON, Saint Louis University Journal of Health Law & Policy, 2009, pp.142–143.

18) 2007. 11. 20. 기준으로 식품공전 [별표 1](식품에 사용할 수 있는 원료)~[별표 2](식품에 제한적으로 사용할 수 있는 원료) 등을 기초로 식품의약품안전청이 "식·약 공용 한약재" 중 집중관리대상목록으로 분류한 것은 구기자, 녹용, 갈근, 단삼, 숙지황 등 119목에 달한다. 식품의약품안전청, 2007. 11. 20, "식·약 공용 수입 한약재 관리 강화" 보도자료(홈페이지(www.kfda.go.kr)에 게재) 참조.

19) Mark Delewski, "Risikosteuerung im Nahrungsergänzungsmittelrecht", Zeitschrift für gesamte Lebensmittelrecht, 2005, S.646.

추어 매우 시급하다는 점에서도 안전성이 높은 일부의 한약재들에 대해서는 건강기능식품의 원료로 인정한다는 명시적인 근거를 마련하고 해당 한약재의 종류를 명확하게 밝히는 것이 필요하다고 본다.

3. 오리지널 제조자에 대한 단기간의 배타적 독점권의 인정을 통한 후발주자의 이익과의 조정

식품의 건강기능성 인정의 효과와 관련하여 개별인정형에 대해 배타적·독점적 권리를 인정하고 있다. 즉, '건강기능식품의 기능 및 규격' 총칙 5에서는 '기능성 원료별 기준 및 규격의 추가 등재'에 관하여 규정하면서 공전 Ⅱ. 개별 기준 및 규격에 추가로 등재할 수 있는 경우에 관하여 다음과 같이 언급하고 있다. "건강기능식품의 기능성 원료로 인정받은 후 품목제조신고 또는 수입신고한 날로부터 2년이 경과하였거나 3개 이상의 영업자가 인정받은 후 품목제조신고 또는 수입신고한 경우"에 비로소 후발주자는 개별인정형 건강기능식품의 품목제조신고를 할 수 있도록 했다. 다만, 그 기간을 2년이라는 단기로 하여 후발주자의 이익과의 조정을 꾀하고 있다.

오리지널 개발자의 이익을 보호할 현실적 필요를 인정한다 하더라도 법률과 법규명령에 근거를 두지 않고 식품의약품안전청의 고시인 '건강기능식품의 기능 및 규격'에 비로소 처음 규정한 것은 오리지널 개발자의 권리보호 측면에서 중대한 문제를 야기하고 있다. 특허권의 보장기간(20년)이나 자료독점권의 보호기간(미국의 경우 5년)[20] 등과 비교하여 그 보호기간의 타당성과 관련해서도 의문 시 된다. 또, 권리보호방식과 관련해서도 오리지널 개발자의 배타적 독점권을 적극적으로 인정하는 방식을 취하지 않고 소극적으로 후발주자가 개별인정신청을 하는 것을 제한하는 방식으로 접근하는 것도 문제된다. 입법적으로 시급하게 정비되어야 할 것이다.

4. 건강기능식품협회에의 공공기능의 위탁 ─ 건강기능식품의 구체적 표시내용의 위임

건강기능식품시장이 급속하게 팽창하고 있는 상황에서 심사해야 할 개별품목

---

20) 선정원, 의약법상 자료독점권에 관한 고찰, 행정법연구 제25호, 2009, 371면 참조.

들도 급증하고 있기 때문에 건강기능식품법 제16조에서는 표시기준에 대해서 식품의약품안전청장이 제정하도록 하되 그 표시내용에 대한 심사업무는 민간단체에 위탁할 수 있도록 규정하고 있다. 이를 근거로 '건강기능식품의 표시기준'(식품의약품안전청장의 고시)이 제정되어 한국건강기능식품협회가 표시내용에 대한 심사업무를 담당하고 있다. 이 심의결과에 대하여 이의가 있는 자는 심의결과를 통지받은 날로부터 1개월 이내에 식품의약품안전청장에게 이의를 제기할 수 있다(건강기능식품법 제16조의2 제1항).

인력이 제한된 행정청이 표시심사업무를 독점적으로 수행하게 되면 그 심사절차는 상당히 지체될 것이므로, 민간단체인 한국건강기능식품협회를 활용함으로서 그들의 전문성과 인력에 의존하여 심사시간을 절약하고 행정비용을 줄일 수 있게 된 것이다. 이와 같은 규제완화와 공공업무의 민간위탁은 건강기능식품 시장에의 신규참가를 촉진시키게 될 것이다.

하지만, 건강기능식품의 기능성 표시의 내용과 한계는 제품에 대한 소비자의 신뢰 여부나 사업의 성공 여부, 그리고 의약품으로의 오인광고 여부 등에 중요한 영향을 미친다. 공공업무를 위탁받은 민간단체가 업무를 수행하면서 공공성을 침해하는 경우도 자주 발생하고 있기 때문에 식품의약품안전청은 한국건강기능식품협회의 표시심사업무의 수행이 적법하고 공정하게 이루어지고 있는지에 대해 충실한 감독을 하여야 한다. 특히, 심사에 있어 전문성과 공정성이 유지되고 있는지 표시신청자의 불법적인 유인행위에 포획되고 있지는 않은지 적절한 감독이 이루어져야 할 것이다.[21]

5. 제형규제의 철폐를 통한 경쟁의 촉진

2003년 제정된 건강기능식품법 제3조 제1호에서는 건강기능식품의 제형으로 "정제 · 캡셀 · 분말 · 과립 · 액상 · 환 등의 형태"만을 인정하고 있었다. 이 조문에서는 명시적으로 6개의 제형을 열거하면서 '등'이라고 하여 제한적 열거가 아니라

---

21) 기능성표시에 대한 심사업무가 민간에게 위탁된 것은 국가의 업무처리방식이 직접 공공임무를 처리하고 책임지는 이행책임방식(Erfüllungsverantwortung)에서 그 업무의 직접적인 처리는 민간에게 맡기지만 최종적인 공익보호의 책임을 국가가 지는 보장책임방식(Gewährleistungsverantwortung)으로 바뀌었다는 것을 의미할 뿐 국가의 공익보호책임이 전적으로 면제된 것을 의미하는 것이 아니다. Patrik Scholl, Der private Sachverständige im Verwaltungsrecht, 2004, S.324-326.

예시적 열거임을 나타내고 있었으나, 실무상으로는 위의 6개의 제형만 인정되고 있었다. 이 제형들은 종전 식품위생법에 규정되었던 영양보충용식품 등에서 인정되던 고형, 편상형, 젤리형, 막대형, 페이스트형 등의 제형 규정을 그대로 따른 것이었다.

제정 당시 제한적으로 제형을 인정한 입법태도에 대해서는 찬반론이 주장되었다. 제형을 자유롭게 인정해야 한다는 입장에서는 제형의 자유화가 신제품의 개발을 촉진할 것이라고 주장했다. 제형자유화에 반대하는 입장에서는 제형이 지나치게 자유화되면 제품형태에 따라서는 의도한 기능성이 제대로 유지되지 않을 수 있고, 소비자가 건강기능식품을 일반식품과 구별하기 어려울 수도 있다는 점을 논거로 제시했다.[22]

2008. 9. 22. 개정된 건강기능식품법 제3조 제1호는 제형에 관한 기술을 삭제하고 건강기능식품이란 "인체에 유용한 기능성을 가진 원료나 성분을 사용하여 제조한 식품"을 말한다고 규정하여 산업촉진에 필요하다는 주장을 지지하였다. 이로써 건강기능식품에 대한 제형규제는 완전 철폐되었다고 할 수 있을 것이다.[23]

하지만, 건강기능식품도 식품이라는 성격을 가지는 한 제형이 무제한적으로 자유로울 수는 없다고 보아야 할 것이다. 식품위생법 제2조 제1호에서는 식품이란 "모든 음식물(의약으로 섭취하는 것은 제외한다)을 말한다"고 규정하고 있다. 음식물이란 사람이 먹거나 마실 수 있는 것을 의미하므로 먹거나 마시기에 적합하지 않은 형태로 기능성 원료를 제조하더라도 그것을 건강기능식품이라고 할 수는 없을 것이다. 최근 일본과 한국에서 인기를 끌고 있는 비타민주사제는 비타민을 인체의 혈관에 주사기를 이용하여 직접 투입하는 것인데, 이 행위를 먹거나 마시는 것이라고 볼 수는 없을 것이기 때문에 비타민주사제는 건강기능식품이라고 할 수는 없을 것이다.

하지만, 비타민주사제를 건강기능식품으로부터 제외하게 되면 건강기능식품법상의 규제도 받지 않게 될 것이다. 비타민주사제의 원료인 비타민C 등은 건강 기능성 원료이므로 의약품도 아니다. 따라서 병원에서 비타민주사제를 투여받는다

---

22) 심영, 건강기능식품 산업변화에 따른 법령개선방안에 관한 연구, 법학연구(연세대) 제38호, 2008, 14면 참조.
23) 심영, 상게논문, 15면 이하에서는 제형규제철폐의 보완방법으로 건강기능식품의 형태를 크게 규격화형태와 일반식품형태로 나누자는 견해를 제시한다.

하더라도 그것만 가지고 의약법상의 규제를 적용할 수도 없다. 비타민주사제의 오용으로 인한 부작용을 방지하기 위하여 건강기능성 원료 및 성분을 이용하지만 건강기능식품에 해당되지 않는 제품들에 대한 규제가 새롭게 정비되어야 할 것이다.

6. 영세사업자의 계속적 영업능력의 부족과 규제강화 또는 재정적 지원 강화의 필요

일반식품판매의 경우 장비와 시설의 설치에 대한 부담이 작아 영세사업자들의 참가가 활발한데, 건강기능식품의 경우에도 의약품과 달리 시판 전 허가가 필요 없어,[24] 적은 비용으로 영세사업자들이 판매에 뛰어들 수 있어서 영세사업자들이 매우 많은 상황이다.[25]

자본의 영세성은 사업의 지속가능성을 약화시켜 건강기능식품을 제조, 판매하는 영세사업자들이 6개월 이상 영업활동을 중지하여 식품의약품안전청으로부터 영업허가를 취소당하는 경우도 상당히 존재하고 있다.[26] 건강기능식품의 경우 효과를 발생하기 위해서는 상당히 장기간 복용이 필요할 수도 있고 판매자가 판매 후에도 부작용 발생 시 상품에 대한 사용상의 주의사항에 관한 질문에 답해야 하는 경우도 있는데 지나치게 영세한 사업자들이 수시로 교체되는 것은 문제가 있

---

24) 우리나라와 달리 우리나라의 건강기능식품을 포함하여 모든 천연건강물질(National Health Products)을 시장에 판매하기 전에 감독청의 허가를 얻을 것을 요구하는 캐나다에서는 허가획득비용 때문에 영세사업자들의 시장참여가 어렵고, 허가신청의 획득에까지 너무 오랜 시간이 걸린다는 비판이 제기되고 있다. Bill Reynolds, Canada Prepares for New Supplement Regs, Naturalproductsinsider.com(29 July, 2002), www.natural−productsinsider.com/articles/2002/07/canada−prepares−for−new−supplement−regs.aspx 및 Len Monheit, Canada: The Status of Natural Health Product Regulations, Nutraceuticals World, July−Aug. 2006, p.42, 44. 그리고 Greg Lindquist, a.a.O., p.144 참조.

25) 건강기능식품 업체는 매년 증가하고 있는 추세로 2007~2010년 동안 평균 14.5% 증가하였다. 2010년 현재 일반판매업이 70,753개소로 전체의 93.8%를 차지하고 있으며, 수입업(2,818개소, 3.7%), 유통전문판매업(1,481개소, 2.0%), 전문제조업(361개소, 0.5%), 벤처제조업(36개소, 0.1%)의 순이다. 식품의약품안전청, 식품의약품통계연보 제13호, 2011. 12. 26, 42면 참조. 제조업체도 영세한 업체가 많지만 제조업체보다는 판매업체가 압도적으로 많고 그 규모도 영세한 상황이다.

26) 2010년의 경우 정당한 이유 없이 6개월 이상 휴업으로 영업허가를 취소당한 건강기능식품업체들은, 행복한 농장, 하나에프티, 국제식품, 경인제약, 바이럼, 굿푸드라이프, 에스비아이 이외에 2011년의 경우는 BS식품, 상일, 인산가, 이제 등의 기업들이 있었다. 식품의약품안전청 홈페이지(www.kfda.go.kr) 행정처분 자료 참조.

다고 할 것이다.

이상의 문제점들을 해결하기 위해 사업자에 대해 자본, 시설과 인력 등에 대한 규제를 새로 도입하거나, 아니면, 일정한 기준을 충족한 우수사업자(판매업자포함)에 대해 적절한 재정적 인센티브(조세감면 포함)을 제공하는 등의 방식이 검토될 필요가 있다고 본다.

Ⅳ 국민건강에 대한 국가의 보호책임강화를 위한 법적 개선방안

1. 국민의 건강보호를 위한 국가책임의 법적 근거

근대와 달리 현대에서 국가가 식품에 대해 국민건강의 보호를 위한 입법정책의 수단으로 삼은 것은 농업과 식품제조업의 발전으로 식품의 생산을 어느 정도 조종하는 것이 가능해졌기 때문이다. 또, 식품을 이용하여 국민의 건강을 침해하거나 허위의 정보를 제공하여 폭리를 취하는 것을 방지하고 더 나아가 국민건강을 증진시킬 필요성을 국가가 중대한 국가임무로 인식하였기 때문이라 할 수 있을 것이다.

국민보건의 영역에서 헌법은 국가에게 국민건강의 보호임무를 부과하고 있다.[27] 이에 따라, 식품위생보호를 위하여 전통적으로 기본법의 역할을 담당해온 식품위생법 제1조는 "식품으로 인하여 생기는 위생상의 위해를 방지하고 식품영양의 질적 향상을 도모"하며, "식품에 관한 올바른 정보를 제공하여", "국민보건의 증진에 이바지함"을 목적으로 한다고 규정하고 있다. 또, 건강기능식품법 제1조는 "건강기능식품의 안전성 확보 및 품질향상과 건전한 유통·판매를 도모함"으로써 "국민의 건강증진과 소비자보호에 이바지함"을 목적으로 한다고 규정하고 있다.

건강관련산업의 촉진필요성을 인정하여 국가가 건강기능식품을 중요한 입법정책수단으로 삼아 의약품과 비교하여 규제기준을 완화한다고 하더라도 국가는 국민건강보호의 임무를 포기할 정도로 규제를 완화하여서는 안될 것이다.

---

27) 우리 헌법 제36조는 "모든 국민은 보건에 관하여 국가의 보호를 받는다"고 규정하고 있다.

2. 건강기능식품 인정 등의 법적 성격과 권리구제

'건강기능식품의 기준 및 규격'(식품의약품안전청 고시 제2011－68호)은 건강기능
식품공전으로도 불리우는데 비록 고시이지만 건강기능식품법 제14조 제1항의 위
임을 받아 제정된 것이다. 법률에서 보건복지부장관도 아닌 식품의약품안전청장
에게 고시로 제정하도록 위임한 것은 매우 특수한 예외에 속하는데 식품의약품안
전청이 청조직으로 독립되어 있고 식품과 의약품 등에 관한 업무의 전문성이 높
기 때문에 그러한 사정을 입법자가 고려한 것으로 보인다. 이 공전의 법적 성격은
상위 법령으로부터 명시적 위임을 받아 제정되어 있고 상위 법령의 내용을 보충
하고 있기 때문에 우리 판례에서 말하는 '법령보충규칙'에 속한다고 할 수 있을
것이다.

건강기능성의 인정행위, 표시행위, 재평가후 규격과 기준의 철폐행위의 법적
성질은 행정행위라고 볼 수 있다. 또, 고시형 신고의 수리를 거부하는 행위도 사
업자의 영업의 자유를 제한하므로 행정행위라고 볼 수 있을 것이다.

건강기능식품은 일반식품과 다르기 때문에 개별인정형의 인정심사에서는 안전
성심사이외에 기능성의 심사, 즉, 유효성의 입증과 평가의 문제가 등장한다. 건강
기능식품의 경우에도 의약품과 마찬가지로 건강에 미치는 긍정적 효과와 기능성
강화에 따른 건강침해위험의 비교형량을 통해 적어도 긍정적 효과가 침해위험보
다는 훨씬 커야 건강기능식품으로 인정될 수 있다.[28] 비교형량의 결과는 개별인
정형의 경우 인정여부에 영향을 미칠 것이다.

건강기능식품의 표시내용에 대한 심사업무는 한국건강기능식품협회가 담당하
고 있다(건강기능식품법 제16조). 사업자가 판매하려는 식품에 대해 건강기능식품의
표시를 할 수 있는지, 표시할 수 있다 하더라도 어떤 표시를 할 수 있는지는 매출
에 큰 영향을 미치는 사안으로서 건강기능식품의 표시와 관련되는 이익은 법적
보호이익이라 할 수 있을 것이다. 때문에 건강기능식품법도 이 심사결과 및 재심
결과에 대하여 이의가 있는 자는 1개월 이내에 식품의약품안전청장에게 이의를

---

28) Jochen Taupitz, "Sicherheit und Wirksamkeit gesundheitsbezogener Lebensmittel :
Rechtsnormen, Bewertung, Risiko, Entscheidung", Zeitschrift für gesamte Lebensmittelrecht,
2008, S.297－298.

제기하도록 하여 불복할 수 있는 특별심판절차를 마련해 두고 있다(건강기능식품법 제16조의2 제1항).[29] 이러한 점을 고려할 때, 건강기능식품의 표시업무를 처리하는 범위에서 건강기능식품협회는 이른바 '공무위탁사인'으로서 행정청으로서의 지위를 갖는다고 생각된다.

인정거부행위, 사업자의 표시신청에 대한 거부행위 및 재평가 후 규격과 기준의 철폐행위 등과 관련하여 행정절차법에서 규정한 당사자들의 절차법적 권리의 보호문제가 발생한다. 처분의 취소 시 사전통지와 의견제출기회를 주었는지 여부와 처분 시 이유제시를 했는지, 그리고 일정한 경우 청문을 거쳐 취소결정을 했는지가 문제될 수 있을 것이다.

건강기능식품과 관련된 고시들이 상위법령에 근거를 두고 제정되어 있는 경우에는 법령보충규칙으로서 법규성이 인정되는 것으로 볼 수 있다. 더 나아가 일부 규정들(예, 고시형으로의 등재규정 등)은 처분법규로서의 지위도 갖는다고 보여지므로 처분취소소송 등의 대상이 될 수도 있을 것이다.

3. 신청자의 자료제출의무의 내용, 범위와 절차형식의 개선

어떤 식품의 기능성이 높아지는 것은 건강에의 위험성도 높아지는 것이기 때문에 일반 식품에 비하여 건강기능식품의 경우 그 안전성과 유효성에 대한 평가기준이 더 강화되어야 한다.[30] 때문에, 평가방법에 있어서도 단순히 눈으로 보는 것과 같은 관능검사로는 부족하고 과학적 실험에 기초한 분석자료를 제출 받아 그것을 기초로 검사하는 것이 요구된다. 하지만, 이로 인해 사업자나 감독기관의 비용이 증가하게 된다.

여기서 관건이 되는 것은 우선 제조가공되는 건강기능식품에 대해 그의 안전성과 유효성의 과학적 증명을 어떤 수준까지 하도록 입법자가 요구할 것인가 하

---

29) 건강기능식품의 표시 및 광고를 규율하기 위해 제정된 '건강기능식품 표시 및 광고 심의기준' (식품의약품안전청 고시 2009 – 178호) 제6조는 식품의약품안전청에 이의신청을 하기 전에 심의결과에 이의가 있는 신청인이 심의기관인 한국건강기능식품협회에 재심사를 신청할 수 있도록 규정하고 있다. 이와 같은 재심의권도 일종의 특별행정심판권에 속하는 것으로 볼 수 있을 것이다. 특별행정심판을 원칙없이 남설하는 것은 국민의 권익구제를 지연시키는 효과가 있으므로 문제가 있다고 본다. 한국건강기능식품협회내에 재심의절차를 별도로 둔 것이 적절한지 재검토를 요한다 할 것이다.

30) Jochen Taupitz, a.a.O., S.296.

는 점이다. 안전성과 유효성을 입증할 과학적 자료의 제출의무의 내용과 범위가 문제된다. 자료의 준비에 지나치게 시간과 비용이 많이 걸리면 산업촉진이라는 입법자의 의지가 퇴색하게 되고 그 의무의 내용이 너무 약한 수준의 것이 되면 소비자의 건강은 위협받게 될 것이다.

우리 건강기능식품법 제15조 제2항은 고시되지 아니한 건강기능식품의 원료 또는 성분에 대하여는 영업자로부터 당해 원료 또는 성분의 안전성 및 기능성 등에 관한 자료를 제출받아 검토한 후 건강기능식품에 사용할 수 있는 원료 또는 성분으로 인정할 수 있다고 규정하였다. 이에 따라, '건강기능식품 기능성 원료 및 기준·규격 인정에 관한 규정' 제12조 제1항은 신청자가 기능성 원료로 인정받기 위하여 제출하여야 할 자료로, 1. 제출자료 전체의 총괄 요약본, 2. 기원, 개발 경위, 국내·외 인정 및 사용현황 등에 관한 자료, 3. 제조방법에 관한 자료, 4. 원료의 특성에 관한 자료, 5. 기능성분(또는 지표성분)에 대한 규격 및 시험방법에 관한 자료 및 시험성적서, 6. 유해물질에 대한 규격 및 시험방법에 관한 자료, 7. 안전성에 관한 자료, 8. 기능성 내용에 관한 자료, 9. 섭취량, 섭취 시 주의사항 및 그 설정에 관한 자료, 10. 의약품과 같거나 유사하지 않음을 확인하는 자료 등을 규정하고 있다.

기능성물질에 대한 과학적 분석자료가 부족하고 그 부작용에 관한 정보도 부족한 상태에서는 소비자에게 복용용도를 특정해 주기도 어렵고 복용 시 주의사항에 관해 충실하게 정보를 제공하기도 어렵게 된다. 따라서, 원칙적인 입장에서 볼 때, 제출자료를 통하여 대상물질이 정의되고 사람의 어떤 구조나 기능에 작용하는지 그리고 어떤 경로로 어떻게 작용하는지가 명확해져야 하며 얼마만큼의 양이 인체에 투입되어져야 하는지를 확정할 수 있고 복용 시 어떤 사항을 주의하여야 하는지 확인할 수 있는 정도까지는 자료가 제출되도록 사업자에게 의무부과하여야 할 것이다.[31]

4. 의약품의 부작용보고의무제도의 도입

최근 미국에서는 의약품규제에 비하여 건강기능식품에 대한 규제가 크게 완화

---

31) 이 의무가 실무상 어떻게 운영되고 있는지는 보다 상세한 실태조사를 거쳐 평가가 이루어져야 한다. 이 글에서는 더 이상 이 부분은 다루지 않기로 한다.

되고 감독기관의 감독권이 약화되면서 사업자들이 탐욕적으로 유해식품을 시장에 쏟아내어도 제재하기가 매우 어렵게 되면서 건강기능식품의 부작용이 증가하고 그로 인한 사망자도 급격히 증가하고 있다 한다.32)

우리의 건강기능식품법은 위해 건강기능식품의 판매금지(법 제23조), 기준·규격 위반 건강기능식품의 판매금지(법 제24조) 및 표시기준 위반 건강기능식품의 판매금지(법 제25조) 등만을 규정하고 있다.

우리나라에서도 건강기능식품의 부작용방지를 위해 적절한 입법적 조치가 필요하다. 이를 위해, 우선, 건강기능식품의 제조판매업자가 확보한 부작용에 관한 모든 정보를 식품의약품안전청에 제출하도록 의무지우는 것이 필요하다.33) 의사들과 약사들도 그들의 환자 중 건강기능식품으로 인한 부작용의 피해를 입은 사례들을 보고하도록 하여야 한다. 2008년 법개정으로 도입된 건강기능식품이력추적관리제도(건강기능식품법 제22조의2)는 제조자 또는 판매자 중 원하는 자는 이력추적관리의 등록을 신청할 수 있도록 하고 그의 촉진을 위해 일정한 보조금을 지원할 수 있도록 하였으나, 이것은 사업자에게 의무를 부과한 것이 아닐 뿐만 아니라 이력추적관리를 하는 기업이라고 해도 자기 상품으로 부작용이 발생하였을 때 부작용을 보고할 것인지는 의문이다.

5. 수입 건강기능식품 또는 유사식품에 대한 규제 강화

수입업자들은 수입식품이 고시형에 해당되는 경우에는 신고한 이후 판매할 수 있고 국내에서 인정되지 않은 새로운 식품인 경우 개별인정형으로 인정신청을 할 수도 있을 것이다. 그러나, 수입업자가 단순히 식품으로 수입하려 할 수도 있을 것이다. 또, 외국산 기능성 식품의 규격과 기준이 우리나라의 고시형과 다를 수도

---

32) Richard Potomac, a.a.O., pp.91－92. 매년 유해건강기능식품에 의하여 피해를 입은 사람들이 증가하고 있다. 1983－2004년까지 미국에서 유해 건강기능식품으로 230명이 사망했다. 미국에서 2005년 한 해만에 건강기능식품으로 5,334건의 부작용보고가 있었다. 최근에는 그 사건수가 증가하는 추세인데, 1994년에는 4건의 사망사고가 있었으나 2005년에는 27건의 사망사고가 있었다.

33) 사업자에게 부작용보고의무를 부과하지 않은 결과 식품의약품안전청의 통계자료상으로도 2007－2010년에 걸쳐 사업자나 한국건강기능식품협회가 자발적으로 부작용을 보고한 사례는 한 건도 없었고, 소비자만 2007년 86건, 2008년 107건, 2009년 116건, 2010년 95건의 부작용보고를 했다. 식품의약품안전청, 전게보고서, 247면 참조.

있을 것이다. 이와 같은 상황에서 수입업자가 그 상품을 국내에서 판매하는 경우 그것은 건강기능식품이 아니라 단순한 식품으로 인정되기 때문에 건강기능식품의 표시를 할 수 없게 된다.

이러한 경우, 건강기능식품으로 수입되는 경우와 비교할 때 소비자들은 그의 복용방법 등에 있어 적절한 정보를 얻을 수 없게 된다. 기능성 원료가 함유된 식품은 그 기능성 때문에 전통적인 식품보다 건강에 대한 위험성이 더 높다. 그럼에도 불구하고 소비자들은 수입산 기능성 식품은 아무런 표시가 없기 때문에 복용에 있어 필요한 주의를 기울이지 못하게 된다.

이러한 문제를 해결하기 위해 수입업자에 대해 해당 식품을 고시형 건강기능식품으로 신고하도록 요구하는 신고명령제도나 개별인정형으로 인정신청을 하도록 요구하는 인정신청명령제도를 도입할 필요가 있다. 외국산 기능성 원료가 고시형에 해당되는 경우에는 해당 식품이 우리나라의 건강기능식품의 기준과 규격에 맞도록 제조하여 신고하도록 요구하는 신고명령제도가 도입되어야 할 것이고, 고시형에 포함되지 않은 경우에는 개별인정형 기능성 원료로 인정신청하도록 명령하여 그의 규격과 기준을 인정받도록 하여야 할 것이다.

6. 표시광고제도의 신중한 운영의 필요

건강기능식품에 대해서도 기능성표시를 할 수 있게 되어 제조판매자는 보다 적극적으로 매출과 이윤의 확대의 도구로 건강증진효과를 광고할 수 있게 되면서, 표시광고제도의 운영에 있어 소비자보호의 필요도 더욱 커졌다. 최근 건강기능식품은 인터넷판매방식이나 다단계판매방식 등을 취하는 경우도 많은데, 해당 식품에 대해 소비자에게 제공되는 정보의 양이 부족하거나 틀린 경우도 많고 복용 시 주의사항도 전달되지 않는 경우도 많다는 점은 특히 문제되고 있다.

기능성 표시제도의 운영에 있어 건강기능식품의 품질이 일정 수준 이상으로 유지되도록 유도하고 성분과 효능 등에 관한 기능성표시의 진실성과 정확성이 유지되도록 하여야 한다.[34] 건강기능식품의 제조판매업자는 표시와 광고를 통해 언급한 건강기능성의 효과에 대해서 분쟁이 발생하여 손해배상소송 등 민사소송이 제기된 경우 그것을 입증해야 할 책임을 진다.[35]

---

34) Mark Delewski, a.a.O., S.647.659.

우리 건강기능식품법은 소비자 스스로 위험을 회피하고 줄일 수 있도록 건강기능식품의 기능성분 또는 영양소 및 그 영양권장량에 대한 비율 등에 관한 정보 이외에 섭취 시 주의사항과 유통기한 및 보관방법이 충실히 표시되고 광고되도록 사업자에게 의무지우고 있다(건강기능식품법 제17조 제1항).[36] 이외에도 건강기능식품에 대해서만 그것을 표기하는 문자 또는 도형을 사용할 수 있도록 했다. 하지만, 소비자에게 경각심을 부여하기 위해 질병의 예방 및 치료를 위한 의약품이 아니라는 내용의 표현을 반드시 하도록 했다.

건강기능식품의 표시심사업무를 담당하고 있는 한국건강기능식품협회는 공권력을 위탁받은 자로서 공익보호의 관점에서 기능성표시가 허위이거나 과장은 없는지 신중하게 심사·판단하여야 한다. 한국건강기능식품협회는 협회에 의해 승인된 표시들의 경우에도 소비자의 의견을 묻는 설문조사나 전문가의 의견들을 참조하여 의약품으로 오인하는 것을 방지하도록 지속적으로 개선하여야 하고, 건강기능식품표시이외에 그 성격과 등급의 표시도 보다 명확하게 인식 가능하도록 개선해 가야 할 것이다. 또, 판매자에 대한 자격규제가 존재하지 않는다는 점을 보완하기 위하여 건강기능식품의 표시기재에 있어 섭취량, 섭취방법 및 섭취 시 주의사항 등에 대한 표시를 소비자들이 보다 쉽게 인식할 수 있도록 개선하여야 할 것이다.[37]

 결어

우리나라에서 건강기능식품은 국민의 건강을 개선하고 질병발생위험을 감소시키는 역할을 해야 함과 함께 외국의 지식재산권의 제약을 피해 건강관련산업을 발전시키는 촉매제가 되어야 한다는 기대를 받고 있다. 그래서 이 글에서는 우리

35) Jochen Taupitz, a.a.O., S.298.
36) 건강기능식품의 등장은 정부의 국민건강보호책임의 방향이 단독적 감독책임으로부터 소비자의 알 권리 충족과 능동적 소비자의 참여를 통한 협력적 책임의 방향으로 전환되어가는 모습을 반영하고 있다. 동지. 엄애선/신현아/이상화, 건강기능식품법의 개정 및 의의, 법과 정책연구 제9집 제1호, 2009, 38면.
37) 동지. 조태제, 전게논문, 10면에서는 일반식품형태의 건강기능식품에 대해서는 '섭취량 및 섭취 시 주의사항'의 표시를 소비자가 보다 쉽게 이해할 수 있도록 규제해야 한다고 한다.

나라 입법자가 산업촉진의 목적으로 의약품과 비교하여 건강기능식품에 대해 어떻게 규제를 완화했는지 살펴보고 나서, 산업촉진목적을 저해하지 않으면서 국민건강보호를 위해 필요한 입법적 개선안을 제시하였다.

건강기능식품의 부작용이 있어도 은폐가 빈번해지면 결국 건강기능식품 전체에 대한 소비자의 불신을 초래하여 산업의 발전에도 악영향을 끼칠 것이다. 때문에, 사업자나 의료기관 등에게 부작용에 대한 보고의무를 지우는 것이 필요하다.

또, 외국의 건강기능식품을 수입하는 사업자에 대해 기능성 물질이 갖는 강화된 건강위험성으로부터 소비자를 보호하기 위하여 해당 식품을 고시형으로 신고하도록 요구하는 신고명령제도나 개별인정형으로 인정신청을 하도록 요구하는 인정신청명령제도를 도입할 필요가 있다.

추후 다른 연구를 통해 실태조사를 하고 외국의 규제상황을 우리나라와 비교하면서 건강기능식품규제가 나아가야 할 방향을 검토할 것이다.

 참고문헌

1. 국내문헌

곽노성외 2인, 건강기능식품 개념 – 기능성 범위 및 표시 · 광고 합리화에 대한 연구, 식품의약품안전청 연구보고서, 2007.

김미경외 13인 공저, 건강기능식품, 교문사, 2010.

문상덕, 건강기능식품의 현황과 과제, 법과 정책연구 제9호, 2009.

박찬호, 식 · 의약 안전성 관리기반 구축을 위한 비교법적 연구(Ⅴ) – 건강기능식품 –, 식품의약품안전청, 2009.

박효근, "일본의 건강기능식품법제의 체계 및 분석", 법과 정책연구 제9호, 2009.

선정원, "의약법상 자료독점권에 관한 고찰", 행정법연구 제25호, 2009.

식품의약품안전청, 건강기능식품 평가의 과거 · 현재 · 미래, 2008.

ㅡㅡㅡㅡㅡㅡㅡㅡㅡ, 식품의약품통계연보 제12호, 2010. 12. 8.

ㅡㅡㅡㅡㅡㅡㅡㅡㅡ, 식품의약품통계연보 제13호, 2011. 12. 26.

신효선, 식품의 건강강조표시, 효일, 2006.

심영, "건강기능식품 산업변화에 따른 법령개선방안에 관한 연구", 법학연구(연세대) 제38호, 2008.

엄애선/신현아/이상화, 건강기능식품법의 개정 및 의의, 법과 정책연구 제9집 제1호, 2009. 6.

이상화외 2인, 건강기능식품법의 개정 및 의의, 법과 정책연구 제9호, 2009.

이세정, 건강기능식품법제에 관한 비교법적 연구, 한국법제연구원, 2006.

이순우, 프랑스의 건강기능식품법, 법과 정책연구 제9호, 2009.

정하명, 미국의 건강기능식품법 – 미국연방식약청(FDA)의 규제현황을 중심으로 –", 법과 정책연구 제9호, 2009.

조태제, "건강기능식품법의 문제점과 개선방안", 『법과 정책연구』 제9집 제1호, 2009.

2. 외국문헌

Barry Atwood LLB/Katharine Thompson, Chris Willett, Food Law, Tottel Publishing, 2009.

Bill Reynolds, Canada Prepares for New Supplement Regs, Naturalproductsinsider.com (July 29, 2002), www.natu – ralproductsinsider – . com/articles/2002/07/canada – prepares – for – new – supplement – regs.aspx.

Craig Baylis, Food Safety Law and Practice, Sweet & Maxwell, 1994.

Greg Lindquist, DIET STARTS MONDAY: AN ANALYSIS OF CURRENT U.S. DIETARY SUPPLEMENT REGULATIONS THROUGH AN INTERNATIONAL COMPARISON, Saint Louis University Journal of Health Law & Policy, 2009.

Jochen Taupitz, Sicherheit und Wirksamkeit gesundheitsbezogener Lebensmittel : Rechtsnormen, Bewertung, Risiko, Entscheidung, Zeitschrift für gesamte Lebensmittelrecht, 2008.

Mark Delewski, Risikosteuerung im Nahrungsergänzungsmittelrecht, Zeitschrift für gesamte Lebensmittelrecht, 2005.

Len Monheit, Canada: The Status of Natural Health Product Regulations, Nutraceuticals World, July—Aug. 2006.

O'Rourke, European Food Law, 2005.

Patrik Scholl, Der private Sachverständige im Verwaltungsrecht, 2004.

Richard Potomac, ARE YOU SURE YOU WANT TO EAT THAT? : U.S. GOVERNMENT AND PRIVATE REGULATION OF DOMESTICALLY PRODUCED AND MARKETED DIETARY SUPPLEMENTS, Loyola Consumer Law Review, 2010.

기능성 물질에 대한 규제의 정비와 새로운 기능성 물질에 대한 보호의 강화*

* 이 논문은 2011년도 정부의 재원으로 한국연구재단의 지원을 받아 연구되었음(NRF-2011-32A-B00239).

I 유용성 물질과 기능성 물질에 대한 규제의 혼란과 입법정비의 필요성

1. 우리 법령상 일반식품에 대한 유용성 표시제도의 등장과 변화

(1) 유용성 표시제도 등장의 입법적 연혁

건강에 대한 관심이 증가한 국민들이 불균형한 영양을 보충하거나 건강을 증진시키기 위해 건강식품들의 구매를 늘리고 있다. 과학기술의 발달로 전통식품에 대한 분석과 추출물의 합성을 통한 제조가 늘어나면서 건강기능식품의 종류도 다양해져 건강관련식품시장이 급성장하고 있으나 우리나라의 규제법령은 혼란스러운 상태에 있다. 관련 법령의 등장과정과 그 혼란 상황을 살펴본다.

식품은 인간에게 3가지 기능을 제공하는데, 생명 유지에 필요한 영양소의 공급기능, 미각, 후각, 시각 등의 기호를 충족시키는 기능, 인체의 생리작용에 영향을 미치는 생체조절기능을 담당한다.

식품의 유용성은 법적으로 정의되어 있지는 않지만 식품에 포함된 영양소의 기능과 작용이 신체의 조직 및 기능의 일반적인 증진에 기여하는 것을 말한다고 할 수 있을 것이다.[38] 식품의 유용성을 표시하는 제도는 구 식품위생법시행규칙이 1989. 11. 30. 개정(보건사회부령 제835호)되면서 제6조 제3항의 [별표 3]), "허위표시 및 과대광고로 보지 아니하는 표시 및 광고"에서 처음 등장했는데, 적용대상식품은 '영 제7조 제1항 러목의 건강보조식품제조업 및 저목의 인삼제품제조·가공업 허가를 받아 제조·가공하는 식품'으로 한정하였다.

이 당시 건강보조식품이나 인삼제품 등은 유용성의 표시가 가능하게 되면서 "특정 질병의 예방과 치료에 관한 사항을 직접 표현"할 수 없었지만, "신체조직 기능의 일반적인 증진"이나 "식품영양학적으로 공인된 사실", 그리고 "제품에 함유된 주요 영양성분의 식품영양학적 기능·작용"을 표시할 수 있었다.

(2) 건강기능식품제도의 등장과 유용성 표시제도의 존속에 따른 혼란

유용성 표시제도는 건강기능식품에 관한 법률(이하 건강기능식품법이라 함)이 제정되어 기능성 표시제도가 등장하면서 혼란의 시초가 나타나게 된다. 건강기능식품법은 2003. 8. 27.(법률 제6727호로 제정)부터 시행되었는데, 이 법에서 기능성은 "인체의 구조 및 기능에 대하여 영양소를 조절하거나 생리학적 작용 등과 같은 보건용도에 유용한 효과를 얻는 것"(동법 제3조 제2호)을 의미하였다. 이 정의로부터 보더라도 유용성과 기능성은 그 개념이 중복된 부분이 많아 소비자들은 혼란을 겪을 수밖에 없게 되어 있었다.

다만, 구 식품위생법에 의해 인정되던 건강보조식품이나 인삼 등은 대부분 고시형 건강기능식품으로 규율될 수 있었으므로 실제에 있어서는 혼란은 크지 않았다.

(3) 일반식품으로의 유용성 표시제도의 확대적용에 따른 혼란의 가중

현재 유용성 표시와 기능성 표시의 유사성과 구별곤란성의 직접적 원인이 된 식품위생법시행규칙은 2007년 1월 1일 시행된 개정규칙이다. 2007년의 식품위생법시행규칙 제6조 제2항 [별표 3] '허위표시·과대광고로 보지 아니하는 범위'는

---

38) 김건희, 일반식품 및 전통식품의 기능성 원료·성분에 대한 유용성 표시·광고범위 설정에 관한 연구, 식품의약품안전처 보고서, 2009, 190면 참조.

적용대상식품을 '특수용도식품'에 한정하였던 것을 철폐하여 일반식품에 대해서도 유용성 표시를 확대 허용하였는데, 이 입장은 현재에 이르기까지 그대로 유지되고 있다.

그 당시 일반식품에 유용성 표시의 확대허용을 주장하는 학자는 다음과 같이 주장하였다.[39] 첫째, 식품산업의 측면에서 고부가가치산업으로 변하고 있는 식품산업의 세계적 추세에 맞추어 일반 식품에도 유용성 표시를 확대하여 경쟁을 촉진하여야 한다는 점, 둘째, 국민건강관리 및 의료비절감 차원에서 식품의 질을 개선하여 국민의 건강을 증진하고 급속히 늘어나고 있는 노령인구의 질병을 예방하여야 하며, 셋째, 식품에 대해 그 유용성 표시를 확대하는 것이 세계적 추세인데 우리나라만 제한하면 국제교역마찰을 피할 수 없을 것이라고 했다.

이 입장은 식품감독기관의 의견과도 유사한 것이었기 때문에 일반식품으로 유용성 표시가 확대된 것이다.

2. 현행 법령상 유용성 표시와 기능성 표시 구별의 어려움

(1) 건강기능식품의 오인광고금지규정의 사문화

건강기능식품법 제26조는 '유사표시 등의 금지'라는 표제 하에 "건강기능식품이 아닌 것은 그 용기·포장에 인체의 구조 및 기능에 대한 식품영양학적·생리학적 기능 및 작용 등이 있는 것으로 오인될 우려가 있는 표시를 하거나 이와 같은 내용의 광고를 하여서는 아니 되며, 이와 같은 건강기능식품과 유사하게 표시되거나 광고되는 것을 판매하거나 판매의 목적으로 저장 또는 진열하여서는 아니 된다"고 규정하고 있다. 또, 식품위생법시행규칙 제8조는 '허위표시, 과대광고, 비방광고 및 과대포장의 범위'에 관하여 규정하고 있는데 "소비자가 건강기능식품으로 오인·혼동할 수 있는 특정 성분의 기능 및 작용에 관한 표시·광고"(제8조 제1항 제12호)를 금지하고 있다. 하지만, 이 규정들은 현실적으로 기능성 표시와 유용성 표시의 구별이 어렵기 때문에 사문화되고 있다.

(2) 유용성 표시와 기능성 표시의 구별 곤란성

현행 식품위생법시행규칙 제8조 제2항 제4호 [별표 3]은 식품에 대해 "허위표시

---

39) 박기환, 일반식품의 유용성 표시제도 개선을 위한 제언, Food Industry 2005. 7, 30−31면.

·과대광고로 보지 아니하는 표시 및 광고의 범위"에 관하여 세가지 유형의 유용성 표시를 허용하고 있다.

첫째, 신체조직과 기능의 일반적인 증진을 주목적으로 하는 다음의 표현 또는 이와 유사한 표현, (1) 인체의 건전한 성장 및 발달과 건강한 활동을 유지하는데 도움을 준다는 표현, (2) 건강유지·건강증진·체력유지·체질개선·식이요법·영양보급 등에 도움을 준다는 표현, (3) 특정질병을 지칭하지 아니하는 단순한 권장 내용의 표현. 다만, 당뇨병·변비·암 등 특정질병을 지칭하거나 질병(군)의 치료에 효능·효과가 있다는 내용이나 질병의 특징적인 징후 또는 증상에 대하여 효과가 있다는 내용 등의 표현을 하여서는 아니 된다.

둘째, 식품영양학적으로 공인된 사실 또는 제품에 함유된 영양성분(비타민, 칼슘, 철, 아미노산 등)의 기능 및 작용에 관한 다음의 표현 또는 이와 유사한 표현, (1) 특수용도식품으로 임신수유기 영양보급, 병후 회복시 영양보급, 노약자 영양보급, 환자에 대한 영양보조 등에 도움을 준다는 표현, (2) 비타민 ○는 ○○작용을 하여 건강에 도움을 줄 수 있다는 표현, (3) 칼슘은 뼈와 치아의 형성에 필요한 영양소라는 표현.

셋째, 건강기능식품법 제14조에 따라 건강기능식품의 기준 및 규격에서 정한 영양소의 기능성분 함량.

기능성의 표시는 "인체의 구조 및 기능에 대하여 영양소를 조절하거나 생리학적 작용 등과 같은 보건용도에 유용한 효과를 얻는 것"을 표현하는 것이고(건강기능식품법 제3조 제2호), 유용성의 표시는 "신체조직 기능의 일반적인 증진"이나 "식품영양학적으로 공인된 사실", 그리고 "제품에 함유된 주요 영양성분의 식품영양학적 기능·작용"을 표현하는 것이다.

이와 같은 기능성 표시와 유용성 표시를 개념적으로 분석·비교하였을 때, 다음의 사실을 확인할 수 있다. 첫째, 건강기능식품은 물론 일반 식품도 인체(또는 신체)의 구조(또는 조직)와 기능의 증진에 도움이 된다는 표현을 할 수 있다. 둘째, 건강기능식품만이 갖는다는 기능성, 즉, "인체의 구조 및 기능에 대하여 영양소를 조절하거나 생리학적 작용" 등의 효과는 바로 유용성 물질의 특성, 즉, "신체조직 기능의 일반적인 증진"이나 식품영양학적 기능·작용에 다름 아니어서 양자를 구별하는 것이 어렵다.[40]

3. 통일법의 제정을 통한 정비의 과제

(1) 건강기능식품의 제형규제의 철폐에 따른 소비자혼란의 가중

2008년 2월 29일의 건강기능식품법의 개정으로 건강기능식품의 제형규제가 사라진 이후, 유용성 표시 식품과 외형상 차이는 존재하지 않기 때문에, 소비자가 겪는 혼란의 정도는 더 심해졌다. 특히 생리활성형 건강기능식품과 유용성 표시 식품 사이에서는 현실적으로는 '건강기능식품'의 표시가 더 있는가의 여부 정도의 차이만 있을 정도로 차별성이 미미하고, 그 차이가 소비자의 구매판단에게 미치는 영향도 크지 않아, 유사건강식품들의 범람과 경제적 사기의 빈번한 발생의 이유가 되고 있다.

더 심각한 문제는 소비자들이 유용성 표시 식품들에 대해 정확한 복용방법을 알지 못해 소비자의 건강에 대한 중대한 침해위험이 현존하고 있다는 점이다.

(2) 일반식품의 유용성 표시에 대한 기존의 논의 내용

그동안 법학계 내에서 일반 식품에 유용성 표시를 허용한 규정에 대해 찬반논의한 것을 정리해 보면 다음과 같다.

우선, 일반 식품에 유용성 표시를 하는 것을 반대하는 입장이 있었다.[41] 건강기능식품 이외에 일반 식품에 인정된 유용성 표시는 기능성 표시와 구별이 어려운 상황에서 건강기능식품법 제26조와 식품위생법시행규칙 제8조에서 금지하고 있는 건강기능식품으로 소비자를 오인시키는 표시·광고로 금지된다는 점, 건강기능식품법과 식품위생법의 체계적 해석이 가능하기 위해서는 상호충돌이 없어야 하는데 일반식품에 기능성과 비슷한 유용성 표시를 하게 하는 것은 입법의 상호충돌을 야기하므로 허용되지 않는다는 점, 건강기능식품공전에의 동록절차를 거치면서 기능성 물질의 과학성을 제고하고 있는 입법자의 노력에 비추어 유용성 표시식품의 경우에는 원료나 성분의 구체적 과학성에 기초해 있지 않은 것으로

---

40) 기능성 표시와 유용성 표시는 현실적으로 상당히 중복되어 있고 기능성 표시수준도 비슷한 상황에서 식품업체들은 굳이 복잡한 건강기능식품법을 따르기 보다 별도의 평가가 없고 관리기준이 상대적으로 덜 까다로운 식품위생법의 적용을 선호하고 있다. 곽노성/김어지나, 일반식품의 기능성 표시 허용에 따른 법령체계 개선, 보건복지포럼 2009. 12, 50-51면.
41) 문상덕, 건강기능식품의 현황과 과제, 법과정책연구 제9권 제1호, 2009, 22-24면.

문제가 있다는 것이다.

일반 식품의 유용성 표시를 찬성하는 입장은 건강기능식품법의 식품위생법의 특별법으로서 건강기능식품이 아닌 일반 식품에 대해서는 식품위생법이 다르게 정할 수 있다는 점, 기능성 표시를 모든 식품에까지 가능하도록 하는 것이 세계적 추세라는 점 등을 논거로 제시하였다.[42)]

(3) 유용성 표시제도의 기능성 표시제도로의 통합을 위한 법률 제정을 위한 정부계획의 공표

유용성 표시제도가 야기하는 많은 문제점들 때문에, 2012년 정부는 유용성 표시를 기능성 표시의 일종으로 통합하는 방향으로 현행 건강기능식품에 관한 법률을 전면 수정하기로 하고, 기능성 표시 · 광고 등에 관한 일반법으로, 가칭 '건강기능식품 및 기능성 표시 · 광고 등에 관한 법률'을 제정하겠다고 발표하였다.[43)] 다만, 아직까지 정부의 법률안이 나오고 있지는 않다. 여기서는 언론의 보도를 통해 정부가 입법적 정비의 개략적인 방향으로 제시한 것을 기준으로 구체적 정비안을 제안하고자 한다.

산업계의 이익만을 편향적으로 보호하면서 나타난 소비자선택의 혼란은 입법자에 의해 초래된 측면이 많기 때문에, 법해석을 통해서 충분하게 해소되기는 힘들고, 새로운 입법의 제정을 통해서 규제를 체계적으로 정비함으로써 해결하는 것이 타당하다 할 것이다.

---

42) 일반 식품의 유용성 표시를 찬성하면서도, 2007년의 식품위생법시행규칙 제6조 제2항 [별표 3]에의 불명확성과 불비를 이유로 위헌을 주장한 견해로는, 조홍식, 식품의 기능성 표시와 표현의 자유, 식품안전법연구 I (이원우 편), 2008, 162면 참조; 비슷한 취지의 반대론은, 조태제, 건강기능식품법의 문제점과 개선방안, 법과 정책연구 제9권 제1호, 2009, 14 − 15면.

43) 이데일리 2012. 4. 20.자 기사. 이 기사에 따를 때, 농수산식품부와 보건복지부 등 여러 행정부처 장관들이 김황식 국무총리 주재로 국가정책조정회의를 열고 이와 같이 발표하였다. 한편, 2013년 박근혜 정부 들어 청에서 처로 승격된 식품의약품안전처는 2013년을 건강기능식품 재도약의 해로 설정하고 소비자의 알 권리 충족과 고부가가치 산업으로 발전할 수 있도록 2012년도의 정책을 계속 추진하기로 하였다. 보건뉴스, 2013. 2. 27. 기사 참조.

Ⅱ 기능성 물질에 대한 외국의 규제상황

여기서는 제한된 지면관계상 우리의 기능성 물질에 대한 규제방식과 매우 유사한 규제방식을 취하고 있는 유럽연합, 그리고 우리의 유용성 물질에 대한 규제방식과 비슷한 방식을 취하고 있는 미국에 대하여 관련 쟁점을 중심으로 소개하기로 한다.

1. 유럽연합의 규제방식

유럽연합에서 기능성 물질을 규제하고 있는 것은 "식품보충제지침"(Food Supplements Directive)이다. 이 지침은 2002. 6. 10. 유럽의회를 통과하여 제정되었는데(2002/46/EC), 유럽연합회원국들은 이 지침에 구속되어 국민의 건강보호를 위해 더 강력한 규제를 도입하는 것은 가능하지만 이 지침보다 더 규제를 완화할 수는 없게 되었다.

식품보충제지침이 제정되기 전 유럽연합 회원 국가들이 식품보충제에 대해 각각 서로 상이하게 규제하면서 과학적 위험성에 대한 고려의 부족으로 위해식품사고가 여러 건 발생하여, 유럽연합은 '일관되고 투명한 식품안전규칙'을 제정하고자 하였다.[44)]

식품보충제지침에서 규정한 내용은 다음과 같다.

첫째, 유럽연합의 식품보충제지침은 식품의 제조에 사용될 수 있는 식품보충제성분을 리스트로 만들어 표시하고, 거기에 포함되지 않은 다른 성분은 2005. 8. 1. 이후 사용할 수 없게 하는 포지티브 리스트(Positive List) 제도를 채택하였다.[45)46)]

---

44) Fiona LeCong, FOOD SUPPLEMENTS DIRECTIVE: AN ATTEMPT TO RESTORE THE PUBLIC CONFIDENCE IN FOOD LAW, Loyola of Los Angeles International and Comparative Law Review, 2007, p.105ff. 이 지침의 제정 전 식품보충제산업이 발달하고 보다 자유로운 사용을 하고 있던 나라들은 영국, 네델란드, 스웨덴 등이었고, 스페인, 프랑스와 이탈리아는 그의 사용에 보다 엄격한 입장을 취하고 있었는데, 입법과정에서 규제의 강도를 둘러싸고 두 진영으로 나뉘어 논쟁이 벌어진 배경이 되었다.

45) 유럽연합의 지침에 따라 제정된 독일의 영양보충물질령(Nahrungsergänzungsmittel − Verordnung)은 2004년 3월 24일 제정되었는데, 제3조에서 영양물질의 제조의 경우에 [별표 1](Anhang1)과 [별표 2](Anhang2)에 열거된 비타민과 미네랄만 사용될 수 있고 다른 물질의 사용은 금지된다고 하여 포지티브 리스트제를 선언하고 있다.

46) 영국에서 이 지침의 적용으로 자유롭게 식품보충제를 제조, 판매하고 있었으나, 이 포지티브 리스트에 해당 물질이 포함되지 않아 판매할 수 없게 된 사업자들과 소비자선택권의 침해를 주장한 소비자들로부터 반발이 심하여 100만 명 이상이 이 지침의 철폐를 주장하며 서명하였

2007년 현재 다양한 비타민과 미네랄 등 112개의 품목이 포함되어 있다.[47] 리스트에 포함되어 있지 않은 물질은 시판 전 허가를 얻어 판매될 수 있다.

둘째, 이 지침은 표시제도에 대해 다음과 같이 규정했다.[48] 해당 식품에는 "식품보충제"(Food Supplement)의 문구가 들어가고, 비타민 C와 같이 해당 물질이 표기되어야 한다. 또, 권장 일일 섭취량, 식품보충제가 다양한 식단을 대체하는 대용품으로 사용되어서는 안 된다는 문구, 청소년의 손이 닿지 않는 곳에 보관해야 한다는 문구가 표기되어야 한다. 그리고 질병의 예방이나 치료에 관한 문구를 표시해서는 안 된다.

2. 미국의 규제방식

(1) 식이보충물질에 대한 사후적 규제제도의 도입

미국에서 우리나라의 기능성 물질에 해당하는 식이보충제를 규율하고 있는 것은 1994년 제정된 "식이보충제 건강교육법"(Dietary Supplement Health and Education Act)이다. 이 법률이 제정되기 전 세계적으로 기능성 물질의 성격이 식품인지 아니면 의약품인지 판단하기 위한 비교법적 사례도 없었고, 미국 내 의견도 식품첨가물과 같이 시판 전 허가를 얻어야 한다는 미국 식품의약처의 입장과, 일반 식품에서와 같이 사전 허가를 얻을 필요 없이 판매 가능하도록 하고 사후적으로 안전성에 대한 위해요인이 드러나면 규제하자는 산업계의 입장이 나뉘어져 있었다.

기능성 물질을 세계 최초로 규제하는 법률을 제정한 미국 의회는 비타민, 미네랄과 허브 등 기능성 물질에 대해 식이보충물질(Dietary Supplements)이라고 부르면서 식품의 일종으로 보아 안전성과 유효성에 대한 사전규제 대신 사후규제를 하도록 하였다.

그 주된 이유는 식이보충물질들이 상대적으로 안전하다고 평가하면서 소비자

다고 한다. 이 리스트에 어떤 품목을 포함시키는 데에는 품목당 £80,000~£250,000 정도(약 1억 3천 6백만 원~4억 2천 5백만 원)의 비용과 2~3년의 시간이 들 것으로 예상되었다. Fiona LeCong, a.a.O., pp.108–109.

47) Fiona LeCong, a.a.O., p.108.

48) Greg Lindquist, DIET STARTS MONDAY: AN ANALYSIS OF CURRENT U.S. DIETARY SUPPLEMENT REGULATIONS THROUGH AN INTERNATIONAL COMPARISON, Saint Louis University Journal of Health Law & Policy 3, 2009, pp.138–140.

들이 다양한 식이보충물질에 접근할 수 있어야 한다는 것과 소비자들에게 사전규제 대신에 더 많은 정보를 제공하면 된다고 보았기 때문이었다.[49] 이러한 평가의 배경에는 식이보충식품을 활성화하여 노령화의 진전에 따라 급격히 증가하고 있는 의료비를 절감하여야 한다는 사회적 합의가 있었다.

(2) 새로운 식이보충물질에 대한 사전 규제제도의 도입

미국 식이보충제 건강교육법이 예외적으로 식이보충물질에 대해 사전규제를 도입한 것은 새로운 식이보충물질(New Dietary Ingredients)에 대해서이다.

이 법률이 효력을 발생한 1994. 10. 15. 이전에 판매되고 있던 식이보충물질들과 식품은 종전과 마찬가지로 판매할 수 있었다. 하지만, 이때까지 미국에서 시판되지 않았던 새로운 식이보충물질은 시판 75일 전까지 미국 식품의약처에 등록하여야 한다. 새로운 식이보충물질은 안전성 입증을 위해 화학적으로 변경되지 않았고 사회에서 과거 사용례를 증명하거나 지시된 대로 사용하였을 때 안전하다는 것을 입증한다면 식이보충물질로 인정되어 시판될 수 있다.[50]

(3) 사업자에 대한 심각한 부작용 보고의무의 부과

식이보충물질에 대해 사전규제를 도입하지 않으면서 매우 다양하고 수많은 식이보충물질을 이용한 기능식품산업이 미국에서 급격하게 성장하게 되었다. 하지만, 이것은 소비자의 안전을 대가로 한 것이었고, 안전성이 결여된 식이보충물질의 범람을 가져와, 운동선수들은 물론 국민들에게도 체중감량촉진 식품으로 인기가 높았던 에페드린(Ephedrine) 등에 의해 수많은 인명사고가 발생하기도 하였다.

이에 대한 반성으로 2006년 미국 의회는 "식이보충제 및 비처방의약품 소비자 보호법(Dietary Supplement and Nonprescription Drug Consumer Protection Act)을 제정하여 생명을 위협하거나 중대한 장애를 일으키거나 기형아 등을 출산시키는 '심각한 부작용'에 대하여 식이보충식품의 제조자나 유통업자 등에게 보고의무를 부과함으로서 미국 식품의약처가 규제하려 할 때 우선적으로 겪어야 했던 부작용에 관한 정보부족의 문제를 타개하려 하였다.[51]

---

49) Greg Lindquist, a.a.O., p.131.
50) Greg Lindquist, a.a.O., p.132.

3. 유럽연합과 미국의 규제방식의 비교

기능성 물질에 대한 규제에 있어 유럽연합과 미국은 상이한 접근방식을 취하고 있다. 포지티브 리스트를 통해 안전성이 보장되지 않은 물질의 시장진입을 사전차단하려는 유럽연합에 비하여, 미국의 경우에는 기능성 물질의 시장진입에 대해 사전심사 없이 허용하되 사후적 규제에 의존하고 있다.

우리나라의 유용성 물질에 대한 규제방식은 사전규제가 없다는 점에서 미국의 식이보충식품에 대한 규제와 비슷하다. 반면에, 우리나라의 기능성 물질에 대한 규제방식은 유럽연합의 포지티브 리스트제와 비슷하다.

우리 정부는 기능성 물질과 유용성 물질에 대한 규제를 통일하여 하나의 일반법으로 규율하려 하고 있는데 양국의 모델과 그것을 둘러싼 논의들은 우리에게 상당한 시사점을 제공하고 있다.

Ⅲ 건강 관련 식품들에 대한 안전성규제의 강화

1. 통일법상 유용성 물질에 대한 정의규정 및 사전규제의 필요 여부

(1) 유용성 물질 및 기능성 물질에 대한 통일적 정의규정의 도입 필요

식품에 관한 일반법이라고 할 수 있는 식품위생법은 물론 식품위생법시행령과 식품위생법시행규칙 그리고 다른 법령에서도 식품의 유용성에 대해서는 정의하고 있지 않다. 또, 유용성이라는 표현도 식품위생법이나 식품위생법시행령에는 나오지 않고 식품위생법시행규칙의 별표에서 처음으로 나온다. 본질적으로 중요한 사항을 국회의 입법권으로부터 회피한 입법방식은 아닌지 의문이 든다.

유용성 물질과 기능성 물질은 실질적으로 구별이 어렵기 때문에 통합하여 규율하되 그 명칭도 기능성 물질로 통합하여 규율하는 것이 용어의 혼란을 줄이기 위해 적절하다고 본다.

---

51) Greg Lindquist, a.a.O., pp.134-136.

(2) 유용성 물질 및 기능성 물질의 사용에 대한 사전규제의 적용 여부

우리나라의 현행 규제법령은 일반 식품에 기능성 물질을 사용할 때에는 유용성 표시를 허용하면서도 건강기능식품에 기능성 물질을 사용할 때와 달리 아무런 사전규제도 하지 않고 있다. 건강기능식품은 고시형과 개별인정형 모두 과학적 평가를 통해 인체의 구조와 기능에 효과를 나타내는 질병발생 위험감소 및 생리활성 등 기능성의 유무에 대해 식품의약품안전처의 사전심의를 거쳐 인정된 물질에 대해서만 제품에 표시하도록 되어 있지만, 유용성은 과학적 검증이나 사전 심의없이 해당 물질을 표시하고 광고할 수 있도록 되어 있는 것이다.

기능성 물질과 유용성 물질 사이에서 그 성질상 별다른 차이를 발견하기 어려운 상황에서 이것은 입법의 자기모순이라 하지 않을 수 없다. 건강기능식품에 기능성 물질이 사용되거나 일반식품에 기능성 물질이 사용되는가 여부와는 상관없이 식품에 동일한 기능성 물질을 사용할 때에는 그 물질에서 오는 위험과 편익이 동일하므로 동일한 규제가 적용되어야 할 것이다.52)

통일된 일반법으로 기능성과 유용성을 함께 규제할 때, 개별인정형 물질처럼 새로운 물질이라면 유용성 물질인 경우에도 식품의약품안전처의 사전인정을 받도록 하여야 할 것이다.

2. 유용성 물질 및 기능성 물질의 질과 양에 대한 표준화의 강화

(1) 기능성 물질 규제에 있어 규격화 및 표준화와 그 의미

건강기능식품법상 고시형의 경우 식품제조업허가를 가진 신규참여희망자는 공전에 게재된 규격과 기준에 맞추기만 하면 개별적으로 자신의 제품을 인정받을 필요 없이 식품의약품안전처장에게 단순히 신고(건강기능식품법 제7조, 제8조)함으로써 자신의 제품을 시장에서 판매할 수 있게 된다.53) 즉, 신규 참가의 진입장벽이

---

52) William J. Kolasky, Regulating Health Claims for Special Dietary Foods, Food Drug Cosmetic Law Journal 41, 1986, p.120.

53) 다만, 건강기능식품의 제조 및 판매의 경우와 달리 계속적 사업으로서 제조업을 영위하고자 하는 자는 제조업허가를 사전에 얻도록 규정했고(건강기능식품법 제5조 제1항), 수입업과 판매업을 영위하고자 하는 자는 사전에 신고하도록 규정했다(건강기능식품법 제6조 제1, 2항). 건강기능식품의 제조업허가를 얻도록 한 것은 그 기능성 때문에 일반식품보다 국민건강에 더 위험

크게 완화되어 있어, 시장에서 유사한 기능성을 갖는 대체가능품목이 신속하게 증가할 수 있게 하였고, 또, 규격과 기준으로 표준화를 촉진시킴으로써 소비자에 대한 광고홍보비용을 절약할 수 있게 하였다.

그동안 양약 및 일반 식품과 다른 식의약품 유형으로서 우리나라에서 중요한 역할을 담당하였던 한의약품의 경우, 표준화되어 있지 않아 품질의 균질성을 보장하기 어려웠다. 이로 인해, 글로벌 시장으로의 진출에 어려움을 겪었고, 과학적 사고에 익숙한 젊은 세대들로부터 외면 받아 시장이 줄어드는 문제가 나타나고 있었다.

때문에, 건강기능식품의 경우 규격화와 표준화를 통해 일관성 있는 품질의 제품이 생산되도록 규제하고 있다. 건강기능식품의 표준화는 원재료의 표준화, 제조공정의 표준화와 지표성분[54]과 분석방법의 선정을 통해 이루어지고 있다.[55]

(2) 통일법상 유용성 물질의 양과 질에 대한 표준화의 촉진 필요

현행법상 유용성 표시 식품의 경우 품질의 균일성을 보장하기 위한 규제가 전혀 존재하지 않는다. 때문에 동일한 유용성 물질을 함유한 식품의 경우에도 제조사에 따라 혼합하는 물질이 다르거나 그들의 배합비율이나 제조방법이 다른 경우가 많다.

통일법에서 유용성 표시 식품에 대해 규제하려 할 때 표준화의 문제에 대해 어떻게 접근해야 하는가는 품질의 균질성의 보장을 통한 소비자의 보호와 글로벌 시장에의 진출을 위해 매우 중요하게 다루어져야 할 문제이다.

우선, 기존의 기능성 물질을 건강기능식품의 규격형과 다르게 식품에 투입하면서 유용성만을 표시해 온 경우가 문제된다. 새로운 법령에서 현재까지의 규율방

성을 갖고 있는 상황에서 너무 쉽게 시장진입을 허용하면 피해사례가 많이 나타날 수 있고 자본규모의 영세성 등의 원인으로 너무 단기적으로 시장에의 진입과 퇴출이 발생하면 소비자는 피해를 입어도 그것에 대해 손해배상을 구하기도 쉽지 않기 때문이라고 볼 수 있을 것이다. 이러한 견해에 대해서는 제조업의 허가를 규정한 것은 과도한 진입규제라는 비판도 존재한다. 이세정, 건강기능식품법제에 관한 비교법적 연구, 한국법제연구원, 2006, 122-123면.

54) 건강기능식품 기능성 원료 및 기준·규격 인정에 관한 규정 제2조 제1항 제3호에 따를 때, 지표성분이란 "원료 중에 함유되어 있는 화학적으로 규명된 성분 중에서 품질관리의 목적으로 정한 성분"을 말한다.

55) 김미경외 13인 공저, 건강기능식품, 교문사, 2010, 70-76면 참조.

식과 마찬가지로 유용성 물질을 함유한 식품의 품질표준화에 대한 어떤 의무나 노력도 하지 않는 것은 상품의 질에 따라 가격을 판단해야 하는 소비자를 현혹시키는 사업자의 행위를 규제기관이 방치하는 것이 되므로 적절하지 못할 것이다. 글로벌 시장의 진출을 위해서도 바람직하지 않다. 때문에, 유용성 표시 식품의 품질표준화의 방법이 모색되어야 할 것이다.

표준화의 방법은 고시 등을 통해 규격을 통일시키는 방법도 있지만 사업자협회 등에서 자율적으로 표준을 설정하고 그것을 준수하는 식품 등에는 일정한 표시를 하도록 하는 자율규제의 방법도 있다.[56]

미국에서도 식품의약법상 식품의약처는 식이보충식품의 제조자나 판매업자에 대하여 시판 전에 해당 식품의 안전성자료를 요구할 권한도 없고 표준화를 강요할 수도 없지만, 표준화를 위한 노력을 포기한 것은 아니고,[57] 식품업사업자들이 자율적으로 협회를 통해 식품의 표준화를 위한 노력을 하고 있다.[58]

표준화의 추진에 있어서는 표준화의 필요성만을 고려할 것이 아니라 건강기능식품의 규격형을 피해 유용성 표시만으로 만족했던 수많은 사업자들의 사정도 조사하여 고려하여야 한다. 다만, 자율협약이나, 지침 또는 가이드라인은 법령과 달리 구속력이 없으므로 표준화를 하지 않으려는 사업자들의 일탈행동을 제어하는 데에는 한계도 존재한다.

---

56) William J. Kolasky, a.a.O., p.120.

57) 미국에서 다이어트 식품에 대한 새로운 규제가 도입된 후 5년이 지난 시점에서 소비자의 보호를 위하여 다시 식품의 순수성과 일관성(Purity and Consistency)의 확보의 중요성이 강조되고 이를 위한 규제방법으로 우수식품제조기준(GMPs)과 부작용보고제도가 이용되어야 한다고 주장되기 시작한 점은 기능성 물질과 유용성 물질에 대한 규제의 역사가 짧은 우리나라를 위해서도 상당한 시사점을 제공한다. Laura A. W. Khatcheressian, Regulation of dietary Supplements : Five Years of DSHEA, Food and Drug Law Journal 54, 1999, pp.641－642 참조.

58) 예를 들어, 미국약전협회(U.S.Pharmacopoeial Convention)는 식이보충식품의 질을 통제하고 우수식품제조기준의 준수여부를 감시하며 식품의 표시내용과 실제 성분이 일치하는지 확인하여 이를 충족하는 식품에 대해서는 인증(USP－Verified)을 부여하고 있고, 국립위생재단(National Sanitation Foundation)도 유사한 일을 하면서 인증(NSF－certified)을 해주고 있다. 또, 소비자감시단체(홈페이지 ConsumerLab.com)는 시판되는 상품들을 실험을 통해 그 품질과 표시의 정확성을 조사하여 공표하고 있다. Michael A. McCann, DIETARY SUPPLEMENT LABELING: COGNITIVE BIASES, MARKET MANIPULATION & CONSUMER CHOICE, American Journal of Law & Medicine 31, 2005, p.255ff 참조.

사견으로는 비규격형 기능성 표시식품에 대해서는 법령에 의해 고시형 건강기능식품의 규격형보다는 낮은 수준의 표준화를 법으로 의무화하고, 그 표준보다 낮은 수준에서 기능성 물질을 식품에 포함시킨 경우에는 기능성 표시를 할 수 없도록 하여야 한다. 최소기준 이상의 품질표준화와 관련해서는 자율규제의 방법에 의해 사업자들 스스로 사업자협회를 중심으로 표준화의 정도를 확대해 가는 방식을 권고하기로 한다. 우수식품제조기준 등을 이용한 인센티브 방식의 접근도 필요하다 할 것이다.

3. 부작용의 보고의무의 강화와 유용성 물질에 대한 규제 강화

(1) 부작용의 보고의무의 강화

우리나라에서 건강기능식품의 부작용보고에 대한 규제는 2012년 8월 1일의 건강기능식품에 관한 법률 시행규칙 개정 전후로 상당히 변화를 겪고 있다. 그 내용을 간략히 살펴본다.

2012. 8. 1. 이전의 시행규칙, 즉, 2010. 10. 29.의 시행규칙에서는 건강기능식품의 부작용보고와 관련하여 다음과 같이 규정하였다. 2010년의 시행규칙 제12조 [별표 4](1.차 및 2.아)에서는 제조업자와 수입업자에 대해 "건강기능식품과 관련하여 국민보건에 영향을 미칠 수 있는 위해사실"을 "확인"한 때에는 영업허가청이나 영업신고청에게 지체 없이 보고하고 필요한 안전대책을 강구하여야 한다고 하였다. 판매업자에게는 부작용의 보고의무를 부과하지 않았고, "위해사실"을 "확인"한 때에 보고할 의무를 지도록 했다.

이러한 규제방법은 몇 가지 문제를 발생시켰다. 첫째, 현실적으로 많은 판매업자들이 제조업자들에게 건강기능식품의 제조를 의뢰하여 자신의 상표로 유통·판매하고 있고 법적으로도 허용되고 있는 상황(건강기능식품에 관한 법률 시행령 제2조 3.나)에서 해당 상품의 안전성과 효능에 대한 주된 보장책임을 질 자인 판매업자가 부작용 보고의무를 지지 않는 것은 문제가 있었다. 둘째, 소비자들이 해당 식품의 부작용가능성을 사업자들에게 신고한 경우에도 사업자들이 위해 또는 부작용의 가능성에 대해 단순히 인지한 것을 넘어 "확인"한 때에 보고의무를 지도록 규정한 것은 문제가 있었다. 현실적으로 우리나라에서 건강기능식품 사업자들의 규모가 매우 영세한 경우가 많아 "확인"을 위한 장비과 전문인력이 부족하거나 의지 등의 부족으로 부작용의 확인을 하지 못하게 되면 보고를 통해 규제기관에 신고되는 정보의 양이 매우 적을 수밖에 없었다. 셋째, 부작용정보를 수집하는 기관이 일원화되어 있지 않아 정보의 체계적인 관리와 국민의 건강을 보호하기 위한 통일적인 조치가 취해지기 어려웠다.

2012. 8. 1. 개정된 건강기능식품에 관한 법률 시행규칙 제12조 [별표 4](1.차, 2.아, 3.아)는 제조업자와 수입업자는 물론 판매업자에게도 보고의무를 부과하고, "위해사실"을 "알게 된 경우" 보고의무를 지움으로써, 단순한 인지상태에서도 보고하도록 하여 보고되는 정보의 양을 증가시키려 하였다. 또, "식품의약품안전처장이 지정하여 고시하는 기관"에 보고하도록 하여 부작용정보를 통일적이고 체계적으로 관리할 수 있는 법적 근거를 마련하였다. 이 규정에 따라, 식품안전정보원 (www.foodinfo.or.kr)이 보고기관으로 지정되어 부작용정보를 보고받도록 하고 있다.

(2) 유용성 물질에 대한 보고의무의 강화 필요

통일된 일반법에서 유용성 물질의 안전성을 보장하기 위한 규제를 할 때, 건강기능식품과 동일하게 제조업자와 수입업자는 물론 판매업자에게도 보고의무를 부과하되, 위해사실과 부작용을 알게 된 경우 식품안전정보원에 보고할 의무를 지도록 규정하여야 할 것이다.

기능성 물질이나 유용성 물질의 경우, 다른 물질과 혼합되어 식품에 사용되면서 소비자들이 복용하는 동안 잘 몰랐거나 제조사가 숨겼던 부작용이 새롭게 드러나기도 한다. 때문에 정부는 유용성 표시 식품까지 포함하여 지속적으로 독성과 부작용의 존재여부에 대해 조사해야 하고, 그 정보를 국민들에게 제공하고 필요한 규제조치를 취해야 한다. 이미 시장에서 다수 대량으로 판매되는 유용성 표시 식품들의 경우, 정부에 의한 조사분석과 국민들을 위한 정보제공은 정부가 방치된 국민건강보호임무의 해태를 이행한다는 중요한 의미를 갖는다 할 것이다.

4. 질병발생위험감소 물질의 규제방법

어떤 물질의 기능성 또는 유용성의 특성이 명확하고 강력하면 할수록 그 효과는 약리적 치료기능에 가깝게 된다. 규제자는 이러한 물질에 대해 유용성 또는 기능성 규제의 관점에서 접근할 것인지 아니면 천연물 의약품과 같은 의약품 규제의 관점에서 접근할 것인지 검토해 보아야 한다.

유용성 또는 기능성의 특성이 강할수록 제조자가 의도한 용도로 필요한 양만큼 사용할 필요는 더 커지고 다른 방법으로 잘못 사용할 경우 위험도 더 커지게 된다. 때문에 규제자는 해당 물질을 기능성 규제의 관점에서 규율하기로 판단한 경우에도 해당 물질의 신규 인정에 있어 인체실험자료 등의 검토를 통해 안전성 관점에서 검토를 강화해야 하며,[59] 그의 사용에 있어서 위해를 줄이고 편익을 높이기 위해 사용방법과 사용량 등의 표시에 있어 생리활성형의 경우보다 강화된 방식으로 규제해야 한다.

질병발생위험감소 물질의 경우 이와 같은 접근방법이 타당하다고 본다.

Ⅳ 기능성 물질의 등록·표시의 통일적 규제와 새로운 기능성 물질에 대한 보호의 강화

1. 기능성 물질과 유용성 물질에 대한 포지티브 리스트 규제

(1) 포지티브 리스트 규제와 네거티브 리스트 규제의 구별

기능성 물질의 인정방식과 관련하여 허용목록을 적극적으로 등록하게 하는 포지티브 리스트(Positve List)제와 금지되는 물질을 등록하게 하는 네거티브 리스트 제(Negative List)로 분류할 수 있다.[60] 유럽연합은 식품보충물질의 규제와 관련하여 포지티브 리스트제를 채택하였다.[61]

포지티브 리스트제는 목록에 포함될 대상물질을 확정하고, 또, 어떤 식품에 포함되어야 할 최소의 양, 인체에의 투입이 허용될 수 있는 허용한계치인 최대허용량 등을 함께 기재하는 것이 보통이다. 기능성 물질의 리스트에 있는 어떤 물질을

---

59) Lars Noah and Barbara A. Noah, A Drug by Any Other Name ... ?: Paradoxes in Dietary Supplement Risk Regulation, Stanford Law & Policy Review 17, 2006, pp.191-195.

60) 포지티브 리스트와 네거티브 리스트라는 용어는 의약법상 이미 널리 쓰이고 있어 영어의 한국식 표기이지만 여기서도 그대로 사용하기로 한다.

61) Mark Delewski/Maria Monica Fuhrmann, Risikosteuerung im Nahrungsergänzungsmittelrecht, ZLR 2005, 2005, S.660.

식품에 사용하고자 하는 사업자는 그것이 기능성 물질이라는 점, 그 양이 최소치와 최대치의 범위 안에 있다는 점에 대하여 입증책임을 진다.

네거티브 리스트제는 어떤 식품에 포함되어서는 안 될 물질을 목록으로 만들어 고시하는 방식인데, 식품에 포함되지 말아야 될 물질은 확정할 수 있지만 포함되어도 좋을 물질들이 무엇인지 확정하기 어려울 때 사용할 수 있는 규제방식이다.

(2) 포지티브 리스트 규제로서 기능성 물질의 규제

우리나라에서 기능성 물질은 고시에 의해 대상물질과 그의 규격을 공개하게 하는 방식과 새로운 물질에 대해 개별적으로 인정신청을 받아 심사를 통해 목록에 포함시키는 방식을 취하고 있는데, 일종의 개방형 포지티브 리스트제(Open Positive List System)라고 할 수 있을 것이다. 이 방식은 기능성 물질에 대한 유럽의 규제방법과 유사한 것이다.

하지만, 우리나라에서 유용성 물질은 유용성 표시를 허용하면서도 시장에서 판매되기 전 사전규제는 존재하지 않고 일반식품에서와 마찬가지로 사후적으로 유해식품의 규제와 허위과장광고의 규제방법에 따라 규제하고 있다. 유용성 물질에 대한 이와 같은 규제방식은 미국의 식이보충식품의 규제방식과 매우 유사한 것이다. 다른 점은 미국의 경우 새로운 식이보충물질의 경우 시판 전 75일 전까지 미국 식품의약처에 등록하도록 하고 있는 점이다.

(3) 통일법에서의 기능성 물질과 유용성 물질의 규제방식

통일된 일반법에서 기능성 물질과 유용성 물질을 통합하여 규율할 때, 기능성 물질에 대해서 포지티브 리스트제를 철폐해야 하는가, 아니면 반대로, 유용성 물질에 대해서도 포지티브 리스트 규제를 도입하여야 하는가?

기능성 물질에 대해 포지티브 리스트 규제방식을 포기하는 것은 기능성 물질의 부작용 위험에 대한 통제를 어렵게 하여 안전성 보장에 큰 문제를 야기할 것이다. 하지만, 통일법에서 유용성 물질에 대해서도 리스트제를 확대적용하도록 하는 것은 산업계에서 반발이 심할 것이다. 이미 시판 중인 많은 유용성 표시 식품들 중, 기존의 기능성 물질에 대해 규격과 다르게 식품에 포함시키면서 유용성 표시만 하고 있는 식품들에 있어서는 규격에 맞도록 해야 하는 문제가 생기고, 새로운 유용성 물질의 경우에는 규제기관에 인정심사를 신청하여 등록을 해야 하는 문제가 생길 것이기 때문이다.

이 문제를 어떻게 해결해야 할 것인지가 새로운 법률에서 해결해야 할 어려운 입법과제에 속한다.

현재 우리나라에서 유용성 물질에 대한 사전규제가 존재하지 않는 상황에서, 규제기관이 시판 후 규제하고자 하여도 어떤 물질과 상품이 판매되고 있는지 정보가 너무 부족한 상황이다. 이러한 상황은 일반 식품에 비하여 유용성 물질을 포함한 식품은 그 부작용 위험성도 더 크기 때문에 국민건강의 보호를 위하여 우려할 만한 상황이라고 할 것이다. 때문에 유용성 물질이 기존에 등록된 기능성 물질과 다른 경우라면 이미 시판 중이거나 새로 시판 예정 중인가를 불문하고 새로이 규제기관에 인정신청을 하여 등록을 하도록 해야 할 것이다. 결국 통합된 일반법에서도 기존의 개방적 포지티브 리스트제를 확대적용해야 한다고 본다.

2. 유용성 물질과 기능성 물질의 표시체계의 단일화

(1) 통일법상 규격과 다른 기능성 물질 함유식품에 대한 표시규제

1) 식품의 표시제도

식품의 표시제도는 시장에서의 자율적 거래를 방해하지 않으면서 소비자에게 정확한 정보를 전달하여 소비자의 선택을 도와줌으로써 시장의 자율성을 해치지 않는 시장친화적 규제에 속한다. 때문에 최근 세계 각국에서 기업에게 많은 비용을 지불하게 하고 시장진입을 어렵게 하는 시판 전 사전규제보다는, 식품의 성분과 기능을 보다 상세하게 표시하여 소비자가 선택하게 하는 식품표시제가 확대 인정되어 가는 추세이고, 우리나라의 식품규제에서도 중심적 역할을 수행하고 있다.

우리 식품위생법상 식품의 표시는 식품, 식품첨가물, 기구 또는 용기·포장에 적는 문자, 숫자 또는 도형을 말하는데(식품위생법 제2조 제1호), 일반식품에 있어 표시의무사항은 제품명, 식품의 유형, 업소명 및 소재지, 제조연월일, 유통기한 또는 품질유지기한, 내용량, 원재료명 및 함량, 성분명 및 함량, 영양성분, 기타 식품등의 세부표시기준에서 정하는 사항이다(식품등의 표시기준 제4조).

건강기능식품의 표시의무사항은 일반식품의 표시의무사항이외에 건강기능식품

표시, 기능정보, 섭취량, 섭취방법 및 섭취 시 주의사항, 질병의 예방 및 치료를 위한 의약품이 아니라는 내용의 표현 등이다(건강기능식품의 표시기준 제4조).

2) 현행 유용성 표시규제의 개선 필요성

현행 유용성 표시제도는 일반식품에 적용되는 표시규제의 적용만을 받는데, 이것은 건강기능식품의 표시규제의 내용과는 다르다.

현행 유용성 표시제도가 건강기능식품법이 제정된 이후에도 살아남으며 일반식품으로까지 확대적용된 것은 무엇보다도 일반식품의 경우에도 해당 식품의 특성을 표시할 필요성이 인정되었기 때문이다.

과학기술의 발전에 따라 이룩한 과학적 분석의 성과가 식품의 제조는 물론 표시제도를 통해 소비자의 구매행동에도 영향을 미칠 수 있는 길이 열려 있어야, 사업자들은 연구개발에 대한 투자를 지속할 수 있게 될 것이고, 소비자들도 진실하고 정확한 정보를 알 권리가 있다는 주장이 설득력을 얻은 결과인 것이다.

통일법에서 유용성 표시를 어떻게 규율하여야 하는가, 여전히 일반식품과 동일하게 규율해도 좋은가?

현행법상의 유용성 표시규제는 소비자의 보호와 건강기능식품사업자의 보호 측면에서 문제가 많으므로 개선되어야 한다고 본다. 현행 유용성 표시의 내용상의 불완전성을 시정하여 소비자의 선택을 돕도록 보다 상세하고 정확한 정보를 제공하게 하여야 한다. 이를 통해 허위과장광고로 인한 피해를 사전에 줄여야 한다. 또, 해당 식품을 섭취했을 때의 효능은 물론 부작용 위험에 대한 정보도 소비자에게 충분히 전달되도록 해야 한다.

현행 유용성 표시 규제의 유지는 건강기능식품산업의 촉진측면에서도 문제가 있다. 현재의 규제가 그대로 유지된다면 건강기능식품의 제조판매자들은 유용성 표시 식품을 판매하는 경쟁 사업자들과의 관계에서 그 투자비용을 회수하기가 어렵게 될 것이고, 이것은 중장기적으로 건강기능식품산업의 발전을 저해하게 될 것이다.

3) 비규격형 식품의 표시규제의 개선방향

유용성 물질에 대한 표시규제를 바꾸어야 한다고 할 때 건강기능식품에 대한 표시규제와 동일하게 변경하여야 하는가? 이 질문은 고시형의 규격과 다르게 기능성 물질을 식품에 투입하고 그것을 표시하도록 인정할 것인가의 문제와도 관련이 있는데, 식품은 의약품과 달리 사전규제 없이 시장에서 자유롭게 거래되는 것이 원칙이라는 점, 하지만, 인간의 건강에 지대한 영향을 미치기 때문에 해당 식품의 안전성과 진실성을 보호할 필요가 매우 크다는 점을 비교형량하여 판단하여야 할 것이다. 다만, 기존의 질서를 지나치게 급격하게 바꾸는 것은 시장에 큰 혼란을 초래할 것이므로 그 질서를 어느 정도 존중하면서 새로운 길을 찾아야 한다.

사견으로는, 고시형 기능성 물질을 규격과 다르게 일반 식품에 사용하고 유용성 표시만을 해왔던 경우는 고시형 건강기능식품과 유사하게 신고만으로 제조하고 판매할 수 있도록 하여야 할 것으로 본다. 이때는 고시형 건강기능식품과 규격이 다른 비규격형 식품이므로 '건강기능식품' 마크는 사용할 수 없고, 단지 그 기능성 또는 유용성의 표시, 즉, 기능정보의 표시만 할 수 있도록 해야 할 것이다. 이 방안이 소비자의 이익과 사업자들 사이의 이익을 조화시키는 방안으로 적절하다고 본다.

비규격형 식품에 기능정보를 표시할 때에는 의약품이 아니기 때문에 질병의 예방이나 치료 등의 표시를 허용해서는 안 될 것이다.

(2) 통일법상 비규격형 기능성 식품에 있어 섭취량 등의 표시 필요

건강기능식품은 일반식품과 달리 섭취량, 섭취방법 및 섭취시 주의사항을 표시하도록 되어 있는데(건강기능식품의 표시기준 제4조), 기능성 물질을 함유한 비규격형 식품에도 이를 표시할 의무가 있는 것으로 규율할 것인가? 건강기능식품에서 기능성 물질의 섭취량을 표시하듯이 유용성 물질을 함유한 비규격형 식품에 대해서도 섭취량, 섭취방법 및 섭취 시 주의사항을 표시하도록 의무화하여야 한다고 본다.[62][63] 그 표시 필요성을 몇 가지로 요약해 보기로 한다.

첫째, 어떤 유용성 물질을 식품에 일부 첨가한 것만으로 서로 양이 다른데 동일한 유용성 표현을 하게 하는 것은 형평에 맞지 않다.

둘째, 일일 섭취량, 섭취방법 및 섭취 시 주의사항이 표시되어 있으면 소비자

---

62) 미국의 다이어트 식품을 대상으로 일일 섭취량의 표시가 도입되어야 한다는 주장은, Michael A. McCann, a.a.O., pp.259－262 참조.
63) 미국법상 다이어트 식품에 대해 부작용위험에 대해 의무적으로 경고문구를 표시하도록 해야 한다는 주장은, Debra D. Burke/Anderson P. Page, Regulating the dietary Supplements Industry : something still needs to change, Hastings Business Law Journal 2005, 2005, pp.144－146 참조.

들은 스스로 유용성 물질 함유식품의 섭취량을 조절하고 지시한 섭취방법을 따라 과잉섭취나 잘못된 섭취로 인한 부작용을 막을 수 있고 동종의 식품들을 비교하여 선택을 할 수 있게 될 것이다.

셋째, 섭취량, 섭취방법 및 섭취 시 주의사항을 표시하면서, 성인 남자와 비교하여 임산부, 노인, 아동이나 특이체질 소유자와 같이 섭취량을 조절하여야 하는 사람들을 위해 범위를 정하거나 복용방법을 달리 하도록 주의를 줌으로써 부작용을 줄일 수 있을 것이다.

(3) 소결

위에서 검토한 점들을 고려하여, 통일법상 기능성 표시와 유용성 표시의 통합적 규율에 있어서는 시장에서의 혼란을 줄이기 위해 이미 형성되어 있는 기존의 질서를 가능한 한 존중하면서도 국민들의 건강을 보호할 수 있는 방안이 모색되어야 할 것이다.

이러한 입장에서 위에서 한 제안을 요약하기로 한다. ① 기존의 기능성 물질을 규격과 다르게 식품에 사용하는 것도 허용하되, 그 용어에 있어서는 혼란을 막기 위해 유용성이라는 표현은 버리고 기능성이라는 표현을 사용하도록 하고, 식품에 섭취량, 섭취방법 및 섭취 시 주의사항 등을 표시하도록 하여야 한다. ② 규격에 적합한 것에 대해서는 '건강기능식품'의 마크를 사용할 수 있도록 하고, 비규격형은 '건강기능식품'의 마크는 할 수 없게 한다. ③ 고시형에 포함되어 있지 않은 기능성 물질을 식품에 사용하는 경우, 그것이 이미 시판 중이거나 시판 전이거나를 불문하고 새로운 물질로 보아, 개별인정형 건강기능식품과 동일한 인정절차를 밟아 사용될 수 있도록 하여야 한다. 등록되지 않고 인정되지 않은 물질에 대한 기능성 표시나 유용성 표시는 허용되지 말아야 한다.

3. 새로운 기능성 물질과 유용성 물질에 대한 지식재산권의 보호

(1) 새로운 물질에 대한 지식재산권의 보호강화 필요성

식의약산업의 영역에서 과거 오랫동안 수많은 물질들이 개발되어 판매된 결과 이제는 보호기간이 끝나 복제가 가능해지면서 선진국들의 대기업들에게도 매출과 이윤의 감소가 큰 위협으로 다가오고 있다. 이에 따라, 새로운 물질의 연구개발은 기업들에게는 꼭 필요한 과제이지만, 기술적·경제적 성공가능성은 그리 높지 않다.

많은 기업들은 새로운 물질을 연구개발하면서 상당한 불확실성 앞에 놓이게 된다.[64] 새로운 물질의 개발을 위해서는 실험장비, 재료와 인력에 많은 비용을 지출해야 하고, 장기간의 실험기간 동안 성공여부를 확신하지 못한 채 투자를 지속해야 한다. 새로운 물질의 개발에 성공한다 해도 규제기관의 인증절차를 거쳐야 하며, 소비자에게 인식시키기 위해 많은 광고비용을 지출해야 한다. 그럼에도 불구하고 소비자들이 구매에 적극적이지 않을 위험도 존재한다. 새로운 물질을 함유한 건강기능식품이라고 해서 가격을 높게 책정하면 소비자들로부터 외면 받을 수도 있다. 또, 다른 많은 기업들이 불법적으로 동일하거나 유사한 물질을 제조하여 식품개발에 이용할 수도 있다.

이와 같은 수많은 위험을 고려하여 각국 정부는 새로운 물질 개발자의 지식재산권의 보호를 위해 많은 노력을 기울이고 있다. 우리 정부도 새로운 물질의 개발자의 지식재산권을 보호하려는 노력을 강화하여야 한다.

(2) 전래된 물질에 대한 지식재산권의 보호

기능성 물질과 유용성 물질은 오랫동안 민간에서 건강식품으로 사용되었거나, 한약재에서 추출된 물질인 경우이거나, 비타민이나 미네랄처럼 수십 년 동안 식품의 제조에 사용되어 왔기 때문에 특허권의 보호대상이 되기 어려운 경우가 많다.

우리 법상으로도 고시형 건강기능식품의 경우에는 특허권과 같은 지식재산권의 보호대상이 되는 경우는 거의 없고 규격이 정해져 있어서 기능성 물질의 사용과 관련하여 사업자들은 누구나 신고하기만 하면 제조와 판매에 자유롭게 참여할 수 있다.

하지만, 동일한 기능성 물질을 함유한 건강기능식품의 경우에도 제조사에 따라 기능성 물질 이외에 포함되는 내용물질이 다를 수 있다. 예를 들어 홍삼추출물을 함유한 건강기능식품도 제조사마다 그 성분이 서로 다를 수 있다. 여러 물질들

---

64) 건강기능식품의 제조기업들이 새로운 물질의 연구개발과 관련하여 취약한 지식재산권보장으로 인해 부딪치는 어려움에 관해서는, Kathie L. Wrick, The Impact of regulations on the business of nutraceuticals in the United States : Yesterday, Today, and Tomorrow, in; Clare M. Hasler(ed.), Regulation of Functional foods and Nutraceuticals, 2005, p.30ff.

의 배합비율이나 구체적 제조방법 등은 영업의 노하우이나 기술로서 영업비밀보호의 대상이 될 수는 있을 것이다.

(3) 통일법상 새로운 기능성 물질과 유용성 물질의 지식재산권에 대한 보호강화방안

새로운 기능성 물질은 고시형 기능성 물질과는 사정이 다르다. 현행 건강기능식품법상 개별인정형의 규제에 있어서는 새로운 기능성 물질로 인정받고자 하는 경우에는 인정심사를 신청하여 인정을 받으면 일정 기간 동안 배타적 독점권을 보장하고 있다. 즉, '건강기능식품의 기능 및 규격' 총칙 5에서는 '기능성 원료별 기준 및 규격의 추가 등재'에 관하여 규정하면서 공전 Ⅱ. 개별 기준 및 규격에 추가로 등재할 수 있기 위해서는, "건강기능식품의 기능성 원료로 인정받은 후 품목제조신고 또는 수입신고한 날로부터 2년이 경과하였거나 3개 이상의 영업자가 인정받은 후 품목제조신고 또는 수입신고한 경우"에 가능하도록 하였다.

이 규정에 따라 개별인정형으로 인정받은 새로운 기능성 물질은 2년 동안의 배타적·독점적 권리를 부여받되, 2년의 보호기간이 끝나면 고시형으로 전환해 다른 사업자들이 신고만으로 참여할 수 있도록 하고 있다. 통일법에서도 새로운 물질의 개발자에 대해 비용의 회수가 가능하도록 이 권리가 보장되어야 할 것이다.[65]

보호기간을 2년이라는 단기로 한 것은 후발주자의 참여를 쉽게 하고자 하는 정책적 의지도 있는 것으로 보이지만, 진정한 의미에서 새로운 물질의 보호기간으로는 너무 짧다고 생각된다. 다른 기업들이 동일 물질을 제조할 수 없게 하는 보호기간을 2년에서 3년으로 늘릴 필요가 있다고 본다.[66]

---

65) 오리지널 개발자의 이익을 보호할 현실적 필요를 인정한다 하더라도 법률과 법규명령에 근거를 두지 않고 식품의약품안전청의 고시인 '건강기능식품의 기능 및 규격'에 비로소 처음 규정한 것은 오리지널 개발자의 권리보호측면에서 중대한 문제를 야기하고 있다. 특허권의 보장기간이나 자료독점권의 보호기간 등과 비교하여 그 보호기간의 타당성과 관련해서도 의문시된다. 또, 권리보호방식과 관련해서도 적극적으로 오리지널 개발자의 권리를 인정하고 그에게 배타적 독점권을 인정하는 방식을 취하지 않고 소극적으로 후발주자가 개별인정신청을 하는 것을 제한하는 방식으로 접근하는 것도 문제된다. 입법적으로 시급하게 정비되어야 할 것이다.
66) 보호기간의 설정에 있어서는 개발자의 개발비용회수와 후발주자 및 소비자의 이익과의 균형을 고려하여 판단해야 한다. 지식재산권의 무역관련협정(TRIPs) 제39조는 자료독점권을 보호하고

이러한 성격의 배타적 독점권이외에도 새로운 물질의 판매자에게 일정 기간 동안(예, 2년) 건강기능식품 마크를 독점해서 사용할 수 있도록 보장하고 후발 참여자들은 단지 기능성 표시만을 가능하게 하는 보호방법을 추가하는 것이 필요하다고 본다.[67]

새로운 유용성 물질을 제조 또는 수입하여 시판하고자 사업자에 대해서 통일법에서 어떻게 규율하고 그 권리를 보호할 것인지가 문제된다.

우리나라의 현행 지식재산권법이나 건강기능식품법 등에 의해 보호되고 있지 않는 새로운 유용성 물질이라면 현재 시판 중이거나 시판되고 있지 않고 있는지 여부를 불문하고 식품의약품안전처에 새로이 인정신청을 하도록 해야 한다고 본다. 새로운 물질로 인정받은 경우에는 새로운 기능성 물질에서와 동일하게 일정 기간 배타적 독점권을 보장해야 할 것이다.

Ⓥ 결어

기능성 물질과 유용성 물질은 그 성질상 차이는 미미한데 반해, 기능성 물질은 기준과 규격을 사전 등록해야 식품에 포함시킬 수 있고, 유용성 물질은 일반식품에 포함시켜 그것을 표시하여 판매하는데 아무런 사전규제가 없는 실정이다. 이로 인해 유사건강식품들이 범람하고 경제적 사기가 빈번하게 발생하지만 소비자들은 충분한 정보를 제공받지 못하고 있다.

이러한 문제점들 때문에 정부도 유용성 표시를 기능성 표시의 일종으로 통합하는 방향으로 현행 건강기능식품에 관한 법률을 전면 수정하여, 가칭 '건강기능식품 및 기능성 표시·광고 등에 관한 법률'을 제정하겠다고 하였다. 이 글에서는 통일법에서 유용성 물질과 기능성 물질을 통합하여 규율할 때 어떻게 규율하여야 하는가에 답하려고 하였다.

있는데, 우리 의약법상으로 신약의 자료에 대한 독점적 보호기간은 4년에서 6년이고(의약품등의 품목허가·신고·심사규정 제27조 제8항), 미국의 경우는 5년이다. 선원원, 의약법상 자료독점권에 관한 고찰, 행정법연구 제25호, 2009. 12, 376면 이하 참조.

67) Kathie L. Wrick, a.a.O., pp.31-32에서는 새로운 물질의 제조판매자의 보호를 위해 일정 기간의 건강강조표시의 배타적 사용권리(A Period of Claim Exclusivity)를 인정하자고 제안하고 있다.

본문에서 했던 주요제안을 간단히 요약한다. ① 기존의 기능성 물질을 규격과 다르게 식품에 사용하는 것도 허용하되, 그 용어에 있어서는 혼란을 막기 위해 유용성이라는 표현은 버리고 기능성이라는 표현을 사용하도록 하고, 식품에 섭취량, 섭취방법 및 섭취 시 주의사항 등을 표시하도록 하여야 한다. ② 규격에 적합한 것에 대해서는 '건강기능식품'의 마크를 사용할 수 있도록 하고, 비규격형은 '건강기능식품'의 마크는 할 수 없게 한다. ③ 고시형에 포함되어 있지 않은 기능성 물질을 식품에 사용하는 경우, 그것이 이미 시판 중이거나 시판 전이거나를 불문하고 새로운 물질로 보아, 개별인정형 건강기능식품과 동일한 인정절차를 밟아 사용될 수 있도록 하여야 한다. 등록되지 않고 인정되지 않은 물질에 대한 기능성 표시나 유용성 표시는 허용되지 말아야 한다.

새로운 물질에 대한 지식재산권의 보호강화방안에 관해서도 다음과 같이 제안했다. ① 새로운 유용성 물질이라면 현재 시판 중이거나 시판되고 있지 않고 있는지 여부를 불문하고 식품의약품안전처에서 새로운 물질로 인정받은 경우에는 새로운 기능성 물질에서와 동일하게 일정 기간 배타적 독점권을 보장해야 한다. ② 현행법상으로는 개별인정형으로 인정받은 새로운 기능성 물질은 2년 동안의 배타적·독점적 권리를 부여받되, 2년의 보호기간이 끝나면 고시형으로 전환해 다른 사업자들이 신고만으로 참여할 수 있도록 하고 있는데, 새로운 물질의 개발자에 대해 비용의 회수가 가능하도록 보호기간을 2년에서 3년으로 늘릴 필요가 있다. ③ 이러한 성격의 배타적 독점권 이외에도 새로운 물질의 판매자에게 일정 기간 동안(예, 2년) 건강기능식품 마크를 독점해서 사용할 수 있도록 보장하고 후발 참여자들은 단지 기능성 표시만을 가능하게 하는 보호방법을 추가하는 것이 필요하다.

참고문헌

1. 국내문헌

곽노성/김어지나, 일반식품의 기능성 표시 허용에 따른 법령체계 개선, 보건복지포럼, 2009.

김건희, 일반식품 및 전통식품의 기능성 원료·성분에 대한 유용성 표시·광고범위 설정에 관한 연구, 식품의약품안전처 보고서, 2009.

김미경외 13인 공저, 건강기능식품, 교문사, 2010.

문상덕, 건강기능식품의 현황과 과제, 법과 정책 연구 제9권 제1호, 2009.

박기환, 일반식품의 유용성 표시제도 개선을 위한 제언, Food Industry 2005. 7.

선정원, 의약법상 자료독점권에 관한 고찰, 행정법연구 제25호, 2009. 12.

이세정, 건강기능식품법제에 관한 비교법적 연구, 한국법제연구원, 2006.

조태제, 건강기능식품법의 문제점과 개선방안, 법과 정책연구 제9권 제1호, 2009.

조홍식, 식품의 기능성 표시와 표현의 자유, 식품안전법연구 I (이원우 편), 2008.

2. 외국문헌

Debra D. Burke/Anderson P. Page, Regulating the dietary Supplements Industry : something still needs to change, Hastings Business Law Journal, 2005.

Fiona LeCong, FOOD SUPPLEMENTS DIRECTIVE: AN ATTEMPT TO RESTORE THE PUBLIC CONFIDENCE IN FOOD LAW, Loyola of Los Angeles International and Comparative Law Review, 2007.

Greg Lindquist, DIET STARTS MONDAY: AN ANALYSIS OF CURRENT U.S. DIETARY SUPPLEMENT REGULATIONS THROUGH AN INTERNATIONAL COMPARISON, Saint Louis University Journal of Health Law & Policy 3, 2009.

Kathie L. Wrick, The Impact of regulations on the business of nutraceuticals in the United States : Yesterday, Today, and Tomorrow, in; Clare M. Hasler(ed.), Regulation of Functional foods and Nutraceuticals, 2005.

Lars Noah and Barbara A. Noah, A Drug by Any Other Name ... ?: Paradoxes in Dietary Supplement Risk Regulation, Stanford Law & Policy Review 17, 2006.

Laura A. W. Khatcheressian, Regulation of dietary Supplements : Five Years of DSHEA, Food and Drug Law Journal 54, 1999.

Mark Delewski/Maria Monica Fuhrmann, Risikosteuerung im Nahrungsergänzungsmittelrecht, ZLR, 2005.

Michael A. McCann, DIETARY SUPPLEMENT LABELING: COGNITIVE BIASES, MARKET MANIPULATION & CONSUMER CHOICE, American Journal of Law & Medicine 31, 2005.

William J. Kolasky, Regulating Health Claims for Special Dietary Foods, Food Drug Cosmetic Law Journal 41, 1986.

제3절

개방적 경쟁사회를 위한 제도적 인프라에 대한 정부의 형성책임 - 건강기능식품산업 -*

Ⅰ 경제발전과 기업활동의 촉진을 위한 제도적 인프라의 형성을 위한 정부책임

1. 정부기능의 약화와 시장개입방식의 재설계 필요

창조적 경제발전의 수단으로서 규제개혁이 다시 각광받고 있다. 하지만, 창조경제를 위한 정부의 정책의지와 필사적인 규제개혁의지에도 불구하고 침체된 경제는 좀처럼 활성화되지 않고 있고 사회의 양극화는 더 심화되고 있다. 규제개혁을 비롯한 정부의 경제활성화 노력이 성공을 거두기 위해서는 현재의 정부역할에 대한 정확한 진단에 기초하여야 하는 것으로 어떤 방향의 어떤 조치가 경제발전에 기여할 수 있는가에 대한 다양한 고민과 성찰이 필요하다. 이 글도 이러한 고민을 반영한 것으로 글로벌 시장에의 진출능력의 강화를 통한 중소기업의 활성화에 기여하고자 하는 의도로 작성되었다.

---

* 이 논문은 2011년도 정부의 재원으로 한국연구재단의 지원을 받아 연구되었음 (NRF-2011-32A-B00239). 3년차(2013. 5.~2014. 4.) 계속연구과제의 성과임.

규제개혁이 기업들의 시장진입 및 시장 내에서의 활동에 대한 제한을 단순히 푸는 것일 수는 없다. 각국이 처한 상황은 물론, 산업과 기업들이 처한 상황의 특성을 고려하여 상이한 방식과 상이한 수준에서의 규제개혁에의 접근이 요구된다. 예를 들어, 1980년대 이후 세계 각국에서 규제개혁의 노력이 전개되었는데, 공기업의 비중이 작은 미국에서는 주로 사기업들을 대상으로 진입규제와 가격규제 등의 제한을 철폐하는 것에 개혁의 중점이 두어졌지만, 영국과 프랑스와 같이 전체 산업 내에서 공기업의 비중이 높은 국가들에서는 규제개혁조치에 있어 공기업의 민영화가 매우 중요한 개혁조치의 내용이 되었던 것이다.[68]

글로벌 경제상황의 불확실성 때문에 입법자들은 규제의 도입이나 그 완화의 결정에 있어 입법의 기초가 된 경제사회상황의 파악과 변화예측에 있어 심각한 한계에 직면해 있다.[69] 정확한 진단과 분석 없이 실무에만 지배되는 세계는 방향을 찾지 못한 채 제자리걸음을 하거나 현재의 상황을 악화시킬 위험도 안고 있다. 법학이론은 현실에 대한 정확한 진단과 처방을 제공함으로써 실무가 관성의 법칙에 따라 형성된 진로를 무비판적으로 따르지 않고 발전에 기여하는 진정한 개혁을 하도록 방향을 지도하여야 한다. 행정부와 국회가 기업들과 소비자들을 위하여 발전과 질서보호를 위하여 필요한 법적 도구들을 미리 준비하여 제공하는 준비기능(Bereitstellungsfunktion des Rechts)을 수행하여야 한다.[70]

유럽에서는 유럽연합의 결속력이 강화되면서 식품법과 같은 한정된 특별행정법 분야뿐만 아니라 행정법의 전영역에 걸쳐 유럽행정법화 현상이 강화되고 있어서 학계에서도 이에 따른 행정법의 변화에 관한 연구가 다양하게 이루어지고 있다.[71] 중국, 일본과 우리나라 그리고 동남아시아 국가들은 문화적으로 유사한 부

---

68) Dennis Swann, The regulatory Scene, in : Kenneth Button/Dennis Swann(ed.), The Age of regulatory Reform, 1989, p.19ff.

69) 불확실성의 증가는 입법자의 지식에 중대한 제약이 되어 조건명제방식의 전통적 입법방식에 변화를 가져온다. 입법자는 법집행자에게 보다 넓은 재량을 주고 원인보다는 결과를 중시하면서 '배려(Vorsorge)'의 관점에서 사회의 위험을 완화시키려 한다. 하지만, 배려의 과잉이 책임원칙을 무력화시킬 위험도 존재한다. Ivo Appel, Methodik des Umgangs mit Ungewissheit, in : Schmidt－Aßmann/Hoffmann－Riem(Hg.), Methoden der Verwaltungsrechtswissenschaft, SS.327－336.

70) Gunnar Folke Schuppert, Verwaltungsrechtswissenschaft als Steuerungswissenschaft －Zur Steuerung des Verwaltungshandelns durch Verwaltungsrecht－, in : Reform des Allgemeinen Verwaltungsrechts, 1993, SS.96－98.

분이 많고 FTA를 체결하기 위한 노력도 전개되고 있지만, 현재까지는 각국의 법제들이 달라 전문법제인력의 지원이 부족한 중소기업들에게 많은 어려움이 발생하고 있다. 보다 넓은 시장에서 개방적 경쟁이 가능하도록 정부는 기업과 소비자들의 핵심적 목표의 달성에 적절한 도움을 줄 수 있는 제도적 인프라의 구축에 노력하여야 할 것이다.

중국과 동남아 국가 등 후발 개발도상국가들이 조선산업이나 전자산업 등에서 우리나라를 급격히 추격하고 있는 상황에서 정부와 기업들에게 생명공학산업은 우리 사회의 지속적 발전을 위하여 가장 역점을 두고 육성에 노력하고 있는 산업분야이다. 하지만, 전자산업이나 중화학공업 분야에서 과거 우리나라가 성공했던 시대와는 여러 측면에서 다른 도전들이 제기되고 있어서 성공하기가 쉽지 않은 상황이다. 그 문제상황을 몇 가지로 요약해 본다.

첫째, 생명공학산업 중에서도 단순히 농수산식품보다는 의약품이나 건강기능식품 등 가공된 상품의 부가가치가 훨씬 높다. 하지만, 선진국들이 오랫동안 지적연구를 통해 확보한 지식재산권 때문에 우리 기업들은 부가가치가 낮은 복제의약품의 생산 등에만 집중해 왔다. 지식재산권의 장벽을 극복하기가 쉽지 않다.

둘째, 우리나라 산업 내에서 규모에 따라 대기업과 중소기업의 분포상황을 살펴보면, 전자산업, 자동차산업이나 조선산업 등과 비교할 때, 식의약산업의 영역에는 수많은 동종유사의 영세업체들이 좁은 국내시장 내에서 난립하고 있어서 세계적 규모의 다국적 기업들의 자본투입적 연구개발능력을 따라가는 것이 매우 어려운 상황이다. 우리 영세기업들에게 새로운 상품의 개발에 들어가는 과다한 비용은 커다란 진입장벽이 되고 있다.

이러한 상황에서 건강기능식품은 의약품과 달리 그 상품의 개발과 판매에 있어 의약품보다 더 진입규제가 완화되어 있어 개발비용이 훨씬 더 적게 든다. 뿐만 아니라, 전통사회에서부터 축적된 건강에 유용한 기능성 물질에 대한 지식을 활용함으로써 특허권 등 다국적 기업들의 지식재산권의 제약을 피할 수 있는 신제품

---

71) 장경원, EU 행정법상의 재량에 관한 연구, 행정법연구 제23호, 2009. 4, 41−65면; 이희정, EU 행정법상 행정처분절차에 관한 소고, 공법학연구 제12권 제4호, 2011. 11, 473−499면; 김중권, 유럽행정법상 행정소송을 통한 권리보호시스템에 관한 연구, 공법연구 제41집 제1호, 2012. 10, 311−345면.

의 개발이 가능하다. 또, 건강기능식품산업은 선진국에서도 신흥산업으로서 그 역사가 짧기 때문에 우리의 신생 기업들은 외국 기업들과 외국 시장에서 경쟁하면서 자체개발한 건강기능식품(예, 신생기업인 내츄럴엔도텍의 제품인 백수오의 캐나다시장진출)에 대해 지식재산권의 보호를 받으면서 고가에 판매하는 것이 가능해지고 있다. 이 점은 복제약 중심의 제약회사가 외국 시장에 진출하는 경우와 차별화된 경쟁력이라 할 수 있다. 이상과 같은 이유들 때문에 이 글에서는 정부의 제도적 인프라의 형성책임의 문제를 다루기 위한 대표 산업으로서 건강기능식품산업을 선택하여 다루었다.

2. 개방적 발전을 위한 제도적 인프라의 형성책임

(1) 제도적 인프라의 개념과 의의

경제활동과 관련하여 인프라는 자원의 최적배분이나 경제활동의 활성화, 그리고 교류가 막힌 지역간 교역의 활성화와 경제통합에 기여하는 지속적 기초의 기능을 하는 것을 말한다.[72] 단순한 물건보다는 보다 기초적이고 지속적인 성격의 것을 의미한다.

경제사회에서 인프라 개념은 사회적 시장경제체제에서 정부의 역할을 정의하고 시장의 자율영역과의 관계에서 정부책임의 한계를 설정하기 위해 매우 중요한 개념으로서, 물적 인프라, 인적 인프라와 제도적 인프라로 나눌 수 있다.[73]

제도적 인프라는 실정법령, 기구와 조직, 절차 등 법적 인프라 이외에 사회관습, 사회심리와 문화, 규범의식 등 지속성을 갖고 있으면서 경제활동의 하부구조

---

[72] '인프라스트럭처'를 우리나라에서는 줄여서 '인프라'라고 하는 경우가 많아 여기서도 '인프라'라고 쓰기로 한다. '인프라'라는 용어는 일반적으로 생산이나 생활의 기반을 형성하는 구조물이나 기본적인 시설을 말하는데, 댐, 도로, 항만, 발전소, 통신 시설 등의 산업 기반 및 학교, 병원, 공원 등의 사회 복지, 환경 시설이 이에 해당한다.
　　사용되는 영역에 따라 인프라의 구체적인 내용들이 달라질 수 있는데, 예를 들어, 정보기술영역에서 인프라는 컴퓨터와 사용자들을 연결하는 데 사용되는 물리적인 하드웨어로서, 전화회선, 케이블 TV 회선, 인공위성 및 안테나 등과 같은 전송매체와, 라우터, 리피터 등의 전송제어장치 등을 포함한다. 인터넷과 관련하여 인프라는 신호를 보내고 받는 데 사용되는 소프트웨어를 의미하기도 한다.
[73] Reimut Jochimsen, Theorie der Infrastruktur−Grundlagen der marktwirtschaftlichen Entwicklung−, 1966, SS.100−101, 117−118.

를 형성하는 방식으로 경제활동에 영향을 미치는 것을 말한다. 계약제도, 재산권제도, 직업제도, 인허가제도 등이 경제활동에 영향을 미치는 전형적인 제도적 인프라에 속한다. 법령 이외에 기구와 조직의 존부와 형태, 업무방식과 업무처리절차 등도 여기에 포함된다.

(2) 기업의 개방적 발전을 위한 제도적 인프라의 형성과제

우리 헌법은 전문 및 제119조 이하의 경제에 관한 장에서 균형 있는 국민경제의 성장과 안정, 적정한 소득의 분배, 시장의 지배와 경제력남용의 방지, 경제주체간의 조화를 통한 경제의 민주화, 균형 있는 지역경제의 육성, 중소기업의 보호육성, 소비자보호 등 경제영역에서의 국가목표를 명시적으로 규정하고 있다. 우리 헌법에서 선언된 경제질서는 사유재산제를 바탕으로 하고 자유경쟁을 존중하는 자유시장경제질서를 기본으로 하면서도 이에 수반되는 갖가지 모순을 제거하고 사회복지·사회정의를 실현하기 위하여 국가적 규제와 조정을 용인하는 사회적 시장경제질서이다.[74]

개방적 경쟁이 격화되고 있는 경제사회에서 사회적 시장경제를 통해 국민들의 자유와 발전을 유도해야 하는 정부는 시장의 자율성 보호와 정부개입의 방향 및 한계를 판단함에 있어 지표가 될 수 있는 개념을 새로이 필요로 하고 있다. 제도적 인프라는 정부의 역할을 안내하는 지표개념으로서 기존의 규제와 그의 개혁이라는 관점에서 포착하지 못한 정부의 역할에 초점을 맞추어 우리 경제의 개방적 경쟁력을 높이기 위해 유용한 시사점을 제공해줄 수 있을 것으로 기대한다.

정부의 제도적 인프라의 건설책임론(Recht der Infrastrukturverantwortung)은 기업의 발전이나 소비자의 건강보호 등 법익보호에 있어 시장자율적으로 해결하기 어려운 현재나 장래의 장애에 대해 정부가 미리 예측하고 계획을 세워 제도적 인프라를 형성하고 유지하는 것이 정부책임의 범위 내에 속하는 것으로 이해한다.[75]

제도적 인프라에 대한 정부의 건설책임론의 관점에서 볼 때, 글로벌 경제환경에서 정부가 경제활성화 노력에도 불구하고 실패하게 되는 제도적 원인들 중 가

---

74) 헌재 2001. 6. 28. 선고 2001헌마132 결정.
75) Gerhard Igl/Felix Welti, Gesundheitsrecht—eine systematische einführung, 2012, SS.35—39.

장 빈번하게 나타나는 것들은 다음의 것들이라고 할 수 있을 것이다.[76] 글로벌 경제상황에 적합한 정부역할에 대한 디자인이 결여되어 있거나, 입법자가 설정한 목표들이 목표들간의 조정노력의 부족으로 상호충돌한 채로 실정법령에 규정되어 있을 때, 그리고 정부가 동원할 수 있는 수단들에 대한 이론들이 결여되어 개별 수단들이 서로 자충적으로 기능하거나 필수적인 수단들이 결여되어 있을 때 등이다.

3. 공법적 규제개혁의 부작용의 사법적 보완

정부의 규제개혁노력에 있어 전제되어야 할 것은 규제개혁이 무규제의 상태를 창출하는 것이 아니라 대부분 공법적 규제를 완화하거나 철폐할 뿐이라는 점이다. 개혁된 상태에서도 사법규정들은 여전히 기업과 소비자들의 행태를 규율하고 있다. 기업들과 소비자들의 활동을 규율함에 있어 공법과 사법은 서로 보완하거나 대체하는 완충보완관계(Auffangrelation)에 있는데[77], 완충보완의 기능이 잘 작동하는지 살펴서 법질서의 기능에 문제가 생기면 그의 해결을 위한 노력을 기울여야 한다. 공법적 규제수단들이 철폐되는 경우 계약법이나 불법행위법의 수단들이 거래를 보호하고 공익침해를 방지하기 위해 필요한 보완적 역할을 제대로 수행하지 않을 수도 있기 때문이다.

시장의 자율성을 확대하기 위해 공법적인 진입규제를 철폐하는 경우, 사법적 수단들이 제대로 기능하게 하는 보완조치가 도입되지 않으면 심각한 공익침해가 발생할 수도 있다.[78] 예를 들어, 산업폐기물의 불법적 투기를 규제하고 제재하는 공법적 규제수단 중의 일부가 철폐된 경우, 사법상의 소유물방해배제청구권이나

---

76) 프로그램 결여로 인한 정부역할의 실패는 디자인실패, 목적충돌과 이론결여로 나타날 수 있다. Gunnar Folke Schuppert, Verwaltungsrechtswissenschaft als Steuerungswissenschaft — Zur Steuerung des Verwaltungshandelns durch Verwaltungsrecht —, in : Reform des Allgemeinen Verwaltungsrechts, 1993, S.982.

77) Eberhard Schmidt—Aßmann, Öffentliches Recht und Privatrecht : Ihre Funktionen als wechselseitige Auffangordnungen — Einleitende Problemskizze — in : Hoffmann—Riem /Schmidt—Aßmann(Hg.), Öffentliches Recht und Privatrecht als wechselseitige Auffangordnungen, 1996, SS.11—12.

78) 공법적 규제의 철폐 이후 초래된 부정적 결과가 심각해지면 공법적 규제를 다시 도입하기도 한다. 선정원, 규제개혁과 정부책임 : 건설산업의 규제개혁실패와 공법학의 임무, 공법연구 제30집 제1호, 2001. 12, 377—401면 참조.

손해배상청구권이 효과적으로 행사되지 않으면 지역사회에서는 환경오염의 피해로 주민들의 삶의 질이 급격히 악화된다. 지방자치단체의 공유재산인 토지나 농어촌에서 노령인구들이 보유하는 토지에 대해 불법적인 폐기물투기행위가 있어도 소유물방해배제청구권이나 손해배상청구권과 같은 사법적 수단이 작동하기가 매우 어려운 것이 우리의 현실이다.

공법적 규제가 철폐된 규제개혁상황에서 시장이 정상적으로 기능하여 시장에 참가하는 소비자들이나 영세기업 등이 자신의 이익을 보다 잘 보호할 수 있도록 계약의 관행이나 약관규정들을 개선하도록 유도하는 것이 필요할 수도 있다. 다만, 이때에는 공법적 규제의 철폐로 노리던 정책목표인 시장의 자율성 확대와 거래비용의 감축목표가 사법적 수단들에 대한 보완조치로 인해 훼손되지 않고 오히려 시장의 기능이 잘 작동하도록 하는 것이 되어야 할 것이다.

Ⅱ 건강기능식품법의 기본구조와 규제의 특징

1. 식의약산업 규제개혁의 산물로서 건강기능식품법의 제정

우리나라의 건강기능식품제도는 2003년 건강기능식품에 관한 법률(2003. 8. 27 시행, 이하 건강기능식품법이라 함)이 제정, 시행되면서 도입되게 되었다. 건강기능식품법이 시행되기 전에도 건강에 유익한 특수한 기능성을 가진 식품들에 대해 '영양식품'은 1977년, '특수영양식품'은 1987년, 그리고 '건강보조식품'은 1989년 식품위생법에 도입되었었다.[79)80)]

---

79) 1980년대 이후 건강기능식품과 유사한 용어로 기능성 식품(Functional Food), 건강식품(Health Food), 건강보조식품(Health Supplement) 등의 명칭이 사용되어 혼용되어 왔다. 우리나라의 건강기능식품제도의 모델제도인 특정보건용식품이라는 특수한 식품제도를 세계적으로 처음 도입한 일본에서는 1980년대 영양소가 아니면서 인체의 기능에 관여하는 성분인 비영양성 기능성을 갖는 성분을 포함한 식품으로 연구자들이 처음에는 기능성 식품이라는 용어를 사용했다. 食品安全ハンドブック編集委員会, 食品安全ハンドブック, 2010, 475면.

80) 과거, 건강보조식품은 안정성과 기능성을 검증하기 위한 제출자료에 대한 규제기준이 불명확하고 기능성 표시의 내용이나 방법 그리고 소비자에 대한 복용방법의 설명 등에서 미흡하여 소비자의 신뢰를 그다지 얻지 못하였다. 문상덕, 건강기능식품법의 현황과 과제, 법과 정책연구 제9집 제1호, 2009, 52-53면 참조.
건강기능식품은 가공식품의 일종으로서 그 기능성 때문에 건강침해의 위험도 높아지므로 건강

건강기능식품법은 건강기능식품의 안전성 확보 및 품질향상을 위해 평가기준과 표시기준을 정비하고 그 유형을 다양화하였다. 과거 건강보조식품 등을 생리활성형으로 인정하고 새로운 유형으로 질병발생위험감소형을 도입하였는데, 이것은 식품의 성격과 관련하여 중대한 의미를 갖는 변화이었다.[81]

2. 건강기능식품에 대한 법적 규율의 기본구조

우리나라에서 건강기능식품에 대한 법적 규율은 사업자에 대한 규제와 제품에 대한 규제로 나눌 수 있다. 사업자는 제조업자, 수업업자 및 판매자로 나눌 수 있다. 제품에 대한 규제는 원재료와 완성품에 대한 규제가 있고, 제품의 표시와 광고에 대한 규제가 있다.

(1) 사업자에 대한 규제

건강기능식품의 사업자들에 대해서는 그 종류별로 허가제와 신고제로 나누어 다르게 규율하고 있다. 제조업자가 되고자 하는 자는 기준에 적합한 시설을 갖추어 식품의약품안전처장의 허가를 받아야 한다(건강기능식품법 제4조, 제5조 제1항). 제조업허가를 얻기 위해서는 자격을 갖춘 품질관리인을 두어야 하며 품질관리인은 식품의 안전과 위생 등의 기준에 따라 제조과정을 지도, 관리하여야 한다. 제조업자는 품질관리인의 적법한 업무를 방해하지 말아야 하고 제조업자가 품질관리인을 선임하거나 해임하는 때에는 식품의약품안전처장에게 신고하여야 한다(건강기능식품법 제12조).

건강기능식품의 제조업에 대해 허가제로 한 것은 우선 제조업자의 진입조건을

침해사고도 빈번히 발생하여 사법상의 책임문제도 제기되므로 규제와 사법상의 책임을 함께 다루는 연구도 필요하다. 이에 관한 문헌으로는, 선정원/박인회, 식품법상 식품의 위험규제와 그 책임에 관한 고찰, 법과 정책연구 제12집 제3호, 2012, 1227-1252면 참조.

81) 전통적으로 중국, 일본과 우리나라에서는 '식약동원'(食藥同源)이라 하여 식품과 의약품의 밀접한 관련성을 인정하는 문화가 존재했는데, 대한민국시대에 들어와서 현대과학 및 현대법제의 도입과 함께 식품과 의약품의 엄격하게 분리되어 유지되었다. 하지만, 건강기능식품, 특히, 질병발생위험감소형의 도입은 이 엄격한 분리를 상당히 완화시키는 의미를 갖는다.
이와 관련하여 헌법재판소는 어떠한 식품에 일정한 약리적 효능이 있다면 그에 관한 정확한 정보를 제공하는 것은 국민의 건강수준 향상을 위하여 필요한 일이라고 보지 않을 수 없다고 하고 있다(헌재 2000. 3. 30. 선고 97헌마108 결정; 헌재 2004. 11. 25. 선고 2003헌바104 결정).

강화하여 소비자의 건강에 유해한 식품이 시장에 등장하는 것을 방지하기 위한 사회적 규제의 취지를 가진다고 보아야 한다.[82]

수입업이나 판매업을 하고자 하는 자는 기준에 적합한 시설을 갖추고 영업소의 소재지를 관할하는 특별자치도지사 · 시장 · 군수 · 구청장에게 신고하여야 한다(건강기능식품법 제6조 제1항, 제2항).

사업자들이나 그 종업원들 그리고 품질관리인은 품질관리에 관한 교육을 받아야 한다(건강기능식품법 제13조).

(2) 제품에 대한 규제

1) 제품의 원재료에 대한 규제

제품에 대한 규제는 원료물질에 대한 규제와 완성품에 대한 규제로 나누어 볼수 있다. 우리나라는 건강기능식품에 대한 규제에 있어 원료물질인 기능성 물질에 대한 규제의 방식을 취하고 있고 완성된 건강기능식품 그 자체의 안전성과 유효성에 대해서는 일반식품에 대해 적용되는 일반적 규제 이외에 특별한 규제(예, 허가)를 하지 않고 신고제도로 운용하고 있다.

건강기능식품의 원료물질인 기능성 물질은 정형화시켜 고시로 공고한 규격형과 새로운 원료물질인 개별인정형으로 나누어 규제하고 있다.[83] 규격형 기능성 물질에 대해서는 식품의약품안전처장이 그 원료 또는 성분을 고시하고 있다(건강기능식품법 제15조 제1항). 개별인정형 기능성 물질을 인정받고자 하는 사업자는 식품의약품안전처장에게 당해 원료 또는 성분의 안전성 및 기능성 등에 관한 자료를 제출하여 승인을 받아야 건강기능식품의 원료물질로 사용할 수 있다(건강기능식품법 제15조 제2항).

2) 완성품에 대한 규제

---

82) 일반식품사업자들과 달리 특별히 허가제로 도입한 것은 사회적 규제의 목적 이외에 일정한 시설을 갖출 능력도 없고 품질관리인도 둘 수 없는 정도의 영세사업자의 진입방지, 즉, 부실자영업자들의 과당경쟁을 막고자 하는 경제적 규제로서의 취지도 갖는다고 보아야 한다. 하지만, 기존의 건강기능식품제조업자에게 기존 여객자동차운수사업자가 신규사업자의 진입허가에 대해서 갖는 법률상 보호되는 이익까지 갖는다고 볼 수는 없을 것이다.

83) 규격형은 2012년 12월 현재 83종(비타민 등 영양소 28종, 인삼, 홍삼 등 기능성 원료 55종)이고, 개별인정형은 153종(동일한 원료에서 2개 이상 기능성이 인정된 경우를 포함하면 175종)이었다. 식품의약품안전처, 건강기능식품의 기능성 원료 인정현황, 2013, 4-7면.

우리나라에서 완성품인 건강기능식품에 대해서는 일반식품과 비슷하게 판매전 사전심사를 받을 필요가 없다. 건강기능식품제조업의 허가를 받은 자가 건강기능식품을 제조하고자 하는 때에는 그 품목의 제조방법설명서 등을 식품의약품안전처장에게 신고하면 된다(건강기능식품법 제7조 제1항). 즉, 완성품 자체에 대해 사전적 인정이나 허가제도 등이 도입되어 있지 않으므로 신고하고 제조하면 된다. 건강기능식품의 제형에 대한 규제도 철폐되어 있으므로 의약품과 같은 캅셀형태나 일반식품의 형태로도 제조판매되고 있다.84) 수입업자도 식품의약품안전처장에게 신고하고 수입 건강기능식품을 판매할 수 있다(건강기능식품법 제8조 제1항).

3) 제품의 표시와 광고에 대한 규제

건강기능식품의 기능성 표시와 광고는 법정기준에 따라 한국건강기능식품협회의 심의(건강기능식품법 제16조 제1항, 제2항)를 받아 할 수 있도록 하고 있다. 법문에는 '심의'라고 표시되어 있지만, 이것은 허가와 유사한 사전승인의 의미를 갖는 것으로 보아야 한다. 왜냐하면, "심의결과에 대하여 이의가 있는 자는 심의결과를 통지받은 날부터 1개월 이내에 식품의약품안전처장에게 이의를 제기할 수" 있고, 식품의약품안전처장이 한국건강기능식품협회의 자문을 받아 심사의 "결과를 신청인에게 통지"하도록 하고 있기 때문이다(건강기능식품법 제16조의2 제2항). 즉, 신청인은 심의나 자문 등의 문언과 달리 심사결과에 구속되어 다른 표시와 광고를 할수 없고(건강기능식품법 제18조 제1항 제6호), 그것과 다른 표시와 광고를 하기 위해서는 이의신청 등을 통해 자신의 주장을 관철시킬 수 있을 때 가능하게 된다.

건강기능식품에는 1. 건강기능식품이라는 문자 또는 건강기능식품임을 나타내는 도형, 2. 기능성분 또는 영양소 및 그 영양권장량에 대한 비율, 3. 섭취량 및 섭취방법, 섭취 시 주의사항, 4. 유통기한 및 보관방법, 5. 질병의 예방 및 치료를위한 의약품이 아니라는 내용의 표현 등을 할 수 있다. 사업자는 누구든지 명칭, 원재료, 제조방법, 영양소, 성분, 사용방법, 품질 및 건강기능식품이력추적관리 등에 관하여 허위·과대·비방의 표시·광고를 하여서는 아니된다. 질병의 예방 및

---

84) 2003년 제정된 건강기능식품법 제3조 제1호에서는 건강기능식품의 제형으로 "정제·캅셀·분말·과립·액상·환 등의 형태", 즉, 6개의 제형만을 인정하고 있었다. 하지만, 2008년 9월 22일 개정된 건강기능식품법 제3조 제1호는 제형에 관한 기술을 삭제하고 건강기능식품이란 "인체에 유용한 기능성을 가진 원료나 성분을 사용하여 제조한 식품"을 말한다고 규정하여 산업촉진입장에서 제형규제를 철폐하였다.

치료에 효능·효과가 있거나 의약품으로 오인·혼동할 우려가 있는 내용의 표시·광고도 해서는 안 된다(건강기능식품법 제17조, 제18조).

3. 건강기능식품에 대한 법적 규제의 이중적 성격

식품에 대한 규제는 국민들의 생존과 건강의 위해를 방지해야 하는 관점에서 보면 가장 강력한 규제가 필요한 사회적 규제의 한 영역에 속한다. 하지만, 식품은 의약품 등과 함께 바이오산업의 중요한 한 부분으로서 우리 경제에서 미래주역이 되어야 할 산업분야에 속하고 있어 산업촉진의 관점에서 접근해야 할 산업영역이기도 하다.

건강위해방지라는 사회적 규제의 관점에서 입법자는 제조업자에 대해 허가제와 품질관리인의 고용의무를 부과하였고, 새로운 기능성물질후보에 대하여 개별적인 심사를 거쳐 통과해야 인정받는 개별인정형 기능성물질제도를 도입했다. 건강기능식품의 표시에 대해 사전규제의 의미를 갖는 심의절차를 도입하고, 질병의 예방 및 치료의 표시 등 의약품으로 오인·혼동할 우려가 있는 표시를 금지하였다.

하지만, 산업촉진이라는 경제적 규제의 관점에서 입법자는 판매업자나 수입업자에 대해서는 단순한 신고로 사업을 할 수 있도록 하면서 품질관리인의 고용을 의무화하지 않았다. 건강기능식품에 대한 물질규제에 있어 원료물질인 기능성물질에 대해서만 일반식품에 비해 강화된 규제를 하였다. 다만, 기능성 물질에 대해서도 새로운 물질이 아닌 한 고시로 공지한 규격을 갖추기만 하면 개별적인 사전인정심사없이 해당 기능성 물질을 포함한 건강기능식품을 제조할 수 있도록 했고 그것을 규격형으로 규정했다. 완성된 건강기능식품에 대해서는 의약품의 경우 사전허가를 얻어야 판매 가능한 것과 달리 일반식품과 동일하게 사전규제를 부과하지 않았다. 제품의 표시·광고에 있어서도 유형에 해당되기만 하면 질병발생위험감소표시가 가능하도록 하여 기업들이 소비자에 대한 광고효과를 높일 수 있도록 허용했다. 행정입법인 고시단계에서도 계속된 개혁조치를 통해 기능성의 인정심사에 필요한 증비서류를 간소화하고 절차를 간소화하는 등 시장진입에 필요한 시간과 비용을 감소시키려 노력해 왔다.

건강기능식품에 대해 사회적 규제의 관점에서 유해식품의 규제문제로 다루는 것과 식품산업의 한 영역으로서 건강기능식품기업들의 저발전과 부실화위험의 문제를 다루는 것은 일견 서로 분리된 주제인 것처럼 보이지만 상호연결된 측면도 있다. 사회적 규제 관점에서의 소비자 보호문제가 산업촉진적 관점에서의 기업의 지원문제와 충돌하기 때문이다.

Ⅲ 건강기능식품법에 의한 식의약산업 규제개혁의 평가

1. 기업들의 자율성에 대한 규제의 완화로서 건강기능식품법

(1) 기업의 자율성 확대를 위한 규제개혁의 의의

기업들은 영리활동을 추구하는 것이 그의 속성이어서 보다 적은 비용을 투입하여 보다 많은 수량의 제품을 판매하기 위해 다각도로 노력하고 있다. 헌법상으로도 기업들에게는 직업의 자유(헌법 제15조)의 내용으로서 영업의 자유가 보장되고 있다.

하지만, 헌법이론상 영업의 자유는 정신적 자유권이나 신체의 자유 등 다른 기본권에 비하여 "상대적으로 더욱 넓은 법률상의 제한"(헌재 1997. 11. 27. 선고 97헌바10 결정)이 가능한 것으로 평가받고 있어서 공익적 이유로 상당한 규제를 받아왔다. 그렇지만, 경제불황이 장기화하고 경제성장에 대한 국민의 기대가 커지면서 불필요한 규제의 철폐를 목표로 하는 규제개혁이 정부의 핵심적 정책목표로 등장하고 있다.

행정규제기본법 제1조에서 "불필요한 행정규제를 폐지하고 비효율적인 행정규제의 신설을 억제함으로써 사회·경제활동의 자율과 창의를 촉진하여 국민의 삶의 질을 높이고 국가경쟁력이 지속적으로 향상되도록 함"을 입법목적으로 규정하여 규제개혁을 모든 정부의 기본목표중의 하나로 선언하고 있듯이, 그동안 우리 정부는 정권교체의 과정을 겪으면서도 줄기차게 규제개혁을 통해 시장에서 기업의 자율성을 확대하는 조치를 취해 왔다.

건강기능식품제도는 식·의약산업에서 규제개혁의 사고를 가장 충실히 따라 산업의 촉진과 기업의 자율성 확대를 위해 진입규제를 완화하고 규제심사절차를 신속하고 간소화하는 방향으로 개혁해 왔다.

그런데, 건강기능식품에 대해 정부가 경제적 규제의 개혁관점에서 취해온 노력의 방향은 우리 건강기능식품기업들에게 어느 정도 유용한 것이었을까, 다른 방향에서의 접근가능성은 없는 것일까의 검토가 필요하다.

(2) 건강기능식품법에 의한 산업촉진효과의 한계

오늘날 국제무역이 급증하면서 기업들은 국내시장만을 목표로 상품을 제조하지 않고 있으며 동종유사의 제품을 판매하는 국내외의 다른 기업들과 격렬한 판매경쟁을 벌이고 있다. 전자산업, 자동차산업이나 조선산업 등과 비교할 때, 식품산업의 영역에는 수많은 동종유사의 영세업체들이 좁은 국내시장 내에서 난립하고 있다.[85] 이 약점은 신흥산업인 건강기능식품산업의 경우 더욱 심각할 것으로 판단된다.[86][87]

▌농수산식품의 수출추이

금액단위(백만불, %)

구분	2008	2009	2010	증감율
전체	4496.5	4809.3	5880.0	22.3
농식품전체	3048.2	3298.1	4081.8	23.8
신선식품	675.0	739.3	873.9	18.2
가공식품	2313.7	2457.8	3096.7	26.0
수산식품	1448.3	1511.2	1798.2	19.0

출처; 2010년 농림수산식품 수출실적(확정)/농수산물유통공사.
농식품은 신선식품과 가공식품으로 나누어 분류함. 농식품속에는 축산물과 그 가공물도 포함함.

---

85) 2013년 발간된 '농림축산식품 주요통계지표'에 따를 때, 우리나라에서 음식료 제조업체수는 2011년 기준으로 10인 이상 고용업체수만 4,360개에 이르고 월평균종사자수는 16만 3,602명으로 CJ, 농심, 대상 등 소수의 대기업들 이외에 수많은 중소기업들과 영세기업들이 존재하고 있다. 농림축산식품부, 농림축산식품통계연보, 2013, 310면.
86) 우리나라 건강기능식품 관련 업체는 2012년 12월말 현재 제조업체 435개소, 수입업체 2,926개소, 일반판매업체 82,246개소, 유통전문판매업체 1,736개소로 집계되고 있으며, 2011년 대비 각각 2.6%, 2.6%, 4.7%, 9.2% 증가하였다. 식품의약품안전처, 식품의약품안전백서, 2013, 253면.
87) 건강기능식품의 수출입실적을 알 수 있는 통계는 찾지 못했다. 다만, 건강기능식품도 가공식품에 속해 있으므로 가공식품의 수출입실적을 통해 간접적으로 건강기능식품의 수출도 증가하고 있는 것으로 추정할 수 있을 것이다.

이 통계는 우리 농수산식품이 2008~2010년 평균 22.3% 비율로 수출이 증진되었음을 보여주고 있다. 농식품 중 신선식품도 매년 18.2% 비율로 수출이 증진하고 있으며, 농식품중 가공식품은 매년 26.0% 비율로 수출이 증진하고 있고, 수산식품은 19.0% 비율로 수출이 증진하고 있다. 2010년 기준으로 전체 농수산식품 수출액중 신선식품의 비중은 약 14.8%, 가공식품의 비중은 약 52.7%, 수산식품의 비중은 30.5%이다.

이상의 통계내용이 보여주듯이 우리나라에서 외국으로 수출되는 농수산식품 중 가공식품의 비중이 절반을 넘고 수출신장율도 가장 높다. 그러나 가공식품 전체의 수출규모를 보더라도 2010년의 경우 30억 달러를 약간 넘는 수준에 그치고 있어서 전자, 자동차, 조선 등의 산업과 비교할 수 없을 만큼 규모가 작다. 미국이나 일본의 기업들과 비교하여 자본의 영세성, 전문인력의 부족과 해외판매경험의 부족이 특히 문제되고 있다.

우리나라의 건강기능식품기업들과 같은 영세한 중소기업들은 글로벌 시장에 진출하려 할 때, 국내와 다른 외국의 상이한 규제기준이나 관행 때문에 유형 · 무형의 강력한 진입장벽에 막혀 많은 어려움을 겪어 왔다. 그럼에도 불구하고 그 동안 우리 정부는 기업의 자율성을 확대하는 규제개혁을 통해 주로 국내규제의 철폐에만 중점을 두고 노력해 왔는데, 이는 외국의 규제와 상관행도 준수해야 하는 수많은 영세사업자들의 입장에서는 불충분한 것이었다고 평가할 수 있을 것이다.[88]

건강기능식품시장에서 사업자들은 일반식품보다는 높은 가격에 상품을 판매할 수 있어 시장에 참가하고자 하는 유인을 크게 받고 있지만 좁은 국내시장을 놓고 동종유사제품을 판매하는 기업들을 급격하게 양산시킬 가능성이 크다. 이러한 특성이 존재하는 시장에서 건강기능식품법과 그 이후의 행정입법개혁을 통한 노력

---

[88] 이러한 문제는 중견기업에게도 쉽게 극복하기 어려운 것이다. 그래서 건강기능식품법의 제정과 시행에도 불구하고 대상, 풀무원, CJ 등 관련성 있는 것으로 보이는 대기업이나 중견기업들의 주가는 미미한 변화를 보여주었을 뿐이다. 건강개선효과를 표시할 수 있는 건강기능식품의 출현은 기존 식의약품에 대한 규제체계에 커다란 변화를 초래한 것이었지만, 건강기능식품법의 제정 · 시행 당시 우리 기업들은 이 새로운 기능성 식품의 제조와 판매에 대한 준비가 거의 안되어 있었다. 진현정, 건강기능식품 관리 법률의 공포 및 시행이 관련기업에 미친 영향에 대한 분석, 식품유통연구 제26권 제1호, 2009. 3, 1 – 25면 참조.

과 같이 국내 시장진입자들을 늘리는 개혁조치는 기술혁신을 위한 긍정적 동인으로 작용하기 보다는 오히려 기업들간 과당경쟁을 촉발시켜 불법적인 상거래활동을 양산시키는 부정적 결과를 초래하는 측면도 존재하고 있다. 소비자들의 입장에서도 좁은 국내시장에서 규제완화로 더 많은 영세사업자들이 증가하여 과당경쟁을 벌이게 되면 질 낮은 유해식품에 의한 건강침해위험도 크게 높아지고 있다. 생존에 급한 기업들은 사기적인 광고를 하는 경우도 증가하고 있는데 소비자들은 영세기업들의 빈번한 퇴출로 인해 제품 구입 후 부작용방지를 위한 복용안내 등 필요한 서비스도 거의 받지 못하고 있다.

진입규제 완화 중심의 규제개혁만으로는 중소기업 중심의 우리 건강기능식품 기업들의 발전에 적절한 도움을 주기 어렵다. 정부의 정책결과가 오직 국내시장에서 경쟁을 격화시키만 해서는 안 된다. 정부는 우리 건강기능식품기업들이 직면한 핵심문제상황, 기업들의 '영세성'이라는 고질적인 상황을 효과적으로 타개할 수 있는 길을 모색해내야 할 것이다.

2. 글로벌 시장에의 진출능력지원을 위한 제도적 인프라의 필요

오늘날 식품과 의약품 등에 관한 국제무역의 증가와 함께 자유무역협정과 유럽통합 등으로 국내법은 국제거래법에 의해 크게 제약받고 있으며 국제거래법과 국내법이 융합된 규제시스템이 형성되고 있다.[89] 그러나, 유럽연합이나 시장의 규모가 큰 미국 등과 달리,[90] 동아시아 각국은 법제통합의 진전이 느리고 각자 고유의 건강식품 관계법과 규제기준들을 가지고 있어서 우리 신생기업들이나 영세기업들이 이 국가들에서 관련 상품들을 소비자들에게 판매하는 데에는 많은 법적

---

89) David P. Fidler, A globalized theory of public health law, The Journal of Law, Medicine & Ethics,Vol. 30, 2002, p.157. 이에 따라 글로벌 행정법학의 건설이 시급히 요청되고 있다. 이의 필요성에 관해서는, 선정원, 삶의 질, 건강의 보호와 행정법학, 행정법연구 제27호, 2010, 319－320면 참조.

90) 다만, 유럽연합에 속한 국가들의 경우에도 국내법과 유럽연합법은 조화를 이루고 있지만 각국은 일정 범위내에서 자율성을 가지고 있어 식품에 대한 세부규제기준은 서로 다를 수 있다. Alan Irwin, The global context for risk governance, in : Belinda Bennett/George F. Tomossy(Ed.), Globalization and Health, 2006, pp.71－85. 그럼에도 개별기업 입장에서는 규제법령의 차이가 미세하기 때문에 유럽연합에 속한 다른 국가로의 수출을 위해 필요한 정보를 얻고 장애를 극복하는 데 큰 어려움은 발생하지 않는다.

어려움을 겪고 있다.

우리 대외무역법 제4조 및 제7조에서는 물품의 수출과 수입을 지속적으로 증대하기 위한 조치를 포함하여 무역과 통상의 진흥의무를 정부에게 부과하고 있고, 대외무역법 제8조 제1항은 "산업통상자원부장관은 기업의 해외 진출을 지원하기 위하여 무역·통상 관련 기관 또는 단체로부터 정보를 체계적으로 수집하고 분석하여 지방자치단체와 기업에 필요한 정보를 제공"하도록 규정하고 있다. 이 규정들에 나타난 정신과 같이 우리 실정법상으로도 기업들을 위한 정부의 책임범위는 국내법을 넘어 외국법에까지 미치고 있는데, 보다 넓은 시장에서 경쟁기업들과의 경쟁에서 이길 수 있도록 제도적 장애를 제거하는 것은 정부의 의무에 속한다 할 것이다. 이는 과거의 법제들과 달리 개방경제에서의 정부책임의 범위가 외국의 법제에 대한 조사분석과 그의 장벽의 극복에까지 확장되고 있는 최근의 세계적 추세와 그 맥락을 같이 하고 있는 것이다.

우리나라의 많은 건강기능식품들은 전통적으로 민간에서 건강의 유지와 개선에 도움이 되는 식물들의 성분을 추출하여 제조되고 있다. 홍삼 이외에 최근 인기를 끌고 있는 헛개나무추출물이나 백수오추출물 등도 이러한 예에 속하는데, 이러한 건강기능식품들은 문화적으로 유사한 중국이나 일본 그리고 베트남 등 동남아시아에서도 인기를 얻을 가능성이 상당히 높다고 할 수 있다.

정부정책이나 규제수단은 시장에 주는 정부의 신호로서 기업들은 이에 상당한 영향을 받게 된다. 건강기능식품은 강화된 기능성 때문에 외국에서도 일반식품보다 규제가 강한데, 우리의 영세기업들이 해외시장에 진출하고자 할 때에는 외국의 강화된 규제기준을 준수하여야 하므로 해외시장에의 진출이 더욱 어렵다.[91] 국내시장도 외국의 저가제품들에 의해 잠식되고 있는 상황에서 경쟁력 있는 우리의 건강기능식품기업들에게 절실히 필요한 것은 제품을 판매할 수 있는 시장을 해외로까지 넓혀 개방적 경쟁을 할 수 있도록 도와줄 수 있는 정부의 능력이다.[92] 국

---

91) 소비자들도 건강기능식품의 강화된 기능성 때문에 더욱 커진 건강침해의 위험성에도 불구하고 불완전한 정보와 전문가에 의한 복약지도의 결여 등의 어려움을 겪고 있다.

92) 국내시장에 안주하려는 기업들 사이의 경쟁을 '폐쇄적 경쟁'이라고 부른다면 외국시장을 포함한 글로벌 시장에서의 경쟁을 '개방적 경쟁'이라고 부를 수 있을 것이다. 건강기능식품기업들과 같이 신흥산업 등의 영역에서 정부의 역할은 기업들이 '폐쇄적 경쟁'에 안주하지 않고 기술개발에 매진하여 '개방적 경쟁'으로 나아가게 하는 것이어야 한다.

내법제 뿐만 아니라 외국법제와 관련된 법적 장애물들에 대응할 수 있는 제도적 인프라를 구축하여⁹³⁾, 기업들이 시장에서 필요한 자본, 기술, 정보와 인력을 보다 쉽게 확충할 수 있도록 지원하여야 할 것이다.

Ⅳ 건강기능식품산업의 개방적 발전을 위한 제도적 인프라의 형성과 강화

1. 기업의 개방적 경쟁능력을 지원하는 제도와 법률서비스의 도입과 확대

(1) 의의

교통통신의 발달과 함께 외국과의 인적·물적 교류는 급격히 늘어나고 있다. 하지만, 국내외 기업들이나 소비자들은 그 규모와 시장지배력, 기술수준, 문화나 사고방식 등에 기인한 이해관계에 따라 글로벌화의 진전에 대하여 적대적 입장을 취하는 경우도 많다. 자유무역협정을 체결하려는 경우, 농산물 등 1차 산업 상품들과 달리 가공식품이 무역자유화품목에서 제외되는 경우는 드물지만, 교역국가들의 규제기준들이 서로 달라 보다 확대된 시장에서의 개방적 경쟁은 매우 더디게 확대되고 있다.⁹⁴⁾

기업의 개방적 경쟁능력을 지원하는 제도와 법률서비스는 상품과 서비스의 수출입을 보다 원활하게 하는 등의 방법으로 글로벌 시장에서 무역의 법적 장애를 극복하는 데 도움을 주는 제도와 법률서비스를 말하는데⁹⁵⁾, 경제질서의 탈국가화 (Entstaatlichung)⁹⁶⁾가 급속히 진행되어가는 상황에서 중요한 의미를 갖는다. 특히,

93) 의료기기의 제조기업들도 좁은 국내시장과 기업규모의 영세성 때문에 외국시장에 진출해야 하지만, "우리나라에서 허가를 받았음에도 불구하고 각 나라별로 개별 인증을 다시 받아야 하는 어려움"이 있어 "한 번 인증받을 때마다 2000만 원에서 3000만 원이 나라별로 들고, 1년에서 2년, 3년까지" 걸리는 문제에 부딪쳐 어려움을 겪고 있다. 2014. 3. 19, SBS 뉴스.
94) Thomas Vollmöller, Die Globalisierung des öffentlichen Wirtschaftsrechts, 2001, SS.6−8.
95) 경제사회의 글로벌화가 어떤 의미를 갖는가는 연구자에 따라 차이가 있을 수 있지만, 여기서는 '여러 국가들과 사회들이 여러 차원에서 연결되고 결합되어지는 과정'으로 이해한다. Thomas Vollmöller, Die Globalisierung des öffentlichen Wirtschaftsrechts, 2001, S.2. 글로벌화로 인해 그 결합은 양적으로는 증가하고 있고 질적으로 강화되고 있으며 공간적으로 확대되고 있다.
96) Rolf Stober, Globales Wirtschaftsverwaltungsrecht, 2001, SS.4−6.

건강기능식품산업과 같이 산업의 발전초기단계에 있는 경우에 정부는 우선 개방적 경쟁이 가능한 인접 국가들에서 우리 기업의 능력을 촉진시키기 위한 제도와 서비스들을 준비하여 지원하여야 할 것이다.

(2) 최종제품에 대한 표시내용의 다양화 필요

건강기능식품은 의약품이 아니기 때문에 질병의 예방과 치료에 도움이 된다는 표시를 할 수는 없다. 그러나, 소비자의 수요를 촉진하기 위하여 기업들은 건강의 유지나 증진 등과 관련하여 제품에 보다 다양하고 구체적인 표시를 하고자 한다. 그런데, 우리나라의 건강기능식품의 표시규제시스템은 일본과 달리 기능성 물질 자체에 대해 심사할 뿐 최종제품인 건강기능식품 자체에 대해 심사하지 않는다.[97]

이러한 차이로 인해 우리의 심사시스템에서 기업들은 최종제품에 효능을 표시할 때 유사제품과의 차이를 구체적으로 표현하지 못하고 획일적인 표시광고만을 할 수밖에 없는 문제점이 발생한다.

제품에 포함시키는 부수적 원료와 첨가물의 차이는 물론 부수적 원료와 기능성 물질의 상호작용에 의해 제품의 효능을 개선시키거나 다양화할 수 있는 가능성들을 표시할 수 있게 할 필요가 있다. 이를 위해 표시광고에 관한 규제를 개선하여 기업들이 자기 회사의 최종제품과 동종유사제품과의 차이를 보다 상세하게 표시광고할 수 있게 해야 할 것이다. 다만, 이 표시의 차이는 그 차이를 뒷받침하는 과학적 근거가 있어야 할 것이다.[98]

(3) 허가심사규정의 국제조화와 식품법제 전문인력의 양성

중소기업들이 외국시장에 진출하려 할 경우 규제기준들이 달라 부딪치는 문제들을 극복하기 위해 필요한 몇 가지의 개선방안들을 제시해 보기로 한다.

첫째, 대만과 중국이 상호협약[99]을 통해 양국의 임상시험기준 등을 통일함으

---

97) 新開發食品保健硏究會 編, Q&A 保健機能食品制度の 手引, Q90, 2001, 205면.
98) 新開發食品保健硏究會 編, 上揭書, 159면.
99) 대만과 중국은 2010년 12월에 '해협양안의약위생합작협정'(海峽兩岸醫藥衛生合作協議)을 체결하여, 2011년 6월 26일 이 협정을 발효시켰다. 이 협정을 통해서 대만과 중국은 신약과 의료기자재 개발 시 동일한 임상시험 기준을 채택하는 것에 합의했다. 이에 따라 양안 간 의약품

로써 바이오산업의 분야에서 많은 중소기업들이 더 넓은 시장에서 규제장벽 없이 거래비용을 줄일 수 있도록 한 것은 중소기업의 개방적 경쟁력을 강화시키는 좋은 사례라 할 것이다. 건강기능식품의 영역에서 동아시아 각국은 유사한 한의약전통을 가지고 있어서 국민들의 취향도 비슷하기 때문에 건강기능식품에 관한 심사기준과 규격의 통일은 기업들에게 글로벌 시장으로의 진출을 위해 매우 커다란 지원이 될 것이다. 건강기능식품에 관한 규제의 기준 및 절차에 대해 통일과 조화를 위한 노력(예, 상호인정협정(MRA) 등)을 적극적으로 전개할 필요가 있다. 그리고 단순한 규격의 통일을 넘어 상대방국가의 건강기능식품마크의 상호인증 등 시장의 개방성을 촉진할 수 있는 수단들에 대한 연구검토도 필요하다 할 것이다.

둘째, 중소기업이 중국이나 일본 등 외국시장에 진출하려면 우선, 현지에서 해당 국가의 언어를 사용할 줄 알면서 해당 제품에 관한 현지의 규제를 정확히 이해할 수 있는 인재를 절실히 필요로 한다. 의료기기나 건강기능식품 등은 품목마다 위험등급이 달라 허가나 등록의 절차도 다른 경우가 많은데, 개별 중소기업으로서는 인재의 부족으로 그러한 절차를 진행하는 데 어려움을 겪고 있다.

대외무역법 제8조의2 제1항에서는 "산업통상자원부장관은 신시장 개척, 신제품 발굴 및 중소·중견기업의 수출확대를 위하여 수출실적 및 중소기업 제품 수출비중 등을 고려하여 무역거래자 중에서 전문무역상사를 지정하고 지원할 수 있다"고 규정하여 전문무역상사 설립의 근거규정을 두고 있지만, 자국민의 건강보호 등을 이유로 점차 강화되고 있는 기능성 식품에 관한 규제기준과 절차를 이해하고 지원할 수 있는 전문무역상사는 현재로서는 존재하지 않는 상황이다.

현지 수입회사들의 사기적 행태 등으로 갈등과 분쟁이 생기는 경우 해당 분야의 국제변호사를 찾기도 어렵고 행정절차와 소송절차 등을 거쳐 법적 권리를 확보하는 것도 시간과 비용이 너무 많이 든다. 우리의 중소 건강기능식품기업들이 외국시장에 진출할 때 범하는 시행착오를 줄이기 위해 식품법제 전문인력의 양성(대외무역법 제7조 제2항 제4호)이 절실히 필요하다.

셋째, 외국의 규제기준에 관한 상세한 정보들이 기업들에게 제공될 필요가 있

과 의료기자재 교역 시 추가 임상시험이 필요 없게 되며 이로 인해 많은 시간과 비용이 절감될 것으로 기대되고 있다. 대한무역진흥공사(KOTRA) 홈페이지, "양안간 의약 협력, 날개 단 대만 바이오산업", 해외시장정보(www.globalwindow.org), 2012. 5. 15. 참조.

다. 예를 들어, 중국과 일본 등의 건강식품규제제도에 대한 일반적 정보는 개략적으로 소개되고 있지만[100], 특정 품목을 수출하고자 하는 기업입장에서는 보다 구체적이고 상세한 정보가 필요하다. 교역상대국의 관련 제도·관행 등으로 인해 기업이 해외에서 겪는 구체적 고충사항을 해결할 수 있는 정보가 제공되어야 한다(대외무역법 제7조 제3항).

대한무역투자진흥공사(KOTRA)의 조직들과 연계하여 건강기능식품기업들이 진출할 수 있는 국가와 지역의 상세한 규제기준과 절차 등에 관한 정보를 제공받고 컨설팅을 받을 수 있도록 정보지원체계를 강화하는 것이 한 방안이 될 수 있을 것이다.[101] 더 나아가 기업의 해외 진출의 활성화를 위해 자문, 지도, 대외 홍보, 전시, 상담 알선 등도 필요하다(대외무역법 제7조 제2항). 전자문서 교환체계 등 정보기술의 활용성도 높여가야 할 것이다.

넷째, 우리의 심사시스템은 원료물질인 기능성 물질에 대한 심사를 하는 방식인데 반해 일본은 최종 건강기능식품 자체에 대해서 심사를 받도록 하고 있다. 그래서 우리 기업들이 일본과 같은 외국시장에 진출하려고 할 경우 우리나라와 달리 최종제품 자체의 안전성과 유효성에 관한 심사자료를 제출해서 해당 국가의 규제심사기준을 통과해야 하는데, 이 점은 중소기업들에게는 상당한 부담이 된다. 특히, 우리 법상으로는 최종제품에 포함된 기능성 물질과 여러 원료물질들이 배합되면서 나타나는 상호작용은 심사대상이 아니어서 관련 데이터를 작성하여 제출하는 것은 우리 중소기업들에게는 매우 큰 부담이라 하지 않을 수 없다.[102] 때문에 우리 기업들이 이러한 국가들에 보다 쉽게 진출할 수 있도록 실험의 수행과 데이터의 작성을 위해 필요한 시설의 제공 등 다양한 지원수단이 마련될 필요가

---

100) 박효근, 일본의 건강기능식품법제의 체계 및 분석, 법과 정책연구 제9집 제1호, 2009, 129－151면; 중국의 건강기능식품법제에 관해서는, 박찬호, 식의약 안전성 관리기반구축을 위한 비교법적 연구(Ⅴ)－건강기능식품－, 한국법제연구원, 2009, 76－81면.
101) 소비자를 위해서도 글로벌화하는 식품시장의 특성을 고려한 정부의 새로운 역할이 강화되어야 한다. 인근 국가들에 대한 관광객들이 늘어나면서 자가소비를 위해 기능식품을 구매해 오는 내국인들이 급증하고 있을 뿐만 아니라 인터넷을 통한 직접구매나 불법적인 수입 등을 통해 외국 등의 기능식품들이 급격히 국내로 들어오고 있어 소비자들을 위해 주요 수입국가들의 기능식품규제기준 등에 대한 정보를 제공할 필요가 있다.
102) 新開發食品保健硏究會 編, 前揭書, 205면. 일본의 경우 기능성 물질과 부수적 원료가 배합되더라도 기능성 물질의 기능성에 영향을 미치지 않고, 그들의 상호작용에 의해 최종제품의 안전성 및 유효성에 부정적 영향을 미치지 않는다는 점을 설명하는 자료를 제출하도록 요구하고 있다.

있다. 그리고 중소기업들을 위해서는 외국의 규격인증의 획득에 필요한 경제적 지원도 필요하다.[103]

2. 기업 간 협력촉진적 제도의 도입과 강화

(1) 기업 간 협력촉진적 제도의 도입 필요성

정부가 기업 간 협력에 대해 직접적이고 강제적인 개입을 하는 것은 시장의 자율성에 대한 개입으로 특별한 경제위기상황이나 법적 근거가 있는 경우가 아니면 자본주의사회에서 인정되기 어렵다. 예외적인 경제위기상황에서 김대중 정부 시절 대기업간 빅딜을 통해 M&A를 강제했었지만, 그와 같은 경제위기상황이 아닌 한 특별한 법적 근거 없이 시장의 자율성을 침해하는 강제적 개입에 대해서는 위법으로 평가받을 가능성이 크다.

우리 판례는 금융기관의 공공적 성격을 강조하면서 금융기관의 채권에 대해 부실화 방지를 이유로 일반채권에 비하여 우선권을 인정하고 있는 법률에 대해서는 위헌으로 판시한 바 있는데(헌재 1990. 6. 25. 선고 89헌가98 결정 등), 기업들 간의 관계에서 헌법적 정당화 사유 없이 채권간의 우선순위를 정하는 것처럼 법률로 서열관계를 강제하는 것은 위헌이라는 것으로 이해할 수 있을 것이다. 이 판례에 비추어 기업 간 협력관계에 있어서 특정한 종류의 기업에 우위를 부여하는 것은 법률적 근거가 있는 경우에도 헌법적 정당화 사유 없이 강제적 개입을 하게 되면 위헌으로 판단될 가능성이 있다고 본다.

하지만, 공공복리의 보호필요성이 있고 특별한 법적 근거가 있는 경우 정부는 시장의 자율성에 맡기지 않고 기업 간의 관계에 대해 권력적으로 직접 개입하기도 한다. 예를 들어, 여객자동차운송사업과 같이 공익성이 강하거나 영세유치산업과 같이 사회적 약자의 보호에 관련되어 법적으로 그 이익을 보호하는 규정이 있는 경우, 기존의 기업 등에게 신규기업의 시장참가의 합법성을 승인한 인·허가 등에 대해 법적 보호이익을 인정하고 있다.[104] 정부가 시내버스나 시외버스 사업

---

103) 이러한 중소기업의 애로사항을 해소해주기 위하여 우리 중소기업청도 해외규격인증획득지원사업을 실시해오고 있다. 예를 들어, 2013년의 경우 이 사업을 위해 중소기업청은 106.9억원을 계획하여 지원하였다. 2014년의 경우(2014. 4. 1. 2차 공지)에도 중소기업청은 동일한 사업을 전개하고 있다. 중소기업청 홈페이지(www.smba.go.kr) 공지사항 참조.

104) 여객자동차운수사업법 제10조 제1항. 이 규정을 근거로 시행된 여객자동차운송사업면허와 관

자들의 노선운행을 허가제로 규제하고 있는 것에 대해 과당경쟁을 막고 소외노선에의 버스운행을 강제하는 것이 공익에 적합하다고 보기 때문이다. 이러한 영역에서는 이른바 제3자효 행정행위인 수익적 인허가처분으로 영향 받는 경업자들의 이익이 법적 보호이익으로 인정되고 있는 것이다.

특별한 법적 근거가 없는 경우 정부는 기업 간 협력을 촉진하기 위해 개입할 수 없는 것인가? 이러한 경우에도 정부는 비권력적인 수단들을 이용하여 기업 간 협력을 촉진시킬 수 있고 그러한 개입은 경우에 따라서는 정부의 책임범위에 속할 수 있다고 본다. 영세기업들이 그들의 영세성을 극복하여 기술혁신을 하고 자본규모를 확대하여 글로벌 시장에 진출함에 있어서는 정부의 지원 없이 성공하기는 매우 어렵기 때문이다. 기업간 협력을 촉진하는 비권력적 수단으로서 전형적인 것들은 중소기업의 기술지원을 위한 국책연구기관의 설립, 행정지도와 재정적 인센티브의 부여 등이다.

(2) 동업에 대한 금기문화의 극복을 위한 제도적 인프라의 건설과 그의 강화

1) 동업의 개념과 문제상황

동업은 사전적 의미로는 2인 이상의 사업자가 영업을 공동으로 하는 것을 말하는데, 공동사업을 줄여서 부르는 말이다. 국세기본법상 공동사업은 "그 사업이 당사자 전원의 공동의 것으로서 공동으로 경영되고, 따라서 당사자 전원이 그 사업의 성공여부에 대하여 이해관계를 가지는 사업"을 말한다.[105] 동업은 그 구성원이 개인인 경우가 대부분이나 법인이 구성원일 수도 있고, 영업을 공동으로 하

련하여 판례는 "수익적 행정처분의 근거가 되는 법률이 해당 업자들 사이의 과다경쟁으로 인한 경영의 불합리를 방지하는 목적도 가지고 있는 경우, 기존업자가 경업자에 대한 면허나 인·허가 등의 수익적 행정처분의 취소를 구할 원고적격"이 있다고 보았다. 대법원 2010. 6. 10. 선고 2009두10512 판결 및 대법원 2010. 11. 11. 선고 2010두4179 판결 등.

영세사업자의 보호를 위한 특별규정으로는, 유통산업발전법 제12조의2 제1항 대규모점포등에 대한 영업시간의 제한 규정에서 "특별자치시장·시장·군수·구청장은 건전한 유통질서 확립, 근로자의 건강권 및 대규모점포등과 중소유통업의 상생발전을 위하여 필요하다고 인정하는 경우 대형마트(대규모점포에 개설된 점포로서 대형마트의 요건을 갖춘 점포를 포함한다)와 준대규모점포에 대하여 다음 각 호의 영업시간 제한을 명하거나 의무휴업일을 지정하여 의무휴업을 명할 수 있다"고 한 것이 있다.

105) 국세기본법 기본통칙 25－0…2.

지 않고 자본출자만 하는 경우도 있다.[106]

우리나라에서는 동업에 대한 금기의 풍토가 오랫동안 존재해 왔다. '동업은 반드시 깨진다', '동업은 피하는 게 상책'이라는 것은 우리 사회에서 굳건한 믿음처럼 존재하면서 동업으로 인해 아무리 친한 사이라도 의를 상하게 하는 것으로 인식되어 왔다.[107] 이 때문에 과거는 물론 현재 은퇴 등으로 자영업에 뛰어드는 사람들은 아무리 사업규모나 자본규모가 영세하더라도 자신이 동원 가능한 자본의 한계 내에서 단독으로 사업을 전개하거나 은행 등으로부터 대출에 과도하게 의존하고 있다.[108]

이와 비슷한 이유로 우리 시장에서 대자본에 의한 수직적 M&A는 가끔씩 나타나고 있지만, 비슷한 규모의 자본을 가진 기업들끼리의 수평적 M&A나 자영업에서의 동업은 거의 찾아보기 어렵다. 이에 비해 중국의 경우만 해도 공동투자를 전개하는 온주상인[109]들처럼 동업형식을 매우 빈번하게 이용하고 있다.

동업은 많은 강점을 가지고 있다. 동업을 하게 되면 초기자본부담이 줄어들고 직원을 별도로 채용할 필요도 없어 인건비도 줄어들며 기술과 영업력의 강점이 상호보완을 이룰 수도 있다. 은퇴 후 몸이 아프더라도 점포를 비우지 않을 수도 있다. 동업은 상호의 약점을 줄이고 강점을 보완하여 젊은이들에게 창업을 쉽게 해줄 수 있어 최근의 벤처창업활성화를 위한 정부정책의 성공을 위해서도 크게 도움이 될 수도 있다. 그런데, 우리의 동업금기문화로 인해 동업의 장점이 전혀 작동되지 못하고 있다.

현대의 개방적 경쟁환경에서 동업금기문화를 타파할 필요성은 더 크다. 수많은 영세기업 단독으로 글로벌 시장에 진출하는 것은 매우 힘든데, 투자, 제조, 판매·유통 등에 있어서 다양한 형태의 동업이 활성화될 때, 글로벌 시장에 진출할

---

106) 김도형, 동업기업과세특례의 적용범위 및 손익배분에 관한 연구, 성균관대 박사학위논문, 2013, 157－158면.
107) 이거산, 지금은 동업시대, 주간조선 1769호, 2003. 9. 4.
108) 이와 함께 어음의 과도한 사용이 자본이 부족한 영세사업자들의 초기정착과정에서 도산의 중대한 원인이 되는 경우가 많으므로 이의 개선도 시급하다. 어음사용에 있어 합리적인 한계와 현금의 필수적 사용의무의 부과 등관련하여 실태조사와 규제기준의 조사, 검토가 필요하다.
109) 맹명관, 상술의 귀재 온주상인, 청림출판, 2009; 이승국, 중국의 원조우상인 성공창업비결, 이문사, 2008. 온주상인은 꼭 동업을 하라고 권하는데, 동업이 활성화된 온주상인집단 내에서 각 상인들은 동업을 하는 경우 자신에게 이익이 생기면 동업상대방이 얼마나 많은 이익을 챙기는 것은 따지지 않는다는 원칙을 가지고 이익배분에 관한 갈등도 완화시킨다고 한다.

수 있는 규모의 자본, 기술과 인재의 확보가 가능하게 될 것이다. 또, 과다한 숫자의 자영업자들을 합리적으로 줄일 수 있게 되어 빈번한 파산으로 인한 사회적 문제가 완화될 것이다.

2) 동업 등 기업 간 협력을 촉진시키는 제도의 활성화

동업에 대한 문화적·심리적 저항을 극복하기 위해 동업유인적 조치는 물론 동업의 위험을 감소시켜주는 보험적 안전장치들을 도입할 필요가 있다.[110) 우선, 다음의 동업유인적 정책들을 새로 도입하거나 강화할 필요가 있다.

첫째, 산업클러스터 정책은 관련된 사업을 하는 기업들 간 연계와 협력을 촉진시켜 동업과 비슷한 효과를 거둘 수 있다는 점에서 보다 강화할 필요가 있다.

둘째, 연구개발전문기업, 제조전문기업, 판매유통전문기업 등 전문적인 업무에만 집중하는 기업들의 창업을 가능하게 하고 촉진시켜 상호장점을 가진 분야에만 집중한 상태에서 협력을 할 수 있게 하는 정책도 보다 강화될 필요가 있다. 건강기능식품에 관한 법률시행령 제2조에서 건강기능식품전문제조업, 건강기능식품벤처제조업, 건강기능식품일반판매업, 건강기능식품유통전문판매업 등 전문적 성격의 기업들을 규정한 것은 이러한 취지에 따른 것이고, 정부의 산학협력촉진정책도 이러한 의의를 갖는 것이지만 보다 활성화될 필요가 있다.

셋째, 동업이나 M&A에 금융·재정적 인센티브를 주는 등 기업 간 협력을 장려하는 법적 수단들을 도입할 필요도 있다.

동업유인적 조치들 못지 않게 동업에 따른 상대방의 도덕적 해이 등 동업의 위험을 감소시켜주는 보험적 안전장치들이 필요하다.

첫째, 동업의 필요성과 위험성에 대해 국민들이 충분히 학습할 수 있도록 해야 한다. 동업의 과정을 지도할 전국적인 전문가네트워크를 만들어 위험을 관리해 줄 필요도 있다.

둘째, 시장참가자들은 거래활동을 하면서 계약을 통해 스스로의 이익을 지켜야 하는 것이지만[111), 건설적인 동업을 촉진시키기 위하여 동업의 개시, 계속과

---

110) 다만, 시장에서 사업성공과 실패에 관한 사업자들의 자기책임원칙을 무력화시키는 정도까지 정부가 과도한 위험배려조치를 통해 동업을 지원할 수는 없을 것이다.

111) 규제가 철폐되더라도 계약법원칙은 지켜져야 한다. 계약법마저 무시되면 정글사회에서 만인의 만인에 대한 투쟁에 의해 폭력과 사기가 지배하는 곳이 되어 시장은 실패하게 되고 규제 철폐는 사회에 심각한 부정적 외부효과를 초래해 보다 강력한 재규제를 불러오게 된다.

종료의 전과정에 걸쳐 나타날 위험들을 고려한, 상세한 계약서의 모델을 개발하여 동업과정에서 발생하는 위험을 완화시켜줄 필요가 있다. 동업자들 사이에서 누가 대표를 할 것인지, 역할분담, 급여조건, 수익배분, 의사결정방법, 지출라인, 인사문제 등을 명확하게 해 두어야 한다.[112] 사업을 시작하기 전 사업계획서를 세밀하고 철저하게 작성하게 하는 사회운동도 필요하다고 본다.

우리 국민들에게는 정과 의리를 강조하는 과거의 전통적 생활사회의 습관이 아직도 남아 있어 감정적인 1회성 판단에 의존하여 사업 관련 결정을 내리거나 충분히 사려 깊게 미래에 나타날 수 있는 제반 위험을 고려하고 나서 계약을 체결하지 않는다. 이로 인해 우리나라의 경우 선진외국과 비교할 때 계약서들이 지나치게 간략하여 계약과정 중에 나타날 위험들을 거의 반영하지 못하고 있다. 한사람이 지나치게 나태하거나 경비처리가 불명확할 때 어떤 조치가 가능한지 불명확하고 사업실패 시 동업자들 사이에서 책임분담의 내용도 매우 불명확하는 등동업실패시의 여러 위험들에 대해 거의 대비하지 못하고 있다. 이러한 이유로 기업 간 계약이나 기업과 소비자 간의 계약에서 외국에서보다 시장의 실패가 빈번히 발생하고 있다.

계약서활용능력의 부족은 우리 국민들이 현대 산업화된 도시사회의 익명적 삶에 아직 충분히 적응하지 못한 결과라고 볼 수 있다. 정부는 각 사업협회들 및 전문가들과 협력하여 사업유형에 따라 상세한 계약서의 모델들을 만들어 보급함으로써 동업을 활성화시키되 그 실패위험을 줄여 영세기업들과 소비자들이 강화되는 개방적 경쟁환경에 대비할 수 있게 하여야 할 것이다.

Ⅴ 결어

창조경제를 위한 정부의 정책의지와 필사적인 규제개혁의지에도 불구하고 침체된 경제는 좀처럼 활성화되지 않고 있고 사회의 양극화는 더 심화되고 있다. 법

James W. Mckie, US regulatory policy, in : Kenneth Button/ Dennis Swann(ed.), The Age of regulatory Reform, 1989, p.46.

112) 이를 통해 동업을 하는 경우에도 동업자에 대한 불신에 기초해 경영권에 과도하게 집착하는 우리 기업들의 전근대적인 폐해도 시정될 수 있을 것이다.

과 제도에 대한 정부의 개혁노력이 단지 기업들의 시장진입 및 시장 내에서의 활동에 대한 제한을 단순히 푸는 것에 그쳐서는 안 되고, 각국이 처한 상황은 물론, 산업과 기업들이 처한 상황의 특성을 고려하여 상이한 접근이 필요하다.

경제활동에 영향을 미치는 계약제도, 재산권제도, 직업제도, 인허가제도 등의 제도적 인프라에 대한 정부의 건설책임을 긍정하는 입장은 기업의 발전이나 소비자의 건강보호 등 법익보호에 있어 시장자율적으로 해결하기 어려운 현재나 장래의 장애에 대해 정부가 미리 예측하고 계획을 세워 대응하는 것이 정부책임의 범위내에 속하는 것으로 이해한다.

이 입장에서 이 글은 건강기능식품산업의 개방적 발전을 위해 정부가 건강기능식품의 제정을 통해 의약산업의 규제완화를 추구했던 패러다임을 발전시켜 글로벌 시장에의 진출능력의 지원을 위해 필요한 제도적 인프라의 건설에 필요한 과제를 다루었다. 아래의 내용은 그 구체적 제안내용들 중 중요한 것들이다.

첫째, 건강기능식품산업과 같이 산업의 발전초기단계에 속해 있는 기업들의 글로벌 시장 진출능력을 강화하기 위해 상품과 서비스의 원활한 수출입에 대한 법적 장애를 제거하는 것은 중요한 의미를 갖는다. 이를 위해 정부는 외국의 규제상황에 관한 구체적 전문정보를 수집하여 기업들에게 제공하고 외국의 법제에 관한 전문지식을 가진 인력을 양성하는 등 교류가 빈번한 국가들에 중소기업들의 진출에 장애가 되는 기본여건들을 개선하도록 노력하여야 한다. 또, 바이오산업에 있어 대만과 중국이 상호협약을 체결하여 기준을 통일함으로서 외국에의 진출비용을 줄여 준 것처럼 외국과 규제기준의 조화와 통일을 위한 노력도 강화해야 한다.

그리고 우리 기업들이 경쟁국인 일본과 같이 기능성 물질 이외에 부수적 원료와 첨가물의 차별사용에 의해 획득한 효능의 개선사항 등을 최종제품에 표시할 수 있도록 할 필요가 있다. 이를 통해 기업들은 자기 회사의 최종제품과 동종유사제품과의 차이를 보다 상세하게 표시광고할 수 있게 될 것이다.

둘째, 기업 간 협력촉진적 제도가 도입되고 강화되어야 한다. 2인 이상의 사업자가 영업을 공동으로 하는 동업은 많은 장점에도 불구하고 우리 사회에서는 금기시하는 분위기가 강력하게 존재하고 있다. 이는 우리 중소기업들이 국제시장에 진출하는 데에도 장애가 되고 있다. 우리 사회 전반에 강력하게 존재하는 동업에 대한 문화적·심리적 저항을 극복하기 위해 동업유인적 조치는 물론 동업의 위험을 감소시켜주는 보험적 안전장치들을 도입할 필요가 있다. 동업의 개시, 계속과 종료의 전 과정에 걸쳐 나타날 위험들을 고려한, 상세한 계약서의 모델을 개발하여 동업과정에서 발생하는 위험을 완화시켜주는 것도 그 한 방법일 것이다.

참고문헌

1. 국내문헌

김도형, 동업기업과세특례의 적용범위 및 손익배분에 관한 연구, 성균관대학교 박사학위 논문, 2013.

김중권, 유럽행정법상 행정소송을 통한 권리보호시스템에 관한 연구, 공법연구 제41집 제1호, 2012.

농림축산식품부, 농림축산식품통계연보, 2013.

맹명관, 상술의 귀재 온주상인, 청림출판, 2009.

문상덕, 건강기능식품법의 현황과 과제, 법과 정책연구 제9집 제1호, 2009.

박찬호, 식의약 안전성 관리기반구축을 위한 비교법적 연구(Ⅴ)-건강기능식품-, 한국법제연구원, 2009.

선정원, 규제개혁과 정부책임 : 건설산업의 규제개혁실패와 공법학의 임무, 공법연구 제30집 제1호, 2001.

_____, 삶의 질, 건강의 보호와 행정법학, 행정법연구 제27호, 2010.

선정원/박인회, 식품법상 식품의 위험규제와 그 책임에 관한 고찰, 법과 정책연구 제12집 제3호, 2012.

식품의약품안전처, 건강기능식품의 기능성 원료 인정현황, 2013.

_____, 식품의약품안전백서, 2013.

이거산, 지금은 동업시대, 주간조선 1769호, 2003. 9. 4.

이승국, 중국의 원조우상인 성공창업비결, 이문사, 2008.

이희정, EU 행정법상 행정처분절차에 관한 소고, 공법학연구 제12권 제4호, 2011.

장경원, EU 행정법상의 재량에 관한 연구, 행정법연구 제23호, 2009.

진현정, 건강기능식품 관리 법률의 공포 및 시행이 관련기업에 미친 영향에 대한 분석, 식품유통연구 제26권 제1호, 2009.

2. 외국문헌

Alan Irwin, The global context for risk governance, in : Belinda Bennett/George F. Tomossy(Ed.), Globalization and Health, 2006.

David P. Fidler, A globalized theory of public health law, The Journal of Law, Medicine & Ethics,Vol. 30, 2002.

Dennis Swann, The regulatory Scene, in : Kenneth Button/Dennis Swann(ed.), The Age of regulatory Reform, 1989.

Eberhard Schmidt─Aßmann, Öffentliches Recht und Privatrecht : Ihre Funktionen als wechselseitige Auffangordnungen─Einleitende Problemskizze─in : Hoffmann─Riem/Schmidt─Aßmann(Hg.), Öffentliches Recht und Privatrecht als wechselseitige Auffangordnungen, 1996.

Gerhard Igl/Felix Welti, Gesundheitsrecht─eine systematische einführung, 2012.

Gunnar Folke Schuppert, Verwaltungsrechtswissenschaft als Steuerungswissenschaft─Zur Steuerung des Verwaltungshandelns durch Verwaltungsrecht─, in : Reform des Allgemeinen Verwaltungsrechts, 1993.

Gunnar Folke Schuppert, Verwaltungsrechtswissenschaft als Steuerungswissenschaft ─Zur Steuerung des Verwaltungshandelns durch Verwaltungsrecht─, in : Reform des Allgemeinen Verwaltungsrechts, 1993.

Ivo Appel, Methodik des Umgangs mit Ungewissheit, in : Schmidt─Aßmann /Hoffmann─Riem(Hg.), Methoden der Verwaltungsrechtswissenschaft

James W. Mckie, US regulatory policy, in : Kenneth Button/ Dennis Swann(ed.), The Age of regulatory Reform, 1989.

Reimut Jochimsen, Theorie der Infrastruktur─Grundlagen der marktwirtschaftlichen Entwicklung─, 1966.

Rolf Stober, Globales Wirtschaftsverwaltungsrecht, 2001.

Thomas Vollmöller, Die Globalisierung des öffentlichen Wirtschaftsrechts, 2001.

食品安全ハンドブック編集委員会, 食品安全ハンドブック, 2010.

新開發食品保健研究會 編, Q&A 保健機能食品制度の 手引, Q90, 2001.

QR코드를 스캔하시면 의약법 연구 수록논문의 출처로 이동합니다.

저자약력

선정원

서울대학교 법과대학 졸업
서울대학교 대학원 석사, 동대학원 박사
독일 Bayreuth 대학교 방문교수
미국 Texas Law School 방문교수
법제처 법령해석심의위원
중앙선거관리위원회 행정심판위원
명지대학교 법과대학 학장
현) 명지대학교 대학원장

저서

지방자치법주해(공저), 박영사, 2004.
주민소송(공저), 박영사, 2005.
행정소송 Ⅰ, Ⅱ(공저), 한국사법행정학회, 2007.
공무원과 법, 박영사, 2013.
규제개혁과 정부책임, 대영문화사, 2017.

의약법 연구

초판발행	2019년 5월 10일
지은이	선정원
펴낸이	안종만 · 안상준
편 집	윤혜경
기획/마케팅	정성혁
표지디자인	박현정
제 작	우인도 · 고철민
펴낸곳	(주) **박영사**
	서울특별시 종로구 새문안로3길 36, 1601
	등록 1959. 3. 11. 제300-1959-1호(倫)
전 화	02)733-6771
f a x	02)736-4818
e-mail	pys@pybook.co.kr
homepage	www.pybook.co.kr
ISBN	979-11-303-3401-1 93360

정 가   32,000원